国家卫生健康委员会"十四五"规划教材

全国高等学校教材

供研究生护理学专业用

高级护理药理学

第 2 版

主　　　编	陈　立　张银萍
副 主 编	李湘萍　杨俊卿　欧阳艳琼
数字资源主编	张银萍
数字资源副主编	关凤英　班　涛

人民卫生出版社
·北 京·

图书在版编目（CIP）数据

高级护理药理学 / 陈立，张银萍主编． -- 2 版．
北京 ： 人民卫生出版社，2025．8． -- （第四轮全国高等
学校新形态研究生护理学专业规划教材）． -- ISBN 978
-7-117-38371-4

Ⅰ．R96

中国国家版本馆 CIP 数据核字第 2025EZ8721 号

人卫智网	www.ipmph.com	医学教育、学术、考试、健康，
		购书智慧智能综合服务平台
人卫官网	www.pmph.com	人卫官方资讯发布平台

高级护理药理学
Gaoji Huli Yaolixue
第 2 版

主　　编：陈　立　张银萍
出版发行：人民卫生出版社（中继线 010-59780011）
地　　址：北京市朝阳区潘家园南里 19 号
邮　　编：100021
E - mail：pmph @ pmph.com
购书热线：010-59787592　010-59787584　010-65264830
印　　刷：人卫印务（北京）有限公司
经　　销：新华书店
开　　本：850×1168　1/16　印张：28
字　　数：809 千字
版　　次：2018 年 3 月第 1 版　2025 年 8 月第 2 版
印　　次：2025 年 8 月第 1 次印刷
标准书号：ISBN 978-7-117-38371-4
定　　价：99.00 元
打击盗版举报电话：010-59787491　E-mail：WQ @ pmph.com
质量问题联系电话：010-59787234　E-mail：zhiliang @ pmph.com
数字融合服务电话：4001118166　E-mail：zengzhi @ pmph.com

编 者（以姓氏笔画为序）

马 雪 玲	北京中医药大学护理学院
王 贯	四川大学华西临床医学院 / 华西医院
王 鹏	河南医药大学护理学院
王 春 梅	北华大学药学院
关 凤 英	吉林大学基础医学院（兼秘书）
李 华	大连医科大学药学院
李 红 丽	中国医科大学护理学院
李 湘 萍	北京大学护理学院
杨 俊 卿	重庆医科大学药学院
吴 国 翠	安徽医科大学护理学院
张 银 萍	西安交通大学医学部
陈 立	吉林大学护理学院
欧阳艳琼	武汉大学护理学院
周 昔 红	中南大学湘雅二医院
班 涛	哈尔滨医科大学药学院
庹 勤 慧	湖南中医药大学医学院
董 银 凤	南京中医药大学医学院

数字资源编者

第四轮修订说明

全国高等学校研究生护理学专业规划教材自 2008 年第一轮教材出版以来，历经三轮修订，教材品种和形式不断丰富、完善，从第一轮的 1 种教材到第四轮的 13 种教材，完成了全国高等学校研究生护理学专业"十一五""十二五""十三五""十四五"规划教材的建设，形成了扎根中国大地、立足中国实践、总结中国经验、彰显中国特色的全国高等学校护理学研究生国家规划教材体系，充分展现了我国护理学科和护理研究生教育的发展历程，对我国护理学专业研究生教育教学发展与改革及高层次护理人才培养起到了重要引领作用。为满足新时代我国医疗卫生事业发展对高级护理人才的需求，服务"健康中国""数字中国"国家战略需求，人民卫生出版社在教育部、国家卫生健康委员会的领导与支持下，在全国高等学校护理学类专业教材评审委员会的有力指导下，在全国高等学校从事护理学研究生教育教师的积极响应和大力支持下，经过对全国护理学专业研究生教育教学情况与需求进行深入调研和充分论证，全面启动了第四轮全国高等学校新形态研究生护理学专业规划教材的修订工作，并确定了第四轮规划教材编写指导思想：强化思想政治引领，落实立德树人根本任务；满足人民需要，服务国家战略需求；紧扣培养目标，培育高层次创新人才；体现护理学科特色，突显科学性与人文性；注重学科交叉融合，打造高质量新形态教材。

第四轮规划教材的修订始终坚持以习近平新时代中国特色社会主义思想为指导，全面贯彻党的教育方针，全面贯彻落实全国教育大会和全国研究生教育会议精神，以及教育部、国家发展改革委、财政部发布的《关于加快新时代研究生教育改革发展的意见》（教研〔2020〕9 号）的要求。认真贯彻执行《普通高等学校教材管理办法》，加强教材建设与管理，推进教育数字化，以提升研究生教育质量为核心，推动全国高等学校护理教育高质量、高素质、创新型、研究型人才的培养。

第四轮规划教材的编写特点如下：

1. **坚持立德树人　课程思政**　坚持以习近平新时代中国特色社会主义思想为指导，落实立德树人根本任务，深入推进习近平新时代中国特色社会主义思想和党的二十大精神进教材进课堂进头脑。树立课程思政理念，发挥研究生教育在培育高层次护理创新人才中的引领作用。牢记"国之大者"，坚持正确的政治方向和价值导向，严守研究生教育意识形态阵地，强化护理学专业研究生职业素养教育，重点培养研究生知识创新、实践创新能力，助力卓越护理人才培养，推动卫生健康事业高质量发展。

2. **坚持学科特色　专业引领**　立足学科前沿和关键领域，积极吸纳国内外的最新研究成果，科学选取、系统梳理具有护理学科特色的知识体系。在精准把握教材研究性与实践性的基础上，注重科学技术与人文精神的融合，展现护理学科丰富的人文内涵和属性，提升护理学专业研究生的科学素养和综合人文素质，满足人民群众全方位全生命周期的健康服务需求。加强老年护理、重症护理、安宁疗护等专科护理人才培养，为积极应对人口老龄化、全面推进健康中国建设提供坚实人才支撑。

3. **坚持交叉融合　守正创新**　依据《教育部关于深入推进学术学位与专业学位研究生教育分类发展的意见》《研究生教育学科专业目录（2022 年）》，坚持学术学位与专业学位研究生教育两种类型同等地位，紧扣两类人才培养目标，分类加强教材建设。调整优化教材结构与布局，紧盯护理学专业研究生教育多学科交叉融合发展的趋势，新增《老年护理理论与实践》《实验护理学》两本教材，适应护理学科发展趋势及新时代人才培养需求，更好地服务高层次护理创新人才高质量培养。

4. **坚持技术驱动　数智赋能**　在教育数字化和数智出版深度推进的背景下，积极构筑新形态护理学专业研究生教材高质量发展的新基石。本套教材同步建设了与纸质教材配套的数字资源。数字资源在延续第三轮教材的教学课件、文本、案例、思考题等内容的基础上，拓展和丰富了资源类型，以满足广大院校师生的教育数字化需求，服务院校教学。读者阅读纸书时可以扫描二维码，获取数字资源。

本套教材通过内容创新、形态升级与质量保障，将为培养具有国际视野、科研能力和人文素养的高层次护理人才提供坚实支撑。也希望全国广大院校在教材使用过程中能够多提宝贵意见，反馈使用信息，以逐步完善和优化教材内容，提高教材质量。

陈立，教授，博士研究生导师。兼任教育部高等学校护理学类专业教学指导委员会委员，教育部护理专业认证工作委员会委员，吉林省护理学会教育分会主任委员，中国药理学会常务理事，中国药理学会教学与科普专业委员会副主任委员，吉林省药理学会理事长，吉林省新药临床前药理评价科技创新中心主任。曾获吉林省 B 类人才、吉林省学科领军教授、长春市第六批突出贡献专家、吉林省优秀海外归国人才学术贡献奖、宝钢优秀教师等荣誉称号。

执教 30 余载，主要从事慢性疾病发病机制，护理及药物干预研究，主编国家级教材 7 部，参编国家级规划教材 18 部。承担国家自然科学基金等国家级项目 7 项，省级重点研发项目 10 余项；主持国家级教改项目 4 项，其他省部级教改项目 10 余项。在 Science Advance，Biomaterials 等权威期刊发表论文 200 余篇，其中 SCI 论文 150 余篇。获得吉林省教学成果奖二等奖 1 项，吉林省自然科学奖一等奖 1 项，二等奖 2 项，国家授权发明专利 8 项。

张银萍，博士，三级教授，博士研究生及博士后导师，美国护理科学院院士。西安交通大学卓越奖、王宽诚育才奖获得者，首届后备教学名师、医学名师、国家级精品课程主讲教师。担任全国卫生健康护理类教学指导委员会委员，教育部科技奖、优秀硕博学位论文奖、本硕博学位授权点及学科评审专家，任省部级学会负责人，承担国内外多家权威期刊编委及审稿人工作。

主持国家自然科学基金、省重点、创新人才培养、人工智能交叉课题等 20 余项，研究涉及护理教育与护理心理、人工智能与护理、妇儿健康维护与促进等。主编及参编国家规划教材和专著等 26 部，发表中文期刊论文 90 余篇，SCI 论文 60 篇。负责西安交通大学金课 3 门，课程思政示范课两门，在线 MOOC 一门。获陕西高等学校科学技术一等奖（第 1 获奖人），人文社科二等奖（第 1 获奖人），西安交通大学优秀教学团队（第 1 获奖人），教育部优秀教材二等奖，省级教学成果一等奖等。

副主编简介

李湘萍，博士，副教授，硕士研究生导师。在北京大学护理学院内外科教研室工作。中华护理学会会员，中国老年学和老年医学学会老年病学分会青年委员会常务委员兼副总干事，吴阶平医学基金会模拟医学部护理专业委员会委员。

从事护理药理学教学和科研工作近 20 年，中国专业学位教学案例中心护理硕士专业学位教学案例评审专家。曾担任主编编写《临床护理药理学（成教）》，担任副主编编写《临床护用药理学》《护用药理学》等教材。获得 CMB 护理青年教师科研基金支持完成了慢性疾病出院病人用药差异的研究课题，主要从事老年护理、慢性疾病的延续性护理及用药差异的研究。

杨俊卿，医学博士，二级教授，博士研究生导师，重庆医科大学临床药学国家级一流本科专业负责人。

长期从事药理学教学和科研，研究方向为神经精神药理学，负责国家自然科学基金、省部级科研项目 11 项，参与研究国家新药创制重大专项、国家传染病防治重大专项等 4 项；已发表 SCI 论文 50 余篇，曾获 2002 年中国药理学会青年药理学工作者奖、2008 年重庆市科技进步奖二等奖，专利授权 1 项，主编专著 1 本；主编、副主编、参编教材 10 余本；为药理学重庆市学术技术带头人、重庆市高校优秀中青年骨干教师、重庆市"322 重点人才工程"第二层次专家；兼任 2018—2022 年教育部高等学校药学类专业教学指导委员会委员、重庆市药理学会理事长、中国药理学会抗炎免疫药理专业委员会常务委员。

欧阳艳琼，医学博士，副教授，武汉大学护理学院临床护理教研室主任，硕士研究生导师，瑞典延雪平大学博士生合作导师，国际认证哺乳顾问，国家二级心理咨询师，中华医学会妇产科学分会委员，湖北省心理咨询师协会护理心理专委会委员，武汉市护理教育委员会常务委员，武汉市预防医学会女性健康与疾病防治专委会委员。

主要研究方向为妇女健康、母乳喂养促进策略、护理教育。主持教育部人文社科基金、湖北省自然科学基金、湖北省卫健委科研项目等共 8 项，在国内外知名期刊发表论文 60 余篇，其中 SCI 收录 50 余篇，主编及参编教材、教学参考书、专著等共 6 部。

前　言

为深入贯彻习近平总书记对研究生教育工作的重要指示和全国研究生教育会议精神,进一步落实《关于加快新时代研究生教育改革发展的意见》(教研〔2020〕9号)的要求,在全国18所高等院校药理学及护理学专家的共同努力下,我们对全国高等学校护理学类专业研究生教材《高级护理药理学》第1版进行了修订。

《高级护理药理学》是护理硕士专业学位的重要专业基础课程。本教材主要介绍临床常见病及多发病的治疗用药及用药护理知识,以帮助学生熟悉临床常用药物的用法,提升学生在临床护理实践中有效指导患者合理安全用药的能力,培养学生认真观察药物疗效及不良反应、全面管理患者临床用药的临床思维,为培养合格的专科护士奠定坚实的基础。

本版教材以融合教材的方式进行编写,涵盖纸质教材内容和数字资源内容,立足巩固基础、跟踪前沿,创新教材模式,进一步提升教材质量。为确保知识的准确度,对上版内容进行修订,适度增补近5年来确证的新理论、新知识。为保证教材的精炼度,遵从最新临床用药指南和权威指导原则,增加广泛使用的新型药物,淘汰和去除已不在临床使用的药物。为提高教材的全面性,增加"临床常见症状的药物治疗与护理"及"五官疾病药物治疗与护理"等章节。为体现护理人员的人文关怀,增加"药物治疗中的人际沟通"。

本版教材增设三方面的内容:一是导入案例,导入案例的内容与正文中的重点、难点相呼应,对学生的学习起到引领作用;二是章末的思考题,以帮助学生思考、巩固学习内容;三是增加了丰富的数字资源内容,包括教学课件、思维导图、案例分析、目标测试,为学生学习提供参考及引导。另外,本版教材为了保持药理学科的专业性,将原来"药物作用机制"的部分内容简化纳入药物分类及常用药物当中,将"用药护理"中的"健康教育"调整为"用药指导"。

本教材适合于高等医药院校护理学类硕士研究生使用。须注意,在临床工作中使用药物宜参照最新版《中华人民共和国药典》的规定和相关药品说明书等。

本版教材是在第1版的基础上进行修订,在此向第1版教材的所有编者表示衷心的感谢。吉林大学护理学院及基础医学院药理教研室的师生们为本版教材提供了坚实有力的辅助和支持,在此一并表示衷心的感谢!

由于编者水平有限,书中难免会有疏漏之处,敬请使用本教材的读者及护理界的同仁不吝指正,以使本教材能够不断完善。

陈　立　张银萍
2025年2月

主编说教材

目　录

第一章

总论

ER1-1
第一章
思维导图

药物治疗是临床上最常用、最基本的治疗及健康促进手段。药物治疗的疗效及安全性不仅取决于医生合理的治疗方案，更取决于作为药物治疗实施者及监护者的护士，其严谨的工作态度、高效的执行力以及对医药知识的掌握程度，都将影响临床药物治疗的效果。护理工作人员掌握药物药效学及药动学的基本理论及相关知识，才能正确评估药物的疗效及不良反应，指导患者安全合理用药。因此，药物治疗学是护理专业硕士临床实践中必需的知识储备。本章将从护理的角度介绍药物治疗学及护理药物治疗学基本概念和内容，重点强调安全合理用药及护士在药物治疗中的作用，为后面各章节的学习做好理论铺垫。

ER1-2
第一章
总论

第一节　概　　述

对于护理专业硕士毕业的临床护士，全面掌握药物治疗的知识，有利于临床实践中观察及指导患者用药，进行安全、恰当、有效的药物治疗，提高患者对药物治疗的依从性。

一、药物治疗学及护理药物治疗学的概念

（一）药物治疗学

药物治疗学（pharmacotherapeutics）主要是研究药物预防、治疗疾病的理论和方法的一门科学。它以提高患者生活质量为目的，应用基础医学、临床医学与药学的基本理论和知识，以疾病的病因和发病机制为基础，研究药物作用和机制，并根据患者的病理、生理和遗传特征，结合药物的经济学特点，研究如何选用适当药物、适当剂量、适当用药时间和疗程，制订和实施个体化的药物治疗方案，以获得最佳治疗效果和最低治疗风险。

（二）护理药物治疗学

目前，尚无公认的护理药物治疗学（nursing pharmacotherapeutics）的定义及概念，根据药物治疗及护士在临床药物治疗中的作用，本教材将护理药物治疗学定义为：将临床药物治疗学和护理学专业特点紧密结合，从护理的角度研究药物治疗的一门应用性学科。内容涉及临床药理学、临床药剂学、药物治疗学和护理学等多门学科。其重点内容是关注药物在临床的合理应用，使药物治疗达到最佳的效果，保证患者良好的依从性及用药安全。

二、药物治疗学的内容和任务

（一）药物治疗学的内容

药物治疗学核心内容是合理用药。合理用药是指以当代药物和疾病的系统知识为基础，安全、有效、经济、方便地使用药物。

合理用药的判断标准包括：①按照药物的适应证选择药物，针对疾病的病因和病理生理改变采用对因治疗及对症治疗。②在明确遗传多态性与药物反应多态性的基础上，采用个体化给药方案，确定临床用药的剂量、用法、疗程、药物调剂配伍恰当。③患者应无禁忌证，所选用的药物

笔记栏

对患者引发不良反应的可能性最低或易于控制、纠正。④患者对临床所用的药物具有良好的依从性。⑤所选用的药物与患者的经济情况相匹配。

（二）药物治疗学的任务

药物治疗学在传统的药理学和临床医学之间起衔接作用，其主要任务包括三个方面：①研究如何依据疾病的病因和发病机制、患者的个体差异、药物的作用特点等，对患者实施合理用药。②研究药物对机体作用的各种影响因素。③研究药物之间的相互作用如何影响药物反应。

三、护士在药物治疗中的作用

在临床工作的团队中，护士与患者的接触最为密切，可及时观察与评估药物的疗效及不良反应，必要时及时给予干预。护士也是患者药物治疗安全的守护者，掌握全面扎实的药物治疗知识，可帮助护士及时发现和纠正医生所开处方的错误，在执行医嘱过程中发现药物治疗所存在的问题，是保障患者用药安全、防止用药差错的最后防线。专科护士在药物治疗中的作用可以概括为以下几个方面：

（一）用药前充分了解患者的相关情况，全面评估患者潜在治疗效果

护理工作人员在用药前需要对患者进行全面系统的评估，不仅需要对患者的病情和检查结果有全面的了解，而且需要评估患者的社会心理状况及自我照顾能力。因为患者的社会经济状况、社会心理、文化等多方面的因素会影响药物的选择及治疗效果。通过全面收集资料并分析，可以判断其可能的治疗效果、不良反应，以及影响治疗效果的危险因素，如特殊人群（孕产妇、儿童及老年人等）、肝肾功能的损害、药物过敏史、需要服用的多种药物之间存在配伍禁忌或协同作用、使用镇静催眠药或降糖药等易出现问题的药物、既往药物不良反应、存在的遗传危险因素等。

 知识链接

药物经济学分析方法（pharmacoeconomics）

- 最小成本分析（cost minimization analysis，CMA）是成本效果分析的一种特例，它是在临床效果完全相同的情况下，比较两个或多个药物治疗方案间的成本差异。由于它要求药物的临床治疗效果，包括疗效、副作用、持续时间完全相同，所以应用范围较局限。
- 成本效果分析（cost effectiveness analysis，CEA）是较为完备的综合经济评价形式之一，主要比较健康效果差别和成本差别，其结果以单位健康效果增加所需成本值（即成本效果分析比值）表示。其特点是治疗结果不用货币单位来表示，而采用临床指标，如抢救病人数、延长的生命年、治愈率等。
- 成本效用分析（cost utility analysis，CUA）是成本效果分析的发展，是在结合考虑用药者意愿、偏好和生活质量的基础上，比较不同治疗方案的经济合理性。
- 成本效益分析（cost benefit analysis，CBA）是比较单个或多个药物治疗方案之间或其他干预措施所耗费的全部成本和由此产生的结果价值（效益）的一种方法，它要求成本和效益均用货币来表示。

（二）给药过程中注重各个环节，防止治疗中各种差错事故的发生

专科护士在给药时，需要注重三个环节：①用药前仔细核对医嘱，有不清楚的地方及时与医生沟通，做好对处方的审查，核对内容包括患者姓名、床号、药物名称、药物剂量、药物浓度、给药时间、给药途径及药品有效期等。②熟知药物知识，杜绝治疗差错；熟悉临床用药的相关知识，因为用一种药物在治疗不同疾病时剂量可能不同；同一种药物可能具有不同的剂型，不同剂型给药剂量会有所差异。③防止药物配伍禁忌，对药物性质、药物相互作用、影响药物稳定性等

因素深入了解。另外，还需遵守以下原则：①根据药物性质选择适宜的载体溶剂；②输注的两种不同药物间有配伍禁忌时，在前一种药物输注结束后，应冲洗导管或更换输液器，再输注下一种药物；③在药物配伍时一次只加一种药物到输液瓶中，充分混匀后检查有无可见的变化，再加入另一种注射药物，并重复相同的操作和检查；④两种药物在同一输液瓶中配伍时，先加浓度较高者，再加浓度较低者；⑤最后加入有色的注射用药，以防有细小沉淀时不易被发现；⑥注射用药配制结束后应尽快使用。

（三）随时监测病情变化和药物治疗效果，为医生调整治疗方案提供依据

护士与患者接触最为密切，对患者病情变化观察最为直接，所提供的资料最为及时可靠。为了更好地观察药物疗效，护士在对患者所使用的药物充分了解的基础上，仔细观察患者对药物治疗的反应，如药物起效时间、有无不良反应等。

（四）提高患者治疗的依从性

护士与患者长期接触并建立起良好的护患关系，可明确患者治疗依从性的影响因素，从而采取针对性措施提高患者治疗的依从性。如针对老年人用药依从性差的问题，护士可与医生沟通，尽可能简化用药方案，调整用药时间以适应老人的生活习惯；用药方法的书写要清楚，字体要大而清晰；制订药物的治疗方案时，特别对长期用药的患者，需要考虑到患者的经济承受能力，才能提高其依从性；通过书面和语言两种方式，简要清楚地向患者或其照顾者讲明治疗计划和用药方法；初次使用的药物或药物用法有所改变时，可通过用药日记、特殊药盒标记、手机定时提醒等方式，帮助患者及时、正确用药，并记录用药情况。

（五）用药的健康指导

对患者进行用药的健康指导，可极大促进药物的治疗效果，提高依从性，保障药物治疗的安全性。用药健康指导的方法可以是口头阐述或书面表达，其内容涵盖了用药知识的各个方面，主要包括：①告知患者所用药物的名称，最好是药物的通用名称，以及药物所属类别。②告知患者准确的用药剂量和用药时间。③教会患者正确的用药方法。④使患者了解疗效出现的表现和时间。⑤教会患者使用增强药物疗效的非药物治疗方法。⑥告诉患者停药的时间。⑦告诉患者所用药物的不良反应以及减轻不适和损害的方法。

（六）新药研发

新药研发从最初的实验室中先导化合物的确定、优化、临床试验，到最终摆放到药柜销售，平均需要花费 15 年的时间。在新药研发的过程中，临床试验是不可缺少且极其重要的阶段。新药临床研究者通过试验，掌握人体对新药的耐受程度、药代动力学指标以及药物安全性、有效性的研究数据，为药品上市提供必要的临床依据。研究护士作为新药临床试验中必不可少的研究者之一，承担着重要的工作职责，其角色除了作为患者的直接照顾者、咨询师、技术顾问和病情观察者、不同专业科室的联络者外，在临床试验中，更是学习者、执行者、教育者、管理者、资料收集者、资料录入者和协调者，在临床试验中占据中心地位。

第二节　安全合理用药

📋 导入案例

患者，男，53 岁。因严重抑郁发作，需要服用抗抑郁药盐酸帕罗西汀，有报道称该药可能增加出血的风险。而该患者近 5 年因骨关节炎引起的疼痛，一直在服用酮洛芬肠溶胶囊。同时服用盐酸帕罗西汀和酮洛芬可能会增加上消化道出血的危险，建议换药。

请思考：

1. 该用药方案违反了什么用药原则？
2. 该出血反应属于药物不良反应的哪种类型？
3. 避免药物不良反应的防治原则有哪些？

　　临床药物治疗学的核心是综合运用药学、医学及相关学科的知识为患者制订最优的治疗方案，达到合理用药的目的。因此，在药物治疗过程中应对各种可能影响药物对机体作用的因素加以考虑，根据疾病的病因和发病机制、患者的个体特征、药物的作用特点等，选择合适药物，对患者实施个体化的合理用药方案，力求以最小的药物不良反应风险、最低的治疗成本来取得最佳的治疗效果。护理专业硕士毕业的临床护士既是药物治疗的实施者，又是用药前后的监护者，全面掌握临床合理安全用药的知识，不仅能协助医生制订合理的药物治疗计划，也有利于更好地监督落实及评估该计划，从而提高药物治疗的依从性，以保证药物治疗取得预期的疗效。

一、药物治疗的一般原则

　　药物治疗是临床上疾病治疗中最常用、最基本的治疗手段。在药物治疗过程中要综合考虑药物治疗的安全性、有效性、经济性、方便性，对药物、疾病和患者三者信息进行综合分析、权衡利弊后，制订合理的治疗方案，才能获得最佳的效益/风险比。

（一）药物治疗的安全性

　　药物治疗的安全性（safety）是指药物在发挥防治疾病作用过程中，对药物可能产生的各种不安全事件的认识与可接受的程度。保证患者的用药安全是临床药物治疗的基本前提。用药安全是药物治疗的基本原则，只有在用药安全的基础上才考虑其他方面的原则。理解影响药物治疗安全性问题的主要因素，有助于我们更好地保证药物治疗的安全性。

　　1. 药物本身固有的生物学特性　药物具有两重性，在产生防治作用的同时，也可能产生不良反应，因此，药物安全性问题是客观存在的。通常以药物的治疗指数来评价药物的安全性，治疗指数大的药物相对比治疗指数小的药物安全。也可以用安全范围来衡量药物的安全性，距离越宽，安全范围越大。药物的不良反应对药物的使用群体是不可避免的，但其发生概率对不同的群体可能各不相同。而具体的某一不良反应是否发生及其严重程度，则存在个体差异。因此，对药物要加强不良反应监测，及时发现药物的不良反应。

　　2. 药品质量　药物制剂中不符合标准的有毒有害相关物质超标准或有效成分含量过高可影响药物治疗的安全性。因此，应通过严格执行药品生产质量管理规范（good manufacturing practice of medical products，GMP）以及药品经营质量管理规范（good supply practice，GSP），加强药品生产、流通、储存及使用各环节的质量控制和监管，避免药品质量问题的发生，杜绝此类安全性问题。

　　3. 药物的不合理使用　目前临床因药物的不合理使用导致的药物损害发生率逐年上升。如无适应证用药、药物剂量过大、疗程过长、停药过程太突然、联合用药不合理、在长期用药过程中未能按要求及时监测重要脏器功能等，都属于药物不合理使用的范畴。年老体弱多病者，同时使用多种药物或由多位医生诊治，重复交叉使用多种药物，都可能导致不良的药物相互作用的产生，也是不合理用药的表现。不合理用药必然导致不良的结果，不仅浪费医药资源，还会延误疾病治疗，导致药物不良反应甚至药源性疾病的发生，酿成医疗事故。因此，在临床药物治疗过程中，应权衡利弊，决定取舍，不滥用或过量使用药物，同时注意患者的病史、用药史、个体差异、药物相互作用等因素，尽量减少和避免临床医疗实践中的不合理用药。

　　在临床医疗过程中，药物治疗的安全性须反复强调，保证医疗安全应放在一切医疗行为的首位。但"安全性"是相对的，追求绝对安全是不可能的，也不符合科学规律。护士在用药过程中需要考虑的主要问题见表 1-1。

表 1-1　护士在用药过程中需要考虑的主要问题

一般问题	需要考虑的因素	护理目标
谁用药	患者的姓名、年龄、性别、身体及社会心理健康状况，有无药物及食物禁忌等。	保证药物为患者治疗所需，明确有无影响患者用药的生理因素（如口服药有无吞咽问题）、生化因素（如与患者所用的其他药物有无相互作用）、社会心理因素（如药物是否符合病人的文化）。
什么药	患者所用药物的正确名称，剂型及剂量，医嘱的具体要求是什么？	保证患者按照医嘱要求正确用药，剂量及剂型正确。
何时用	最佳用药时间是什么？ 最佳用药期限是什么？ 患者什么时候最后一次服用此剂量的药物？	保证在最佳时间，最佳期限用药。保证用药时间不影响患者的其他治疗、休息等。
怎样用	医嘱的用药途径是什么？ 此用药途径是否与其他药物有影响？ 是否有其他因素影响患者通过此途径用药？	确保用药途径正确，与医嘱要求一致。 确保药物之间无配伍禁忌。 保证药物之间没有相互作用，保证食物不影响药物的吸收及利用。保证药物与食物或其他药物有协同作用。
为何用	患者因为什么原因用此药？ 什么情况下用此药？ 用药后会出现的治疗作用是什么？ 可能会有哪些副作用？	防止在不需要的情况下用药。 防止用药过程中发生不良反应，并做好应对不良反应的措施。

（二）药物治疗的有效性

药物治疗的有效性是指药物通过其防治作用使患者临床获益的特征。药物治疗的有效性是临床药物治疗的基本目的，药物的药效学特征是药物治疗有效性的基础。但临床实践中不能因追求药物有效性，忽略了安全性等其他方面的原则。因此，药物治疗要在权衡利弊的基础上，综合考虑多种因素，尽可能追求更好的治疗效果，药物治疗的有效性才具有实际意义。在临床上往往要根据疾病的轻重、药物疗效的优劣与不良反应的大小进行综合判断，确定合理的治疗方案。了解影响药物治疗有效性的主要因素，有助于保证临床合理用药。

1. **药物因素**　药物的生物学特性、理化性质、剂型、剂量、给药时间、给药途径、药物之间的相互作用等因素均会影响药物治疗的有效性。应根据病情选择针对病因或对症治疗的药物。同时根据药物的药动学和药效学特点选择生物利用度高，又能维持有效血药浓度的剂型和给药途径，尽量避免可能产生有害的药物相互作用的药物组合，以减少不良反应，取得满意的治疗效果。

2. **机体因素**　患者年龄、体重、性别、精神因素、病理状态、遗传因素及时间因素等对药物治疗效果均可产生重要影响。患者保持良好的生理和心理状态，积极配合药物治疗是取得满意疗效的关键。因此要采取积极的支持治疗措施，改善患者生理状况，使之保持健康乐观的态度。疾病的分期也影响疗效，许多疾病的早期药物治疗，如肿瘤、脑血管疾病等，最有可能取得满意疗效，所以抓住有利的治疗时机也很重要。患者的个体差异是影响药物疗效的一个重要因素，现在已有人采用生物芯片的方法，筛查可能对某种药物产生严重不良反应的个体，或筛查对某种药物代谢消除有重要差异的个体，这对保证病人取得满意疗效有重要意义。再者，患者对医生提出

笔记栏

的治疗方案是否依从，对药物治疗效果会产生显著影响。因此，应根据不同情况采取相应的应对措施来提高药物治疗的依从性，获得理想的药物治疗效果。

3. 治疗方案方面的因素

（1）药物治疗的适当性：是指在明确疾病诊断的基础上，从病情的实际需要出发，以循证医学为依据，选择适当的药物治疗方案。药物治疗的适当性是实现合理用药的基本保证，用药的适当性表现在用药的各个方面，一般指在用药时必须做到根据病情与机体情况权衡利弊选择适当的药物，确定适当的剂量、疗程与给药方案，使药物的作用发挥得当，达到治疗疾病的目的。违背药物治疗的适当性原则可造成药物治疗过度或治疗不足。

药物过度治疗是指超过疾病治疗需要过度使用药物，且没有得到理想效果的治疗。药物过度治疗表现为超适应证用药、用药剂量过大、用药疗程过长、无病用药等。药物过度治疗不仅延误病情、损害健康，还加重病人的经济负担，造成有限的医疗资源浪费。与药物过度治疗相对的另一个不适当的药物治疗是治疗不足，主要表现为用药剂量不够，达不到有效的治疗剂量；或是疗程太短，达不到预期的治疗效果。

（2）药物治疗的规范性：随着科学的发展，对许多疾病的诊治都制定了权威及规范的指南或标准，实施药物治疗时，尽量按公认的指南或标准去选药用药，减少用药的随意性和盲目性，保证药物治疗的合理性。但需要注意的是，尽管指南考虑了疾病的分型、分期及动态发展，但也不能包括或解决临床实践中遇到的所有问题，所以针对具体患者，既要考虑指南的权威性、严肃性，又要注意个体的灵活性。

（三）药物治疗的经济性

药物治疗的经济性是指消耗最低的药物成本，实现最佳的治疗效果。其目的在于：①控制药物需求的不合理增长，改变盲目追求新药、高价药的现象。②控制有限药物资源的不合理配置，如有些地区或群体存在资源浪费，而有些地区或群体却存在资源紧缺，尤其是那些因经济原因不能得到应有药物治疗的地区或群体。③控制被经济利益驱动的不合理过度药物治疗，如一方面个别医院和医生喜欢用进口药或高价药，另一方面某些疗效明确的基本药物或称"老药"因价格低廉，企业停止生产供应。如何控制医疗费用的快速增长现已成为世界各国共同关注的难题，而药物经济学为控制临床用药过程中的药物费用的不合理增长提供了一种可借鉴的方法。药物经济学的应用包括：①应用现代经济学的研究手段，结合流行病学、决策学、生物统计学等多学科研究成果，分析不同药物治疗方案、不同医疗或社会服务项目的成本－效益比，评价其经济学价值的差别。②通过对药物治疗的成本和结果两方面进行鉴别、测量和比较，确定经济的药物治疗方案。但由于成本或结果都难以简单地量化，局限了该方法的使用。随着科学的发展，药物经济学应用将得到进一步的推广和完善。

（四）药物治疗的方便性

药物治疗的方便性（convenience）是指一种药物的制剂和给药方案应该尽量方便患者，否则会降低患者遵从医嘱或治疗方案的程度，即依从性（compliance）。应在保证治疗效果的前提下，尽可能做到能外用不口服，能口服不注射，选择合适的剂型和方案。例如缓释制剂减少了给药次数，不容易发生漏服现象，即可提高患者依从性；药片太小，导致视力及手指灵活性减退的老年患者用药困难；制剂带有不良气味，致使儿童拒服；治疗方案方面，药物种类或服药次数过多，用药方式、途径不方便等均可影响药物治疗的依从性。

二、药物不良反应

（一）药物不良反应的概念

药物不良反应（adverse drug reaction，ADR）在我国《药品不良反应报告和监测管理办法》中规定为合格药品在正常用法用量下出现的与用药目的无关的有害反应。这一定义排除了有意或意外的过量使用药物和用药不当所致的不良反应，将其限定为伴随正常药物治疗的一种风险。

（二）药物不良反应的类型

药物不良反应有多种分类方法。20 世纪 70 年代，根据药物的不良反应与药理作用是否相关联，将不良反应分为 A 型和 B 型两类，随后由于新的不良反应不断被发现，又不能准确将其归类于上述两类不良反应，因而又增加了 C 型、D 型、E 型和 F 型不良反应（表 1-2）。

表 1-2　药物不良反应分类及其特点

不良反应类型	特点	示例
A 型：增强药理作用	常见 可预测效应 剂量依赖性 高发生率 低死亡率	与 β- 肾上腺素能受体阻断药相关的心动过缓、下肢乏力反应
B 型：与药理作用无关的特异效应	不常见 无法预测的 不依赖剂量 低发生率 高死亡率	与青霉素类抗生素相关的过敏反应
C 型：剂量相关和时间相关	不常见 与累积剂量有关的	糖皮质激素抑制下丘脑 – 垂体 – 肾上腺轴
D 类：与时间相关	不常见 通常与剂量有关 用药一段时间后发生	药物的致畸作用、致癌作用，或者迟发性运动障碍等
E 类：停药反应	不常见 在停药后不久就会发生	阿片类药物戒断综合征
F 类：治疗的意外失败	常见的 剂量相关的 通常是由药物相互作用引起的	在酶诱导剂存在时口服避孕药失败

临床药物种类繁多，因为用药途径不同，患者个体差异等原因，药物不良反应发生的原因较复杂。首先是药物方面的原因，比如药物的选择性低、药物工艺问题导致的杂质残留引起的过敏、不合理药物联用等。其次是机体方面原因，比如年龄、性别等生理性因素，遗传因素导致的个体差异及种族差异，疾病导致的肝肾功能减退等。

（三）药物不良反应的识别和监测

1. 药物不良反应的识别　患者因接受药物治疗而发生药物不良事件时，就需要判定药物不良事件与药物治疗间是否存在因果关系，如与药物使用存在时间关系，剂量关系和排除其他可能的原因，则可判定为药物不良反应。药物不良反应的识别要点如下：

（1）药物不良反应的出现与药物治疗在时间上有合理的先后关系，不同药物的不良反应潜伏期差异较大。

（2）药物不良反应的出现与药物剂量之间具有相关性，药物具有效能，继续盲目增加药物剂量后，疗效并不增加而不良反应出现加重。

（3）去激发（dechallenge）反应，撤药的过程即为去激发，减量则可看作是一种部分去激发，

笔记栏

一旦认为某药可疑，就应在终止药物治疗或减少剂量后继续观察和评价反应的强度和持续时间。如果药物不良反应事件随之消失或减轻，则有利于因果关系的判定，许多药物不良反应只须及时停药或者调整剂量即可恢复。当多药联用时，逐一去激发有助于确定是何药造成的损害。如果去激发后反应强度未减轻，说明反应与药物关系不大，但仍应谨慎对待，因为有时可能观察时间太短而不能排除与药物的相关性。

（4）再激发（rechallenge）反应，再次给患者用药，以观察药物的不良反应是否再现，从而验证药物与不良反应之间是否存在因果关系。由于伦理原因，容易对患者造成严重损害的应绝对禁止再激发。临床上可采用皮肤试验、体外试验的方法来代替。

（5）符合药物的药理作用特征并可排除药物以外因素造成的可能性，某些药物的不良反应是其药理作用的过度延伸和增强，因而可以预测，如抗凝药导致的自发性出血等。但在临床工作中，药物不良反应与一些常见病、多发病的症状相似，例如地高辛引起的胃肠道不良反应与心力衰竭引起胃肠道淤血导致的症状难以区分，B 型药物不良反应因与其本身作用无关，也需要与其他药物或非药物因素鉴别。如果怀疑不良反应是由于药物之间相互作用所致，需要判断药物联合用药时间与不良反应出现时间是否关联，撤除或再次给予相应药物后，不良反应是否发生同步变化。

（6）掌握相关文献报道的不良反应，相关文献及药品说明书列入的药物不良反应是获取药物不良反应信息的主要途径，可以从中了解相关药物不良反应的临床特点、发生率、风险因素及发生机制。如所处药物不良反应的特征与上述报道内容相符，则有助于药物不良反应的判定。但是文献和说明书上的药物不良反应记载可能并不完全，有些药物不良反应的判断仍有赖于医药工作者的独立取证与分析。

（7）进行必要的血药浓度监测，对于安全范围较窄的药物，血药浓度的高低与不良反应发生率密切相关，及时检测患者的血药浓度对于正确判断尤为重要。例如地高辛的安全范围较窄，剂量应该个体化，血药浓度的监测可为判断此类药物不良反应提供重要依据。

2. 药物不良反应的监测　药物不良反应及危害越来越受到人们的重视。医护工作者可利用便利的条件，直接收集药物不良反应的原始数据，开展不良反应的监测工作。药物不良反应的监测主要包括自发呈报系统、医院集中监测、病例对照研究、队列研究、记录联结及处方事件监测等。

（1）自发呈报系统（spontaneous reporting system）：由国家或地区设立的药品不良反应监察中心，负责收集、整理、分析由医疗机构和药品的生产与经营企业自发呈报的药品不良反应报告，并反馈相关信息。可以及早发现潜在的药品不良反应的信号，使药品不良反应得到早期警告。对于罕见药品不良反应的发现，自发呈报是唯一可行的方式。

（2）医院集中监测（hospital intensive monitoring）：指在一定时间和范围内，根据研究目的详细记录特定药物的使用和药物不良反应的发生情况。可以是患者源性监测，也可以是药物源性监测。

（3）病例对照研究（case-control study）：通过调查一组发生某种药物不良事件的人群和一组未发生该药物不良反应事件的人群，了解过去有无使用（或曾暴露于）某一可疑药物的历史，然后比较两组暴露于该药物的百分比，用以验证该药物与这种药物不良反应的因果关系，是一种由果及因的研究方法。

（4）队列研究（cohort study）：将人群按是否使用某种药物分为暴露组和非暴露组，然后对两组人群追踪随访一定时间，观察同一时期内两组药物不良反应事件的发生率，这是一种由因及果的研究方法，比上述病例对照研究提供更直接、更有利的因果关系判断。

（5）记录联结（recorded linkage）：通过一种独特方式把分散在不同数据库里的相关信息（如出生、婚姻、住院史、处方、家族史等）联结起来，以发现与药物有关的不良事件的方法。这种方法充分利用计算机技术和现有的医疗信息资源，高效率地获取药物不良反应监测所需的数据，而且不干扰正常的医疗活动。

（6）处方事件监测（prescription event monitoring）：是一种非干预性、观察性队列研究，通过收集新上市药品的处方，要求医生填写问卷，询问患者使用某药品后的结果。通过收集处方来积累数据，从中找出 ADR 信号，计算发生率和报告率。该方法的资料来自日常临床用药的患者，而不是经过筛选的人群，因而具有真实用药的代表性。该方法是监测新上市药品使用安全性的有效方法，是自发呈报系统的有益补充。目前我国还没有类似相关计划。

3. 药物警戒（pharmacovigilance）　是与发现、评价、理解和预防不良反应或其他任何可能与药物有关问题的科学研究与活动。药物警戒与不良反应监测的含义相近，都是为了提高临床合理用药的水平，但两者仍有区别：①药物警戒涵盖了药物从研发直到上市使用的整个过程，不仅涉及不良反应监测，还涉及与药物相关的其他问题，如不合格药品、药物治疗错误、缺乏有效性的报告、对没有充分科学根据而不被认可的适应证的用药、急慢性中毒的病例报告、与药物相关的病死率的评价、药物的滥用与错用、药物与药物或食品之间的不良相互作用。②药品不良反应监测仅仅是指药品上市前提下的监测，是一种相对被动的手段。药物警戒则是积极主动地开展药物安全性相关的各项评价工作。药物警戒是对药物不良反应监测的进一步完善。

（四）药物不良反应的防治原则

1. 药物不良反应的预防原则　大多数药物不良反应是可以预防的，理想的药物治疗是以最小的药物不良风险来取得最佳的治疗效果，故预防药物不良反应事件尤为必要。

（1）详细评估患者的病史，正确对症用药：详细评估患者的病史、用药史及过敏史，可以避免错误用药，发生不良反应。

（2）严格掌握药物的用法用量，区分个体用药：药物治疗中严格遵照说明书的用法及用量、适应证及禁忌证，并根据患者生理与病理学特点实行个体化给药。不同特殊人群如儿童、孕妇、哺乳妇女或者老人，还有肝肾功能衰竭患者，应根据需要调整给药剂量。

（3）合理选择联合用药种类，避免不必要的联合用药：联合用药要注意药物之间的相互作用，要根据各自的药效学及药动学特点，注意其产生的联合效应是协同、拮抗、相加还是无关作用，需兼顾增加疗效与减少药物不良反应。

（4）密切观察患者用药反应，必要时监测血药浓度：对于长期用药患者，如使用氨基糖苷类、高效能利尿药等药物，应定期进行听力测试、前庭功能检查，并监测肝肾功能、电解质及酸碱平衡；长期使用强心苷类药物尽可能到有条件的医院监测血药浓度，一旦发现异常，应尽快调整剂量或更换治疗药物。

（5）提高患者防范意识，及时报告异常反应：最早发现药物不良反应症状的往往是患者本人，因此不仅要向患者介绍药品的疗效、详细解释相关药物不良反应和用药注意事项的信息，告诫出现药物不良反应早期征兆时的应对方法，从而增强患者对药物不良反应和药源性疾病的防范意识，提高用药的依从性。

（6）加强对执业者的专业水平训练和职业道德教育，避免用药错误：有相当部分的药物不良反应和药源性疾病的发生与医药人员在处方、配制、发药和用药过程中的差错、事故有关，通过专业训练可在一定程度上减少这类药物不良反应的发生。

2. 药物不良反应的治疗原则　当发生药物不良反应甚至出现药源性疾病时，必须迅速采取有效措施，积极进行治疗。

（1）停用可疑药物：当怀疑某个症状是由于药物所引起而又不能确定时，如果治疗允许，最可靠的方法是首先停用可疑药物，这样处理不仅可及时终止致病药物对机体的继续损害，而且有助于药物不良反应的识别。停药后，症状的减轻或消失可以提示不良反应的药源性。若治疗不允许中断，对于 A 型药物不良反应可通过减量或者换用一种选择性更高的同类药物；对于 B 型药物不良反应则通常必须更换药物。

笔记栏

（2）采取有效的救治措施：多数药物不良反应在经过上述处理后均可逐渐消失，恢复正常，对比较严重的药物不良反应和药源性疾病则需要采取进一步治疗措施。如通过给予催吐、洗胃、导泻、吸附、解毒及抗过敏药物等治疗措施，减少药物吸收、促进药物排泄、降低药物毒性及过敏反应。

三、患者的依从性和用药指导

护士作为药物治疗的直接执行者和观察者，如何为患者提供更加安全、有效、规范、科学的服药指导，以减少患者的疑虑，提高患者药物治疗依从性，是护理工作中急需解决的问题。帮助患者严格执行治疗方案是护士的重要职责之一。本节主要分析药物治疗的依从和不依从的原因，以及如何对患者进行用药指导，提高其依从性。

（一）依从性的概念及不依从性类型

依从性（compliance）有广义及狭义之分，广义的依从性是指患者的行为（如用药、饮食或改变其他生活方式等）与医嘱的一致性。从狭义的角度，依从性是指患者对药物治疗方案的执行程度。一个合理的治疗方案可能因为患者的不依从而导致治疗的失败。由此可见，依从性不仅包括服药依从性，还包括个体所有健康相关行为的依从性。

患者不依从的主要类型如下：①不按处方取药，有的门诊患者拿到处方后并不取药，住院患者在出院时也不去取应继续使用的药物。②不按医嘱用药，药物剂量、服用频次、用药时间或顺序、用药途径或方法错误。③提前终止用药或更改疗程，患者因各种因素擅自停药、自行缩短或延长疗程。④不当的自行用药，患者根据症状进行自行诊断而自行用药，如患者认为自己症状与他人相似而使用他人的药物。⑤重复就诊，表现为就诊于不同专科，或者同时就诊于不同医院，或者中西医同时就诊，而不告知医生有关详细情况，造成相同或者相似药物的重复使用。

（二）患者不依从的常见原因

1. 疾病因素 疾病类型、并发症、治疗方案、治疗的不良反应等都是影响患者药物治疗依从性的因素，其中治疗不良反应对依从性的影响最大。还有一些疾病（如高血压）本身无明显症状或经过一段时间治疗后症状已改善，患者由于症状改善而误以为疾病康复而停药。

2. 患者因素 患者的年龄、性别、文化程度等都会影响其服药的依从性。年龄是依从性差的一个重要影响因素，年龄过大或过小都会影响患者的依从性。患者对疾病、药物相关知识的认知与患者的依从行为有密切关系。患者信念也可以影响其服药依从性，包含健康信念、药物疗效信念、对医务人员的信念等。其他因素包括担心药物不良反应、经济拮据、理解能力差或求治心切、相信他人经验、对处方的误解、情绪、精神状态、认知功能、动机、社交、聚餐和外出旅行等，都会影响药物治疗的依从性。

3. 医药护人员因素 医药护人员对患者的态度、是否清楚地指导用药、随访次数、持续时间，以及是否提供相关知识的健康教育是影响患者药物治疗依从性的重要因素。此外，医患关系不佳、医患沟通不良、缺少与患者的沟通、未清楚地提供用药指导等也会降低患者的依从性。

4. 药物因素 药片太小，使视力和手指灵活性减退的老年患者用药困难；药片太大难以吞咽；制剂带有不良气味及颜色，致使儿童患者拒服。

5. 给药方案因素 药物治疗方案过于复杂、药物种类过多或服药次数过于频繁，患者难以遵从医嘱或治疗方案；或用药方式、途径不方便而不能及时用药。

（三）患者不依从的后果

患者不依从的直接后果取决于不依从的程度、治疗药物的浓度 – 效应关系和治疗窗大小。当药物的治疗窗较宽，通常的处方剂量所产生的血药浓度足以到达浓度 – 效应曲线的上段平坦区间时（曲线斜率较小、效应对浓度变化不敏感），为数不多的漏服与重复用药出现药物浓度低于最小治疗浓度或高于最小中毒浓度的概率较小，对疗效的影响不会很大。典型的例子如噻嗪类利尿药，即使不规则用药也同样有效。如果药物的治疗窗较窄（如氨茶碱），潜在的毒性反应限制了用药剂量，使血药浓度较低而处于浓度－效应曲线的中段陡峭区间时（曲线斜率较大，效应对浓度变化敏感），不规则用药将导致疗效减退或产生毒性反应。

不依从的间接后果会导致医生或临床药师在监测治疗结果时作出错误判断。将患者不依从而造成的治疗失败误认为是诊断错误或所采用的药物治疗无效，从而有可能进一步导致额外的化验检查、改变剂量、更换毒性及费用更高的二线药物等错误决策，使患者承受更大的药物不良反应风险和经济损失。这从另一方面提示临床医药工作者，在分析药物疗效不佳的原因时，不要疏漏患者的依从性因素。临床上评估病人依从性的方法主要有：患者自报、服药日记、计数剩余药量、电子剂量监测、体液药物浓度测定，其评估结果的可信度依次递增。

（四）提高依从性的措施

1. 加强沟通　医患沟通不仅是医生与患者之间的沟通，更是整个医疗团队与患者的沟通。临床医护人员应尊重患者的感受和观点，理解患者，与患者建立良好的医患关系，赢得患者的信任与合作，使患者乐于与医护人员沟通。

2. 优化药物治疗方案　优化的药物治疗方案容易被实施，最终才能体现药物治疗的效果。药物治疗方案所选用的药物剂型和给药方案应尽可能方便患者。一个优化的药物治疗方案要素是包含尽可能少的药物种类，选择起效迅速、不良反应少的药物，采用合适的剂型和尽量简单、方便的给药方法和尽可能短的疗程。

3. 提供用药指导　①告知药物疗效：为什么选择此药治疗；哪些症状会消失或改善，哪些不会；估计何时起效；如果不服药或不正确地服药将出现什么情况。②药物不良反应：帮助患者适当了解药物的作用与不良反应，预防或避免不必要的困扰与危险。告知患者可能出现哪些（最重要的）药物不良反应；怎样识别这些药物不良反应；药物不良反应的持续时间、严重程度及如何处理；对于多疑者，还需要强调不良反应的发生是一个统计学概率事件，是整体人群的反应，对于个人来说不一定发生，提醒的目的是万一发生时，可采取相应措施，例如停药或者就医。③指导药物使用：告知患者药物的正确使用方法、用药时间、贮存方法及剩余药物的处理。忘记按时服药是常见的事，可以提示患者利用闹钟、电脑、移动电话等提醒功能，或者推荐缓释剂型药物。④告诫患者：什么情况下不应再服用此药；不要超过的最大剂量；为何必须全程服药。

四、特殊人群的临床用药注意事项

医学上特殊人群是指孕产妇、儿童及老年人等。这些特殊人群在生理、生化功能等方面与一般人群相比存在着明显差异，而这些差异则显著影响药物在这些人群的体内过程和药物效应。若对这些特殊群体按常规的给药方案进行药物治疗，药物在机体内或不能达到最低有效浓度，使治疗失败；或超过最低中毒浓度，产生毒性反应；或产生不同于一般人群的药物效应和不良反应。因此，只有掌握这些特殊人群的病理、生理学特点和用药注意事项，临床上才能有针对性地合理用药，保证特殊人群的用药安全。

（一）孕产妇临床用药

1. 妊娠期妇女临床用药　在整个妊娠期，母体、胎盘、胎儿组成一个生物学和药动学整体。因此，妊娠妇女用药后，药物既存在于母体，又可通过胎盘进入胎儿体内，从而对胎儿产生影响。胎儿的特点是：①血浆蛋白含量低，游离药物浓度较高。②血脑屏障发育不健全，药物易进入中枢神经系统。③肝药酶活性相对缺乏，对药物的代谢能力有限。④肾小球滤过率甚低，肾排泄药物功能极差。基于上述特点，妊娠期用药不当可能带来严重的危害，引起流产、早产或先天性畸形等。因此，妊娠期用药应权衡利弊，尽量选用对妊娠妇女及胎儿安全的药物，并且注意用药时间、疗程和剂量的个体化。孕妇慎用的治疗药物包括抗感染药物、作用于心血管系统的药

笔记栏

物、作用于神经系统的药物、抗组胺药、降糖药、止吐药、性激素类药、抗肿瘤类药物，维生素类药物也不应过量，尤其是脂溶性维生素。

2. 哺乳期临床用药　大多数药物可从乳汁中排出，但多数药物乳汁中的浓度较低，乳汁中药物含量不超过母体摄药量的 1% ~ 2%，小于乳婴治疗量，因而一般不会对乳婴产生不良的影响。但有些药物由乳汁分泌较多，对哺乳期婴儿影响较大。故哺乳期用药必须了解药物自乳汁的排出情况。影响药物从乳汁分泌的因素有：①药物相对分子量大小、脂溶性、解离度、血浆蛋白结合率等。由于乳汁脂肪含量比血浆高，pH 值比血浆低，故脂溶性高、蛋白结合率低、分子量小、解离度低的弱碱性药物更易进入乳汁中。②哺乳期妇女所用药物的剂量、用药次数及给药途径等因素。哺乳期妇女用药后，药物在母体内的吸收、分布、代谢、排泄等将决定乳汁中的药物浓度。③乳儿每天哺乳量、哺乳时间、胃肠黏膜成熟状态以及胃、十二指肠的 pH 值等都影响乳儿所摄入的药量。由于经乳汁排泄的药物可对哺乳婴儿产生毒副反应，哺乳期妇女的用药应十分谨慎，要充分考虑用药的风险与疗效，确保乳儿的健康，而哺乳期妇女也是药品不良反应监测的重要对象。

妊娠期和哺乳期妇女在药物治疗自身疾病和促进健康的同时，可直接或间接地影响胎儿及乳儿。具体内容请见第十六章女性健康用药与护理内容。

（二）儿童临床用药

儿童时期是人生的重要阶段，包括胎儿期、新生儿期、婴儿期、幼儿期、学龄前期、学龄期、青春期。儿童从解剖结构到生理和生化功能都处于不断发育时期，身高、体重、体表面积、细胞外液、血浆蛋白结合率、肝、肾和内分泌功能等都处于动态变化之中。儿童的药动学和药效学特征与成人相比差异显著，且各年龄组儿童之间也有一定差异。与成人的药动学相比，新生儿药物分布容积较大，肝代谢和肾排泄药物的能力较差；儿童的药效学特点与成人基本相似，但由于儿童的生理特点与成人有异，对某些药物呈现出特殊反应性，有时不仅表现为量的差异，甚至可能发生质的改变。为保证用药安全、合理，应依据儿童身体的特殊性及药物在体内的药动学和药效学特点选择用药。

1. 儿童给药剂量的计算　由于儿童的年龄、体重逐年增加，体质又各不相同，用药的剂量有较大的差异。儿童用药剂量计算方法有多种，包括按体重、体表面积或年龄等方法计算。

（1）根据体重计算：儿童剂量（每天或每次）＝药量 /（kg·次）（或天）× 估计体重（kg）。如患儿未实测体重，可按下列公式推算其净重的 kg 数：

6 个月前儿童体重（kg）＝ 3 + 月龄 × 0.6

7 ~ 12 个月儿童体重（kg）＝ 3 + 月龄 × 0.5

1 岁以上儿童体重（kg）＝ 8 + 年龄 × 2

（2）根据体表面积计算：根据体表面积计算是目前广为推荐的使用方法。由于人体生理现象与体表面积的关系比与体重、年龄的关系更密切，因此该法科学性强，既适用于成人，又适用于各年龄的儿童。

体重在 30kg 以下儿童按下式计算：体表面积（m^2）＝ 0.035（$m^2 \cdot kg^{-1}$）× 体重（kg）+ 0.1（m^2）。

对 30kg 以上者，则按体重每增加 5kg，体表面积增加 $0.1m^2$；或可参照下列数字进行药量计算：35kg 为 $1.2m^2$，40kg 为 $1.3m^2$，45kg 为 $1.4m^2$，50kg 为 $1.5m^2$。

（3）根据成人剂量折算：国内外儿童药物剂量根据成人剂量折算，总的趋势是剂量偏小，然而较安全。常见的成人剂量折算法有：

1）儿童剂量 ＝ 成人剂量 × 儿童年龄（岁）/ 20

2）婴儿剂量 ＝ 成人剂量 × 婴儿月龄（月）/ 150

3）儿童剂量 ＝ 成人剂量 × 儿童体重（kg）/ 成人体重（按 60kg）

4）儿童剂量 ＝ 成人剂量 × 儿童体表面积（m^2）/ 1.7

（4）按药动学参数计算：按药动学参数来计算设计儿童给药方案是更为科学和合理的给药方法，其原理就是根据血药浓度监测结果，计算出药物的各种药动学参数，如生物利用度（F）、分布容积（V_d）、半衰期（$t_{1/2}$）、消除速率常数（K_e）等，用药时再根据这些参数计算出达到有效血药浓度所需的剂量。如：

$$D = C \cdot V_d \cdot K_e \cdot \tau / F$$

其中，C：血药浓度，D：剂量，τ：给药间隔。

虽然这种计算方法合理，但由于目前我国血药浓度监测还不普遍，使其在临床应用方面还受一定限制。

2. 儿童用药的一般原则 儿童用药要根据其生理特点和疾病状态，考虑药物对儿童生长发育的影响，做到个体化。

（1）选择合适药物：明确诊断，严格掌握适应证，选择疗效确切、不良反应较小的药物，特别是对中枢神经系统、肝、肾功能有损害的药物尽可能少用或不用。如四环素类药物容易引起儿童牙齿黄染及骨骼发育障碍，氨基糖苷类抗生素会造成儿童耳、肾毒性，使用氯霉素可能使新生儿出现灰婴综合征。

（2）选择合适剂量：儿童期组织器官逐步成熟，功能逐步完善，用药剂量应根据儿童年龄、体重、体表面积或药动学参数等进行调整，剂量太小达不到治疗效果，太大则有可能引起不良反应。

（3）选择合适的给药途径：由于给药途径关系到药物的生物利用度和药代动力学，明显影响疗效，因此儿童用药选择合适的给药途径非常重要。给药途径取决于病情的轻重缓急、用药目的、药物本身性质以及儿童特点。一般来说，能吃奶或耐受经鼻饲给药的婴幼儿，胃肠道给药是患儿最常用的给药途径。为使儿童喂药方便，应用一些糖浆剂、含糖颗粒或加入水果香料来改善口感，使儿童易于接受，如滴剂、混悬剂、咀嚼片、果味泡腾片等。如对危重病儿（含新生儿、小婴儿），宜用静脉注射或静脉滴注，以迅速控制病情，一定要按规定速度滴注，切不可过快过急，要防止药物渗出引起组织坏死。但有些药物如地高辛，口服给药较肌内注射吸收快，应引起注意。由于皮下注射给药可损害周围组织且吸收不良，一般不用于新生儿。地西泮溶液直肠灌注比肌内注射吸收快，可用于迅速控制儿童惊厥。婴幼儿皮肤角化层薄，药物很易透皮吸收，外用药时切不可涂得过多过厚，用药时间不宜过长。

（4）密切监护患儿用药，防止产生不良反应：儿童的应急能力较差，对某些药物较敏感，极易产生药物不良反应。在用药过程中应密切注意药物不良反应，必要时对治疗药物浓度进行监测，以维持患儿的血药浓度处于最低有效浓度和最低中毒浓度范围内，从而最好地发挥药物的治疗作用，最大限度地避免或减少药物的毒副反应，以免造成严重后果。

（三）老年人临床用药

老年人一般是指年龄超过60岁的人。随着年龄增长，老年人各脏器生理功能减弱，常患多种疾病，并对药物的代谢和药物的反应性等发生改变，血药浓度与靶器官的敏感性均随增龄而增高，使老年人用药具有其特殊性，使其用药具有以下特点：①往往同时患有多种疾病，用药品种较多，用药时间较长。②生活阅历丰富，有一定的用药经验，主观选择药物的要求高。③健康状态各不相同，实际年龄与生理年龄不一定相一致，用药个体差异大。④用药依从性差。⑤不良反应发生率亦较高。因此，对老年人要做到合理用药，减少不良反应，必须从老年人的生理、心理、病理等方面的具体特点进行个体化的综合考虑。老年人合理用药的原则如下：

1. 选择恰当的药物及剂型 用药前须明确诊断和详细询问用药史，明确用药适应证，权衡治疗药物的利弊，以合理选择药物。药物治疗时，应恰当地选择疗效可靠、作用温和的药物，尽量减少药物种类，联用药物以不超过3～4种为宜，并注意药物间潜在的相互作用。避免使用老人禁用或慎用的药物，如肾毒性大、易引起抑郁症、直立性低血压等药物。不滥用滋补药及抗衰老药。老年患者需要长期用药时，选择适合老年人且服用方便的药物剂型。尽可能口服给药，对部分吞咽困难的，可改用液体剂型，必要时可用注射给药。急性患者可选用静脉滴注或静脉注射给药。尽量少用肌内注射或皮下注射，因为老年人的肌肉对药物的吸收能力较差，注射后疼痛较显著且易形成硬结。

2. 制订个体化的给药方案　许多药物在老年人应用时半衰期延长，若用常规剂量和间隔时间往往会引起中毒，原则上老年人用药剂量宜小，间隔时间宜长。严格遵守从小剂量开始和剂量个体化原则。老年人用药量在中国药典规定为成人量的 3/4，一般开始用成人量的一半即见效果，再根据临床反应调整剂量，直至出现满意疗效而无不良反应为止。每次增加剂量前至少要间隔 3 个血浆半衰期。老年人用药后反应的个体差异比其他年龄的人更为显著，最好根据患者肝肾功能情况来决定及调整剂量。对主要由原型经肾脏排泄的药物、安全性差的药物以及多种药物联用时，及时调整剂量更为重要。对一些治疗指数较小的药物需进行血药浓度监测。

3. 掌握合适的用药时间　选择合适的用药时间对老年人进行治疗，可以提高疗效和减少毒副作用。如降血压药宜在早晨血压上升前半小时服用，皮质激素类药物现在主张长期用药者在控制病情后，采取隔天疗法，即根据皮质激素昼夜分泌的节律性，把 2 天的总量于隔天早晨 6～8 时 1 次给予，对肾上腺皮质功能抑制较小，疗效较好，产生库欣综合征等不良反应的概率较小。

4. 提高患者的依从性　老年人用药存在依从性差、用药方案复杂、经验用药、理解记忆力差、视力不佳、听力减退等特点。所以，老年人的服药方法宜简不宜繁，服药时间宜在早晨或临睡前，尽可能跟踪用药过程，强化用药监督。

五、处方药与非处方药

处方药与非处方药是根据用药者获得药品途径不同，在药品分类管理上的界定，而不是药品本质的属性。我国目前是根据 2005 年发布的《关于做好处方药与非处方药分类管理实施工作的通知》，对药品实行处方药与非处方药分类管理。

（一）处方药与非处方药的概念和分类

处方药（prescription drugs，简称 Rx 药）是指凭执业医生或执业助理医生处方才可配制、购买和使用的药品。这类药品通常都具有一定的毒性及其他潜在的影响，用药方法和时间都有特殊要求，必须在医生、药师或其他医疗专业人员监督或指导下方可使用。国家食品药品监督管理总局（China food and drug administration，CFDA）公布了 9 类处方药，必须凭医生处方销售，具体包括：①麻醉药品、医疗用毒性药品、放射性药品；②药品类易制毒化学品、疫苗、蛋白同化剂、肽类激素及其他按兴奋剂管理的药品；③终止妊娠药品；④肿瘤治疗药；⑤精神障碍治疗药（抗精神病、抗焦虑、抗躁狂、抗抑郁药）；⑥抗病毒药（反转录酶抑制药和蛋白酶抑制药）；⑦未列入非处方药目录的抗生素和激素；⑧注射剂；⑨CFDA 公布的其他必须凭处方销售的药品。

非处方药（nonprescription drugs，over-the-counter drugs，简称 OTC 药）是指由国务院药品监督管理部门公布的，不需要凭执业医生和执业助理医生处方，消费者可自行判断、购买和使用的药品。我国根据药品的安全性，非处方药分为甲、乙两类，甲类非处方药的安全性低于乙类非处方药。每类又可分为化学药、中成药，均分为 7 个治疗类别。化学药非处方药分类是参照《国家基本药物目录》，根据非处方药遴选原则与特点划分为：神经系统、呼吸系统、消化系统、皮肤科、五官科、妇科用药以及维生素与矿物质类药 7 个治疗类别。中成药非处方药分类是参考国家中医药管理局发布的《中医病证诊断疗效标准》，将其中符合非处方药遴选原则的 38 种病证归属为内科、外科、骨伤科、妇科、儿科、皮肤科、五官科 7 个治疗科。非处方药毒副作用较少、较轻，而且也容易察觉，不会引起耐药性、成瘾性，与其他药物相互作用也小，在临床上使用多年，疗效肯定。

 **知识链接**

非处方药目录中的双跨品种

《国家非处方药目录》中一些药品备注栏中标注"双跨"二字，何谓"双跨"品种呢？

"双跨"品种是指同种药品（同名称、同剂型、同规格）既可以作处方药、又可以作非处方药使用和管理。同种药品适用于不同的适用证，即处方适用证、非处方适用证，则其用量、疗程不同。例如奥美拉唑肠溶胶囊（10mg/粒）适用于胃酸过多引起的胃灼热和反酸症状的短期缓解时，成人患者一般能够了解自己的疾病状况并作自我治疗，奥美拉唑作非处方药使用、管理，每次剂量10mg，疗程7天以内。适用于其他适用证，如消化性溃疡及其出血、穿孔等时，因病情严重，每次剂量大于20mg，且疗程在4周左右，只能按处方药使用、管理。

（二）处方药与非处方药的分类管理

1. 处方药与非处方药分类管理的意义和作用

（1）规范临床用药行为：分类管理的实质是加强对处方药的销售控制，规范非处方药的管理，保证临床用药安全、有效、方便、及时。分类管理的首要作用是确保用药安全，将麻醉药品、精神药品、医疗用毒性药品、放射性药品、注射剂等不良反应严重或使用要求高的药品作为处方药管理。

（2）提供控制药品费用的依据：我国的医疗保险制度，将为社会民众提供医药费用的部分补偿。因此，从处方药中遴选医疗保险报销药品，既确保医疗必需的用药，也可控制医药费用的快速增长，维持医疗保险制度的正常运行。

（3）提高药品监管水平：按处方药和非处方药实施药品质量监督，管理目标明确，分类管理要求各异，可进行科学的高效管理。通过实施药品分类管理，有利于增强人们自我保健、自我药疗的意识，患者对一些可作自我判断的普通病症不必再去医院就诊，有利于保证医务人员有更多时间和精力去解决临床疑难重症，提高医疗服务质量。

（4）促进新药研发：企业可根据药品分类要求，明确研发药品的目标，生产市场需要的产品，尤其是适用于大众自我用药的新产品以及继承、整理和改良传统药，促进药品的进出口贸易。

2. 处方药管理 处方药生产企业必须在处方药的包装、标签和说明书上醒目地印制相应的警示语或忠告语"处方药：凭医生处方销售、购买和使用！"处方药的批发企业必须具有《药品经营许可证》和《药品 GSP 证书》。

处方药的销售和购买必须凭执业医生或执业助理医生处方，在医疗机构药房调配、购买、使用，或可凭处方在有《药品经营许可证》的零售药房购买使用。CFDA 规定从 2006 年 1 月 1 日起，麻醉药品、第一类精神药品、放射性药品、终止妊娠药品、药品类易制毒化学品、疫苗、蛋白同化制剂、肽类激素（胰岛素除外），以及我国法律法规规定的其他药品零售企业不得经营的药品均不得在全国范围内的药品零售企业中经营。

3. 非处方药管理 非处方药生产企业必须在非处方药的包装、标签和说明书上醒目地印制相应的警示语或忠告语："请仔细阅读药品使用说明书并按说明使用或在药师指导下购买和使用"。甲类非处方药是必须在具有《药品经营许可证》并配备执业药师（或驻店药师）的药店调配、销售的非处方药。乙类非处方药是可在经省级药品监督管理部门或其授权的药品监督管理部门批准的其他商业企业零售的非处方药。

（三）处方药与非处方药的使用注意事项

由于处方药容易产生不良反应，为减少药品的误用和滥用，患者在购买、使用处方药时，必

ER1-3
安全合理用药

须凭执业医生的处方，并在医生的监护指导下使用。医疗机构可以根据临床住院和门诊治疗需要，按照法律法规的规定使用处方药。麻醉药品、精神药品、医疗用毒性药品、放射性药品属处方药中的特殊管理药品，在销售使用中应严格遵守有关法规。

使用非处方药应重视合理选药、重视观察自我用药反应、根据说明书规定的用法用量使用药品，避免潜在性不良反应的发生。

第三节　药物治疗中的人际沟通

护理工作主要是与患者及其他相关人员交往并为其健康服务，人际沟通及交往能力是护理人员的基本功之一，故提高护理实践中的人际沟通和建立良好人际关系的能力至关重要。

一、人际沟通概述

（一）人际沟通的含义

人际沟通（interpersonal communication）指人与人之间借助语言和非语言行为，进行彼此间传递信息、思想及感情的过程。人际沟通是一切人际关系赖以建立和发展的前提，是形成人际关系的根本。在社会生活中，每个人都处在多层次、多方面、多类型的人际关系网格中。良好的人际沟通将提高工作效率、有利身心健康、陶冶情操并可及时交流信息。

（二）人际沟通的类型

1. 语言沟通与非语言沟通　语言沟通是指通过语词符号实现的沟通，是一种最准确、最有效、运用最广泛的沟通方式，可以超越时空限制，又可分为有声语言（口语）沟通及无声语言（书面语）沟通。非语言沟通是指借助于非语词符号，如表情、姿势、动作、气质、体触、类语言实现的沟通，非语言沟通在人际交往中的作用是丰富多彩的，它能使语言沟通表达更生动、形象、也更能真实地体现心理活动的状态。

2. 正式沟通与非正式沟通　正式沟通指通过正式的组织程序、按组织规定的渠道进行的信息传递与交流。如会议制度、汇报制度、文件的下达与呈送、组织直接的公函往来等。正式沟通的信息传递比较准确，沟通速度较慢，受重视程度较高。非正式沟通指正式沟通渠道之外的信息交流传递。非正式沟通是建立在日常人际关系基础上的一种自由沟通，具有形式方便灵活、不受限制、内容广泛、信息传递速度较快等特点，但需要对真实性进行甄别。

3. 单向沟通与双向沟通　单向沟通是指一方只发送信息，另一方只接收信息的沟通过程。如报告、讲课、演讲、看电视、听广播、领导布置任务等。单向沟通应特别注意受众的接受能力、信息发送的完整性和表达的准确性等。单向沟通具有受众面广，传递速度快，不易进行反馈，容易形成误解等特点。双向沟通指沟通双方同时互为信息的发出者和接收者。如谈心、讨论、病史采集、健康指导等。双方的信息可通过反馈环节形成一个循环往复的过程，因此双向沟通具有信息内容较为准确，有利于联络双方情感，增强信息接收者的信心，信息速度传递较慢等特点。

（三）人际沟通的影响因素

人际沟通受环境因素、个人因素、媒介因素及组织因素的影响。环境因素包括外界环境的安静程度、光线、温度等以及心理的安全感，如果存在噪声、光线不足、温度不适宜、隐私感缺乏或沟通环境不放松等都会影响沟通者的心情和效果。个人因素包括日常生活中认知、性格、情感、情绪等心理因素，知识、信仰、习俗、价值观和个人习惯等文化因素，以及生理是否有缺陷，是否年长等。媒介因素如沟通媒介选择不当会造成沟通错误或无效。组织因素包括传递层次和传递途径因素，由于传递层次过多导致信息失真或者传递信息基本单向进行导致反馈不全面等均可影响沟通。

二、药物治疗中的人际沟通

护理工作者经常接触患者，应具有良好的人际交流的技巧，这将直接影响到专业工作的开展。在用药治疗过程中，与医师合作时，应强调团队精神，把好用药最后一关，防止用药差错；与患者接触时，应强调尊重患者，用合适的语言沟通，指导患者合理用药，提高患者的用药依从性，帮助建立良好的护患关系，积累药学服务经验。

（一）药物治疗中护理人际沟通的特征

1. 社会性　人际沟通是复杂的社会活动，在运行过程中会受到各种社会因素的影响，护士与患者之间的沟通也具有社会性。

2. 专业性　药物治疗中护士与患者交流的主要内容与疾病和药物治疗有关，围绕着合理用药而展开，具有很强的专业性。

3. 复杂性　涉及医生、药剂师、其他护士、患者及家属等，注意谨慎沟通。

4. 风险性　讨论药物治疗可能出现的风险时，用词要恰当，尽量运用准确的数字表达用药风险。

（二）建立良好的医护关系

随着生物医学模式向生物－心理－社会医学模式的转变，医护关系从过去的主导－从属型传统模式向并列－互补型的新型医护关系模式转变。医护配合会因为一些药物治疗中的特殊原因产生矛盾冲突，从而影响医护关系，因此良好的沟通在维护医护关系中是至关重要的。护士对医师的用药处置等应有一定的了解，以便对患者进行用药指导，收集患者用药前后的相关信息及时反馈，定期评估用药效果，以便医师调整给药方案。当患者出现无法耐受的不良反应时，及时与临床医师沟通，应注意权衡利弊，以尊重患者为原则修订和完善用药方案。另外，发现治疗错误需单独与医师沟通，切勿在患者面前议论医师的对错，更不能议论是非长短。沟通的原则是首先把患者的生命、健康和利益放在首位，在这个原则下建立医护双方相互平等的和谐关系；其次尊重他人的原则，因为医护关系是双向的，任何一方都不应轻视或贬低另一方，并主动帮助对方在患者面前树立威信，使患者对医疗护理工作充满信心。

（三）向患者提供用药指导

药物治疗中护理人际沟通的意义在于护士是药物治疗方案的重要执行者、监测者、教育者、服务者、信息收集者、督促者、监督者及患者依从性的促进者。护士在住院期间和出院以后的用药指导，主要是向患者讲述有关药物的疗效、药物使用方法、药物不良反应及如何应对等方面的药物知识，告诫患者什么情况下不应再服用此药、不要超过的最大剂量等，并确认沟通效果。患者因长期就医产生心理压力时，通过沟通及时了解患者的情感及心理变化，应用相应的社会心理学原理帮助患者减少心理障碍。用药指导是护士的工作之一，是保证用药安全的有效形式，是提高患者依从性的有效保证。

除了与患者沟通上述用药教育的内容外，护士的交流技巧亦很重要，目光游移不定或不当姿势会降低患者的信任感。要熟悉患者的心理，要表现出应有的同情心，冷静耐心地倾听，保持温和友善及积极的态度有助于建立患者对临床医护人员的信任。应多替患者考虑，如果语言不通，可以写下要说的话。指导或者回答问题过程中应突出重点，避免面面俱到，因为一般的患者很难在短时间内记住许多陌生的专业技术问题。

（陈　立）

小　结

　　护理药物治疗学是药物治疗学在护理领域中的应用。药物治疗应综合考虑诸多因素，以达到安全、有效、经济和方便治疗的目的。护士在药物治疗中的主要作用是保障患者的用药依从性，确保患者理解所用药物的使用方法，监测药物的使用效果及副作用，防止发生不良反应。特殊人群包括孕产妇、儿童及老年人等，须掌握这些特殊人群的用药注意事项，确保其用药安全。护理工作者经常接触患者，也是用药方案的执行者，应具有良好的人际沟通技巧。与医师建立良好合作关系，把好用药最后一关，防止用药差错；用合适的语言沟通，指导患者合理用药，提高患者的用药依从性，帮助建立良好的护患关系，将对治疗起到积极作用。

思考题

ER1-4
第一章
目标测试

1. 药物治疗的原则是什么？
2. 结合护理工作实际，讨论如何预防及治疗药物的不良反应？
3. 如何加强患者用药的依从性？
4. 总结特殊人群出院带药的用药指导内容。

笔记栏

临床常见症状的药物治疗与护理

ER2-1
第二章
思维导图

ER2-2
第二章
临床常见症状
的药物治疗与
护理

导入案例

患者，女，72 岁。6 天前无明显诱因出现咳嗽，以干咳为主，逐渐出现咳痰，间断咳黄色脓痰，伴发热，最高体温 38.8℃，1 天前患者卧床休息时出现右侧胸痛，呈持续性钝痛，不向其他部位放射，呼吸、咳嗽时明显，伴胸闷、活动后气促，不伴心慌、盗汗、咯血、头痛、乏力、吞咽困难、肌肉酸痛等。急诊以"发热、胸痛"收治入院。患者自发病以来，精神睡眠可、食欲欠佳、大小便正常、体重无变化。既往病史无，否认传染病史。入院检查：T 39.8℃，P 129 次 /min，R 36 次 /min，BP 113/63mmHg；神清，精神可，查体合作，对答切题；右肺叩诊浊音且呼吸音低，右下肺可闻及湿啰音，心率 130 次 /min，心律齐，其他查体无异常发现。实验室检查：白细胞绝对值升高，中性粒细胞绝对值升高；PCT 降钙素原明显升高；痰培养示肺炎克雷伯菌 +++；胸部 CT 提示右侧中量胸腔积液，痰及胸水病原学检查均未发现结核分枝杆菌。临床诊断：社区获得性肺炎。

请思考：

1. 针对患者发热、咳嗽、咳痰、胸痛症状，治疗药物选择及相应的用法用量如何？相应的用药安全教育应包括哪些内容？

2. 针对患者的病因，请选择合适的治疗药物。

　　疾病的临床症状多样，可因疾病不同而表现形式不一。发热、疼痛、咳嗽、咳痰、呕吐、便秘和腹泻等是临床常见症状。许多感染性疾病、非感染性疾病均可出现发热和疼痛。咳嗽、咳痰是呼吸系统疾病、心血管系统疾病以及神经系统疾病常见的症状。而呕吐、便秘和腹泻常见于消化系统疾病，其次是神经系统疾病等。许多疾病的症状可能是机体的一种自我保护性反应，如发热、疼痛、咳嗽等，这些症状的药物治疗多属于对症治疗，必要时需要积极治疗病因。另外，这些症状也有助于临床疾病诊断，在用药物控制这些症状前需要加以考虑。

第一节　发　　热

　　正常人的体温受下丘脑调控，并通过神经、体液调节使产热和散热过程保持动态平衡，而维持体温相对恒定。当机体在致热原作用下或其他原因引起体温调节中枢功能障碍时，体温升高超出正常范围称为发热。

【症状简介】

　　发热根据病因可分为感染性发热和非感染性发热，前者主要由于各种病原体感染人体所致，后者常见于无菌性坏死物质的吸收、抗原 – 抗体反应、内分泌与代谢性疾病、皮肤病或慢性心衰引起皮肤散热减少、体温调节中枢功能失常以及自主神经功能紊乱等。

笔记栏

发热机制主要是由于病原体及其毒素或其他致热原，刺激中性粒细胞或其他细胞产生并释放内热原，如白介素 –1（interleukin 1，IL-1），进而作用于下丘脑等体温调节中枢，使前列腺素 E_2（prostaglandin E_2，PGE_2）合成与释放增多，体温调定点上调，导致产热增加，散热减少。

临床上按发热的高低可分为低热（37.3～38℃）、中热（38.1～39℃）、高热（39.1～41℃）和超高热（41℃以上）。临床上常见的热型有稽留热、弛张热、间歇热、波状热、回归热、不规则热等。发热时患者常伴有寒战、皮疹、疼痛等其他症状的出现。热型及伴随症状的不同有助于发热病因的诊断和鉴别诊断。

发热的治疗包括针对发热病因积极降温治疗、合理休息、适当补充营养物质、水分及维生素等，而药物治疗在其中有重要地位。

【药物治疗的目的及原则】
（一）药物治疗的目的
发热的药物治疗包括对因治疗和对症治疗。前者主要是根据发热病因选择合适的治疗药物；而后者主要是针对体温超过 38.5℃，或 38℃出现严重身体不适症状的患者给予解热药物。一般所指的发热药物治疗主要指药物的对症治疗。

（二）药物治疗的原则
1. 以明确病因和病因治疗为前提　解热药物属对症治疗，病因不明的发热患者使用解热药物可能会扰乱热型，所以用药前应明确病因，并积极治疗病因。

2. 严格用药指征　只有在明确诊断和积极治疗病因的前提下，遇下列情况时才选用解热药物：①发热 38.5℃以上。②伴有明显的头痛、失眠等严重症状。③持续高热，影响心肺功能，或患者对高热不能耐受时。④某些未能控制的长期发热，如急性血吸虫病等感染和癌症等。⑤采取物理降温无效时。

3. 控制药物剂量和给药次数　小剂量、退热即可，并注意补充液体。

4. 解热药物单用　不宜同时应用两种及以上的解热镇痛药，以免引起肝、肾、胃肠道的损伤，并注意患者个体差异、药物过敏史、禁忌证。用药时，不宜饮酒或食用含有酒精的食物。

【药物分类及常用药物】
（一）药物分类
解热药物主要有两大类：解热镇痛药和甾体类抗炎药。解热镇痛药的主要机制是抑制环氧合酶（cyclooxygenase，COX）活性，减少前列腺素的合成，下调体温调定点至正常，是最常用的解热药物。甾体类抗炎药主要指糖皮质激素类药物，通过激动糖皮质激素受体，抑制体温中枢对致热原的反应，稳定溶酶体膜，减少内源性致热原；退热作用迅速而强，可用于严重中毒性感染所致的发热。但一般解热药物主要指解热镇痛药。

（二）常用药物
常用解热镇痛药物主要包括阿司匹林（aspirin）、对乙酰氨基酚（acetaminophen）、布洛芬（ibuprofen）、双氯芬酸（diclofenac）、吲哚美辛（indomethacin）、贝诺酯（benorilate）、塞来昔布（celecoxib）、洛索洛芬（loxoprofen）、帕瑞昔布（parecoxib）等。常用解热镇痛药物及特点见表 2–1。

表 2–1　常用解热镇痛药物及特点

常用药物	临床应用	用法与用量
阿司匹林	解热，镇痛，关节炎，抗血栓治疗等	0.3～0.6g/ 次，3 次 /d，24h 不超过 4 次
对乙酰氨基酚	解热，镇痛	0.25～0.6g/ 次，4～6h 1 次，总量不超过 2g/d 儿童，1～3 岁 100～150mg/ 次，6～12 岁 250mg/ 次，24h 不超过 4 次

续表

常用药物	临床应用	用法与用量
布洛芬	解热，镇痛，关节炎	0.2～0.4g/次；儿童：5～10mg/kg，1～3岁50mg/次，7～9岁150mg/次；24h不超过4次
双氯芬酸	解热，镇痛，关节炎	成人75mg/次，每天不超过2次
吲哚美辛	解热，镇痛，关节炎	成人25mg，3次/d，首剂可加倍
贝诺酯	解热，镇痛，关节炎	成人0.5～1.0g/次，3～4次/d，老年不超过2.5g/d
洛索洛芬	解热，镇痛，关节炎	成人60mg，3次/d
塞来昔布	解热，镇痛，关节炎	成人100～200mg/次，根据需要可以2次/d
帕瑞昔布	解热，术后短期镇痛	40mg静脉注射或肌内注射，根据需要可间隔6～12小时给予20～40mg，总量不超过80mg/d

【用药护理】

（一）用药评估

1. 评估用药前患者一般情况　了解患者的年龄、开始发热时间及持续时间、体温、其他伴随症状和体征，发热病因等；肝、肾功能情况。

2. 评估用药史　了解来院前使用解热镇痛药物的种类、用法、用量及疗效；有无用药不良反应，有无药物过敏史。

（二）用药安全

1. 阿司匹林

（1）不良反应：①胃肠道反应，如腹痛，胃肠道出血，偶见恶心、呕吐等。②过敏反应，哮喘。③肝肾功能损伤。④眩晕、耳鸣，听力障碍。⑤过量可导致水杨酸反应，包括头痛、耳鸣、呕吐腹泻、幻觉、精神错乱、呼吸困难等。

（2）用药注意事项：①服药时避免饮酒，过量饮酒可能会增加胃出血风险。②避免与其他解热镇痛药合用，包括含解热镇痛药物的中、西药复方。

（3）禁忌证：①活动性溃疡病、血友病、血小板减少症患者。②有阿司匹林或其他解热镇痛药物过敏患者。③血管神经性水肿患者，肝肾功能不全、葡萄糖-6-磷酸脱氢酶缺陷患者慎用。

（4）药物相互作用：①阿司匹林可增强地高辛、抗凝血药、磺酰脲类降血糖药、巴比妥、甲氨蝶呤、三碘甲状腺原氨酸、锂盐等药物的作用。②可减弱降压药、某些利尿药、促尿酸排泄的抗风湿药等药物的作用。

2. 对乙酰氨基酚

（1）不良反应：治疗剂量及疗程短时较少发生。①腹痛、恶心、呕吐等，胃肠道出血较少发生。②过敏反应。③粒细胞减少、白细胞减少、贫血。④肝功能损害。

（2）用药注意事项：①服药时避免饮酒；乙醇中毒、肝病患者可增加肝毒性风险。②避免与其他解热镇痛药物合用，包括含解热镇痛药物的中、西药复方。

（3）禁忌证：严重肝肾功能不全。

（4）药物相互作用：①长期或超量服用，可因长期饮酒，服用肝药酶诱导剂、巴比妥类药和解痉药而增加肝毒性风险。②可增强抗凝血药作用。③可增强氯霉素毒性。④与齐多夫定相互减少与葡糖醛酸的结合，而增加毒性。

3. 布洛芬

（1）不良反应：①胃肠胀气、恶心、呕吐，胃肠道出血、穿孔等。②低钠血症、高钾血症、低蛋白血症。③粒细胞减少、白细胞减少、贫血。④肝功能损害。⑤过敏症样反应、超敏反应，皮肤损伤、视力障碍等。

（2）用药注意事项：①服药时避免饮酒和吸烟。②避免与其他解热镇痛药合用，包括含解热镇痛药的中、西药复方。

（3）禁忌证：①阿司匹林或其他解热镇痛药过敏。②消化性溃疡。③严重凝血系统疾病。④冠状动脉旁路移植术。

（4）药物相互作用：①与其他解热镇痛药合用可增加胃溃疡发生，应禁止合用。②增强抗凝血药抗凝作用，增加苯扎贝特横纹肌溶解及肾毒性，可致巴氯芬中毒。③可增加地高辛、口服降糖药、甲氨蝶呤的血药浓度。④可降低螺内酯和呋塞米的利尿作用、抗高血压药物降压作用。⑤可降低丙磺舒排尿酸作用，而丙磺舒可增加本药血药浓度。

（三）用药监测

1. 症状及体征监测　①体温监测：解热药物通常 4～6 小时服用 1 次，但要根据体温变化调整给药间隔与次数，24 小时内不能超过 4 次。②出汗情况监测：儿童、老年人可由于剂量过大，降温过快，出汗过多导致血压下降，严重可致低血容量性休克。

2. 不良反应监测　①常用解热镇痛药物可出现过敏、阿司匹林哮喘，应密切观察患者相应的症状及体征。②长期使用本类药物应监测肝功能、肾功能、血液生化指标等。

（四）用药指导

1. 指导患者及照顾者了解解热药物属于对症治疗，需要明确病因并积极对因治疗。

2. 常用解热镇痛药主要是对乙酰氨基酚和布洛芬，均为非处方药物，患者可自购服用。指导患者及主要照顾者应按患者体温及其他症状、体征情况，严格控制剂量、时间间隔（次数）；小于 3 月龄儿童不能服用对乙酰氨基酚，小于 6 月龄儿童不能服用布洛芬，小于 18 岁青少年儿童不宜服用阿司匹林。

3. 解热药物可通过出汗增加散热而降温，指导患者及主要照顾者给药期间注意观察出汗情况及血压。若出汗过多，轻者可自行喝淡盐水或糖水；重者应立即静脉输液，补充钾、钠等电解质，以维持体液平衡。

4. 指导患者及主要照顾者宜单用解热镇痛药，注意避免与其他解热镇痛药合用，包括含解热镇痛药的中、西药复方的合用；服药期间禁饮酒，以免增加解热镇痛药过量导致中毒的风险。

5. 指导患者及主要照顾者在发热患者连续 4 小时高热或 3 天高热不退，发热伴持续呕吐、惊厥，儿童活动力突然变得极差等情况时，需要及时送医；服药期间就医时，应告知医师服用的解热镇痛药名称、用量、用法情况。

6. 指导患者及主要照顾者了解解热药物不宜长期使用，如长期使用应检查肝肾功能、血常规、尿常规等。

第二节　疼　痛

疼痛是一种与实际或潜在的组织损伤相关的不愉快的感觉和情绪情感体验，或与此相似的经历。疼痛是一种主观体验，同时又不同程度地受到生物学、心理学以及社会环境等多方面因素的影响。语言描述仅仅是表达疼痛的方式之一，语言交流障碍并不代表不存在疼痛感受。疼痛可以是局部的症状，也可是全身疾病的反应。疼痛通常是一种适应性和保护性感受，但也可对身体功能、心理健康和社会功能产生不利影响。

【症状简介】

疼痛是一种复杂的生理反应，涉及多个生理学机制和调节机制，前者主要是神经传导通路的损伤，或神经末梢疼痛伤害感受器接收到导致组织损伤的各种伤害性刺激，产生疼痛信号，神经纤维将信号传到脊髓，经上行和下行调节神经元加强或抑制。前者主要经脊髓丘脑束、脊髓网状束上传大脑皮质和边缘系统被认知和感知；后者主要涉及内源性调控系统（包括内源性阿片肽、5-HT 和 DA 系统抑制疼痛刺激传递，减轻疼痛感受）、大脑皮质调节（主要通过认知、情绪调节和注意力改变个体对疼痛的感知和情绪反应）。

疼痛按刺激性质分为机械性疼痛、温度性疼痛、化学性疼痛；按炎症病因分为炎症性疼痛和非炎症性疼痛；按发病机制分为伤害性疼痛、神经性疼痛、心因性疼痛；按疼痛感觉分为快痛、慢痛、顽固性疼痛；按疼痛强度分为轻度疼痛、中度疼痛、重度疼痛和极度疼痛；按疼痛发作规律分为一过性疼痛、间断性疼痛、周期性疼痛和持续性疼痛。按机体部位分为躯体性疼痛和内脏性疼痛；按表现形式分为原发痛、牵涉痛、放射痛；按神经部位分为中枢神经性痛、周围神经性痛和自主神经性痛；根据病程长短分为急性疼痛和慢性疼痛，后者已被纳入疾病的类型。疼痛的临床表现非常复杂，这与疼痛发生部位、影响因素和体位等均有关系；在性质上可表现胀痛、闷痛、刺痛、切割痛、灼痛和绞痛等；从疼痛程度可表现为轻微疼痛至剧烈疼痛；疼痛还可有发热、寒战、恶心、呕吐甚至休克等伴发症状。

疼痛治疗以积极治疗原发疾病为主，如果疼痛严重或暂时不能控制原发疾病，在不影响诊断前提下合理镇痛，可以缓解疼痛和减轻患者痛苦。疼痛治疗以药物治疗为主，以局部封闭和神经阻滞治疗为辅，此外，推拿、按摩、针灸、热疗、电疗等物理疗法也可缓解疼痛。

 知识链接

药物过度使用性头痛

药物过度使用性头痛（medication overuse headache，MOH）常见于患有偏头痛或紧张性头痛等头痛疾病的患者，经常服用止痛药以缓解头痛，由于长期过量使用头痛治疗药物，在药物使用期间出现发作频繁或发作程度明显加重的头痛。MOH 在我国人群发病率约 0.6%。长期服用阿片类、巴比妥类止痛药物及其复方止痛药，患者 MOH 风险最高，麦角碱类及复方止痛药、曲普坦类的过度使用也能发生 MOH，而单一成分止痛药布洛芬、阿司匹林导致 MOH 的风险较低。MOH 使头痛从发作性疾病转变为一种慢性每日头痛，成为继慢性偏头痛和慢性紧张性头痛之后的发病率最高的慢性难治性头痛类型，并可出现自杀意念和自杀等行为学异常，治疗难度大，复发率高，给个人及社会带来巨大的负担。

【药物治疗的目的及原则】

（一）药物治疗的目的

疼痛是机体的伤害防御性反应，常伴有紧张、恐惧、不安情绪等活动，剧烈疼痛可导致感觉上的痛苦和情绪上的不安，还可引起失眠、休克甚至危及生命。因此使用镇痛药物以缓解疼痛相关的不适，及相关伴发症状，并预防休克，在疾病治疗及创伤救护中有重要价值。

（二）药物治疗的原则

1. 以明确病因和对因治疗为前提　镇痛药物治疗为对症治疗，不能代替病因治疗。同时，原因不明的疼痛可因镇痛药使用而掩盖症状，延误诊治。

2. 针对不同病因选择镇痛药物，以保证有效性　神经源性疼痛以抗癫痫药物效果较好，而解热镇痛药物、阿片类药物对伤害感受性疼痛有较好反应。

3. 用药的个体化与联合用药　由于治疗药物的个体差异大，应个体化用药，可根据疼痛情况及机制联合用药以达到镇痛疗效，降低不良反应。

4. 安全性 麻醉性镇痛药严禁滥用，避免长期反复使用产生药物依赖性，严格掌握剂量，防止过量中毒，呼吸功能不全或老年人、婴幼儿等较敏感者，应尽量避免使用。

5. 及时评估疗效 为提高患者依从性，需要及时评估镇痛疗效，并调整用法用量预防不良反应。

【药物分类及常用药物】

（一）药物分类

镇痛药按作用机制可分为解热镇痛药、阿片类镇痛药和辅助镇痛药。解热镇痛药常用于缓解轻度疼痛，或与阿片类药物联合用于缓解中、重度癌症疼痛，以减少阿片类药物的用量；阿片类药物主要用于缓解中、重度癌症疼痛；辅助镇痛药，如抗抑郁药、抗癫痫药物、抗焦虑药物、激素等能直接产生一定的镇痛作用，也可辅助性增强阿片类药物的镇痛效果，常用于治疗 / 辅助治疗神经病理性疼痛、骨痛和内脏痛等。有关偏头痛的药物治疗与护理相关内容详见第三章神经系统疾病药物治疗与护理。

（二）常用药物

1. 解热镇痛药 主要是通过抑制环氧合酶，抑制局部 PGE_2 的生成而发挥镇痛作用。主要有非选择性 COX-2 抑制药阿司匹林、对乙酰氨基酚、布洛芬、吲哚美辛等（详见本章第一节发热），以及选择性 COX-2 抑制药如塞来昔布和帕瑞昔布等。该类药物仅有中等程度的镇痛作用，对慢性钝痛有效，尤其是与炎症相关的疼痛；对急性锐痛、严重创伤的剧痛、平滑肌绞痛无效；长期应用不产生欣快感和成瘾性。

（1）塞来昔布：塞来昔布（celecoxib）达峰时间 3 小时，半衰期 11 小时；对手术后、拔牙、原发性痛经、软组织风湿病等的急性、中轻度疼痛有效。塞来昔布对于疼痛的用量见表 2-1。

（2）帕瑞昔布：帕瑞昔布（parecoxib）主要用于手术后疼痛的短期治疗。帕瑞昔布对于疼痛的用量见表 2-1。

2. 阿片类镇痛药 通过激动脊髓胶质区、丘脑内侧、脑室及导水管周围灰质等部位的阿片受体，模拟内源性阿片肽对痛觉的调制功能，抑制疼痛信号的传递与感知而产生镇痛作用。阿片类药物分为阿片受体激动药如吗啡（morphine）、氢吗啡酮（hydromorphone）、美沙酮（methadone）、芬太尼（fentanyl）、瑞芬太尼（remifentanil）、舒芬太尼（sufentanil）、哌替啶（pethidine）和曲马多（tramadol），部分激动药如丁丙诺啡（buprenorphine）、喷他佐辛（pentazocine）、纳布啡（nalbuphine）和布托啡诺（butorphanol）。该类药物镇痛作用强，对急性锐痛、严重创伤的剧痛、平滑肌绞痛等效果好；也常用于癌症疼痛的三阶梯止痛。但反复应用，多数易于成瘾，故又称成瘾性镇痛药或麻醉性镇痛药。常用阿片类药物的效价及作用时间见表 2-2、表 2-3。

表 2-2 常用阿片类药物效价及作用时间

药物	注射剂量 *	口服剂量 *	作用时间
可待因	—	200	3 ~ 5h
羟考酮	—	15 ~ 20	3 ~ 5h
氢可酮	—	30 ~ 45	3 ~ 5h
吗啡	10	30	3 ~ 4h
氢吗啡酮	1.5	7.5	2 ~ 3h
左啡诺	2	4	3 ~ 6h
芬太尼	0.1	—	1 ~ 3h

续表

药物	注射剂量 *	口服剂量 *	作用时间
曲马多	—	50 ~ 100	3 ~ 7h
哌替啶	100	—	2 ~ 4h

* 相当于 10mg 吗啡的效价强度。

表 2-3 阿片类药物镇痛微泵用量

药物	起效时间	半衰期	用量
芬太尼	1 ~ 2min	2 ~ 4h	负荷剂量 0.35 ~ 0.50μg/kg，维持剂量 0.7 ~ 10.0μg/（kg·h）
吗啡	5 ~ 10min	3 ~ 4h	负荷剂量 2 ~ 4mg，维持剂量 2 ~ 30mg/h
瑞芬太尼	1 ~ 3min	3 ~ 10min	负荷剂量 0.5 ~ 1.0μg/kg，维持剂量 0.02 ~ 0.15μg/（kg·h）
舒芬太尼	1 ~ 3min	2.5h	负荷剂量 0.2 ~ 0.5μg/kg，维持剂量 0.2 ~ 0.3μg/（kg·h）

3. 抗抑郁药 抗抑郁药除了有抗抑郁效应外还有镇痛作用，可用于治疗各种慢性疼痛综合征。常用药物阿米替林（amitriptyline）、去甲替林（nortriptyline）、氯米帕明（clomipramine）和地昔帕明（desipramine）、度洛西汀（duloxetine）。

4. 抗焦虑药 代表药物苯二氮䓬类药物，如地西泮和硝西泮等，该类药物具有镇静、抗焦虑及肌松作用，可缓解头痛、神经性头痛，常用于急性疼痛伴焦虑、肌痉挛或失眠患者，或在慢性疼痛治疗中作为辅助用药。

5. 解痉类药物 代表药物阿托品（atropine）和山莨菪碱（anisodamine），通过阻断 M 受体缓解平滑肌痉挛；用于缓解胃肠道、胆道、尿道平滑肌绞痛，胆结石、尿路结石导致内脏平滑肌痉挛引起的内脏绞痛常联用哌替啶。

6. 抗癫痫药物 代表药物卡马西平（carbamazepine）、苯妥英钠（phenytoin sodium）、加巴喷丁（gabapentin）和普瑞巴林（pregabalin），主要用于外周神经性疼痛如三叉神经痛、舌咽神经痛等，其机制与增强细胞膜的稳定性、GABA 功能，阻滞钙通道有关。

常用辅助镇痛药的用法用量见表 2-4。

表 2-4 常用辅助镇痛药的用法用量

药物	初始用量	维持剂量
阿米替林	10 ~ 25mg/d，一周缓慢增加 10 ~ 25mg，睡前服	10 ~ 100mg，不超过 150mg/d
度洛西汀	20 ~ 30mg/d，一周缓慢增加 20 ~ 30mg	60mg，不超过 120mg/d
加巴喷丁	100 ~ 300mg/d，分 2 ~ 3 次服用，可每天增加 100 ~ 300mg	900 ~ 1 800mg/d，分 3 次服用不超过 3 600mg/d
普瑞巴林	150mg，2 次 /d；可每 3 ~ 7d 增加 25 ~ 150mg	150 ~ 300mg，2 次 /d，不超过 600mg/d

【用药护理】

（一）用药评估

1. 评估病史 了解患者的年龄、开始疼痛及持续时间、性质，其他伴随症状和体征，疼痛

笔记栏

病因等；肝、肾功能情况。

2. 评估用药史　了解来院前使用镇痛药物的种类、用法、用量及疗效；有无用药不良反应，有无药物过敏史。

3. 评估疼痛程度分级　根据分级决定是否给予镇痛药物，以及制订镇痛药物的方案。

4. 评估用药依从性　了解患者的生活方式、饮食习惯、摄食量等；评估患者及家属对疼痛的认知程度、心理状况、教育背景、经济状况、社会支持水平等。

（二）用药安全

1. 塞来昔布

（1）不良反应：①胃肠道反应如腹痛、腹泻、消化性溃疡和出血等。②过敏反应。③肝功能损伤。④增加心血管血栓性事件、高血压、心力衰竭和水肿。⑤肾毒性和高钾血症等。

（2）用药注意事项：①服药时避免饮酒，过量饮酒可能会增加胃出血风险。②避免与其他解热镇痛药合用，包括含解热镇痛药的中、西药复方。③高脂饮食延迟达峰时间。

（3）禁忌证：①活动性消化性溃疡/出血。②有磺胺及类似结构药物过敏患者，阿司匹林哮喘、荨麻疹及其他过敏反应患者。③重度心力衰竭、冠状动脉旁路搭桥手术患者。④严重肝肾功能不全。

（4）药物相互作用：①增强抗凝血药、抗血小板药物的作用，增加出血风险。②可减弱作用于肾素 – 血管紧张素 – 醛固酮系统的降压药的降压效果。③降低利尿药物的利尿效果。④增加血中地高辛、锂离子水平，增加环孢素肾毒性。⑤本药经 CYP2C9 代谢，CYP2C9 诱导剂与抑制剂会影响药物浓度。本药为 CYP2D6 抑制剂，会影响 CYP2D6 底物药物的代谢。

2. 阿片类镇痛药物

（1）不良反应：①多数阿片类镇痛药常见的有胃肠道不良反应，如恶心、呕吐、腹胀、便秘，呼吸抑制，肾功能损害，心悸、多汗、视力模糊，过敏反应，直立性低血压，过度镇静，胆绞痛，尿滞留，欣快感，药物依赖性等。②可待因还可致变态心理、幻想、心律失常，哌替啶还可致震颤、肌肉痉挛、反射亢进、惊厥，喷他佐辛可致血压升高、心率加快、心律失常等。③曲马多可诱发癫痫。

（2）用药注意事项：①熟悉各种阿片类镇痛药物的名称、剂型、作用特点及给药时间，准确执行医嘱，按时给药。②注意用药个体化，由于个体差异大，特别是对于癌症疼痛患者，阿片类药物没有标准用量。③要注意用药监护，包括镇痛效果及不良反应。

（3）禁忌证：①严重肝肾功能不全、药物过敏、活动性消化性溃疡、有颅脑损伤、支气管哮喘、慢性阻塞性肺疾病、呼吸困难患者，孕妇，新生儿及婴幼儿等。②室上性心动过速禁用哌替啶。

（4）药物相互作用：①避免与 MAOI 合用。②避免与乙醇及其他中枢抑制药物合用。③可待因、羟考酮、去甲羟考酮经 CYP2D6 代谢，芬太尼、羟吗啡酮、去羟吗啡酮、丁丙诺啡经 CYP3A4 代谢，吗啡、羟吗啡酮经 UGT 代谢；哌替啶、美沙酮经 CYP2B6 代谢，纳布啡经 CYP2C9、3A4 代谢，曲马多经 CYP2D6、3A4 代谢，舒芬太尼、瑞芬太尼分别经肝、血酯酶分解，合用相应代谢酶抑制药或诱导药，可影响相应药物的血药浓度。④阿片受体部分激动药与激动药合用，前者可拮抗后者的相应药效，诱发戒断症状。

3. 辅助镇痛药物

（1）不良反应：①加巴喷丁可致头晕、嗜睡、疲劳、发热、共济失调、眼球震颤、镇静、呼吸抑制、自杀的想法或行为改变等。②普瑞巴林可致头晕、嗜睡、口干、水肿、视物模糊、体重增加、注意力不集中，过敏、胃肠炎、关节痛、肌肉痛等。

（2）用药注意事项：①熟悉加巴喷丁、普瑞巴林的作用特点及给药时间，准确执行医嘱，按时给药。②要注意用药监护，包括镇痛效果及不良反应。③服药期间应戒酒。

（3）禁忌证：①加巴喷丁过敏、急性胰腺炎。②普瑞巴林过敏、运动员。

（4）药物相互作用：①加巴喷丁避免与乙醇及其他中枢抑制药物合用；含铝、镁的抗酸药减少其吸收。②普瑞巴林与中枢抗抑郁药合用可引起呼吸衰竭、昏迷，可增强乙醇及其他中枢抑制药物的作用，增强羟考酮所致的认知功能障碍和运动功能障碍。

 知识链接

周围神经病理性疼痛的药物治疗选择

神经病理性疼痛主要由于损伤或疾病累及躯体感觉系统导致的难治性疼痛。神经病理性疼痛的治疗药物主要包括镇痛药（解热镇痛药和阿片类）、抗抑郁药（主要有三环类、NA再摄取抑制药等）、抗癫痫药物等。单纯从镇痛效果上看，三环类抗抑郁药＞阿片类＞曲马多＞加巴喷丁/普瑞巴林。神经病理性疼痛临床治疗的一线药物主要有抗癫痫药物和抗抑郁药物，抗癫痫药物中常用加巴喷丁和普瑞巴林，而卡马西平、奥卡西平主要对三叉神经痛、舌咽神经痛有明显的镇痛效果；抗抑郁药物常用阿米替林、度洛西汀和文拉法辛。阿片类药物为二线药物，常用吗啡、羟考酮和曲马多。解热镇痛药物常作为辅助治疗药物。另外，尚可用利多卡因贴剂和辣椒素贴剂等。

（三）用药监测

1. 症状及体征监测

（1）疼痛监测：要根据疼痛分级及变化、镇痛效果调整给药。

（2）生命体征监测：阿片类镇痛药物可引起呼吸抑制，选择性COX-2抑制药与阿片类镇痛药物可引起心脏方面副作用，因此在用药后需要监测相关生命体征的变化。

2. 不良反应监测

（1）常用镇痛药物可出现过敏、阿司匹林哮喘，应密切观察患者相应的症状及体征。

（2）长期使用镇痛药物应监测肝功能、肾功能、血液生化指标等；阿片类镇痛药物可致依赖性。

（四）用药指导

1. 指导患者及主要照顾者了解镇痛药物使用是属于对症治疗，因此需明确病因并积极对因治疗。

2. 为了达到药物镇痛效果，指导患者健康饮食、保持良好睡眠休息。

3. 指导患者及主要照顾者了解不同的镇痛药物适合的不同疼痛类型，要遵循医嘱，采用正确的剂量和使用频率；癌症性疼痛强调按时用药。

4. 指导患者及主要照顾者了解镇痛药物的常见不良反应，并能采取一定的防范，如某些药物有过度镇静作用，老年患者使用要防止跌倒；服药期间宜戒酒；有胃肠道反应的解热镇痛药物宜在饭后服用；有些药物会导致尿滞留，指导患者及主要照顾者采取相应措施诱导自行排尿。

第三节 咳嗽、咳痰

咳嗽、咳痰常见于呼吸系统疾病、胸膜疾病、心血管疾病和消化系统疾病等。咳嗽能够帮助分泌物排出，保持呼吸道清洁和畅通，但频繁、剧烈的咳嗽会给患者带来痛苦，并影响休息和工作。

【症状简介】

咳嗽是机体的反射性防御动作之一，当鼻咽部到小支气管的呼吸道黏膜受到细菌、病毒、真菌、异物、理化因素等刺激，启动位于延髓的咳嗽中枢，或神经系统疾病或其他刺激直接启动延

笔记栏

髓的咳嗽中枢，引起的人体防御性反射动作。呼吸道黏膜受到刺激时，黏膜充血、水肿，毛细血管壁通透性增加，黏液分泌增多，此时含红细胞、白细胞、巨噬细胞和纤维蛋白等的渗出物与黏液、吸入的尘埃和某些组织坏死物等混合成痰液，随咳嗽动作排出。

多种疾病均可引起咳嗽和咳痰，胸膜疾病如胸膜炎、胸膜间皮瘤、自发性气胸或胸腔穿刺；心血管系统疾病如急性左心衰竭所致肺水肿；神经精神因素如皮肤受冷刺激、鼻黏膜或咽峡部黏膜受刺激；呼吸系统疾病如呼吸道炎症与感染性疾病、嗜酸性粒细胞性支气管炎、咳嗽变异性哮喘；其他系统疾病如鼻后滴流综合征、胃食管反流综合征；某些药物如 ACEI 的不良反应。

咳嗽和咳痰常见下列表现特点：

1. 咳嗽的性质　干咳或刺激性咳嗽常见于急性或慢性咽喉炎、喉癌、支气管异物、支气管肿瘤、胸膜疾病以及原发性肺动脉高压和二尖瓣狭窄等。湿性多痰性咳嗽常见于慢性支气管炎、支气管扩张、肺炎、肺脓肿和肺结核等。

2. 咳嗽伴发高热　多见于急性感染性疾病、急性渗出性胸膜炎或脓胸等。

3. 咳嗽伴发胸痛　多考虑胸膜、肺部疾患，如肺癌、肺炎及肺梗死等。

4. 痰的性质和痰量　痰的性质可分为黏液性、浆液性、脓性和血性等。痰量多，多见于支气管扩张及肺脓肿等。黄色或淡黄色的痰多提示呼吸道有细菌性感染，多见于肺炎、慢性支气管炎；痰中带血，多见于肺结核和肺癌（小量咯血或痰中带血）、支气管扩张（咯血量大）；铁锈色痰，多见于大叶性肺炎；黑色痰则见于煤炭工人和烧锅炉的工人；咳嗽伴发咳果酱色痰者应考虑肺阿米巴病和肺吸虫病等。

5. 咳嗽声音的特点　嘶哑性咳嗽多为声带炎症或肿瘤压迫喉返神经所致；鸡鸣样咳嗽，多见于百日咳、会厌、喉部疾患或气管受压；金属音咳嗽，常见于纵隔肿瘤、主动脉瘤或支气管癌直接压迫气管所致；低微无力咳嗽，见于严重肺气肿、声带麻痹或极度衰弱患者等。

咳嗽和咳痰是临床疾病的常见症状，其临床表现及伴发症状可有助于疾病的诊断及鉴别诊断。因此，除非影响到休息和工作，或者出现疾病严重情况，一般不需要治疗。咳嗽和咳痰的临床治疗包括对因治疗和针对咳嗽和咳痰症状的对症治疗，而药物在其中均有重要地位。

【药物治疗的目的及原则】

（一）药物治疗的目的

1. 为了减轻咳嗽患者的痛苦，防止原发疾病进展，避免剧烈咳嗽引起的并发症，应该采用镇咳药物治疗，若伴有咳痰困难，还可使用祛痰药物。

2. 呼吸道痰液过多且黏稠不易咳出，易加重感染。为稀释或液化痰液，使之易于咳出，可使用祛痰药物。

（二）药物治疗的原则

1. 镇咳药和祛痰药均仅为对症治疗，应注重对因治疗，病因明确时，要设法去除病因。

2. 病因不明仅用镇咳药，不仅效果不好，还可能延误病情；只有在病因明确的基础上，为减轻患者痛苦和防止剧咳引起并发症而适当应用；镇咳祛痰兼顾，痰多者慎用。

3. 多数咳嗽者同时有咳痰，咳嗽痰多应以祛痰为主；仅用镇咳药，效果不佳，且易致痰多虚弱患者发生痰液阻塞气道，重者可能导致窒息。

【药物分类及常用药物】

（一）药物分类

1. 镇咳药分类　分为中枢性镇咳药、外周性镇咳药。前者主要通过抑制延髓的咳嗽中枢而发挥强大的镇咳作用，又可分为成瘾性和非成瘾性镇咳药；后者主要通过抑制咳嗽反射弧中的某一环节如抑制肺牵张感受器，阻断肺－迷走神经反射，抑制咳嗽冲动的传导，而产生镇咳作用。

2. 祛痰药分类　按作用方式可分为三类：①恶心性祛痰药，如氯化铵、愈创甘油醚等。②黏痰溶解药，如乙酰半胱氨酸、溴己新、氨溴索等。③黏液稀释药，如羧甲司坦等。

（二）常用药物

1. 镇咳药

（1）中枢性镇咳药：可分为成瘾性中枢性镇咳药和非成瘾性中枢性镇咳药两类。

1）成瘾性中枢性镇咳药：代表药为可待因（codeine），镇咳作用持续 4~6 小时，主要用于各种原因所致的剧烈干咳和刺激性咳嗽，尤其是伴有胸痛的干咳。

2）非成瘾性中枢性镇咳药：治疗量无明显镇痛、呼吸抑制、成瘾性。适用于：咳嗽剧烈而痰量很少或无痰；患者病情较重，而咳嗽可导致病情加重或导致难以忍受的痛苦。①右美沙芬（dextromethorphan）半衰期为 3~4 小时，镇咳持续时间为 4~6 小时。②喷托维林（pentoxyverine）口服后 20~30 分钟起效，作用持续 4~6 小时。

（2）外周性镇咳药

1）苯佐那酯（benzonatate）：口服后 10~20 分钟起效，持续 2~8 小时。对肺脏的牵张感受器及感觉末梢有明显的抑制作用，抑制肺－迷走神经反射，从而阻断咳嗽反射的传入冲动，产生镇咳作用。

2）苯丙哌林（benproperine）：口服 15~20 分钟起效，持续 4~7 小时。镇咳作用兼具中枢和末梢性双重机制，镇咳作用较可待因强 2~4 倍。

常用镇咳药物的用法用量见表 2-5。

表 2-5　常用镇咳药的用法用量

药物分类	常用药物	用法用量
成瘾性中枢性镇咳药	可待因	口服给药，15~30mg/次，30~90mg/d。极量为 100mg/次，250mg/d。缓释片 1 片 45mg，2 次/d。皮下注射，15~30mg/次，30~90mg/d
非成瘾性中枢性镇咳药	右美沙芬	成人口服，片剂 10~20mg/次；胶囊 15mg/次，颗粒剂 15~30mg/次，咀嚼片 15~30mg/次，3~4 次/d；缓释片 30mg/次，2 次/d
	喷托维林	口服，25mg/次，3~4 次/d
外周性镇咳药	苯佐那酯	口服，50~100mg/次，3 次/d
	苯丙哌林	口服，20~40mg/次，3 次/d

2. 祛痰药　可提高咳嗽对气道分泌物的清除率。

（1）恶心性祛痰药：①氯化铵（ammonium chloride）主要用于黏痰不易咳出者。②愈创甘油醚（guaifenesin）能刺激胃黏膜，反射性引起呼吸道分泌较稀的液体，使呼吸道痰液变稀而易于咳出。

（2）黏痰溶解药：①溴己新（bromhexine）口服 1 小时起效，3~5 小时作用最强，可维持 6~8 小时。②乙酰半胱氨酸（acetylcysteine）喷雾吸入 1 分钟起效，5~10 分钟作用最强。

（3）黏液稀释药：作为黏液调节药，主要在细胞水平影响支气管腺体的分泌，增加低黏度的唾液黏蛋白分泌，减少高黏度的岩藻黏蛋白产生，因而使痰液的黏滞性降低而易于咳出。代表药物羧甲司坦（carbocisteine），口服后药物浓度达峰时间约 1.5 小时，一般服后 4 小时可见明显疗效，半衰期为 3 小时左右。

常用祛痰药的用法用量见表 2-6。

表 2-6　常用祛痰药的用法用量

药物分类	常用药物	用法用量
恶心性祛痰药	氯化铵	成人口服，300~600mg/次，3 次/d；儿童每天用药量按体重 40~60mg/kg，或按体表面积 1.5g/m² 计算，分 4 次服用

笔记栏

续表

药物分类	常用药物	用法用量
恶心性祛痰药	愈创甘油醚	成人口服，200mg/次，3～4次/d
黏痰溶解药	溴己新	口服，8～16mg/次，3次/d；肌内注射4mg/2ml，8mg/次；雾化吸入，0.2%溶液，每次1～2ml
	乙酰半胱氨酸	临用前用0.9%氯化钠溶液配成10%溶液，每次1～3ml，2～3次/d，用于非紧急情况；气管滴入：急救时用5%溶液，直接滴入气管内，1～2ml/次，2～6次/d；片剂：成人口服，200～400mg/次，2～3次/d
黏液稀释药	羧甲司坦	口服，500mg/次，3次/d

【用药护理】

（一）用药前评估

1. 评估患者咳嗽、咳痰及其他发热等症状，以及痰液对呼吸道的刺激和堵塞情况，明确用药目的。

2. 了解既往用药史，患者是否治疗以及治疗的效果，药物过敏史等。

3. 了解患者整体状况，如患者各主要脏器的功能，尤其是心、肺情况；病史及生活史；心理和社会状况等。了解咳嗽的性质及程度，痰液的颜色、量和黏稠度等状况；有无其他伴发症状等。

（二）用药安全

1. 镇咳药

（1）可待因

1）不良反应：常见幻想，呼吸困难，心律失常，单次口服剂量超过60mg可致明显呼吸抑制，并易出现兴奋及烦躁不安等。连续应用可产生耐药性和成瘾性；长期用药可致便秘。

2）用药注意事项：①须口服给药，宜与食物或牛奶同服，以避免胃肠道反应，不可静脉给药。②妊娠期应用可透过胎盘使胎儿成瘾，引起新生儿戒断症状，分娩期应用可致新生儿呼吸抑制。③缓释片必须整片吞服，不可嚼碎或掰开。④长期应用可导致便秘，慢性便秘患者不可长期服用。⑤因乙醇可增强该药的镇静作用，服药期间不应饮酒。⑥服用过量可出现头晕、嗜睡、癫痫、低血压、心率过缓、呼吸微弱、神志不清等症状，一旦发生药物过量应立即通知医生。⑦属麻醉药品，按麻醉药品管理控制使用，未经医生允许，护士不可擅自发药。

3）禁忌证：呼吸困难、昏迷及痰多者禁用。

4）药物相互作用：①甲喹酮可增强镇咳及镇痛作用。②解热镇痛药可增强止痛效果。③与其他吗啡类药物合用，可加重中枢性呼吸抑制作用。④抗胆碱药可加重便秘或尿潴留等不良反应。⑤与肌松药合用，呼吸抑制更显著。⑥与西咪替丁合用，能诱发精神错乱、定向力障碍和呼吸急促。⑦可促发阿片受体激动药出现戒断症状。

（2）右美沙芬

1）不良反应：①偶有轻度头痛、头晕、嗜睡、食欲减退、便秘、嗳气、过敏反应等。②大剂量应用时可引起呼吸抑制，过量中毒可引起意识模糊、精神错乱等中枢抑制症状，可用纳洛酮解救。

2）用药注意事项：①缓释片不要掰碎服用，缓释混悬液服用前应充分摇匀。②注射给药应避免在同一部位反复注射，避免在神经分布丰富的部位注射。③告知患者用药后避免从事高空作业、驾驶、精密操作等。

3）禁忌证：过敏，精神病或精神病史，肝肾功能不全，哮喘、痰多，妊娠前3个月，2岁以下儿童。

4）药物相互作用：①右美沙芬不应与其他含苯丙醇胺的药物同时服用。②服用降压药或含单胺氧化酶抑制药的抗过敏、抗抑郁药者，未经医生允许不应服用本药。③与单胺氧化酶抑制药合用，可致痉挛、反射亢进、异常发热、昏迷甚至死亡。④帕罗西汀、氟西汀可加重右美沙芬的不良反应。⑤胺碘酮可提高该药的血浆浓度，合用时应适当减量。

（3）喷托维林

1）不良反应：轻度头晕、口干、恶心、腹胀、便秘等阿托品样不良反应。

2）用药注意事项：①告知患者服药后禁止驾车及操作机器。②痰多者应与祛痰药合用。

3）禁忌证：青光眼、心功能不全伴有肺淤血、呼吸功能不全、因尿道疾病而致尿潴留、痰多者慎用；大咯血禁用。

4）药物相互作用：与醋奋乃静、阿伐斯汀、阿吡坦、异戊巴比妥、阿普比妥、安他唑啉、溴哌利多、阿扎他定、巴氯芬、溴苯那敏、布克力嗪、丁苯诺啡、丁螺环酮、水合氯醛等药合用，可增强中枢神经系统和呼吸系统抑制作用。

（4）苯佐那酯

1）不良反应：嗜睡、恶心、眩晕、鼻塞、胸部紧迫感和麻木感、皮疹等。

2）用药注意事项：服用时勿嚼碎以免引起口腔麻木。

3）禁忌证：多痰患者。

（5）苯丙哌林

1）不良反应：偶见口干、胃部烧灼感、食欲减退、乏力、头晕、皮疹等。

2）用药注意事项：①服药期间若出现皮疹应停药。②仅具镇咳作用，如用药一周症状无好转，应咨询医生。③眼调节障碍、困倦及眩晕，服药者不可驾驶汽车及进行有危险性的机械操作。④孕妇、哺乳期妇女及儿童慎用；老年肝、肾功能低下者，应从10mg/d开始。⑤服用时整片吞服，勿嚼碎以免致口腔麻木。

3）禁忌证：幽门、十二指肠及肠管闭塞的患者、下部尿路闭塞的患者、青光眼患者、严重的心脏病患者及对该药过敏者禁用。

2. 祛痰药

（1）氯化铵

1）不良反应：①大量服用可引起头痛、嗜睡、抑郁、抽搐、恶心、呕吐、口渴、胃痛、各种心律失常及高氯性酸中毒。②有利尿及酸化体液、尿液的作用。③偶尔出现皮疹。

2）用药注意事项：①告知患者为减少胃肠道刺激，宜溶于水饭后服用。②不宜与碱、碱土金属碳酸盐、银盐和铅盐、金霉素、新霉素、磺胺嘧啶、呋喃妥因、华法林及排钾性利尿药等合用。③可增加钾的排出，易造成低钾血症，须监测血钾；④镰状细胞贫血患者服用该药可引起缺氧和/或酸中毒，应慎用。⑤哺乳期妇女不建议用。⑥用药前后及用药过程中应当检查或监测血气分析等酸碱平衡指标以及血氯、钾、钠的浓度。⑦过量可致高氯性酸中毒、低钾及低钠血症；⑧静脉给药速度应缓慢，以减轻局部刺激。

3）禁忌证：胃溃疡，肝、肾功能不全。

4）药物相互作用：①可使需在酸性尿液中显效的药物如乌洛托品产生作用。②可增强利尿药的作用以及四环素和青霉素等药的抗菌作用。③与磺胺嘧啶、呋喃妥因等成配伍禁忌。④可促进碱性药物如哌替啶、苯丙胺的排泄；⑤不宜与排钾性利尿药合用。

（2）愈创甘油醚

1）不良反应：恶心、胃肠不适感，偶有嗜睡。

2）用药注意事项：①有刺激和扩张血管平滑肌的作用，不能用于肺出血、急性胃肠炎和肾炎患者。②与右美沙芬合用时，不能再联用单胺氧化酶抑制药。③不宜与乙醇等中枢抑制药物合用。

3）禁忌证：过敏、肺出血、肾炎、急性胃肠炎、需要注意力高度集中者、妊娠3月内。

4）药物相互作用：①与镇咳平喘药合用，可增强疗效。②与苯丙醇胺合用，对高血压、心脏病、糖尿病、外周血管病、前列腺肥大、青光眼等患者要特别谨慎。

（3）溴己新

1）不良反应：①偶有恶心、胃部不适及血清转氨酶升高。②对胃肠道黏膜有刺激性。③过敏。④注射部位受损。

2）用药注意事项：①宜饭后服用，以减轻胃部不适。②个别患者血清转氨酶会暂时升高，停药即可恢复正常。

3）禁忌证：过敏禁用；胃炎或胃溃疡者慎用。

4）药物相互作用：①可增加四环素类抗生素在支气管的分布浓度，因而可增加此类抗生素在呼吸道的抗菌疗效。②与磷酸肌酸钠、兰索拉唑可存在配伍禁忌。

（4）乙酰半胱氨酸

1）不良反应：偶见恶心和呕吐，皮疹和支气管痉挛等过敏反应。

2）用药注意事项：①有特殊气味，如发生恶心、呕吐可暂停给药。若引起支气管痉挛，可用异丙肾上腺素解除。②服用颗粒制剂，可用少量低于80℃的温开水或果汁溶解后服用或直接口服。③用药前须将患者咽喉部和气管内的痰液吸净，以免大量黏稠度下降的痰液随呼吸道进入气道末梢，引起小气道梗阻，因此无吸痰器时不可直接向气管内滴入药物。④用药后协助患者有效咳嗽或进行体位引流，以利排痰。⑤水溶液易氧化变质，应用前配制，剩余溶液应在冰箱内密封保存，48小时内使用。⑥不宜与一些金属如铁、铜和橡胶及氧化剂接触，喷雾器要采用玻璃或塑胶制品。

3）禁忌证：支气管哮喘者禁用；老年人伴有呼吸功能不全者慎用。

4）药物相互作用：①与异丙肾上腺素合用或交替使用可提高药效，减少不良反应。②易使青霉素、头孢菌素、四环素等抗生素破坏而失效，不宜合用，必要时可间隔4小时交替使用。③与碘化油、糜蛋白酶、胰蛋白酶成配伍禁忌。

（5）羧甲司坦

1）不良反应：轻度头晕、恶心、胃部不适、腹泻、胃肠道出血、皮疹等。

2）用药注意事项：①应避免与强镇咳药同服，以免痰液堵塞气道。②有消化道溃疡病史者慎用。③连用7天症状不缓解应停药并就医。

3）禁忌证：消化道溃疡活动期、过敏。

4）药物相互作用：与抗胆碱药物、茶碱同服可能产生相互作用。

（三）用药监测

1. 监测用药后咳嗽、咳痰及其他相关症状是否缓解，建议用药时间不超过3~7天，若症状未缓解，应建议患者尽快就医以便调整用药，并对病情进行整体评估。

2. 密切观察患者的症状及体征，发现过敏、呼吸功能影响等不良反应及时联系医生，以便进一步处理，必要时调整用药方案。

（四）用药指导

1. 指导患者及主要照顾者了解使用镇咳祛痰药物是属于对症治疗，因此需明确病因并积极对因治疗。

2. 指导患者在服药期间，注意休息，饮食应注意清淡、高蛋白、高维生素、充足热量、易消化，避免刺激性食物。

3. 指导患者服药期间戒烟戒酒；某些需要注意力高度集中的患者、消化性溃疡患者不能服用某些镇咳祛痰药物。

4. 镇咳药片剂需要整片吞服，切勿嚼碎，以免引起口腔麻木；祛痰药胶囊要完整吞服，餐前服用。

5. 指导患者了解并避免药物配伍禁忌。

ER2-3
社区获得性肺炎患者的药物治疗与护理

第四节　呕吐、便秘及腹泻

呕吐、便秘及腹泻是临床常见的消化道症状。呕吐是指胃内容物或一部分小肠内容物通过食管逆流出口腔的一种复杂的反射动作；便秘是指排便困难或费力、排便不畅、排便次数减少、粪便干结量少；腹泻是指排便次数明显超过平日习惯的频率，粪质稀薄，水分增加，或含未消化食物或脓血、黏液。呕吐和腹泻均有利于清除胃肠道内有害物质或异物而起保护作用，但过度的呕吐和腹泻也可引起脱水及酸碱失衡、水电解质紊乱，因此须合理进行止吐和止泻；便秘治疗以改变生活习惯为主，辅以药物治疗。

【症状简介】

1. 呕吐　呕吐是一种极其复杂的反射过程，延髓催吐化学感受区、前庭器官、内脏等传入冲动作用于延髓呕吐中枢，使呕吐中枢发出传出冲动到达效应部位引起呕吐。引起呕吐的原因较多，可分为反射性呕吐（咽喉刺激、消化道、泌尿道疾病）、中枢性呕吐（神经系统疾病、循环系统疾病、内分泌系统疾病、感染性疾病、药物、中毒和神经精神因素等）、前庭障碍性呕吐（晕动病等）。

呕吐的临床表现主要有以下几个方面：

（1）发生时间：晨间呕吐可能见于育龄女性早孕反应、尿毒症或慢性酒精中毒，鼻窦炎患者也可因分泌物刺激咽部而出现晨起恶心和干呕；夜间呕吐可见于幽门梗阻。

（2）与进食的关系：餐后近期内出现呕吐，并有多人同时发病，常见于食物中毒。活动期消化性溃疡因幽门水肿、充血、痉挛，也常出现餐后呕吐。神经性呕吐多在餐后即刻发生。在餐后较久或积数餐之后才出现呕吐的，多见于消化性溃疡、胃癌等引起的幽门、十二指肠慢性不全梗阻。

（3）呕吐的特点：一般呕吐常先有恶心后出现呕吐。但神经性呕吐可不伴有恶心或仅有轻微恶心，呕吐并不费力。高血压脑病或颅内病变引起颅内压增高时突然出现喷射状呕吐而没有恶心。

（4）呕吐物的性质：幽门梗阻的呕吐物含有隔餐或隔日食物，有腐酵酸臭气味。呕吐物中含有多量黄色苦味胆汁，多见于频繁剧烈呕吐或十二指肠乳头以下的肠梗阻。大量呕吐多见于幽门梗阻或急性胃扩张。呕吐物有大便臭味的可能是低位肠梗阻。呕吐物呈咖啡样或鲜红色，可考虑上消化道出血。

（5）呕吐伴随症状：急腹症的呕吐常伴有腹痛。消化性溃疡、急性胃炎或高位肠梗阻等慢性腹痛可在呕吐后暂时缓解；胆囊炎、胆石症、胆道蛔虫病、急性胰腺炎等，在呕吐后腹痛不会缓解。高血压脑病、偏头痛、鼻窦炎、青光眼、屈光不正等呕吐常伴头痛；梅尼埃病、迷路炎、氨基糖苷类等药物引起的呕吐常伴有眩晕。

2. 便秘　便秘常由于粪便在消化道移动过慢，或不能从肠道清除，而致粪便脱水、变硬和干燥所致。根据有无器质性病变分为器质性和功能性便秘，前者主要由于胃肠道疾病或肠外疾病所致；后者指无器质性疾病，主要由于不良生活习惯（饮食、排便、运动习惯）和精神等因素引起；按病程或起病方式可分为急性便秘和慢性便秘，一般认为便秘时间大于12周为慢性便秘。

便秘的症状主要表现为排便次数减少，少于3次/周；粪便干燥或结块，如羊粪状；排便困难，如排便时间长、排便时感觉有阻碍、排便后仍有粪便未排尽的感觉、需手按腹部帮助排便等；儿童便秘时，除以上症状外，还可能伴有行为举止的异常。便秘还可有腹部胀痛、食欲减

笔记栏

退、疲乏无力、失眠、焦虑等伴发症状。

3. 腹泻　腹泻是临床上多种疾病的常见症状，根据起病及病程可分为急性腹泻与慢性腹泻；腹泻的发生机制复杂，依病理生理机制可分为分泌性腹泻、渗透性腹泻、渗出性腹泻、动力性腹泻和吸收不良性腹泻。

急性腹泻病史短于3周，常见于肠道感染引起的肠炎、变态反应性肠炎、急性中毒、全身性感染（如败血症、伤寒或副伤寒等）和药物刺激胃肠道；慢性腹泻病史超过3周或长期反复发作，常见于消化系统疾病（如慢性萎缩性胃炎、肠道感染、肠道肿瘤、胰腺疾病和肝胆疾病等）、内分泌与代谢性疾病（如尿毒症、肝性脑病、糖尿病酮症酸中毒、甲亢危象、肾上腺皮质功能减退等）、药物（洋地黄类、抗生素等）和神经精神因素等（肠易激综合征等）。急性腹泻，每天排便次数可多达10次以上，如细菌感染，常为黏液血便或脓血便；慢性腹泻可为稀便，也可带黏液或脓血。

腹泻可伴有发热、不同程度腹痛、排便急迫感、肛门不适等症状。急性腹泻常有腹痛，尤其以感染性腹泻较为明显；分泌性腹泻往往无明显腹痛；小肠疾病的腹泻疼痛常在脐周，便后腹痛缓解不明显；而结肠疾病疼痛多在下腹，且便后腹痛常可缓解。伴有发热、腹痛、呕吐等常提示急性感染；伴大便带血、贫血、消瘦等需警惕肠癌；伴腹胀、食欲差等需警惕肝癌；伴水样便则须警惕霍乱弧菌感染。

由于呕吐、便秘和腹泻是常见的临床症状，其主要治疗策略为病因治疗及对症治疗。前者主要是明确病因，积极治疗原发病，而后者主要是以药物有效控制症状为主。

【药物治疗的目的及原则】
（一）药物治疗的目的

1. 呕吐的药物治疗的目的主要是有效控制呕吐症状，警惕呕吐物呛入气管。

2. 便秘的药物治疗的目的主要是缓解症状，恢复正常肠动力和排便生理功能。

3. 腹泻的药物治疗的目的主要是缓解症状，恢复正常的排便功能。

（二）药物治疗的原则

1. 呕吐的药物治疗首先是对症止吐，应禁食禁饮以防呕吐物呛入气管，同时寻找病因，并加强支持治疗、纠正水电解质失衡。

2. 便秘的药物治疗是以对症治疗为主的个体化综合治疗，包括精神心理状态的调整、合理的膳食结构、正确的排便习惯。如需长期使用药物维持治疗，应避免滥用泻药。选用药物时应充分考虑药效、安全性、药物依赖性及性价比，可间歇性使用促动力药，避免长期使用刺激性泻药。

3. 除腹部着凉所致的暂时性的腹泻外，其他情况的腹泻都需尽早就医以明确病因；若伴随高热、少尿、神志不清或昏迷等严重症状，须尽早就医处理。药物治疗应针对病因进行治疗，同时根据其病理生理特点给予对症治疗和支持治疗；止泻药适用于剧烈腹泻或长期慢性腹泻的患者，以防机体过度脱水、水盐代谢失调、消化及营养障碍。腹泻急性期须暂时禁食，使肠道完全休息，必要时由静脉输液，以防失水过多而脱水；慢性腹泻患者应根据病情调整饮食结构和次数；胃肠道感染应根据病原体选择抗生素治疗。

【药物分类及常用药物】
（一）止吐药

由于呕吐发生涉及的机制复杂，止吐药物可通过不同环节抑制呕吐反应，因而具有多种类型的止吐药物。

1. 止吐药分类　临床常用的止吐药物有多种类型，主要包括 H_1 受体阻断药如苯海拉明（diphenhydramine）；M胆碱受体阻断药如东莨菪碱（scopolamine）；D_2 受体阻断药如甲氧氯普胺（metoclopramide）、多潘立酮（domperidone）；5-HT_3 受体阻断药如昂丹司琼（ondansetron）；选择性 5-HT$_4$ 受体激动药如莫沙必利（mosapride）；NK$_1$ 受体阻断药如阿瑞匹坦（aprepitant）；糖皮质激素（glucocorticoids）：主要适合化疗药物或非细菌性炎症导致的呕吐。

2. 常用止吐药

（1）H$_1$ 受体阻断药：代表药物苯海拉明和异丙嗪（promethazine），主要用于晕动病呕吐，其抗晕动病机制主要与中枢 M 受体阻断有关。

（2）M 受体阻断药：可作用于上消化道化学感受器，通过降低迷路感受器的敏感性和抑制前庭小脑通路的传导，产生抗晕动病作用，用于预防和治疗恶心、呕吐。用于呕吐伴腹痛，代表药物包括山莨菪碱（anisodamine）、阿托品（atropine）、溴丙胺太林（propylamine bromide）及东莨菪碱（scopolamine）。东莨菪碱可用于晕动病呕吐及预防成人术后恶心呕吐。

（3）D$_2$ 受体阻断药：具有阻断中枢催吐化学感受区的 D$_2$ 受体，可降低呕吐中枢的神经活动，如甲氧氯普胺；有些可阻断外周胃肠道的 D$_2$ 受体，可增强胃动力，如多潘立酮。

（4）5-HT$_3$ 受体阻断药：可选择性阻断中枢及迷走神经传入纤维 5-HT$_3$ 受体，产生明显止吐作用，代表药物昂丹司琼，可用于放射治疗引起的呕吐、高度催吐的化疗药引起的呕吐、催吐程度不太强的化疗药引起的呕吐以及用于预防或治疗手术后呕吐。

（5）选择性 5-HT$_4$ 受体激动药：能促进乙酰胆碱的释放，刺激胃肠道发挥促动力作用，代表药物莫沙必利。

（6）NK$_1$ 受体阻断药：阻断化疗呕吐产生部位的 NK$_1$ 受体，拮抗 P 物质的致吐作用，对化疗药物导致的急性和延迟性恶性呕吐有效。代表药物阿瑞匹坦，主要用于化疗引起的恶心呕吐，化疗前使用。

常用止吐药的用法用量见表 2-7。

表 2-7　常用止吐药的用法用量

药物分类	用法用量
苯海拉明	用于晕动病呕吐 25mg，启程前 30～120min，口服
异丙嗪	用于止吐：0.25～0.5mg/kg，必要时每隔 4～6h 给药 1 次，24h 不超过 100mg；抗晕动病：启程前 30min 口服 25mg；小于 5 岁儿童用成人半量
山莨菪碱	用于呕吐伴腹痛，10mg，3 次/d
阿托品	用于呕吐伴腹痛，0.3mg，3 次/d
溴丙胺太林	用于呕吐伴腹痛，15mg，3 次/d
东莨菪碱	晕动病呕吐，0.3mg，启程前 30min，口服；透皮制剂：启程前 5～6h 内使用
甲氧氯普胺	成人，口服 5～10mg/次，3 次/d，一天不超过 0.5mg/kg；儿童，5～14 岁 2.5～5mg/次，3 次/d，每天总量不超过 0.1mg/kg。饭前服，短期服用
多潘立酮	10mg/次，3 次/d，饭前 15～30min，口服
昂丹司琼	①放疗引起的呕吐：放疗前 1～2h 首次口服 8mg，随后每 8h 服用 8mg。②强致吐化疗药引起的呕吐，在化疗前 30min，化疗后 4h、8h 各静脉滴注 8mg，停止化疗以后每 8～12h 口服片剂 8mg。③中度致吐化疗药引起的呕吐，化疗前 30min 静脉滴注 8mg，以后每 8～12h 口服片剂 8mg，连续 5d。④预防或治疗手术后呕吐。成人可于麻醉诱导同时静脉滴注 4mg，对已出现术后恶心呕吐，可缓慢静脉滴注 4mg，输注时间应不小于 15min
莫沙必利	5mg/次，3 次/d，饭前服
阿瑞匹坦	化疗前 1h 口服 125mg，第 2d 和第 3d 早晨口服 80mg

（二）便秘治疗药物

1. 便秘治疗药物分类　便秘治疗是促进排便反射或使排便顺利的综合性对症治疗，包括生活方式的调整和药物治疗。便秘主要治疗药物可分为泻药（容积性泻药、刺激性泻药、润滑性泻药、渗透性泻药）、促动力药、促分泌药、微生态制剂等。

2. 常用药物

（1）硫酸镁（magnesium sulfate）：口服后不吸收，在肠内形成一定的渗透压，使肠内保留有大量水分，刺激肠道蠕动而排便。用于导泻、肠内异常发酵，与药用炭合用可治疗食物或药物中毒。

（2）甘油（glycerol）：能润滑并刺激肠壁，软化大便，使其易于排出；直肠给药后 15 ~ 30 分钟起效，用于便秘的治疗，有甘油灌肠剂和甘油栓。

（3）乳果糖（lactulose）：在胃和小肠中不会被消化分解，口服后几乎不吸收，其渗透性使水和电解质保留于肠腔，在结肠广泛代谢，被结肠细菌代谢分解为乳酸、醋酸，使肠内渗透压进一步增高，使粪便的容量增大，刺激肠道蠕动，产生缓和的导泻作用，也有利于氨和其他含氮物质的排出。乳果糖可恢复老人或儿童正常的排便习惯，预防大便干结成硬块，也用于药物引起的便秘；口服后 24 ~ 48 小时起效。

（4）聚乙二醇（polyethylene glycol）：为高分子聚合物，口服后不吸收和代谢，可在粪便中保持大量水分而产生导泻作用。口服后 24 ~ 48 小时起效。用于成人便秘的对症治疗和肠道手术前及肠镜、钡灌肠等肠道检查前的准备。

常用便秘治疗药物的用法用量见表 2-8。

表 2-8　常用便秘治疗药物的用法用量

药物分类	用法用量
硫酸镁	成人 5 ~ 20g/ 次，可用 100 ~ 200ml 水稀释后服用
聚乙二醇	成人及 8 岁以上儿童 10g/ 次，1 ~ 2 次 /d，溶于 50 ~ 100ml 水口服；或 20g/d，溶于 100ml 水，顿服

（三）止泻药物

1. 止泻药分类　止泻药可通过减少肠道蠕动或保护肠道免受刺激而达到止泻作用，适用于剧烈腹泻或长期慢性腹泻，以防止机体过度脱水、水盐代谢失调，止泻为对症治疗，应同时针对病因治疗。止泻药主要包括阿片制剂（opium preparation），地芬诺酯（diphenoxylate），洛哌丁胺（loperamide），鞣酸蛋白（tannalbin），碱式碳酸铋（bismuth subcarbonate），蒙脱石散（smectite powder）和药用炭（medical charcoal）等。

2. 常用止泻药

（1）阿片制剂：可抑制肠蠕动而止泻，多用于较严重的非细菌感染性腹泻。代表药物主要有①复方樟脑酊（tincture camphor compound）主要含樟脑、阿片酊等。②阿片酊（opium tincture）含吗啡 1%。

（2）地芬诺酯：又名苯乙哌啶，是哌替啶同类物，对胃肠道的影响类似于阿片类，具有收敛及减少肠蠕动作用，可用于急、慢性功能性腹泻。口服后 45 ~ 60 分钟起效，作用持续 3 ~ 4 小时，生物利用度为 90%。大部分在肝脏代谢，代谢物地芬诺酯酸具有生理活性，$t_{1/2}$ 为 2.5 小时。

（3）洛哌丁胺：结构类似氟哌啶醇和哌替啶，中枢作用弱，对胃肠道平滑肌的作用类似阿片类及地芬诺酯，除直接抑制肠蠕动，还减少肠壁神经末梢释放 ACh，减少胃肠分泌，止泻作用快、强、持久，用于治疗非细菌感染的急、慢性腹泻。由于它对肠壁的高亲和力和首关效应，口服吸收约 40%，几乎全部进入肝脏代谢，$t_{1/2}$ 为 7～15 小时。

（4）鞣酸蛋白：为收敛药，在肠道中释放出鞣酸与肠黏膜表面蛋白质形成沉淀，附着在肠黏膜上，形成保护膜，减少炎性渗出物，发挥收敛止泻作用，用于急性胃肠炎及各种非细菌性腹泻、儿童消化不良等。

（5）碱式碳酸铋：能与肠道中的毒素结合，保护肠道免受刺激，达到收敛止泻作用，常用于腹泻、慢性胃炎的治疗，治疗幽门螺杆菌感染的胃、十二指肠溃疡。

（6）蒙脱石散和药用炭：蒙脱石散在肠道形成一层保护膜。药用炭因其颗粒小，总面积大，能吸附肠内液体、毒物等，起止泻和阻止毒物吸收的作用。①蒙脱石散：口服后均匀覆盖在肠腔表面，可维持 6 小时。②药用炭：口服不吸收，由肠道排出。

常用止泻药的用法用量见表 2-9。

表 2-9　常用止泻药的用法用量

药物分类	常用药物	用法用量
阿片制剂	复方樟脑酊	成人口服 2～5ml，3 次 /d
	阿片酊	成人口服 0.3～1ml，1～4ml/d，最大 6ml/d
哌替啶同类物 / 衍生物	地芬诺酯	成人 2.5～5mg，2～3 次 /d，可首剂加倍
	洛哌丁胺	成人急性腹泻，首剂 4mg，后每腹泻 1 次服 2mg，每天最大 16mg；儿童首剂 2mg，后每腹泻 1 次服 2mg，最大 6mg/d。成人慢性腹泻首剂剂量 2～4mg，2～12mg/d，显效后 4～8mg/d 维持治疗
鞣酸蛋白		成人 1～2g/ 次，3 次 /d，空腹服用
碱式碳酸铋		0.3g/ 片，成人 2～6 片，3 次 /d；3～5 岁 1～2 片 /d；5 岁以上 2～3 片 /d
吸附药	蒙脱石散	成人及 3 岁以上儿童 3g/ 次，3 次 /d，倒入 50ml 温水服用
	药用炭	成人 3～10 片，3 次 /d

【用药护理】

（一）用药前评估

1. 止吐药的用药前评估　需要应用止吐药治疗的患者，应首先评估治疗的适应证，有无用药的禁忌证；呕吐药物治疗是对症治疗，寻找并积极治疗原发病是治疗的关键；评估患者是否因呕吐而导致脱水，若呕吐量较大，可适当补充含有电解质的液体。

2. 便秘的治疗药物用药前评估　便秘的治疗应遵循个体化的综合治疗原则，需要应用泻药维持治疗的患者，应首先评估治疗的适应证，避免滥用泻药；其次要评估有无用药的禁忌证。

3. 止泻药的用药前评估　使用止泻药进行治疗前应首先评估治疗的适应证，严重的非感染性腹泻患者可使用止泻药进行治疗；其次要评估有无用药的禁忌证。

（二）用药安全

1. 止吐药物

（1）不良反应：① H_1 受体阻断药物，异丙嗪等常见头晕、嗜睡、口干、光敏反应等；苯海拉明常见中枢抑制作用、共济失调、恶心呕吐、食欲减退等。② D_2 受体阻断药：甲氧氯普胺常见昏睡、乏力、烦躁不安、便秘、乳房肿痛、乳汁增多、锥体外系反应；多潘立酮偶见头晕、嗜睡、倦怠等，大剂量可出现泌乳。③5-HT₃受体阻断药：昂丹司琼常见头痛、腹部不适、便秘、口干、皮疹，偶见支气管哮喘或过敏反应、短暂性无症状转氨酶增加等。④选择性5-HT₄受体激动药：莫沙必利常见腹泻、腹痛、口干、皮疹及倦怠、头晕等，偶见嗜酸性粒细胞增多、甘油三酯及转氨酶升高。⑤NK₁受体阻断药：阿瑞匹坦常见食欲降低、呃逆、消化不良、疲乏无力、ALT水平增加、瘙痒、皮疹、荨麻疹等。

（2）用药注意事项：①H₁受体阻断药物，异丙嗪用药期间可使妊娠试验出现假阳性或假阴性；避免与抗胆碱药物及哌替啶合用；要警惕眩晕和中枢抑制作用，用药起效前避免进行需要精神集中或协同性活动；用药期间戒酒。②D₂受体阻断药：甲氧氯普胺长期使用疗程不能超过12周；用于严重肾功能不全患者，易致锥体外系症状，遇光变色后毒性增加。多潘立酮对于婴幼儿、孕妇、哺乳期妇女慎用，与多个药物有相互作用，注意禁忌证。③5-HT₃受体阻断药：昂丹司琼发生颜色改变等性状变化时不能使用，不宜用于腹部手术患者。④选择性5-HT₄受体激动药：莫沙必利制剂发生性状改变时禁止使用。⑤NK₁受体阻断药：阿瑞匹坦不能与匹莫齐特、特非那定、阿司咪唑、西沙必利等同时使用。

（3）禁忌证：①H₁受体阻断药物禁用于过敏、昏迷、哮喘等下呼吸道症状患者，以及早产儿、新生儿。②D₂受体阻断药：甲氧氯普胺禁用于普鲁卡因或普鲁卡因胺过敏者，癫痫发作患者，胃肠道出血、机械性肠梗阻或穿孔患者，嗜铬细胞瘤患者，乳腺癌行化疗和放疗而呕吐的患者；多潘立酮禁用于过敏者，机械性消化道梗阻、消化道出血、穿孔患者，分泌催乳素的催乳素瘤、嗜铬细胞瘤、乳癌患者，正在使用酮康唑、大环内酯类等可能会延长Q-Tc间期的药物患者，中重度肝功能不全患者。③5-HT₃受体阻断药：昂丹司琼禁用于过敏患者、胃肠等梗阻、妊娠3个月内、哺乳期妇女。④选择性5-HT₄受体激动药：莫沙必利禁用于过敏者，胃肠道出血、穿孔、肠梗阻，肝、肾功能不全，有心力衰竭、传导阻滞、室性心律失常、心肌缺血等心脏病史，低血钾等电解质紊乱，近期接受过肠部手术的患者。⑤NK₁受体阻断药：阿瑞匹坦禁用于过敏患者。

（4）药物相互作用：①H₁受体阻断药物，异丙嗪注射液pH4～5，不宜与氨茶碱等碱性药物或生物碱类药物混合使用；增强降压药的降压作用；与三环类抗抑郁药合用，增加相互的血药浓度；与抗胆碱药物合用，两者的抗胆碱作用协同；苯海拉明可短暂影响巴比妥类药和磺胺醋酰钠等的吸收；与对氨基水杨酸钠同用可降低后者血药浓度；可增强中枢神经抑制药的作用；与双羟萘酸米帕明合用可使Q-T间期延长的风险增加。②D₂受体阻断药：甲氧氯普胺使胃内排空加快，增加对乙酰氨基酚、左旋多巴、锂化物、四环素、氨苄西林、乙醇和地西泮等在小肠内吸收；增强乙醇等中枢抑制药镇静作用；与抗胆碱能药物和麻醉止痛药物合用有拮抗作用；对胃肠道的能动性效应可被抗胆碱能药物和麻醉止痛药物抵消；减少西咪替丁、地高辛胃肠道吸收，增加地高辛的胆汁排泄，而降低其血药浓度；与吩噻嗪类药物的锥体外系反应协同。多潘立酮不宜与CYP3A4抑制药合用，增加对乙酰氨基酚、氨苄西林、左旋多巴、四环素等药物的吸收，抗胆碱能药物会减弱本药的作用，同服抗酸药和抑制胃酸分泌的药物可降低本药的生物利用度，加速胃排空而降低胃内吸收药物的血药浓度，合用锂剂和地西泮类药可引起锥体外系反应。钙通道阻滞药和阿瑞匹坦可升高多潘立酮的血药浓度。③5-HT₃受体阻断药：昂丹司琼与阿扑吗啡合用可致严重低血压、意识丧失，减弱曲马多的镇痛作用；昂丹司琼由肝CYP3A4、2D6、1A2代谢，这些酶诱导剂与抑制剂可影响其血药浓度。④选择性5-HT₄受体激动药：莫沙必利的作用可被抗胆碱药减弱，与可延长Q-T间期的药物、可引起低钾血症的药物合用可增加心律失常的危险。⑤NK₁受体阻断药：阿瑞匹坦经CYP3A4代谢，CYP3A4诱导药及抑制药影响其血药浓度，其为CYP3A4抑制药，可增加其他CYP3A4底物的血药浓度，而增强毒性反应；可诱导通过CYP2C9代谢的S(−)华法林和甲苯磺丁脲的代谢；可降低避孕药物的疗效。

2. 便秘治疗药物

（1）不良反应：硫酸镁常见的不良反应包括脱水、镁中毒、面部潮红、出汗、口干、恶心、呕吐、心慌、呼吸抑制、心律失常、低钙血症、肺水肿、新生儿高镁血症、嗳气、腹痛、食欲减退、便秘、麻痹性肠梗阻等。乳果糖偶有腹部不适、腹胀、腹痛，剂量大时偶见恶心、呕吐，长期大量使用致腹泻时会出现水电解质失衡，减量或停药可消失。聚乙二醇在消化道不吸收而不良反应较少，过量可致腹泻。

（2）用药注意事项：服用大量浓度过高的硫酸镁溶液，可能自组织中吸取大量水分而导致脱水，因此宜在清晨空腹服用，并大量饮水，以加速导泻作用和防止脱水。乳果糖用于乳糖酶缺乏症患者时，需注意本药中乳糖的含量。服用聚乙二醇时，需按服用方法及用量服药，每次服药应尽可能快速服完；开始服药1小时后，肠道运动加快，排便前患者可能感到腹胀，如有严重腹胀或不适，可放慢服用速度或暂停服用，待症状消除后再继续服用。

（3）禁忌证：肠道出血、急腹症、妊娠期及绝经期妇女禁止使用硫酸镁导泻。炎症性肠病、肠梗阻及未明确诊断的腹痛患者禁用聚乙二醇。对乳果糖过敏、阑尾炎、胃肠道梗阻、不明原因腹痛、尿毒症及糖尿病酸中毒患者禁用乳果糖。

（4）药物相互作用：与硫酸镁注射液有配伍禁忌的药物有硫酸多黏菌素B、硫酸链霉素、葡萄糖酸钙、盐酸多巴酚丁胺、盐酸普鲁卡因、四环素、青霉素等。乳果糖与抗酸药合用时，可使肠内pH值升高，降低乳果糖的疗效，不宜合用。服用聚乙二醇前1小时口服的其他药物可能经消化道排出，从而影响人体对该药物的吸收。

3. 止泻药

（1）不良反应：地芬诺酯的不良反应包括偶见口干、腹部不适、恶心、呕吐、嗜睡、烦躁、失眠、皮疹、腹胀及肠梗阻等，减量或停药后即消失；大剂量（每次40～60mg）可产生欣快感，长期服用可致依赖性（但用常量与阿托品合用进行短期治疗，则产生依赖性的可能性很小）。洛哌丁胺的不良反应较轻微，主要有皮疹、瘙痒、口干以及腹胀、恶心、食欲减退；偶见嗜睡、倦怠、头晕、呕吐、便秘、胃肠不适和过敏反应。蒙脱石散可引起少数患者轻微便秘。药用炭能吸附并减弱其他药物的作用，影响消化酶活性，服药期间可出现便秘。

（2）用药注意事项：腹泻患者常出现水电解质紊乱应适当补充。阿片类长期应用时可产生依赖性，只宜常用量短期治疗，以免产生依赖；肝病患者及正在服用成瘾性药物患者，腹泻早期和腹胀患者应慎用，不能用作细菌性腹泻的基本治疗药物。洛哌丁胺、地芬诺酯不能单独用于伴有发热和便血的细菌性痢疾；若经1～2天治疗未见好转，或同时出现呕吐、发热、严重腹痛或便血者应立即就诊，以免延误病情；若服用过量而出现肝功能障碍和中枢神经系统症状，纳洛酮可作为解毒剂。蒙脱石散与其他药物合用，需在提前1小时服用其他药物。活性炭不同剂型和不同规格的用法用量有差异。

（3）禁忌证：阿片类药物能够导致肠蠕动减缓，因而病原微生物和其毒素对组织的侵袭增加，或减慢病原微生物的清除，而禁用于存在侵袭性肠炎表现的患者，以及严重溃疡性结肠炎患者。地芬诺酯禁用于过敏患者、急性溃疡性结肠炎、中毒性巨结肠、重度呼吸抑制、重度肝功能不全。洛哌丁胺禁用于过敏，肠梗阻、便秘、胃肠胀气或严重脱水患者，伴有高热和脓血便的急性细菌性痢疾、溃疡性结肠炎急性发作期，应用广谱抗生素引起的假膜性肠炎患者，严重中毒性或感染性腹泻。蒙脱石散禁用于对蒙脱石及敷料过敏患者。对活性炭过敏者、3岁内儿童禁用活性炭。

（4）药物相互作用：地芬诺酯可增强巴比妥类、阿片类及其他中枢抑制药的作用，故不宜合用，与单胺氧化酶抑制药合用有发生高血压危象的潜在危险，可使呋喃妥因的吸收加倍，与如吗啡等镇痛药合用可减弱其效果，也减少恶心、呕吐等不良反应，与其他止泻药如洛哌丁胺、多潘立酮等合用可增强其效果，也增加了便秘的风险。蒙脱石散、活性炭可能影响其他药物的吸收，如需服用其他药物，需间隔一定时间。

（三）用药监测

患者使用药物治疗后，呕吐、腹泻、便秘、腹痛等症状得到缓解，生活质量得到明显改善则说明药物治疗有效。

　　监测患者服药期间是否发生不良反应。某些止吐药物可致严重心律失常，需要监测。泻药、止泻药及解痉药的不良反应都比较轻微，常规治疗剂量下不良反应少见。功能性便秘患者如需长期服药维持治疗，应注意定期监测电解质、血常规及肝肾功能。

（四）用药指导

　　腹泻、便秘及呕吐的药物治疗均属于缓解患者症状，提高患者生活质量。如果慢性便秘患者需要长期服药治疗，要注意用药依从性对患者药物治疗效果的影响。应告知患者遵医嘱服药的重要性，严格遵医嘱服药是正确评价药物治疗效果、调整药物治疗方案的前提。

　　1. 加强疾病药物治疗宣教　通过宣教课堂或发放宣传手册的方式，使患者充分了解药物治疗的重要性，从而提高长期治疗的依从性。

　　2. 加强用药指导　对患者进行个体化用药教育，使其明确每种药物的使用方法和注意事项，避免患者对药物的认识不足降低疗效。

　　3. 健全家庭和社会的支持　加强社会及家庭对患者的支持，帮助患者坚定战胜疾病的信念，从而提高患者药物治疗依从性。

　　4. 指导患者家属知晓儿童不宜使用止泻药。

　　5. 指导患者及家属知道一般泻药可在睡前服；指导患者及家属知道止吐药物通过影响胃肠排空或吸附作用影响同时服用的药物的吸收，进而影响其疗效。

（杨俊卿）

小　结

　　解热药物主要有解热镇痛药和甾体类抗炎药，解热镇痛药物的机制是抑制环氧合酶活性，下调体温调定点至正常，是最常用的解热药物，代表药物主要有阿司匹林、对乙酰氨基酚、布洛芬。

　　镇痛药主要包括解热镇痛药、阿片类镇痛药、其他类药物。解热镇痛药常用于缓解轻度疼痛，或与阿片类药物联合用于缓解中、重度癌症疼痛，可减少阿片类药物的用量。辅助镇痛药如抗抑郁药物、抗癫痫药物可辅助性增强阿片类药物的镇痛效果，有的能直接产生镇痛作用，常用于治疗/辅助治疗神经病理性疼痛、骨痛和内脏痛等，而M受体阻断药主要用于内脏痉挛性疼痛。

　　镇咳药包括中枢性镇咳药、外周性镇咳药。前者通过抑制延髓的咳嗽中枢而发挥强大的镇咳作用，又分为成瘾性和非成瘾性镇咳药；后者通过抑制咳嗽反射弧中的某一环节如抑制肺牵张感受器，阻断肺-迷走神经反射，抑制咳嗽冲动的传导。祛痰药分为三类：①恶心性祛痰药，如氯化铵、愈创甘油醚等。②黏痰溶解药，如乙酰半胱氨酸、溴己新、氨溴索等。③黏液稀释药，如羧甲司坦等。

　　止吐药主要包括H_1受体阻断药如苯海拉明、M胆碱受体阻断药如东莨菪碱用于抗晕动病恶心、呕吐；D_2受体阻断药如甲氧氯普胺、潘立酮可止吐、增强胃动力；选择性$5-HT_4$受体激动药如莫沙必利促动力作用；$5-HT_3$受体阻断药如昂丹司琼、NK_1受体阻断药如阿瑞匹坦、糖皮质激素主要适合化疗药物或非细菌性炎症导致的呕吐。便秘治疗药物包括泻药（容积性泻药、刺激性泻药、润滑性泻药、渗透性泻药）、促动力药、促分泌药、微生态制剂等。止泻药通过减少肠道蠕动或保护肠道免受刺激而达到止泻作用，适用于剧烈腹泻或长期慢性腹泻，主要包括阿片制剂、地芬诺酯、洛哌丁胺、鞣酸蛋白、蒙脱石散和药用炭等。

发热、疼痛、咳嗽、咳痰、呕吐、便秘和腹泻是疾病常见的临床症状，分析其发病特点有助于诊断。由于这些症状的治疗药物仅是有效控制症状，因此，在使用药物控制症状之前需要明确病因，并积极治疗原发病。这些症状治疗药物的使用，一定要注意用药前评估，治疗中注意提高患者的依从性，并积极监测用药的安全性、有效性、药物的相互作用。

●●●● 思考题 ●●●●

ER2-4
第二章
目标测试

1. 试述常用发热治疗药物及其用药护理内容。
2. 试述吗啡、阿司匹林和阿托品止痛作用的作用机制、止痛的适应证以及用药指导内容。

笔记栏

ER3-1
第三章
思维导图

第三章

神经系统疾病药物治疗与护理

ER3-2
第三章
神经系统疾
病药物治疗
与护理

　　神经系统疾病是由于炎症、血管病变、外伤、肿瘤等多种原因所导致的脑、脊髓、周围神经及骨骼肌的病变，常伴随意识、认知、运动、感觉、反射等神经系统功能异常，患者可能会丧失生活自理能力，容易出现多种并发症，并伴有抑郁、焦虑等情感障碍。病程长、病情复杂、致残率及病死率高为神经系统疾病的主要特点。

第一节　偏　头　痛

> **导入案例**
>
> 　　患者，女，45 岁。突然出现左额渐及左颞、枕部的剧烈头痛，疼痛性质为明显跳痛或胀痛，同时伴左眼球发胀、恶心及非喷射性呕吐，约 10 分钟后缓解。此后间隔数小时至 14 天发作 1 次，每次发作的持续时间在 10~80 分钟，疼痛性质，部位及伴随症状与首次发作相同。发作间歇期一切如常。发病后患者无发热、意识障碍、抽搐及大小便障碍，饮食和睡眠正常。经头颅 CT 及 MRI 检查未发现异常。腰椎穿刺压力正常，脑脊液化验正常，无器质性病变证据。血糖、血压、血常规等检测均正常。临床诊断为偏头痛，给予布洛芬口服治疗后头痛症状明显好转。
>
> 　　**请思考：**
>
> 　　1. 本例患者在偏头痛急性发作期可用哪些药物进行控制？
>
> 　　2. 为预防患者偏头痛频繁发作，可以选用哪些药物？
>
> 　　3. 在临床护理实践中，对该患者进行安全用药健康教育时应该注意哪些问题？

　　偏头痛（migraine）是一种最常见的慢性原发性头痛疾病，可防、可治但无法根除，多起病于儿童和青春期，中青年期达发病高峰，女性多发，常有遗传背景，目前普遍存在预防性治疗不足、镇痛药物使用过度等情况。因此护士在临床工作中应帮助患者确立科学理性的防治观念与目标，对患者的生活习惯、用药知识等方面进行科学指导，减少偏头痛发作的频率和强度，提高患者的生活质量。

【疾病简介】

　　偏头痛以反复发作性中重度、多为单侧的搏动样头痛为主要临床特征，常伴恶心、呕吐、畏光和畏声等症状，处于安静环境及休息状态则可缓解头痛。

　　偏头痛的确切病因及发病机制仍处于探讨与研究阶段，过往提出了血管源学说、神经源皮质扩散性抑制学说及三叉神经 – 血管源学说三个学说。近年来，随着神经生化和神经药理学领域的深入研究，发现偏头痛患者的三叉神经和血管系统的缺陷与 5- 羟色胺受体密切相关，这一发现不仅进一步完善了三叉神经 – 血管源学说，并且为偏头痛药物的研发奠定了基础。

【药物治疗的目的及原则】

（一）药物治疗的目的

1. 急性期治疗目的是快速和持续地解除头痛及相关伴随症状，恢复生活、工作、学习等社会能力。

2. 预防性治疗目的是降低偏头痛发作的频率、持续时间及严重程度，改善偏头痛相关性失能，提高生活质量，减少频繁或慢性头痛引发的相关心理疾患，同时提高对急性期治疗的应答率并减少对急性期治疗的依赖，避免药物过度使用性头痛的发生。

（二）药物治疗的原则

偏头痛急性发作期的治疗原则为及时终止疼痛发作，而间歇期则重在预防头痛的再次发作。此外，针对头痛伴随的眩晕、呕吐等症状，亦需进行针对性的治疗。

 知识链接

偏头痛治疗有效性标准

中国偏头痛诊治指南（2022版）对偏头痛治疗有效性标准进行了以下规定：

1. 急性发作期治疗有效性标准　①2小时无疼痛。②2小时内最困扰的伴随症状（即恶心、呕吐、畏光或畏声）消失。③2小时后疼痛缓解，由中重度疼痛转为轻度疼痛或无痛。④在治疗成功后的24小时内无头痛再发或镇痛药的使用。

2. 预防期治疗有效性标准　①偏头痛或中重度头痛天数显著减少（如减少50%）。②程度显著减轻。③持续时间显著缩短。④对急性期治疗的反应改善。⑤偏头痛相关失能改善。⑥偏头痛引起的心理痛苦减少。

【药物分类及常用药物】

（一）药物分类

偏头痛治疗药物主要分为急性发作期治疗药物与预防性治疗药物两大类。急性发作期治疗药物分为非特异性治疗药物与特异性治疗药物两类，非特异性治疗药物主要包括解热镇痛抗炎药、含咖啡因的复合制剂等，特异性治疗药物主要包括曲普坦类、麦角胺及其衍生物、地坦类和吉泮类药物等。预防性治疗药物主要包括钙通道阻滞药、抗癫痫药、β受体阻断药、钙通道调节药、抗抑郁药等。

（二）常用药物

1. 急性发作期常用药物　成人偏头痛发作急性期药物治疗推荐详见表3-1。

表 3-1　成人偏头痛发作急性期药物治疗推荐（口服）

药物	每次推荐剂量	每天最大剂量
非特异性治疗		
解热镇痛抗炎药		
布洛芬	200~400mg	800mg
萘普生	500mg	1 000mg
双氯芬酸	50~100mg	150mg
阿司匹林	300~1 000mg	4 000mg
对乙酰氨基酚	1 000mg	4 000mg

笔记栏

续表

药物	每次推荐剂量	每天最大剂量
含咖啡因的复合制剂		
对乙酰氨基酚 / 阿司匹林 / 咖啡因	1 片	2 片
特异性治疗		
曲普坦类		
舒马普坦	25～100mg	200mg
利扎曲普坦	5～10mg	30mg
佐米曲普坦	2.5～5mg	10mg
麦角胺及其衍生物		
二氢麦角胺	5mg	—
麦角胺	0.5～2mg	6mg
地坦类		
拉米地坦	50mg 或 100mg 或 200mg	24 小时内最多服用 200mg，每 30 天使用超 4 次的安全性尚未建立
吉泮类		
瑞美吉泮	75mg，按需服用	24 小时内最多服用 75mg，每 30 天使用超过 18 次的安全性尚未建立
乌布吉泮	50mg 或 100mg，首剂后至少间隔 2 小时可加服 1 剂	24 小时内最多服用 200mg，每 30 天使用超 8 次的安全性尚未建立

（1）非特异性药物

1）解热镇痛抗炎药：解热镇痛抗炎药是偏头痛急性期治疗使用最广泛的药物，作为一线药物首选，76% 的患者可通过急性期用药完全缓解，对于轻度、中度的偏头痛发作，以及既往使用有效的重度偏头痛发作，应在偏头痛发作时尽早使用，以达到最佳治疗效果。临床常用药物有布洛芬、阿司匹林和对乙酰氨基酚等（详见第二章第一节发热）。

本类药物用于偏头痛的治疗时不能随意联用，原则上应单药短期使用，疗程不能过长，一般应根据药物 $t_{1/2}$ 的长短，选择一天用药 1～3 次，一周最多使用 2～3 天，避免滥用导致严重不良反应的发生。

2）含咖啡因的复合制剂：咖啡因（caffeine）可通过收缩脑血管，减少脑血管搏动的幅度，常配伍麦角胺类药品制成复方制剂治疗偏头痛，配伍解热镇痛抗炎药治疗一般性头痛。

（2）特异性药物

1）曲普坦类：本类药物是一类高选择性的强效 5-HT$_{1B}$/5-HT$_{1D}$ 受体激动药，其中激动 5-HT$_{1B}$ 受体，选择性收缩颅内血管，减轻血管通透性，并抑制血管活性物质的释放，减轻无菌性炎症反应；激动 5-HT$_{1D}$ 受体，抑制三叉神经传入末梢释放致痛物质，最终有效降低三叉神经尾端核的兴奋性，减少头痛刺激的传入，减轻疼痛的感受。本类药物对缓解中、重度偏头痛发作效果好，已成为治疗中、重度偏头痛发作的一线用药。目前常用曲普坦类药物主要有舒马普坦（sumatriptan）、佐米曲普坦（zolmitriptan）、利扎曲普坦（rizatriptan）等。舒马普坦，作为第一代曲普坦类药物，能够强烈收缩已扩张的脑血管及脑膜动脉，从而有效减轻疼痛，对正常管径的脑动脉则仅有轻微收缩作用。临床上舒马普坦可用于偏头痛急性发作和丛集性头痛的治疗。无论是发作初期或发作后均可终止发作，并对伴随的恶心症状也具有良好的缓解效果。第二代曲普坦类药物与舒马普坦相比，具有更强的作用效果和更小的副作用，该类药物不仅能够缓解头痛，亦可有效缓解偏头痛的伴随症状，如畏光、惧声、恶心等。

2）麦角胺类药物：本类药物为强效 $5-HT_{1B/1D}$ 受体激动药，是最早用于偏头痛急性发作的药物，但由于不良反应较多、易产生药物依赖，目前国内少用。主要包括麦角胺（ergotamine）和二氢麦角胺（dihydroergotamine）。此类药物广泛应用于各型偏头痛的治疗，尤其在发作期重症患者的治疗中发挥着重要作用。该类药物可单独使用，起效迅速且疗效显著，最佳用药时间是在先兆症状出现时立即服用，以达到最佳疗效。但这类药物无预防和根治的效果，仅限于头痛发作时的短期使用。此外，本类药物可用于其他神经性头痛，还可与止吐药、镇痛药和镇静药等联合应用。

为了增强麦角胺的吸收和对血管的收缩作用，提高其疗效并减少不良反应，常将麦角胺与咖啡因合用，利用两者之间产生的协同作用。但大剂量使用本类药物可能导致高血压和肢体缺血性坏死等严重问题，已不推荐其作为偏头痛治疗的一线用药。

3）地坦类药物：本类药物可选择性激动三叉神经突触前膜 $5-HT_{1F}$ 受体，作用与曲普坦类药物相似，但是不存在曲普坦类药物收缩血管的不良反应，代表性药物为拉米地坦（lasmiditan），对患有心脑血管疾病或有心脑血管疾病风险的偏头痛病人尤为适用。但地坦类药物存在中枢抑制作用，建议服药后至少 8 小时内不要驾驶车辆。

4）吉泮类药物：本类药物是降钙素基因相关肽（calcitonin gene related peptide，CGRP）受体阻断药，通过阻断 CGRP 受体，扩张脑血管而减轻偏头痛的疼痛和其他症状，与曲普坦类药物相比较，本类药物无血管收缩作用和药物过度使用性头痛的风险。代表性药物主要有瑞美吉泮（rimegepant）和乌布吉泮（ubrogepant），临床应用安全有效且耐受性良好，适用于解热镇痛抗炎药和曲普坦类药物治疗无效的患者。此外，瑞美吉泮是目前唯一具有偏头痛急性期治疗和预防性治疗双重适应证的药物，并且其为口腔崩解片，具有服用方便、起效快、生物利用度高的优点。

2. 偏头痛预防性治疗常用药物推荐详见表 3-2。

表 3-2　偏头痛预防性治疗常用药物推荐

药物名称	每次推荐剂量	每天最大剂量
钙通道阻滞药		
氟桂利嗪（口服）	5 ~ 10mg	10mg
抗癫痫药		
丙戊酸钠（口服）	500 ~ 1 000mg	1 800mg
托吡酯（口服）	25 ~ 100mg	200mg
β- 受体阻断药		
美托洛尔（口服）	50 ~ 100mg	200mg
普萘洛尔（口服）	40 ~ 240mg	240mg

笔记栏

续表

药物名称	每次推荐剂量	每天最大剂量
抗抑郁药		
阿米替林（口服）	25 ~ 75mg	300mg
文拉法辛（口服）	75 ~ 225mg	225mg
吉泮类		
瑞美吉泮（口服）	75mg，隔天	—
阿托吉泮（口服）	10mg、30mg 或 60mg	—
CGRP 或其受体单克隆抗体		
依瑞奈尤单抗（皮下注射）	70mg/ 月或 140mg/ 月	—
瑞玛奈珠单抗（皮下注射）	225mg/ 月或 675mg/ 季度	—
加卡奈珠单抗（皮下注射）	首月 240mg，之后 120mg/ 月	—
艾普奈珠单抗（静脉滴注）	100mg/ 季度或 300mg/ 季度	—
其他药物		
坎地沙坦（口服）	16mg	—
赖诺普利（口服）	20mg	—

（1）钙通道阻滞药：本类药物广泛应用于偏头痛的预防和治疗，对于典型和普通型的偏头痛发作均具备预防作用。此外，它还能有效改善由脑供血不足，椎动脉缺血引发的耳鸣、头晕等临床症状。其中应用较多的氟桂利嗪（flunarizine）可有效预防发作性偏头痛且耐受性良好。

（2）抗癫痫药：应用最多的是丙戊酸钠（sodium valproate）和托吡酯（topiramate），作用机制不明。可减少偏头痛发作频率，对部分偏头痛患者有效，特别对部分癫痫样发作的偏头痛患者有效（详见第三章第二节癫痫）。

（3）β受体阻断药：本类药物对预防偏头痛有肯定的疗效，而其抗焦虑特性使其对伴有紧张和高血压的偏头痛患者尤为适用。临床应用最多的是普萘洛尔（propranolol）和美托洛尔（metoprolol）等（详见第五章第一节高血压）。

（4）抗抑郁药：偏头痛常伴随着焦虑及抑郁症状，而抗抑郁药能够针对这些症状发挥治疗作用（详见第四章第三节抑郁症）。

（5）吉泮类：瑞美吉泮（rimegepant）是目前唯一获批偏头痛急性期治疗和预防性治疗双重适应证的药物，随机对照研究证明了其预防性治疗偏头痛的有效性。阿托吉泮（atogepant）是一种口服小分子吉泮类药物，可显著降低每月偏头痛天数。

（6）CGRP 或其受体单克隆抗体：CGRP 或其受体的注射型单克隆抗体主要包括依瑞奈尤单抗（erenumab）、瑞玛奈珠单抗（fremanezumab）、加卡奈珠单抗（galcanezumab）和艾普奈珠单抗（eptinezumab）。主要通过选择性阻断 CGRP 或其受体以发挥治疗作用，其中依瑞奈尤单抗为全人源的 CGRP 受体单克隆抗体，其他 3 种为人源化的 CGRP 单克隆抗体。

（7）其他类：坎地沙坦（candesartan）和赖诺普利（lisinopri）均为抗高血压药物，可推荐应用于合并高血压的偏头痛患者。

笔记栏

 **知识链接**

预防性药物治疗指征

中国偏头痛诊治指南（2022版）提出预防性药物治疗指征主要包括：①每月2次以上的偏头痛发作；②急性期治疗无效或不能耐受；③存在药物过度使用风险；④严重影响生活、工作或学习；⑤存在频繁、时间较长或令病人极度不适的先兆；⑥特殊类型的偏头痛，如偏头痛性脑梗死、偏瘫型偏头痛、脑干先兆偏头痛、偏头痛持续状态等；⑦病人的自我要求等。

【用药护理】
（一）用药评估

1. 评估治疗方案 遵循个体化原则，针对不同患者、病情及病期进行用药评估，采取不同的治疗方案。对于头痛发作频率较少、程度较轻的患者，推荐采用非药物治疗手段，而对于发作频繁且头痛程度严重的患者，特别是那些影响工作和学习的偏头痛患者，需要采取药物治疗措施，以缓解偏头痛发作并预防其复发。任何愿意接受治疗的患者，特别是对于那些每月发作频率高达3~4次且治疗无法完全缓解的患者，预防性治疗尤为重要。即使发作次数较少，但患者感觉偏头痛对其生活质量产生显著影响的，同样可以选择预防性治疗。在实施预防性治疗之前，应评估药物的治疗效果、潜在的不良反应，并考虑患者的并发症、与其他药物的相互作用、每天用药频率和经济负担等因素。

2. 评估患者基本资料 需要详尽地收集头痛病史以及神经系统检查，尤其是头痛的起病方式、发作频率、持续时间、头痛的具体部位及程度，以及是否存在前驱症状、明确的诱发因素或加重、减轻的因素等。此外，还需全面了解患者的年龄、性别、睡眠状况、职业背景、既往病史、服药史以及家族史等。必要时需要进行诊断性检查以排除继发性头痛的可能性。对于同时患有抑郁、焦虑等并发症的患者，还应考虑进行心理咨询或治疗以全面改善患者的健康状况。

（二）用药安全

在起始治疗时，应优先选择疗效显著且不良反应小的药物，并关注用药疗效及不良反应情况，对于疗效不佳的药物应及时调整，若不良反应与药物剂量相关，则应适当减少用药量。对于特定患者群体，如缺血性心脏病或高血压未得到控制的患者及妊娠期的妇女，应禁用麦角胺和曲普坦类药物；胃溃疡和消化道出血患者应禁用解热镇痛抗炎药。此外，在临床用药过程中必须充分考虑药物之间的相互作用，为患者制订安全、有效的治疗方案。

1. 解热镇痛抗炎药

（1）不良反应：胃肠道反应最为常见；大剂量长期服用抑制凝血酶原形成，诱发出血，维生素K可防治。手术前1周应停用。每天5g以上可出现水杨酸中毒；偶见皮疹、血管神经性水肿和阿司匹林哮喘等过敏反应。病毒感染伴发热的儿童应用阿司匹林可能出现瑞氏综合征，导致严重肝功能损害合并脑病，甚至致死。

（2）用药注意事项：本类药物属于对症治疗药物，必须首先明确发热和疼痛的病因后才能选用，且不宜联合应用，避免相互拮抗，降低疗效，增加不良反应。为减轻胃肠道反应，可在饭后服用或使用肠溶制剂。

（3）禁忌证：胃溃疡患者应慎用或禁用。严重肝损害、低凝血酶原血症、维生素K缺乏等患者也应避免服用。

（4）药物相互作用：与香豆素类抗凝药、磺酰脲类降糖药等合用，可发生血浆蛋白结合的竞争抑制，游离血药浓度升高，药理及毒性作用增强。与肾上腺皮质激素合用，可加剧胃肠出血，诱发胃溃疡。

笔记栏

47

2. 麦角胺类

（1）不良反应：持续收缩血管的作用，过量易致头痛反弹，静脉滴注时应缓慢。手、趾、面部麻木或刺痛感，偶见焦虑、幻觉、精神错乱、血管痉挛等症状；用量过大可能出现恶心、呕吐、上腹部不适、腹泻、胸痛、手足灰白发冷、感觉障碍、惊厥、昏迷或呼吸抑制，甚至导致死亡。

（2）用药注意事项：本类药物为国家第二类精神药品管理的药品，处方量每次不应超过 7 天常用量，防止滥用。本类药物在正常剂量下，对患有严重感染、肝病、肾病、阻塞性周围血管疾病的患者，都可能显示出急性或慢性中毒征象，应谨慎使用。

（3）禁忌证：溃疡病活动期、血管痉挛性疾病、冠心病、心绞痛及甲状腺功能亢进者；老年人慎用；孕妇禁用。

（4）药物相互作用：与曲普坦类、β 受体阻断药、大环内酯类抗生素、血管收缩药和 5- 羟色胺激动药等有相互作用，不宜联用。

3. 曲普坦类

（1）不良反应：较轻微，常见的有局部注射部位刺激疼痛，麻刺感、烧灼热、皮肤潮红、眩晕、感觉异常、嗜睡、疲乏、颈痛和烦躁不安，3% 发生不明原因的胸部不适。

（2）用药注意事项：仅用于确诊的偏头痛患者，不宜作为偏头痛预防药物使用。不推荐用于缺血性心脏病患者，对于有可能存在冠状动脉疾病患者，建议在治疗前先做心血管的检查。

（3）禁忌证：局部缺血性心脏疾病、局部缺血性肠疾病、未得到控制的高血压、偏瘫型或基底型偏头痛患者、严重肝功能损害者禁用。

（4）药物相互作用：不宜与麦角胺类合用，应用 6 小时后才能使用麦角胺类，使用麦角胺类后要间隔 24 小时方可使用曲普坦类。不宜与单胺氧化酶抑制药合用，停药后间隔 2 周后方可使用。

4. β 受体阻断药

（1）不良反应：可引起疲乏、记忆力减退、幻觉等不良反应，降低运动耐力限制本类药物在运动员中的应用；直立性低血压、阳痿和心动过缓等症状。

（2）用药注意事项：用药剂量要个体化，起始应用小剂量，以判断患者的耐受性，在此基础上逐步递增剂量，以达预期疗效，长期用药避免突然停药，当心率低于 60 次需减量甚至停药。

（3）禁忌证：哮喘、房室传导阻滞、心动过缓、充血性心力衰竭患者禁用；伴有抑郁或精力不足的患者慎用。

（4）药物相互作用：甲氧氯普胺可加快本类药吸收速度，提高本药的血药浓度。氟桂利嗪和本类药均可产生心脏抑制，如合用，应监测心功能。

5. 抗抑郁药

（1）不良反应：食欲增加，体重增加，口干、镇静等不良反应；少数患者可出现心脏毒性作用和直立性低血压；还可能产生性功能障碍。

（2）用药注意事项：在急性发作期，药物治疗的持续时间应尽量控制在 3 天内，以防止反跳性头痛的出现。

（3）药物相互作用：与苯妥英钠、保泰松、阿司匹林等竞争血浆蛋白，游离药物增多；增强中枢抑制药的作用。

6. 钙通道阻滞药

（1）不良反应：面部潮红、头痛、眩晕、恶心、便秘、低血压和心功能抑制。

（2）用药注意事项：在剂量调整期或加量时可能会产生严重的低血压症状，服药期间，尤其合用其他降压药时，须经常监测血压及心电图。

（3）禁忌证：急性脑出血、蛛网膜下腔出血者忌用。孕妇和哺乳期妇女禁用。驾驶人员和机械操作者慎用。

（4）药物相互作用：与苯妥英钠、卡马西平联合应用可降低氟桂利嗪的血药浓度。催眠药和镇静药可加重其镇静作用。

（三）用药监测

为准确评估每种药物的疗效，通常设定 4 至 8 周的观察期。当偏头痛的发作频率降低超过50% 时为有效的预防性治疗，应持续用药约 6 个月，随后可逐渐减少药物剂量或停药。若偏头痛发作再次变得频繁，可重新使用有效的药物。若预防性治疗未能达到预期效果且未出现显著的不良反应时可考虑增加药物剂量。但增加剂量后仍未改善或不良反应明显则应更换为其他预防性治疗药物。

（四）用药指导

在治疗偏头痛的过程中，规范用药，调整生活方式，减少或避免诱发因素是防治的核心策略，在偏头痛的健康教育工作中，需特别关注以下几个方面：

1. 提高患者用药依从性　在预防性治疗的过程中应让患者理解这是一个循序渐进的过程，从治疗开始到找到最佳药物、最佳剂量并最小化副作用，都需要一定的时间，通常在服药 3 ～ 6 周后才开始显现效果，需要维持 8 至 12 周的治疗周期才能达到预期的治疗效果。在治疗初期出现的不适感通常会在数周后自行消失。因此患者应严格遵守医嘱，不得擅自中断治疗，以确保治疗的连续性和有效性。

2. 帮助患者确立科学正确的防治观念和目标　应注意观察偏头痛的性质、部位、程度和持续时间，识别并尽量避免潜在的诱发因素，评估药物疗效，避免药物的滥用。

3. 鼓励患者充分利用非药物干预手段　患者可借助多种非药物干预手段，如按摩、理疗、针灸以及认知行为治疗等。综合考虑患者的具体情况和需求，选择合适的非药物干预方案有助于提高药物治疗效果和患者的生活质量。

第二节　癫　痫

癫痫是一种常见的神经系统疾病，多数患者在接受治疗后预后良好，但由于公众对癫痫的认识不足，导致许多患者未能做到尽早治疗、科学合理用药以及长期规范用药，导致不良预后的产生。因此，护士配合医生或药师做好癫痫防治知识的普及以及提供用药指导是非常必要的。

【疾病简介】

癫痫（epilepsy）是大脑神经元高度同步化异常放电，并向周围正常脑组织扩散所引起的短暂中枢神经系统功能失调的脑部疾病。发作表现为感觉、运动、意识、行为、自主神经功能障碍等单独或组合出现。通常分为两类：①局限性发作，包括单纯局限性发作和复合局限性发作。②全身性发作，包括失神性发作、肌阵挛性发作、强直 – 阵挛性发作及癫痫持续状态。

局限性发作是指大脑局部异常放电且扩散至大脑半球某个部位所引起的发作，一般只表现大脑局部功能紊乱的症状。单纯性局限性发作又称为局灶性癫痫，与发作时被激活的皮质部位有关，主要表现为局部肢体运动或感觉异常，持续 20 ～ 60 秒。复合性局限性发作又称精神运动性发作，病灶常位于颞叶和额叶，主要表现为冲动性神经异常，同时伴有不同程度的意识障碍，出现无意识的运动，如唇抽动、摇头等，可持续 30 秒~ 2 分钟。

全身性发作是由于异常放电涉及全脑而导致突然意识丧失，其中失神性发作又称小发作，多见于儿童，常出现短暂的意识突然丧失，脑电图呈 3Hz/s 高幅左右对称的同步化棘波，每次发作持续 5 ～ 30 秒。肌阵挛性发作按年龄可分为婴儿、儿童和青春期肌阵挛，表现为部分肌群发生短暂（约 1 秒）的休克样抽动，意识丧失。脑电图呈现特有的短暂暴发性多棘波。强直 – 阵挛性发

笔记栏

作又称大发作，患者意识突然丧失，全身强直－阵挛性抽搐，口吐白沫，牙关紧闭，继之较长时间的中枢神经系统功能全面抑制，可持续数分钟，脑电图呈高幅棘慢波或棘波。癫痫持续状态指大发作持续状态，反复抽搐，持续昏迷，易危及生命。

【药物治疗的目的及原则】

（一）药物治疗的目的

抗癫痫药物的治疗目的是尽早治疗以控制癫痫发作的频率和强度，力求完全控制癫痫发作，提升患者的生活质量，帮助患者更好地融入和回归社会，享受正常的社会生活。

（二）药物治疗的原则

抗癫痫药物的治疗原则可概括为：早期干预、分型治疗、单药优先、联合用药、规律服药、长程维持、有序增减。①早期干预：对于多次发作或呈现癫痫持续状态的患者，明确诊断后应尽早开始治疗，以减少发作对大脑的损伤。②分型治疗：药物治疗效果与癫痫发作类型密切相关，例如卡马西平对部分性发作的效果显著，但对失神发作则疗效有限；癫痫持续状态的首选治疗方式则是地西泮静脉注射。③单药优先：单药治疗的有效率高达 80%～85%，尽可能单独使用一种药物，从小剂量开始逐渐增量至疗效最大且不良反应较少的剂量。④联合用药：单药治疗无效时可考虑联合作用机制不同、不良反应各异的药物。⑤规律服药：定时定量地规律服药以保持血药浓度稳定，是减少癫痫发作的关键措施。⑥长程维持：即使癫痫发作已经被药物控制，也不能立即停药，维持 2～4 年无发作的情况下方可缓慢减药。⑦有序增减：药物治疗应根据个体情况调整，从小剂量开始，根据患者对药物的反应，逐渐增减。

【药物分类及常用药物】

常用的抗癫痫药约有 20 余种，分为传统和新型抗癫痫药两大类，传统抗癫痫药主要包括苯妥英钠（phenytoin sodium）、卡马西平（carbamazepine）、丙戊酸钠（sodium valproate）、乙琥胺（ethosuximide）、苯巴比妥（phenobarbital）、苯二氮䓬类等；新型抗癫痫药则有托吡酯（topiramate）、拉莫三嗪（lamotrigine）、左乙拉西坦（levetiracetam）、加巴喷丁（gabapentin）和奥卡西平（oxcarbazepine）等。选择抗癫痫药时需充分考虑癫痫的类型，根据不同类型的癫痫选择用药。不同类型癫痫的临床一线和二线用药如表 3-3 所示。

表 3-3　常见癫痫类型的一线和二线药物

癫痫类型	一线抗癫痫药物	二线抗癫痫药物
部分性发作	卡马西平、丙戊酸钠、苯妥英钠、苯巴比妥、扑痫酮等	氯硝西泮、拉莫三嗪、托吡酯、奥卡西平、左乙拉西坦等
继发全身强直阵挛性发作	卡马西平、丙戊酸钠、苯妥英钠、苯巴比妥、扑痫酮等	氯硝西泮、拉莫三嗪、托吡酯、奥卡西平、左乙拉西坦等
特发性全身强直阵挛性发作	丙戊酸钠、苯妥英钠、苯巴比妥等	左乙拉西坦、托吡酯、奥卡西平、拉莫三嗪
强直发作	卡马西平、苯妥英钠、苯巴比妥等	左乙拉西坦、氯硝西泮、托吡酯、拉莫三嗪
阵挛发作	丙戊酸钠、苯妥英钠、苯巴比妥等	扑痫酮等
失神发作	乙琥胺、丙戊酸钠	氯硝西泮、托吡酯、拉莫三嗪
肌阵挛发作	丙戊酸钠、托吡酯	氯硝西泮、左乙拉西坦

（一）传统抗癫痫药

1. 苯妥英钠　本药是治疗癫痫的常用药物，不能抑制癫痫病灶异常放电，但可抑制 Na^+、Ca^{2+} 内流，使神经细胞膜稳定，提高兴奋阈，阻止病灶部位异常放电向周围正常脑组织扩散。此外，高浓度苯妥英钠还能通过抑制神经末梢对 γ-氨基丁酸（γ-amino-hutyric acid，GABA）的摄取，Cl^- 内流增加，使神经细胞膜超极化。该药对全身强直阵挛性发作和部分性发作具有良好的治疗效果，但会加重失神发作和肌阵挛发作的症状。该药的治疗剂量和中毒剂量非常相近，当血药浓度达到 10μg/ml 时，可控制癫痫发作，但当浓度升高至 20μg/ml 时，患者可能会出现轻度毒性反应。此外，该药不适用于婴幼儿和儿童，用药过程中需监控血药浓度，根据患者具体情况调整用药剂量。

2. 苯巴比妥　本药是经典抗癫痫药物，既能抑制病灶的异常放电，又能抑制异常放电的扩散。①抑制 Na^+ 内流和 K^+ 外流，降低癫痫病灶及周围正常细胞的兴奋性。②促进和增强 GABA 与 GABA 受体的结合，Cl^- 通道开放的时间延长，Cl^- 内流增多，导致神经细胞膜超级化产生中枢抑制作用，该药对癫痫强直阵挛性发作疗效显著且起效迅速。此外，对单纯及复杂部分性发作、少数失神发作或肌阵挛性发作也有一定疗效。还能有效预防发热惊厥，该药也可用于急性脑损害合并癫痫或癫痫持续状态的治疗。但是，由于苯巴比妥具有镇静作用、戒断症状和成瘾性等原因，该药仅在其他一线抗癫痫药无效的情况下作为备选方法使用。

3. 卡马西平　本药适应证与苯妥英钠相似，作用机制可能与阻滞 Na^+ 通道与 Ca^{2+} 通道，降低神经元的兴奋性有关，也可能与增强 GABA 能神经通路的抑制功能有关。适用于部分性发作，对复杂部分性发作的治疗效果优于其他抗癫痫药。此外，对继发性全身强直阵挛性发作也展现出良好的疗效，亦可有效改善癫痫患者的精神症状，对锂盐无效的躁狂和抑郁症也有一定的治疗效果。但是，卡马西平可能会加重失神和肌阵挛性发作的症状。

4. 丙戊酸钠　本药为广谱抗癫痫药，作用机制尚不明确，可能与增加 GABA 合成，减少 GABA 降解，升高抑制性神经递质 GABA 浓度，降低神经元兴奋性而抑制癫痫发作，也可能与其抑制电压敏感性 Na^+ 通道有关。本药对全身强直阵挛性发作的治疗效果不如苯妥英钠和苯巴比妥，但在后两者药物无效的情况下，本药仍能发挥作用。对失神发作的疗效优于乙琥胺。对于其他药物无法控制的顽固性癫痫，也能发挥一定的疗效。但因肝毒性较大通常不作为首选药。

5. 乙琥胺　本药作用机制可能与增强 GABA 的中枢抑制作用，增加脑内氯化物电导或抑制 T 型 Ca^{2+} 通道，从而提高癫痫发作阈值有关。对失神发作的疗效稍逊于氯硝西泮和丙戊酸钠，但因副作用相对较少，耐受性也较好，可作为失神发作的首选药物。但对其他类型癫痫并无显著疗效。由于失神发作常伴有大发作，该药常与治疗大发作的药物合并使用。

6. 地西泮（diazepam）　本药可与中枢苯二氮䓬受体结合，增强 γ-氨基丁酸（GABA）的中枢神经抑制作用。静脉推注地西泮是癫痫持续状态的首选药。大剂量或快速静脉注射对呼吸有抑制作用，使用时需要密切观察患者的呼吸情况，若出现呼吸抑制需立即停药，必要时加用呼吸兴奋剂以缓解症状。

传统抗癫痫药的常用剂量见表 3-4。

表 3-4　传统抗癫痫药的常用剂量

药物	成人剂量		儿童剂量
	起始剂量	维持剂量	
苯妥英钠	200mg/d	300 ~ 500mg/d	4 ~ 12mg/（kg·d）
卡马西平	200mg/d	600 ~ 1 200mg/d	10 ~ 40mg/（kg·d）

续表

药物	成人剂量		儿童剂量
	起始剂量	维持剂量	
苯巴比妥	20mg/d	60~300mg/d	2~6mg/（kg·d）
扑米酮	60mg/d	750~1 500mg/d	10~25mg/（kg·d）
丙戊酸钠	500mg/d	1 000~2 000mg/d	10~70mg/（kg·d）
乙琥胺	500mg/d	750~1 500mg/d	10~75mg/（kg·d）

（二）新型抗癫痫药

多数新型抗癫痫药具有广谱抗癫痫活性，可作为难治性癫痫的主要用药。相较于传统的抗癫痫药，新型抗癫痫药对于特殊发作类型和癫痫综合征疗效较好，并且药代动力学特征更加优越，不良反应相对较少，安全性更高，与其他药物间相互作用也更少，大大降低了治疗过程中的风险。

 知识链接

抗癫痫药的选择

抗癫痫药的选择需要深入考虑抗癫痫药的特点、患者的个体差异因素和社会因素等多个方面，临床实践中需权衡各种因素，综合考虑，才能为患者选择到合适的抗癫痫药。

1. 抗癫痫药的特点 ①对癫痫发作或综合征的治疗效果；②药物剂量与抗癫痫效果之间的关系；③与其他药物的相互作用；④长期使用的慢性毒性反应；⑤可能具有的致畸性；⑥可能产生的特异性反应；⑦药物剂型。

2. 个体因素 ①性别；②年龄；③遗传学因素；④是否伴随其他疾病；⑤是否合并使用其他药物的情况；⑥对剂型的不同需求。

3. 社会因素 ①药物的价格；②药物是否易购买。

1. **托吡酯** 本药作用机制与其阻滞钠离子通道有关，也可通过增加 GABA 激活 $GABA_A$ 受体的频率，加强 Cl^- 内流，增强 GABA 的功能。此外，托吡酯还可降低谷氨酸受体的活性，降低兴奋性中枢神经递质的作用。对难治性部分性发作、继发综合征以及婴儿痉挛症等均有一定的治疗效果。主要用于癫痫初诊患者的单药治疗，也适用于由联合用药转为单药治疗的癫痫患者。此外，也用于成人及两岁以上儿童部分性癫痫发作的治疗。

2. **拉莫三嗪** 本药是一种电压依赖性钠离子通道阻滞药，可阻断持续地反复放电和抑制兴奋性神经递质天冬氨酸和谷氨酸的释放，也可抑制谷氨酸诱发的动作电位暴发。适用于12岁以上儿童及成人的多种癫痫类型的单药治疗，包括简单部分性发作、复杂部分性发作、原发性和继发性全身强直－阵挛性发作等。

3. **左乙拉西坦** 本药作用机制可能与选择性地抑制癫痫样突发超同步放电和癫痫发作的传播有关。适用于成人及4岁以上儿童癫痫部分性发作的辅助治疗。

4. **奥卡西平** 本药可能通过阻滞脑细胞的电压依赖性钠通道，稳定神经细胞膜，抑制神经元放电，减少突触神经冲动的传递，防止癫痫发作在整个脑组织扩散。此外，可能与增加钾通道传导性和调节高电位激活钙通道有关。适用于全身性强直阵挛发作和部分性发作癫痫，也可用于化学诱导的肌阵挛发作。

笔记栏

常用新型抗癫痫药的药代动力学特征及成人常用剂量见表3-5。

表3-5　常用新型抗癫痫药的药代动力学及成人常用剂量

药物	半衰期	血浆蛋白结合率	成人剂量	
			起始剂量	维持剂量
托吡酯	20～30h	10%～20%	25mg/d	200～400mg/d
拉莫三嗪	14～50h	55%	25mg/d	100～500mg/d
左乙拉西坦	6～9h	<10%	1 000mg/d	1 000～3 000mg/d
奥卡西平	10～12h	40%～67%	300mg/d	600～2 400mg/d

【用药护理】

（一）用药评估

通过实验室检查、脑电图、长程脑电图、CT、磁共振成像等辅助检测手段，深入掌握患者的基本资料。用药前详细评估患者癫痫的可能病因以及潜在风险，包括家族遗传史、胎儿期与母亲相关的病理因素、出生时的病理因素、神经系统疾病、癫痫既往病史及用药史等。充分调查导致癫痫发作的诱发因素，例如患者的年龄、性别、内分泌是否紊乱，是否有发热、疲劳、失眠、便秘、饥饿、饮酒、停药、受到闪光刺激、情绪波动等情况。

（二）用药安全

1. 苯巴比妥

（1）不良反应：常见头晕、嗜睡、乏力、关节肌肉疼痛等，久用可产生耐受性及依赖性。少见皮疹、药热、剥脱性皮炎等过敏反应。

（2）用药注意事项：静脉注射速度不应超过每分钟60mg，过快可引起呼吸抑制。过量中毒时，如口服本品未超过3小时者，可用大量温生理盐水或1：2 000的高锰酸钾溶液洗胃（注意防止液体流入气管内，以免引起吸入性肺炎）。洗毕，再以10～15g硫酸钠（忌用硫酸镁）导泻。并给碳酸氢钠或乳酸钠碱化尿液，减少在肾小管中的重吸收，加速药物排泄。

（3）禁忌证：严重肝、肾、肺功能不全，支气管哮喘，呼吸抑制，卟啉病患者禁用。抑郁、肺功能不全、严重贫血、心脏病、高血压、糖尿病、甲状腺功能亢进等患者慎用。

（4）药物相互作用：诱导肝药酶，可使其他合用的抗癫痫药物如苯妥英钠、卡马西平、丙戊酸钠等的代谢加快，血药浓度降低。

2. 苯妥英钠

（1）不良反应：最常见的不良反应为局部刺激症状，如恶心、呕吐、食欲缺乏、上腹疼痛，严重者可致胃炎。齿龈增生是长期使用苯妥英钠的常见副作用，发生率在20%左右，尤其在青少年中更为常见。长期应用还可引起低钙血症、软骨病和维生素D缺乏病（佝偻病）等。剂量过大会引起毒性反应，出现小脑-前庭功能失调，表现为眩晕、共济失调、头痛和眼球震颤等，严重者出现精神错乱或昏迷。少数患者对苯妥英钠过敏，可引起皮疹、皮肤瘙痒。偶见中性粒细胞减少、血小板减少、再生障碍性贫血、红斑狼疮、肝坏死等。

（2）用药注意事项：用药期间需检查血常规、肝功能、血钙、口腔、脑电图、甲状腺功能并监测血药浓度，防止毒性反应。妊娠期每月测定一次、产后每周测定一次血药浓度以确定是否需要调整剂量。

（3）禁忌证：阿-斯综合征、二度及三度房室传导阻滞、窦性心动过缓、低血压、白细胞减

笔记栏

少、严重贫血等患者禁用。嗜酒、贫血、心血管病、糖尿病、肝肾功能损害、甲状腺功能异常、卟啉病、驾驶员和操作机械者、孕妇及哺乳期妇女等患者慎用。

（4）药物相互作用：诱导肝药酶，可加速拉莫三嗪、乙琥胺等其他抗癫痫药物的代谢。

3. 卡马西平

（1）不良反应：视力模糊、复视、眼球震颤、嗜睡、口渴、恶心、呕吐；少见严重腹泻；罕见过敏性肝炎和肺炎、心律失常、房室传导阻滞、心动过缓、充血性心力衰竭、水肿、血栓性静脉炎、急性肾衰竭、再生障碍性贫血、粒细胞减少、全血细胞减少、血小板减少、骨髓抑制等。长期服用血钠及血钙下降。

（2）用药注意事项：老年患者多对本品敏感，常可引起认知功能的障碍，激越不安，焦虑精神错乱，房室传导阻滞和心动过缓，也可以引起再生障碍性贫血，老年患者用药时需注意。

（3）禁忌证：房室传导阻滞，血常规及血清铁严重异常，骨髓抑制病史者，心、肝、肾功能不全者，孕妇和哺乳期妇女禁用。心脏疾病患者、冠状动脉病患者、糖尿病患者、青光眼患者、尿潴留者慎用。

（4）药物相互作用：能够诱导肝药酶活性，与香豆素类抗凝药、雌激素、含雌激素的避孕药、环孢素、洋地黄类（地高辛除外），多西环素、左甲状腺素或奎尼丁等合用时，可使后者药效降低。

4. 丙戊酸钠

（1）不良反应：厌食、恶心、腹泻；嗜睡、眩晕、震颤、共济失调、复视；WBC、PLT 减少；中毒性肝炎。

（2）用药注意事项：需警惕肝毒性，3 岁以下婴幼儿属于高危人群，如出现突然发作的无力，厌食，虚弱感和嗜睡，有时伴有反复呕吐和腹痛等先兆症状应立即就医，并且马上进行肝功能检查。

（3）禁忌证：肝功能损害者和卟啉病患者禁用。血液疾病、肾功能不全、器质性脑病、孕妇、系统性红斑狼疮等患者慎用。

（4）药物相互作用：抑制苯妥英钠、苯巴比妥、扑米酮、氯硝西泮、氯丙米嗪和拉莫三嗪等药的代谢。与卡马西平合用时，可使两者代谢加速，血药浓度和 $t_{1/2}$ 均降低，故需监测血药浓度调整用量。

5. 地西泮

（1）不良反应：较常见嗜睡、头昏、乏力等；大剂量可有共济失调、震颤。少见精神迟钝、视物不清、便秘、口干、头痛、恶心或呕吐、排尿困难、构音不清。罕见过敏反应、肝损伤、肌无力、粒细胞减少等。

（2）用药注意事项：服用后可出现嗜睡的情况，一般不需要进行特殊治疗，通常在停药后可逐渐缓解。

（3）禁忌证：急性闭角型青光眼、重症肌无力患者禁用。肝、肾功能不全者、低蛋白血症、严重精神抑郁、严重慢性阻塞性肺疾病患者慎用。

（4）药物相互作用：可使苯妥英钠的清除率降低，血浆浓度升高。与卡马西平合用时，卡马西平和 / 或本药的血药浓度下降，$t_{1/2}$ 缩短。

6. 氯硝西泮

（1）不良反应：常见嗜睡、共济失调及行为紊乱；少见焦虑、抑郁、头昏、乏力、眩晕、言语不清等。少数患者有多涎、支气管分泌过多。偶见皮疹、复视及消化道反应。

（2）用药注意事项：严重的精神抑郁可使病情加重，甚至产生自杀倾向，应采取预防措施。避免长期大量使用，如长期使用应逐渐减量，不宜骤停。

（3）禁忌证：青光眼、严重呼吸功能不全者禁用。肝、肾功能不全者，低蛋白血症者，重症肌无力者，驾车和操作机器者慎用。

（4）药物相互作用：与卡马西平，苯巴比妥，扑米酮合用使氯硝西泮浓度降低；与苯巴比妥合用可抑制呼吸；与丙戊酸钠合用可引起失神状态。

7. 拉莫三嗪

（1）不良反应：常见头痛、眩晕、嗜睡、共济失调、恶心、呕吐、视物模糊、复视和皮疹等，过量可出现嗜睡、头痛甚至昏迷。偶见变态反应、皮肤水肿、肢体坏死、体重减轻、光敏性皮炎和自杀倾向等。

（2）用药注意事项：开始用药的前8周可能出现皮肤不良反应，大多数皮疹是轻微的和自限性的，罕见严重的、危及生命的皮疹，例如Stevens-Johnson综合征和中毒性表皮坏死溶解。12岁以下儿童发生的危险高于成人。

（3）禁忌证：心、肝、肾功能受损者，妊娠早期患者慎用。

（4）药物相互作用：服用本药基础上加服苯妥英钠或卡马西平，将后者稳态血药浓度分别降低45%~54%和40%。服用丙戊酸钠加服拉莫三嗪降低丙戊酸钠血药浓度；服用拉莫三嗪基础上加服丙戊酸钠使拉莫三嗪稳态血药浓度增加40%。

8. 奥卡西平

（1）不良反应：常见头晕、头痛、复视。过量可出现共济失调。少见视力模糊、恶心、嗜睡、鼻炎、感冒样综合征、消化不良、皮疹等。

（2）用药注意事项：2.7%的病人使用本品治疗时，血清钠会下降到125mmol/L以下，但常无临床症状，减少或者停用本品，或者对病人采取保守治疗（例如减少液体的摄入），血清钠水平都会回到正常基线以上。

（3）禁忌证：妊娠和肝功能不全者慎用。已知对本品过敏者和房室传导阻滞者禁用。

（4）药物相互作用：可提高苯妥英钠血药浓度，使后者毒性增加；丙戊酸钠可使本药活性代谢产物的血浆浓度减少。

9. 托吡酯

（1）不良反应：常见共济失调、注意力受损、意识模糊、头晕、头痛、疲劳、感觉异常、嗜睡、思维异常和畏食等。少见焦虑、遗忘、食欲缺乏、失语、忧郁、复视、恶心、眼球震颤、言语表达障碍等。

（2）用药注意事项：用药期间应注意保持足够的饮水以减少肾结石发生的风险，对伴有潜在肾石病风险的患者出现肾绞痛、肾区疼痛和侧腹疼痛等体征时应及时就医。

（3）禁忌证：驾车或操作机械者、行为障碍和认知缺陷患者、泌尿道结石患者及肝肾功能不全者慎用。

（4）药物相互作用：与其他常用抗癫痫药物无相互作用。但卡马西平可降低其血药浓度。

10. 左乙拉西坦

（1）不良反应：嗜睡、无力、头痛、眩晕、健忘、共济失调、幻觉、激动、淡漠、焦虑、抑郁、贫血、白细胞减少、腹痛、便秘、腹泻、消化不良、恶心、呕吐、咳嗽加重、咽炎、鼻炎和支气管炎等。

（2）用药注意事项：由于个体敏感性差异，在治疗初始阶段或者剂量增加后，会产生嗜睡或者其他中枢神经症状。如需停止服用本品，建议逐渐停药。

（3）禁忌证：肾功能不全者、驾车或操作机械者慎用。

（4）药物相互作用：与其他抗癫痫药物相互作用少。

（三）用药监测

1. 血药浓度监测　苯巴比妥5~10倍催眠量时可引起中度中毒，10~15倍则重度中毒，血药浓度高于（8~10）mg/100ml时，有生命危险。因此治疗应从低剂量开始，逐渐增加剂量调整至最低维持剂量，如果发作仍未得到有效控制，可在监控血药浓度的情况下，精准调整抗癫痫药

笔记栏

物的剂量，实现个体化药物治疗从而最大限度地提高治疗效果。

2. 血钠检测　低血钠或同时使用能降低血钠水平的药物（如利尿药，去氨加压素等），或者是使用非甾体抗炎药治疗的患者，在开始用奥卡西平前应该测定血清钠水平，治疗 2 周后应再次测定血清钠水平，之后每隔 1 个月或者根据临床需要测定血清钠水平。

（四）用药指导

癫痫患者健康教育应涵盖癫痫的基本知识、用药常识和日常生活注意事项等多个方面，其目的在于帮助患者家属学会与癫痫患者相处，确保安全用药，从而有效地控制癫痫发作，提升患者生活质量，使其更好地融入家庭和社会。

1. 用药前应向患者及其家属说明癫痫治疗的注意事项，包括治疗的长期性、药物副作用及日常生活中的注意事项。

2. 提高患者的用药依从性，详细告知患者及其家属用药相关注意事项，确保用药的安全性和有效性，①抗癫痫药不可随意停服。②缓释片不能研碎服用。③食物可能会影响药物的吸收，例如丙戊酸钠宜于餐前服用，而苯妥英钠和卡马西平与食物同时服用则有助于药物的吸收，并减轻其消化道的不良反应。④长期服用抗癫痫药物导致维生素 D 代谢加速，进而引发软骨病、甲状腺功能减退等问题，儿童还可能出现发育迟缓的情况。⑤服药期间应定期检查血常规、肝功能、并留意是否有牙龈出血、牙龈炎等症状，若发现异常应及时就医治疗。

3. 外出时随身携带个人资料，包括姓名、住址、联系电话、病史及用药情况等信息，以便癫痫发作时救护人员可以及时了解患者情况并做出妥善处理。

ER3-3
癫痫患者的用
药治疗与护理

第三节　帕 金 森 病

帕金森病（Parkinson's disease，PD）又称震颤麻痹（paralysis agitans），是常见的慢性进行性中枢神经系统退行性疾病。随着人口老龄化进程，PD 发病风险逐年上升，加重家庭和社会的负担。PD 应采取涵盖药物治疗、手术治疗、康复治疗和心理治疗等综合治疗方式，其中药物治疗是最主要的治疗手段，但仅能改善症状，无法根治。因此，给予患者科学、有效的护理及生活训练指导对延缓患者病情进展，预防并发症，提高生活质量尤为重要。

【疾病简介】

PD 的发病机制至今未明，目前认为与黑质 – 纹状体多巴胺能神经通路中多巴胺能神经功能减弱，胆碱能神经功能相对增强，从而出现一系列肌张力增高的临床症状。临床表现主要为静止性震颤、肌肉强直、运动迟缓和共济失调，严重者伴记忆障碍和痴呆等症状。

【药物治疗的目的及原则】

（一）药物治疗的目的

有效改善症状，延缓疾病进展，最大限度地维持患者功能，同时尽量减少药物的副作用和并发症，提倡早期诊断、早期治疗，可以更好地改善症状，延缓疾病进展，提高患者的生活质量。

（二）药物治疗的原则

1. 尽早治疗　提倡早期诊断、早期治疗，以延缓疾病进展。

2. 适量和逐渐增加原则　从小量开始，缓慢增量，坚持剂量滴定，尽可能实现小剂量达到满意临床效果。

3. 个体化原则　不同患者的用药选择需要综合考虑患者的疾病特点、疾病严重度等个体差异。

4. 长期服药　患者一旦开始药物治疗几乎均需终身服药以控制临床症状。

5. 联合用药原则　当单药治疗不能维持疗效时，可考虑联合用药，但应权衡利弊，不能随意加减或突然停用药物，当出现不良反应时，应逐步减量或停药。

【药物分类及常用药物】

（一）依照帕金森病治疗策略分类

2020 年《中国帕金森病治疗指南（第 4 版）》中指出，可依据临床症状严重程度不同，将帕金森病的病程分为早期和中晚期，其中 Hoehn-Yahr 1 ~ 2.5 级定义为早期，Hoehn-Yahr 3 ~ 5 级定义为中晚期。

1. 早期治疗　主要有药物治疗和非药物治疗。其中药物治疗主要包括复方左旋多巴、多巴胺受体激动药、单胺氧化酶 B 型抑制药（monoamine oxidase-B Inhibitor，MAO-BI）、儿茶酚 -O- 甲基转移酶抑制药（catechol-O-methyltransferase inhibitor，COMTI）、抗胆碱能药和金刚烷胺等。

2. 中晚期治疗　改善患者的运动症状，并针对运动并发症和姿势平衡障碍进行治疗。一般首选复方左旋多巴治疗。随症状加重，疗效减退时可添加多巴胺受体激动药、MAO-BI 或 COMTI 治疗。

（二）依照药物作用机制分类

根据药物的作用机制可分为以下两类：①拟多巴胺药，通过直接抑制多巴胺降解或补充多巴胺前体而发生作用，具体又可分为多巴胺前体药、促多巴胺释放药、多巴胺受体激动药及左旋多巴增效药；②抗胆碱药：通过降低中枢胆碱能神经活性，恢复多巴胺 – 胆碱能神经功能平衡，常用药物包括苯海索等。抗帕金森病药分类及代表药物详见表 3-6。

表 3-6　抗帕金森病药的分类及代表药物

分类		代表药物	用法和用量
拟多巴胺药	多巴胺前体药	左旋多巴	初始剂量 0.25 ~ 0.5g/ 次，3 ~ 4 次 /d，每隔 3 ~ 4d 增加 0.125 ~ 0.5g。维持量 3 ~ 6g/d，分 3 ~ 4 次服
	促多巴胺释放药	金刚烷胺	100mg，1 ~ 2 次 /d，每天最大剂量 400mg
	多巴胺受体激动药　麦角生物碱类	溴隐亭	常规剂量 0.625mg，1 次 /d，每隔 5d 增加 0.625mg，有效剂量 3.75 ~ 15.00mg/d，分 3 次口服
	非麦角生物碱类	普拉克索	初始剂量为 0.125mg，3 次 /d，每周增加 0.125mg，3 次 /d，最终达到维持剂量为 0.50 ~ 0.75mg，3 次 /d，最大剂量不超过 4.5mg/d
	左旋多巴增效药　外周多巴脱羧酶抑制药	卡比多巴	初始剂量为 50mg，1 次 /d，易产生副作用病人可改为 25mg，2 次 /d，第 2 周增至 50mg，2 次 /d，最终达到维持剂量 150mg/d，分 3 次口服，最大剂量不超过 250mg/d
	单胺氧化酶 B 型抑制药	司来吉兰	2.5 ~ 5.0mg/ 次，2 次 /d
	儿茶酚氧位甲基转移酶抑制药	托卡朋	100mg/ 次，3 次 /d，第一剂与复方左旋多巴同服，此后间隔 6h 服用，最大剂量 600mg/d
抗胆碱药		苯海索	1 ~ 2mg，3 次 /d

1. 拟多巴胺药

（1）多巴胺前体药：左旋多巴（levodopa，L-Dopa）是目前治疗 PD 最有效且最常用的药物，适用范围广。不论年龄、性别和病程长短均可使用，用药早期可明显改善 PD 患者 80% 症状。作为多巴胺的前体，左旋多巴进入脑内在多巴脱羧酶的作用下转变成 DA，补充纹状体中 DA 的不足，增强 DA 能神经的功能，发挥抗帕金森病的作用。本药的作用特点包括：①临床疗效与病情发展程度相关，对轻中度或年轻患者疗效好，对重症及年老体弱者疗效较差。②对肌肉僵直及运动困难疗效好，对肌肉震颤疗效差。③起效较慢，用药 2～3 周才出现客观体征的改善，1～6 个月后方可获得最大疗效，但作用持久。④用于治疗帕金森病及其他原因引起的帕金森综合征，对由抗精神病药引起的锥体外系反应无效。

（2）促多巴胺释放药：金刚烷胺（amantadine），其抗帕金森病作用涉及多个环节，包括促进纹状体中残存的 DA 能神经元释放 DA，抑制 DA 再摄取，直接激动 DA 受体和较弱的抗胆碱作用。本品主要用于不能耐受左旋多巴的患者，对少动、强直、震颤均有改善作用，并且对改善异动症有帮助，疗效不及左旋多巴和溴隐亭，但优于胆碱受体阻断药。

（3）多巴胺受体激动药

1）溴隐亭（bromocriptine）：本药选择性激动黑质 - 纹状体通路的 D_2 受体，改善多巴胺能神经功能，疗效优于金刚烷胺和苯海索，对僵直、少动效果好，对重症患者疗效亦好。常用于左旋多巴疗效不好或不能耐受者以及症状波动者，显效快，维持时间长。此外，本药还可用于溢乳、催乳素分泌过多和肢端肥大症等。

2）普拉克索（pramipexole）：本药为非麦角生物碱类 DA 受体激动药，能选择性激动 D_2 类受体，而对 D_1 类受体几乎没有作用，可明显减少患者的震颤，晚期帕金森病患者可将该药与左旋多巴合用，可使左旋多巴的用量减少 27%～30%，并可延长症状最佳控制时间。

3）吡贝地尔（piribedil）：本药是一种非麦角生物碱类 DA 受体激动药，可刺激大脑黑质 - 纹状体突触后的 D_2 受体。临床常用其缓释制剂，主要用于帕金森病的治疗；此外，用于老年患者的慢性病理性认知和感觉神经障碍的辅助性症状性治疗（除阿尔茨海默病和其他类型的痴呆）。

（4）左旋多巴增效药

1）外周多巴脱羧酶抑制药：卡比多巴脂溶性小，不易透过血脑屏障，仅抑制外周多巴脱羧酶的活性，与左旋多巴合用时，减少外周组织 DA 的生成，提高脑内 DA 的浓度，增强左旋多巴的疗效，减轻其外周副作用，是左旋多巴的重要辅助用药。卡比多巴与左旋多巴 1∶10 的剂量合用，可使左旋多巴的有效剂量减少 75%，并减轻其外周副作用。苄丝肼与左旋多巴按 1∶4 配伍应用，如复方多巴丝肼片尤其适用于吞咽困难以及早晚性运动失能的患者。

2）MAO-B 抑制药：本类药物选择性抑制 MAO-B 的活性，阻断脑内多巴胺的降解，增加多巴胺的浓度，但对外周 MAO-A 影响很小，不会出现高血压危象。其中司来吉兰（selegiline）与左旋多巴合用后，可增强后者疗效，减少外周不良反应，并能消除长期使用左旋多巴出现的"开 - 关现象"，更有利于改善症状，延长患者寿命。本药宜在早晨、中午服用，勿在傍晚或晚上应用，以免引起失眠，或与维生素 E 2 000U 合用。

3）COMT 抑制药：本类药物为新型选择性 COMT 抑制药，抑制左旋多巴向 3-O- 甲基多巴的转化，延长左旋多巴的半衰期，使更多的左旋多巴进入脑组织。代表药物托卡朋（tolcapone）在疾病早期与左旋多巴合用，既可以改善患者症状，又可以预防或延迟运动并发症的发生。在疾病中晚期与左旋多巴合用，可大幅度提高左旋多巴的生物利用度，使左旋多巴的疗效平稳，减轻"开 - 关现象"。

2. 抗胆碱药　本类药物因疗效不如左旋多巴，代表药物有苯海索（trihexyphenidyl）。本药阻断中枢胆碱受体，减弱纹状体中乙酰胆碱的作用，而外周抗胆碱作用为阿托品的 1/10～1/2。抗震颤疗效好，但改善僵直及动作迟缓较差，对某些继发性症状如过度流涎也可改善。临床主要用于：①轻症患者；②左旋多巴不耐受或左旋多巴禁用的患者；③与左旋多巴合用，可进一步改善 50% 症状的患者；④治疗抗精神失常药引起的帕金森综合征患者。

【用药护理】

（一）用药评估

全面掌握患者的患病史和用药史、疾病严重程度、用药禁忌证等，例如是否使用降压药、解热镇痛抗炎药、他汀类药物等；是否伴有心血管和肺部疾病、关节炎、睡眠障碍、跌倒、尿失禁、抑郁及其危险因素。用药过程中应定时监测患者心率、血压、视力、体温及肝肾功能等各项指标。

（二）用药安全

1. 左旋多巴

（1）不良反应：恶心、呕吐、厌食、腹痛、便秘和腹泻。心律失常、直立性低血压、眩晕、短暂皮肤潮红、异常不自主运动、失眠、焦虑、欣快、躁狂、幻觉、妄想、咳嗽、气喘、气促、开关现象等。

（2）用药注意事项：早期治疗常有无症状的直立性低血压；也有人出现眩晕或晕厥，继续用药可好转，一般数月后可耐受。用药期间，当活动或改变体位时应缓慢。

（3）禁忌证：闭角型青光眼、精神病、糖尿病、消化性溃疡、心律失常和高血压禁用。支气管哮喘、肺气肿及其他严重肺部疾病、严重心血管疾病、内分泌疾病、尿潴留等慎用。

（4）药物相互作用：外周多巴脱羧酶抑制药使更多左旋多巴进入脑内，用量可减少75%。与金刚烷胺、丙环定或苯海索合用时，本药疗效可加强。溴隐亭可加强本药疗效，并减少用量。

2. 卡比多巴

（1）不良反应：常见运动障碍和幻觉等不良反应。

（2）用药注意事项：骨质疏松者使用本药应缓慢恢复正常活动，以减少发生骨折危险。用药期间需检查血常规、肝肾功能及心电图。

（3）禁忌证：心、肝、肺、肾疾病或精神病患者及青光眼患者禁用。妊娠妇女禁用。

（4）药物相互作用：不宜与金刚烷胺、苯海索等合用。与左旋多巴合用可降低后者外周毒性。与MAO-B抑制药合用可出现高血压危象、心律失常等不良反应。

3. 司来吉兰

（1）不良反应：偶见焦虑、幻觉、运动障碍；少数出现恶心、低血压、兴奋、失眠、幻觉、妄想和胃肠不适、口干、口唇麻木、眩晕、头痛、疲劳、便秘、体重减轻。

（2）用药注意事项：同时服用大剂量思吉宁及含高酪胺食品可能引发理论上的高血压危险。

（3）禁忌证：家族遗传性震颤、Huntington舞蹈症患者禁用。胃溃疡、高血压、心律失常、心绞痛或精神病患者慎用。

（4）药物相互作用：本药治疗剂量合用哌替啶时也会产生危及生命的相互作用。本药合用抗抑郁药时也可能产生严重反应，甚至致死。

4. 托卡朋

（1）不良反应：恶心、呕吐、精神错乱、焦虑不安、运动障碍、肌张力障碍、低血压等。

（2）用药注意事项：中至重度肝损害的患者，每个月应检测1次肝功能，如果GPT值超过正常5倍或出现黄疸则中断用药。

（3）禁忌证：哺乳妇女禁用，严重肾功能损害者、妊娠妇女慎用。

5. 溴隐亭

（1）不良反应：恶心、呕吐、眩晕、直立性低血压甚至昏厥，下肢血管痉挛、鼻充血、红斑性肢痛、心律失常、心绞痛加重、口干、便秘、腹泻、头痛、嗜睡、幻觉妄想、躁狂、抑郁等。

（2）用药注意事项：服药初期可能出现头痛、头晕、疲劳，故改变体位时要缓慢，不要突然站立、热水淋浴或泡澡，以免发生直立性低血压而跌倒。为减少恶心、呕吐等胃肠道反应，可餐时服药。

笔记栏

（3）禁忌证：严重缺血性心脏病和周围血管病、15岁以下儿童、孕妇、哺乳者、严重精神病史者、高血压或高血压史，以及妊娠高血压综合征或妊娠高血压既往史者禁用。

（4）药物相互作用：与左旋多巴合用能增强疗效，应适当减量。氟哌啶醇、甲基多巴、单胺氧化酶抑制药、甲氧氯普胺、吩噻嗪类、利血平等能干扰本药效应，应适当调整剂量。

6. 普拉克索

（1）不良反应：有幻觉、嗜睡、运动障碍、口干、恶心、便秘等。

（2）用药注意事项：本品与嗜睡和突然睡眠发作有关。在日常活动中的突然睡眠发作，有时没有意识或预兆，须告知患者用药风险，建议在应用本品治疗过程中要谨慎驾驶车辆或操作机器。

（3）禁忌证：哺乳期妇女禁用，肾功能不全、开车和机械操作者慎用。

（4）药物相互作用：西咪替丁可减少本药的清除。

7. 吡贝地尔

（1）不良反应：偶有胃肠不适，如消化不良、恶心等。

（2）用药注意事项：同普拉克索。

（3）禁忌证：循环性虚脱、急性心肌梗死、孕妇禁用。精神病及有精神病样症状者及甲状腺疾病患者慎用。

（4）药物相互作用：吡贝地尔和金刚烷胺合用引起心动过速。与氯丙嗪合用疗效降低。不能与单胺氧化酶抑制药、麻黄碱、利血平及拟肾上腺素药合用。

8. 金刚烷胺

（1）不良反应：幻觉、精神错乱，晕厥、直立性低血压；罕见言语不清、不能控制的眼球运动、白细胞减少、注意力不能集中、食欲缺乏、恶心、视力模糊等。

（2）用药注意事项：每天最后一次服药时间应在下午4时前，以避免失眠。

（3）禁忌证：1岁以下儿童、妊娠及哺乳妇女禁用。脑血管病、反复发作的湿疹样皮疹病史者、充血性心力衰竭、精神病、肾功能障碍、癫痫病史者慎用。

（4）药物相互作用：金刚烷胺与其他抗帕金森药、抗组胺药、吩噻嗪类或三环类抗抑郁药合用，可增强抗胆碱作用，需调整这些药物或本药的用量。

9. 苯海索

（1）不良反应：某些动脉硬化或特异体质患者可引起严重的精神障碍、兴奋、恶心、呕吐。

（2）用药注意事项：药物超剂量时可见瞳孔散大、眼压增高、心悸、心动过速、排尿困难、发热或腹胀等症状，有时伴有谵妄、妄想、幻觉等中毒性精神病症状。严重者可出现昏迷、惊厥、循环衰竭。处理方案包括催吐或洗胃，并依病情进行对症治疗和支持疗法。

（3）禁忌证：哺乳者、3岁以下儿童、前列腺增生、青光眼、狭窄性消化性溃疡、重症肌无力及巨结肠患者禁用。

（4）药物相互作用：左旋多巴与本药合用时可增强疗效。但抗毒蕈碱药可延迟胃肠排空，使前者更易为胃酸破坏，故两者给药时间应隔3小时。

（三）用药监测

坚持随访，对药物疗效进行评估，定期监测药物不良反应，及时调整药物剂量及治疗方案。用药期间需密切观察患者中枢神经系统、心血管系统及消化系统的反应，监测血常规、心率、血压、心电图、肝肾功能等指标。

（四）用药指导

教会患者及家属观察药物早期不良反应及自我救护方法，告知患者药物主要副作用及相应缓解方法。若出现严重不良反应则须及时就医，以防意外的发生。严格要求每天服药次数和时间，注意指导患者配合医生坚持长期规范用药，最大限度避免漏服、错服或随意增减剂量的情况发生，提高药物治疗依从性。

第四节　阿尔茨海默病

阿尔茨海默病（Alzheimer's disease，AD）是一种临床常见的引起痴呆的神经退行性疾病。当前，针对阿尔茨海默病的治疗，主要通过药物治疗来阻止或延缓疾病的进展。

【疾病简介】

AD 是以进展性认知损害为核心临床表现的神经系统变性病，是导致老年人群痴呆的首要病因，主要表现为渐行性加重的神经功能障碍，包括认知功能障碍（近期记忆障碍、学习障碍、注意力障碍、空间认知障碍）、精神症状（多疑、言语过多或减少）、行为障碍及日常生活能力进行性减退等。AD 的发生与发展受到生物因素和社会心理因素，如年龄、家族遗传、性别、脑外伤史及文化程度等多种因素的影响。AD 的发病群体主要为 65 岁以上的老年人，女性发病率约为男性的 2 倍。其解剖基础主要为海马组织结构的萎缩，以神经元内异常蛋白聚集和神经元外淀粉样蛋白沉积形成的老年斑及神经元渐进性丢失为主要病理改变。病因与发病机制尚不明确，可能与N- 甲基 -D- 天冬氨酸（N-methyl-D-aspartic acid，NMDA）神经兴奋传递障碍、中枢神经系统内胆碱能神经元数目减少或谷氨酸递质系统兴奋性异常增高等相关，所以若增加中枢胆碱能神经功能或拮抗谷氨酸能神经的功能，虽不能从根本上消除病因，但能缓解认知功能下降的症状，延缓痴呆的进一步发展。

【药物治疗的目的及原则】

（一）药物治疗的目的

阻止或延缓病情的发展，抑制或逆转痴呆早期脑内轻度的病理改变，改善患者的临床症状，提高生存质量，减少并发症，延长患者的存活期。

（二）药物治疗的原则

早诊断、早治疗，缓解阿尔茨海默病发展，维持残存脑功能，减少并发症。

1. 识别及控制危险因素进行一级预防。
2. 根据病因进行针对性治疗，或对症治疗，进行二级预防。
3. 在不能根治的情况下，尽量延缓病情，进行三级预防。

【药物分类及常用药物】

根据患者的病情及症状的不同，目前临床用于治疗 AD 的药物主要分为改善认知功能障碍和改善非认知功能障碍两大类药物。临床常用的改善认知功能障碍药物的用法和用量见表 3-7。

表 3-7　改善认知功能障碍药物的用法和用量

药物名称	用法和用量
多奈哌齐	起始剂量 5mg/d，睡前服用，1 个月后可根据具体情况增至 10mg/d，3 ~ 6 个月为一个疗程
卡巴拉汀	起始剂量 1.5mg/ 次，2 次 /d，如果患者服用 4 周后，对此剂量耐受好，可加量至 3mg/次，2 次 /d，与早、晚餐同服。最大剂量 12mg/d
加兰他敏	10mg/ 次，3 次 /d
美金刚	初始剂量 10mg/d，以后每周增加 10mg/d。维持剂量：10mg/ 次，2 ~ 3 次 /d
司来吉兰	初始剂量 5mg/d，可增至 10mg/d，分 1 ~ 2 次服用
奥拉西坦	800mg/ 次，2 ~ 3 次 /d
尼莫地平	30mg/ 次，3 次 /d

笔记栏

（一）改善认知功能障碍的药物

根据药物作用机制的不同，临床常用的改善认知功能的药物主要有：

1. 胆碱酯酶抑制药 本类药物的作用机制与抑制胆碱酯酶的活性，增加突触间隙中乙酰胆碱的含量，促进胆碱能神经传导有关。常用药物有多奈哌齐（donepezil）、卡巴拉汀（rivastigmine）、加兰他敏（galanthamine）等，临床主要用于轻、中度 AD 的治疗，改善患者认知功能和日常生活能力的疗效确切。

2. N- 甲基 -D- 天冬氨酸（N-methyl-D-aspartic acid，NMDA）受体阻断药 NMDA 受体介导的谷氨酸兴奋毒性作用可致神经元内钙超载，使神经元受损和死亡，影响记忆过程，导致痴呆。NMDA 受体阻断药通过阻断谷氨酸与其受体的结合，抑制谷氨酸系统的过度兴奋，减少神经元的损伤与死亡并改善认知功能。常用的药物有美金刚（memantine），主要用于中、重度 AD 的治疗，改善患者的认知功能、日常生活能力及精神行为症状。

3. 抗氧化药 本类药物通过作用于 MAO 抑制中枢神经系统单胺类神经递质的氧化代谢，减少单胺类递质的破坏。常用药物为司来吉兰（selegiline），作为抗氧化剂和神经保护剂，已在欧洲获批准用于治疗 AD。

4. 钙通道阻滞药 本类药物可通过阻断钙离子的内流，减轻钙超载现象，从而减轻神经细胞的损伤与死亡。常用药物有尼莫地平（nimodipine）等，主要用于脑血管疾病的治疗，同时也适用于老年人记忆减退、AD 早期治疗以及偏头痛的预防等方面。

5. 脑代谢赋活药 本类药物主要通过促进脑内神经元对葡萄糖的利用，改善能量供应、增强神经细胞的兴奋性传递以及促进脑代谢。常用的药物包括麦角碱衍生物、奥拉西坦（oxiracetam）等。在临床主要用于轻、中度 AD 及其他病因引发的脑功能不全，此外，还可用于学习与记忆功能减退等症状的治疗。

6. 其他 主要包括银杏叶提取物和他汀类等，可用于治疗脑器质性疾病所致的认知障碍（如血管性痴呆）及老年痴呆。此外，他汀类药物对 AD 还有一定的预防作用。

（二）改善非认知功能障碍的药物

临床用于治疗 AD 患者非认知功能障碍的药物主要有抗焦虑药、抗抑郁药及抗精神病药（详见第四章第一节、第三节和第四节）。

【用药护理】

（一）用药评估

全面掌握患者的用药史、过敏史、患者疾病严重程度和用药禁忌证等。例如询问患者有无用药过敏史，对于有过敏史者谨慎选择药物。询问患者的身体健康状况和疾病严重程度，了解患者的一般生活状况如饮食、睡眠及大小便等，还需重点关注患者当前的精神状态。此外，心理社会因素及患者所处的家庭与社会环境也需考虑在内。

（二）用药安全

1. 多奈哌齐

（1）不良反应：常见恶心、呕吐、腹泻等胃肠道反应，还有头晕、耳鸣、多汗、肌束颤动、瞳孔缩小和视力模糊等不良反应。

（2）用药注意事项：对心脏疾患、哮喘或阻塞性肺部疾病患者有影响，也能增加患消化道溃疡的危险性，在开始服用药物或增加药物剂量时可引起乏力、头晕和肌肉痉挛。

（3）禁忌证：过敏者禁用；心脏疾病、哮喘、慢性阻塞性肺部疾病、消化道溃疡患者、癫痫患者及严重肝肾功能损害的患者慎用。

（4）药物相互作用：本药与拟胆碱药和其他胆碱酯酶抑制药存在协同作用，而与抗胆碱能药物则呈现拮抗作用；增强肌肉松弛药药效的特性。

2. 美金刚

（1）不良反应：头痛、眩晕、失眠、幻觉、精神错乱及疲劳等。饮酒会加剧这些不良反应。对肾功能不全的患者，治疗时需根据具体情况适当减少药物剂量。

（2）用药注意事项：本品可能改变患者的反应能力，因此，患者在服药期间驾车或操作器械时要特别小心。

（3）禁忌证：肝功能不全、意识错乱以及孕妇和哺乳期妇女应禁用。

（4）药物相互作用：与胆碱酯酶抑制药呈现协同效果；减弱镇静催眠类药物的药效。

3. 尼莫地平

（1）不良反应：常见的有血压下降、肝炎、皮肤刺痛、胃肠道出血、血小板减少，偶见一过性头晕、头痛、面潮红、呕吐、胃肠不适等。个别患者发生碱性磷酸酶、乳酸脱氢酶升高，血糖升高。

（2）用药注意事项：在高血压合并蛛网膜下腔出血或脑卒中患者中，应注意减少或暂时停用降血压药物，或减少本品的用药剂量。

（3）禁忌证：严重肝功能损害、心源性休克、心肌梗死急性期、妊娠及哺乳期妇女禁用。脑水肿及颅内压增高、严重心脏疾病、严重低血压者慎用。

（4）药物相互作用：本品慎与其他降压药物合用，特别是在缺血性脑卒中急性期更应慎重，以防止血压骤降或过低而加重脑缺血程度；与普萘洛尔合用引起严重心肌梗死事件；与CYP3A4的抑制剂合用可以增加本品血药浓度，药效增加，合用时应注意。

（三）用药监测

1. 胆碱酯酶抑制药　需准确掌握适应证，用药期间应注意重点观察患者的肌力，如说话、吞咽，肌张力，呼吸功能及活动情况，体液量和大小便情况，视力及瞳孔大小等。一旦出现过量反应，需立即停药，严重者应用阿托品进行解毒。

2. NMDA 受体阻断药　密切观察患者的精神状态，并密切监测患者的肾功能、尿常规，根据肾功能状况及时对药物剂量进行调整。

3. 抗氧化药　用药过程中应注意观察患者的心功能、肝功能及血压等监测结果，了解患者的睡眠状况与精神状态。

4. 钙通道阻滞药　密切观察患者血压情况和心脏功能，尤其是高血压患者。若患者表现出颜面潮红、血压下降、心动过速或过缓等症状时，应立即停药，并给予去甲肾上腺素或多巴胺来纠正血压，进一步采取对症处理与支持治疗。

5. 脑代谢赋活药　使用麦角碱衍生物类药物时易发生低血压反应，尤其是初次用药的患者，应用时应注意监测血压，建议用药后注意休息。若患者需长期大量服用维生素 E，尤其是有维生素 K 缺乏倾向的患者，应注意监测凝血酶原情况。

6. 神经肽类及其他药物　神经肽类药物易发生过敏，应用过程中，应观察有无过敏反应的发生，一旦发生过敏反应，须立即停药。

（四）用药指导

1. 提高患者依从性　通过以下措施可以提高患者的依从性：①优化治疗方案：根据患者的病情恢复情况，及时对用药方案进行调整。②加强患者的健康宣教：使患者更好地认识自身所患疾病，使患者意识到长期坚持服药的重要性；指导并督促患者正确服用药物。③健全家庭和社会的支持：与患者家属加强沟通，使其加强对患者用药管理，帮助提醒及督促服药，从而提高依从性，同时使患者及照顾者掌握 AD 的常见认知功能障碍及行为学改变的知识，以便于观察药物的治疗效果，及时识别疾病复发的先兆，一旦出现有关症状，及时送医。

2. 药物护理　护士或家属一定要在患者服药时监督其正确服用药物，避免出现错服或漏服的现象，尤其是当几种药物合用时，应注意加强监测。多奈哌齐正常情况下应在晚上服用，若患者出现失眠、多梦等情况时，可改在清晨服用；卡巴拉汀宜在进食时服用，可使药物吸收速度减慢，进而减轻胃肠道反应；服用维生素 E 时，若产生异常，如皮肤出血、血尿、血便及牙龈出血等情况时，应及时就医。重症患者在治疗期间需 24 小时监护。对于服药后疗效不佳的患者，应及时就医，及时对治疗方案进行调整。

（王　鹏）

小　结

偏头痛是一种最常见的慢性原发性头痛疾病，治疗药物主要分为急性发作期治疗药物与预防性治疗药物两大类，急性发作期治疗药物可分为非特异性治疗药物与特异性治疗药物两类，非特异性治疗药物主要包括解热镇痛抗炎药、含咖啡因的复合制剂等，特异性治疗药物主要包括曲普坦类、麦角胺及其衍生物、地坦类和吉泮类药物等。预防性治疗主要包括钙通道阻滞药、抗癫痫药、β 受体阻断药、钙通道调节药、抗抑郁药等。

癫痫是一种常见的神经系统疾病，药物可分为传统和新型抗癫痫药两大类，传统抗癫痫药主要包括苯妥英钠、卡马西平、丙戊酸钠、乙琥胺、苯巴比妥、苯二氮䓬类等；新型抗癫痫药则有拉莫三嗪、左乙拉西坦、加巴喷丁和奥卡西平等。选择抗癫痫药时需要充分考虑到癫痫的类型，根据不同类型的癫痫选择不同的药物，并根据患者的具体情况个体化给药。

帕金森病又称震颤麻痹，是常见的慢性进行性中枢神经系统退行性疾病，发病机制与黑质－纹状体多巴胺能神经通路中多巴胺能神经功能减弱，而胆碱能神经功能相对增强有关。根据药物的作用机制可分为拟多巴胺药和抗胆碱药，其中拟多巴胺药又可分为多巴胺前体药、促多巴胺释放药、多巴胺受体激动药及左旋多巴增效剂。抗胆碱药常用药物主要有苯海索等。

阿尔茨海默病是一种临床常见的引起痴呆的神经退行性疾病，治疗药物主要分为改善认知功能障碍和改善非认知功能障碍两大类，其中改善认知功能障碍的药物又可分为胆碱酯酶抑制药、NMDA 受体阻断药、抗氧化药、钙通道阻滞药、脑代谢赋活药和其他类；改善非认知功能障碍的药物主要包括抗焦虑药、抗抑郁药及抗精神病药。

●●●●　思考题　●●●●

ER3-4
第三章
目标测试

1. 结合护理工作实际，如何指导患者预防和治疗偏头痛？
2. 在护理工作中如何指导患者正确使用抗癫痫药？
3. 掌握帕金森病的用药监测工作中应该注意的问题及解决方案。
4. 讨论在健康教育中如何提高阿尔茨海默病患者用药依从性。

笔记栏

心理和精神障碍药物治疗与护理

ER4-1
第四章
思维导图

精神健康是人类健康之根本，可通过神经内分泌系统、免疫系统、自主神经系统、行为方式等多种途径和机制影响人体的生理健康。精神障碍是由生物、心理、社会等多方面因素相互作用导致的感知觉、思维、情感等精神活动的失调或异常。精神障碍不仅导致多种慢性病的发生，而且影响个体的认知、行为和社会适应能力。临床上，心理和精神障碍性疾病的种类较多，目前针对这些疾病的临床治疗策略仍以药物治疗为主。本章主要介绍抑郁症、精神分裂症、焦虑障碍、失眠症及注意缺陷多动障碍的药物治疗相关内容，重点阐述药物治疗的目的和原则、常用药物分类及作用特点、用药护理等。

ER4-2
第四章
心理和精神障
碍药物治疗与
护理

第一节 抑 郁 症

> ### 导入案例
>
> 患者，女，28岁。因情绪低落、紧张、失眠、乏力伴记忆力下降6个月余，加重2周入院。患者6个月前，因工作繁忙，与同事之间矛盾频发，出现入睡困难，夜间惊醒，自觉疲乏无力，情绪低落，不愿与家人和同事沟通与交流，不愿参加社交活动。2周前因工作失误被批评，患者不愿出门，经常哭泣，夜间睡眠差，严重时凌晨两点入睡，醒来后难以入睡，白天无精打采，食欲差，体重减轻。既往体健，否认高血压、糖尿病等疾病史，否认手术、外伤史，否认食物及药物过敏史，否认直系亲属遗传疾病或精神疾病史。入院后查体：T 36.7℃，P 78次/min，R 20次/min，BP 115/67mmHg；神经系统及其他检查均无明显异常；意识清晰，接触合作，对答切题，幻觉妄想未引出，情感低落，兴趣减退，食欲下降，睡眠障碍，自知力不全；患者健康问卷抑郁量表（PHQ-9）总分为13分，17项汉密尔顿抑郁量表（HAMD）总分为20分。入院诊断为抑郁症。患者给予文拉法辛（150mg/次，1次/d）和阿戈美拉汀（50mg/次，1次/d）口服治疗。治疗8周后，患者情绪明显改善，睡眠好、无入睡困难和早醒，兴趣爱好有恢复，愿意参与部分社交活动，想返岗工作。
>
> **请思考：**
> 1. 文拉法辛和阿戈美拉汀是同一类药物吗？
> 2. 文拉法辛和阿戈美拉汀两者合用有何优势？
> 3. 文拉法辛和阿戈美拉汀在用药护理过程中应加强监测的内容是什么？
> 4. 患者抑郁症状改善后，文拉法辛能否立即停药？

抑郁症是严重危害人类健康、临床常见的精神障碍性疾病，具有高发病率、高复发率、高自残率和高自杀率等特点。抑郁症的全球患病率为4.4%，全世界有3亿抑郁症患者。我国抑郁症的患病率约为6%，现有抑郁症患者1.6亿，已成为仅次于心血管疾病的第二大常见疾病，抑郁

笔记栏

症的疾病负担约占全球精神障碍疾病负担的 1/6。据 WHO 预测，到 2030 年抑郁症将成为全球第一大疾病负担。早期诊断和治疗干预对抑郁症患者至关重要，药物治疗是目前抑郁症临床治疗的主要手段，同时辅以心理治疗及家庭社会支持，并积极治疗并存的其他疾病。

【疾病简介】

抑郁症是由遗传、生物化学、神经内分泌、神经免疫、心理社会等多种因素引起的精神障碍性疾病，主要临床表现为情绪低落、抑郁悲观、兴趣减退、自我评价低下、感到自责、绝望甚至有自杀意念，伴有认知功能损害，如思维缓慢、反应迟钝、言语减少、记忆力下降、注意力障碍及思维能力减退等，甚至出现躯体症状包括睡眠障碍、食欲减退、乏力、体重下降、便秘、闭经及性欲减退等。抑郁症的发病机制尚不清楚，目前认为与脑内神经递质的功能障碍有关，主要是 5- 羟色胺（5-hydroxy tryptamine，5-HT）、多巴胺（dopamine，DA）和去甲肾上腺素（norepinephrine，NE）等神经递质，神经元突触间隙中神经递质的含量减少以及突触后膜上神经递质作用的受体结构或功能异常是抑郁症的核心机制。因此，目前临床应用的各种抗抑郁药的作用机制主要通过提高神经元突触间隙中神经递质的含量或增强其作用，从而达到治疗抑郁症的目的。

【药物治疗的目的及原则】

（一）药物治疗的目的

消除或缓解病人的临床症状，帮助其恢复社会功能，提高生存质量，预防复发。

（二）药物治疗的原则

在明确诊断的基础上进行全程治疗，遵循尽量单一用药、小剂量开始、剂量滴定、全程、足量及个体化的用药原则，密切观察病情变化和不良反应，并及时进行处理。

【药物分类及常用药物】

根据药物作用机制的不同，现有的抗抑郁药物可分为以下几类：选择性的 5-HT 再摄取抑制药、三环类和四环类抗抑郁药、单胺氧化酶抑制药、5-HT 和 NE 再摄取抑制药、5-HT$_{2A}$ 受体阻断药及 5-HT 再摄取抑制药、NE 与 DA 再摄取抑制药、选择性 NE 再摄取抑制药及褪黑素能受体激动药和 5-HT$_{2C}$ 受体阻断药等。

（一）选择性的 5-HT 再摄取抑制药

选择性抑制神经元突触前膜对 5-HT 的再摄取，使突触间隙中 5-HT 的含量增加。临床常用的代表性药物有氟西汀（fluoxetine）、帕罗西汀（paroxetine）、舍曲林（sertraline）、西酞普兰（citalopram）及艾斯西酞普兰（escitalopram）等。药物口服后经胃肠道吸收为主，进食不影响药物的吸收，但舍曲林除外。药物吸收较缓慢，一般摄入后 6 ~ 8 小时才能达到血药浓度的峰值。药物的代谢与清除主要在肝脏与肾脏，其中氟西汀和舍曲林的活性代谢产物清除的半衰期比药物原型更长，停药或换药时注意间隔时间。选择性的 5-HT 再摄取抑制药具有较好的临床疗效、安全性和耐受性，尤其对伴有焦虑障碍的患者及老年患者，可用于抑郁症的急性期治疗和长期维持治疗，是全球公认的一线抗抑郁药物。

（二）三环类和四环类抗抑郁药

三环类和四环类抗抑郁药是根据其化学结构进行分类的，因其分别含有一个三环和四环的中心结构而得名，是第一类广泛应用于治疗抑郁症的药物。代表药物有阿米替林（amitriptyline）、氯米帕明（clomipramine）、多塞平（doxepin）、丙米嗪（imipramine）、马普替林（maprotiline）及米安色林（mianserin）等。主要通过抑制神经元突触前膜对单胺类神经递质的再摄取，使突触间隙中 NE 和 5-HT 的含量增多。此类药物在小肠吸收较完全，一般在摄入后 2 ~ 8 小时血药浓度达到峰值。肝脏代谢是药物从体内清除的主要途径，少量药物通过肾脏清除，药物清除的半衰期在 24 小时以上。三环类和四环类抗抑郁药的疗效好，起效快，尽管其副作用较多，但临床仍在应用，尤其适用于伴有焦虑的抑郁症及严重的抑郁症患者。

笔记栏

（三）单胺氧化酶抑制药

通过作用于单胺氧化酶（monoamine oxidase，MAO）抑制中枢神经系统单胺类神经递质的氧化代谢，减少单胺类神经递质的分解和清除，增加神经突触间隙中神经递质的含量，从而改善情绪。代表药物为吗氯贝胺（moclobemide），可选择性抑制 MAO-A，作为抑郁症治疗的 C 级推荐药物，口服经肠道吸收迅速、完全，1～2 小时即可达到血药浓度峰值，且易透过血脑屏障，主要经肝脏代谢和肾脏排泄，药物清除半衰期为 1～2 小时。单胺氧化酶抑制药适用于各种精神障碍，对非典型抑郁症、伴焦虑或疼痛症状的抑郁症也有一定的疗效。

（四）5-HT 和 NE 再摄取抑制药

通过抑制神经元突触前膜对 5-HT 和 NE 的再摄取，增加神经突触间隙中上述两种神经递质的含量。常用的代表药物为文拉法辛（venlafaxine）、度洛西汀（duloxetine）、米氮平（mirtazapine）和米那普仑（milnacipran）。文拉法辛在胃肠道吸收良好，一般 2 小时内达到血药浓度峰值，进食不影响药物的吸收率，能减低吸收的速度，药物主要在肝脏代谢，代谢产物主要经肾脏排泄，半衰期为 4 小时。度洛西汀口服吸收迅速、完全，进食对其影响较小，且易透过血脑屏障，半衰期约 12 小时。米那普仑口服吸收完全且迅速，0.5 小时后即可达到血药浓度峰值，清除主要经肾脏和肝脏，半衰期约 8 小时。文拉法辛适用于抑郁症、广泛性焦虑障碍和其他类型的焦虑障碍，度洛西汀和米那普仑主要用于重度抑郁症、焦虑障碍及其他抑郁相关障碍。

（五）5-HT$_{2A}$ 受体阻断药及 5-HT 再摄取抑制药

通过抑制神经元突触前膜对 5-HT 再摄取及选择性阻断 5-HT$_{2A}$ 受体的结合位点，从而使突触间隙中 5-HT 的浓度升高。代表药物为曲唑酮（trazodone）和噻奈普汀（tianeptine）。曲唑酮口服易吸收，进食可延长血药浓度达峰的时间，主要经肝脏代谢，不足 1% 的药物原型随粪便和尿液排出，清除为双相性，半衰期分别为 3～6 小时和 5～9 小时。5-HT$_{2A}$ 受体阻断药及 5-HT 再摄取抑制药可用于治疗各种抑郁症，尤其是经其他抗抑郁药物治疗无效的顽固性抑郁症患者；还可适用于焦虑障碍，尤其是老年性抑郁症或伴有心脏疾病的患者。

（六）NE 与 DA 再摄取抑制药

通过抑制神经元突触前膜对 NE 和 DA 的再摄取，增加神经突触间隙中 NE 和 DA 的含量，对 5-HT 的再摄取无影响。代表药物为安非他酮（bupropion），口服经肠道吸收迅速，不受进食的影响，8 天内可达到稳定的血药浓度，主要经肝脏广泛代谢，1% 药物原型随尿液排出，清除半衰期为 21 小时。临床主要应用于重度抑郁症或戒烟，也适用于成人或儿童注意缺陷多动障碍。

（七）选择性 NE 再摄取抑制药

选择性抑制脑神经突触对 NE 的再摄取，升高突触间隙中 NE 的浓度。代表药物为瑞波西汀（reboxetine），口服吸收迅速，2 小时达血药浓度峰值，进食可延长药物达血药浓度峰值的时间，清除半衰期为 12～14 小时。瑞波西汀具有较好的抗抑郁疗效，尤其是对严重抑郁症和老年患者。

（八）褪黑素受体激动药和 5-HT$_{2c}$ 受体阻断药

主要通过激动褪黑素受体 1 和 2（melatonin receptor 1/2，MT$_1$/MT$_2$）并阻断 5-HT$_{2C}$ 受体发挥抗抑郁作用，不影响突触间隙 5-HT 的浓度。代表药物为阿戈美拉汀（agomelatine），口服吸收迅速，1～2 小时达血药浓度峰值，经肝脏代谢，主要经肾脏排泄。适用于成人严重抑郁症发作及部分抑郁伴睡眠障碍患者的治疗。

此外，新型快速抗抑郁药物艾司氯胺酮（spravato），在 2023 年 4 月获得国家药品监督管理局批准上市。其作用机制不明，可能与阻断 N-甲基-D-天冬氨酸受体的作用有关，通过鼻腔黏膜上丰富的血管吸收到体内，可以迅速发挥抗抑郁作用并有效减少肝肾损伤。研究表明药物吸入 4 小时内能显著改善抑郁症患者的自杀意念，可以与口服抗抑郁药联合应用治疗成年抑郁症以及伴自杀念头或行为的重度抑郁症。

我国抑郁症诊疗指南推荐的临床常用抗抑郁药物的分类、用法及作用的比较见表 4-1。

笔记栏

表4-1　常用抗抑郁药物的分类、用法及作用的比较

药物分类	常用药物	推荐级别	用量/(mg·d^{-1})		用法	神经递质		
			起始剂量	治疗剂量		5-HT	NE	DA
选择性的5-HT再摄取抑制药	氟西汀	A	10~20	20~80	1次/d	+++	−	−
	帕罗西汀	A	20	20~50	1次/d	+++	−	−
	氟伏沙明	A	50~100	100~300	2次/d	+++	−	—
	舍曲林	A	50	50~200	1次/d	+++	−	−
	西酞普兰	A	20	20~60	1次/d	+++	−	−
	艾斯西酞普兰	A	10	10~20	1次/d	+++	−	−
三环类和四环类抗抑郁药	阿米替林	B	25~50	100~300	3次/d	+++	+++	−
	氯米帕明	B	25~75	100~300	2~3次/d	+++	++	−
	多塞平	B	25~50	100~300	3次/d	+++	+	−
	丙米嗪	B	25~50	100~300	3次/d	++	+++	−
	马普替林	B	25	75~225	2次/d	+	+++	−
	米安色林	B	10	30~90	3次/d	++	+++	−
单胺氧化酶抑制药	吗氯贝胺	C	100	300~600	2次/d	−	−	+++
5-HT和NE再摄取抑制药	文拉法辛	A	50~75	75~350	3次/d	+++	+++	+
	度洛西汀	A	40~60	60~120	1次/d	++	+++	+
	米氮平	A	15~30	15~45	1~2次/d	+++	+++	−
	米那普仑	A	15	15~100	2次/d	+++	+++	−
5-HT$_{2A}$阻断药及5-HT再摄取抑制药	曲唑酮	B	50~100	200~400	3次/d	++	−	−
	噻奈普汀	B	12.5	25~37.5	3次/d	++	−	−
NE与DA再摄取抑制药	安非他酮	A	150	150~450	2次/d	−	++	+
选择性NE再摄取抑制药	瑞波西汀	B	8	8~12	2次/d	+	+++	−
褪黑素受体激动药和5-HT$_{2C}$受体阻断药	阿戈美拉汀	A	25	25~50	1次/d	−	+	+

注：+++强；++次强；+弱；−无作用；—尚不明确。

【用药护理】

（一）用药评估

1. 评估疾病史　了解患者的年龄、起病时间、既往抑郁发作的病程和持续时间、主要症状和体征，有无家族精神病史等。

2. 评估用药史 了解既往药物治疗方案，曾使用药物的种类、用法、用量及疗效，有无用药不良反应，有无药物过敏史。

3. 评估危险因素及并发症 评估患者是否遭受应激性生活事件刺激、滥用酒精或药物、悲观的人格特质，是否有冲动、暴力、寻求刺激、自残与自杀的危险行为。

4. 评估合并症 了解患者是否合并妊娠、焦虑障碍、睡眠障碍等。

5. 实验室检查和其他检查 评估血糖、血脂水平、肝功能、肾功能、血常规及心电图等检查结果。

6. 评估用药依从性 了解患者的生活方式、饮食习惯、摄食量等；评估患者及其家属对疾病的认知程度、心理状况、教育背景、经济状况、社会支持度等。

（二）用药安全

1. 选择性的 5-HT 再摄取抑制药

（1）不良反应：药物的安全性高，不良反应较少见。偶见的不良反应有口干、出汗、体重改变、头痛、焦虑、睡眠障碍、震颤、性功能失调、粒细胞缺乏及低血糖等。极为少见的致死性不良反应为 5-HT 综合征，主要见于与单胺氧化酶抑制药或其他增强 5-HT 作用的药物合用时，偶见于异常体质的患者，表现为中枢神经系统 5-HT 受体异常兴奋，常出现发热、出汗、腹痛、腹泻、血压升高、心律失常、情绪波动、谵妄、易激惹等，严重时表现为高热、心源性休克，甚至死亡。

（2）用药注意事项：不能与单胺氧化酶抑制药和色氨酸、氯米帕明等增强 5-HT 作用的药物联用，肝损害及老年患者需减量，停药应缓慢。帕罗西汀慎用于儿童，并且与氟伏沙明、舍曲林均不推荐用于孕妇和哺乳期妇女，也不能用于肠易激综合征和严重胃肠道不适的患者。

（3）禁忌证：对此类药物过敏者禁用。

（4）药物相互作用：选择性的 5-HT 再摄取抑制药对抗组胺药和抗胆碱药有一定的抑制作用。由于选择性的 5-HT 再摄取抑制药是 P450 2D6 酶的底物和氧化剂，对 P450 2D6 酶的抑制作用较强，因此，影响部分依赖于此酶代谢的药物如抗心律失常药物奎尼丁、氟卡尼和普罗帕酮等，以及三环类和四环类抗抑郁药、卡马西平及其他一些抗精神病药物。氟西汀还影响 P450 3A3/4、P450/2C9 和 P450/2C19 等酶的活性，对通过经这些酶代谢相关的药物也会产生一定的影响。

2. 三环类和四环类抗抑郁药

（1）不良反应：阻断 M_1 受体引起一系列的抗胆碱能不良反应，如口干、便秘、视物模糊及排尿困难等，可使闭角型青光眼的患者发生高眼压危象，老年患者可导致尿潴留、肠麻痹等；阻断中枢 H_1 受体可引起镇静和谵妄，长期使用可以引起食欲增强及体重增加；对血压的影响和对心脏的毒性较大，主要与阻断 α_1 受体的作用有关，可引起直立性低血压反应、心动过速及心肌损害等，过量服用会导致心律失常而致死。此外，还可引起肝脏损害、致畸、过敏性皮疹以及性功能障碍等。

（2）用药注意事项：不宜与单胺氧化酶抑制药和抗胆碱能药物合用，使用单胺氧化酶抑制药的患者至少停药 2 周后方可使用丙米嗪，并且起始剂量一定要小；癫痫患者、孕妇及哺乳期妇女慎用。用药期间加强观察血压、体重的变化，定期检查血常规、肝肾功能和心脏功能；不宜驾驶车辆、操作机械或高空作业。

（3）禁忌证：严重的心脏病、肝肾疾病、青光眼、尿潴留、前列腺肥大、谵妄及躁狂的患者禁用。

（4）药物相互作用：①药物间的协同作用主要见于三环类和四环类抗抑郁药与抗精神病药物或苯二氮䓬类药物合用会增强镇静作用，与苯海索等抗帕金森病药物或抗精神分裂症药物合用会增强抗胆碱能作用。此外，三环类和四环类抗抑郁药有奎尼丁样作用，增强奎尼丁对心脏传导系统的抑制效应；奎尼丁也可通过抑制细胞色素 P450 2D6，从而升高三环类和四环类抗抑郁药的浓度，加重其不良反应。②药物间的拮抗作用常见于三环类和四环类抗抑郁药与单胺氧化酶抑制药

笔记栏

合用时可引起严重的不良反应事件，如高血压危象等；可抑制胍乙啶的摄取，对抗胍乙啶的降压作用。另外，地昔帕明和三环类和四环类抗抑郁药也可降低可乐定的作用。

3. 单胺氧化酶抑制药

（1）不良反应：药物的不良反应较其他抗抑郁药更多，常见的不良反应包括头痛、口干、失眠、便秘、视力模糊、恶心、水肿、遗忘、眩晕、排尿困难、乏力、肌痉挛及直立性低血压等，也可见性功能障碍、失眠及心绞痛等。

（2）用药注意事项：对需手术、合并有高血压和糖尿病的患者，应加强监测血压、血糖，定期检查血象、肝肾功能和心脏功能；用药期间，限制含酪胺高的食物的摄入，不宜驾驶车辆、操作机械或高空作业。

（3）禁忌证：嗜铬细胞瘤、严重肝脏疾病及躁狂抑郁的患者，孕妇及哺乳期妇女禁用。

（4）药物相互作用：因药物广泛地抑制单胺氧化酶，易与多种药物及食物间产生相互作用。①药物间的相互作用主要见于与此类药物中的其他药物联用时，可增强或并发抽搐发作，至少停药1周以上才可换用其他药物；与三环类和四环类抗抑郁药、选择性的5-HT再摄取抑制药类抗抑郁药合用后会产生严重的不良反应，如高血压、抽搐发作、5-HT综合征等，尽量避免联合使用或至少停药2周以上才可换用其他药物；与哌替啶、苯乙肼或反苯环丙胺合用后，易出现昏迷、高热、高血压等，尤其是哌替啶，严重时可致死，应避免联合应用。此外，与一些拟交感神经药物合用，可能出现高血压危象；与一些口服降糖药和胰岛素合用，易加剧低血糖的发生。②食物间的相互作用主要由于单胺氧化酶抑制药与食物之间产生相互作用，提高血中酪胺的水平，出现酪胺反应，表现为血压升高、恶心、呕吐、心悸、寒战、出汗、坐立不安及易激惹等，严重的可出现意识障碍、高热、脑出血，甚至死亡。易产生相互作用的食物包括乳酪、红酒、酵母酒及其他酒精饮料、咖啡、巧克力、可乐、茶、发酵品、味精、泡菜、腌鱼、牛肉、鸡肝以及熟透的水果等。

4. 5-HT和NE再摄取抑制药

（1）不良反应：药物的安全性和耐受性较好，与选择性的5-HT再摄取抑制药相近，不良反应较少。临床报道的不良反应有头痛、恶心、眩晕、乏力、嗜睡、失眠、出汗、神经质，以及与其他5-HT药物联用时易导致性功能障碍等。此外，文拉法辛中断治疗或突然撤药可能会引起停药症状，如头晕、失眠、恶心、口干及感觉功能紊乱等。因此，停药时要逐渐减量。

（2）用药注意事项：加强监测血压、血象、肝肾功能和心脏功能；用药期间，限制酒精的摄入，严禁过量饮酒。

（3）禁忌证：对此类药物过敏者，米氮平禁用于严重肝肾疾病、躁狂抑郁的患者，妊娠和哺乳期妇女及儿童。

（4）药物相互作用：与单胺氧化酶抑制药合用会引起恶性综合征和5-HT综合征，在单胺氧化酶抑制药治疗停药2周以上，才可使用文拉法辛；文拉法辛治疗停药2周以上，才可使用单胺氧化酶抑制药。此外，文拉法辛能引起地昔帕明、氟哌啶醇和利培酮的血药浓度升高，降低蛋白酶抑制药茚地那韦的血药浓度。米那普仑与卡马西平合用时，血药浓度降低。

5. 5-HT$_{2A}$阻断药及5-HT再摄取抑制药

（1）不良反应：药物单用的安全性较三环类和四环类抗抑郁药和单胺氧化酶抑制药更高，不良反应较少。常见的不良反应主要有头晕、恶心、无力、口干、便秘及躁狂现象等，曲唑酮的不良反应还包括直立性低血压和阴茎异常勃起及较弱的抗胆碱能作用。

（2）用药注意事项：注意监测血压、肝肾功能和心脏功能，老年患者和肾功能不全者应减量。

（3）禁忌证：曲唑酮禁用于前列腺肥大和闭角型青光眼的患者，孕妇和哺乳期妇女及15岁以下儿童禁用噻奈普汀。

（4）药物相互作用：曲唑酮与其他抗抑郁药之间可能发生相互作用，如单胺氧化酶抑制药、氟西汀、丁螺环酮及萘法唑酮等。与氟西汀联合用药后，能升高血浆中曲唑酮和m-氯苯基哌嗪的浓度；与其他中枢神经抑制药物或乙醇合用时，会出现困倦和镇静的表现。此外，与抗高血压药物（可乐定）或抗凝血药物（华法林）联用后，产生抗高血压或抗凝血作用。

6. NE 与 DA 再摄取抑制药

（1）不良反应：常见的不良反应有头痛、恶心、口干、失眠和轻度的血压升高，高剂量可引起出汗和便秘，少数出现幻觉、妄想，还有报道会引起转氨酶升高及过敏反应等。安非他酮引起的严重不良反应较少，主要有低血压、酸中毒、窦性心动过速和癫痫等。

（2）用药注意事项：注意监测血压和肝肾功能。

（3）禁忌证：癫痫和器质性脑病的患者禁用。

（4）药物相互作用：安非他酮在肝脏通过 P450 酶系统代谢，经 P450 2B6 酶代谢转化为羟化安非他酮，两者是 P450 2D6 酶的抑制药，与经 P450 2D6 酶代谢的药物联用时需密切观察。安非他酮禁止与单胺氧化酶抑制药合用，与其他的 DA 制剂（抗帕金森病的药物）合用有叠加效应；安非他酮与氟西汀和三环类和四环类抗抑郁药合用时易出现毒副作用。

7. 选择性 NE 再摄取抑制药

（1）不良反应：瑞波西汀常见的不良反应是口干、便秘、出汗、直立性低血压、失眠及性功能障碍等，罕见严重不良反应为癫痫。

（2）用药注意事项：注意监测血压、肝肾功能和心脏功能，老年人和儿童慎用。

（3）禁忌证：青光眼、前列腺增生及严重心脏疾病的患者，孕妇和哺乳期妇女。

（4）药物相互作用：酮康唑抑制瑞波西汀的清除，与酮康唑合用时，需减少瑞波西汀的剂量；与单胺氧化酶抑制药合用会拮抗酪胺诱导的反应；与氟卡尼、抗精神药物及三环类和四环类抗抑郁药合用时要谨慎。此外，瑞波西汀不能与大环内酯类抗生素、氟伏沙明及吡咯类抗真菌药联用。

8. 褪黑素受体激动药和 5-HT$_{2c}$ 受体阻断药

（1）不良反应：常见不良反应是头痛、恶心、乏力，偶见嗜睡、失眠、焦虑、便秘、腹泻、疲劳、背痛及多汗等。

（2）用药注意事项：监测肝功能，限制酒精的摄入。

（3）禁忌证：肝功能不全的患者。

（4）药物相互作用：本药与一些抗细胞色素药合用时，可降低阿戈美拉汀的血药浓度；与选择性的 5-HT 再摄取抑制药合用，可能会产生不良反应；避免与强效 CYP1A2 抑制药（如氟伏沙明、环丙沙星）联合使用。

（三）用药监测

1. 治疗效果 抗抑郁药物起效较慢，一般 4 ~ 6 周显效。如氟西汀、帕罗西汀需要 1 ~ 3 周；吗氯贝胺、阿米替林需要 1 ~ 4 周；即使起效较快的药物如米氮平和文拉法辛也要 1 周。

2. 更换药物 更换抗抑郁药物时要谨慎在足量、足疗程无效的前提下，方可考虑换药。在药物没有显效前，忌频繁换药，但仍需停药一段时间，有利于药物的清除，防止发生药物间的相互作用。

3. 不良反应 抗抑郁药物常见的不良反应包括胃肠道不适、恶心、口干、便秘、腹泻、视物模糊、排尿困难及失眠等，用药期间应注意观察，出现上述症状后及时告知医生进行处理。5-HT 和 NE 再摄取抑制药可能导致血压升高，对老年患者及有相关病史的患者应注意监测血压；三环类抗抑郁药、单胺氧化酶抑制药以及部分 5-HT$_{2A}$ 受体阻断药及 5-HT 再摄取抑制药易引起直立性低血压，患者用药后应卧床休息 1 小时，并且改变体位时要缓慢，用药期间密切观察病人的生命体征变化；三环类抗抑郁药及单胺氧化酶抑制药可能会引起心脏毒性，甚至诱发死亡。用药期间注意监测患者的反应及心脏功能的变化。

（四）用药指导

在药物治疗期间，应加强用药指导与患者安全的管理：①告知患者及其家属药物的使用方

笔记栏

法，指导患者规范服药，在每次服药时一定要认真检查，确保药物正确服下后再离开，避免出现漏服、错服或藏药的现象。②注意观察患者用药后的反应，尤其是毒副反应等，当出现口干、便秘等较轻的副作用时，做好解释工作，鼓励患者多喝水。③出现严重的副作用时，应当及时告知医生进行处理。④对于病情好转，症状减轻的患者，告知患者及其家属坚持服药的重要性，切忌随意删减剂量或间断服用药物，停药与否一定要遵医嘱。⑤在药物治疗期间，妥善安置好患者，做好危险物品及各类药品的管理，防止意外的发生。⑥定期复诊。

第二节　精神分裂症

 导入案例

患者，男，26岁。因幻听、多疑、情绪紧张、注意力不集中1年余，加重1个月余入院。患者1年前无明显诱因出现多疑，认为别人要害自己，注意力不集中，头痛、乏力，夜间睡眠较少，入睡困难。既往体健，否认高血压、糖尿病等疾病史，否认肝炎、结核等传染病病史，否认食物及药物过敏史，否认直系亲属有精神发育障碍、精神病史及其他家族遗传病史。入院后查体：T 36.9℃，P 90次/min，R 20次/min，BP 110/60mmHg；阳性与阴性量表评分（PANSS）总分为103分；神经系统及其他检查均无明显异常；意识清晰，对答基本切题，思维形式无明显异常，意志减退，但无外跑、伤人等过激行为。入院诊断为精神分裂症，给予利培酮口服（1mg/次，1次/d），劳拉西泮（0.5mg/次，1次/d），3天后利培酮每天剂量增加至2mg（1mg/次，2次/d）。治疗2周后，患者幻听和不安全感减少、被害妄想减轻，自知力未完全恢复，经评估后带药出院。

请思考：

1. 利培酮属于哪一类抗精神病药物？
2. 利培酮的作用特点是什么？
3. 在用药护理过程中应加强哪些方面的监测？
4. 患者出院时，护士应如何对患者进行用药指导？

精神分裂症是一种临床常见的精神性疾病，多缓慢起病于青壮年期，男女发病率相当，但女性的发病年龄略晚于男性，男性发病的高峰期为10~25岁，女性为25~35岁。精神分裂症在全球的终身患病率约1%，年发病率约0.1‰；我国精神分裂症的终身患病率约为0.6%，农村高于城市。精神分裂症的标准化死亡率是普通人群的2~4倍。一旦发病，病人的精神症状长期、持续存在并呈进行性加重。因此，精神分裂症应当早期诊断，早期治疗。精神分裂症的治疗方法主要有药物治疗和非药物治疗，其中，药物治疗是首选，再辅以心理治疗、物理治疗等非药物疗法，并积极治疗并存的其他疾病。

【疾病简介】

精神分裂症的主要特征是感知觉、思维、情感、行为之间不协调，精神活动与现实环境脱离。病因不明，研究认为与遗传因素、神经发育障碍、神经生化异常和心理社会因素等有关。发病机制尚不清楚，目前的学说主要是多巴胺假说和神经发育假说，脑内多巴胺功能亢进、先天遗传或孕产期对大脑的损伤及后期在外界环境因素的刺激下，引起神经病理改变和大脑功能的紊乱。精神分裂症的临床症状复杂多样，发病前常有一些前驱症状，如神经衰弱综合征、癔症样表现、注意力减退以及生活习惯、性格及行为的改变等。这些前驱症状可持续数周到数年不等。常见的临床表现主要有阳性症状（妄想、幻觉及言语行为紊乱）、阴性症状（意志减退、快感缺乏、言语贫乏及社交退缩）、认知障碍（记忆损害、注意力缺陷）和情感症状（焦虑、抑郁）等。

【药物治疗的目的及原则】

（一）药物治疗的目的

控制精神症状，阻止或延缓病情的发展，尽早恢复社会功能，提高患者的生存质量，防止复发，延长存活期。

（二）药物治疗的原则

在明确诊断的基础上进行药物治疗，遵循早期、适量、足疗程、单一用药及个体化的用药原则，密切观察病情变化和不良反应并及时处理。

【药物分类及常用药物】

临床用于治疗精神分裂症的药物一般分为经典抗精神病药物（第一代）和非经典抗精神病药物（第二代）。经典抗精神病药物主要作用于脑内的 D_2 受体，为 D_2 受体阻断药，部分对肾上腺素受体，毒蕈碱受体和组胺受体等也有阻断作用，对阳性症状有明显的疗效，对阴性症状、认知功能及社会功能的疗效甚微，锥体外系反应和迟发运动障碍的发生率较高。非经典抗精神病药物对 $5-HT_2$ 受体的阻断作用较强，对 D_2 受体的阻断作用相对较弱，对中脑边缘系统的选择性高于纹状体系统，不仅对阳性症状的疗效好，对阴性症状、认知障碍和情绪症状也有效，锥体外系反应的发生率明显减少。

（一）经典抗精神病药物

根据其化学结构的不同，经典抗精神病药物可分为吩噻嗪类、硫杂蒽类、丁酰苯类及苯甲酰胺类等。

1. 吩噻嗪类　由硫原子和氮原子联结两个苯环的一种三环结构的化合物，常用药物主要是氯丙嗪（chlorpromazine）、奋乃静（perphenazine）、氟奋乃静（fluphenazine）和三氟拉嗪（trifluoperazine）。氯丙嗪能显著缓解精神分裂症的阳性症状，但对阴性症状的疗效不显著，药物起效较快，对急性期病人的疗效显著，但不能根治；对慢性精神分裂症的疗效较差。奋乃静的作用较缓和，有较好的镇静作用，对慢性精神分裂症的疗效优于氯丙嗪。三氟拉嗪和氟奋乃静的镇静作用较弱，除能缓解精神分裂症的阳性症状外，对行为退缩、情感淡漠等症状有较好疗效，适用于偏执型精神分裂症和慢性精神分裂症。

2. 硫杂蒽类　药物化学结构与吩噻嗪类相似，仅在吩噻嗪环上第10位的氮原子被碳原子取代，药理作用也与吩噻嗪类相似。临床常用的代表药物主要有氯普噻吨（chlorprothixene）、氟哌噻吨（flupentixol）、氯哌噻吨（clopenthixol）等。氯普噻吨对阳性症状的作用不及氯丙嗪，而对情感症状的调节作用强于氯丙嗪，具有中度镇静和一定的抗抑郁作用。临床适用于伴有强迫状态或焦虑、抑郁的精神分裂症。

3. 丁酰苯类　药物的化学结构与吩噻嗪类完全不同，在镇痛药物哌替啶的结构改造过程中发现的。临床常见药物有氟哌啶醇（haloperidol）、氟哌利多（droperidol）、五氟利多（penfluridol）和匹莫齐特（pimozide），临床常用的代表药物为氟哌啶醇。氟哌啶醇除能明显控制阳性症状外，还具有较强的镇静作用，对慢性精神分裂症也有较好的疗效，但易引起锥体外系反应。氟哌利多在体内代谢快，作用维持时间短，主要用于控制急性病人的兴奋、躁动及攻击行为。五氟利多是一种长效的抗精神病药，抗精神分裂症的疗效与氟哌啶醇相似，但镇静作用较弱，适用于各型精神分裂症，尤其是对妄想型和青春型以及慢性精神分裂症的维持与巩固治疗。匹莫齐特是氟哌利多的双氟苯衍生物，作用弱，但持续时间长，对躁狂、幻觉、妄想等阳性症状及淡漠和退缩等有较好的治疗效果，尤其适用于慢性退缩患者。

4. 苯甲酰胺类　此类药物的代表药物为舒必利（sulpiride），适用于各型精神分裂症，对难治性精神分裂症也有一定的疗效。

（二）非经典抗精神病药物

非经典抗精神病药物根据药理作用不同分为 5-HT$_{2A}$ 和 D$_2$ 受体阻断药、多受体阻断药、选择性 D$_2$/D$_3$ 受体阻断药以及 5-HT$_{1A}$ 受体激动药和 5-HT$_{2A}$ 受体阻断药。

1. 5-HT$_{2A}$ 和 D$_2$ 受体阻断药　5-HT$_{2A}$ 受体阻断直接减少中脑边缘系统和中脑纹状体系统 DA 的释放，同时阻断 D$_2$ 受体，能较好地控制阳性症状；5-HT$_{2A}$ 受体阻断减少黑质中谷氨酸的生成，对黑质纹状体 DA 通路的抑制作用减弱，减少 D$_2$ 受体阻断产生运动障碍的副作用；5-HT$_{2A}$ 受体阻断减少中脑腹侧被盖区谷氨酸的生成，使其对皮层 DA 通路的抑制作用减弱，改善认知和情感症状。代表药物为利培酮（risperidone）、帕利哌酮（paliperidone）和齐拉西酮（ziprasidone）等。对精神分裂症的阳性症状和阴性症状均有较好的疗效，适用于精神分裂症的急性期、慢性期及难治性精神分裂症，还可以预防复发，目前已成为治疗精神分裂症的一线药物。利培酮的长效缓释注射制剂（棕榈酸帕利哌酮），可间隔 6 个月注射给药 1 次，在我国于 2024 年 6 月获国家药品监督管理局批准上市，用于精神分裂症急性期和维持期的治疗。

2. 多受体阻断药　药物不仅可阻断 5-HT$_{2A}$ 和 D$_2$ 受体的作用，还可阻断其他多个受体的作用，以氯氮平（clozapine）、奥氮平（olanzapine）和奎硫平（quetiapine）为代表性药物。氯氮平对 D$_2$、D$_3$、D$_4$、5-HT$_{2A}$ 和 5-HT$_{2C}$ 受体均有较强的阻断作用，对 5-HT$_2$ 受体的阻断作用强于 D$_2$ 受体，对中脑边缘 DA 系统的选择性较高，而对黑质 – 纹状体的作用则较弱，适用于精神分裂症急性期和维持期的治疗，对难治性精神分裂症也有一定的疗效。奥氮平是噻吩苯二氮䓬类衍生物，由氯氮平的结构改造而来，除了作用于上述受体外，对 M 型胆碱受体、H$_1$ 受体和 α$_1$ 受体也有阻断作用，适用于精神分裂症和其他各种精神行为障碍如双相情感障碍、老年或儿童的精神行为障碍等，但对难治性精神分裂症的疗效仍有待深入研究。奎硫平对 5-HT$_2$ 受体和 D$_2$ 受体均有阻断作用，对前者的亲和力高于后者，也可阻断 5-HT$_1$ 受体，适用于精神分裂症的急性期、慢性复发或慢性期的长期治疗，对双相情感障碍、老年痴呆及其他神经系统疾病伴发的精神障碍均有较好的疗效。

3. 选择性 D$_2$/D$_3$ 受体阻断药　D$_3$ 受体分布于伏隔核多巴胺神经末梢突触前膜，对 DA 的合成及释放均起作用，阻断 D$_3$ 受体的作用还可促进大脑皮质前额叶释放乙酰胆碱增多，从而改善精神分裂症患者的认知功能和阴性症状，可减少药物成瘾。代表药物为氨磺必利（amisulpride）和瑞莫必利（remoxipride），适用于伴有阳性症状和 / 或阴性症状为主的急性或慢性精神分裂症，有一定的抗抑郁作用，但无催眠作用。

4. D$_2$、5-HT$_{1A}$ 受体部分激动和 5-HT$_{2A}$ 受体阻断药　这类药物不仅可阻断 5-HT$_{2A}$ 受体的作用，而且对 DA 有双重作用，既可部分激动突触前膜 D$_2$ 受体，也可阻断突触后膜 D$_2$ 受体，对 5-HT$_{1A}$ 受体也有部分激动作用从而增强 DA 阻断药的作用，减轻 5-HT$_{1A}$ 受体抑制对纹状体 D$_2$ 受体阻断引起的锥体外系反应。代表药物为阿立哌唑（aripiprazole），对精神分裂症的短期治疗效果较好，长期疗效待评估，可联合用于治疗双相躁狂发作。

临床常用抗精神分裂症药物的分类及其用法见表 4-2。

表 4-2　临床常用抗精神分裂症药物的分类及其用法

药物分类		常用药物	用量	用法
经典抗精神病药物	吩噻嗪类	氯丙嗪	200 ~ 800mg/d	口服，2 ~ 3 次 /d 肌内注射，12h/ 次
		奋乃静	8 ~ 60mg/d	口服，2 ~ 3 次 /d
		氟奋乃静	2 ~ 20mg/d	口服，2 ~ 3 次 /d
		三氟拉嗪	5 ~ 40mg/d	口服，2 ~ 3 次 /d

药物分类		常用药物	用量	用法
经典抗精神病药物	硫杂蒽类	氯普噻吨	50～600mg/d	口服，2～3次/d 肌内注射，8～12h/次
		氟哌噻吨	2～12mg/d	口服，2次/d
		氯哌噻吨	20～150mg/d	口服，2～3次/d
	丁酰苯类	氟哌啶醇	6～20mg/d	口服，2～3次/d
		氟哌利多	5～10mg/d	肌内注射，8～12h/次
		五氟利多	5～10mg/d	口服，1次/w
		匹莫齐特	2～10mg/d	口服，1次/d
	苯甲酰胺类	舒必利	200～1 500mg/d	口服，3～4次/d
非经典抗精神病药物	5-HT$_{2A}$和D$_2$受体阻断药	利培酮	2～6mg/d	口服，2次/d
		帕利哌酮	3～12mg/d	口服，1次/d
		齐拉西酮	40～160mg/d	口服，1次/d 肌内注射，2～4h/次
	多受体阻断药	氯氮平	100～600mg/d	口服，2～3次/d
		奥氮平	5～20mg/d	口服，1次/d
		奎硫平	150～800mg/d	口服，2次/d
	选择性D$_2$/D$_3$受体阻断药	氨磺必利	200～1 200mg/d	口服，2次/d
		瑞莫必利	150～600mg/d	口服，1～2次/d
	D$_2$、5-HT$_{1A}$受体部分激动和5-HT$_{2A}$受体阻断药	阿立哌唑	5～30mg/d	口服，1次/d

【用药护理】

（一）用药评估

1. **评估疾病史** 了解患者的年龄、起病时间、既往发作的病程和持续时间、主要症状和体征，有无家族精神病史等。

2. **评估用药史** 了解既往药物治疗方案，曾使用药物的种类、用法、用量及疗效，有无不良反应，有无药物过敏史。

3. **评估危险因素及并发症** 评估患者是否遭受应激性生活事件刺激、滥用酒精药物、悲观的人格特质，是否有冲动、暴力、寻求刺激、自残与自杀的危险行为。

4. **评估合并症** 了解患者是否合并妊娠、焦虑障碍、睡眠障碍等。

5. **实验室检查和其他检查** 评估血糖、血脂水平、肝功能、肾功能、血常规及心电图等检查结果。

6. **评估用药依从性** 了解患者的生活方式、饮食习惯、摄食量等，评估患者及其家属对疾病的认知程度、心理状况、教育背景、经济状况、社会支持度等。

（二）用药安全

1. **吩噻嗪类**

（1）不良反应：不良反应与其作用的多个受体有关，锥体外系不良反应，如动作迟缓、静坐

笔记栏

75

不能、肌张力增高、迟发性运动障碍等，与阻断中脑皮层、黑质－纹状体和漏斗结节的 D_2 受体有关；抗胆碱能反应，如口干、视物模糊、便秘、尿潴留等，与阻断毒蕈碱样 M 受体有关；镇静、嗜睡等与阻断组胺受体（ H_1 ）有关；阻断 α_1 和 α_2 肾上腺素受体可分别引起直立性低血压、室性心动过速、眩晕、鼻黏膜充血等反应。此外，也有发生肝损害、粒细胞减少、皮肤过敏、胃肠道反应，以及溢乳、闭经、性功能障碍等血清催乳素水平增高引起的不良反应。

（2）用药注意事项：注意监测血压、肝肾功能和心脏功能，对于有心血管疾病的患者、孕妇、老年人等慎用，用药后不宜驾驶车辆、操作机械或高空作业。

（3）禁忌证：昏迷、严重肝功能损害、癫痫或惊厥史、乳腺增生或乳腺癌、青光眼。

（4）药物相互作用：可抑制 DA 受体激动药及左旋多巴的作用；增加抗胆碱药的副作用及升高三环类抗抑郁药、β 受体阻断药及钙离子通道阻滞药的血药浓度，诱发癫痫和降低血压；能翻转肾上腺素的升压作用；减弱胍乙啶的降压作用；增强镇静催眠药、抗组胺药、镇痛药及乙醇的中枢抑制作用，增强利尿药的作用。抗酸药物影响此类药物的吸收。某些肝药酶诱导剂如苯妥英钠、卡马西平等，可加速药物的代谢，从而降低氯丙嗪、氟哌啶醇等药物的血药浓度，降低疗效；而部分 5- 羟色胺再摄取抑制药如氟西汀、帕罗西汀和氟伏沙明等可抑制肝药酶的活性，升高抗精神病药物的血药浓度。

2. 硫杂蒽类

（1）不良反应：锥体外系反应较常见且严重，常见的不良反应有失眠、头痛、口干、便秘、恶心等；长期使用可引起迟发性运动障碍；少数病人可能引起抑郁反应；偶见皮疹、粒细胞减少及恶性综合征。

（2）用药注意事项：注意监测血压、肝肾功能和心脏功能，有心血管疾病的患者、孕妇、老年人等慎用；用药期间不宜驾驶车辆、操作机械或高空作业。

（3）禁忌证：严重肝肾功能损害、心脏病、急性中毒、昏迷、谵妄、躁狂症、嗜铬细胞瘤以及妊娠前 3 个月。

（4）药物相互作用：与吩噻嗪类药物基本一致。氟哌利与芬太尼合用时，增强巴比妥类药物和麻醉药的呼吸抑制，引起致命的危险；能降低肾上腺素的升压作用；与左旋多巴合用，可引起肌肉僵直。氟哌噻吨与锂剂合用可引起运动障碍，增加锥体外系反应及脑损害。吸烟能降低此类药物的血药浓度。

3. 丁酰苯类

（1）不良反应：主要是锥体外系反应，长期大量使用诱发迟发性运动障碍，偶见过敏性皮疹、心电图异常、粒细胞减少等。

（2）用药注意事项：注意监测血压、血象、血催乳素水平及心脏功能，不宜驾驶车辆、操作机械或高空作业。

（3）禁忌证：有基底神经节病变、帕金森病或帕金森综合征及骨髓抑制的患者禁用。

（4）药物相互作用：五氟利多与各种短效抗精神病药之间有协同作用，并增加锥体外系反应的风险；与三环类抗抑郁药合用，能抑制其代谢并增加不良反应；能增强中枢抑制药物的中枢抑制作用；与抗高血压药合用，增加发生直立性低血压的危险。

4. 苯甲酰胺类

（1）不良反应：常见的有失眠、早醒、头痛、烦躁、乏力、食欲减退等，可出现口干，视物模糊，心动过速、排尿困难与便秘等抗胆碱能不良反应。大剂量可出现锥体外系反应及迟发型运动障碍。少数可发生中枢兴奋，睡眠障碍或血压升高。

（2）用药注意事项：定期检查肝肾功能和血象，与食物、水和牛奶同服以避免胃部刺激，用药期间不宜驾驶车辆、操作机械或高空作业；止吐作用可掩盖肿瘤、肠梗阻及药物中毒等，应注意；不可突然停药，应逐渐减量。

（3）禁忌证：严重心血管疾病、高血压、嗜铬细胞瘤、严重肝脏疾病、帕金森病或帕金森综合征、孕妇、哺乳期妇女和儿童禁用。

（4）药物相互作用：与绝大多数抗精神病药和中枢抑制药存在相互作用。抗酸药和止泻药可降低药物吸收率，硫糖铝能降低其生物利用度；锂剂能增加其不良反应，降低药效；与曲马多、佐替平合用，可诱发癫痫发作。

5. 5-HT$_{2A}$ 和 D$_2$ 受体阻断药

（1）不良反应：不良反应相对较少，常见的不良反应有恶心、呕吐、头痛、嗜睡、眩晕、恶心及消化不良等，偶见直立性低血压、心电图改变及性功能障碍等。

（2）用药注意事项：注意监测血压、血象、血催乳素水平及心脏功能，不宜驾驶车辆、操作机械或高空作业。

（3）禁忌证：Q-T 间期延长、近期发生心肌梗死和失代偿心力衰竭的患者禁用齐拉西酮。

（4）药物相互作用：利培酮增强中枢抑制药物的中枢抑制作用、降低左旋多巴和多巴胺的作用、增强降压药的降压作用；卡马西平和其他肝药酶诱导剂可降低利培酮的血药浓度；与氯氮平、吩噻嗪类、三环类抗抑郁药合用减少利培酮在体内的清除；齐拉西酮不宜与抗心律失常药物、氯丙嗪、氟哌利多、加替沙星等药物合用；卡马西平和酮康唑可降低齐拉西酮的药物浓度。

6. 多受体阻断药

（1）不良反应：氯氮平的不良反应与抗胆碱、抗组胺、抗 α 肾上腺素能作用有关，几乎无锥体外系反应，常见的不良反应有嗜睡、镇静、乏力、直立性低血压、恶心、呕吐、代谢异常（血糖与血脂代谢异常、体重增加）及粒细胞减少等，严重粒细胞缺乏可致死。奥氮平有轻度的锥体外系反应，对心脑血管疾病、肝损害、癫痫史、糖尿病及肥胖的病人应慎用。奎硫平的不良反应发生率较低，常见嗜睡、头晕、口干、一过性的谷丙转氨酶升高及体重增加，偶见腹痛、消化不良及粒细胞减少症。

（2）用药注意事项：定期检查肝肾功能和血象，注意观察血糖、血脂及体重的变化；用药期间不宜驾驶车辆、操作机械或高空作业。

（3）禁忌证：严重心、肝、肾功能损害、昏迷、骨髓抑制、癫痫、麻痹性肠梗阻、粒细胞缺乏或严重减少以及妊娠妇女禁用氯氮平，闭角型青光眼者禁用奥氮平。

（4）药物相互作用：与苯妥英钠、卡马西平、巴比妥类、利福平等 P450 3A3 酶诱导药合用，可降低氯氮平和奎硫平的血药浓度，需注意调整用药剂量。5- 羟色胺再摄取抑制药如氟西汀、帕罗西汀和氟伏沙明等，抑制细胞色素 P450 1A2 酶的活性，使氯氮平的血药浓度升高；氯氮平不能与具有骨髓抑制功能的药物（如卡马西平）、长效抗精神病药（如五氟利多）等联用，以免发生粒细胞缺乏症。吸烟会降低奥氮平的血药浓度。

7. 选择性 D$_2$/D$_3$ 受体阻断药

（1）不良反应：主要为锥体外系反应和睡眠障碍，其他还有头晕、乏力、过度兴奋、烦躁不安、恶心、吞咽困难、流涎、便秘、视力模糊、高血压，以及闭经、男性乳腺增生、泌乳等血清催乳素水平增高引起的功能障碍。

（2）用药注意事项：定期检查肾功能、血象和血催乳素水平，用药后不宜驾驶车辆、操作机械或高空作业。

（3）禁忌证：严重肾功能不全、嗜铬细胞瘤、垂体催乳素腺瘤、乳腺癌、15 岁以下儿童及哺乳期妇女禁用。

（4）药物相互作用：除治疗帕金森病之外，氨磺必利不宜与左旋多巴之外的其他多巴胺激动药合用；与西酞普兰、艾司西酞普兰、多潘立酮等合用易诱发心律失常；与三环类抗抑郁药合用，不良反应增加；增强抗胆碱能药物的抗胆碱能作用；氯丙嗪合用可增加锥体外系反应。瑞莫必利的不良反应较轻微，多为暂时性的，据报道有恶心、呕吐、头痛、头昏、体重改变等。

笔记栏

8. D_2、$5-HT_{1A}$ 受体部分激动和 $5-HT_{2A}$ 受体阻断药

（1）不良反应：不良反应较轻，锥体外系反应发生较少，主要有头痛、焦虑、失眠、嗜睡、小便失禁、静坐不能等。

（2）用药注意事项：定期检查肝肾功能和血象；用药期间不宜驾驶车辆、操作机械或高空作业；不可突然停药，应逐渐减量。

（3）禁忌证：对药物成分过敏者及哺乳期妇女。

（4）药物相互作用：增强中枢抑制药物的中枢抑制作用，与卡马西平、利福平等肝药酶诱导剂合用，可降低阿立哌唑的血药浓度；与肝药酶抑制药如克拉霉素、伊曲康唑、奎尼丁、氟西汀、帕罗西汀等合用时，则使其血药浓度升高。

（三）用药监测

1. 治疗效果监测 观察患者用药后症状的改善情况。抗精神病药物的疗效具有个体化差异，应注意药物的选择，一般采用逐渐增量的方法，药物的量和给药时间根据患者的状态而定，在药物显效后进行数周或数月的维持治疗，不宜频繁换药。尽量以单一用药为主，防止药物滥用。

2. 不良反应监测 密切观察患者的血压、呼吸、脉搏、心率、肝功能、肾功能和粒细胞计数等变化。对于可能出现低血压的患者，应嘱其在服药后卧床休息 1～2 小时，改变体位时动作需要慢；血压过低时，禁用肾上腺素，应用去甲肾上腺素及其他 α 肾上腺素受体激动药；出现发热、上呼吸道感染、扁桃体炎、口腔溃疡、皮肤黏膜的改变以及疲乏无力等症状时需及时就医，若白细胞计数＜（2～3）×10^9/L 或中性粒细胞计数＜（1～1.5）×10^9/L，应立即停药，进行对症和支持治疗。

（四）用药指导

在药物治疗期间，应加强用药指导与患者安全的管理：①告知患者及其家属药物的正确使用方法，指导规范服药；每次服药时，一定要认真检查，确保药物正确服下后再离开，避免出现漏服、错服或藏药的现象。急性期患者，若出现拒服药物，需耐心劝说并指导，劝说无效后，应及时告知医生，改用其他途径给药。②用药前需检查外周血白细胞的数量，用药后 6 个月内每周需要进行血常规检查，后期也至少每 2 周或 1 个月检查一次。③避免肌注药物渗出或溅到眼睛、皮肤，刺激眼睛或引起皮炎，肌内注射过程避免反复刺激局部皮肤，注意更换部位；静脉给药时注意稀释药物并控制滴注速度。④服药期间尽量减少日晒，注意保护皮肤和眼睛。⑤注意观察患者的用药反应，尤其是毒副反应等，出现严重的副作用时，应当及时告知医生。⑥对于病情好转、症状减轻的患者，告知患者及其家属坚持服药的重要性，切忌随意删减剂量或间断服用药物，停药与否一定要遵医嘱。⑦妥善安置好患者，做好危险物品及各类药品的管理，防止意外的发生。⑧定期复诊，注意控制体重和戒烟戒酒。

第三节 焦 虑 障 碍

 导入案例

患者，女，40 岁。因多思多虑、情绪紧张、烦躁，伴入睡困难 1 年余，加重 2 周余入院。患者 1 年前因夫妻感情不和，逐渐出现多思多虑，对未来生活信心不足，遇事易紧张、烦躁，伴心慌、气短等不适，自觉疲惫、乏力。夜间睡眠不佳，入睡困难，睡眠较浅。既往体健，否认高血压、糖尿病等疾病史，否认肝炎、结核等传染病病史，否认食物及药物过敏史，否认直系亲属有精神发育障碍、精神病史及其他家族遗传病史。无吸烟、饮酒等不良嗜好。入院后查体：T 36.4 ℃，P 70 次 /min，R 18 次 /min，BP 120/60mmHg；神经系统及其他检查均无明显异常；汉密尔顿焦虑量表（HAMA）评分总分为 28 分；意识清晰，思维形式无明显异常，情绪略显低落，意志力略减退，社交活动基本正常。诊断为广泛性焦虑障碍。给予丁螺环酮（30mg/ 次，1 次 /d）入睡前口服，治疗 2 周后，患者紧张、焦虑和入睡困难的症状明显改善，随后带药出院治疗。

请思考：

1. 丁螺环酮属于哪类药物？请列举 2～3 种同类药物。

2. 丁螺环酮的作用特点是什么？

3. 在用药护理过程中应预防哪些不良反应？

4. 患者出院时，护士应对患者可做哪些必要的用药指导？

焦虑障碍是常见的一种精神性疾病。据 1990—2019 年全球流行病学调查数据显示，焦虑障碍的发病率及伤残调整寿命年为仅次于抑郁症的第二大精神疾病，全球总患病率约为 3.0%，年龄标准化患病率约为 3.8%，女性明显高于男性。在中国，焦虑障碍的发病率及伤残调整寿命年位于精神性疾病的首位，女性多于男性，发病的高峰年龄为 50～65 岁，城市高于农村。目前，焦虑障碍的临床治疗倡导全程治疗，主要方法有药物治疗、心理疗法、认知疗法和物治疗法等。其中，药物治疗能较好消除或缓解患者的焦虑症状，是临床非常重要的治疗措施。

【疾病简介】

焦虑障碍是以不明原因持续存在的，以焦虑情绪为主要特征，其他表现还包括紧张、担心、忧郁、恐惧、坐立不安以及其他自主神经症状，如心动过速、瞳孔扩大、手抖、出汗、尿频等。根据临床表现和病程的不同，可分为急性焦虑障碍（惊恐障碍）和慢性焦虑障碍（广泛性焦虑障碍），后者最常见。焦虑障碍的发生可能与遗传、生物化学、性格、认知过程、不良生活事件及躯体疾病等因素有关，发病机制尚不明确。研究认为与机体对应激的反应能力及神经递质水平变化有关，前者认为焦虑障碍主要是由于机体对应激源（包括生理、心理及社会等）所作出的应激反应，后者则认为焦虑障碍由于中枢神经递质包括 NE、5-HT 和 γ- 氨基丁酸（γ-aminobutyric acid，GABA）失衡引起的神经功能紊乱，降低 NE 和 5-HT 的水平、升高 GABA 水平可有效改善焦虑障碍。

【药物治疗的目的及原则】

（一）药物治疗的目的

缓解、消除患者的焦虑症状及伴随症状，阻止或延缓病情的发展，改善预后，减少社会功能缺损，提高患者的生存质量。

（二）药物治疗的原则

在明确诊断的基础上进行药物治疗，根据患者的年龄、意愿、自杀风险、治疗成本等合理选用药物，遵循早期、足量、足疗程、药物尽量单一的用药原则，密切观察病情变化和不良反应。

【药物分类及常用药物】

临床用于治疗焦虑障碍的药物主要包括苯二氮䓬类、阿扎哌隆类、抗抑郁药、β 受体阻断药等。一般根据患者的病情、身体情况及家庭经济情况等因素综合考虑用药。

（一）苯二氮䓬类

药理作用的机制主要是通过与 GABA-A 受体结合，促进氯离子内流，从而抑制神经冲动的传导，可能对 5-HT 和 NE 也有一定的调节，具有抗焦虑、镇静、肌肉松弛、抗惊厥和改善记忆力等作用。起效快、抗焦虑效果好、镇静作用相对弱、价格较便宜，临床可用于治疗急性焦虑障碍发作和慢性焦虑障碍。但易产生药物依赖，不宜长期大量使用。根据药物半衰期和作用特点的不同，分为短效、中效和长效药物。常用的代表药物主要有短效药物如三唑仑（triazolam）、咪达唑仑（midazolam）等，中效药物如劳拉西泮（lorazepam）、硝西泮（nitrazepam）、艾司唑仑（estazolam）、阿普唑仑（alprazolam）等，长效药物包括地西泮（diazepam）、氟西泮（flurazepam）等。

（二）阿扎哌隆类

主要通过与脑内神经元突触前 $5-HT_{1A}$ 受体结合，选择性激动突触前 $5-HT_{1A}$ 受体，抑制神经冲动的传导和减少 5-HT 的生成，发挥抗焦虑作用，几乎无催眠、抗痉挛和肌肉松弛作用。代表药物是丁螺环酮（buspirone）和坦度螺酮（tandospirone），药物在肠道吸收迅速，有首关消除效应，一般治疗 1～2 周后见效，临床主要用于慢性焦虑障碍的治疗。此外，羟嗪类也用于轻度焦虑障碍及神经症的焦虑、紧张等症状，以及其他躯体疾病引起的焦虑状态，这类药物具有镇静、肌肉松弛和抗组胺作用。

（三）抗抑郁药

抗焦虑作用主要通过调节脑内 DA、NE 和 5-HT 等递质的水平。治疗焦虑障碍的抗抑郁药物主要有选择性 5-HT 再摄取抑制药以及选择性 5-HT 和 NE 再摄取抑制药，临床用于治疗急性焦虑障碍的常用治疗药物是帕罗西汀、艾司西酞普兰和氯米帕明等，用于慢性焦虑障碍的常用抗抑郁药是帕罗西汀、艾司西酞普兰及文拉法辛等。药物作用的特点是抗焦虑效果肯定，一般起始治疗剂量是抗抑郁治疗的一半，无成瘾性，适合长期服用，但价格偏贵，抗焦虑效果起效较慢，2～3 周后见效，一般需同时与短效的苯二氮䓬类药物合用。三环类抗抑郁药和单胺氧化酶抑制药的抗焦虑作用有临床证据支持，但因副作用和安全性，一般不作为一线用药。

（四）β 受体阻断药

主要作用于外周的 β- 肾上腺素受体，减慢心率、降低心肌收缩力和血压，减轻焦虑障碍时由肾上腺素和 NE 功能亢进引起的躯体症状，间接抑制中枢神经系统。代表药为普萘洛尔（propranolol）。临床上主要用于治疗伴有严重躯体症状的焦虑和广泛性焦虑障碍，并且对伴有焦虑的震颤治疗效果显著。

（五）其他

对于上述药物治疗效果不佳的焦虑或易激惹症状以及使用有禁忌证的患者，可考虑使用抗精神病药物如氟哌噻吨、奎硫平等。另外，临床证据表明部分抗癫痫药物如普瑞巴林（pregabalin）也有一定的抗焦虑作用。

临床常用抗焦虑药物的分类及其用法见表 4-3。

表 4-3　临床常用抗焦虑药物的分类及其用法

药物分类		常用药物	用量	用法
苯二氮䓬类	短效	三唑仑	0.25～0.5mg/d	口服，1 次/d
		咪达唑仑	7.5～15mg/d	口服，1 次/d
	中效	劳拉西泮	1～6mg/d	口服，2～3 次/d
		硝西泮	2.5～30mg/d	口服，3 次/d
		艾司唑仑	1～6mg/d	口服，3 次/d
		阿普唑仑	0.4～4mg/d	口服，3 次/d
	长效	地西泮	2.5～30mg/d	口服，3 次/d 肌内注射，4h/次
		氟西泮	15～30mg/d	口服，3 次/d

药物分类		常用药物	用量	用法
非苯二氮䓬类	阿扎哌隆类	丁螺环酮	5～45mg/d	口服，2～3次/d
		坦度螺酮	5～60mg/d	口服，3次/d
	β受体阻断药	普萘洛尔	10～30mg/d	口服，3次/d

【用药护理】

（一）用药评估

1. **评估疾病史**　了解患者的起病时间、持续时间，重点评估患者的焦虑、抑郁等情绪反应及自主神经功能的变化情况，患者的心理状态及家庭与社会环境，有无家族精神病史等。

2. **评估用药史**　了解既往药物治疗方案，曾使用药物的种类、用法、用量及疗效，有无用药不良反应，有无药物过敏史。

3. **评估危险因素及并发症**　评估患者是否遭受应激性生活事件刺激、滥用酒精药物、悲观的人格特质，是否有冲动、暴力等行为。

4. **评估合并症**　了解患者是否合并妊娠、睡眠障碍等。

5. **实验室检查和其他检查**　评估血糖、血脂水平、肝功能、肾功能、血常规及心电图等检查结果。

6. **评估用药依从性**　了解患者的生活方式、饮食习惯等，评估患者及其家属对疾病的认知程度、心理状况、教育背景、经济状况、社会支持度等。

（二）用药安全

1. **苯二氮䓬类**

（1）不良反应：主要的不良反应是困倦、镇静、肌力减退和共济失调，偶见短暂的认知和记忆功能损害，尤其是老年人或对药物敏感的患者。罕见的不良反应有愤怒、激惹和敌意，其他的不良反应还包括头痛、胃肠功能紊乱、月经不调及性欲改变等。长期使用会产生一定的依赖性，过量服用则会有生命危险。

（2）用药注意事项：适用于急性期患者的短期治疗，不可突然停药，应逐渐减量；不宜驾驶车辆、操作机械或高空作业；定期检查肝肾功能；对有呼吸功能不全、肝功能损害、肾功能损害、认知障碍、妊娠和哺乳期妇女应慎用。

（3）禁忌证：睡眠呼吸暂停、重症肌无力及药物过敏者等。

（4）药物相互作用：①抗酸药物影响苯二氮䓬类药物的吸收，合用时注意调整剂量。②部分肝脏氧化酶抑制药可延长苯二氮䓬类药物的半衰期，肝药酶诱导剂如苯妥英钠和巴比妥，能缩短其半衰期，影响药物的作用。③苯二氮䓬类药物能延长凝血酶原时间，提高地高辛的血药浓度，增加地高辛中毒的危险。

2. **阿扎哌隆类**

（1）不良反应：丁螺环酮常见的不良反应是眩晕、头痛、恶心、神经质等。

（2）用药注意事项：定期检查肝功能和白细胞计数；用药期间不宜驾驶车辆、操作机械或高空作业；药品应尽量存放在儿童不易接触的地方。

（3）禁忌证：青光眼、重症肌无力、白细胞减少症、癫痫等，以及孕妇、哺乳期妇女和婴儿禁用；老年人、肝功能不全和肾功能不全的患者应慎用。

（4）药物相互作用：丁螺环酮与单胺氧化酶抑制药合用，易引起高血压；与乙醇、巴比妥、阿片类中枢抑制药合用，增强其中枢抑制作用；与氟哌啶醇、地高辛、环孢素合用，升高其血药浓度，增加副作用。肝药酶诱导药（如利福平）可加速其代谢，降低抗焦虑作用；肝药酶抑制药

笔记栏

（如红霉素）、咪唑类抗真菌药可升高其血药浓度，增加不良反应。

3. 抗抑郁药　见本章第一节抑郁症治疗药物的相关内容。

4. β 受体阻断药

（1）不良反应：常见的如眩晕、视物模糊、反应迟钝、头晕、心动过缓等，支气管痉挛、呼吸困难及充血性心力衰竭较少见，偶见粒细胞缺乏症和出血倾向。

（2）用药注意事项：定期检查血压、血细胞计数、肝功能、肾功能和心脏功能；对合并糖尿病的患者，应加强血糖的监测；对甲状腺功能不全、肝功能损害、肾功能损害及周围血管病的患者慎用。

（3）禁忌证：对本药过敏者，支气管哮喘、心源性休克、重度心力衰竭、心脏传导阻滞及低血压的患者禁用。

（4）药物相互作用：与单胺氧化酶抑制药合用，易导致低血压；与利血平合用，可引起直立性低血压；与洋地黄合用，可发生房室传导阻滞；与钙离子通道阻滞药（维拉帕米）合用可抑制心脏传导；与氟哌啶醇合用，可导致低血压和心脏停搏；与氯丙嗪合用能升高两种药物的血药浓度，增加其副作用。

5. 其他药物　见本教材第三章和本章第二节精神分裂症治疗药物的相关内容。

（三）用药监测

1. 治疗效果监测　评估患者的精神状态、焦虑程度，掌握患者基本检查的结果，如血压、呼吸、脉搏、心率、肝肾功能等，密切观察患者的用药反应，出现异常反应，及时报告医生。

2. 不良反应监测　苯二氮䓬类药物长期使用易致成瘾，突然停药易发生戒断综合征，表现为焦虑障碍的复发、反弹或戒断症状。因此，停药时应逐渐减量，药物减量期应至少 4 周，每隔 3～4 天降低药物剂量的 10%，不可随意减量或停药。另外，苯二氮䓬类药物长期使用，还可引起乳酸脱氢酶、碱性磷酸酶、谷丙转氨酶和天冬氨酸氨基转移酶水平的升高，注意监测血细胞计数、肝脏功能和甲状腺功能。苯二氮䓬类药物在用药时，应严格掌握剂量，如出现药物过量引起中毒，首选氟马西尼进行抢救，再进行对症处理。氟马西尼是苯二氮䓬类药物的竞争性阻断药，虽能拮抗苯二氮䓬类药物的作用，但不能阻断乙醇、阿片受体激动药及全麻药物的镇静催眠作用。

（四）用药指导

在药物治疗期间，应加强用药指导：①告知患者及其家属药物的正确使用方法，指导患者规范服药，每次服药时一定要认真检查，确保药物正确服下后再离开，避免出现漏服、错服或藏药的现象。②注意观察患者的用药反应，尤其是毒副反应，出现严重的副作用时，应当及时告知医生。③对于病情好转，症状已缓解的患者，需告知患者及其家属坚持服药的重要性，切忌随意删减剂量或间断服用药物，停药与否一定要遵医嘱。④尽量避免长期使用苯二氮䓬类药物，防止药物成瘾，定期复诊。⑤在药物治疗期间，妥善安置好患者，关注情绪变化，减少不良刺激；做好危险物品及各类药品的管理，防止意外的发生。

第四节　失　眠　症

 导入案例

患者，男，38 岁。因失眠、乏力伴记忆力下降 1 年余，加重 2 周入院。患者 1 年前，因工作调整后，工作繁忙、压力大，开始出现入睡困难，睡眠浅，夜间易惊醒等，白天自觉疲乏无力、工作效率低，记忆力明显下降。2 周前因工作问题被领导批评，夜间睡眠更差，白天无精打采，食欲差，体重减轻。既往体健，否认高血压、糖尿病等疾病史，否认手术、外伤史，否认食物及药物过敏史，否认直系亲属遗传疾病或精神疾病史。入院后查体：体温 T 36.5℃，P 76 次/min，R 18 次/min，BP 122/75mmHg；神经系统及其他检查均无明显异常；意识清晰，接触合作，对答切题，幻觉、妄想未引出。匹兹堡睡眠质量指数（PSQI）总分 12 分，失眠严重程度指数（ISI）总分 22 分。入院诊断为睡眠障碍。患者入睡前给予口服艾司唑仑（2mg/次，1 次/d）治疗，治疗 2 周后，患者睡眠障碍明显改善，无入睡困难和早醒。

请思考：
1. 艾司唑仑属于哪类药物？
2. 艾司唑仑的作用特点是什么？
3. 艾司唑仑能否长期服用？
4. 患者用药期间，护士应进行哪些必要的用药指导？

睡眠是维持生命所必需的生理活动，可恢复疲劳神经细胞的正常生理功能，使精神和体力得到恢复。睡眠障碍是临床常见的睡眠问题，包括睡眠量的异常和/或睡眠中的发作性异常，其中以失眠症最常见。由于临床诊断标准的差异，失眠症的发病率在不同地区有所不同。在欧洲，失眠症的发病率为 6%~19%；我国约为 15%，其中 60 岁及以上老年人为 35.9%，女性的发病率是男性的 1.4 倍。失眠症的临床治疗主要有药物治疗和非药物治疗，非药物治疗主要是指心理治疗、物理治疗及其他补充替代治疗等。一般在病因治疗、认知行为治疗和健康教育的基础上，酌情给予促睡眠药物进行治疗，积极治疗并存的其他疾病。

【疾病简介】
失眠症是指在适宜的环境和充足睡眠的情况下，持续存在睡眠的量（起始、时长、维持）或质的困难，导致日间功能损害，典型的日间症状包括疲劳、心境低落、易激惹、认知损害和全身不适等。失眠症的病因未明，与多种因素有关，包括社会心理因素、环境因素、生理因素、药物因素、精神疾病、躯体疾病、生活行为及性格特征等。3P 假说认为，失眠症是易感因素、促发因素和维持因素作用引起的，易感因素主要包括年龄、性别、失眠易感性等，促发因素主要是生活或应激事件，维持因素主要是不良的行为习惯和信念等。另外，研究认为睡眠障碍与脑内中枢神经递质（5-HT 和 NE）的水平有关，调节 5-HT 和 NE 的药物对治疗睡眠障碍有效。

【药物治疗的目的及原则】
（一）药物治疗的目的
增加有效睡眠时间和/或提高睡眠质量，改善失眠症引起的日间功能损害，减少向慢性失眠症的转化及并发其他相关疾病的风险，提高患者的生活质量。

（二）药物治疗的原则
药物治疗应遵循按需、间断、足量、个体化的用药原则，定期评估疗效并及时处理不良反应。

【药物分类及常用药物】
失眠症治疗药物的选择与睡眠障碍的类型和临床症状有关，根据药物作用机制的不同，可分为苯二氮䓬类、非苯二氮䓬类、抗组胺药、具有镇静作用的抗抑郁药及巴比妥类药物等。

（一）苯二氮䓬类
苯二氮䓬类药物主要通过与 GABA-苯二氮䓬受体结合发挥作用，可缩短入睡潜伏时间，提高睡眠效率。主要包括短效类药物如三唑仑、咪达唑仑，中效药物如劳拉西泮、硝西泮、艾司唑仑、替马西泮（temazepam），长效药物主要是氟西泮、夸西泮（quazepam）等。短效药物主要用

笔记栏

83

于入睡困难的短期失眠症，也可用于醒后难以入睡者；中效药物多用于睡眠不深、易醒或伴有入睡困难者；长效药物适用于维持睡眠。此外，苯二氮䓬类药物还具有抗焦虑和抗惊厥的作用。

（二）非苯二氮䓬类

新型非苯二氮䓬类药物主要通过选择性与 GABA- 苯二氮䓬受体特异性结合而发挥作用，临床常见药物有唑吡坦（zolpidem）、佐匹克隆（zopiclone）和扎来普隆（zaleplon）。褪黑素作用于下丘脑视交叉上核，调节和维持昼夜节律，补充或激活褪黑素信号通路可缩短睡眠潜伏时间、延长总睡眠时间及改善睡眠质量，代表药物为普通褪黑素（melatonin）和褪黑素受体激动药如雷美替胺（ramelteon）和阿戈美拉汀，前者适用于 55 岁以上、睡眠维持时间短的失眠症，后者适用于入睡困难及昼夜节律异常的患者。近年研究发现，食欲素信号系统是调节觉醒与睡眠的重要因子，阻断食欲素受体可抑制觉醒，食欲素受体阻断药作为一种新型治疗失眠症的药物，包括苏雷沃生（suvorexant）、莱博雷生（lemborexant）和达利雷生（daridorexant），可缩短睡眠潜伏时间、减少入睡后的觉醒时间。适用于入睡困难和睡眠维持障碍的失眠症，但对于有酒精或药物滥用以及有成瘾病史的人群，可能会增加药物滥用和成瘾的风险。

（三）抗组胺药

下丘脑结节乳头部的组胺能神经元与下丘脑视前区的 GABA 能神经元是人体睡眠与觉醒调节的重要开关，抗组胺药物通过作用于 H_1 受体发挥镇静催眠作用，缩短睡眠潜伏时间，但不增加总的睡眠时间。代表药物为苯海拉明（diphenhydramine）和多塞平（doxepin），前者是广泛应用的一种非处方类促睡眠药物，后者主要适用于睡眠维持困难的患者。

（四）抗抑郁药

具有镇静作用的抗抑郁药也可用于治疗失眠症，临床常用的药物有三环和四环类抗抑郁药物如丙米嗪、阿米替林等；选择性的 5-HT 再摄取抑制药，包括去甲替林（nortriptyline）、曲唑酮、萘法唑酮（nefazodone）；以及 5-HT 和 NE 再摄取抑制药如米氮平、文拉法辛等，主要通过调节脑内 DA、NE 和 5-HT 等神经递质的水平而发挥抗抑郁作用。

（五）巴比妥类

巴比妥类可作用于 GABA 能受体，延长氯离子通道的开放时间，随剂量的增加依次具有镇静、催眠和麻醉作用，代表药物为司可巴比妥（secobarbital）。由于巴比妥类药物镇静催眠作用的安全性不及苯二氮䓬类药物，并且副作用较多，目前临床一般不用作镇静催眠。

一些具有镇静作用的抗精神病药物包括奎硫平和奥氮平，也可治疗失眠症，但一般主要用于伴有明显的精神症状的患者，不建议单独用于促睡眠。临床常用的各类促睡眠药物的分类及其用法见表 4-4。

表4-4　临床常用的促睡眠药物的分类及其用法

药物分类		常用药物	用量	用法
苯二氮䓬类	短效	三唑仑	0.125 ~ 0.5mg/d	睡前口服，1 次 /d
	中效	替马西泮	7.5 ~ 30mg/d	睡前口服，1 次 /d
		艾司唑仑	1 ~ 2mg/d	睡前口服，1 次 /d
	长效	夸西泮	7.5 ~ 15mg/d	睡前口服，1 次 /d
非苯二氮䓬类	苯二氮䓬类受体激动药	唑吡坦	5.0 ~ 10mg/d	睡前口服，1 次 /d
		佐匹克隆	3.75 ~ 7.5mg/d	睡前口服，1 次 /d
		扎来普隆	5.0 ~ 10mg/d	睡前口服，1 次 /d

续表

药物分类		常用药物	用量	用法
非苯二氮䓬类	褪黑素受体激动药	雷美替胺	8.0mg/d	睡前口服，1次/d
		阿戈美拉汀	25～50mg/d	睡前口服，1次/d
	食欲素受体阻断药	苏雷沃生	10～20mg/d	睡前口服，1次/d
抗组胺药	H₁受体阻断药（非处方药）	苯海拉明	25～50mg/d	睡前口服，1次/d
	H₁受体阻断药（处方药）	多塞平	10～50mg/d	睡前口服，1次/d
抗抑郁药	三环类抗抑郁药	阿米替林	10～25mg/d	睡前口服，1次/d
	选择性5-HT受体阻断药	曲唑酮	25～50mg/d	睡前口服，1次/d
		萘法唑酮	50～100mg/d	睡前口服，1次/d
	5-HT和NE的再摄取抑制药	米氮平	7.5～30mg/d	睡前口服，1次/d
		文拉法辛	50～75mg/d	口服，2～3次/d

【用药护理】

（一）用药评估

1. **评估疾病史** 了解患者的一般情况如饮食、营养状况，起病时间和持续时间等，重点评估患者睡眠障碍的类型、伴随的其他症状以及可能的诱因，还应注意评估患者的心理状态及所处的家庭与社会环境。

2. **评估用药史** 了解既往药物治疗方案，曾使用药物的种类、用法、用量及疗效，有无不良反应及药物过敏史。

3. **评估危险因素及并发症** 评估患者是否遭受应激性生活事件刺激、滥用酒精及药物等行为。

4. **评估合并症** 了解患者是否合并焦虑障碍、抑郁症等。

5. **实验室检查和其他检查** 评估血压、肝肾功能、血常规及心电图等检查结果。

6. **评估用药依从性** 了解患者的生活方式、饮食习惯等，评估患者及其家属对疾病的认知程度、心理状况、社会支持度等。

（二）用药安全

1. **苯二氮䓬类** 苯二氮䓬类药物治疗失眠症时会出现嗜睡、头晕、头痛、共济失调和逆行性遗忘等，长期或大剂量服用时，易出现戒断症状、反跳性失眠、药物依赖等不良反应，其他用药注意事项、禁忌证及药物相互作用，见本章第三节焦虑障碍治疗药物的相关内容。

2. **非苯二氮䓬类**

（1）不良反应：与苯二氮䓬类药物相比，非苯二氮䓬类药物较少发生不良反应，对呼吸抑制作用很小，少数有成瘾和药物依赖的报告。唑吡坦偶见胃肠道反应、头痛、头晕、疲倦等，其他罕见反应有记忆障碍、噩梦、烦躁不安、共济失调、步态不稳等；佐匹克隆的常见不良反应为撤药症状、宿醉口苦、头痛、头晕等；扎来普隆的不良反应与用药剂量有关，常见不良反应为头痛、头晕、食欲减退、嗜睡等，长期使用偶见轻度反应迟钝；雷尼替胺的常见不良反应如胃肠道反应、头晕、乏力等，偶见幻觉、失眠加重等；苏雷沃生的不良反应主要为次日存在残留的镇静作用。

（2）用药注意事项：定期检查肝功能、肾功能和血象；用药期间不宜驾驶车辆、操作机械或高空作业；避免饮酒和含酒精的饮料；尽量存放在儿童不易接触的地方；尽量避免夜间起床，可能会出现反应迟缓及有摔倒的危险；眩晕、心肺功能不全、肝肾功能不全、老年人、儿童、孕妇、哺乳期妇女等应慎用。

（3）禁忌证：严重呼吸功能不全、睡眠呼吸暂停、严重肝功能不全、重症肌无力及药物过敏者等。

（4）药物相互作用：与乙醇、中枢抑制药物合用，增强其中枢抑制作用；与苯二氮䓬类抗焦虑药或促睡眠药合用，增加发生戒断症状的风险；与甲氧氯普胺合用，可引起血药浓度的升高；与阿托品、利福平合用，则降低其血药浓度。

3. 抗组胺药

（1）不良反应：常见的不良反应包括胃肠道反应，头痛、头晕、嗜睡和乏力等中枢抑制作用，偶见失眠、烦躁及过敏反应等。

（2）用药注意事项：定期检查肝功能、肾功能和心功能；用药期间不宜驾驶车辆、操作机械或高空作业，避免饮酒和含酒精的饮料；胃十二指肠梗阻、幽门狭窄、甲亢、高血压及其他心血管系统疾病、哺乳期妇女等应慎用。

（3）禁忌证：对药物过敏、严重肝功能和肾功能不全、重症肌无力、闭角型青光眼、前列腺肥大、严重尿潴留、妊娠期妇女、新生儿、早产儿等禁用。

（4）药物相互作用：苯海拉明可影响巴比妥类药物的吸收，阻断肾上腺素能神经阻滞药的作用；大剂量能降低肝素的抗凝作用；与单胺氧化酶抑制药合用，能增强其抗胆碱作用，加重不良反应。多塞平可增强乙醇及其他中枢抑制药的中枢抑制作用；与肾上腺素和去甲肾上腺素合用，易诱发高血压和心律失常，还可降低可乐定的降压作用及抗惊厥药物的作用。

4. 抗抑郁药　用于治疗失眠症的剂量低于抗抑郁作用所需的剂量，其他不良反应、用药注意事项、禁忌证和药物相互作用等，见本章第一节抑郁症药物治疗的相关内容。

（三）用药监测

1. 治疗效果　评估患者睡眠障碍的改善情况，掌握患者基本检查的结果，如血压、呼吸、脉搏、心率、肝肾功能等，密切观察患者的用药反应，出现异常反应，及时报告医生。

2. 不良反应　苯二氮䓬类药物过量服用时，以支持治疗为主，洗胃和透析效果不佳；非苯二氮䓬类药物过量中毒时，应洗胃、进行心肺功能监测并进行对症治疗和支持治疗。口服巴比妥类药物中毒时，可用高锰酸钾溶液或生理盐水洗胃，同时静脉滴注甘露醇、利尿药、碳酸氢钠或乳酸钠碱化尿液，加速药物代谢与排泄，还可进行血液透析并进行对症治疗和支持治疗。

（四）用药指导

在药物治疗期间，加强用药指导：①告知患者及其家属药物的正确使用方法，指导患者进行规范用药。②对于长期用药的患者，停药时必须逐渐减量，避免骤然停药引起严重的不良反应。③肌内注射或静脉给药时，速度不宜过快，避免药液漏出血管外，损伤周围组织。④密切观察药物的不良反应，注意监测血压、呼吸、睡眠等，出现相关症状时，应及时就医。⑤定期复诊。⑥尽量为患者提供安静、舒适的睡眠环境，减少不良环境和刺激性饮食，加强安全防范，防止发生意外。

第五节　注意缺陷多动障碍

 导入案例

患儿，男，6岁。因顽皮好动、爱与同学打闹、注意力不集中2年余入院。患儿自幼精力旺盛、活跃好动，难以安静下来和专注做一件事，话多，爱管闲事，在学校不听老师管教，注意力不集中，作业不能及时完成。既往体健，否认高热惊厥、癫痫、脑炎等疾病史，否认有手术、外伤史，否认食物及药物过敏史，否认直系亲属有精神发育障碍、精神病史及其他家族遗传病史，预防接种按计划完成。足月顺产，母亲孕期体检正常，无其他疾病或异常。入院后查体：T 36.4℃，P 74 次 /min，R 18 次 /min，BP 115/78mmHg；神经系统及其他检查均无明显异常；韦氏儿童智力量表（WISC-Ⅳ）IQ 总分为 110 分，SNAP-Ⅳ评估量表（父母版）注意缺陷 24 分、多动冲动 26 分、对立违抗 12 分；患儿意识清晰，接触主动，对答基本切题，思维形式无明显异常，未引出幻觉、妄想，无明显的焦虑、抑郁情绪，智力检测正常。入院诊断为注意缺陷多动障碍。医嘱给予哌甲酯口服（18mg/ 次，1 次 /d），指导父母参与患儿行为训练指导。治疗 3 个月后，患儿好动、注意力不集中的症状明显改善。

请思考：

1. 哌甲酯属于哪一类药物？是如何发挥作用的？
2. 在用药护理过程中应加强监测什么？
3. 护士应如何对患儿和家属进行用药指导？

注意缺陷多动障碍是儿童常见的一种心理障碍，40%～65% 患者在儿童期的症状会持续至成年后。流行病学调查显示，注意缺陷多动障碍在儿童和成人中的患病率分别为 5.0% 和 2.5%。全球范围内儿童和青少年的患病率为 5.9%～7.1%，我国的总体患病率约为 6.3%，男性多于女性，我国约有 2 200 万注意缺陷多动障碍的患者，26 岁以下占 60%。注意缺陷多动障碍的临床治疗主要是多模式的综合治疗，其中，药物治疗仍是非常重要的治疗措施。

【疾病简介】

注意缺陷多动障碍也称为儿童多动症或多动障碍，多起病于儿童期，与同龄儿童相比，表现为与年龄或发育水平不相称的明显的、持续的注意力不集中，活动过度、冲动，情绪不稳定，学习困难及适应不良等。上述症状可持续多年，甚至终身存在，呈慢性进展的过程，严重影响了患儿的身心健康、学习、生活和社交能力。目前对于注意缺陷多动障碍的病因和发病机制的认识尚不清楚，研究认为与遗传、环境、神经递质紊乱、解剖生理及家庭和心理社会等多种因素的相互作用有关。研究发现，注意缺陷多动障碍患儿脑内神经递质失衡，患儿多巴胺、去甲肾上腺素和 5-HT 功能障碍。但是，这些理论并不能完全解释注意缺陷多动障碍的病因和发病机制。注意缺陷多动障碍的临床治疗主要是多模式的综合治疗，其中，药物治疗仍是非常重要的措施。

【药物治疗的目的及原则】

（一）药物治疗的目的

改善注意缺陷多动障碍的核心症状，尽早恢复社会功能，提高患儿的生活质量。

（二）药物治疗的原则

在明确诊断的基础上进行药物治疗，遵循适量、足疗程、药物尽量单一的用药原则，密切观察病情变化和不良反应，并及时进行处理。

【药物分类及常用药物】

根据药物作用特点及机制的不同，临床用于治疗注意缺陷多动障碍的药物主要分为中枢兴奋药和非中枢兴奋药，中枢兴奋药是目前临床治疗的一线药物，其他一些非中枢兴奋药，如特异性的 NE 再摄取抑制药（托莫西汀）和 α_2 肾上腺素受体激动药（如可乐定、胍法辛等）对部分患儿有较好的治疗效果。此外，抗抑郁药（丙米嗪）对部分患儿也有一定的疗效。临床常用的治疗注意缺陷多动障碍药物的分类及用法见表 4-5。

表 4-5　常用的治疗注意缺陷多动障碍药物的分类及用法

药物分类		常用药物	用量	用法
中枢兴奋药		哌甲酯	5～40mg/d	口服，2 次 /d 皮下、肌内注射，8～24h/ 次
非中枢兴奋药	特异性 NE 再摄取抑制药	托莫西汀	每 kg 体重为 1.2～1.8mg/d	口服，1～2 次 /d
	α₂ 肾上腺素受体激动药	可乐定	2.5mg/d	控释贴片，1～2 片 / 次
三环类抗抑郁药		丙米嗪	50～150mg/d	口服，2 次 /d

（一）中枢兴奋药

中枢神经兴奋药的药理作用主要是阻断神经突触前膜对 NE 和 DA 的再摄取，增加突触间隙中 NE 和 DA 的含量，提高中枢的活动、觉醒和警觉水平。代表药物为哌甲酯（methylphenidate），对大部分注意缺陷多动障碍患儿治疗有效，可减少攻击和冲动行为，提高注意力和认知功能，增强社会交往，是临床广泛应用的一线药物。

新型中枢兴奋药物 AZSTARYS 胶囊，在我国于 2023 年 12 月获国家药品监督管理局批准上市，AZSTARYS 胶囊包含 30% 的速释型右旋哌甲酯和 70% 的缓释型右旋哌甲酯前体，口服后通过胃肠道吸收，右旋哌甲酯快速控制症状并通过右旋哌甲酯前体逐渐转化为右旋哌甲酯，可延长治疗时间，适用于 6～12 岁注意缺陷多动障碍患儿的临床治疗。

（二）非中枢兴奋药

1. 特异性 NE 再摄取抑制药　通过抑制神经突触前膜 NE 转运体，增强大脑前额叶皮质中 NE 和 DA 的作用。代表药物为托莫西汀（atomoxetine），可改善注意力不集中、过度活动和冲动行为，对纹状体几乎无作用，极少出现成瘾。

2. α₂ 肾上腺素受体激动药　优先作用于突触前膜的 α₂ 肾上腺素受体，减少 NE 的内源性清除，促进蓝斑和前额叶皮质中 NE 的释放；低剂量时还可减少前额叶皮质中谷氨酸的释放。代表药物为可乐定（clonidine），主要适用于不能耐受中枢兴奋药治疗的注意缺陷多动障碍或合并抽动症状、冲动性障碍的患儿，对注意力不集中的疗效不佳。其中，可乐定缓释片在 2022 年 6 月获国家药品监督管理局批准上市，适用于 6～17 岁注意缺陷多动障碍患儿或青少年的临床治疗。

此外，缓释型的维洛沙嗪（viloxazine）作为一种新型的非中枢兴奋药，通过抑制神经元突触前膜对 NE 和 5-HT 的再摄取而发挥作用，适用于 6～17 岁注意缺陷多动障碍患儿的治疗。

【用药护理】

（一）用药评估

1. 评估疾病史　了解孕期和生产过程中患儿的健康情况、起病时间、症状持续时间等，重点评估患儿的精神状态及行为情况，还应注意评估患儿的心理状态及所处的家庭与社会环境。

2. 评估用药史　了解既往使用药物的种类、用法、用量及疗效，有无不良反应及药物过敏史。

3. 评估合并症　了解患者是否合并焦虑障碍、惊厥、抑郁等其他心理精神障碍。

4. 实验室检查和其他检查　评估血压、肝功能、肾功能、血常规及心电图等检查结果。

5. 评估用药依从性　评估患儿家属和监护人对疾病的认知程度、心理状况、社会支持度等。

（二）用药安全

1. 不良反应　哌甲酯常见的不良反应包括失眠、眩晕、头晕、头痛、恶心、厌食、心悸等，偶见抽动症状、行为呆板及舔口唇等，剂量过高易致短暂性精神障碍。目前没有证据显示中枢兴奋药物治疗注意缺陷多动障碍会产生药物依赖，在临床治疗剂量下，发生药物成瘾的概率极低。

相反，多项研究报告显示，使用中枢兴奋药治疗的青少年发生其他物质成瘾的危险明显低于不治疗者，越早使用药物治疗，患儿成年以后物质滥用的发生概率越低。托莫西汀最常见的不良反应为恶心、呕吐、疲乏、食欲下降、腹痛和嗜睡等。可乐定的不良反应包括口干、倦怠、眩晕、便秘和直立性低血压等。

2. 用药注意事项　定期检查肝功能、肾功能、血常规等；不宜在危险环境或从事危险作业，避免饮酒和含酒精的饮料；监测儿童的生长发育情况如身高、体重等。

3. 禁忌证　药物过敏者，青光眼、抽动综合征、6岁以下儿童等禁用哌甲酯；嗜铬细胞瘤、闭角型青光眼、严重心血管疾病、严重脑血管疾病及果糖不耐受者禁用托莫西汀。

4. 药物相互作用　①哌甲酯与抗癫痫药、抗凝药及保泰松合用，可升高其血药浓度，出现毒性反应；与中枢兴奋药、肾上腺素受体激动药合用时，药效增强，易诱发激动、失眠、惊厥、心律失常等；与抗高血压药合用后，药效减弱。②托莫西汀经 CYP2D6 途径代谢，与 CYP2D6 抑制药（如氟西汀、帕罗西汀、奎尼丁等）合用，可升高其血药浓度，增加不良反应；与单胺氧化酶抑制药合用，易引起高血压危象；与降压药或升压药合用时，可能会影响血压的变动，应加强监测血压。③可乐定与乙醇、巴比妥或镇静药等中枢抑制药合用，可增强中枢抑制作用；增强其他降压药的降压作用；与其他β受体阻断药合用，增加可乐定的撤药综合征；与三环类抗抑郁药、非甾体抗炎药合用，降低可乐定的血药浓度。

（三）用药监测

1. 治疗效果　密切观察患儿的用药反应，定期评估患儿的疗效。多数注意缺陷多动障碍患儿服药后，多动症状减轻、注意时间延长，能够专心听课、主动完成作业，自控能力增强，记忆力和学习能力提高，自尊心增强，能和同学友好相处，听从家长和老师的要求。除了观察患儿的行为改变，应注意监测其生长与发育情况。

2. 不良反应　用药期间尤其要注意定期监测血压，避免出现血压过低、直立性低血压或反跳性高血压、高血压危象等，出现异常反应时，应及时报告医生。防止跌倒，保证患儿的安全。

（四）用药指导

在药物治疗期间，应注意加强用药指导及安全防范：①向家长或监护人告知药物的作用、正确的服用方法及注意事项，加强药物的保管，避免患儿自己随意取用。②在用药过程中，尤其是某些药物使用时应密切观察患儿的各项生长发育指标；当几种药物联合使用时，更应加强监测，出现异常应及时告知医生处理。③在药物治疗期间，密切关注患儿的情绪和行为变化，对患儿家属做好安全教育工作，增强其安全防范意识，保证患儿的安全。

（董银凤）

小　结

抗抑郁药物是一类以治疗抑郁情绪为突出症状的心理和精神障碍的药物，消除或缓解抑郁症状。临床常用抗抑郁药物的作用机制主要通过直接和/或间接地调节脑内单胺类神经递质（5-羟色胺、多巴胺及去甲肾上腺素）的水平而发挥作用。目前治疗抑郁症的药物一般推荐选择性5-羟色胺再摄取抑制药、5-羟色胺与去甲肾上腺素再摄取抑制药及去甲肾上腺素能和特异性5-羟色胺能抗抑郁药作为一线用药，综合考虑经济因素，部分地区仍将三环类抗抑郁药作为首选药物。由于临床常用的抗抑郁药物起效较慢，服药周期较长，在用药过程中应加强用药监测和注意用药安全等问题，对于有自杀倾向的抑郁症患者，除注意用药护理之外，应加强对患者人身安全的防护。

笔记栏

经典的抗精神病药物对阳性症状有明显的疗效，对阴性症状、认知功能及社会功能的疗效甚微，易发生锥体外系反应和迟发运动障碍等不良反应；非经典的抗精神病药物对 5-HT$_2$ 受体的阻断作用比 D$_2$ 受体强，不仅对阳性症状疗效好，对阴性症状、认知障碍和情绪症状也有效，发生锥体外系反应较少。在临床用药护理过程中，加强锥体外系反应和粒细胞减少症等严重不良反应的观察，并采取必要的安全性防范措施。

临床用于治疗改善焦虑障碍症状的药物主要有苯二氮䓬类和非苯二氮䓬类（主要是阿扎哌隆类和部分抗抑郁药），对于伴有去甲肾上腺素功能亢进引起的躯体症状的患者，可选用 β 受体阻断药（普萘洛尔）。苯二氮䓬类药物长期使用易致成瘾，突然停药易发生戒断综合征，在用药过程中加强不良反应的观察和注意停药事项。此外，药物剂量过高易发生中毒，应严格掌握药物剂量，并做好药物中毒的抢救措施。

失眠症的临床治疗主要选用一些镇静催眠的药物，常用的为苯二氮䓬类、非苯二氮䓬类、抗组胺药、具有镇静作用的抗抑郁药和抗精神病药等，药物的选择应根据睡眠障碍的类型和临床症状。常见的不良反应是嗜睡、头晕、共济失调和逆行性遗忘等，苯二氮䓬类药物长期或大剂量时，易出现戒断症状、反跳性失眠及药物依赖等。在用药过程中，应加强不良反应的监测，并采取必要的安全防护措施。

临床用于治疗注意缺陷多动障碍的一线药物是中枢兴奋药物（哌甲酯），对减少攻击冲动行为、提高注意力和认知功能有较好的疗效，但有生长抑制作用，易诱发癫痫发作。非中枢兴奋药物如特异性的 NE 再摄取抑制剂（托莫西汀）、α$_2$ 肾上腺素受体激动药（可乐定）、三环类抗抑郁药（丙米嗪）等，对部分注意缺陷多动障碍患儿也有一定的疗效，但在用药过程中，应加强不良反应的观察，定期检查患儿的生长与发育情况。

ER4-4
第四章
目标测试

思考题

1. 临床治疗抑郁症的一线药物有哪几类？举例说明 1～2 个代表药物。
2. 三环类抗抑郁药物的不良反应是什么？
3. 什么是锥体外系反应？如何预防？
4. 精神分裂症患者的用药护理注意事项有哪些？
5. 苯二氮䓬类药物的不良反应是什么？发生中毒时如何解救？

笔记栏

心血管系统疾病药物治疗与护理

ER5-1
第五章
思维导图

ER5-2
第五章
心血管系统疾病药物治疗与护理

导入案例

患者，男，74岁。因突发胸痛、胸闷及气促3小时，咳嗽、咳痰及呼吸困难30分钟入院。患者3小时前因情绪激动后突发心前区压榨样疼痛、胸闷及呼吸急促，伴左侧下后磨牙附近疼痛，全身大汗淋漓，自行舌下含服"速效救心丸"10粒，效果差，并于30分钟前出现咳嗽、咳痰，多为白色泡沫痰，偶有粉红色，并有呼吸困难，呈进行性加重，急送医院急诊科就诊。心电图提示：①窦性心动过速；②左束支传导阻滞；③广泛胸前导联T波高尖；④偶发室性期前收缩。以"冠心病、急性心肌梗死、Killip Ⅳ级"急送介入导管室拟行进一步诊治。既往有"高血压"病史30余年，长期口服"厄贝沙坦氢氯噻嗪片，1片，每天1次""卡托普利片25mg，每天2次"及"美托洛尔缓释片47.5mg，每天1次"，平时血压控制尚平稳；"2型糖尿病"病史20年，长期口服"二甲双胍肠溶胶囊0.25g，每天2次""格列齐特片40mg，每天2次"，血糖控制可；"反复阵发性房颤"病史5年，间断口服"胺碘酮片150mg，隔天1次"，效果一般；否认其他特殊病史。家族中无类似疾病史。

请思考：

1. 患者既往降压治疗方案是否合理？口服药物之间有无药物相互作用？

2. 能够预防甚至逆转心血管重构，从而起到改善预后的药物有哪些？

3. 该患者在日常口服美托洛尔缓释片期间，尤其需警惕何种不良反应的发生？

4. 胺碘酮常见药物不良反应及其处理措施有哪些？

5. 心力衰竭患者在使用利尿药过程中，如何判断是否有利尿药抵抗的发生，其应对措施有哪些？

心血管系统疾病是严重威胁人类健康的常见疾病之一，具有高发病率、高致残率及高死亡率等特点，目前居人群死因的首位。心血管系统疾病的治疗主要为综合治疗，包括一般生活方式干预、药物治疗、介入及外科手术等，而药物治疗作为心血管系统疾病最常用且重要的治疗方式，是其综合治疗的基石。本章分别就高血压、冠心病、心律失常及心力衰竭的药物治疗相关内容进行阐述。针对以上几种常见心血管系统疾病的临床护理工作重点，着重阐述药物治疗的目的和原则、常用药物分类及作用特点、用药护理等内容。

第一节 高 血 压

高血压是冠心病、脑卒中及慢性肾病等多种临床常见慢性疾病的重要危险因素。随着中国社会老龄化的加速，高血压发病率逐年递增，但其知晓率、治疗率及控制率仍然很低，给国家和家庭带来了极大的经济负担。2018年我国≥18岁成人高血压加权患病率为27.5%，2012—2015年

笔记栏

全国调查，知晓率、治疗率和控制率分别为 51.6%、45.8% 和 16.8%。提高对高血压的认识，及时发现高血压并接受治疗，提高患者依从性，可显著降低高血压患者心脑血管事件的发生率，改善预后。

【疾病简介】

高血压（hypertension）是一种以体循环动脉收缩期和 / 或舒张期血压持续升高为主要特征的全身性疾病。根据《中国高血压防治指南 2024》的诊断标准，未使用降压药情况下，非同日 3 次测量诊室血压 ≥ 140/90mmHg；或连续 5 ~ 7 天测量家庭血压 ≥ 135/85mmHg；或 24 小时动态血压 ≥ 130/80mmHg，白天血压 ≥ 135/85mmHg，夜间血压 ≥ 120/70mmHg。患者既往有高血压史，目前使用降压药，血压虽然低于上述诊断界值，仍可诊断为高血压。根据血压水平进一步细分为 1 级、2 级、3 级高血压及单纯收缩期高血压、单纯舒张期高血压，见表 5-1。根据高血压是否由确定的疾病或病因引起，可将其分为原发性高血压和继发性高血压。原发性高血压病因未明，而继发性高血压可继发于肾脏疾病或内分泌系统疾病等。高血压缺乏特殊的临床表现，仅在测量血压或发生心脑肾等并发症时才被发现。接受以药物为主的综合治疗对原发性高血压患者极为重要，继发性高血压的治疗关键在于消除病因。

表 5-1　基于诊室血压的血压分类和高血压分级（《中国高血压防治指南 2024 年修订版》）

分类	收缩压 /mmHg		舒张压 /mmHg
正常血压	< 120	和	< 80
正常高值	120 ~ 139	和 / 或	80 ~ 89
高血压	≥ 140	和 / 或	≥ 90
1 级高血压（轻度）	140 ~ 159	和 / 或	90 ~ 99
2 级高血压（中度）	160 ~ 179	和 / 或	100 ~ 109
3 级高血压（重度）	≥ 180	和 / 或	≥ 110
单纯收缩期高血压	≥ 140	和	< 90
单纯舒张期高血压	< 140	和	> 90

注：以上标准适用于 ≥ 18 岁成人，当收缩压和舒张压分属于不同分级时，以较高的级别作为标准。

知识链接

难治性高血压的处理

难治性高血压是指在强化生活方式干预的情况下，同时服用 3 种不同类型降压药（其中需包含噻嗪类利尿药）≥ 4 周，且每种药物为最大剂量或患者最大耐受剂量，如诊室血压 ≥ 140/90mmHg 和动态血压 24h 平均值 ≥ 130/80mmHg 或家庭血压平均值 ≥ 135/85mmHg，或需服用 ≥ 4 种降压药血压才达标。其处理原则包括：

（1）指导改善不良生活方式，如少盐限酒，规律运动，减重，避免熬夜和改善睡眠质量等。

（2）评估和调整降压方案，常用药物包括长效 CCB、ACEI、ARB、ARNI、噻嗪类利尿药，对于 CKD 分期 4 期以上患者，可使用袢利尿药如呋塞米。

（3）如血压仍未控制，可考虑加用第4种降压药，首选醛固酮受体阻滞药，如螺内酯、依普利酮，其他药物如β受体阻断药、α受体阻断药、复方保钾利尿药及新型降压药（内皮素双受体拮抗药等）；同时也需积极寻找其他导致血压升高的继发性因素。

【药物治疗的目的及原则】

（一）药物治疗的目的

1. 控制血压至目标水平。

2. 最大限度减少高血压对心、脑和肾等靶器官的损害。

3. 对已发生靶器官损害者要尽量避免损害加重。

（二）药物治疗的原则

1. **小剂量**　初始治疗通常采用较小的有效治疗剂量，再根据需要，逐步增加剂量。

2. **优先选择长效制剂**　为了有效地防止靶器官损害，减少心脑血管事件的危险，要求每天24小时血压稳定于目标范围内，积极推荐使用一天给药一次且药效能持续24小时的长效药物。

3. **联合用药**　当低剂量单药治疗疗效不满意时，根据情况可选择采用两种或多种降压药物进行联合降压治疗，以增加降压效果而又尽量避免不良反应。针对血压≥160/100mmHg、高于目标血压20/10mmHg或高危及以上患者，起始即可采用两种药物小剂量联合治疗，或用固定配比复方制剂治疗。

4. **个体化**　根据患者个体情况、药物有效性和耐受性以及个人意愿或经济承受能力等综合因素，选择合适的降压药物。

【药物分类及常用药物】

目前常用降压药物可分为5大类：即血管紧张素转化酶抑制药（angiotensin converting enzyme inhibitors，ACEI）、血管紧张素受体阻断药（angiotensin receptor blocker，ARB）、β受体阻断药、钙通道阻滞药（calcium channel blocker，CCB）及利尿药（diuretics）。此外，α受体阻断药或其他种类降压药有时亦可应用于某些高血压人群。ACEI类药物有依那普利（enalapril）、培哚普利（perindopril）等；ARB类药物有氯沙坦（losartan）、缬沙坦（valsartan）等；β受体阻断药如美托洛尔缓释片（metoprolol sustained-release tablets）、比索洛尔（bisoprolol）等；钙通道阻滞药如硝苯地平控释片（nifedipine controlled-release tablets）、左旋氨氯地平（levamlodipine）等；利尿药如氢氯噻嗪（hydrochlorothiazide）、呋塞米（furosemide）等；α受体阻断药有特拉唑嗪（terazosin）、哌唑嗪（prazosin）等。各种常用降压药物名称、剂量及用法见表5-2。

表5-2　常用降压药名称、剂量及用法

药物分类	药物名称	每天剂量/mg（起始剂量~足量）	每天服药次数
ACEI	卡托普利	25~300	2~3
	依那普利	2.5~40	2
	贝那普利	5~40	1~2
	赖诺普利	2.5~40	1
	雷米普利	1.25~20	1
	福辛普利	10~40	1
	西拉普利	1.25~5	1
	培哚普利	2~8	1

药物分类	药物名称	每天剂量 /mg（起始剂量~足量）	每天服药次数
ARB	氯沙坦钾	25 ~ 100	1
	缬沙坦	80 ~ 160	1
	厄贝沙坦	150 ~ 300	1
	替米沙坦	20 ~ 80	1
	奥美沙坦酯	20 ~ 40	1
	坎地沙坦酯	4 ~ 32	1
β 受体阻断药	普萘洛尔	20 ~ 90	2 ~ 3
	比索洛尔	2.5 ~ 10	1
	美托洛尔缓释片	47.5 ~ 190	1
	美托洛尔平片	50 ~ 100	2
	阿替洛尔	12.5 ~ 50	1 ~ 2
	倍他洛尔	5 ~ 20	1
α、β 受体阻断药	拉贝洛尔	200 ~ 600	2
	卡维地洛	12.5 ~ 50	2
	阿罗洛尔	10 ~ 30	1 ~ 2
钙通道阻滞药	硝苯地平	10 ~ 30	2 ~ 3
	尼群地平	20 ~ 60	2 ~ 3
	尼卡地平	40 ~ 80	2
	硝苯地平控释片	30 ~ 60	1
	非洛地平缓释片	2.5 ~ 10	1
	氨氯地平	2.5 ~ 10	1
	左旋氨氯地平	2.5 ~ 5	1
	拉西地平	2 ~ 8	1
	乐卡地平	10 ~ 20	1
	维拉帕米缓释片	120 ~ 480	1 ~ 2
	地尔硫䓬缓释胶囊	90 ~ 360	1 ~ 2
利尿药	氢氯噻嗪	6.25 ~ 25	1
	氨苯蝶啶	25 ~ 100	2
	呋塞米	20 ~ 80	2 ~ 3
	阿米洛利	5 ~ 10	1 ~ 2
	吲达帕胺	1.25 ~ 2.5	1
α 受体阻断药	特拉唑嗪	1 ~ 20	1 ~ 2
	哌唑嗪	1 ~ 10	2 ~ 3
	多沙唑嗪	0.5 ~ 8	1
肾素抑制药	阿利吉仑	150 ~ 300	1

（一）ACEI/ARB

此类药物可通过抑制循环和组织肾素 - 血管紧张素 - 醛固酮系统（renin-angiotensin-aldosterone system，RAAS）发挥降压作用。降压起效缓慢，但持久而平稳。ACEI 类药物作用机制是通过抑制血管紧张素 II（angiotensin II，Ang II）生成，从而阻断 Ang II 收缩血管、刺激醛固酮释放、增加血容量、升高血压等作用；在抑制 Ang II 生成的同时也抑制缓激肽酶使缓激肽降解减少。此类药物亦可通过激活缓激肽 B_2 受体，使一氧化氮（NO）和前列环素生成增加，而 NO 与前列环素可舒张血管，降低血压。此外，ACEI 也有保护血管内皮细胞的作用，能逆转高血压引起的内皮细胞损伤。ARB 类药物通过阻断血管紧张素受体 1（AT_1），使得 Ang II 收缩血管与刺激肾上腺释放醛固酮作用受到抑制，减轻水钠潴留、组织重构，促进血管舒张，并通过激活血管紧张素受体 2（AT_2），拮抗 AT_1 的生物学效应，从而起到降压作用。特别适用于伴有心力衰竭、心肌梗死、房颤、蛋白尿、糖耐量减退或糖尿病肾病的高血压患者。应用 ACEI 常从小剂量起始，如能耐受则逐渐加量，直至达到目标剂量，一般每隔 1~2 周剂量倍增 1 次。

（二）β 受体阻断药

β 受体阻断药可抑制心肌收缩力和减慢心率发挥降压作用。降压起效快而迅速。其作用机制是直接阻断心肌 β_1 受体，抑制心肌收缩力、减慢心率，从而降低心排血量和血压；抑制肾素分泌以降低血压；抑制外周组织交感神经活性及其正反馈作用，减少交感神经末梢去甲肾上腺素的释放，从而降低血压水平。适用于不同程度高血压，尤其是心率较快的中、青年患者或合并心绞痛、慢性心力衰竭患者。静息心率可作为评估心脏 β 肾上腺素受体有效拮抗的指标之一，通常心率降至 55~60 次 /min 的剂量为应用的目标剂量或最大耐受剂量。

（三）钙通道阻滞药

根据药物分子结构，钙通道阻滞药可分为二氢吡啶类和非二氢吡啶类，前者以硝苯地平为代表，后者以维拉帕米和地尔硫䓬为代表。其作用机制是阻滞细胞外 Ca^{2+} 进入血管平滑肌内，减弱兴奋 - 收缩耦联，降低血管阻力；减轻 α_1 受体的缩血管效应；减少肾小管钠吸收，从而起到扩张血管和降低血压作用。适用于合并糖尿病、冠心病或外周血管疾病等高血压患者。

（四）利尿药

利尿药根据作用效果可分为袢利尿药（以呋塞米为代表），噻嗪类利尿药（以氢氯噻嗪为代表）以及保钾利尿药（以螺内酯为代表）。后两类降压起效较平稳、缓慢，持续时间较长，作用持久。利尿药作用机制是作用于肾小管或集合管上皮细胞上的离子通道发挥作用，但各类利尿药作用部位不同。呋塞米作用于髓袢升支粗段髓质部 Na^+-K^+-$2Cl^-$ 同向转运体，抑制肾小管对 Na^+、Cl^- 及水的重吸收，产生强大的利尿作用。氢氯噻嗪作用于肾远曲小管近端和髓袢升支远端 Na^+-Cl^- 同向转运体，抑制肾小管对 Na^+ 和水的重吸收。螺内酯通过竞争性拮抗远曲小管和集合管中醛固酮作用，产生保钾、排钠及排尿作用。其利尿作用与体内醛固酮的浓度有关，仅在体内有醛固酮存在时才发挥抑制肾小管对尿液的重吸收作用。主要适应证为轻、中度高血压患者，对单纯收缩期高血压，盐敏感性高血压，合并心力衰竭、肥胖或糖尿病等患者有较强的降压效应。高血压治疗时优先选择噻嗪类利尿药，袢利尿药可用于高血压危象，保钾利尿药一般与噻嗪类利尿药及袢利尿药联合使用，以对抗血钾降低。

（五）α 受体阻断药

α 受体阻断药可通过抑制交感神经活性，舒张阻力与容量血管，降低外周血管阻力，减少舒张期心脏负荷，增加器官血流量，改善组织灌注，从而有效降低血压。该类药物不作为高血压治疗的首选药，适用于高血压伴前列腺增生的患者，或用于难治性高血压患者的治疗。

（六）肾素抑制药

阿利吉仑是第二代肾素 - 血管紧张素受体抑制药，和血管紧张素转换酶抑制药、血管紧张素 II 受体阻断药和醛固酮受体阻断药的作用机制一样，但有所不同的是，阿利吉仑直接作用的部位是

笔记栏

肾素。该药物是一种非肽类可口服的直接肾素抑制药，通过直接抑制肾素，继而减少血管紧张素Ⅱ的产生，从而降低高血压患者的血压水平。也可通过降低血浆肾素活性，阻断肾素/肾素原受体，减少细胞内血管紧张素Ⅱ的产生。主要适用于原发性高血压患者，药物耐受性好，常见不良反应为皮疹、腹泻。

（七）血管平滑肌扩张药

血管平滑肌扩张药通过直接扩张血管而产生降压作用。由于该类药物不良反应较多，一般不单独用于治疗高血压，仅在其他降压药无效时才加用该类药物。不同的药物扩张的血管也不相同。例如硝普钠（sodium nitroprusside），属硝基扩张血管药，也称 NO 供体药，可直接松弛小动脉和静脉平滑肌，能在血管平滑肌内代谢产生具有强大的舒张血管平滑肌作用的 NO，该药物主要适用于高血压急症的治疗和手术麻醉时的控制性低血压；也可用于合并心力衰竭或嗜铬细胞瘤发作引起的血压升高。

【用药护理】

（一）用药评估

1. 评估病史　了解患者病程长短，是否规律监测血压，血压控制情况及既往诊治情况。

2. 评估用药史　评估患者既往的药物治疗方案，曾使用药物的种类、用法及疗效，既往有无用药不良反应史；评估有无过敏史。

3. 高血压心血管风险水平分层　正确的高血压心血管风险水平分层是制订治疗方案的基础，是患者综合管理的重要依据，见表 5-3。

表 5-3　高血压患者心血管风险水平分层（《中国高血压防治指南 2024 年修订版》）

心血管危险因素和疾病史	血压 /mmHg			
	收缩压 130～139mmHg 和 / 或舒张压 85～89mmHg	1 级高血压	2 级高血压	3 级高血压
无	低危	低危	中危	高危
1～2 个其他危险因素	低危	中危	中 - 高危	很高危
≥3 个其他危险因素，靶器官损害，慢性肾脏病 3 期，或无并发症的糖尿病	中 - 高危	高危	高危	很高危
临床并发症，慢性肾脏病 ≥4 期，或有并发症的糖尿病	高 - 很高危	很高危	很高危	很高危

　　危险因素有：高血压（1～3 级）；年龄（男性＞55 岁，女性＞65 岁）；吸烟或被动吸烟；糖耐量受损和 / 或空腹血糖异常；高脂血症；早发心血管疾病家族史（一级亲属发病年龄＜50 岁）；腹型肥胖或肥胖；高同型半胱氨酸血症；高尿酸血症；心率增快（静息心率＞80 次 /min）。

　　靶器官损害：左心室肥厚；颈动脉超声内膜中层厚度 ≥0.9mm 或动脉粥样斑块；踝 / 臂血压指数＜0.9；颈 - 股动脉脉搏波传导速度＞10m/s 或肱 - 踝动脉脉搏波传导速度 ≥18m/s；估算的肾小球滤过率降低 [eGFR 30～59ml/（min·1.73m²）] 或血清肌酐轻度升高；微量白蛋白尿（30～300mg/24h）或尿白蛋白 / 肌酐比 30～300mg/g。

　　临床并发症：脑血管疾病；心脏疾病；肾脏疾病；外周动脉疾病；视网膜疾病；糖尿病。

4. 实验室及其他辅助检查　评估患者肝肾功能、电解质情况，尤其是肌酐、血钾等变化；评估心电图、超声心动图、视网膜血管等情况。

5. 评估用药依从性　了解患者的作息、睡眠、饮食等生活习惯；评估患者及家属对疾病的认知程度、心理状况、教育背景、经济状况、社会支持度等。

（二）用药安全

1. ACEI

（1）不良反应：主要不良反应包括低血压、一过性肾功能恶化、高钾血症、刺激性干咳、血管神经性水肿及胎儿致畸，味觉障碍、皮疹与白细胞缺乏等。皮疹多为瘙痒性丘疹，可发生于用药几周内，继续服药常可自行消退。

（2）用药注意事项：①患者应定期监测血常规、血肌酐和血钾水平，定期监测尿蛋白水平。②食物可减少 ACEI 吸收，宜餐前服用。

（3）禁忌证：高钾血症、妊娠妇女、血管神经性水肿和双侧肾动脉狭窄患者、ACEI 过敏者禁用。低血压、血肌酐升高（> 3mg/dl 或 265μmol/L）及高血钾（> 5.5mmol/L）者慎用。

（4）药物相互作用：与氯丙嗪合用，降压作用增强，甚至导致严重低血压。非甾体抗炎药可减弱其降压作用。可增加地高辛血药浓度。

2. ARB　一般不引起刺激性干咳，治疗依从性高。药物不良反应、用药注意事项及禁忌证与 ACEI 相同。

3. β受体阻断药

（1）不良反应：①心率减慢、传导阻滞、血压降低、心力衰竭加重、外周血管痉挛导致的四肢冰冷或脉搏不能触及、雷诺现象。②疲乏和眩晕、抑郁、头痛、多梦、失眠等，偶见幻觉。③恶心、胃痛、便秘、关节痛、瘙痒、腹膜后腔纤维变性、耳聋、眼痛等。

（2）用药注意事项：①β受体阻断药会延缓使用胰岛素后血糖水平的恢复，故糖尿病患者应监测血糖。②监测心率、血压。③用药期间不可静脉给予维拉帕米。④慢性阻塞性肺疾病患者应慎用 β受体阻断药。⑤长期使用 β受体阻断药时如欲中断治疗，需要逐渐减少剂量，一般于 7 ~ 10 天内撤除，至少也要经过 3 天。

（3）禁忌证：急性心力衰竭、病态窦房结综合征、窦性心动过缓、房室传导阻滞、支气管哮喘的患者禁用。

（4）药物相互作用：西咪替丁可增加 β受体阻断药的吸收，减少经肝脏的代谢，延迟其消除并提高其血浓度，同样安替比林和利多卡因也可使普萘洛尔的清除减慢。喹诺酮类、氟西汀、普罗帕酮、奎尼丁也可增加 β受体阻断药血药浓度。β受体阻断药可增加环孢素、地高辛的血药浓度，合用时应注意监测血药浓度及不良反应；可增强胰岛素或口服降糖药降低血糖的作用，合用时应注意监测血糖。β受体阻断药与硝酸酯类药物如硝酸甘油、硝酸异山梨酯片等合用抗心绞痛，起到协同的作用，注意合用时的剂量不宜过大。

4. 钙通道阻滞药

（1）不良反应：心率加快、面部潮红、头痛、下肢水肿、牙龈增生等；个别患者可发生心绞痛，可能与低血压反应有关；还可见心悸、鼻塞、胸闷、气短、便秘、腹泻、胃肠痉挛、腹胀、骨骼肌发炎、关节僵硬、肌肉痉挛、睡眠紊乱等。非二氢吡啶类可抑制心肌收缩和房室结传导。

（2）用药注意事项：①因其起效快，降压幅度较大，使用药物期间注意加强血压、心功能监测，警惕低血压和心功能恶化。②极少数患者，特别是严重冠脉狭窄患者，在服用硝苯地平或加量期间，降压后出现反射性交感神经兴奋而心率加快，心绞痛或心肌梗死的发生率增加。③应用钙通道阻滞药时偶可有碱性磷酸酶、肌酸磷酸激酶、乳酸脱氢酶、谷草转氨酶和谷丙转氨酶升高；偶出现血小板聚集度降低，出血时间延长。④定期复查心电图，监测心律失常的发生、发展。⑤停药时应逐渐减量，不可突然中断。

（3）禁忌证：心力衰竭、窦房结功能障碍或房室结传导阻滞患者禁用。

（4）药物相互作用：硝苯地平可能增加地高辛血药浓度，应监测地高辛的血药浓度；与双香豆素类、苯妥英钠、奎尼丁、奎宁、华法林等合用时，这些药的游离浓度常发生改变；增加西咪替丁的血浆峰浓度，应注意调整剂量。维拉帕米可降低地高辛的肾清除率，合用时需减小地高辛剂量。地尔硫草可增强 β 受体阻断药的作用，与奎尼丁合用时还可能增强奎尼丁毒性。

5. 利尿药

（1）不良反应：氢氯噻嗪的水、电解质紊乱所致的副作用较为常见，可出现低钾血症、低氯性碱中毒或低氯、低钾性碱中毒及低钠血症。低钾血症较易发生，与噻嗪类利尿药排钾作用有关，严重失钾可引起严重快速性心律失常等异位心率。上述水、电解质紊乱的临床常见反应有口干、烦渴、肌肉痉挛、恶心、呕吐和极度乏力无力等。另外，还可出现高血糖、高血脂、过敏反应及尿量增多等。呋塞米的主要不良反应为低血钾、低血钠、低血镁、高尿酸血症以及耳毒性等。螺内酯等保钾利尿药可引起高血钾，肾功能不全患者慎用；此外，还可引起男性乳房女性化、性功能障碍以及妇女多毛症等。

（2）用药注意事项：①定期监测电解质、血尿酸水平，定期监测肝肾功能。②长期使用噻嗪类利尿药患者还应定期监测血脂及血糖水平，并联合使用保钾利尿药或 ACEI 类药物以减少钾离子的排出；应用祥利尿药如呋塞米还需定期监测听力改变。③长期使用螺内酯患者要警惕男性乳腺结节样增生。

（3）禁忌证：妊娠期妇女、顽固性低钾血症、高钙血症、胆汁性肝硬化患者禁用氢氯噻嗪。妊娠期妇女禁用呋塞米，哺乳期妇女、系统性红斑狼疮患者慎用呋塞米。肾衰竭及严重高血钾的患者禁用螺内酯。

（4）药物相互作用：肾上腺皮质激素、促肾上腺皮质激素、雌激素、两性霉素 B（静脉用药），能降低利尿药的利尿作用，增加发生电解质紊乱的机会。非甾体类消炎镇痛药尤其是吲哚美辛，能降低利尿药的利尿作用。

6. α 受体阻断药

（1）不良反应：直立性低血压、肢体乏力、头晕甚至晕厥，亦可出现嗜睡、腹泻、偶发的心动过速，症状多可耐受。临床上建议患者从小剂量开始，睡前服用。

（2）用药注意事项：①剂量必须按个体化原则。②起床时动作宜缓慢，避免立即起床活动，以防止出现直立性低血压所致头晕甚至晕厥等反应。③肝肾功能不全者应减小剂量。

（3）禁忌证：对 α 受体阻断药（如哌唑嗪、特拉唑嗪等）敏感者禁用。

（4）药物相互作用：①与镇静药、抗炎药、强心苷、降糖药、抗心律失常药及抗生素不会产生相互作用。②与噻嗪类利尿药或 β 受体阻断药合用，使降压作用加强而水钠潴留可能减轻，合用时应调节剂量以求达到每一种药物的最小有效剂量。③与磷酸二酯酶抑制药合用，可引起血压过度降低，应避免同时使用。

7. 血管平滑肌扩张药

（1）不良反应：低血压、恶心、呕吐、肌肉颤动、头痛、皮疹、出汗、发热及甲状腺功能减退等。大剂量、快速静脉滴注硝酸甘油还可引起反射性心动过速、面部潮红等。

（2）用药注意事项：①大剂量或连续使用硝普钠易发生硫氰酸中毒，尤以肾功能损害患者常见，应予以避免。②硝普钠见光易分解，使用过程中静脉输液器应予以避光处理。③硝普钠溶液的保存与应用不应超过 24 小时。④硝普钠使用过程中，偶可出现明显耐药性，此应视为中毒的先兆征象，此时减慢滴速。

（3）禁忌证：主动脉缩窄、闭角型青光眼、严重贫血、重症脑出血患者禁用。

（4）药物相互作用：硝普钠与拟交感胺类药物合用时，作用减弱。硝酸甘油与组织纤溶酶原激活剂合用时，会促进其体内清除；与肝素合用可导致肝素活性部分丢失。

（三）用药监测

1. 疗效监测 高血压症状如头痛、头晕、心悸、胸闷、恶心、呕吐和 / 或视物模糊等缓解甚至消失，测血压控制在目标水平，心脏听诊时主动脉瓣第二心音亢进及收缩期杂音等情况好转；动态血压检查示 24 小时血压维持在目标水平范围内、血压波动平稳，眼底镜检查显示视神经盘充血、水肿及渗出等病变好转、改善。

2. **不良反应监测** 密切观察患者的症状及体征，定期复查血电解质及肝肾功能，发现不良反应时及时与医生联系，以便进一步处理，必要时更改用药方案。

（四）用药指导

1. **药物治疗指导** ①向患者及家属宣教高血压的相关知识，使其认识到降压治疗具有长期性和复杂性，提高用药依从性。②指导患者正确服用降压药物，一般根据血压波动生物节律，在血压高峰前30分钟用药，目前多建议使用长效制剂，晨起后立即给药。告知患者遵医嘱按时按量服药对高血压治疗非常重要，药物的增减必须在医生的指导下进行，切忌擅自停药以免导致血压突然升高。指导患者给药期间自我监测血压及药物的不良反应，注意避免降压幅度太大而导致心脑血管急性缺血，诱发缺血性脑卒中、心绞痛甚至急性心肌梗死。③指导患者规范复诊即降压治疗初期，坚持每月复诊，待血压达标并平稳后，复诊间隔时间可延长至3~6个月，如合并心力衰竭、糖尿病等其他疾病或影响因素时，则根据具体情况决定复诊间隔时间。

2. **安全指导** 在口服强效降压药物时，注意改变体位时动作要缓慢，出现头晕、眼花、乏力等直立性低血压反应时，应立即平卧休息，必要时给予吸氧等对症处理。患者突发头痛、恶心、呕吐、烦躁甚至视物模糊等血压严重升高症状时，立即将硝苯地平控释片口服，如半小时后症状缓解不理想，血压仍无明显下降，应立即去医院就诊。

第二节 冠状动脉粥样硬化性心脏病

冠状动脉粥样硬化性心脏病（冠心病），是动脉粥样硬化导致器官病变的最常见类型，也是严重危害人类健康的常见疾病。在西方发达国家，冠心病年死亡数可占到总死亡数的85%，是最常见的死亡原因，超过所有肿瘤致死的总和。本病多发生于40岁以上，男性多于女性，脑力劳动者多于体力劳动者，女性常发生于绝经期后。在我国，冠心病的发病率呈逐年上升趋势，冠心病死亡率农村地区高于城市地区，男性高于女性，总体呈上升趋势，农村地区上升更明显。

【疾病简介】

冠心病（coronary heart disease，CHD）指冠状动脉发生粥样硬化病变，使冠脉管腔狭窄或闭塞，导致心肌缺血、缺氧或坏死而引起的心脏病。既往世界卫生组织将冠心病分为五型：①隐匿型或无症状型冠心病；②心绞痛；③心肌梗死；④缺血性心肌病；⑤猝死。近年来趋向于根据患者发病特点和治疗原则的不同而分为以下两类：①慢性冠脉疾病（chronic coronary artery disease，CAD），也称慢性心肌缺血综合征（chronic ischemic syndrome，CIS），临床上包括稳定型心绞痛、缺血性心肌病和隐匿型冠心病等；②急性冠脉综合征（acute coronary syndrome，ACS）：包括不稳定型心绞痛（unstable angina，UA）、非ST段抬高心肌梗死（non-ST-segment elevation myocardial infarction，NSTEMI）、ST段抬高型心肌梗死（ST-segment elevation myocardial infarction，STEMI），也有将冠心病猝死包括在内。针对冠心病的治疗，药物治疗是基础，因此，本节主要就冠心病常见药物治疗及相关护理知识进行详细阐述。

【药物治疗的目的及原则】

（一）药物治疗的目的

控制危险因素，改善冠脉血供、降低心肌耗氧，挽救存活心肌，预防并降低急性心肌梗死、心力衰竭、恶性心律失常及猝死等临床心血管事件发生率，延长生存期、提高生活质量。

（二）药物治疗的原则

1. **慢性冠脉病的治疗原则** 改善冠脉血供，降低心肌耗氧量，缓解临床症状，提高生活质量，同时治疗冠脉粥样硬化，降低心肌梗死和死亡的风险。

笔记栏

2. NSTEMI 的治疗原则　即刻缓解心肌缺血，预防严重心血管不良事件发生（如心源性休克、恶性心律失常、再梗死及猝死等）。

3. STEMI 的治疗原则　缓解临床症状，维持生命体征平稳，恢复心肌血液灌注以挽救濒死的心肌，防止梗死面积扩大或缩小心肌缺血范围。

【药物分类及常用药物】

目前治疗冠心病常用药物主要有抗血小板药物、抗凝药物、抗心肌缺血药物、溶栓药物、血管紧张素转换酶抑制药、调脂药物及其他药物等。

1. 抗血小板药物　抗血小板黏附和聚集的药物，可防止血栓形成，有助于减少血栓事件的风险，根据具体作用机制不同，又进一步细分为环氧化酶 –1 抑制药、二磷酸腺苷（ADP）受体阻断药及血小板膜糖蛋白 IIb/IIIa 受体阻断药，常用药物包括：①阿司匹林（aspirin），主要通过抑制环氧化酶 –1 从而抑制血栓素 A_2 的合成。②氯吡格雷（clopidogrel）、替格瑞洛（ticagrelor），通过阻断 ADP 受体抑制血小板内 Ca^{2+} 活性，抑制血小板之间纤维蛋白原桥的形成。③血小板膜糖蛋白 IIb/IIIa 受体阻断药，能通过抑制 GP IIb/IIIa 受体与纤维蛋白原的结合从而抑制血小板聚集，静脉制剂有替罗非班（tirofiban）和阿昔单抗（abciximab）等，主要用于 ACS 患者。

2. 抗凝药物　ACS 患者除非有禁忌证，否则均应在抗血小板基础上常规接受抗凝治疗，常用抗凝药物包括：①普通肝素（unfractionated heparin，UFH），为动物体内一种天然抗凝血物质，在体内外均有抗凝血作用，其抗凝作用主要依赖于抗凝血酶III（AT-III）。普通肝素分子与 AT-III 结合后，导致 AT-III 构型发生改变，暴露活性部位，迅速与 IIa、Xa、IXa、XIa 及 XIIa 等凝血因子结合，从而抑制这些凝血因子活性。临床上主要用于血栓栓塞性疾病、心肌梗死、心血管手术、心脏导管检查、体外循环、血液透析等。②低分子肝素（low molecular weight heparin，LMWH），主要通过 AT-III 与 Xa 因子结合，强烈拮抗 Xa 因子活性。相对普通肝素具有更合理的抗 Xa 因子及 IIa 因子活性比例，可以皮下注射应用。③凝血酶直接抑制药，可直接与血循环、血栓中凝血酶的催化位点和阴离子外位点发生特异性结合，从而直接抑制凝血酶的活性。在接受经皮冠状动脉介入治疗（percutaneous coronary intervention，PCI）的 NSTEMI 患者中，使用凝血酶直接抑制药比伐芦定比联合应用 UFH/LMWH 和 GP IIb/IIIa 受体阻断药的出血并发症少、安全性更高。④Xa 因子抑制药，Xa 因子抑制药如磺达肝癸钠其作用机制是通过 AT-III 介导间接抑制 Xa 因子活性，从而抑制凝血酶的形成及血栓的增大，在降低 NSTEMI 缺血事件方面的效果与 LMWH 相当，且出血并发症明显减少，但不能单独用于 PCI 患者治疗中。⑤华法林（warfarin），华法林在体内有对抗维生素 K 的作用，可以抑制维生素 K 参与的凝血因子 II、VII、IX、X 在肝脏的合成，使用期间需密切监测国际标准化比值（INR），以减少出血事件的发生率。⑥达比加群酯，是一种新型合成的直接凝血酶抑制药，可提供有效的、可预测的、稳定的抗凝效果，同时较少发生药物相互作用，无药物食物相互作用，无须常规进行凝血功能监测或剂量调整。

3. 抗心肌缺血药物　主要通过减慢心率、降低心室壁张力和外周血管阻力、扩张冠状动脉、改善冠脉循环等机制，以缓解心肌急性缺血、缺氧，控制心绞痛症状和体征。常用的抗心肌缺血药物包括硝酸酯类药物、β 受体阻断药及钙通道阻滞药。①硝酸酯类药物：目前临床上常用硝酸酯类抗心绞痛药物有硝酸甘油（nitroglycerin）、单硝酸异山梨酯（isosorbide mononitrate）及硝酸异山梨酯（isosorbide dinitrate）等。可选择口服、舌下含服、经皮肤或静脉给药，可改善缺血症状，但不改善预后。②β 受体阻断药：主要作用于心肌 $β_1$ 受体，抑制心肌收缩力和减慢心率，减少心肌耗氧。③钙通道阻滞药：主要通过抑制钙离子进入细胞内，减弱兴奋 – 收缩耦联，降低心肌收缩力，减慢心率，松弛血管平滑肌，降低血管阻力，减轻心脏负荷，从而减少心肌耗氧量。

4. 溶栓药物　对于可能错过最佳 PCI 时机的 STEMI 患者，静脉内溶栓仍是较佳选择，院前溶栓效果优于入院后溶栓，对发病 3 小时内的患者，溶栓治疗的即刻疗效与直接 PCI 基本相似，但禁用于 NSTEMI 患者。溶栓药物作用机制：纤维蛋白溶解药可使纤维蛋白溶酶原（纤溶酶原）

转变为纤维蛋白溶酶（纤溶酶），纤溶酶通过降解纤维蛋白和纤维蛋白原而溶解血栓。溶栓药物分为：①非特异性溶栓药物，如尿激酶（urokinase）、链激酶。②选择性作用于血栓部位纤维蛋白的药物，如重组组织型纤维蛋白溶酶原激活剂（rt-PA）。③ TNK- 组织型纤溶酶原激活剂，如瑞替普酶。④单链尿激酶型纤溶酶原激活剂。

5. 血管紧张素转换酶抑制药　针对稳定型心绞痛及 ACS 稳定期患者，尤其合并高血压、糖尿病、心力衰竭或左心室收缩功能不全的高危患者建议使用 ACEI。长期使用 ACEI 类药物有助于预防甚至逆转心室重构，可明显降低各种心血管事件的发生率。如果无药物使用禁忌，UA、NSTEMI 及 STEMI 患者均可于起病后 24 小时内开始长期口服 ACEI 类药物，若 ACEI 不能耐受，可改用 ARB。临床常用的 ACEI 类药物有卡托普利、贝拉普利、培哚普利等，具体内容详见本章第一节高血压。

6. 调脂药物　血脂异常是冠状动脉粥样硬化性心脏病发生、发展的重要危险因素之一，调脂治疗可降低心脑血管疾病发病率、死亡率。目前临床常用的调脂药物包括：他汀类调脂药，如阿托伐他汀（atorvastatin）、瑞舒伐他汀及辛伐他汀等；贝特类调脂药，如非诺贝特（fenofibrate）、吉非贝特等；烟酸类调脂药，如阿昔莫司等；其他类调脂药，如依折麦布、普罗布考等；新型调血脂药，如 PCSK9 抑制药等，见第十章第四节高脂血症。

7. 其他药物　目前应用于临床，具有改善心肌能量代谢，辅助抗心绞痛，或扩张冠脉、改善冠脉血流等作用的药物有曲美他嗪和尼可地尔等。

冠心病常用治疗药物名称、用法及用量见表 5-4。

表 5-4　冠心病常用治疗药物名称、用法及用量

药物分类	药物名称	用法、用量
抗血小板药物	阿司匹林	首剂负荷量 300mg，此后 75 ~ 100mg，口服，1 次 /d
	氯吡格雷	首剂负荷量 300 ~ 600mg，此后 75mg，口服，1 次 /d
	普拉格雷	首剂负荷量 60mg，此后 10mg，口服，1 次 /d
	替格瑞洛	首剂负荷量 180mg，此后 90mg，口服，2 次 /d
	替罗非班	①对拟行 PCI 患者，首先 10μg/kg 静脉注射 5min，此后 0.1 ~ 0.15μg/（kg·min）静脉滴注，维持 6 ~ 24h。②对 UA/NSTEMI 患者，首先 0.4μg/（kg·min）静脉滴注 30min，此后 0.1μg/（kg·min）静脉滴注，维持 36 ~ 108h
	阿昔单抗	①对拟行 PTCA 患者，术前 10 ~ 60min 静脉注射 0.25mg/kg，此后静脉滴注 0.125μg/（kg·min），连续 12h。②对 AMI 溶栓患者，首先 0.25mg/（kg·min）静脉注射，此后 0.125mg/（kg·min）静脉滴注，连续 12h
抗凝药物	普通肝素	首先 80IU/kg 快速静脉注射，此后 15 ~ 18IU/（kg·h）维持静脉滴注，维持 2 ~ 5d
	低分子肝素	5 000 ~ 7 500IU，皮下注射，2 次 /d
	磺达肝癸钠	2.5mg，口服，1 次 /d
	比伐芦定	首先 0.75mg/kg 静脉注射，此后 1.75mg/（kg·h）静脉滴注，一般不超过 4h
	华法林	治疗开始时 5mg/d，口服，持续 5d，此后以 1 ~ 15mg/d 剂量维持，或以监测的凝血酶原时间为参考，一般以凝血酶原时间延长为原来的 1.3 ~ 1.5 倍（重症者延长至 1.5 ~ 2 倍），作为维持剂量

笔记栏

药物分类	药物名称	用法、用量
抗凝药物	达比加群酯	110～150mg，口服，2次/d
	利伐沙班	15～20mg，口服，1次/d
	阿哌沙班	2.5～5mg，口服，2次/d
抗心肌缺血药物	硝酸甘油	①普通片：0.5～0.6mg，舌下含服，必要时每间隔3～5min，连续使用3次。②注射剂：从5～10μg/min开始，每5～10min增加10μg/min，一般最大剂量不超过200μg/min，持续静脉滴注，直至症状缓解或出现头痛、低血压等明显副作用时停止。③喷雾剂：0.4mg，舌下喷射，15min内剂量不超过12mg。④皮肤贴剂：5mg，贴胸前或背部皮肤，1次/d。每天注意定时揭去，贴皮时间一般不超过8h
	单硝酸异山梨酯	①普通片剂：10～20mg，2次/d。②缓释片或胶囊：30～60mg，1次/d
	硝酸异山梨酯	①普通片剂：5～80mg，2～3次/d。②缓释片或胶囊：40mg，1～2次/d
溶栓药物	尿激酶	150万～200万U静脉滴注30min
	链激酶	150万U静脉滴注60min
	阿替普酶	首先15mg快速静脉注射，继而50mg静脉滴注30min，最后35mg静脉滴注60min
	瑞替普酶	10IU静脉注射2min，30min后再次重复上次剂量
调脂药物	阿托伐他汀	常用剂量10～20mg/d，夜间服用
	瑞舒伐他汀	10mg/d，夜间服用
	辛伐他汀	20～40mg/d，夜间服用
	依折麦布	10mg/d，可空腹或饭后服用
	非诺贝特	100mg，饭后服用，3次/d
其他药物	曲美他嗪	20～60mg，3次/d
	尼可地尔	2mg，3次/d

📝 知识链接

2023 CCD 指南有关药物建议

2023年美国心脏协会、美国心脏病学会、美国胸科医师学会、美国心脏病预防学会、美国国家血脂协会以及美国心血管预防护理学会联合发布了《2023AHA/ACC/ACCP/ASPC/NLA/PCNA慢性冠状动脉疾病患者管理指南》。该指南建议，过去1年未发生心肌梗死、左心室射血分数≤50%或其他β受体阻断药治疗适应证（心绞痛、未控制的高血压或心律失常）的慢性冠状动脉疾病（CCD）患者，不建议长期使用β受体阻断药来改善预后；推荐钙通道阻滞药或β受体阻断药作为抗心绞痛的一线药物治疗。他汀类药物依然是CCD患者降脂的一线疗法。指南建议考虑使用新药治疗胆固醇水平居高不降或不耐受他汀类药物的CCD患者，并提出几种辅助疗法如依折麦布、前蛋白转化酶枯草溶菌素9（PCSK9）抑制药、英克司兰钠注射液、贝派地酸。

【用药护理】

（一）用药评估

1. **评估病史**　了解患者的年龄、起病时间、主要症状和体征，发作性疼痛的部位、性质、诱因、持续时间及缓解方式，发作时患者心率、血压以及其他伴随症状，以及既往病程、治疗情况。

2. **评估用药史**　了解既往药物治疗方案，曾使用药物的种类、用法、用量及疗效，有无用药不良反应，有无药物过敏史。

3. **评估冠心病患病危险因素**　既往有无高血压、糖尿病、高脂血症及肥胖等常见慢性病史，是否有长期吸烟、酗酒、高盐高脂饮食及缺乏体育锻炼等不良生活方式。

4. **实验室检查和其他检查**　评估检查结果如心肌损伤标志物心肌肌钙蛋白 T/I 水平，心电图的变化等。

5. **评估用药依从性**　评估患者及家属对疾病的认知程度，教育背景，经济状况，社会和家庭支持度及心理状况等。

（二）用药安全

1. **抗血小板药物**

（1）不良反应：阿司匹林较常见的不良反应有恶心、呕吐、上腹部不适、消化道出血、可逆性耳鸣、听力下降，少部分患者可出现过敏反应如哮喘、荨麻疹等，剂量过大易致肝肾功能损害。氯吡格雷、替格瑞洛和替罗非班常见的不良反应有出血，尤以消化道出血、鼻出血等常见。氯吡格雷还可引起皮疹、腹泻、腹痛及消化不良等。

（2）用药注意事项：①有消化道溃疡病史的患者若需使用抗血小板药物，最好联用胃黏膜保护药和 / 或质子泵抑制药。②必要时监测血常规。

（3）禁忌证：阿司匹林禁用于对非甾体抗炎药过敏、活动性消化道溃疡、活动性出血、血友病、血小板减少症等患者。氯吡格雷、替格瑞洛和替罗非班均禁用于活动性消化性溃疡、活动性出血患者，肝肾功能不全患者慎用或禁用。

（4）药物相互作用：①与其他抗血小板药物、抗凝药物，以及任何可引起血小板减少及低凝血酶原血症的药物合用，抗栓作用增强，甚至增加出血风险；其中阿司匹林与糖皮质激素和其他非甾体抗炎药合用，可增加消化道溃疡、出血发生概率。②阿司匹林与尿碱化药、抗酸药物合用，增加阿司匹林随尿排泄速率，降低阿司匹林血药浓度。③与奥美拉唑联合用，减弱氯吡格雷抗血小板聚集作用。④阿司匹林与甲氨蝶呤合用，可增加甲氨蝶呤毒性。

2. **抗凝药物**

（1）不良反应：普通肝素及低分子肝素主要不良反应是各种出血及血小板减少，常表现为黏膜出血、关节腔出血、伤口出血等，但低分子肝素出血风险较普通肝素小，偶见过敏反应如荨麻疹、哮喘等，低分子肝素还可见低醛固酮血症伴高钾血症、皮肤坏死、暂时性转氨酶升高等不良反应。磺达肝癸钠常见不良反应为手术后出血、贫血，还可见血小板减少症、紫癜、血小板增生症、血小板异常、凝血异常等。比伐芦定常见的不良反应是出血，大出血较少见，多见于注射部位出血，其他还有背痛、头痛、低血压等。

（2）用药注意事项：①用药期间注意监测血常规。②使用普通肝素的患者注意监测 APTT，使用华法林的患者注意监测 INR。

（3）禁忌证：普通肝素及低分子肝素禁用于对肝素过敏、孕妇、有出血倾向、血友病、血小板功能不全和血小板减少症、严重高血压、细菌性心内膜炎、肝肾功能不全、溃疡病、颅内出血、活动性肺结核等患者。磺达肝癸钠禁用于活动性出血、急性感染性心内膜炎、肌酐清除率小于 20ml/min 的严重肾脏损害，以及对磺达肝癸钠过敏患者。比伐芦定禁用于出血活动期以及对其药物过敏者。

笔记栏

103

（4）药物相互作用：①与糖皮质激素、依他尼酸合用，增加消化道出血风险。②普通肝素、低分子肝素与非甾体抗炎药以及双嘧达莫合用，抗栓作用增强，但可增加出血风险。③磺达肝癸钠与抗血小板聚集、抗凝及溶栓药物联用时，出血风险增加；与口服抗凝药（华法林）、非甾体抗炎药（吡罗昔康）以及地高辛合用，不影响磺达肝癸钠的药代动力学。④比伐芦定在与肝素、华法林或溶栓药物合用时，抗栓作用增强，但也会增加各种出血风险。⑤同时静脉给予普通肝素和硝酸甘油，可降低普通肝素活性。⑥普通肝素与胰岛素或磺酰脲类药物合用，可导致低血糖。

3. 抗心肌缺血药物

（1）不良反应：硝酸甘油不良反应主要由其血管舒张作用引起，如头、面、颈、皮肤血管扩张引起暂时性面颊部皮肤潮红，脑膜血管舒张引起搏动性头痛，眼内血管扩张可升高眼压等，大剂量使用时可引起直立性低血压、晕厥，超大剂量使用时可引起高铁血红蛋白血症，表现为呕吐、发绀等。硝酸异山梨酯及单硝酸异山梨酯常见的不良反应有头痛，治疗初期或增加剂量时可出现低血压和/或直立性头晕，伴有瞌睡、反射性心动过速，偶见恶心、呕吐，面部潮红，皮肤过敏等。

（2）用药注意事项：硝酸酯类药物使用前后均需监测患者血压，防止出现血压过低。

（3）禁忌证：禁用于青光眼、心源性休克、循环衰竭、严重低血压、严重贫血、颅内压过高、头部创伤、脑出血、低血容量患者，慎用于肥厚梗阻型心肌病、缩窄性心包炎、心脏压塞、伴有颅内压增高的疾病、直立性低血压、闭角型青光眼、甲状腺功能减退、主动脉和/或二尖瓣狭窄、低充盈压及收缩压＜90mmHg等患者。

（4）药物相互作用：硝酸酯类药物与其他血管扩张药、钙通道阻滞药、β受体阻断药、三环类抗抑郁药物及乙醇合用，可增强硝酸酯类药物降血压效应。

4. 溶栓药物

（1）不良反应：溶栓药物一般常见的不良反应主要是出血，如血管损伤处出血、穿刺部位出血、颅内出血、呼吸道出血、胃肠道出血、泌尿生殖道出血。其次可见再灌注心律失常、低血压及心力衰竭等。阿替普酶可有过敏反应如皮疹、支气管痉挛、血管源性水肿、低血压、休克等，还可致恶心、呕吐等胃肠道反应。瑞替普酶可致恶心、呕吐、发热等不良反应。尿激酶抗原性小，过敏反应发生率极低，可引发支气管痉挛、皮疹和发热等。

（2）用药注意事项：①使用溶栓药物前需排除相关禁忌证。②使用溶栓药物后需注意观察药物疗效及不良反应，如患者症状是否有明显好转、心电图是否有 ST 段回落、有无再灌注心律失常及有无出血征象。③定期监测血常规、凝血功能、血小板聚集率及肝肾功能等。

（3）禁忌证：①有出血性脑血管意外史或者半年内有缺血性脑血管意外（包括 TIA）史者。②已知有颅内肿瘤患者。③活动性内脏出血（月经出血除外）患者。④怀疑主动脉夹层患者。

（4）药物相互作用：①与抗凝药、血小板抑制药联用，均可增加出血风险。②阿替普酶与血管紧张素转换酶抑制药联用，增加阿替普酶过敏反应风险。③尿激酶与肝素同时给药，可抑制尿激酶活性。

5. 血管紧张素转换酶抑制药 详见本章第一节高血压。

6. 调脂药物

（1）不良反应：常见的他汀类药物的不良反应包括转氨酶升高、横纹肌溶解引起的肌酸激酶升高和肌肉痛等，此外，还可见恶心、腹泻、便秘、乏力及皮疹等。

（2）用药注意事项：①使用调脂药物过程中需控制好患者的生活方式。②注意药物服用时间，如他汀类药物睡前服用效果更好，否则会明显降低药物效果。③用药期间监测肝、肾功能及血脂。④用药期间注意观察是否有肌痛、皮疹、腹痛、腹泻等副作用。

（3）禁忌证：禁用于活动性肝脏疾病、妊娠、哺乳期妇女及对他汀类药物过敏者等。

（4）药物相互作用：①阿托伐他汀与克拉霉素、伊曲康唑合用，可增加阿托伐他汀血药浓度；与地高辛合用，可增加地高辛血药浓度；与利福平合用，则降低阿托伐他汀血药浓度。②瑞舒伐他汀与华法林合用，会影响血 INR 值稳定，与口服避孕药合用可增加避孕药血药浓度；与红霉素、抗酸药物如含有氢氧化铝镁的混悬液合用，则降低瑞舒伐他汀血药浓度；与蛋白酶抑制药合用，可明显增加瑞舒伐他汀的暴露量。③辛伐他汀与吉非贝奇、烟酸类降脂药物或胺碘酮、维拉帕米、伊曲康唑、红霉素等合用，可增加横纹肌溶解症发生风险；与香豆素类衍生物合用，则可提高香豆素类抗凝药的抗凝效果。

7. 其他药物　曲美他嗪不良反应主要为消化道不适、腹胀、便秘等，一般无须停药，孕妇、哺乳妇女禁用。尼可地尔常见不良反应有头痛、头晕、耳鸣、失眠等反应，亦可有腹痛、腹泻、食欲缺乏、消化不良、恶心、呕吐、便秘、心悸、乏力、面部潮红、下肢水肿、严重低血压等，尼可地尔与西地那非和他达那非合用，可增加尼可地尔引起低血压风险，禁用于青光眼、严重肝肾疾病患者。

（三）用药监测

1. 疗效监测　患者心前区疼痛、胸闷、气促等症状缓解，血压恢复正常水平，心尖部收缩期杂音、第三或第四额外心音等减弱甚至消失。心肌梗死患者心肌坏死标志物逐渐恢复正常，心电图示病理性"Q"波及特征性 ST-T 改变明显好转等，心脏超声心动图未见明显室壁异常活动。

2. 不良反应监测　可通过以下途径监测：①实验室检查指标，定期监测患者的血常规、电解质、肝肾功能和出凝血时间等指标的变化，及时发现血小板异常、水电解质紊乱、出凝血时间延长等不良反应。②观察与交流，询问患者的主观症状如是否有头痛、头晕、恶心、呕吐和肌肉疼痛等不适，观察患者有无皮肤黏膜出血、黑便，甚至神志、语言和肢体功能异常等变化。③心电监测，观察患者是否有新出现的心律失常、血压过低等现象。

（四）用药指导

1. 药物治疗指导

（1）提高依从性：向患者及家属宣教冠心病常见病因、诱因、典型临床症状及主要并发症等相关知识，增强其对自己病情的了解，提高其坚持长期药物治疗的意识。采取定期电话和家庭回访等多种方式，加强医患沟通，定期评估患者治疗效果和心理动态，必要时制订应对策略，以提高治疗效果、增强患者坚持治疗的信心，从而最终达到提高患者治疗依从性的目的。

（2）药物护理：①硝酸酯类药物，心绞痛发作时立即给予硝酸甘油片 0.5mg 舌下含服，必要时间隔 3～5 分钟连续使用 3 次，若仍无效，应及时告知医生。使用此类药物后尽量平卧休息，避免直立性低血压而继发头痛、头晕甚至晕厥，静脉用药时，切忌随意加快输液速度。连续长期使用该类药物可出现耐药，停用 10 天后可恢复药效。②β 受体阻断药，宜于饭前口服，不可随意突然停药，以免引起撤药综合征而诱发心绞痛、急性心肌梗死、心力衰竭甚至猝死等。③钙通道阻滞药，指导患者注意药物剂型，缓释片或控释片不宜嚼碎或掰开服用，用药期间，避免驾驶、机械操作或高空作业，严密自我监测血压、心率以及药物的不良反应并及时告知医生，按时复查血象及肝功能。④抗凝药物，学会自我监测出血征象，如尿液为粉色或红棕色、呕吐物为红或棕黑色、黑便、齿龈或口腔黏膜出血、紫癜、瘀斑、痰中带血、月经过多等。同时加强自身保护、避免外伤，尽量使用软毛刷刷牙、禁忌进食质硬食物，避免口腔黏膜损伤。定期复查凝血功能、大小便常规、隐血试验及肝功能。⑤溶栓药物，溶栓过程中注意胸痛缓解情况及出血征象，静脉用药时，切忌随意调整输液速度。⑥抗血小板药物，使用抗血小板药物，如阿司匹林肠溶片剂时，为避免对片剂包衣的破坏，建议餐前服用，其他类型抗血小板药物则建议餐后服用，必要时联合使用胃黏膜保护药，以尽量减少各种消化道不良反应的发生。

2. 安全指导　指导患者正确识别心肌梗死先兆，熟练掌握心绞痛急性发作时的常规自救处理。嘱患者随时携带硝酸甘油以备急用，同时家属也应熟知该药物的放置地点以备急需。

ER5-3
冠状动脉粥样
硬化性心脏病
患者的药物治
疗与护理

笔记栏

第三节　心律失常

 导入案例

　　患者，男，66岁。因反复心悸伴胸闷、气促1年余，再发加重7天入院。患者1年前无明显诱因出现心悸，伴胸闷、气促，发作呈阵发性，每月发作2~3次，每次持续10分钟到1小时不等，可自行缓解，无头晕、头痛及胸痛等不适，患者未予以重视。7天前，患者再次无明显诱因出现心悸，伴胸闷、气促及心前区疼痛，自扪脉搏不齐，于当地行心电图检查提示房颤。患者既往有高血压病史10余年。

　　目前服用药物：缬沙坦片80mg/片，每天1次，每次1片；美托洛尔缓释片47.5mg/片，每天1次，每次1片；曲美他嗪20mg/片，每天3次，每次1片。

　　请思考：

　　1. 抗心律失常药物有哪几种类型？副作用有哪些？

　　2. 房颤患者使用美托洛尔的作用有哪些？

　　3. 美托洛尔常见的不良反应有哪些？

　　4. 美托洛尔给药时需要注意的问题是什么？

　　心律失常是临床心血管疾病诊治过程中最常见的疾病之一，无论是心脏结构和功能正常者还是有器质性心脏病的患者，均可出现心律失常，我国心律失常的发病率较高，是全世界心律失常患病人数最多的国家。2020—2021年，一项对中国大陆22个省、自治区、直辖市114 039位居民的分层多阶段抽样研究发现，中国 ≥ 18岁居民的房颤患病率为1.6%，其中男性（1.7%）高于女性（1.4%），农村（1.7%）高于城市（1.6%），中部地区（2.5%）高于西部地区（1.5%）和东部地区（1.1%）。中国心房颤动患者总体脑卒中的患病率为24.8%。

【疾病简介】

　　心律失常（cardiac arrhythmia）是指心脏冲动的频率、节律、起源部位、传导速度或激动次序的异常。心律失常的发生机制包括心脏激动起源异常、激动传导异常或者起源和传导均有异常，针对心律失常的治疗包括药物治疗、电复律、电除颤、介入及外科手术等综合治疗措施，其中药物治疗是基础，对心律失常的转复、维持及预后的改善均可发挥重要作用。本章节主要阐述心律失常的药物治疗和护理策略。

【药物治疗的目的及原则】

（一）药物治疗的目的

　　1. 缓解或消除心律失常引起的症状。

　　2. 纠正心律失常导致的血流动力学障碍。

　　3. 防止心律失常反复发作，预防心律失常介导的心脏损害，甚至心源性猝死。

（二）药物治疗的原则

　　1. 重视基础心脏病的治疗。

　　2. 及时纠正病因和诱因。

　　3. 严格掌握抗心律失常药物的适应证。

　　4. 警惕抗心律失常药物的不良反应。

　　5. 紧急状态下药物治疗的同时及时采用非药物治疗。

　　6. 评估抗心律失常药物治疗的临床风险和获益。

　　7. 基本原则指导下的个体化药物治疗方案。

 笔记栏

8. 治疗和预防兼顾。

9. 抗心律失常药物合理联合应用。

【药物分类及常用药物】

目前根据抗心律失常药物作用的电生理效应和机制，采用 Vaughan Williams 分类法，将抗心律失常药物分为四大类，其中 I 类又分为 Ia、Ib 和 Ic 三个亚类，其常用药物名称、剂量及用法见表 5-5。

表 5-5 抗心律失常药物分类、常用药物用法、用量

药物类别	常用药物	静脉给药常用剂量范围		口服常用剂量范围	
		负荷量	维持量	负荷量	维持量
Ia 类	奎尼丁		600 ~ 1 000mg	200mg，间隔 6h 给药 1 次	200mg，间隔 6 ~ 8h 给药 1 次
	普鲁卡因胺	6 ~ 13mg/kg 0.2 ~ 0.5mg/（kg·min）	2 ~ 4mg/min	500 ~ 1 000mg	250 ~ 500mg，间隔 4 ~ 6h 给药 1 次
	丙吡胺				100 ~ 200mg，间隔 6 ~ 8h 给药 1 次
Ib 类	利多卡因	1 ~ 3mg/kg 20 ~ 50mg/min	1 ~ 4mg/min		
	美西律				150 ~ 200mg，间隔 6 ~ 8h 给药 1 次
Ic 类	普罗帕酮	1 ~ 1.5mg/kg		600 ~ 900mg	150 ~ 200mg，间隔 8 ~ 12h 给药 1 次
	莫雷西嗪			300mg	150 ~ 400mg，间隔 8h 给药 1 次
II 类	普萘洛尔				10 ~ 30mg，间隔 6 ~ 8h 给药 1 次
	美托洛尔缓释片				47.5 ~ 190mg，1 次 /d
	比索洛尔				5mg，1 次 /d
III 类	胺碘酮	5mg/kg	600 ~ 800mg/d	600mg/d，8 ~ 10d	100 ~ 400mg，1 次 /d
	索他洛尔				40 ~ 80mg，间隔 12h 给药 1 次
	伊布利特	体重 ≥ 60kg，1mg；体重 < 60kg，0.01mg/kg			
	决奈达隆				400mg，2 次 /d

续表

药物类别	常用药物	静脉给药常用剂量范围		口服常用剂量范围	
		负荷量	维持量	负荷量	维持量
Ⅳ类	维拉帕米	5mg，必要时10～15min后重复1次	0.005mg/（kg·min）		80～120mg，间隔6～8h给药1次
	地尔硫䓬				30～60mg，间隔6h给药1次
其他	腺苷	6～12mg（快速注射）			
	地高辛			0.25mg，1次/d	0.125mg，1次/d

1. **Ⅰ类抗心律失常药物**　Ⅰa类药物可阻滞激活状态的钠通道，同时也减慢其复活速度，显著减慢动作电位0期除极速率，延长动作电位时程和大部分心肌细胞不应期，并阻断 I_{ks}、I_{k1}、I_{to} 及 $I_{Ca(L)}$ 等离子通道，降低自律性并减慢传导。主要用于各种房性、室性心律失常等的转复和预防。临床研究发现此类药物促室性心律失常副作用明显，合并基础心脏病患者长期应用增加患者死亡率，临床上应该避免长期应用，代表药物有奎尼丁和普鲁卡因胺。Ⅰb类药物轻度阻滞快钠通道，但不减慢动作电位0期除极速率，可缩短动作电位时程，主要作用于心室肌细胞，能延长快反应纤维有效不应期，使4期相除极速度降低，自律性亦减低。主要用于各种室性心律失常的转复和预防，常用药物有利多卡因（lidocaine）、美西律（mexiletine）及苯妥英钠。Ⅰc类药物主要用于各种心律失常的转复和预防，目前临床常用药物有普罗帕酮（propafenone）等。其作用机制是减慢动作电位0期除极速率、传导并且轻微延长动作电位时程。其中普罗帕酮能明显阻滞钠通道，减慢心房、心室和浦肯野纤维的传导，亦能抑制钾通道，延长心肌细胞动作电位时程和有效不应期。

2. **Ⅱ类抗心律失常药物**　主要为β肾上腺素能受体阻断药，抑制肾上腺素能β受体，降低L型钙电流及起搏电流，并抑制病理条件下触发的早后除极和延迟除极的发生。常用药物有普萘洛尔、美托洛尔、艾司洛尔和比索洛尔等。普萘洛尔用于治疗多种原因所致的心律失常，如房性及室性期前收缩、窦性及室上性心动过速和房颤等，也可用于心绞痛、高血压及嗜铬细胞瘤（手术前准备）等情况。

3. **Ⅲ类抗心律失常药物**　其作用机制是阻滞钾通道，延长心肌细胞动作电位时程，延长复极时间及有效不应期。主要适用于室上性和室性心律失常的治疗，可用于器质性心脏病、心功能不全者，促心律失常风险较低，是目前最常用的抗心律失常药物，临床常用药物有胺碘酮（amiodarone）、索他洛尔、伊布利特和决奈达隆（dronedarone）等，其中胺碘酮是目前临床应用最为广泛的Ⅲ类抗心律失常药物。

4. **Ⅳ类抗心律失常药物**　Ⅳ类抗心律失常药物均属于非二氢吡啶类钙通道阻滞药，主要阻滞心肌细胞L型钙通道电流，减慢窦房结和房室结的传导，对早后除极和晚后除极电位及 $I_{Ca(L)}$ 参与的心律失常有治疗作用。主要用于各种室上性心律失常，临床常用药物有维拉帕米（verapamil）和地尔硫䓬（diltiazem），由于具有负性肌力作用，因此心功能不全患者慎用。

5. **其他药物**　腺苷（adenosine）为内源性嘌呤核苷酸，作用于G蛋白偶联的腺苷受体，激活窦房结、心房、房室结的乙酰胆碱敏感性钾通道，缩短其动作电位时程以及降低自律性，同时通过抑制 $I_{Ca(L)}$ 来延长房室结的有效不应期。多用于终止折返性室上性心律失常和源于心室流出道的室性心动过速。阿托品与M胆碱受体结合后，由于本身内在活性小，一般不产生激动作用，却能阻断乙酰胆碱（ACh）与受体结合，从而阻断了乙酰胆碱对 M 受体的激动效应。较大剂量的阿托品能阻断窦房结 M_2 受体，并改善房室传导，从而提高心率，治疗缓慢型心律失常。异丙肾上腺素为 β 受体激动药，作用于心脏 $β_1$ 受体，提高窦房结兴奋性，加快房室结传导速度，增加心率，用于完全性房室传导阻滞、心搏骤停、阿托品无效或不适用的症状性心动过缓，也可用于治疗心源性或感染性休克。

【用药护理】

（一）用药评估

1. 评估病史　了解患者的年龄、起病时间、主要症状和体征等。

2. 评估用药史　了解既往药物治疗方案，曾使用药物的种类、用法、用量及疗效，有无用药不良反应，有无药物过敏史。

3. 评估心律失常危险因素及并发症　了解患者是否有导致心律失常的基础性心脏病，有无电解质紊乱和低氧血症、酸碱失衡等。

4. 评估药物治疗指征　评估心律失常的类别，有无或潜在血流动力学影响等。

5. 评估用药依从性及影响因素　评估患者及家属对疾病的认知程度，教育背景，经济状况，社会和家庭支持度及心理状况等。

（二）用药安全

1. Ⅰ类药物

（1）奎尼丁

1）不良反应：恶心、呕吐、腹泻、腹痛、厌食；视觉、听觉障碍，意识模糊；皮疹、发热、血小板减少、溶血性贫血。心脏方面：窦性停搏、房室传导阻滞、Q-T 间期延长与尖端扭转型室性心动过速、晕厥、低血压。

2）用药注意事项：①最好空腹给药（餐前 1 小时或餐后 2 小时），给药后注意监测血压和心律，避免夜间给药，在白天给药量较大时，夜间也应注意心律及血压。②用药早期可出现腹泻，多数自行停止，如出现持续性腹泻，应减少药物剂量，并监测水电解质平衡。③用药期间，勿大量饮咖啡，勿多饮柠檬汁，避免吸烟喝酒。

3）禁忌证：洋地黄中毒所致二度或三度房室传导阻滞（植入起搏器前）、病态窦房结综合征、心源性休克、严重肝或肾功能不全、血小板减少症、对本药过敏者。

4）药物相互作用：维拉帕米、胺碘酮可使本药血药浓度上升；与口服抗凝药合用可使凝血酶原进一步减少；与降压药、扩血管药及 β 受体阻断药合用，可加剧降压及扩血管作用；与 β 受体阻断药合用可加重对窦房结及房室结的抑制作用。

（2）利多卡因

1）不良反应：眩晕、感觉异常、意识模糊、谵妄和昏迷。对心脏影响方面：少数引起窦房结抑制、房室传导阻滞。

2）用药注意事项：①静脉给药，应严格掌握浓度和用药总量，超量可引起惊厥及心搏骤停。②其体内代谢较普鲁卡因慢，有蓄积作用，可引起中毒而发生惊厥。③用药期间应监测心率、心律、血压的变化，并配备抢救设备。④肝肾功能不全、肝血流量减低、充血性心力衰竭、严重心肌受损、低血容量及休克等患者慎用。⑤麻醉用时，防止误入血管，注意局麻药中毒症状的观察。

3）禁忌证：阿-斯综合征、预激综合征、严重心脏传导阻滞（包括窦房、房室及心室内传导阻滞）以及过敏者禁用。

4）药物相互作用：合用普萘洛尔、美托洛尔可增加利多卡因的血药浓度。合用苯巴比妥可降低利多卡因的血药浓度。

（3）美西律

1）不良反应：恶心、呕吐、运动失调、震颤、步态障碍、皮疹以及低血压（静脉注射时）

笔记栏

109

和心动过缓等。

2）用药注意事项：①本药在危及生命的心律失常患者中使用时需慎重，有使心律失常恶化的可能。②给药期间，应注意监测血压及心律的变化，静脉给药应进行心电监测，出现 P-R 间期延长、QRS 波增宽或原有心律失常加剧，均应立即停药。

3）禁忌证：心源性休克、二度或三度房室传导阻滞、病态窦房结综合征以及对本药过敏者。

4）药物相互作用：美西律与奎尼丁、普萘洛尔或胺碘酮合用治疗效果更好，与苯妥英钠或其他肝药酶诱导剂如利福平和苯巴比妥等合用，可以降低美西律的血药浓度。

（4）普罗帕酮

1）不良反应：眩晕、味觉障碍、视力模糊，胃肠道不适，还可能有加重支气管痉挛，窦房结抑制、房室传导阻滞、心力衰竭和致心律失常等。

2）用药注意事项：①严重的心动过缓、肝肾功能不全及明显低血压患者慎用。②心肌严重损害者慎用。③静脉给药时最好同时进行动态心电监护，观察疗效及毒副作用，出现 QRS 波增宽延长 20%～25% 或 Q-T 间期明显延长、二度或三度房室传导阻滞，均应减量或停药，并及时处理。

3）禁忌证：无起搏器保护的窦房结功能障碍、严重房室传导阻滞、双束支传导阻滞、严重充血性心力衰竭、心源性休克、严重低血压及对本药过敏者。

4）药物相互作用：与抗心律失常药，包括维拉帕米、普萘洛尔等合用，可增加普罗帕酮不良反应。与华法林合用时可增加华法林血药浓度和凝血酶原时间。与地高辛合用，可增加血清地高辛浓度。

2. Ⅱ类药物 普萘洛尔。

（1）不良反应：加剧哮喘与 COPD、间歇性跛行、雷诺现象、精神抑郁。糖尿病患者可能导致低血糖、乏力、低血压、心动过缓、充血性心力衰竭。心绞痛患者突然撤药可导致症状加重、心律失常、急性心肌梗死等心脏不良反应。

（2）用药注意事项：①本药口服可空腹或与食物共进，后者可延缓肝内代谢，提高生物利用度。②首次用本药时需从小剂量开始，逐渐增加剂量并密切观察用药反应以免发生意外。③长期用本药者撤药须逐渐递减剂量，至少 3 天，一般为 2 周。④服用本药期间应定期检查血常规、血压、心功能和肝肾功能等。

（3）禁忌证：支气管哮喘、心源性休克、二度或二度以上的房室传导阻滞、重度或急性心力衰竭、窦性心动过缓以及对本药过敏者。

（4）药物相互作用：与维拉帕米合用可致房室传导阻滞、心脏收缩功能下降。肝药酶诱导剂如苯巴比妥可降低普萘洛尔血药浓度，而肝药酶抑制剂如西咪替丁可增加普萘洛尔血药浓度。

3. Ⅲ类药物

（1）胺碘酮

1）不良反应：最严重心外毒性为肺纤维化（300mg/d 以下很少发生），转氨酶升高，偶致肝硬化，甲亢或甲减。心脏方面的不良反应有心动过缓，很少发生心律失常，偶尔发生尖端扭转型室性心动过速。

2）用药注意事项：①餐后给药或与牛奶同服，可减轻胃肠道反应；静脉用药易引起静脉炎，宜选择粗而直的大血管，谨防药物外渗。②长期应用常引起甲状腺功能改变，需定期复查甲状腺功能。③在常用维持剂量下很少发生肺纤维化，但仍应定期行胸部 X 线检查以早期发现。④服药期间 Q-T 间期均有不同程度延长，一般不是停药指征。⑤对于老年人或窦房结功能低下者，胺碘酮进一步抑制窦房结功能，窦性心律小于 50 次 /min 者，宜减量或暂停用药。

3）禁忌证：严重窦房结功能异常、二度或二度以上的房室传导阻滞、心动过缓引起晕厥以及对本药过敏者。

4）药物相互作用：可增加华法林的抗凝作用，增强其他抗心律失常药对心脏的作用。与β受体阻断药或钙通道阻滞药合用可加重窦性心动过缓、窦性停搏及房室传导阻滞。可增加血清地高辛浓度，亦可增高其他洋地黄制剂的浓度达中毒水平。与排钾利尿药合用，可增加低血钾所致的心律失常的风险。

（2）伊布利特

1）不良反应：可致间歇性单形性室性心动过速、连续性单形性室性心动过速、房室传导阻滞、束支传导阻滞、室性期前收缩、室上性期前收缩、低血压或直立性低血压、心动过缓、窦性心动过速、Q-T 间期延长或室上性心动过速，另外，可引起心悸、充血性心力衰竭、高血压、恶心及头痛等。

2）用药注意事项：①伊布利特注射液可能诱发或加重某些患者室性心律失常症状，可导致潜在的致命性后果。②静脉注射给药时速度要缓慢、匀速，用药时监测 Q-Tc 变化，用药后至少监测 4 小时，如出现心律失常，应延长监测时间。③出现原心律失常消失、持续或间歇性室性心动过速、Q-T 或 Q-Tc 明显延长时应立即停药。④注意避免低血钾。

3）禁忌证：既往药物过敏史、多形性室性心动过速、未植入起搏器的病态窦房结综合征、二度或二度以上的房室传导阻滞、Q-Tc 间期大于 440ms 的患者。

4）药物相互作用：目前与其他药物相互作用的研究尚未进行，但近年来，循证医学证据提示伊布利特与Ⅰ类或其他Ⅲ类抗心律失常药物联用，不仅能提高疗效，还具有较好的安全性。

（3）决奈达隆

1）不良反应：新发心力衰竭或心力衰竭恶化；肝功能损伤；Q-T 间期延长。

2）用药注意事项：①用药早期要定期检测肝功能，尤其是起始治疗的 6 个月内。②对于永久性房颤患者，应至少每 3 个月进行 1 次心律监测。对正处于心房颤动的患者应给予心脏复律（如果有临床指征）或停用本品。③如果出现心力衰竭或心力衰竭加重而需要住院，应停用决奈达隆。④出现呼吸困难或干咳可能与肺毒性相关，须对患者进行仔细的临床评估。若确认为肺毒性，须停止给药。

3）禁忌证：心力衰竭Ⅳ级或最近失代偿症状性心力衰竭；二度、三度房室传导阻滞或病态窦房结综合征（除使用功能性心脏起搏器）；心动过缓 < 50 次 /min；同时用强 CYP3A 抑制剂；同时用延长 Q-T 间隔及可诱发尖端扭转型室性心动过速的药物和草药；Q-Tc Bazett 间隔 > 500ms；严重肝损伤；妊娠等。

4）药物相互作用：地高辛可增强决奈达隆的电生理效应（如降低房室结传导）。决奈达隆可增加地高辛的体内暴露量。钙通道阻滞药可能加强决奈达隆对传导的影响。与β受体阻断药联用时，经常出现心动过缓。

4. Ⅳ类药物 维拉帕米。

（1）不良反应：常见不良反应（≥ 1%）有症状性低血压，心动过缓、眩晕、头痛、皮疹、严重心动过速。不常见不良反应（< 1%）有恶心、腹部不适、嗜睡、眩晕、出汗、精神抑郁等。

（2）用药注意事项：①静脉注射速度不宜过快，注射时间至少 2 分钟，且必须在持续心电和血压监测下进行，最好备有急救设备与药品。②用药后若出现无症状性心动过缓，宜持续监测心电图变化；若出现症状性心动过缓，建议阿托品治疗。③密切关注不良反应及与其他药物合用时可能出现的不良反应。

（3）禁忌证：严重左心功能不全、低血压（收缩压小于 90mmHg）或心源性休克、未植入起搏器的病态窦房结综合征、二度或二度以上的房室传导阻滞、心房扑动或房颤患者合并房室旁路通道以及对本药过敏者。

（4）药物相互作用：与β受体阻断药联合使用，可增强对房室传导的抑制作用。与胺碘酮合用可能增加心脏毒性；肥厚型心肌病和主动脉瓣狭窄的患者，最好避免联合用药。

笔记栏

5. 其他药物

（1）腺苷

1）不良反应：潮红、呼吸困难、胸部压迫感、通常持续时间少于 1 分钟、可有短暂的窦性停搏、室性期前收缩或短阵室性心动过速。

2）用药注意事项：静脉注射应用，应警惕心搏骤停发生。

3）禁忌证：房室传导阻滞、病态窦房结综合征和哮喘者禁用，冠心病患者慎用。

4）药物相互作用：使用本药时，其他作用于心脏的药物（如 β 肾上腺素受体阻断药、强心苷、钙通道阻滞药）、腺苷受体阻断药（如咖啡因、茶碱）、腺苷作用增强药（如潘生丁）一般不宜在至少 5 个半衰期内使用。

（2）阿托品

1）不良反应：口干、眩晕、颜面潮红、尿潴留、瞳孔扩大、黏膜和鼻出血，甚至心律失常、房室传导阻滞、精神症状和昏迷。

2）用药注意事项：①用于慢性心律失常时，应注意剂量调节，过多时可引起心率加快甚至室颤。②静脉注射时应缓慢给药。③老年人容易发生抗 M 胆碱样副作用，如排尿困难、便秘、口干，也易诱发未经诊断的青光眼，一经发现，应立即停药。本药对老年人尤易致汗液分泌减少，影响散热，故夏天慎用。

3）禁忌证：青光眼、前列腺肥大以及高热者禁用。

4）药物相互作用：与碳酸氢钠等碱化尿液药物合用时，阿托品排泄延迟，作用时间和毒性增加，普萘洛尔可以拮抗阿托品所致的心动过速。

（3）异丙肾上腺素

1）不良反应：心悸、头晕，有致窦性心动过速，甚至有心室颤动的风险，静脉滴注时心脏收缩增强，心率增快，外周血管扩张，导致收缩压升高而舒张压下降，可出现头痛、头晕、焦虑、失眠、震颤等中枢兴奋症状。

2）用药注意事项：①心肌缺血、高血压患者慎用。②洋地黄中毒所致的心动过速、高血压和糖尿病者慎用。

3）禁忌证：心绞痛、心肌梗死、甲状腺功能亢进及嗜铬细胞瘤患者禁用。

4）药物相互作用：与其他拟肾上腺素药物合用可增强药效，但不良反应也增多；联用普萘洛尔时本药的作用受到拮抗。

（三）用药监测

1. 疗效监测 评估患者的症状和体征是否改善，如胸闷、心悸、乏力缓解，心律转为窦性节律，心室率是否恢复至正常范围内等；患者长期生活质量和运动耐量改善，心律失常发作频次降低，心血管相关临床事件发生风险降低等。

2. 心电监测 严重心律失常者，应进行持续心电监测，尤其是静脉使用抗心律失常药物时，除严格控制给药速度、注意药物对血管的刺激外，最好在心电监测下执行医嘱，严密监测患者心率、心律、心电图、血压、血氧饱和度及意识状态，如发现多源、频发、成对的或呈 R-on-T 现象的室性期前收缩，室性心动过速，窦性停搏，二度 Ⅱ 型或三度房室传导阻滞等异常情况，需立即报告医生。

（四）用药指导

药物治疗及不良反应防治指导如下：①向患者及家属宣教心律失常的潜在并发症等相关知识，使其充分了解坚持规范化药物治疗的必要性，提高依从性。②指导患者及家属掌握抗心律失常药物的用量、疗效有个体化差异，即便同一患者也会因机体缺氧、缺钾、缺镁、休克、心力衰竭、甲亢等而发生改变，故患者不可擅自增减药物甚至更改药物，遵医嘱定期复查。同时应教会患者及家属自测脉搏，以便自我监测病情。指导患者自我识别药物可能出现的不良反应，必要时及时就诊。

第四节　心　力　衰　竭

心力衰竭（心衰）是各种心血管疾病的严重和终末期阶段，是临床上常见的死亡原因之一。随着人类社会的老龄化及医疗水平的提高，心力衰竭的发病率不断升高。流行病学显示，发达国家心力衰竭患病率为 1% ~ 2%，而我国 ≥ 35 岁成年人中，心衰患病率为 1.3%；并且随着年龄的增加，心力衰竭的患病率则迅速增加，在 70 岁以上人群中上升至 10% 以上；此外，心力衰竭患者的四年死亡率可达 50%，严重者一年死亡率甚至达到 50%，加之该病预后差，治疗费用高，目前已成为全球重大公共卫生问题。

【疾病简介】

心力衰竭（heart failure，HF）是任何心脏结构性或功能性疾病导致心室充盈和 / 或射血功能受损，心排血量难以满足机体组织代谢需求，以肺循环和 / 或体循环淤血，器官、组织血液灌注不足为临床表现的一组临床综合征。主要表现为呼吸困难、乏力（活动耐量受限）以及液体潴留（肺淤血和外周组织水肿）。根据心力衰竭发生的时间、进展速度及严重程度，可分为急性和慢性心力衰竭。心力衰竭的治疗包括一般治疗、药物治疗以及非药物治疗措施。本节主要就心力衰竭的药物治疗及相关护理知识进行介绍。

【药物治疗的目的及原则】

（一）药物治疗的目的

心力衰竭药物治疗的目的是防止和延缓心力衰竭的发生、发展，缓解临床症状，提高生活质量；同时改善预后，降低死亡率和住院率。

（二）药物治疗的原则

采取综合治疗措施，包括对各种可致心功能受损的基础疾病（如冠心病、高血压、糖尿病等）进行早期管理，调节心力衰竭的代偿机制，减少其负面效应，如拮抗神经体液因子的过度激活等，进而阻止或延缓心室重塑的进展。

【药物分类及常用药物】

（一）慢性心力衰竭药物

根据药物的主要作用，可将治疗慢性心力衰竭的药物分为两类，即改善症状药物和改善预后药物（表 5-6）。

表 5-6　慢性心力衰竭常用药物

药物分类	药物名称	用法、用量
利尿药	呋塞米	起始剂量：20mg 口服，1 次 /d，必要时 6 ~ 8h 后追加 20 ~ 40mg，一般每天应控制在 100mg 以内，分 2 ~ 3 次服用
	氢氯噻嗪	25mg，1 ~ 2 次 /d
	螺内酯	20mg，1 ~ 2 次 /d
	托伐普坦	7.5 ~ 30mg，1 次 /d
洋地黄类药物	地高辛	0.125 ~ 0.25mg/d，老年或肾功能受损者剂量减半，控制心房颤动的快速心室率，剂量可增加至 0.375 ~ 0.5mg/d
	毒毛花苷 C	首剂 0.4 ~ 0.8mg，静脉注射 10 ~ 15min，2h 后可酌情再给 0.2 ~ 0.4mg
非洋地黄类正性肌力药物	多巴胺	小剂量 [< 2μg/（kg·min）] 主要激动多巴胺受体；中等剂量 [2 ~ 10μg/（kg·min）] 直接激动 β_1 和 β_2 受体；大剂量 [> 10μg/（kg·min）] 可兴奋外周血管 α 受体

笔记栏

药物分类	药物名称	用法、用量
非洋地黄类正性肌力药物	多巴酚丁胺	2.5 ~ 10μg/（kg·min）
	米力农	0.25 ~ 1.0μg/（kg·min），每天最大剂量< 1.13mg/kg
	氨力农	5 ~ 10μg/（kg·min），每天最大剂量< 10mg/kg
血管扩张药	硝酸甘油	开始剂量为 5μg/min，根据个体的血压、心率和其他血流动力学参数来调整用量
	硝普钠	开始剂量为 0.3μg/（kg·min），根据血压变化调整用量
ACEI	依那普利	2.5mg，1 次 /d，目标剂量 10mg，2 次 /d
	培哚普利	2mg，1 次 /d，目标剂量 4mg，1 次 /d
	贝那普利	2.5mg，1 次 /d，目标剂量 5 ~ 10mg，2 次 /d
ARB	缬沙坦	80mg，1 次 /d
	厄贝沙坦	0.15g，1 次 /d。可增至 0.3g，1 次 /d
ARNI	沙库巴曲缬沙坦	初始剂量为 25 ~ 100mg，2 次 /d，目标剂量 200mg，2 次 /d
醛固酮受体阻断药	依普利酮	初始剂量为 12.5mg，1 次 /d，目标剂量 25 ~ 50mg，1 次 /d
β肾上腺素受体阻断药	美托洛尔缓释片	起始剂量为 11.875 ~ 23.75mg，1 次 /d，根据情况逐渐增加，最大剂量可用至 1 次 190mg，1 次 /d
	比索洛尔	1.25mg，1 次 /d，根据情况逐渐增加，最大剂量 10mg，1 次 /d
可溶性鸟苷酸环化酶刺激剂	维立西呱	起始剂量为 2.5 ~ 5mg，1 次 /d。根据患者耐受情况，约每 2 周剂量加倍，以达到 10mg，1 次 /d 的目标剂量
SGLT-2 抑制药	达格列净和恩格列净	起始剂量和目标剂量均为 10mg，1 次 /d。对于收缩压< 100mmHg 的患者起始剂量可为 2.5 ~ 5mg
其他	伊伐布雷定	起始用量 2.5mg，2 次 /d，根据心率调整剂量，最大剂量 7.5mg，2 次 /d

1. 改善症状药物

（1）利尿药：此类药是心力衰竭药物治疗中改善症状的基石，对于有液体潴留的心力衰竭患者均应给予利尿药，从小剂量开始使用并逐渐增加剂量直至尿量增加，以体重每天减轻 0.5 ~ 1.0kg 为宜；一旦症状缓解、病情控制，即以最小有效剂量长期维持，并根据液体潴留的情况随时调整剂量。常用的利尿药分为：①袢利尿药：以呋塞米为代表，为强效利尿药，静脉注射效果优于口服。②噻嗪类利尿药：以氢氯噻嗪为代表，为中效利尿药，轻度心力衰竭可首选此药，常与保钾利尿药合用。③保钾利尿药：以螺内酯为代表，常与噻嗪类或袢利尿药合用以加强利尿并减少钾的丢失，同时还有改善心室重构的作用。④血管升压素 V_2 受体阻断药：普坦类药物如托伐普坦（tolvaptan）等，能增加尿液排出和抑制水的重吸收而不增加钠的排出，对血清钾和尿液钠、钾浓度的影响并不显著，且能明显减轻患者的体重和水肿程度，有效纠正低钠血症。其作用机制是与血管升压素 V_2 受体的亲和力是天然精氨酸血管升压素（AVP，又称抗利尿激素 ADH）的 1.8 倍。当口服给药时，托伐普坦能够拮抗 AVP 的作用，提高自由水的清除和尿液排泄，降低尿液的渗透压，最终促使血清钠浓度提高。适用于伴顽固性水肿和 / 或低钠血症的心力衰竭患者。

（2）正性肌力药物：此类药物适用于低心排血量综合征，如伴症状性低血压或心排血量降低伴有循环淤血的患者，可以缓解组织因低灌注所导致的症状，保证重要脏器的血流供应；血压较低和对血管扩张药及利尿药不耐受或反应不佳的患者尤其有效。根据药物作用机制，可分为洋地黄类药物和非洋地黄类药物。

1）洋地黄类药物：洋地黄类药物作为正性肌力药物的代表，常用制剂有地高辛（digoxin）、毒毛花苷 C（lanatoside C）及毒毛花苷 K（strophanthin K）等。其作用机制是抑制心肌细胞 Na^+-K^+-ATP 酶，升高细胞内 Na^+ 水平，促进心肌细胞 Ca^{2+}-Na^+ 交换，导致细胞内 Ca^{2+} 浓度升高，从而发挥正性肌力作用，但同时细胞内 K^+ 浓度降低，这也成为洋地黄中毒的重要原因。地高辛适用于成人轻度至中度心力衰竭；毒毛花苷 C 注射液适用于急性心功能不全或慢性心功能不全急性加重的患者；毒毛花苷 K 适用于急性充血性心力衰竭，特别适用于洋地黄无效的患者，也可用于心率正常或心率缓慢的心房颤动的急性心力衰竭。

2）非洋地黄类正性肌力药物：非洋地黄类正性肌力药物包括 β 受体激动药和磷酸二酯酶抑制药。β 受体激动药如多巴胺和多巴酚丁胺（dobutamine）等，磷酸二酯酶抑制药如米力农（milrinone）、氨力农等。β 受体激动药作用机制：小剂量［＜2μg/（kg·min）］多巴胺主要激动多巴胺受体，使肾和肠系膜血管扩张，肾血流量和肾小球滤过率增加，导致排尿排钠增加。中等剂量［2～10μg/（kg·min）］直接激动 $β_1$ 受体，同时间接促进去甲肾上腺素自贮藏部位的释放，对心肌产生正性肌力作用，使心肌收缩力增强及心排出量增加。大剂量［＞10μg/（kg·min）］激动 α 受体，导致周围血管阻力增加，肾血管收缩，收缩压及舒张压均增高。多巴酚丁胺为选择性心脏 $β_1$ 肾上腺素受体激动药，对 $β_2$ 及 α 受体作用相对较小，通过激动心脏 $β_1$ 受体增强心肌收缩力、增加心排血量，同时还能降低心室充盈压，促进房室结传导。磷酸二酯酶抑制药作用机制是抑制磷酸二酯酶活性，促进 Ca^{2+} 通道膜蛋白磷酸化而激活通道，促使 Ca^{2+} 内流增加，使心肌收缩力增强、心排血量增加，从而改善心、脑和肾等重要脏器的血流灌注。

（3）血管扩张药：慢性心力衰竭的治疗并不推荐应用血管扩张药，而伴有心绞痛或高血压的患者可考虑联合硝酸酯类药物治疗以缓解症状，对治疗心力衰竭则缺乏证据。

（4）血管紧张素受体脑啡肽酶抑制药：血管紧张素受体脑啡肽酶抑制药（ARNI）有 ARB 和脑啡肽酶抑制药的双重作用，后者可升高利钠肽、缓激肽和肾上腺髓质素及其他内源性血管活性肽的水平，其代表药物是沙库巴曲缬沙坦（sacubitril valsartan）。在纽约心脏协会（New York Heart Association，NYHA）心功能 Ⅱ/Ⅲ 级的射血分数降低的心衰（heart failure with reduced ejection fraction，HFrEF）患者中，与依那普利相比，沙库巴曲缬沙坦减少了主要复合终点事件（心血管死亡和心力衰竭住院）和心脏性猝死，改善症状和生活质量，提高 eGFR。该类药物可用于射血分数降低的慢性心力衰竭（NYHA Ⅱ-Ⅳ级，左心室射血分数 ≤ 40%）成人患者，也可用于治疗原发性高血压。

（5）钠葡萄糖协同转运蛋白 2 抑制药：SGLT-2 抑制药主要使用达格列净或恩格列净，除了通过抑制 SGLT2，减少滤过葡萄糖的重吸收，从而促进尿糖排泄外，还可以减少钠的重吸收，增加钠向远端小管的输送。这可能会影响某些生理功能，包括但不限于降低心脏前负荷和后负荷，下调交感神经活性，以及降低肾小球内压。主要适用于成人 2 型糖尿病、射血分数降低的心力衰竭（HFrEF）成人患者（NYHA Ⅱ-Ⅳ级）所致的心力衰竭、慢性肾脏病的患者。

（6）可溶性鸟苷酸环化酶（sGC）刺激剂：维立西呱是一种可溶性鸟苷酸环化酶（sGC）刺激剂，sGC 是 NO 信号转导通路中一种重要的酶。当 NO 与 sGC 结合时，sGC 可催化细胞内环磷鸟苷（cGMP）的合成，cGMP 是第二信使，可调节血管张力、心肌收缩力和心脏重塑。心力衰竭与 NO 合成受损和 sGC 活性降低有关，可导致心肌和血管功能障碍。维立西呱通过直接刺激 sGC（不依赖 NO 或与 NO 协同作用），可增加细胞内 cGMP 的水平，从而松弛平滑肌和扩张血管。该类药物适用于近期心力衰竭失代偿经静脉治疗后病情稳定的射血分数降低（射血分数＜45%）的

笔记栏

症状性慢性心力衰竭成人患者。

2. 改善预后药物

（1）血管紧张素转换酶抑制药（ACEI）：此类药物可显著降低死亡率、减轻症状和改善临床状态，是治疗心力衰竭的基石及首选药物。ACEI作用机制是通过抑制ACE减少Ang Ⅱ生成而抑制RAAS的活性。其中对循环RAAS的抑制可以达到扩张血管、抑制交感神经兴奋性的作用，而针对心脏组织中RAAS的抑制，则可在改善和延缓心室重塑中起关键作用。另外，ACEI还通过抑制缓激肽降解而增强缓激肽活性及缓激肽介导的前列腺素生成，发挥扩血管作用，改善血流动力学以及抗组织增生的作用。常见的ACEI类药物有贝那普利、培哚普利等。应用ACEI常从小剂量起始，如能耐受则逐渐加量，直至达到目标剂量，一般每隔1~2周剂量倍增1次，需长期维持，终身用药。

（2）血管紧张素受体阻断药（ARB）：ARB可阻断经ACE和非ACE途径产生的Ang Ⅱ与AT_1受体结合，阻断RAAS的效应，但缺少抑制缓激肽降解的作用，因此干咳和血管性水肿的副作用较少见。常用的ARB类药物包括缬沙坦、厄贝沙坦等。ARB类药物的适应证基本同ACEI，心力衰竭患者的治疗首选ACEI，当ACEI引起干咳、血管性水肿难以耐受时可改用ARB类药物。目前不主张心力衰竭患者联合应用ACEI与ARB类药物。

（3）醛固酮受体阻断药：常见的醛固酮受体阻断药有螺内酯、依普利酮（eplerenone）等。

（4）β肾上腺素受体阻断药：病情稳定且无禁忌证的慢性心力衰竭患者均应使用该类药物。其与ACEI或ARB类药物以及醛固酮受体阻断药构成慢性心力衰竭药物治疗的黄金三角。β肾上腺素受体阻断药作用机制为：①拮抗交感神经系统活性：阻滞心肌$β_1$受体、减少肾素释放，阻滞并拮抗儿茶酚胺、Ang Ⅱ对心脏的直接毒性作用，同时因拮抗RAAS而具有抑制心室重构作用。②抗心律失常与抗心肌缺血：β肾上腺素受体阻断药具有转复房性、房室交界区及室性心律失常的抗心律失常作用。减慢心率、降低心肌收缩力，改善心肌缺血、缺氧。β肾上腺素受体阻断药应从小剂量起始，逐渐加大达最大耐受剂量并长期维持。静息心率可作为评估心脏β肾上腺素受体有效拮抗的指标之一，通常心率降至55~60次/min的剂量为应用的目标剂量或最大耐受剂量。目前临床上具有代表性的常用药物有美托洛尔、比索洛尔等。

（5）伊伐布雷定：伊伐布雷定（ivabradine）可减慢心率，其作用机制是一种选择性特异性心脏窦房结起搏电流（If）抑制剂，以剂量依赖方式抑制If电流，降低窦房结发放冲动的频率，从而减慢心率，对心脏内传导、心肌收缩或心室复极化无明显影响，无β受体阻断药的不良反应及反跳现象。由于心率减慢，舒张期延长，冠脉血流量增加，可产生抗心绞痛和改善心肌缺血的作用。研究表明，优化的标准内科药物治疗基础上，心率仍大于70次/min的收缩性心力衰竭患者应用伊伐布雷定有益，可使心血管死亡或心力衰竭住院数量显著减少达18%。

（二）急性心力衰竭药物

治疗急性心力衰竭的药物可分为基本治疗药物和血管活性药物。

1. 基本治疗药物

（1）毒毛花苷C：适合快速心室率的心房颤动合并心室扩大伴左心室收缩功能不全的患者（用法及用量参照前文）。

（2）利尿药：静脉使用袢利尿药，降低心脏容量负荷，缓解肺淤血。常用剂量：呋塞米20~40mg静脉注射，根据反应调整剂量。

（3）吗啡：吗啡镇静一般用于严重急性心力衰竭的早期阶段，能够减轻心脏前负荷，消除焦虑、紧张、恐惧等不良情绪，减慢呼吸和镇咳而改善通气功能。用法：静脉注射吗啡3~5mg，必要时每隔15分钟重复1次或5~10mg皮下注射。

2. 血管活性药物

（1）血管扩张药：可用于急性心力衰竭早期阶段以减轻心脏后负荷。收缩压＞110mmHg的患者可以安全使用，常用药物包括硝普钠、硝酸甘油和重组人脑钠肽（rhBNP，奈西立肽）。硝普钠为一种速效和短时作用的血管扩张药。其作用机制是通过血管内皮细胞产生 NO，对动脉和静脉平滑肌均有直接扩张作用，但不影响子宫、十二指肠或心肌的收缩。血管扩张使心脏前后负荷均减低，从而改善心排血量。后负荷减低可减少瓣膜关闭不全时主动脉和左心室的阻抗而减轻反流。硝普钠推荐从 0.3μg/（kg·min）起始剂量静脉滴注。硝酸甘油能降低血管平滑肌张力，对静脉容量血管作用明显，可减少静脉回心血量而降低心脏充盈压力。心脏充盈压力的下降可减少左室舒张末期容积和前负荷，从而显著降低心肌耗氧量。此类药物还可降低全身血管阻力、肺血管和动脉血管压力，从而降低心脏后负荷。除此以外，还能使血流沿心外膜到心内膜的侧支血管床重新分布，从而改善心肌供氧。硝酸甘油可口服或吸入，静脉用药推荐给予硝酸甘油从 20μg/min 或硝酸异山梨酯 1～10mg/h 起始。奈西立肽可扩张静脉、动脉、冠状动脉，降低心脏前后负荷，还兼有排钠利尿，抑制 RAAS 和交感神经系统的作用。

（2）正性肌力药物：包括多巴胺、多巴酚丁胺、磷酸二酯酶抑制药和左西孟旦等。左西孟旦为一种钙增敏剂，其作用机制是通过与心肌细胞上肌钙蛋白 C 结合，增加肌丝对钙的敏感性，从而增强心肌收缩。另外，调控三磷酸腺苷敏感钾通道，可扩张冠状动脉及外周血管，改善顿抑心肌的功能，减轻缺血症状并纠正血流动力学紊乱，适用于无显著低血压或低血压倾向的急性左心力衰竭患者。

 知识链接

《2023 ESC 急性和慢性心力衰竭诊断和治疗指南》更新要点

推荐 HFmrEF、HFpEF 患者使用 SGLT2i（达格列净或恩格列净），以降低心衰住院或心血管死亡风险。

建议急性心衰住院患者出院前及出院后的前 6 周密切随访，启动高强度且快速剂量递增的、基于循证证据的治疗策略，以降低心力衰竭再入院或死亡风险。

推荐对 T2DM 合并慢性肾脏病患者使用 SGLT2i（达格列净或恩格列净），以降低心衰住院或心血管死亡风险。

推荐对 T2DM 合并慢性肾脏病患者使用非奈利酮，以降低心衰住院风险。

推荐合并铁缺乏的有症状的 HFrEF 和 HFmrEF 患者补充静脉铁剂，以减轻心衰症状并提高生活质量。

推荐对于合并铁缺乏的有症状的 HFrEF 和 HFmrEF 患者，补充静脉铁剂可考虑选择羧基麦芽糖酐铁或异麦芽糖酐铁，以降低心衰住院风险。

【用药护理】
（一）用药评估

1. **评估病史**　了解患者病程长短、每次发作诱因、加重因素及缓解方法，夜间睡眠状况，有无双下肢水肿、水肿特点、程度及进展状况，有无冠心病、心肌病、心律失常、瓣膜病等疾病病史。

2. **评估用药史**　了解既往药物治疗方案，曾使用药物的种类、用法、用量及疗效，既往有无用药不良反应，有无药物过敏史。

3. **实验室检查和其他检查**　评估血常规、肝肾功能、脑钠肽（brain natriuretic peptide，BNP）、电解质，尤其是血钾情况，以及心电图、心脏彩超、冠脉造影等检查。

4. **评估用药依从性及影响因素**　了解患者及家属对疾病的认知程度，教育背景，经济状况，社会及家庭支持度及心理状况等。

（二）用药安全

1. 利尿药

（1）不良反应：主要不良反应有水电解质紊乱，血糖、血脂及尿酸代谢紊乱，部分患者出现男性乳腺增生，药物耳毒性，少数可出现皮疹及血小板减少等。

（2）用药注意事项：无尿、糖尿病、高尿酸血症、急性心肌梗死、胰腺炎、低钾血症倾向者、红斑狼疮、前列腺肥大患者慎用袢利尿药及噻嗪类利尿药；无尿、肝功能不全、低钠血症、酸中毒患者慎用保钾利尿药；使用托伐普坦应避免过快纠正血钠浓度以免导致神经系统后遗症；利尿药应用期间注意监测电解质、血尿酸、肝肾功能等，尤其是预防低钾血症的发生。

（3）禁忌证：对磺胺类药过敏、有严重肝肾功能不全及肝性脑病及痛风患者禁用噻嗪类利尿药。急需升高血清钠浓度、对口渴不敏感、低血容量性低钠血症、无尿症及对托伐普坦过敏的患者禁用托伐普坦。肾功能不全、高钾血症患者慎用或禁用保钾利尿药。

（4）药物相互作用：利尿药与多巴胺合用，利尿作用加强。呋塞米、噻嗪类利尿药与肾上腺皮质激素、促皮质素、雌激素、两性霉素 B（静脉用药）等药物合用，则降低利尿药的利尿作用，并增加发生电解质紊乱（尤其是低钾血症）的风险。呋塞米及噻嗪类利尿药与抗凝药联用时，抗凝作用减弱。噻嗪类利尿药与 β 受体阻断药合用，可增强对血脂、尿酸和血糖代谢的不良影响。螺内酯与含钾药物、ACEI、ARB、环孢素 A 合用，或输注库存血，高钾血症发生率增加。呋塞米及噻嗪类利尿药与锂制剂合用，可减少肾脏对锂的清除，加重锂的肾毒性；与碳酸氢钠合用，可增加发生低氯性碱中毒的危险。

2. 洋地黄类药物

（1）不良反应：过量应用可引起洋地黄中毒，表现为各种类型心律失常如期前收缩、房室传导阻滞、窦性心动过缓等，消化道反应如厌食、恶心、呕吐和腹泻，以及神经精神异常如头痛、失眠、疲倦、谵妄、视觉障碍、黄视、绿视及视物模糊等。

（2）用药注意事项：此类药物不宜与酸、碱类配伍。低钾血症、不完全性房室传导阻滞、高钙血症、甲状腺功能减退、缺血性心脏病、心肌梗死、心肌炎、肾功能损害者慎用。用药期间应注意监测血压、心率及心律、心电图、心功能、电解质、肾功能，疑有洋地黄中毒时，应做血药浓度测定。

（3）禁忌证：室性心动过速、心室颤动、肥厚梗阻型心肌病、预激综合征伴心房颤动或扑动者禁用。

（4）药物相互作用：与奎尼丁、维拉帕米、地尔硫䓬、胺碘酮、ACEI/ARB 和 / 或螺内酯等联用，均可提高地高辛血药浓度，诱发洋地黄中毒风险。吲哚美辛可减少肾脏对地高辛的清除，延长其半衰期，有诱发洋地黄中毒的危险。红霉素由于改变肠道菌群，可增加本药在肠道吸收；而甲氧氯普胺因促进肠运动而减少地高辛的生物利用度约 25%。与两性霉素 B、皮质激素或排钾利尿药如布美他尼、依他尼酸等联用，可引起低血钾，容易引起洋地黄中毒。与钙盐注射剂、可卡因、拟肾上腺素类药联用，可增加心律失常发生风险。与 β 受体阻断药合用，可导致窦性心动过缓和房室传导阻滞。洋地黄化时静脉用硫酸镁应特别谨慎，尤其是静脉注射钙盐时，可发生心脏传导变化和阻滞。

3. 非洋地黄类正性肌力药物

（1）不良反应：多巴胺不良反应常有胸痛、呼吸困难、心悸、心律失常、全身软弱无力感，头痛、恶心、呕吐者少见，长期大剂量或小剂量用于周围血管病患者，可出现手足疼痛或手足发冷，周围血管长期收缩可能导致局部组织坏死或坏疽，使用过量时可出现血压升高。多巴酚丁胺常见的不良反应有心率加快、血压升高及心室异位搏动，偶有低血压及静脉炎的报道，恶心、呕吐、头痛、心绞痛等不良反应较少见。磷酸二酯酶抑制药可导致头痛、室性心律失常、无力、血小板计数减少等，过量时可引起低血压、心动过速等。

（2）用药注意事项：嗜铬细胞瘤、闭塞性血管病、频繁室性心律失常患者，慎用多巴胺。应用多巴胺治疗前必须先纠正低血容量，在滴注前须稀释，选用粗大的静脉作静脉注射或静脉滴注，以防药液外溢，造成组织坏死。多巴胺突然停药可产生严重低血压，故停用时应逐渐递减。多巴酚丁胺应用期间须严密监测心率和节律、血压及输注速度。磷酸二酯酶抑制药用药期间应监测心率、心律、血压、肝肾功能。急性缺血性心脏病和肝肾功能不全者慎用。

（3）禁忌证：β受体激动药的禁忌证目前尚不明确。低血压、心动过速及心肌梗死急性期禁用磷酸二酯酶抑制药。

（4）药物相互作用：①β受体激动药与单胺氧化酶抑制药联用，可增强多巴胺升压效应；与胍乙啶联用，可增强多巴胺的加压效应，降低胍乙啶的降压作用；与β受体阻断药联用，可拮抗多巴胺对心脏β_1受体的正性心率、正性肌力作用；与硝酸酯类同用，可减弱硝酸酯的抗心绞痛作用，同时多巴胺的升压作用亦减弱；与利尿药同用，具有协同增强利尿作用；多巴胺与全麻药联用，可引起室性心律失常；与三环类抗抑郁药联用，可能增加多巴胺的心血管副作用，引起心律失常、心动过速及高血压；与苯妥英钠同时静脉注射，可产生低血压与心动过缓。多巴酚丁胺与β受体阻断药配伍，可使多巴酚丁胺的效能减弱，而多巴酚丁胺的α激动药的作用更明显，导致周围血管阻力增加、血压升高。②磷酸二酯酶抑制药与丙吡胺同用，可导致血压过低；与强心、利尿、扩血管药合用，尚未见不良相互作用；与硝酸酯类合用，具有协同相加效应；与洋地黄类药物联用，具有协同增强正性肌力作用。③左西孟旦有引起低血压的风险，与其他血管活性药物同时输注时应谨慎。

4. 血管扩张药

（1）不良反应：主要为低血压，部分患者出现胸闷、心悸、头痛、恶心、呕吐等不良反应。

（2）用药注意事项：应用此类药物应监测血压变化，避免血压过低。硝普钠需避光，硝酸酯类药物应用玻璃瓶盛装。

（3）禁忌证：代偿性高血压如动静脉分流或主动脉缩窄时，禁用硝普钠。对硝酸盐过敏，严重贫血，重症脑出血，未纠正的低血容量和严重的低血压，闭角型青光眼倾向患者禁用硝酸酯类药物。

（4）药物相互作用：硝普钠与其他降压药同用可使血压剧降，与多巴酚丁胺同用可使心排血量增多而肺毛细血管楔压降低，与拟交感胺类药物同用本药降压作用减弱。硝酸酯类药物与其他降压药物同时使用会增加降血压效应，与神经抑制药和三环类抗抑郁药同用，降压效应也会增强。

5. ACEI/ARB

（1）不良反应：见本章第一节高血压。

（2）用药注意事项：低血压、双侧肾动脉狭窄、血肌酐升高（＞3mg/dl或265mmol/L）及高血钾（＞5.5mmol/L）者慎用ACEI。ARB类基本不会引起刺激性干咳、血管神经性水肿等副作用，当患者不耐受ACEI时，可改用ARB类药物。

（3）禁忌证：出现威胁生命的不良反应（血管神经性水肿、无尿性肾衰竭）、妊娠期妇女、对ACEI过敏的患者禁用ACEI。

（4）药物相互作用：ACEI与氯丙嗪合用，降压作用增强，甚至导致严重低血压。与其他降压药物合用，可协同降压。ARB与利尿药合用，降压作用增强。与补钾药或保钾利尿药合用，可能引起血钾增高。与锂剂合用，会增加锂剂的毒性反应。

6. β受体阻断药

（1）不良反应：主要不良反应有抑制心脏功能（如心肌收缩力下降、心率减慢及房室传导阻滞）、增加气道及周围血管平滑肌阻力，还可见疲乏、眩晕、抑郁、头痛、失眠或多梦，此外，还增强胰岛素抵抗，掩盖和延长低血糖反应。

笔记栏

（2）用药注意事项：慢性阻塞性肺疾病、外周血管病变及糖尿病患者慎用。用药期间应注意监测心率变化。

（3）禁忌证：急性心力衰竭、病态窦房结综合征、窦性心动过缓、房室传导阻滞、支气管哮喘的患者禁用。

（4）药物相互作用：与单胺氧化酶抑制药合用，可导致严重低血压。与普罗帕酮合用，可增加 β 受体阻断药血药浓度，引起卧位血压明显降低。与二氢吡啶类钙通道阻滞药合用，有协同降压作用，也可引起血压明显降低或心力储备下降。与非二氢吡啶类钙通道阻滞药合用，可引起低血压、心动过缓、充血性心力衰竭和房室传导阻滞，常见于高龄及合并左室衰竭、主动脉瓣狭窄或两种药物用量都较大的患者。与奎尼丁合用，可使 β 受体阻断药清除率下降、血药浓度升高，导致心动过缓、疲乏、气短等。与胺碘酮合用，可导致心动过缓和窦性停搏。

7. 伊伐布雷定

（1）不良反应：心动过缓、光幻症、视力模糊和胃肠道反应等。

（2）用药注意事项：应用 β 受体阻断药治疗后心率仍大于 70 次 /min 的慢性心力衰竭患者可应用此药。鉴于心率可能随时间大幅波动，因此在开始使用伊伐布雷定进行治疗前，或者对已经使用伊伐布雷定的患者调整剂量时，都应参考连续心率测定、心电图或 24 小时动态心电监测的结果，以明确静息心率。

（3）禁忌证：重度肝功能不全患者禁用。

（4）药物相互作用：不推荐与延长 Q-T 间期的药物合用，如胺碘酮、西沙必利等，合用可增加尖端扭转型室性心动过速的发生风险；与排钾利尿药合用时，可新增心律失常患病风险；禁止与唑类抗真菌药物（酮康唑、依曲康唑）、大环内酯类抗生素（红霉素、克拉霉素）合用，合用可明显增加伊伐布雷定血药浓度，导致心动过缓发生的风险升高。

（三）用药监测

1. 疗效监测　患者咳嗽、咳痰、气促、胸闷及呼吸困难等症状好转；肺部湿性啰音、二尖瓣反流性杂音、肺动脉瓣区第二心音亢进以及下肢水肿、颈静脉怒张等体征改善；心力衰竭标志物 BNP 水平降低；心脏超声心动图示心脏收缩、舒张功能好转等。

2. 不良反应监测　①实验室检查指标：定期监测患者的电解质、血糖、血脂、血尿酸等指标的变化，及时发现患者水电解质紊乱、血糖异常、血脂代谢紊乱、高尿酸血症等不良反应。②观察与交流：关注患者的临床表现，警惕药物不良反应如胸闷、心悸、恶心、呕吐、黄绿视或光幻症、利尿药抵抗现象、男性患者可能出现乳腺增生伴局部胀痛现象等。③心电监测：观察患者是否出现心动过速或者心动过缓、血压过低等现象。

（四）用药指导

药物治疗及不良反应防治指导如下：①向患者及家属宣教心力衰竭的病因、常见诱因、临床症状等相关知识，使其了解自己的病情以及坚持规范化药物治疗的必要性，提高用药依从性。②指导患者规范服药，用药前了解药物的使用方法，养成定期复查的习惯。③在使用洋地黄类药物时，学会自我监测脉搏、血压以及药物的不良反应，一旦出现黄视、绿视、心悸等不适时，应立即停药并及时就诊。④建议晨起或白天使用利尿药，以免夜尿增多而影响患者休息，并严格记录24 小时尿量和体重变化；使用利尿药的患者，指导其多食香蕉、苹果、菠菜和橙子等富含钾的食物。⑤β 受体阻断药和 ACEI/ARB 可预防心室重构、降低心血管事件以及改善预后，不可因症状改善而随意减量甚至停药。

（周昔红）

小　结

　　高血压药物治疗的目的是通过降低血压，以预防或延迟脑卒中、心肌梗死、心力衰竭、慢性肾功能不全等并发症发生。高血压降压药物应用基本原则包括：从小剂量开始、优先选择长效制剂、联合用药及个体化治疗。高血压降压药物包括：ACEI/ARB、β受体阻断药、钙通道阻滞药、利尿药及α受体阻断药、血管平滑肌扩张药。指导患者正确服用药物，按时按量服药，给药期间自我监测血压及药物的不良反应，注意避免降压幅度太大而导致并发症。

　　目前治疗冠心病常用药物主要有抗血小板药物、抗凝药物、抗心肌缺血药物、溶栓药物、血管紧张素转换酶抑制药、调脂药物及其他药物等。应密切注意出血风险和缺血风险的平衡。注意抗血小板药物、抗凝药物及溶栓药物的不良反应，做好用药监测。冠心病患者的用药指导除了应注重患者的用药依从性，还应培养患者能够熟练掌握心绞痛急性发作时的常规自救处理。

　　心律失常的治疗首先注意基础心脏病的治疗以及病因和诱因的纠正，并非所有的心律失常均需应用抗心律失常药物。任何抗心律失常药物都有致心律失常的风险，药物治疗心律失常时应该严格掌握心律失常药物治疗的适应证、不良反应和禁忌证。临床常用的抗心律失常药物包括：普罗帕酮、利多卡因、β受体阻断药、胺碘酮、维拉帕米、地尔硫䓬、异丙肾上腺素、阿托品、腺苷等。

　　心力衰竭治疗目标：防止和延缓心力衰竭的发生与发展、缓解症状、提高生活质量、改善长期预后、降低死亡率与住院率。慢性心力衰竭根据药物的主要作用，可将治疗慢性心力衰竭的药物分为两类，即改善症状药物和改善预后药物，前者包括利尿药、洋地黄类药物、非洋地黄类正性肌力药物、血管扩张药等；后者包括ACEI、ARB、醛固酮受体阻断药、β受体阻断药、伊伐布雷定。治疗急性心力衰竭的药物可分为基本治疗药物和血管活性药物。

思考题

1. 目前常用降压药物分类及联合用药注意事项。
2. 冠心病患者药物治疗用药指导及用药监测。
3. 胺碘酮用药注意事项及与其他药物的相互作用。
4. 洋地黄类药物的不良反应和用药注意事项。

ER5-4
第五章
目标测试

笔记栏

ER6-1
第六章
思维导图

第六章

血液系统疾病药物治疗与护理

ER6-2
第六章
血液系统疾
病药物治疗
与护理

    血液系统疾病是原发或主要累及血液和造血器官的疾病。血液流动性或造血功能的改变可导致多种疾病，如凝血亢进或纤溶能力不足，可引发血管内凝血，并形成血栓栓塞性疾病；凝血功能低下或纤溶亢进可引起出血性疾病；铁、铜、多种维生素及造血因子等造血必需物质缺乏，将导致造血功能障碍而发生贫血。药物治疗是血液系统疾病的重要治疗方法，血液病专科护士需要掌握血液系统疾病常用药物治疗方法及用药护理知识，以适应新技术、新疗法不断发展带来的机遇与挑战。

第一节　贫　血

 导入案例

    患者，男性，73岁。无明显诱因乏力、气短1个月余，加重1周，门诊就诊。既往曾诊断：高血压、慢性心力衰竭、2型糖尿病、慢性阻塞性肺疾病；饮酒30余年，已戒酒，吸烟50余年，1包/d，戒烟3年；习惯餐后饮浓茶。

    门诊查体：身高170cm，体重91kg，血压150/88mmHg，脉搏84次/min，无颈静脉怒张，听诊呼吸音清，未闻及干、湿啰音，心率84次/min，节律规整，腹部查体（－），双下肢轻度可凹性水肿。实验室检查：WBC 3.0×10^9/L，Hb 98g/L，血尿素氮24mmol/L，血肌酐1 503μmol/L，血钾4.8mmol/L，血钠141mmol/L，血清铁蛋白15.9μg/L。初步诊断为：肾性贫血。

    请思考：

    1. 临床治疗肾性贫血的药物有哪些？其药理学机制是什么？

    2. 结合案例分析在药物治疗过程中，应重点关注的主要不良反应是什么？出现不良反应时如何处置？

    3. 患者应用药物治疗肾性贫血期间护士应监测或观察哪些指标？

    4. 护士应指导其在饮食和生活方式上作出哪些调整？

    贫血是人体循环红细胞容量减少，低于正常范围下限，不能运输足够的氧至组织而产生的综合征。据世界卫生组织估计，全球有18亿人患有贫血。贫血是全球第三大伤残原因。在全球大多数地区，缺铁是导致贫血的主要原因，尤其在女性群体中。

【疾病简介】

    红细胞的生成主要取决于三大因素：造血细胞、造血调节、造血原料，这些因素中任何一种发生异常均可导致红细胞生成减少，进而发生贫血。临床上较常见以下类型的贫血：

笔记栏

（一）缺铁性贫血

由于体内贮存铁缺乏所致，是我国最常见的贫血类型，引起此型贫血的原因最多见于慢性失血，其次是铁需要量增加而摄入不足或胃肠道铁吸收不良。血象特征表现为红细胞呈小细胞低色素性。

（二）巨幼细胞贫血

由于叶酸和/或维生素 B_{12} 缺乏所致，在我国该类贫血的发生多由叶酸缺乏所致。血象特征表现为红细胞呈大细胞高色素性。

（三）溶血性贫血

溶血是红细胞遭到破坏，寿命缩短的过程。骨髓具有正常造血 6～8 倍的代偿能力，当溶血超过骨髓的代偿能力，引起的贫血即为溶血性贫血。

（四）再生障碍性贫血

由于骨髓造血组织减少引起造血功能障碍，病因、发病机制尚不清楚，目前多数学者认为发病与免疫异常有关。其贫血特征是红细胞为正常细胞正常色素性。

【药物治疗的目的及原则】

（一）药物治疗的目的

抗贫血药物治疗包括对症治疗和对因治疗。对症治疗的目的是减轻重度血细胞减少对患者的致命影响，为对因治疗发挥作用赢得时间。对因治疗的目的则是防止贫血的恶化和/或复发。

（二）药物治疗的原则

首先应明确和纠正病因或原发病，并根据发病机制采用补充造血原料或造血调节因子，免疫抑制药及支持疗法等尽快恢复红细胞容量，满足组织对氧的需求，缓解贫血症状。

1. 补充造血原料或造血调节因子　缺铁性贫血用铁剂治疗；缺乏维生素 B_{12} 或叶酸引起的巨幼细胞贫血者补充维生素 B_{12} 或叶酸；治疗慢性再生障碍性贫血选用雄激素；肾功能不全引起肾性贫血，用可刺激红细胞生成的药物。

2. 免疫抑制药　溶血性贫血治疗多无有效抗贫血药，免疫抑制药、糖皮质激素或雄激素治疗温抗体型自身免疫性溶血近期疗效较好。

【药物分类及常用药物】

临床常用药物包括铁制剂、叶酸、维生素 B_{12}、雄激素、促红细胞生成素及低氧诱导因子脯氨酰羟化酶抑制药等。

（一）铁制剂

机体缺铁时，网织红细胞成熟期中血红蛋白合成不足，但幼红细胞增殖能力不变，因此红细胞数量不减少，但红细胞中血红蛋白含量降低，形成小细胞低色素性贫血。治疗性铁剂有无机铁和有机铁两类，无机铁的不良反应较明显，以硫酸亚铁（ferrous sulfate）为代表；有机铁包括右旋糖酐铁（iron dextran）、葡萄糖酸亚铁（ferrous gluconate）、山梨醇铁、富马酸亚铁、琥珀酸亚铁和多糖铁复合物等。铁剂有口服和注射两种剂型，右旋糖酐铁是最常用的注射铁制剂，适用于严重贫血且急待纠正缺铁的患者，或不能耐受口服铁制剂或铁制剂吸收不良者。

（二）叶酸

叶酸（folic acid）属 B 族维生素，来源与铁相似，机体需从饮食中不断补充叶酸，否则易出现叶酸缺乏。叶酸缺乏可导致 DNA 合成障碍，血细胞核内 DNA 合成速度减慢，胞浆内 RNA 合成不受影响，故形成血细胞体积大而核发育较幼稚的状态，这些改变在红细胞系最为明显，造成巨幼细胞贫血。叶酸可用于治疗各种原因引起的巨幼细胞贫血，如因偏食、营养不良、婴幼儿喂养不当等所致摄入不足；妊娠、哺乳期妇女、长期发热等需要量增加，治疗时以叶酸为主，辅以维生素 B_{12}；营养性巨幼细胞贫血常合并缺铁，应同时补充铁剂。

笔记栏

123

（三）维生素 B₁₂

维生素 B$_{12}$（vitamin B$_{12}$）是细胞合成核酸的重要辅酶，在体内参与核酸合成，蛋白质和脂肪的代谢；能维持中枢及周围有髓鞘神经纤维功能的完整性。维生素 B$_{12}$ 缺乏时，阻碍四氢叶酸的循环利用，使 DNA 合成受阻，血细胞的成熟分裂停滞，造成巨幼细胞贫血。维生素 B$_{12}$ 在胃中必须与胃黏膜壁细胞分泌的内因子结合成复合物，使之免于在消化过程中遭受破坏，进入回肠被体内吸收，故维生素 B$_{12}$ 缺乏多与胃黏膜萎缩、内因子分泌缺乏或肠道吸收障碍有关。

（四）雄激素

骨髓造血功能低下时，雄激素可通过促进肾脏分泌促红细胞生成素或直接刺激提高骨髓造血功能，改善贫血症状。雄激素适用于临床各型再障的治疗。常用 4 种药物：丙酸睾酮（testosterone propionate）、司坦唑酮、十一酸睾酮、达那唑。

（五）促红细胞生成素

促红细胞生成素（erythropoietin，EPO）是由肾脏近曲小管周细胞产生的一种可调节红系干细胞生成的糖蛋白激素。促红细胞生成素一方面能够刺激骨髓红系祖细胞分化、增殖和成熟，增加红细胞数量及血红蛋白水平；另一方面能够稳定红细胞膜，增强红细胞携氧能力，从而提高机体对氧的结合、运输和供应能力。肾功能衰竭时促红细胞生成素产生减少是肾性贫血主要原因。临床上促红细胞生成素不仅用于治疗肾性贫血，也被用于其他类型贫血的治疗。运用重组技术研制的重组人促红细胞生成素（recombinant human erythropoietin，rHuEPO），广泛用于治疗慢性肾功能衰竭所致肾性贫血的治疗（包括非透析及透析患者）和癌症化疗所致贫血。透析患者若血红蛋白（Hb）< 100g/L 可开始应用 rHuEPO 治疗，避免 Hb 下降至 90g/L 以下；非透析患者若 Hb < 100g/L，基于 Hb 下降率、评估相关风险后，决定是否使用 rHuEPO 治疗。一般开始用量为每周 80~120U/kg，分 2~3 次；或 2 000~3 000U，每周 2~3 次，皮下注射或静脉注射，并根据患者 Hb 水平、Hb 升高速率等调整剂量；对非透析患者，可采用小剂量 rHuEPO 疗法，2 000~3 000U，每周 1~2 次。

（六）低氧诱导因子脯氨酰羟化酶抑制药（hypoxia-inducible factor prolyl hydroxylase inhibitors，HIF-PHI）

低氧诱导因子脯氨酰羟化酶通路负责调节 EPO 生成及维持铁平衡。低氧诱导因子（hypoxia inducible factor，HIF）是一种主要参与细胞调控和氧气输送效率的关键转录因子。HIF-PHI 可以调节 HIF 靶基因 –EPO 和优化铁利用的基因，促进内源性 EPO 的生成，改善铁的吸收和利用，降低铁调素，从而治疗肾性贫血。罗沙司他（roxadustat）是首个口服小分子 HIF-PHI 类药物，临床用以治疗肾性贫血，包括透析及非透析者。罗沙司他和 EPO 有效性相当，能纠正贫血，提升血红蛋白（Hb）水平。根据体重选择起始剂量，透析者每次 100mg（45~60kg）或 120mg（≥ 60kg），非透析者每次 70mg（40~60kg）或 100mg（≥ 60kg）。

【用药护理】

（一）用药评估

1. **评估病史**　贫血的原因，如消化性溃疡、小便带血、咯血、月经血量过多、偏好素食、烹饪方法不当、妊娠、生长期儿童等；同时了解贫血的主要症状与体征。

2. **评估用药史**　是否有导致增加铁消耗、抑制或破坏血红蛋白的药物；有无产生相互作用的药物；询问是否有铁剂、维生素 B$_{12}$、促红细胞生成素治疗及过敏史。

3. **评估身体基本状况**　生命体征、体重，各种检查的基础值，必要时评估铁剂、叶酸、维生素 B$_{12}$ 的血药浓度。

4. **治疗基线评估**　应用 EPO 治疗前需了解既往是否有血栓栓塞疾病病史，伴有高血压患者需评估血压控制情况。慢性肾病患者使用罗沙司他前应评估铁状态，纠正铁缺乏症，补铁目标为铁蛋白大于 100ng/ml，转铁蛋白饱和度大于 20%。

5. 评估心理和社会情况 患者和家属对贫血药物及饮食治疗的知识。

（二）用药安全

1. 铁制剂

（1）不良反应：口服铁剂均对胃肠道有刺激作用，常易引起恶心、呕吐、上腹不适、腹泻；有时可引起便秘，可能是铁剂与肠蠕动刺激物硫化氢结合，从而减弱肠运动。注射铁剂偶可发生过敏反应，如头痛、肌肉关节疼痛、恶心、腹痛、发热、寒战等，重者可出现心悸、血压下降。肌内注射局部可有疼痛，静脉注射可引起静脉周围疼痛甚至静脉炎。

（2）用药注意事项：①铁剂用至 Hb 正常后，继续应用 3~6 个月，以补足贮存铁。②注射制剂应避光冷贮；采用深部注射给药，注射后要检查局部有无红肿、疼痛，若肌内注射部位存在硬结，要及时理疗、热敷以促进吸收。③警惕过敏反应。右旋糖酐铁的主要不良反应为过敏反应，可在给药后的几分钟内发生。静脉注射时先注入 1~2 滴（从小壶内加入），观察 5 分钟，无不良反应再给全量。

（3）禁忌证：血色病、铁粒幼细胞贫血等体内铁过高者，严重肝肾功能异常者及铁剂过敏者禁用；酒精中毒、肝炎、胰腺炎、肠道炎症者慎用。

2. 叶酸

（1）不良反应：偶见皮疹、瘙痒、荨麻疹等过敏反应，长期服用可出现厌食、恶心、腹胀等胃肠道症状。

（2）用药注意事项：注射剂仅供肌内注射，且不得与任何注射液混合注射。

（3）药物相互作用：巴比妥类、苯妥英钠、口服避孕药、氯霉素等可降低叶酸药效。叶酸又可加速苯妥英钠代谢，并降低血药浓度，影响其抗癫痫效果。

3. 维生素 B_{12}

（1）不良反应：肌内注射偶可引起过敏反应，如皮疹、药物热，严重者可发生过敏性休克。

（2）用药注意事项：注射维生素 B_{12} 后应该注意观察患者药物反应，当发现过敏反应时，应立即停药，给予抗过敏或抗休克治疗。维生素 B_{12} 可促进 K^+ 进入细胞内，引起低血钾。低血钾及使用强心苷的患者，应慎用并注意补钾。

（3）禁忌证：维生素 B_{12} 过敏、恶性肿瘤患者及家族遗传性球后视神经炎患者禁用。

（4）药物相互作用：与考来烯胺、苯乙双胍、氨基糖苷类抗生素、对氨基水杨酸、口服避孕药等合用可减少维生素 B_{12} 吸收；维生素 C 在体外试管中可破坏维生素 B_{12}，不能与维生素 C 混合于同一溶液中给药。

4. 雄激素

（1）不良反应：长期应用可发生痤疮、声音变粗、闭经等男性化现象，或男性有性欲亢进。

（2）用药注意事项：丙酸睾酮注射剂为油质，长期注射局部肌肉易出现肿块或脓肿，应更换部位进行深部肌内注射，同时注意评估注射局部有无硬块，一旦发现及时给予理疗。

5. 促红细胞生成素

（1）不良反应：与红细胞数量快速增加、血液黏滞度增高有关。少数用药初期可出现头痛、低热、乏力等，个别可出现肌痛、关节痛等，绝大多数不良反应经对症处理后可好转，不影响继续用药，极个别病例上述症状持续存在，应考虑停药。有时会有恶心、呕吐、食欲减退、腹泻的情况发生。心脑血管系统可表现为血压升高、原有的高血压恶化及因高血压脑病致头痛、意识障碍，甚至诱发脑出血。偶可促使血栓形成。治疗期间偶有肝损害发生，表现为谷草转氨酶和谷丙转氨酶上升。极少数患者用药后可能出现皮疹或荨麻疹等过敏反应，包括过敏性休克。

（2）用药注意事项：初次使用或重新使用时，先使用少量，确定无异常反应后，再注射全量，如发现异常，应立即停药并妥善处理。治疗期间铁需求量增加，给予铁剂不应晚于治疗开始时，并在治疗期间持续补充。叶酸或维生素 B_{12} 不足会降低药物疗效；合并感染者宜于感染控制后使用。

（3）禁忌证：尚未控制的重度高血压、对哺乳动物细胞衍生产品及人血清白蛋白过敏者禁用；心肌梗死、肺栓塞、脑梗死患者，有过敏倾向患者及运动员慎用。

6. 低氧诱导因子脯氨酰羟化酶抑制药

（1）不良反应：恶心、呕吐、头晕等，如果不良反应较重，须及时就医。

（2）用药注意事项：根据体重以及是否行透析确定起始剂量；根据 Hb 水平调整药量。

（3）禁忌证：妊娠期和哺乳期女性及已知对药物活性成分或任何敷料过敏者禁用。

（三）用药监测

1. 铁剂　过量蓄积可致中毒。长期大量服用铁剂者，尤其是注射铁剂治疗，应监测铁中毒的表现，必要时查血清铁及转铁蛋白饱和度等。

2. 叶酸　治疗效果良好者，给药后 24 小时可自觉症状好转，2～5 天血象改善，叶酸缺乏症状逐渐减轻。

3. 维生素 B_{12}　一般给药后 48 小时内血象即可出现变化，维生素 B_{12} 缺乏症状及神经系统症状可明显改善，3～4 天网织红细胞明显上升，4～6 周红细胞及血红蛋白升至正常。

4. 雄激素　人工合成衍生药物对肝功能损害较重，应定期检查肝功能。

5. 促红细胞生成素　用药后 2～6 周即可评价药物的有效性，Hb 上升至 110～120g/L 即为达标，以红细胞压积增加到 30%～35% 较合适，如发现过度的红细胞生长（红细胞压积＞36%），应采取暂停用药等处理。

6. 低氧诱导因子脯氨酰羟化酶抑制药　铁缺乏与血栓栓塞事件有关，而罗沙司他治疗与血清铁蛋白和铁调素水平下降相关，补铁和监测铁是必要的。此外，在慢性肾病患者中，Hb 水平以及 Hb 上升过快可增加深静脉血栓形成、血管通路血栓形成的风险。在治疗开始或调整剂量后，应每 2 周检测一次 Hb 水平；达到并稳定在目标范围内后每 4 周监测一次。若 Hb 在 4 周内升高幅度超过 20g/L，应降低剂量或暂停治疗。

（四）用药指导

1. 铁剂　①饭后半小时服用，既可减轻胃肠道刺激不良反应又可促进吸收；液体铁剂使用吸管且服药后立即漱口，以免染蚀牙齿；控释剂不可咬碎。②避免餐后即刻饮浓茶，因茶叶所含鞣酸可与铁结合发生沉淀，影响铁的吸收。③可致排出黑色或褐绿色粪便，是铁剂在肠道细菌作用下变为硫化铁所致。④服用铁剂后便秘明显可食蜂蜜缓解。⑤维生素 C、有机酸、动物性食物及果糖可促进铁的吸收，可适当摄入。

2. 维生素 B_{12}　饭后服用可增加吸收，因食物可促进内因子分泌；饮酒可减少维生素 B_{12} 吸收，建议服药期间戒酒。

3. 叶酸　服用大剂量叶酸时，尿液呈黄色，告知患者不必担心。

4. 雄激素　使用前说明药物可致男性化现象，治疗有效者可逐渐减量，药量减少或停药后副作用会减轻直至消失。

5. 促红细胞生成素　需定期监测：①红细胞压积，用药初期每周评估 1 次，维持期每两周 1 次。②血清铁代谢的指标，如血清铁浓度下降，血清铁蛋白低于 100ng/ml，或转铁蛋白饱和度低于 20%，应补充铁剂。③血压变化，必要时应减量或停药，并调整降压药的剂量。④有无血栓形成，发现血栓形成迹象，应及时报告医生。⑤血清钾浓度，应适当调整饮食，血钾升高，应遵医嘱调整剂量。

6. 低氧诱导因子脯氨酰羟化酶抑制药　定期监测 Hb 水平和血压，对评估病情和调整用药剂量非常重要。罗沙司他疗效不受进食影响，空腹或与食物同服均可。血液透析或腹膜透析患者，可在透析治疗前后的任何时间服用。如漏服无须补服，按原计划服用下次药物即可。

ER6-3
缺铁性贫血患者的铁剂治疗与护理

笔记栏

第二节　出血性及血栓性疾病

患者，男性，63岁。主因高热、咳嗽、咳黄痰3天急诊就诊。

患者2周前因"淋巴瘤"住院并行化疗。查体：T 38℃，R 20次/min，P 104次/min，BP 100/70mmHg，神志清楚，两肺满布干、湿啰音，心率104次/min，律齐，余（－）。胸片提示双侧肺炎。以"淋巴瘤化疗后肺部感染"收入院治疗。

入院次日晨，患者诉心悸、乏力，晨起后咳痰，痰中带血，护士采血时发现采血部位出血不止，前胸部多处新发散在皮下出血点，血压70/30mmHg，实验室检查示 PLT 35×10^9/L，PT 及 APTT 均延长，D-二聚体增高，初步判断为 DIC，医嘱予抗感染、肝素钠治疗。

请思考：

1. 予肝素钠治疗 DIC 的原因和药理作用是什么？

2. 结合案例分析在肝素钠治疗期间，应重点关注的主要不良反应是什么？出现不良反应时如何处置？

3. 肝素钠治疗期间，护士应该定期监测或观察哪些指标？

出血性疾病是指由于遗传性或获得性原因，引起止血、凝血及纤维蛋白溶解机制的缺陷或抗凝机制异常，造成以自发出血或轻微创伤后出血不止为主要表现的一组疾病。出血性疾病在临床上占血液系统疾病约30%，该组疾病病因复杂，补充凝血因子、血小板及止血药物治疗是其主要治疗手段。

血栓性疾病是一组能够累及全身组织器官，严重危害人类生命健康的疾病，由于血栓形成后血流受阻，或栓子脱落导致下游血流中断，将会造成组织器官的缺血和坏死。临床上血栓性疾病的主要治疗方式为药物治疗。

【疾病简介】

人体具有完整的凝血系统和抗凝血系统。凝血过程可以被分为两个部分，即初步凝血和继发凝血，它们也分别被称作"止血"和"凝血"。止血机制及相关因素的作用见图6-1。这种初步形成的血小板栓比较松软，难以抵御血流的冲击而需要加固，加固的过程就是继发凝血。

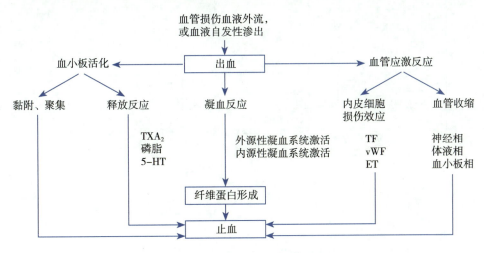

图6-1　止血机制及相关因素的作用

TXA_2：血栓素 A_2；5-HT：5-羟色胺；TF：组织因子；vWF：血管性血友病因子；ET：内皮素。

　　继发凝血是凝血因子的功能，涉及一系列凝血因子活化，呈瀑布样的级联反应，最后使纤维蛋白原转化为纤维蛋白，以交织成网状的结构将血小板牢牢锁住成坚固的血栓。凝血过程通过内源性和外源性两个途径启动，血液凝固过程见图6-2。

　　抗凝血系统包括：①抗凝血酶Ⅲ（antithrombin Ⅲ，AT-Ⅲ）是最主要抗凝血物质，它可直接使凝血酶失去活性。②纤维蛋白溶解系统。纤溶过程见图6-3。

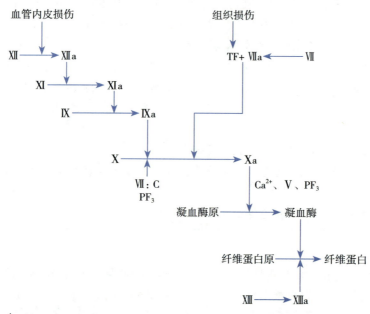

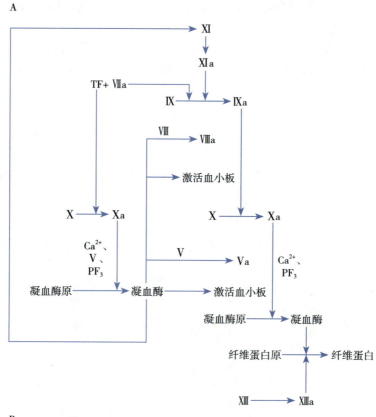

图6-2　血液凝固过程模式图

A.传统瀑布式凝血反应模式图；B.现代的瀑布式凝血反应模式图。

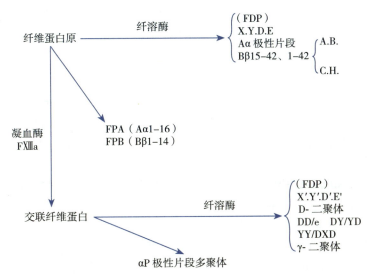

图 6-3　纤溶过程示意图

人体的凝血与抗凝血系统保持动态的平衡，才能维持血液在血管内循环流动，供应全身组织、细胞氧和营养物质。当这对系统平衡遭到破坏，会产生血栓、栓塞、出血性疾病并表现各种症状和体征。

出血性疾病按照病因及发病机制可分为：①血管壁异常，如过敏性紫癜等。②血小板量或质的异常，如特发性血小板减少性紫癜等。③凝血异常，如维生素 K 缺乏症，血友病等。④抗凝及纤维蛋白溶解异常，主要为获得性疾病，如肝素使用过量、溶栓药物过量等。⑤复合性止血机制异常，如弥散性血管内凝血（disseminated intravascular coagulation，DIC）。

血栓性疾病是指血栓形成和血栓栓塞这两种病理过程引起的疾病。血栓性疾病的病因可分为遗传性因素和获得性因素，后者又包括多种生理性状态、疾病以及药物因素（如肝素、避孕药、抗纤溶药物等）。

【药物治疗的目的及原则】

出血性疾病的药物治疗主要包括：病因治疗、止血治疗、免疫治疗。病因治疗主要适用于获得性出血性疾病防治；免疫治疗主要用于某些免疫因素相关的出血性疾病。血栓性疾病的药物治疗主要包括：去除血栓形成诱因，治疗基础疾病、抗血栓治疗及对症治疗。

（一）药物治疗的目的

出血性疾病药物治疗应根据疾病的病因及发病机制采取相应措施。止血药物目的是使出血停止或减少出血，恢复凝血与抗凝平衡。血栓性疾病药物治疗的目的是尽快溶解血栓，恢复正常血供，防止血栓的范围进一步扩大，有效地缓解患者的临床症状并预防疾病复发。

（二）药物治疗的原则

出血性疾病药物治疗原则是：①单纯血管因素所致出血一般用增加毛细血管致密度或改善血管通透性的药物治疗。②根据出血情况选用缩血管药物，如垂体后叶激素等。③DIC 抗凝治疗应在处理基础疾病的前提下，与凝血因子补充同步进行。

血栓性疾病药物治疗原则是：①新近形成或血栓栓塞主要采用溶栓治疗和介入溶栓。②静脉血栓的抗凝治疗首选普通肝素和低分子肝素。长期抗凝以华法林为主。③动脉血栓治疗需持续抗血小板治疗。

【药物分类及常用药物】

临床用于出血性疾病治疗药物主要是止血药；血栓性疾病治疗药物包括抗凝血药、抗血小板药及纤维蛋白溶解药。

笔记栏

（一）止血药

止血药是一类可使出血停止或减少出血的药物。临床常用的止血药可分为：①促进凝血过程的止血药。②抗纤维蛋白溶解药。③缩血管药。④其他类。

1. 维生素 K（vitamin K）　维生素 K 是促进凝血因子活性的药物。主要参与肝内合成凝血因子 II、VII、IX 和 X，特别是凝血因子 II 即凝血酶原的合成，维生素 K 缺乏时，肝内仅能合成无凝血活性的上述凝血因子的前体蛋白状态，从而造成凝血障碍、凝血酶原时间延长及皮肤黏膜出血。维生素 K_1、K_2 为脂溶性维生素，需胆汁协助吸收；维生素 K_3、K_4 为人工合成，属于水溶性维生素。

2. 氨甲苯酸（p-aminomethylbenzoic acid，p-AMBA）　氨甲苯酸属于纤维蛋白溶解抑制药，能抑制纤溶酶激活因子，使纤溶酶原不能转变为纤溶酶，避免纤维蛋白或纤维蛋白原的溶解，达到止血。用于出血性疾病的治疗，尤其适用于原发性纤维蛋白溶解过度所引起的出血。还可以用于链激酶、尿激酶、组织纤溶酶原激活物过量引起的出血。

3. 垂体后叶激素（pituitrin）　垂体后叶激素属缩血管药，作用于血管使其收缩，促进止血。临床多用于呼吸道咯血、肝硬化静脉曲张破裂出血及产后子宫出血过多。

4. 凝血酶（thrombin）　凝血酶为凝血因子抑制药。具有促进纤维蛋白原转化为纤维蛋白的作用，从而达到速效止血的目的。还能促进上皮细胞的有丝分裂，加速创伤愈合，是一种速效的局部止血药。因其必须直接与创面接触才能止血，主要用于毛细血管、小血管及实质性脏器局部止血以及凝血功能障碍出血的局部止血。

5. 酚磺乙胺（etamsylate）　酚磺乙胺为促进凝血过程的止血药。能够增加血液中血小板数量，激活血小板的促凝活性，同时增强毛细血管的抵抗力，降低毛细血管的通透性。此外，酚磺乙胺还可以促进凝血物质的释放，从而加速凝血过程，对凝血障碍者仍有效。常用于治疗各种血管因素和血小板因素所致的出血，也可用于治疗出血性疾病中的血小板减少性紫癜或过敏性紫癜。

6. 鱼精蛋白硫酸盐（protamine sulfate）　鱼精蛋白硫酸盐在体内能与肝素结合，使其失去抗血液凝固能力。主要用于因肝素注射过量而引起出血治疗。治疗肝素过量出血，用量与最后一次所用肝素剂量相当，即 1mg 可中和肝素 1mg，但每次不可超过 50mg。

临床其他常用止血药物的用法及用量详见表 6-1。

表 6-1　临床其他常用止血药物的用法及用量

药物分类	常用药物	用法及用量
抗纤溶药	氨基己酸	静脉注射或静脉滴注，1 次 4 ~ 8g，8 ~ 12g/d
	氨基环酸又称凝血酸、氨甲环酸、抗血纤溶环酸	静脉注射或静脉滴注每次 0.25g，1 ~ 2 次 /d
缩血管、降低毛细血管通透性药	卡络柳钠又称卡巴克洛、安络血	口服，2.5 ~ 5mg/ 次，3 次 /d；肌内注射，成人 1 次 5 ~ 10mg，2 ~ 3 次 /d

（二）抗凝血药

抗凝血药是一类能降低血液凝固，以阻止血栓形成的药物，包括能减少多种凝血因子，制止纤维蛋白形成的药物，如注射用抗凝血药物肝素、口服抗凝血药香豆素类药物、凝血酶直接抑制药及新型口服抗凝药等。

1. 肝素钠与低分子肝素　为注射用抗凝血药。肝素钠（heparin sodium）作用依赖于抗凝血酶 III（AT-III），可激活血浆中 AT-III，AT-III 能与凝血因子 II、IXa、Xa、XIa、XIIa 化学性结合，并形成稳定的复合物，使其失去活性。低分子肝素（low molecular weight heparin，LMWH）主要影响凝血因子Ⅹa的活性，对凝血酶及其他凝血因子影响不大，对血管壁、纤维蛋白溶解系统也有影响，从而协同达到抗血栓形成作用。LMWH抗Ⅹa作用远大于抗凝血酶活性（2~4）∶1，而普通肝素为1∶1，降低了出血的危险。LMWH用法为：①预防用每天总量50~100U/kg，分2次皮下注射，疗程5~10天或更长。②治疗用每天总量200U/kg。分2次皮下注射，疗程5~8天。为预防治疗相关性出血，可以行抗Ⅹa活性试验检测，使其维持在0.4~0.7IU/ml的最佳治疗剂量；也可用APTT监测，标准同普通肝素。

2. 香豆素类　为口服抗凝药。香豆素类化学结构与维生素K相似，竞争性干扰维生素K在肝脏参与合成凝血因子Ⅱ、Ⅶ、Ⅸ、Ⅹ，对已合成的四种凝血因子无影响，需等待原有凝血因子耗竭后才出现抗凝作用。本类药物包括双香豆素、醋硝香豆素（新抗凝）、华法林（warfarin）、双香豆乙酯（新双香豆素）等。主要用于防治血栓栓塞性疾病。其特点是口服有效，发挥作用慢而持久，故轻症血栓性疾病或长期需要预防血栓形成疾病可以采用，急性血栓已形成多先采用肝素治疗后再用香豆素类药物维持。临床常用香豆素类口服抗凝药物的用法及作用时间见表6-2。

表6-2　临床常用香豆素类口服抗凝药物的用法及作用时间

药物名称	剂量和用法（口服）	作用时间	
		起效/h	持续/d
华法林	首次6~20mg，维持量2~5mg/d	2~8	4~5
醋硝香豆素	第1天6~12mg，维持量2~10mg/d	12~24	1.5~2
双香豆乙酯	第1天0.6~0.9g/d，分2~3次口服，以后0.3~0.6g/d	8~12	2~3

3. 凝血酶直接抑制药　包括水蛭素（hirudin）及来匹卢定（lepirudin）等，直接抑制凝血酶所催化和诱导的反应，减少纤维蛋白的生成，用于预防血栓形成。

4. 新型口服抗凝药　新型口服抗凝药（new oral anticoagulants，NOACs），主要包括Ⅱa因子抑制药与Ⅹa因子抑制药等。NOACs可产生与华法林同等的抗栓效果和更小的出血不良反应，主要临床应用为替代华法林。临床常用药如达比加群酯（dabigatran etexilate）、利伐沙班（rivaroxaban）、阿哌沙班（apixaban）、依度沙班（edoxaban）及贝曲沙班（betrixaban）等。

（三）抗血小板药

抗血小板药物即具有抑制血小板黏附、聚集及释放，阻止血栓生成等功能的药物。临床用于血栓性疾病治疗的抗血小板药物包括血栓素A_2（thromboxane A_2，TXA_2）的合成抑制药及抑制血小板膜糖蛋白Ⅱb/Ⅲa活化药。①TXA_2合成抑制药：常用药物阿司匹林主要通过抑制环氧化酶-1从而抑制TXA_2的合成；奥扎格雷则是TXA_2合成酶抑制药。②抑制血小板膜糖蛋白Ⅱb/Ⅲa活化药：二磷酸腺苷（Adenosine Diphosphate，ADP）与P2Y12受体结合后，可间接激活GPⅡb/Ⅲa。常用药物氯吡格雷（clopidogrel）和替格瑞洛（ticagrelor）均是通过阻断ADP受体抑制血小板内Ca^{2+}活性，抑制血小板之间纤维蛋白原桥的形成。其中氯吡格雷的活性代谢产物不可逆地阻断P2Y12受体与ADP结合，替格瑞洛及活性代谢产物可逆地阻断P2Y12受体与ADP结合。阿昔单抗（abciximab）、替罗非班（tirofiban）则是GPⅡb/Ⅲa受体阻断药，可直接阻止GPⅡb/Ⅲa受体与纤维蛋白原的结合从而抑制血小板聚集。

（四）纤维蛋白溶解药

纤维蛋白溶解药可使纤维蛋白原转变为纤溶酶原，从而降解纤维蛋白原和纤维蛋白，而限制血栓增大和溶解新生成的血栓。纤维蛋白溶解药包括链激酶（streptokinase）、尿激酶（urokinase）及组织型纤溶酶原激活药（tissuse-type plasminogen activator，t-PA）等，能激活纤维蛋白溶解酶

笔记栏

原，使其转化为纤维蛋白溶解酶，继之水解纤维蛋白及纤维蛋白原，使血栓溶解。链激酶从溶血性链球菌培养液中提取，具抗原性；尿激酶由人尿中分离获得，不具抗原性；t-PA、阿替普酶（alteplase）和瑞替普酶（reteplase，r-PA）为第二、三代溶栓药，对纤溶酶原选择性比链激酶和尿激酶强。阿替普酶是重组 t-PA，对纤维蛋白具有特异性的亲和力，可选择性地激活血凝块中的纤溶酶原，具有较强的局部溶栓作用。瑞替普酶是 t-PA 的"缺失型突变体"，保留了较强的纤维蛋白选择性溶栓作用，与血栓结合相对松散，该特点明显提高了瑞替普酶对血凝块的穿透力，增强了其溶栓能力。

【用药护理】
（一）用药评估
1. 评估病史 出血性疾病出血时间长短、周期、次数与出血量、部位与出血物性状。评估营养吸收状态，有无减少维生素 K 形成的不利因素。血栓栓塞性疾病及其他凝血机制障碍疾病的病史，是否患有高血压、冠心病、癫痫等疾病。大量抗凝药物的应用易导致出血的发生，治疗前应重点评估是否有出血倾向及血友病、血小板减少症、严重高血压、溃疡病等病史。

2. 评估用药史 是否用过抗凝药，是否应用过止血药物，有无过敏反应；氨甲苯酸与口服避孕药合用有增加血栓形成的危险，女性育龄患者用药前应询问避孕方式；鱼精蛋白硫酸盐治疗前询问有无鱼类过敏。

3. 评估身体基本状况 生命体征、皮肤颜色、温度、末梢循环状况。

4. 治疗基线评估 相关化验检查的结果，如血常规、凝血时间、凝血酶原活动度、血型等。

5. 评估心理和社会情况 患者对止血药和抗凝血药治疗不良反应的认识。

（二）用药安全
1. 维生素 K

（1）不良反应：口服维生素 K_3、K_4 易引起恶心、呕吐。肌内注射维生素 K_1，可引起局部红肿和疼痛。较大剂量维生素 K 可致新生儿溶血性贫血、高胆红素血症，对红细胞缺乏葡萄糖 -6- 磷酸脱氢酶的成人也可诱发急性溶血。

（2）用药注意事项：维生素 K_1 遇光易分解，应注意避光。

（3）禁忌证及药物相互作用：肝功能不全者应慎用。与口服抗凝药（如香豆素类）合用，抗凝效果减弱。维生素 K_3 注射液禁忌与硫喷妥钠、环磷酰胺、垂体后叶激素、盐酸万古霉素、异丙嗪、氯丙嗪等注射药配伍，可发生变色或沉淀。

2. 氨甲苯酸

（1）不良反应：静脉用药使用过程可有头痛、头晕、胸闷、嗜睡或消化道反应，停药后，对症治疗可消失；应用过量可能形成血栓，甚至诱发心肌梗死。

（2）用药注意事项：口服每天最大量为 2g。静脉注射或静脉滴注，1 天不超过 0.6g，速度要慢，以防发生低血压或心动过缓或其他心律失常。

（3）禁忌证：有血栓形成倾向者禁用。可抑制尿激酶，肾盂、输尿管有形成凝血块的可能，泌尿科手术后或肾功能不全者慎用。

3. 垂体后叶激素

（1）不良反应：偶见面色苍白、心悸、出汗、胸闷、腹痛等过敏表现。

（2）用药注意事项：卡络柳钠的药物为白色水溶液，若变为棕红色不可使用。药物中含水杨酸，长期应用可产生水杨酸反应。

（3）禁忌证：高血压、冠心病及癫痫患者禁用。

4. 凝血酶

（1）不良反应：本药为蛋白质，少数情况下可出现过敏反应、荨麻疹、低血压等。

（2）用药注意事项：配制和使用时注意：①溶解状态的凝血酶迅速失去活性，应现用现配。

②避免遇热、酸、碱或重金属盐类，以免活性下降而失效。③严禁静脉、肌内或皮下注射，可导致血栓、局部组织坏死。

5. 酚磺乙胺

（1）不良反应：部分患者注射用酚磺乙胺后，可出现恶心呕吐、头晕头痛等症状，适当饮温热水，促进体内血液循环，可缓解症状。

（2）用药注意事项：在使用注射用酚磺乙胺前，先行皮试，如果对药物过敏，不建议使用；注意局部注射针眼部位的清洁，短时间内避免沾水及用手去触摸，以免增加细菌感染风险。

6. 鱼精蛋白硫酸盐

（1）不良反应：静脉注射过快可致心动过缓、低血压、胸闷、呼吸困难、面潮红等。

（2）用药注意事项：注射液应存放在 2~8℃处，粉末可存放在 15~30℃，不可冰冻。治疗自发性出血，连续应用不应超过 3 天。

7. 肝素钠及低分子肝素钠

（1）不良反应：大剂量应用可引起出血。常见注射部位皮下血肿，极少见血小板减少症、皮肤坏死、过敏反应及注射部位外的出血。

（2）用药注意事项：低分子肝素溶化后的溶液冷藏保存在 12 小时内使用，不可肌内注射。

（3）禁忌证：对本品过敏、急性胃及十二指肠溃疡、脑出血、中枢神经系统及眼、耳受伤或手术等禁用。慎用于血小板减少症及血小板功能缺陷、严重肝肾功能不全、未能控制的高血压、高血压性或糖尿病性视网膜病患者。

8. 香豆素类

（1）不良反应：少数可有荨麻疹、脱发、恶心、呕吐、粒细胞缺乏等。

（2）用药注意事项：用量过大易引起出血，早期可见牙龈出血，严重者尿血、消化道出血等，甚至可致脑出血。本品易通过胎盘并致畸胎。

（3）禁忌证及药物相互作用：伴充血性心力衰竭、肝肾功能不全、糖尿病、维生素 K 缺乏、过敏性疾病等慎用。巴比妥类、苯妥英钠、利福平等药能促进肝微粒体酶活性，加速香豆素类代谢而降低抗凝作用。口服大量广谱抗生素（抑制肠道细菌，使维生素 K 生成减少）、阿司匹林、吲哚美辛、保泰松、潘生丁等均可使香豆素类药物抗凝作用增强。

9. 纤维蛋白溶解药

（1）不良反应：主要表现为皮肤黏膜出血、血尿、小量呕血、咯血。少数患者可出现过敏反应，表现荨麻疹、发热、皮疹等，其中以链激酶比尿激酶更易引起严重过敏反应。

（2）用药注意事项：应用链激酶前半小时给予异丙嗪 25mg，肌内注射，并予少量地塞米松（2.5~5mg）滴注，以防引起寒战、发热等反应。不可用酸性液体稀释，使用时现用现配，否则溶解后存放会失去活性，使药效降低。不可肌内注射给药，静脉注射后穿刺部位应加压止血。

（3）禁忌证：使用本类药物期间，禁用肝素和口服抗凝药，且避免进行有创性检查及治疗。出血性疾病、严重高血压、溃疡病、新近手术和外伤史等禁用；房颤、肝肾功能不全等慎用。

10. 抗血小板药　参考第五章第二节冠状动脉粥样硬化性心脏病。

（三）用药监测

1. 维生素 K　观察及处理包括：①肌内注射维生素 K_1 时注意观察局部反应，发生局部红肿和疼痛者应及时停用。②经常测定凝血酶原时间，严防过量致毒性反应。③静脉注射要慢，监测血压及患者表现，发现低血压及时处理。

2. 垂体后叶激素和凝血酶　注意观察是否出现过敏反应，若发生应即刻停药，给予相应的抗过敏处理。

3. 鱼精蛋白硫酸盐　在短时间内用量不超过 100mg。静脉注射时速度应缓慢，注射后每 15~30 分钟测血压及脉搏 1 次，至少监护 2~3 小时。

笔记栏

4. 肝素　治疗期间应：①定期监测凝血时间、凝血酶原时间、血小板计数，如凝血时间＞30分钟或凝血酶原时间＞100秒均表明用药过量。观察并询问患者皮肤及黏膜有无出血，注意患者每日尿、便颜色，发现自发性出血立即停药。②出血严重时，可缓慢静脉注射肝素特殊解毒药鱼精蛋白硫酸盐，亦可补充凝血因子输全血及血浆。③发生过敏反应及时停药，并给予抗过敏处理。④皮下注射后注意观察有无皮下血肿，嘱患者注意局部皮肤的保护，勿擦破。

> **知识链接**
>
> **肝素治疗有效指标及停药指征**
>
> 提示肝素治疗有效：①出血停止或逐步减轻。②休克改善或纠正。③尿量增加。④PT比治疗前缩短5秒以上，纤维蛋白原及血小板计数不再进一步下降或有不同程度的回升。⑤其他凝血现象检查逐步改善。
>
> 停药指征：①诱发DIC的原发病已控制或缓解。②临床上病情改善明显，如停止出血、休克纠正、有关脏器恢复正常。③PT缩短到接近正常，纤维蛋白原升到 $1.0 \sim 1.5g/L$ ，血小板数量逐渐回升或至少不再下降。④APTT超过肝素治疗前2.5倍。或PT超过30秒。凝血酶时间超过50秒。APTT延长接近100秒。⑤出现肝素过量的表现。

5. 华法林　少数患者发生荨麻疹、脱发、恶心、呕吐、粒细胞缺乏等，应密切观察症状变化，较重反应者应立即停药，并予对症治疗。给药2天后每天监测凝血酶原时间国际标准化比值（International Normalized Ratio，INR）维持在正常值的 $2 \sim 3$ 倍。若发生出血应即刻停药。

6. 纤维蛋白溶解药　用药期间：①定期做凝血时间和凝血酶原时间测定，发现少量出血遵医嘱予对症治疗即可减轻；大量咯血或消化道大出血应即刻停药，使用特效解毒药或输新鲜全血。②冠状动脉注射时，密切观察有无再灌注性心律失常。③观察有无过敏反应，一旦发生立即停药且给予抗过敏处理。

7. 抗血小板药　参考第五章第二节冠状动脉粥样硬化性心脏病。

（四）用药指导

1. 告知患者饭后服用维生素K，以减轻对胃肠刺激。注意使用维生素K每次剂量要适宜，不可超过30mg。

2. 指导长期服用华法林者初始治疗及调整剂量期间每周查 $2 \sim 3$ 次INR。劝告育龄妇女服用华法林期间不要妊娠，妊娠者应考虑终止妊娠。用于治疗栓塞性静脉炎时，应告诉患者为避免复发，需采用以下措施：①避免长时间固定一个姿势，每半小时应适当活动。②坐位时抬高双腿。③避免穿紧身裤、袜。上述措施可减轻静脉淤血，以减少血栓形成的危险。

第三节　血液系统恶性肿瘤

> **导入案例**
>
> 患者，女性，41岁。无明显诱因出现鼻塞、流涕不适，渐进性加重1个月余，涕多清涕，带少量血丝。耳鼻喉科就诊，行鼻窦核磁示：左侧中下鼻道内肿块阴影，考虑鼻息肉或淋巴瘤可能。为求进一步治疗就诊于血液科，结合临床症状及病理结果，确诊为弥漫性

笔记栏

大 B 细胞淋巴瘤。予 EPOCH 方案（依托泊苷＋泼尼松＋长春新碱＋环磷酰胺＋阿霉素）化疗后出院。此次入院为行第 2 疗程化疗。入院后患者诉口干，口腔疼痛，进食困难，只能进食流质。护士评估患者口腔状况，发现其口腔黏膜和舌多处红斑、糜烂、溃疡，牙龈肿胀，有自发性出血。初步判断为化疗相关性口腔黏膜炎。

请思考：

1. 结合案例分析患者发生化疗相关性口腔黏膜炎的可能原因是什么？
2. 如何评估患者发生化疗相关性口腔黏膜炎的风险等级？
3. 在化疗期间，可采取哪些措施预防化疗所致的口腔黏膜炎？
4. 护士应重点监测和关注的化疗相关不良反应有哪些？如何预防及处置？

血液系统恶性肿瘤（hematopoietic malignancy，HM）是血液系统的常见病和多发病，主要包括急性髓细胞性白血病（acute myeloid leukemia，AML），急性淋巴细胞白血病（acute lymphoblastic leukemia，ALL），慢性淋巴细胞白血病（chronic lymphocytic leukemia，CLL），多发性骨髓瘤，霍奇金和非霍奇金淋巴瘤等。近年来，血液系统恶性肿瘤的发病率上升趋势十分明显，淋巴瘤的发病率约为 6.68/10 万，发病率仍在逐年升高；白血病发病率约为 2.76/10 万，在儿童肿瘤中占首位。HM 的传统治疗方法为放疗、化疗和造血干细胞移植（hematopoietic stem cell transplantation，HSCT）。近年来，随着对肿瘤细胞生物学和遗传学认识的飞速发展，一系列与 HM 发病机制密切相关的基因、受体、抗原、细胞内关键分子相继被发现，引发了以这些靶向为目标的新型药物的研发。这一类新型药物被称为分子靶向治疗药物。靶向治疗被认为是治疗 HM 最具前景的手段。

【疾病简介】

（一）白血病

白血病是一类原因未明的造血干细胞的恶性克隆性疾病。我国急性白血病比慢性白血病多见，其中以急性非淋巴细胞白血病最多。临床常用的白血病分类方法如下：

1. 根据白血病细胞成熟程度和白血病自然病程分类 分急性和慢性两类。急性白血病的细胞分化停滞在较早阶段，多为原始细胞及早期幼稚细胞，病情发展迅速，自然病程仅数月。慢性白血病的细胞分化停滞在较晚阶段，多为较成熟幼稚细胞和成熟细胞，病情发展慢，自然病程可达数年。

2. 按照主要受累细胞系列分类 分为急性淋巴细胞白血病与急性非淋巴细胞白血病，慢性白血病包括慢性髓系白血病（简称慢粒）和慢性淋巴细胞白血病。

（二）淋巴瘤

淋巴瘤是起源于淋巴造血系统的恶性肿瘤，根据病理学改变可分为霍奇金淋巴瘤（Hodgkin lymphoma，HL）和非霍奇金淋巴瘤（non-Hodgkin lymphoma，NHL）。非霍奇金淋巴瘤中，弥漫性大 B 细胞淋巴瘤（diffuse large B-cell lymphoma，DLBCL）是最常见的侵袭性恶性淋巴瘤，相较于其他淋巴系统恶性肿瘤预后更差。

【药物治疗的目的及原则】

（一）药物治疗的目的

白血病治疗的根本目的在于彻底消除体内的肿瘤细胞，使正常造血功能得以恢复，患者长期存活乃至治愈。淋巴瘤治疗目的是提高患者长期生存的生活质量，最大限度地减少治疗相关的远期并发症。

（二）药物治疗的原则

根据白血病、淋巴瘤的类型，病情程度和客观条件合理选择化疗方案。治疗方案宜个体化，随时调整剂量，注意防治感染和出血，必要时加强支持治疗，以保证化疗的顺利进行。

笔记栏

【药物分类及常用药物】

药物治疗主要包括细胞毒类抗肿瘤药、靶向治疗、激素治疗及联合化疗等。

（一）细胞毒类抗肿瘤药

1. 细胞周期特异性药物　对 G_0 期细胞不敏感，只能杀灭增殖周期中的某期细胞，如 S 期或 M 期细胞，前者为阻止核酸生物合成的药物：甲氨蝶呤、阿糖胞苷、巯嘌呤和硫鸟嘌呤、羟基脲等；后者为影响微管蛋白和有丝分裂的药物：长春新碱类药物，包括长春碱、长春新碱和长春酰胺等。

（1）甲氨蝶呤（methotrexate，MTX）：为抗叶酸类抗肿瘤药，化学结构与叶酸相似，其阻断二氢叶酸还原为四氢叶酸，并阻断胸腺嘧啶的生物合成，使 DNA 合成障碍，可有效抑制肿瘤细胞增殖。大剂量氨甲蝶呤（ $1\sim2g/m^2$ ），可穿过血脑屏障、睾丸屏障等部位，大大提高抗白血病肿瘤化疗药物的疗效。目前已开始用大剂量甲氨蝶呤和大剂量阿糖胞苷疗法替代颅脑放疗。

（2）阿糖胞苷（cytarabine，Ara-C）：通过抑制 DNA 聚合酶阻止细胞 DNA 合成，干扰细胞增殖；也可掺入 DNA 和 RNA 中干扰其复制，使细胞死亡。临床主要用于治疗各型急性白血病，特别是急性粒细胞白血病和脑膜白血病，亦可用于恶性淋巴瘤联合化疗。可透过血脑屏障，经肾、胆汁代谢。可肌内注射、静脉推注或滴注给药，也可鞘内给药，每次 $10\sim25mg$，每周 $1\sim2$ 次，预防用药每 $4\sim8$ 周一次。

（3）巯嘌呤（6MP）和硫鸟嘌呤（6TG）：抑制嘌呤合成的抗代谢周期特异性化疗药。可竞争性抑制次黄嘌呤和鸟嘌呤的转变过程，从而抑制 DNA 的合成，对 S 期细胞最为敏感。临床主要用于急性淋巴细胞白血病、非淋巴细胞白血病和慢性粒细胞白血病急变期治疗，也可用于某些恶性淋巴瘤治疗。6MP 可透过血脑屏障，与别嘌醇同用可减少肾排泄而增效 $2\sim4$ 倍。

（4）羟基脲（hydroxyurea，HU）：抑制核苷酸还原酶，阻止胞苷酸转变为脱氧胞苷酸，从而抑制 DNA 的合成。对 S 期细胞有选择性杀伤作用。还可提高放射线的疗效。临床主要用于慢性粒细胞白血病，且有显著疗效。

（5）长春碱类：包括长春碱（vinblastine，VLB）、长春新碱（vincristine，VCR）、长春地辛和长春瑞滨等。主要作用机制是在受体部位与纺锤体微管蛋白结合，影响微管蛋白装配，使有丝分裂停滞在中期。此外，也可以抑制 tRNA 与核糖体的结合。长春碱则主要用于淋巴瘤（尤其是 HL）治疗。长春新碱可用于各种急慢性白血病、恶性淋巴瘤，由于骨髓抑制轻，往往是多种联合化疗中的组成部分。

2. 周期非特异性药物　与增殖期细胞及 G_0 期细胞产生 DNA 交叉联结反应，对肿瘤细胞杀伤力较强，但选择性差，包括：①直接影响 DNA 结构和功能药物：各种烷化剂、丝裂霉素和博来霉素、顺铂和卡铂、喜树碱和鬼臼毒类药等。②干扰转录过程和阻止 RNA 合成的药物：蒽环类抗生素等。③抑制蛋白质合成与功能的药物：三尖杉生物碱类、L-门冬酰胺酶。

（1）环磷酰胺（cyclophosphamide，CTX）：最常用的烷化剂类抗肿瘤药，进入体内后在肿瘤细胞内经肝微粒体细胞色素 P450 代谢成有活性的磷酰胺氮芥，后者对肿瘤细胞有细胞毒作用，具有较高的器官特异性。可干扰 DNA 及 RNA 功能，尤以对前者的影响更大，抑制 DNA 合成，S 期细胞对其最敏感。对恶性淋巴瘤疗效显著，对多发性骨髓瘤、急性淋巴细胞白血病均有一定的疗效。

（2）博来霉素（bleomycin，BLM）：碱性多肽类广谱抗肿瘤抗生素。通过与铜或铁离子络合，使氧分子变成氧自由基，从而使 DNA 单链断裂，阻止 DNA 复制，干扰细胞分裂繁殖。临床用于恶性淋巴瘤治疗。

（3）鬼臼毒类：包括依托泊苷（etoposide，VP-16）和替尼泊苷（teniposide，VM-26），主要作用于 DNA 拓扑异构酶Ⅱ，形成药物－酶－DNA 稳定的可逆性复合物，阻碍 DNA 复制、转录和修复。VP-16 毒性低，临床用于恶性淋巴瘤等。VM-26 抗肿瘤作用强，对儿童白血病疗效较好。

（4）蒽环类抗生素：通过插入 DNA 双螺旋与其形成非共价结合，从而干扰 DNA 上遗传信息转录到依赖 DNA 的 mRNA 上，转录受阻。包括柔红霉素（daunorubicin）、阿霉素（doxorubicin，多柔比星）、表阿霉素（pharmorubici，表柔比星）、米托蒽醌、伊达比星（idarubicin）等。临床用于急性白血病、淋巴瘤、骨髓增生异常综合征等血液系统恶性肿瘤，是血液系统恶性肿瘤治疗的基础性药物。

（5）三尖杉生物碱类：包括三尖杉碱酯和高三尖杉碱酯（homoharringtonine，HHT）。可抑制蛋白质合成的起始阶段，核 DNA 和胞浆 RNA 减少、多聚核糖体解聚，并抑制有丝分裂。它对各期细胞均敏感。临床主要用于白血病，特别是急性髓细胞性白血病治疗。

（6）门冬酰胺酶（L-asparaginase，L-ASP）：因人体正常细胞能自行合成门冬酰胺而大多数肿瘤细胞则不能，因而应用此酶后细胞外液中的门冬酰胺水解成天冬氨酸，使肿瘤细胞缺乏门冬酰胺，导致蛋白质合成障碍，增殖受到抑制。多与甲氨蝶呤、阿糖胞苷等合用，以诱导缓解急性淋巴细胞白血病等。

（二）靶向治疗

这类药物包括：①单克隆抗体，代表药物如利妥昔单抗（rituximab）、曲妥珠单抗、西妥昔单抗等。②表皮生长因子信号转导抑制药，代表药物为伊马替尼（imatinib）、吉非替尼、埃罗替尼、达沙替尼等。③泛素蛋白酶体抑制药，代表药物为硼替佐米。④新生血管形成抑制药，包括血管内皮抑素和沙利度胺。⑤细胞分化诱导药，三氧化二砷（arsenic trioxide，ATO）和全反式维 A 酸（all-trans-retinoic acid，ATRA）。常用药物包括淋巴瘤治疗的利妥昔单抗及白血病治疗的伊马替尼、亚砷酸和全反式维 A 酸。

1. 利妥昔单抗 是一种人鼠嵌合性单克隆抗体，能特异性地与跨膜抗原 CD20 结合。CD20 抗原位于前 B 和成熟 B 淋巴细胞的表面，而造血干细胞、后 B 细胞、正常浆细胞或其他正常组织不表达 CD20。95% 以上的 B 细胞性非霍奇金淋巴瘤肿瘤细胞表达 CD20。利妥昔单抗与 B 细胞上的 CD20 抗原结合后，引起 B 细胞溶解的免疫反应。目前，利妥昔单抗联合化疗是治疗 CD20 阳性 B 细胞淋巴瘤的一线方案。

2. 伊马替尼及达沙替尼 属于蛋白酪氨酸激酶抑制药。能选择性抑制 Bcr-Abl 阳性细胞系细胞、Ph 染色体阳性的慢性粒细胞白血病和急性淋巴细胞白血病患者的新生细胞的增殖和诱导其凋亡。此外，还可抑制血小板衍化生长因子（platelet-derived growth factor，PDGF）受体、干细胞因子、c-Kit 受体的酪氨酸激酶，从而抑制由 PDGF 和干细胞因子介导的细胞行为。用于治疗慢性粒细胞白血病急变期、加速期或干扰素治疗失败后的慢性期患者。达沙替尼是第三代抗肿瘤靶向药物，针对费城染色体和 SRC 基因变异的酪氨酸激酶抑制药，可抑制血管内皮生长因子受体、成纤维细胞生长因子受体等激酶的活性，主要用于伊马替尼治疗后期的慢性粒细胞白血病以及费城染色体呈阳性的急性髓性白血病患者。

3. 全反式维 A 酸 可诱导带有 t（15；17）（q22；q21）/PML-RARα 融合基因的早幼粒白血病细胞分化成熟。主要用于急性早幼粒细胞白血病的治疗。ATRA+ 蒽环类药物联合化疗的完全缓解（CR）率可达 70% ～ 95%，同时降低"分化综合征"（differentiation syndrome，DS）的发生率和死亡率。

4. 三氧化二砷 其作用机制可能是通过干扰巯基酶的活性，调控癌相关基因表达以及阻抑细胞周期的进程等途径，从而发挥其抗癌的生物学效应。对急性早幼粒细胞白血病细胞具有诱导分化，诱导凋亡并能杀灭和抑制其增殖的作用。ATRA+ 蒽环类的基础上加用 ATO 能缩短达到 CR 的时间，不能耐受蒽环类则采用 ATRA+ATO 双诱导。

（三）激素治疗

白血病治疗中较常用糖皮质激素，其作用机制为：①大剂量时抑制核酸代谢，并在翻译水平抑制蛋白质合成。②抑制有丝分裂。③加强糖原异生、抑制肿瘤对葡萄糖的摄取，降低氧化代谢

笔记栏

137

和无氧糖酵解，使肿瘤细胞和淋巴细胞的能量明显减少。④促进氧化 – 磷酸化作用脱节，抑制 ATP 高能磷酸键形成以及细胞色素酶系的活性。常用药物包括：泼尼松、地塞米松等。

（四）联合化疗

白血病和恶性淋巴瘤的联合治疗占重要地位，其最终目的就是更安全、更有效的提高治愈率。

1. 白血病　急性白血病的化疗过程分为两个阶段，即诱导缓解和缓解后治疗。急淋白血病诱导方法主要为 VP、VDLP、MVLD 等；急性粒细胞白血病诱导方法主要为 DA、HA；急性早幼粒细胞白血病多采用全反式维 A 酸及阿糖胞苷等药物治疗。急性白血病常用联合化疗方案见表 6-3。对于慢粒白血病治疗应着重于慢性期早期，首选分子靶向药物酪氨酸激酶抑制药（tyrosine kinase inhibitor，TKI）甲磺酸伊马替尼（imatinib mesylate，IM）。

表 6-3　急性白血病常用联合化疗方案

治疗方案	药物	剂量	用法	说明
急淋				
VP	（V）长春新碱	1 ~ 2mg/d	第 1 天，每周 1 次，静脉注射	此方案常见的副作用是骨髓抑制和消化道反应 CR 率 50%
	（P）泼尼松	40 ~ 60mg/d	每天分次口服	
VDLP	（V）长春新碱	1 ~ 2mg/d	第 1 天，每周 1 次，静脉注射	此方案最主要的副作用是骨髓抑制和柔红霉素所致心脏毒性 4 周为一疗程，成人 CR 率 77.8%
	（D）柔红霉素	30 ~ 40mg/（m^2·d）	第 1 ~ 3 天，每周 3 次，静脉注射	
	（L）门冬酰胺酶	5 000 ~ 10 000U/d	每天 1 次，共 10 天，静脉滴注	
	（P）泼尼松	40 ~ 60mg/d	每天分次口服	
急非淋				
IA/DA	（I）去甲氧柔红霉素	12mg/（m^2·d）	第 1 ~ 3 天，每天 1 次，静脉注射	此方案的主要毒副作用是骨髓抑制和胃肠道反应 CR 率 60%
	（D）柔红霉素	60 ~ 90mg/（m^2·d）	第 1 ~ 7 天，每天 1 次，静脉滴注	
	（A）阿糖胞苷	100 ~ 150mg/（m^2·d）	7 天 1 个疗程，间歇 1 ~ 2 周	
HA	（H）高三尖杉酯碱	3 ~ 4mg/d	第 1 ~ 7 天，每天 1 次，静脉滴注	此方案主要的毒副作用是骨髓抑制 CR 率 60% ~ 65%
	（A）阿糖胞苷	100 ~ 150mg/（m^2·d）	第 1 ~ 7 天，每天 1 次，静脉滴注	

2. 淋巴瘤　霍奇金淋巴瘤化疗一线首选方案为 ABVD，其次为 MOPP 方案，主要用于 ABVD 方案无效或复发难治的 HL，此方案可能会导致急性非淋巴细胞白血病及不育。为防止此方案诱发继发性白血病、不育症和继发性肿瘤的副作用，多采用 CTX 代替氮芥成为 COPP 方案。绝大多

笔记栏

数类型的 NHL 可选用 CHOP 方案。随着利妥昔单抗的出现，R-CHOP 逐渐成为主流，用于治疗初治、晚期中度恶性 B 细胞 NHL，近期疗效较单用 CHOP 高，可提高缓解率和治愈率。2023 年靶向 CD79b 的抗体药物偶联物维泊妥珠单抗（polatuzumab vedotin）获得中国国家药品监督管理局批准用于淋巴瘤治疗，适应证分别为：联合利妥昔单抗、环磷酰胺、多柔比星和泼尼松用于治疗既往未经治疗的弥漫性大 B 细胞淋巴瘤（DLBCL）成人患者；以及联合达莫司汀和利妥昔单抗治疗不适合接受造血干细胞移植的复发或难治性弥漫性大 B 细胞淋巴瘤成人患者。恶性淋巴瘤常用联合化疗方案见表 6-4。

表 6-4　恶性淋巴瘤常用联合化疗方案

治疗方案	药物	剂量	用法	说明
HL				
ABVD	（A）多柔比星	25mg/（m²·d）	4 种药物均在第 1 天及第 15 天静脉滴注 1 次	疗程间休息 2 周
	（B）博来霉素	10mg/（m²·d）		
	（V）长春地辛	6mg/（m²·d）		
	（D）达卡巴嗪	375mg/（m²·d）		
MOPP	（M）氮芥	4mg/（m²·d）	第 1，8 天，静脉滴注	疗程间休息 2 周（共 6 个疗程）
	（O）长春新碱	1~2mg/d	第 1，8 天，静脉滴注	
	（P）丙卡巴肼	70mg/（m²·d）	口服，连续 14 天	
	（P）泼尼松	40mg/d	口服，连续 14 天	
NHL				
CHOP	（C）环磷酰胺	750mg/（m²·d）	第 1 天，静脉滴注	2~3 周一疗程，连用不少于 6 个疗程
	（H）多柔比星	50mg/（m²·d）	第 1 天，静脉滴注	
	（O）长春新碱	1.4mg/（m²·d）	第 1 天，静脉滴注	
	（P）泼尼松	100mg/d	口服，第 1~5 天	
R-CHOP	（R）利妥昔单抗	375mg/d	第 1 天，静脉滴注	2 周或 3 周一疗程
	（C）环磷酰胺	750mg/（m²·d）	第 2 天，静脉滴注	
	（H）多柔比星	50mg/（m²·d）	第 2 天，静脉滴注	
	（O）长春新碱	1.4mg/（m²·d）	第 2 天，静脉滴注	
	（P）泼尼松	100mg/d	口服，第 2~6 天	
EPOCH	（E）依托泊苷	50mg/（m²·d）	第 1~4 天，静脉滴注	2~3 周一疗程
	（P）泼尼松	60mg/d	第 1~5 天，每天 2 次口服	
	（O）长春新碱	0.4mg/（m²·d）	第 1~4 天，静脉滴注	
	（C）环磷酰胺	750mg/（m²·d）	第 5 天，静脉滴注	
	（H）多柔比星	10mg/（m²·d）	第 1~4 天，静脉滴注	

 学科前沿

BTK抑制药治疗原发免疫豁免部位大B细胞淋巴瘤的新进展

原发免疫豁免部位大B细胞淋巴瘤（primary immune-privileged site large B-cell lymphoma, IP-DLBCLs）指一组原发于免疫功能正常患者的免疫屏障之后部位的侵袭性B细胞淋巴瘤。由于IP-DLBCLs具有类似的生物学特性和治疗反应，BTK抑制药为其治疗提供了新的选择。目前，全球共有6种BTK抑制药获批上市，分别为第一代的伊布替尼，第二代的阿卡替尼、泽布替尼、替拉替尼、奥布替尼，以及第三代的BTK抑制药。第二代相比于第一代BTK抑制药脱靶效应明显降低，不良反应也更小，进一步改善了患者的预后，但肿瘤细胞耐药突变等情况仍未得到克服，目前唯一获批的第三代非共价BTK抑制药pirtobrutinib，用于既往接受过至少二线系统治疗的复发或难治性套细胞淋巴瘤。

【用药护理】

（一）用药评估

1. 评估病史　血液系统恶性肿瘤病史和既往病史，由于化疗药物对身体的各个组织和器官均会有不同程度的影响，应评估各系统的基本情况。

2. 评估用药史　确定正在服用的药物有无可能与治疗肿瘤的药物存在相互作用。对曾经应用过抗肿瘤药物的患者，评估其对药物的反应，药物不良反应的严重程度，静脉给药部位的情况。

3. 评估身体基本状况　生命体征、体重、皮肤颜色、有无贫血及严重程度、体力及自理能力。对于正在使用强心药物者，要评估心率、心律、心音、体重、出入量等。

4. 治疗基线评估　治疗前测量/评估各种检查的基础值。①抑制骨髓造血功能的药物，收集血常规、血细胞计数和分类、凝血功能、重要部位组织培养结果，如尿、阴道、肠道、口腔、痰液、血液等。②具肝、肾毒性药物应评估肝、肾功能指标，血液及尿液的各项相关化验值。③具心脏毒性药物，测量用药前基线水平心电图及相关化验值。④对中枢神经系统有影响的药物，评估精神状态，抑郁和焦虑的程度。

5. 评估心理与社会情况　对疾病的应对方式、适应能力及经济上对治疗的承受能力等。同时评估患者及家属对抗肿瘤治疗的知识及对药物治疗引起的不良反应的心理准备和应对能力。

（二）用药安全

1. 甲氨蝶呤

（1）不良反应：最为突出的不良反应是骨髓抑制，表现为白细胞下降，严重时可出现全血下降、皮肤或内脏出血。不良反应还包括：①胃肠道反应，表现为口腔炎、口唇溃疡、咽炎、胃炎、恶心、呕吐、腹泻、便血甚至死亡。②肝功能损害，长期大剂量应用可致血清转氨酶升高，或药物性肝炎，小剂量持久应用可致肝硬化。③肾功能损害，见于长期大剂量应用时，易引起肾小管病变或肾衰竭，出现血尿、蛋白尿、尿少、氮质血症、尿毒症等。④中枢神经系统毒性，可造成急性、亚急性和慢性神经毒性，鞘内或头颈部动脉注射剂量过大时，可出现头痛、背痛、呕吐、发热及抽搐等症状。⑤肺毒性，局限性肺炎，长期应用部分患者可致肺纤维化。多在用药后2个月~5年内发生，可能与所用剂量有关。⑥少数患者有月经延迟及生殖功能减退。还可见血中尿酸水平增高，偶见色素沉着、脱发、皮疹及剥脱性皮炎、骨质疏松性骨折等。

（2）用药注意事项：MTX量的大小、静脉滴注时间的长短、开始应用解救药物的迟早均与MTX的疗效、毒性相关。静脉滴注时间越长毒性越大，开始用药解救时间越迟毒性越大。应及早采取解毒治疗。毒性解救方案包括：①开始用药4~8小时后用甲酰四氢叶酸钙（CF）或甲基四氢叶酸以保护骨髓正常细胞。理论上滴注大量MTX后18~24小时予以CF解救最为理想，一

般常用量为每次9~12mg肌内注射或静脉滴注，每4~6小时1次，共用10~12次。②MTX有直接肾毒性，酸性尿可加重肾损害，应指导患者用药期间大量饮水，并碱化尿液以降低肾毒性。

（3）禁忌证：肝、肾功能异常及孕妇和哺乳期妇女禁用。

2. 阿糖胞苷

（1）不良反应：可出现严重的骨髓抑制，取决于剂量和疗程。5天连续静脉滴注或50~600mg/m² 快速注射后，呈双相白细胞抑制，与用药前细胞计数、剂量或疗程无关。血小板抑制在第5天出现，并在12~15天降至最低，随后10天内迅速上升至用药前水平。还可出现阿糖胞苷综合征，表现为发热、肌痛、骨痛、偶尔胸痛、斑丘疹、结膜炎和不适，通常发生在用药后6~12小时。皮质类固醇可预防和治疗。其他不良反应包括胃肠道反应、过敏反应、肝功能异常等，静脉注射致静脉炎。鞘内注射后最常见反应是恶心、呕吐和发热，反应轻微且具有自限性。

（2）用药注意事项：输注溶液配制后应尽快开始输注，并在24小时内完成输注。用药期间注意观察患者生命体征的变化，如出现皮肤瘙痒、潮红等过敏反应的轻度症状，一般不需中断给药，遵医嘱给予组胺拮抗药等抗过敏药物；如出现呼吸困难、血压下降，甚至过敏性休克，应立即停药，进行抢救。

（3）禁忌证：阿糖胞苷过敏、孕妇和哺乳期妇女禁用。肝功能不全者慎用。

3. 巯嘌呤和硫鸟嘌呤　主要不良反应为骨髓抑制、胃肠道反应，少数可出现黄疸和肝功能损害。偶见高尿酸血症、口腔溃疡等。有致畸、致突变作用，孕妇和哺乳期妇女禁用。肝、肾功能不全者慎用。

4. 羟基脲　不良反应主要为骨髓抑制，并有轻度胃肠道反应、皮肤反应、肾功能受损、肺水肿、中枢神经系统紊乱等。可致畸胎，孕妇和哺乳期妇女禁用；肝、肾功能不全者慎用。

5. 长春碱类

（1）不良反应：长春新碱主要毒性为末梢神经损害，表现为指、趾麻木、腱反射迟钝或消失、外周神经炎等；骨髓抑制及胃肠道反应较轻微。长春碱（VLB）骨髓抑制作用强于长春新碱，停药后迅速恢复。

（2）用药注意事项：VCR亦属于致死性化疗药物（强刺激/发泡剂），注意预防药液外渗。VLB注射勿漏于血管外，如不慎将药液漏于血管外，应立即局部皮下注射0.25%硫代硫酸钠或生理盐水及冷敷6~12h。

（3）禁忌证：妊娠、哺乳期妇女及正在接受放疗的患者禁用。有痛风病史和有尿酸盐性肾结石者慎用。

6. 环磷酰胺

（1）不良反应：①泌尿道症状。表现为出血性膀胱炎，如尿频、尿急、尿痛、膀胱尿感强烈、蛋白尿、血尿，甚至排尿困难。②骨髓抑制。血象最低期一般在化疗开始后1~2周，白细胞数一般于停药后2周内恢复。③胃肠道反应。常见食欲减退，还可表现为恶心、呕吐，大量静脉注射3~4小时后即可出现，通常持续到化疗后1~2天。④脱发。发生率较其他烷化剂高，多发生于服药3~4周后，停药后可再生细小新发。⑤心脏毒性。极大剂量时具有心脏毒性，可引起心肌病、局灶性穿壁性心肌出血及冠状动脉炎。⑥肝功能损害。偶可影响肝功能，出现黄疸及凝血酶原减少。⑦长期应用男性可致睾丸萎缩及精子缺乏、精子无活力。妇女可致月经不调、闭经、卵巢纤维化或致畸胎。

（2）用药注意事项：药物配制时，可采用40℃水浴加温，以促进药物溶解。CTX不能用作腔内或局部注射，也不宜静脉滴注。本品对组织有刺激作用，给药过程中需注意观察局部皮肤变化，一旦发现药液外溢应立即更换静脉通道，局部给予冷、热敷。

（3）禁忌证：有致癌、致畸和致突变作用，明显恶病质者、心功能不全、孕妇、哺乳期妇女禁用。有痛风病史、肝功能损害、感染、肾功能损害、有泌尿系结石史、以前曾接受过化疗或放射治疗及肝病患者慎用。

7. 博来霉素 不良反应主要有发热、脱发、过敏性休克等。肺毒性最严重，可引起间质性肺炎或肺纤维化。对本品过敏者和水痘患者禁用。70 岁以上老年患者及肺、肝或肾功能损害者慎用，孕妇、哺乳期妇女慎用，发热患者、白细胞减少者慎用。

8. 依托泊苷

（1）不良反应：主要包括骨髓抑制、胃肠道反应、脱发、手足麻木、头痛等神经毒性，有时可出现皮疹、红斑、瘙痒等过敏反应。其他不良反应可见发热、心电图异常、低血压、静脉炎等。

（2）用药注意事项：①本药不能作皮下或肌内注射，以免引起局部组织的坏死。亦不能作胸腹腔注射和鞘内注射。②静脉给药时避免外漏，预防静脉炎的发生。③药物易引起低血压，静脉滴注宜缓慢，于 30 ~ 60 分钟内滴完。④药物在 5% 葡萄糖注射液中不稳定，可形成微粒沉淀，应用生理盐水稀释溶解后及时使用。⑤用药前、用药中应观察药物是否透明，如果混浊沉淀，则不能使用。⑥口服胶囊应在空腹时服用。

（3）禁忌证：重症骨髓功能抑制的患者及对该品有重症过敏既往史的患者禁用。肝肾功能损害及合并感染的患者，水痘患者应慎用。

9. 蒽环类抗生素

（1）不良反应：包括骨髓抑制、脱发、胃肠道反应、心脏毒性、黏膜炎、局部静脉炎等。其中，米托蒽醌、表阿霉素、吡柔比星心脏毒性较阿霉素轻。

（2）用药注意事项：这类药物属于强刺激的化疗药（发泡剂），即使小量药物外漏，均会出现红斑、发红、肿胀、水疱、坏死等症状，进而发展成难治性溃疡，同时伴有强烈的疼痛。需要特别注意预防药物的渗漏，可采取如下措施预防：①采用经外周静脉导入中心静脉置管给药。②给药前先注入生理盐水，确认有回血，无渗漏后再注入化疗药。③输注后充分冲洗管路后再拔针。④给药过程中密切监护，出现局部反应则立即停止输液，按化疗外渗处理。

（3）禁忌证：药物能透过胎盘，有引致流产的可能，因此严禁在妊娠初期的 3 个月内应用。对柔红霉素、阿霉素或表阿霉素过敏者禁用。

10. 高三尖杉酯碱

（1）不良反应：主要毒性为骨髓抑制、胃肠道反应和心脏毒性。较常见的心脏毒性有窦性心动过速、房性或室性期前收缩及心电图出现 ST 段变化、T 波平坦等心肌缺血表现，极少数患者可出现奔马律，程度不一的房室传导阻滞及束支传导阻滞、心房颤动等。少数患者可产生肝功能损害。

（2）用药注意事项：大剂量静脉推注可引起呼吸抑制，甚至死亡，需缓慢滴注。

（3）禁忌证：老年患者及已反复采用阿霉素或柔红霉素等蒽环类抗生素治疗的患者使用高三尖杉酯碱应慎用或不用，以免增加心脏毒性。孕妇、哺乳妇女禁用。心脏病患者、骨髓抑制患者、肝肾功能受损者、痛风及肾结石患者慎用。

11. 门冬酰胺酶

（1）不良反应：①过敏反应。主要表现为突然发生的呼吸困难、关节肿痛、皮疹、皮肤瘙痒、面部水肿。严重者可发生呼吸窘迫、休克甚至致死。多次反复注射者易发生，某些过敏体质者，即使注射皮试剂量的门冬酰胺酶时，偶然也会产生过敏反应。②肝损害。通常在开始治疗的 2 周内发生，可能出现多种肝功能异常，包括转氨酶、胆红素等升高、血清白蛋白等降低。③胰腺炎是最严重的不良反应之一，与药物抑制蛋白质合成有关。用药期间患者如感觉剧烈的上腹痛并伴有恶心、呕吐，应考虑急性胰腺炎。④胃肠道反应包括食欲减退、恶心、呕吐、腹泻等。

（2）用药注意事项：治疗期间需采取措施以预防。①门冬酰胺酶过敏，给药前评估患者药物过敏史，有药物过敏史及皮试阳性者应在进行脱敏治疗后谨慎使用。在给药前及给药过程中联用地塞米松，或减慢静脉滴注速度，以 25 ~ 40 滴 /min 为宜，尤其是首次滴注时应缓慢。严密观察病情，给药第 1 个小时内进行心电监护，每 5 ~ 10 分钟测量血压、脉搏，做好护理记录，出现超敏反应立即停药。②胰腺炎。在给药前 3 天至停药 3 ~ 5 天期间，指导患者饮食清淡，低脂、低蛋白、易消化饮食，停药后 6 天至 2 周，逐渐过渡至普食，注意观察患者有无皮肤苍白、冷汗、血压下降、休克或腹膜炎症状，一旦出现应立即停药并通知医生。③糖尿病。用药前详细了解既往有无糖尿病病史及家族史。对于血糖异常者，应在血糖正常后开始化疗，化疗期间定期监测血糖、尿糖，观察患者有无消瘦、多尿、多饮、嗜睡，呼吸加深、加快呈烂苹果气味等酮症酸中毒的表现。④低蛋白血症。L-ASP 可减少门冬酰胺和谷氨酰胺的产量抑制蛋白质的合成，引起低蛋白血症，表现为双下肢水肿、腹腔积液及阴囊水肿，常发生于停药后。用药过程中应观察患者有无水肿、胸痛、腹痛、腹胀等胸腔积液或腹腔积液的表现，及时通知医生予以处理。血浆白蛋白 < 25g/L，或 25 ~ 40g/L，但伴有水肿、腹水时应及时补充白蛋白。

（3）禁忌证及药物相互作用：泼尼松、长春新碱可增强药物的致高血糖作用和引起的神经病变及红细胞生成紊乱的危险性，联合用药时需特别关注相关毒性反应并预防。

12. 伊马替尼及达沙替尼

（1）不良反应：伊马替尼不良反应的发生率与剂量有一定关系，多见于服药量每天 ≥ 600mg 时。最常见不良事件有轻度恶心、呕吐、腹泻、骨骼肌痛及肌痉挛。水肿和体液潴留的发生率较高，大多数患者的水肿表现为眶周和下肢水肿，少数为胸水、腹水、肺水肿和体重迅速增加。中性粒细胞减少、血小板减少和贫血、头痛等很常见。此外，常见的不良反应有皮疹、皮肤干燥、脱发等。少见肝功能损害、高尿酸血症等。达沙替尼治疗慢性粒细胞白血病时常见不良反应有骨髓抑制，导致血小板下降。部分患者同时会出现皮疹、皮肤瘙痒、恶心、呕吐、腹泻，一些患者会出现肝损伤。

（2）用药注意事项：告知患者药物宜在进餐时服药，并饮一大杯水，治疗有效则应持续服用。开始规律服用药物后，需定期门诊复查，以便医生根据病程和经济情况适当调整检查期限。定期复查的项目包括：①治疗第 1 个月宜每周查 1 次全血象及细胞分类，第 2 个月每 2 周查 1 次，以后则视需要而定。若发生严重中性粒细胞或血小板减少，应调整剂量。②每 1 ~ 3 个月检查全套血液生化项目。③每 3 ~ 6 个月接受骨髓细胞形态学检查、Ph 染色体、融合基因（*BCR/ABL*）定量检查。④开始治疗前应检查肝功能，随后每月查 1 次或根据临床情况决定，必要时宜调整剂量。

13. 全反式维 A 酸

（1）不良反应：口唇、皮肤干燥伴脱屑、消化道反应、头痛、颅内压增高、骨关节痛、肝功能损害等。与谷维素、维生素 B_1、维生素 B_6 等同服，可使头痛的症状减轻或消失。分化综合征（DS）多见于单用 ATRA 诱导过程中，可增加患者病死率，需对其早期诊断、早期预防及早期治疗。

（2）用药注意事项：治疗过程中需警惕并注意观察 DS 表现，尤其是初诊时白细胞较高及治疗后迅速上升者，一旦发生可疑 DS 表现，应通知医生，暂时停服 ATRA，予吸氧，并遵医嘱予利尿、地塞米松静脉注射、白细胞单采清除和化疗等治疗。

（3）禁忌证及药物相互作用：妊娠妇女、严重肝肾功能损害者禁用，不可与四环素、维生素 A 同时使用。

14. 三氧化二砷　在采取双诱导化疗中，除 ATRA 的不良反应及分化综合征外，ATO 的其他不良反应有肝功能损害、心电图 Q-T 间期延长等。

（三）用药监测

1. 一般状况　注意监测：①生命体征、意识状态及尿量。②血尿常规、肝肾功能等。③长春新碱治疗期间应密切注意外周神经系统症状。

2. 血象监测　每周应检查血象 1 ~ 2 次，血细胞短期内急剧下降者，应每天观察血象。如果

笔记栏

白细胞和血小板数量过低必须立即停药。对于连续静脉滴注或快速注射 CTX 者，应注意观察白细胞的双相抑制，并采用相应措施预防出血和感染。

3. 脏器功能监测　重点监测：①肝、肾功能。药物长期大剂量应用时易引起肝、肾功能损害，需在化疗期间测定肝、肾功能，询问排尿的改变，观察尿色，尿液性状，定期留尿送检，并准确记录出入量。②内分泌功能。定期监测血糖、血尿淀粉酶。③心功能。注意观察心脏体征如脉搏、心律，定期查心电图，注意与基线心电图对比，分析心电图改变，必要时查心功能。服用伊马替尼患者水肿和体液潴留的发生率较高，需指导患者定期监测体重，尤其老年人及伴慢性心力衰竭者，如用药过程中体重快速增加，应门诊就诊并接受详细检查。发生严重体液潴留，应暂停用药，遵医嘱用利尿药或给予支持治疗。

4. 血药浓度　某些药物（如 MTX）血药浓度与骨髓抑制密切相关，用药期间还应监测血药浓度。

（四）用药指导

1. 骨髓抑制的护理　一般化疗后白细胞减少出现最早，在 12 ~ 15 天下降到最低点，其次为血小板，对红细胞影响较小。粒细胞明显减少往往可导致各种继发感染，而血小板减少则可造成黏膜、脏器甚至颅内出血，是导致患者死亡的直接原因。因此，化疗期间对于可造成明显骨髓抑制的药物除每周至少做血常规一次，以了解骨髓抑制先兆外，还应保证：①每次化疗前白细胞计数至少在 $3.5 \times 10^9/L$ 以上，血小板 $80 \times 10^9/L$ 以上。②白细胞计数下降至 $2.0 \times 10^9/L$ 和血小板计数下降至 $10 \times 10^9/L$，血常规或骨髓检查发现明显再生抑制，应暂停化疗，并采取必要的措施，预防感染。③血小板降低时注意预防出血，观察出血症状，尤其是颅内出血，如发现患者有躁动、抽搐时，应及时通知医生，女性患者月经期间应注意出血量和持续时间，必要时使用药物推迟月经。④穿刺时系扎止血带不宜过紧，时间不宜过长，以防皮下出血，穿刺完毕，应压迫局部 3 ~ 5 分钟，以防皮下出血。⑤增加营养，特别是蛋白质摄入量。⑥粒细胞减少可遵医嘱应用粒细胞集落刺激因子，粒细胞巨噬细胞集落刺激因子，血小板减少可用白介素 –11 或输注血小板。

2. 胃肠道反应护理　恶心、呕吐是化疗最常见的毒性反应，为防治恶心、呕吐，可给予药物如盐酸托烷司琼预防和治疗化疗药物引起的恶心和呕吐，根据呕吐发生的时间，调整患者的饮食。此外，服用孕酮类药物，有助于减轻食欲减退的症状。

3. 脱发的护理　脱发一般发生于用药后 3 ~ 4 周，应预先说明药物可导致脱发，由于化疗药物未影响毛囊，故多在停药后 6 ~ 8 周再生。可建议脱发期间选戴假发或质地柔软、舒适的帽子。

4. 肝脏毒性的护理　询问有无肝区胀痛等不适主诉，观察皮肤黏膜有无黄疸，及时发现异常并采取干预措施。遵医嘱给予保肝药物。建议饮食清淡，适量增加蛋白质和维生素的摄取。

5. 心脏毒性预防和观察　心肌损害大多在开始治疗后 1 ~ 6 个月发生，有时可发生猝死，而常规心电图无明显改变。应用柔红霉素和阿霉素期间及治疗后 1 年内均应严密观察心脏毒性，主要包括：①用药前评估。化疗前了解心脏病病史，检查心脏基础情况。②严密观察病情变化。重视患者主诉，监测心率、节律，必要时做心电图检查或给予心电监测。③记录药物的蓄积量。心肌毒性和给药累积量密切相关，阿霉素总量超过 $550mg/m^2$ 者，心脏毒性发生率明显增加；柔红霉素常在总累积剂量达到体表面积 400 ~ $500mg/m^2$ 时发生。④给药方式。延长静脉点滴时间，可减少心脏毒性，高三尖杉酯碱静脉滴注时应缓慢滴入 3 小时以上，以减少心脏毒性等不良反应。⑤使用保护心脏药物如维生素 E、辅酶 Q_{10}、ATP。⑥避免联用增加心肌损伤药物。心脏毒性可因联合应用其他药物加重，高剂量的环磷酰胺和曲妥珠单抗可造成类似作用。

6. 神经毒性的护理　在联合用药时尤其应注意有无毒性的相加作用，用药期间应：①密切观察毒性反应，定期做神经系统检查，一旦出现应立即停药或换药，并给予营养神经的药物治疗。②出现肢体感觉或活动障碍时，可给予按摩、针灸、被动运动等，以加强康复。③创造安全的环境，避免磕碰、灼烫等伤害，同时给予一定的心理支持。

7. 出血性膀胱炎预防　环磷酰胺大剂量给药时，可采用预防措施，包括：①鼓励多饮水，每天 3 000 ~ 5 000ml，水化利尿。②用药前 15 分钟及用药后每隔 4 小时预防性给予巯乙磺酸钠（美司钠）。

8. 尿酸性肾病预防　给药期间鼓励患者尽量增加饮水量，使尿量达到每天 2 000 ~ 3 000ml，配合碱化尿液，促进尿酸的排出。还可口服碱性药物别嘌醇，减少尿酸合成，预防高尿酸血症和尿酸性肾病。

9. 腹泻的护理　予止泻药，并调理患者饮食，鼓励多饮水，必要时补液。大便次数增多或由化疗引起的菌群失调，应及时留取便标本送检。

10. 口腔黏膜炎的预防　化疗相关性口腔黏膜炎，又称化疗诱发性口腔黏膜炎，是化疗时最常见的口腔并发症，通常于化疗开始后 4 ~ 7 天内发生，10 ~ 14 天时达到高峰。表现为口腔黏膜充血、红斑、水肿、糜烂以及不同程度的溃疡等，患者往往表现为局部疼痛、进食困难、口干以及味觉障碍等。应指导患者：①保持口腔清洁，三餐后予口腔护理。注意在口腔护理时要去掉义齿进行。口腔黏膜损伤愈合前尽量少戴义齿，如条件允许，尽量把义齿置 0.2% 氯己定液中消毒 10 分钟后佩戴。②采取预防性措施。保持口腔湿润，包括指导患者多饮水及必要时使用人工唾液等。③晨起和每次刷牙后，用不含酒精的漱口液含漱，漱口 30 分钟后再进食，氯己定含漱液可用于预防化疗引起的口腔黏膜炎。④某些食物可能会损害口腔黏膜。比如，过热的食物或液体、粗糙和坚硬的食物常会损坏口腔黏膜，应避免食用。辛辣、非常咸和酸性的食物也可能会刺激黏膜。烟酒也会对口腔黏膜造成一定的损害，因此建议患者尽可能戒烟、戒酒。

知识链接

癌症患者化疗相关性口腔黏膜炎常用评估工具

分级标准*	0 级	1 级	2 级	3 级	4 级
WHO	无症状	疼痛 ± 红斑	红斑、溃疡、能进食固体	溃疡，只能进食流质	无法进食
RTOG	无症状	黏膜红斑	斑片状，< 1.5cm，不连续	斑片融合，> 1.5cm	坏死，或深溃疡 ± 出血
NCI-CTCAE（放疗）	无症状	红斑	形成片状假膜，直径 ≤ 1.5cm	假膜融合，直径 > 1.5cm	坏死，或深溃疡
NCI-CTCAE（化疗）	无症状	无痛的溃疡、红斑或无黏膜损伤的中度疼痛	疼痛的红斑、水肿或溃疡，但能进食	疼痛的红斑、水肿或溃疡，需要静脉补液	严重的溃疡，需要全/部分胃肠外营养，或需要预防性气管插管

*WHO：世界卫生组织；NCI：美国国家癌症研究所；RTOG：北美放射肿瘤组织；CTCAE：不良事件的同意术语标准。

（李湘萍）

小　结

　　贫血治疗涉及多种药物与疗法，旨在恢复红细胞数量与功能。针对缺铁性贫血，首选口服铁补充剂；而对于维生素 B_{12} 缺乏引起的巨幼细胞贫血，则采用维生素 B_{12} 注射或口服补充。叶酸补充对某些类型的巨幼细胞贫血亦有效。在重度或难治性病例中，可能会采取输血治疗或使用促红细胞生成素（EPO）类药物。治疗方案需个性化制订，并定期监测血液学指标以评估疗效并调整治疗策略。

　　出血性和血栓性疾病发病机制各异，药物治疗应根据疾病的病因及发病机制采取相应措施。出血性疾病治疗侧重于止血，如使用抗纤溶药（氨甲苯酸）减少纤维蛋白溶解。血栓性疾病则主要依赖抗凝药（如华法林等）、抗血小板药物（如阿司匹林）来预防血栓形成或进展。治疗需个体化，并持续监测凝血状态以平衡出血与血栓风险。

　　血液系统恶性肿瘤治疗包括化疗、靶向治疗等。化疗利用烷化剂、抗代谢药等抑制肿瘤细胞增殖。靶向治疗如酪氨酸激酶抑制药、单克隆抗体等针对特定分子异常发挥作用。综合性的联合化疗方案依据患者具体情况定制，旨在提高缓解率与生存质量。多数急性白血病的治疗包括化疗和糖皮质激素治疗。费城染色体阳性的急性淋巴细胞白血病应选用酪氨酸激酶抑制药治疗。急性早幼粒细胞白血病应接受蒽环类药物联合全反式维 A 酸治疗。淋巴瘤治疗应采取以化疗为主的化、放疗结合的综合治疗。霍奇金淋巴瘤化疗一线首选方案为 ABVD；侵袭性 NHL 联合化疗方案可用 CHOP 等方案，化疗前加用利妥昔单抗可获得更好疗效。化疗的常见副作用包括骨髓抑制、恶心、脱发、口腔黏膜炎等；也可能发生严重的长期并发症。

ER6-4
第六章
目标测试

●●●●　思考题　●●●●

　　1. 青年女性缺铁性贫血患者在用药评估及用药指导方面的要点有哪些？

　　2. 比较说明肝素钠、香豆素类口服抗凝药及溶栓药在治疗出血性疾病中的应用及用药监测要点。

　　3. 急性粒细胞白血病采用 DA、HA 进行诱导治疗时，预见性的用药评估、监测及用药指导要点有哪些？

笔记栏

第七章

呼吸系统疾病药物治疗与护理

ER7-1
第七章
思维导图

呼吸系统疾病是常见病，近年来，由于大气污染加重、吸烟和人口老龄化等因素影响，慢性阻塞性肺疾病、哮喘等疾病的发病率逐年增加。肺结核作为常见的呼吸系统传染病，其发病数和死亡人数居传染病的前三位。呼吸系统疾病的防治以药物治疗为主，护理人员在患者用药治疗过程中起重要作用。本章将介绍呼吸系统常见疾病，包括上呼吸道感染、支气管炎和肺炎、支气管哮喘、慢性阻塞性肺疾病及肺结核的药物治疗及护理。

ER7-2
第七章
呼吸系统疾
病药物治疗
与护理

第一节　上呼吸道感染

上呼吸道感染（upper respiratory tract infection）是呼吸系统最常见的疾病。患者发病不分年龄、性别、职业和地区，有一定的传染性，免疫功能低下者易感。病情通常较轻、病程短、可自愈，预后良好。但由于上呼吸道感染发病率高，常用药物控制症状，若症状未得到及时控制，可出现鼻窦炎、支气管炎等并发症。

【疾病简介】

上呼吸道感染根据病因和临床表现不同，可分为普通感冒、流行性感冒和急性病毒性咽炎、急性病毒性喉炎等各类咽喉炎。上呼吸道感染全年皆可发病，以冬春季节多发，多为散发性，但流行性感冒有传染性，可在局部地区或广大区域流行。

普通感冒大部分是由病毒引起的，占 70%～80%，细菌感染占 20%～30%。病毒包括鼻病毒、冠状病毒、呼吸道合胞病毒、腺病毒、柯萨奇病毒等，细菌以溶血性链球菌最为多见。症状表现为呼吸道症状，包括喷嚏、流清涕、鼻塞、咳嗽、低热、喉痛或发痒、全身不适等。症状大约在 1 周后消退，但也可持续 2 周。

流行性感冒是由流感病毒（甲、乙、丙型）引起，其中甲型流感病毒的致病力最强，常以流行形式出现，能引起世界性流感大流行。流行性感冒通常起病急骤，有畏寒、高热、头痛、全身肌肉关节酸痛、气急、乏力等症状，也可出现食欲减退、呕吐、腹痛、腹泻等症状。

咽喉炎多由病毒感染引起，少数由溶血性链球菌、流感嗜血杆菌、肺炎链球菌等细菌感染引起，多表现为咽部发痒、灼热感、咽痛，可有发热或咳嗽。体检可见咽部充血、水肿，局部淋巴结轻度肿大和触痛，有时可闻及喉部的喘息声。

【药物治疗的目的及原则】

（一）药物治疗的目的

上呼吸道感染药物治疗的目的主要是控制症状，缩短病程，防止发生鼻窦炎和支气管炎等并发症，对确诊或者高度疑似病例存在并发症危险者，应予抗病毒治疗。

（二）药物治疗的原则

1. 轻度无并发症的上呼吸道感染者可自行恢复，无须进行特殊治疗，注意休息，多饮水，避免受凉和劳累。

2. 对于普通感冒引起的不适其治疗原则以对症治疗为主。

笔记栏

147

3. 对确诊或者高度疑似病例存在并发症危险者，应予抗病毒治疗。症状严重，提示细菌感染者，给予抗菌治疗，但不要预防性或无适应证使用抗菌药物。

4. 对于流感确诊者应及时进行隔离治疗。预防流感的有效手段是接种流感疫苗，但应与本地区、当前流行毒株的型别基本相同。

【药物分类及常用药物】

根据治疗药物的作用，可将上呼吸道感染治疗药物分为减充血药、抗组胺药、镇咳祛痰药（见第二章第三节咳嗽、咳痰）、解热镇痛抗炎药（见第二章第一节发热）及抗病毒药五大类。

（一）减充血药

减充血药（decongestant）有拟交感神经作用，能够刺激 α 肾上腺素能受体，引起鼻腔黏膜和鼻窦的血管收缩，缓解上呼吸道感染引起的鼻塞、鼻涕和打喷嚏等症状，改善通气，还可预防鼻窦炎和咽鼓管炎。减充血药有局部减充血药和口服减充血药。局部减充血药是鼻腔喷雾剂，机体吸收量少，对血压的影响较小；口服减充血药与局部减充血药作用模式相同，但可引起全身反应。常用的减充血药包括：

1. 盐酸伪麻黄碱（pseudoephedrine hydrochloride） 此药属于口服减充血药，口服 2 ~ 3 小时后血药浓度达到峰值。伪麻黄碱部分代谢为无活性代谢产物，55% ~ 75% 以原型从尿中排泄。半衰期随尿酸碱度的改变而异。该药分为长效制剂和短效制剂。长效制剂，成人，口服，每次 0.12g，每天 2 次。短效制剂，成人，每次 30 ~ 60mg，每天 3 次。

2. 盐酸羟甲唑啉（oxymetazoline hydrochloride） 此药为咪唑啉类衍生物，属于局部减充血药，为喷雾剂。6 岁以上患者，1 ~ 3 喷 / 次，每天 2 次；2 ~ 6 岁的儿童应使用儿童喷雾剂，1 喷 / 次，每天 2 次。

（二）抗组胺药

抗组胺药（antihistamine）分为 H_1 受体阻断药和 H_2 受体阻断药，临床常用的主要是 H_1 受体阻断药，如盐酸苯海拉明（diphenhydramine hydrochloride）、氯雷他定（loratadine）、马来酸氯苯那敏（chlorpheniramine maleate）等。H_1 受体阻断药可与组胺竞争结合呼吸道黏膜细胞及血管平滑肌细胞上的 H_1 受体位点，降低血管通透性，减轻因变态反应所致的鼻充血、喷嚏等症状，并具有一定程度的抗胆碱作用，有助于减少分泌物、减轻咳嗽症状，为普通感冒的首选药。大多数抗组胺药口服吸收良好，2 ~ 3 小时达血药浓度高峰，作用一般持续 4 ~ 6 小时。

1. 盐酸苯海拉明 成人常用量每次 25 ~ 50mg，每天 2 ~ 3 次。

2. 氯雷他定 成人及 12 岁以上儿童，每天 1 次，一次 10mg。2 ~ 12 岁儿童，体重 > 30kg，每天 1 次，一次 10mg；体重 ≤ 30kg，每天 1 次，一次 5mg。

（三）抗病毒药

实验室病原学确认或高度怀疑流感，且有发生并发症高危因素的成人和儿童患者，不论基础疾病、流感疫苗免疫状态以及流感病情严重程度如何，都应当在发病后的 48 小时内给予抗病毒治疗。常用抗流感病毒药有：①奥司他韦（oseltamivir）和扎那米韦（zanamivir），能够抑制神经氨酸酶，阻止流感病毒由被感染细胞释放和入侵邻近细胞，减少病毒在体内的复制。②金刚烷胺（amantadine）和金刚乙胺（rimantadine），能阻滞流感病毒 M2 蛋白离子通道，从而抑制病毒复制，仅对甲型流感病毒有抑制作用。③利巴韦林（ribavirin），能够干扰病毒的三磷酸鸟苷合成，抑制病毒依赖 RNA 的 RNA 聚合酶和病毒 mRNA 合成，具有广谱抗病毒活性。④法匹拉韦（favipiravir），能够抑制依赖 RNA 的 RNA 聚合酶（RdRp），属于广谱抗流感病毒药物，用于治疗新型和复发型流感。⑤巴洛沙韦（baloxavir），能够抑制流感病毒中的帽依赖性核酸内切酶，使病毒失去自我复制能力。

常用抗流感病毒药的用法和用量见表 7-1。

表 7-1 常用抗流感病毒药的用法用量

常用药物	用法和用量
奥司他韦	口服，成人，每次 75mg，2 次 /d；儿童（＞40kg，＞1 岁），每次 75mg，2 次 /d；儿童（24～40kg，＞1 岁），每次 60mg，2 次 /d；儿童（15～23kg，＞1 岁），每次 45mg，2 次 /d；儿童（＜15kg，＞1 岁）每次 30mg，2 次 /d
金刚烷胺	口服，成人和 9 岁以上儿童，每次 100mg，间隔 12h 给药 1 次
利巴韦林	口服，成人，每次 0.15g，3 次 /d；儿童（＞6 岁），每天 10mg/kg，4 次 /d
法匹拉韦	口服，成人，5d 疗程，第一天每次 1 600mg，2 次 /d，继后每次 600mg，2 次 /d
巴洛沙韦	成人或 12 岁以上儿童，单剂次口服 40mg 或 80mg

【用药护理】

（一）用药评估

1. **评估病史** 了解患者的年龄、起病时间、主要症状和体征，如评估患者鼻塞、喷嚏、咳嗽、发热等症状及痰液对呼吸道的刺激和堵塞情况等。

2. **评估用药史** 了解患者是否治疗以及治疗的效果、药物过敏史等。

3. **评估并发症** 评估患者是否有鼻窦炎、中耳炎、支气管炎等并发症。

4. **评估合并症** 了解患者整体状况，如患者各主要脏器的功能，尤其是心、肺情况。

5. **实验室检查和其他检查** 评估患者血常规检查结果，如白细胞计数、淋巴细胞比例等，以及胸部 X 线检查的情况。

6. **评估用药依从性** 了解患者和家属对疾病的认知程度、心理状况、教育背景、经济状况、社会支持度等。

（二）用药安全

1. **减充血药**

（1）不良反应：①有较轻的兴奋作用，患者可出现心悸、失眠、紧张和焦虑症状。②用药过频易致反跳性鼻充血，久用可致药物性鼻炎。③少数有轻微烧灼感、针刺感，鼻黏膜干燥以及头痛、头晕、心率加快等反应。

（2）用药注意事项：长期使用会导致药物性鼻炎、鼻充血水肿、反跳性鼻塞等严重症状，且由于受体敏感性下降而导致鼻涕增加，因此，对于长期以鼻塞为主要症状的患者，使用减充血药并非适宜的选择。

（3）禁忌证：①萎缩性鼻炎及鼻腔干燥者禁用。②孕妇及 2 周岁以下儿童禁用。③正在接受单胺氧化酶抑制药治疗者禁用。④对拟交感神经药过敏或不能耐受者禁用。

2. **抗组胺药**

（1）不良反应：①镇静作用是抗组胺药比较常见的不良反应，困倦嗜睡症状比较突出，其他症状还有头晕、耳鸣、运动失调、视物模糊。②抗胆碱能作用，可引起口干、眼干、呼吸道分泌物黏稠、便秘、心律失常、眼压升高、勃起功能障碍、尿潴留及排尿困难等。

（2）用药注意事项：①老年患者应在医生指导下使用。②服药期间不得驾驶机、车、船，不得从事高空作业、机械作业及操作精密仪器。③如服用过量或出现严重不良反应，应立即就医。

（3）禁忌证：①对该类药过敏者禁用。②新生儿、早产儿禁用。③重症肌无力者禁用。④驾驶机、车、船，从事高空作业、机械作业者工作期间禁用。⑤孕妇、哺乳期妇女慎用。⑥膀胱颈梗阻、幽门十二指肠梗阻、甲状腺功能亢进、青光眼、消化性溃疡、高血压和前列腺肥大者慎用。

笔记栏

（4）药物相互作用：①不应与含抗组胺药的复方抗感冒药同服。②不应与含抗胆碱药（如颠茄制剂、阿托品等）的药品同服。③与解热镇痛药物配伍，可增强其镇痛和缓解感冒症状的作用。④与中枢镇静催眠药或乙醇并用，可增加对中枢神经的抑制作用。⑤可增强抗抑郁药的作用，不宜同用。

3. 抗病毒药

（1）奥司他韦

1）不良反应：主要不良反应是恶心和呕吐，症状是一过性的，常在第一次服用时发生。其他临床不良反应还有腹泻、头晕、疲劳、鼻塞、咽痛和咳嗽。绝大多数的不良反应没有导致患者停用药物。

2）禁忌证：对奥司他韦过敏或药物的任何成分过敏者禁用。

3）药物相互作用：在使用减毒活流感疫苗两周内不应服用，在服用本品后 48 小时内不应使用减毒活流感疫苗。

（2）金刚烷胺

1）不良反应：不良反应与剂量有关，如一天用量超过 0.2g 时，即有出现不良反应的可能。①中枢神经系统如头痛、眩晕、共济失调、注意力不集中、失眠、幻视、幻听、情绪改变、惊厥等。②心血管系统如直立性低血压、周围性水肿、充血性心力衰竭等。③其他包括恶心、呕吐、厌食、口干、视物模糊或失明，白细胞减少，排尿困难等。

2）禁忌证：对本品过敏者禁用，癫痫史、充血性心力衰竭、周围性水肿、复发性湿疹样皮炎、低血压、精神障碍、脑动脉硬化者慎用。

3）药物相互作用：①与抗胆碱药、抗组胺药、三环类抗抑郁药等合用，可使抗胆碱反应加强，增加不良反应的发生率。②与其他中枢神经兴奋药合用，如苯丙胺、哌甲酯等，可出现强烈的中枢神经兴奋不良反应，严重时可引起惊厥、心律失常等。③由于有一定的非特异性退热作用，如合用退热药则增强退热作用，应特别注意。④不宜与乙醇同用，后者会加重中枢不良反应，出现头昏、晕厥、精神错乱及循环障碍等症状。⑤可缓解震颤麻痹症状，与苯海索、丙环定、左旋多巴等有协同作用。

（3）利巴韦林

1）不良反应：常见的有贫血、乏力等，停药后即消失。较少见的有疲倦、头痛、失眠、食欲缺乏、恶心、呕吐、腹泻、便秘等，并可致红细胞、白细胞及血红蛋白下降。

2）禁忌证：对本品过敏者、孕妇禁用，有严重贫血、肝功能异常者慎用。

3）药物相互作用：因可抑制齐多夫定转变成活性型的磷酸齐多夫定，与齐多夫定合用有拮抗作用。

（4）法匹拉韦

1）不良反应：①休克、过敏性反应。②重症肝炎、肝功能障碍、黄疸。③中毒性表皮坏死溶解症、Stevens-Johnson 综合征。④急性肾病。⑤白细胞减少、中性粒细胞减少、血小板减少。⑥精神神经症状，如意识障碍、异常行为、谵妄、幻觉、痉挛等。⑦出血性肠炎。用药时应充分观察，发现有异常应立即中止给药，并采取相应的措施。

2）禁忌证：对本品过敏者、孕妇或准备妊娠者禁用。

3）药物相互作用：①与吡嗪酰胺合用时，促进肾小管中尿酸的再吸收，血中尿酸值上升。②与瑞格列奈合用时，使血中瑞格列奈浓度增高。③与茶碱合用时，该药血药浓度增加，可能会出现药物不良反应。④与泛昔洛韦和舒林酸合用时，该药抑制了醛氧化酶，使得这些药物活性体在血中浓度降低，从而降低药效。

（三）用药监测

1. 治疗效果监测　监测上呼吸道感染症状经初期治疗后是否缓解。若患者在其他症状消失时仍有鼻塞，可使用口服减充血药如伪麻黄碱，或减充血药和抗组胺药联合使用，或抗组胺药单独使用。监测患者使用解热镇痛药和抗病毒药后，发热及其伴随的疼痛不适症状是否得到缓解。如果患者各种上呼吸道感染症状减轻而不出现并发症则表明治疗有效。

2. 并发症监测　若患者出现继发感染并发症，如中耳炎、鼻窦炎、气管炎、肺炎等，应高度怀疑由细菌感染引起，须考虑使用抗生素治疗，建议患者尽快就医，以便尽早给予相应处理。

3. 不良反应监测　密切观察患者的症状及体征，若患者使用局部减充血药治疗鼻塞、流鼻涕，观察是否因局部用药而出现反弹充血，建议用药时间不超过 3 天。发现不良反应及时联系医生，以便进一步处理，必要时调整用药方案。

（四）用药指导

1. 向患者及家属宣教上呼吸道感染的病因、典型临床症状、主要并发症等相关知识，使其了解自己的病情以及规范化药物治疗的必要性，提高用药依从性。

2. 指导患者及主要照顾者掌握药物的用法和用量，强调遵医嘱按时、按量用药的重要性。指导患者及主要照顾者给药期间观察药物的不良反应，出现不适症状及时就诊。

3. 告知患者普通感冒是一种自限性疾病，多由病毒感染引起，故不建议用抗菌药物治疗，滥用抗菌药物易诱导细菌耐药发生。只有当感冒合并细菌感染时，才考虑应用抗菌药物治疗。

第二节　支气管炎和肺炎

急、慢性支气管炎和肺炎是常见病和多发病，主要是由病毒、细菌、支原体、衣原体等微生物感染引起的急慢性炎症反应。本节主要介绍急、慢性支气管炎和肺炎的药物治疗及用药护理。

【疾病简介】

（一）急性支气管炎

急性支气管炎（acute tracheobronchitis）是气管 – 支气管黏膜的急性炎症，是在无慢性肺部疾病基础上发生的一种急性病症，其症状包括咳嗽和下呼吸道感染的其他症状或体征，而且不能以鼻窦炎或哮喘来解释。多数急性支气管炎由病毒感染引起，最常见的呼吸道病毒有鼻病毒、冠状病毒、流感病毒、副流感病毒、腺病毒和呼吸道合胞病毒。部分急性支气管炎由细菌、肺炎衣原体和肺炎支原体感染引起。

（二）慢性支气管炎

慢性支气管炎（chronic bronchitis）是气管、支气管黏膜及其周围组织的慢性非特异性炎症。临床上以咳嗽、咳痰为主要症状，常在患者下呼吸道定植检测出流感嗜血杆菌、卡他莫拉菌和肺炎链球菌等菌群，病毒感染可能占慢性支气管炎急性发作病因的近 1/3。

（三）肺炎

肺炎（pneumonia）是一种导致正常充满空气的肺泡实变的肺部感染，常见病原体包括病毒、细菌、分枝杆菌、支原体、真菌。肺炎的症状包括咳嗽、呼吸急促、咳痰和胸痛。体格检查大部分病例有发热，听诊约 80% 的病例有湿啰音和支气管呼吸音。

【药物治疗的目的及原则】

（一）急性支气管炎

急性支气管炎药物治疗的目的是控制感染、缓解症状。急性支气管炎的治疗原则为抗感染治疗、对症治疗和支持性治疗。

（二）慢性支气管炎

慢性支气管炎药物治疗的目的是缓解慢性迁延期症状，缓和急性发作症状，延长临床缓解期的时间间隔。慢性支气管炎的治疗原则为对症和支持性治疗。

（三）肺炎

肺炎药物治疗的目的是控制感染，改善通气，对症治疗，防治并发症，并实现完全临床治愈，最大限度地减少药物的不良反应。治疗原则为抗感染治疗、对症治疗和支持性治疗。

【药物分类及常用药物】

常用抗生素包括青霉素类、头孢菌素类、氨基糖苷类、四环素类、大环内酯类、糖肽类和氟喹诺酮类。

（一）青霉素类

临床常用青霉素类药物有青霉素（penicillin）、氨苄西林（ampicillin）、阿莫西林（amoxicillin），此类药物可绑定一个或多个青霉素结合蛋白，破坏细菌细胞壁黏肽正常合成，抑制细菌细胞壁的合成，导致细胞肿胀、死亡，对处于繁殖期正大量合成细胞壁的细菌作用强，而对已合成细胞壁、处于静止期的细菌作用弱，因此青霉素类药物属于繁殖期杀菌药。此类药物可安全应用于儿童、成人和孕妇人群。青霉素类中天然青霉素的主要抗菌谱包括革兰氏阳性球菌、阳性杆菌及革兰氏阴性球菌，对革兰氏阴性杆菌治疗效果较差，而半合成的广谱青霉素抗菌谱扩大，可以用于革兰氏阴性杆菌引起的感染。

常用青霉素类药物的用法和用量见表7-2。

表7-2 常用青霉素类药物的用法和用量

常用药物	用法和用量
青霉素	肌内注射：成人，80万~200万 U/d，3~4次/d；儿童，每天按体重2.5万~5万 U/kg，2~4次/d 静脉滴注：成人，200万~1 000万 U/d，2~4次/d；儿童，一天5万~20万 U/kg，2~4次/d
氨苄西林	口服：成人，一次0.25~0.75g，4次/d；儿童，每天剂量按体重25mg/kg，2~4次/d 肌内注射：成人，2~4g/d，4次/d；儿童，每天按体重50~100mg/kg，4次/d 静脉滴注：成人，4~8g/d，2~4次/d，严重感染每天剂量可增加至12g；儿童，每天按体重100~200mg/kg，2~4次/d
阿莫西林	口服：成人，一次0.5g，3~4次/d，一天剂量不超过4g；儿童，剂量为一天20~40mg/kg，2~3次/d 肌内注射或静脉滴注：一次0.5~1g，3~4次/d

（二）头孢菌素类

头孢菌素类是由冠头孢菌培养液中分离的头孢菌素C，经改造侧链而得到的一系列半合成抗生素。此类药物跟青霉素类药物一样，通过结合一个或多个青霉素结合蛋白，抑制细菌细胞壁的合成而达到杀菌的目的，属繁殖期杀菌药。目前有四代头孢菌素应用于临床，第一代头孢菌素代表药物主要有头孢氨苄（cefalexin）、头孢唑林（cephazolin）等，对革兰氏阳性菌有较强的抗菌作用，对革兰氏阴性菌的作用较差。第二代头孢菌素代表药物有头孢克洛（cefaclor）、头孢呋辛（cefuroxime）等，对革兰氏阳性菌的抗菌效能与第一代相近或较低，对革兰氏阴性菌的作用明显增强，主要用于革兰氏阴性菌所致呼吸道感染。第三代头孢菌素代表药物有头孢克肟（cefixime）、头孢噻肟（cefotaxime）、头孢曲松（ceftriaxone）等，对革兰氏阳性菌的抗菌效能普遍低于第一代，对革兰氏阴性菌的作用及厌氧菌均有较强的作用，常用于治疗敏感菌引起的呼吸道感染。第四代头孢菌素代表药物有头孢吡肟（cefepime）、头孢匹罗（cefpirome）等，对革兰氏阳性菌和革兰氏阴性菌均有较强的抗菌活性，主要用于治疗革兰氏阳性杆菌和革兰氏阴性杆菌所致呼吸道感染。

笔记栏

常用头孢菌素类药物的用法和用量见表 7-3。

表 7-3 常用头孢菌素类药物的用法和用量

药物分类	常用药物	用法和用量
第一代	头孢氨苄	口服，成人，一次 0.25~0.5g，4 次 /d，最高剂量 4g/d；儿童，每天按体重 25~50mg/kg，4 次 /d
第二代	头孢克洛	口服给药，成人，一次 250mg，3 次 /d，严重感染或不太敏感的细菌引起的感染，剂量可加倍，最高剂量 4g/d；儿童，每天按体重 20~30mg/kg，3 次 /d
第三代	头孢克肟	口服，成人及体重＞30kg 儿童，每次 0.1g，2 次 /d；成人重症感染者可增加至每次 0.2g，2 次 /d；体重 ≤30kg 儿童，每天用量按成人减半，或按每次 1.5~3.0mg/kg 计算给药量，2 次 /d
第四代	头孢吡肟	静脉滴注，成人及体重＞40kg 儿童，可根据病情，每次 1~2g，2 次 /d，疗程 7~10d；2 月龄至 12 岁儿童，每次 40mg/kg，最大剂量不可超过成人剂量，2 次 /d，疗程 7~14d

（三）氨基糖苷类

氨基糖苷类（aminoglycosides）是由氨基糖与氨基环醇通过氧桥连接而成的苷类抗生素。氨基糖苷类进入胞质，与细菌核糖体 30S 亚基结合，干扰细菌蛋白质合成，是静止期杀菌性抗生素。临床常用氨基糖苷类药物有庆大霉素（gentamicin）、妥布霉素（tobramycin）、阿米卡星（amikacin），主要用于革兰氏阴性杆菌所致的感染。

常用氨基糖苷类药物的用法和用量见表 7-4。

表 7-4 常用氨基糖苷类药物的用法和用量

常用药物	用法和用量
庆大霉素	肌内注射或稀释后静脉滴注，成人，一次 80mg，或每次按 1~1.7mg/kg，3 次 /d；儿童，一次 2.5mg/kg，2 次 /d，或一次 1.7mg/kg，3 次 /d
妥布霉素	肌内注射或静脉滴注，成人，每次按 1~1.7mg/kg，3 次 /d；儿童，一次按 2mg/kg，3 次 /d
阿米卡星	肌内注射或静脉滴注，成人，每 12h 按 7.5mg/kg，或每天按 15mg/kg，每天剂量不超过 1.5g/d；儿童，首剂 10mg/kg，随后每 12h 按 7.5mg/kg，或每天按 15mg/kg

（四）四环素类

四环素类（tetracyclines）主要通过与细菌胞内 30S 核糖体亚基形成可逆结合体，抑制蛋白质合成，起到抗菌效果。当抗生素浓度较低时，这种可逆的竞争性结合也将失去作用，细菌的蛋白质合成将继续进行，因此四环素类高浓度具有杀菌作用。临床常用四环素类药物有多西环素（doxycycline）、四环素（tetracycline）、米诺环素（minocycline），主要应用于革兰氏阳性和阴性细菌、细胞内支原体、衣原体和立克次氏体引起的感染。

常用四环素类药物的用法和用量见表 7-5。

153

表 7-5 常用四环素类药物的用法和用量

常用药物	用法和用量
多西环素	口服：成人，第 1 天，一次 100mg，间隔 12h 给药 1 次，以后一次 100～200mg，1 次 /d，或一次 50～100mg，间隔 12h 给药 1 次。8 岁以上儿童若体重 ≤ 45kg，第 1 天，一次按 2.2mg/kg，间隔 12h 给药 1 次，以后每次按 2.2～4.4mg/kg，1 次 /d，或一次 2.2mg/kg，间隔 12h 给药 1 次；体重＞ 45kg 者，用法用量同成人 静脉滴注：成人，第 1 天 200mg，分 1～2 次滴注，以后根据感染程度，100～200mg/d，分 1～2 次滴注。8 岁以上儿童体重 ≤ 45kg 者，第 1 天 4mg/kg，分 1～2 次滴注，以后根据感染程度，每天按 2～4mg/kg，分 1～2 次滴注；体重＞ 45kg 者，用法用量同成人
四环素	口服，成人，一次 0.25～0.5g，间隔 6h 给药 1 次；8 岁以上儿童，每次按 25～50mg/kg，间隔 6h 给药 1 次
米诺环素	口服，成人首次剂量为 0.2g，以后每 12h 或 24h 再服用 0.1g；8 岁以上儿童，初始剂量按 4mg/kg，随后每 12h 给药按 2mg/kg

（五）大环内酯类

大环内酯类（macrolides）药物能不可逆地结合到细菌 50S 核糖体亚基上，通过阻断转肽作用及 mRNA 位移，选择性抑制蛋白质合成。临床常用大环内酯类有红霉素（erythromycin）、罗红霉素（roxithromycin）、阿奇霉素（azithromycin），主要用于治疗需氧革兰氏阳性球菌和阴性球菌、某些厌氧菌以及军团菌、支原体、衣原体等感染。

常用大环内酯类药物的用法和用量见表 7-6。

表 7-6 常用大环内酯类药物的用法和用量

常用药物	用法和用量
红霉素	口服给药，成人，推荐剂量为一次 250mg，间隔 6h 给药 1 次；或一次 500mg，间隔 12h 给药 1 次。儿童，一天 30～50mg/kg，分 2 次服用，严重感染剂量可加倍
罗红霉素	空腹口服，一般疗程为 5～12d。成人，一次 150mg，2 次 /d；也可一次 300mg，1 次 /d。儿童，每次按体重 2.5～5mg/kg，2 次 /d
阿奇霉素	成人，第 1 天，0.5g，顿服，第 2～5 天，0.25g/d，顿服；或 0.5g/d，顿服，连服 3 天。儿童，第 1 天，按体重 10mg/kg（一天最大量不超过 0.5g），顿服，第 2～5 天，每天按 5mg/kg（一天最大量不超过 0.25g），顿服

（六）糖肽类

糖肽类（glycopeptide）作用机制是通过作用于细菌细胞壁，与细胞壁黏肽合成中的 D- 丙氨酰 -D- 丙氨酸形成复合物，抑制细胞壁的合成。此类抗生素的化学结构和作用机制独特，故与其他抗菌药物无交叉耐药现象。临床常用糖肽类有万古霉素（vancomycin）、去甲万古霉素（norvancomycin）、替考拉宁（teicoplanin），主要用于治疗耐药革兰氏阳性菌所致的严重感染，如氨苄西林耐药肠球菌属及青霉素耐药肺炎链球菌所致感染，也可用于对青霉素类过敏患者的严重革兰氏阳性菌感染。

常用糖肽类药物的用法和用量见表 7-7。

笔记栏

表 7-7　常用糖肽类药物的用法和用量

常用药物	用法和用量
万古霉素	静脉滴注，成人，6h 给药 0.5g，或 12h 给药 1g；儿童，一次按 10mg/kg，间隔 6h 给药 1 次，或 20mg/kg，间隔 12h 给药 1 次
去甲万古霉素	静脉缓慢滴注，成人，每天 0.8g～1.6g，2～3 次/d；儿童每天按 16～24mg/kg，2 次/d
替考拉宁	静脉给药，中度感染，首剂 0.4g，以后维持剂量 0.2g，1 次/d；重度感染，首剂每 12h 给药 0.4g，连续 3 次，维持剂量 0.4g，1 次/d

（七）氟喹诺酮类

氟喹诺酮类（fluoroquinolones）药物抑制敏感菌的脱氧核糖核酸回旋酶和拓扑异构酶，抑制细菌 DNA 复制和蛋白的合成。临床常用氟喹诺酮类有氧氟沙星（ofloxacin）、左氧氟沙星（levofloxacin）、莫西沙星（moxifloxacin）。氟喹诺酮类药物抗菌谱广，抗菌活性强，对革兰氏阴性菌、革兰氏阳性菌、结核分枝杆菌、军团菌、支原体、衣原体及厌氧菌都有杀灭作用。

常用氟喹诺酮类药物的用法和用量见表 7-8。

表 7-8　常用氟喹诺酮类药物的用法和用量

常用药物	用法和用量
氧氟沙星	口服：成人，一次 200～400mg，2 次/d。儿童，每天按 5～15mg/kg，2～3 次/d 静脉滴注：成人，一次 200～400mg，2 次/d；儿童，一次按 5～10mg/kg，2 次/d
左氧氟沙星	口服，0.4g/d，分早晚 2 次服；或 0.5g/d，一次性顿服
莫西沙星	口服或静脉滴注，成人，一次 400mg，1 次/d

【用药护理】

（一）用药评估

1. 评估病史　了解患者的年龄、起病时间、主要症状和体征，了解患者咳嗽、咳痰的程度、性质及持续时间，有无其他伴随症状如胸痛、呼吸困难、恶心、呕吐及食欲下降等。

2. 评估用药史　了解曾使用药物的种类、用法、用量及疗效，有无用药不良反应，有无药物过敏史。

3. 评估并发症　评估患者是否有胸腔积液、阻塞性的肺气肿、感染性休克、呼吸衰竭等并发症。

4. 实验室检查及其他检查　了解患者各种辅助检查结果，如血常规、痰液检查（涂片或培养）、影像学检查等。

5. 评估用药依从性　了解患者及家属对疾病的认知程度、心理状况、教育背景、经济状况、社会支持度等。

（二）用药安全

1. 青霉素类

（1）不良反应：过敏反应较常见，严重的过敏反应为过敏性休克（Ⅰ型变态反应）和血清病型反应（Ⅲ型变态反应），其他过敏反应有溶血性贫血、白细胞计数减少、药疹、荨麻疹、接触性皮炎、哮喘发作等（Ⅱ型变态反应）。大量应用青霉素类钠盐可造成高钠血症。大量应用青霉

笔记栏

素类钾盐时，可发生高钾血症或钾中毒反应。长期、大剂量使用半合成广谱青霉素如氨苄西林等时可致菌群失调，出现由念珠菌或耐药菌引起的二重感染。

（2）禁忌证：对此类药物过敏者禁用。

（3）药物相互作用：①氨苄西林及阿莫西林等氨基青霉素类药物可通过减少共轭雌激素在胃肠道的细菌水解，中断雌激素的肝肠循环，降低口服避孕药的功效。②丙磺舒可通过竞争肾小管分泌作用而增加氨基青霉素类的药效。③别嘌醇和氨基青霉素类合用可增加发生皮疹的风险。

2. 头孢菌素类

（1）不良反应：①过敏反应，出现皮疹、荨麻疹、哮喘、药热、血清病样反应、血管神经性水肿、过敏性休克等。②胃肠道反应，表现为恶心呕吐、食欲减退等。③菌群失调，药物对肠道菌群抑制作用强，可致菌群失调，引起维生素B族和维生素K缺乏。④肝毒性，长期大量服用，可导致氨基转移酶、碱性磷酸酶、血胆红素等值的升高。⑤肾损害，表现为蛋白尿、血尿、肌酐清除率降低、尿量减少，少数患者会发生急性肾功能衰竭，其中第一代头孢菌素类发生肾毒性反应多见。

（2）禁忌证：对任何一种头孢菌素类抗生素药物过敏的患者禁止使用此类药物。有5%~7%的患者出现头孢菌素类和青霉素类之间的交叉过敏反应，因此，对青霉素过敏者应慎用。肝肾功能损害、凝血功能障碍者慎用。

（3）药物相互作用：丙磺舒可降低头孢菌素类药物的肾清除率，增加此类药物的血药浓度。服用头孢菌素类药物期间饮酒可出现"双硫仑"样反应，故服用此类药物期间忌酒。与高效利尿药或氨基糖苷类抗生素合用，肾损害显著增强。

3. 氨基糖苷类

（1）不良反应：①耳毒性反应，内耳毛细胞主动摄取氨基糖苷类药物，药物与毛细胞核糖体RNA结合，引起mRNA错译，生成有毒的超氧自由基，导致毛细胞坏死，患者出现眩晕、恶心、呕吐、眼球震颤、平衡失调、耳鸣、听力减退、耳聋等症状。②肾毒性反应，肾皮质细胞主动摄取药物，药物与肾皮质细胞内溶酶体结合，引起溶酶体磷脂质病，导致肾小管上皮坏死、凋亡，表现为蛋白尿、管形尿，严重者可致氮质血症及无尿症。③神经肌肉阻滞作用，药物会抑制神经肌肉的传导功能，产生神经肌肉传导阻滞，引起心肌抑制、血压下降、肢体瘫痪和呼吸衰竭，可以使用新斯的明和钙剂对抗治疗。④过敏反应，表现为皮疹、发热、荨麻疹、血管神经性水肿等，偶可引起过敏性休克。

（2）禁忌证：对此类药物过敏者禁用，6岁以下儿童禁用，存在耳、肾功能不全者、孕妇、哺乳期妇女等慎用。

（3）药物相互作用：①与万古霉素、多黏菌素类、甲氧氟烷、利尿药、高剂量阿司匹林合用，加重其耳毒性。②与头孢噻吩、头孢唑林、甲氧西林合用，加重其肾毒性。③与挥发性麻醉药、箭毒、高剂量镁盐、普鲁卡因胺合用时，能够加强药物对神经肌肉接头的阻滞作用，可出现肌肉麻痹、呼吸抑制等。④苯海拉明、茶苯海明可能掩盖氨基糖苷类耳毒性症状，不易及时发现。

4. 四环素类

（1）不良反应：多见胃肠道不良反应，包括恶心、呕吐、腹泻和便溏。偶发二重感染、肠炎、血液病和肝毒性。

（2）禁忌证：①禁用于对四环素严重过敏的患者。②8岁以下儿童禁服此类药物。若婴儿期使用此类药，可导致骨骼发育迟缓。药物可以存留在生长的牙釉质中，导致儿童牙釉质发育不全和永久黄灰褐色牙齿着色。③多西环素是妊娠D类药物，不宜用于妊娠期或哺乳期妇女。

（3）药物相互作用：①服用含有二价或三价阳离子的抗酸药、铁剂、次水杨酸铋，可与此类药物进行阳离子螯合，降低其疗效。②巴比妥类、苯妥英钠、卡马西平可以诱导肝代谢，降低其血药浓度。③增强抗凝药物疗效，当抗凝药物如华法林与此类药物配伍使用时，应监测患者有无出血迹象。

5. 大环内酯类

（1）不良反应：常见不良反应包括腹痛、恶心、呕吐、腹泻和肝功能障碍，皮疹和假膜性结肠炎也有报道。

（2）禁忌证：对红霉素、克拉霉素或阿奇霉素过敏者禁用，肝功能损害或患肝脏疾病者禁止使用此类药物，克拉霉素和红霉素制剂因尚未完全确认使用的安全性，不应用于孕妇和哺乳期妇女。

（3）药物相互作用：①红霉素和克拉霉素是肝细胞色素 P450 微粒体酶系统的抑制剂。②卡马西平、环孢素、茶碱、齐多夫定、去羟肌苷、咪达唑仑、华法林与红霉素或克拉霉素同时服用，可增强其药效。③抗酸药会抑制阿奇霉素吸收，不可配伍使用。

6. 糖肽类

（1）不良反应：①耳毒性，表现为听力减退，甚至耳聋。②红人综合征，典型特征为瘙痒性、红斑性皮疹，主要累及面部、颈部和躯干，通常与静脉给药剂量过大和滴注过快有关，降低输注速率和/或抗组胺药预处理通常可避免红人综合征发生。③过敏反应及过敏样症状，表现为皮疹、瘙痒等。④肾毒性，引起血清肌酐短暂性增高，停用药物后，大部分患者可恢复正常。

（2）用药注意事项：①本类药物具一定肾、耳毒性，用药期间应定期复查尿常规与肾功能，监测血药浓度，注意听力改变，必要时监测听力。②有用药指征的肾功能不全者、老年人、新生儿、早产儿或原有肾、耳疾病患者，应根据肾功能减退程度调整剂量，同时监测血药浓度，疗程一般不超过 14 天。③糖肽类属妊娠期用药 C 类，妊娠期患者应避免应用，确有指征应用时，需进行血药浓度监测，据以调整给药方案。哺乳期患者用药期间应暂停哺乳。④应避免将本类药物与各种肾毒性、耳毒性药物合用。⑤与麻醉药合用时，可能引起血压下降，必须合用时，两药应分瓶滴注，并减缓滴注速度，注意观察血压。

（3）禁忌证：对糖肽类过敏者禁用，肝、肾功能损害者慎用。

（4）药物相互作用：①与氨基糖苷类、两性霉素 B、阿司匹林及其他水杨酸盐类等合用或先后应用，可增加耳毒性及肾毒性。如必须合用，应监测听力及肾功能并给予剂量调整。②抗组胺药、布克利嗪、赛克力嗪及曲美苄胺等与本品合用时，可能掩盖耳鸣、头晕、眩晕等耳毒性症状。③与碱性溶液有配伍禁忌，遇重金属可发生沉淀。

7. 氟喹诺酮类

（1）不良反应：①胃肠道反应，表现为恶心、呕吐、腹痛和腹泻。②中枢神经系统反应，如头痛、焦虑、意识模糊和躁动。③骨关节损害，药物引起软组织的损伤，损伤程度与年龄、药物浓度有关，可能导致骨关节病变、跟腱疼痛等。④心脏毒性，表现为 Q-T 间期延长和心率加快，严重时可引起猝死。⑤光敏反应，使用后暴露于阳光或紫外线照射下，会发生中度至严重的光敏反应，可表现为严重晒伤反应，如烧灼感、红斑、水疱、渗出、水肿等。

（2）禁忌证：①对任何一种氟喹诺酮类抗菌药过敏的患者禁止使用氟喹诺酮类药物。②一般不能用于 18 岁以下患者，妊娠期或哺乳期妇女也不能使用。③ Q-T 间期延长者、未纠正的低钾血症者及使用Ⅰa类或Ⅲ类抗心律失常药物者慎用加替沙星、左氧氟沙星及莫西沙星。患者已服用其他可延长 Q-T 间期的药物时（如红霉素、抗精神病药、三环类抗抑郁药）慎用此药。④加替沙星和左氧氟沙星通过肾脏代谢，肾功能损害者应调整剂量。莫西沙星主要通过硫酸和葡糖醛酸结合代谢，轻度至重度肝功能损害者不推荐使用。

（3）药物相互作用：服用氟喹诺酮类药物时不应同时应用抗酸药、钙制剂、硫糖铝、含铁锌复合维生素、去羟肌苷缓冲片。服用氟喹诺酮类药物后，这些药物应至少间隔 2～4 小时后再使用。

（三）用药监测

1. 治疗效果监测　患者服药数天后，观察症状和体征是否得到改善。若患者病情未改善，应协助医生做痰培养和病菌敏感性分析以确定致病菌的耐药性。

2. 并发症监测　密切观察病情，监测并记录生命体征，了解有无并发症的发生，以便尽早给予相应处理。肺炎会导致肺部无法满足气体交换的需要，导致动脉血氧饱和度下降，二氧化碳分压过高。患者出现呼吸急促、嘴唇及指甲青紫、呼气伴有呻吟声、鼻翼扇动等表现时，要积极给予吸氧，必要时选用辅助机械通气进行治疗。

3. 不良反应监测　密切观察患者用药后的症状及体征，发现不良反应及时联系医生，以便进一步处理，必要时调整用药方案。

（四）用药指导

1. 向患者及家属宣教支气管炎和肺炎的病因、临床症状、主要并发症等相关知识，使其了解自己的病情以及规范化药物治疗的必要性，提高用药依从性。

2. 指导患者及主要照顾者掌握药物的用法和用量，强调遵医嘱按时、按量用药的重要性。指导患者及主要照顾者给药期间观察药物的不良反应，出现不适症状及时就诊。

3. 告知患者应坚持完成整个抗生素疗程，以确保根除致病菌。肺炎患者即使开始治疗后感觉好转，也须接受全程抗生素治疗。早期中断治疗可能导致复发或病原体耐药性增强。如果已治疗几天，患者病情继续恶化，提示病原体可能产生耐药性，应立即复诊。

第三节　支气管哮喘

导入案例

　　患者，女，65岁。因"咳、痰、喘反复发作3年，加重2天"入院。自述有慢性咳嗽、咳痰、气喘病史5年，2天前因感冒后出现阵发性咳嗽，咳白色泡沫样痰，胸闷气喘，活动后、凌晨及夜间加重。查咽部充血，扁桃体不肿大，双肺可闻及呼气末哮鸣音。辅助检查血象正常，胸片提示：两肺纹理粗、乱。肺功能提示：气道阻塞，支气管扩张试验阳性。临床诊断：慢性支气管炎、支气管哮喘急性发作。给予氨茶碱注射液静脉滴注以解痉平喘，头孢呋辛注射液以抗感染，吸入氟替卡松沙美特罗（β_2受体激动药和糖皮质激素联合制剂）加强抗炎平喘。经治疗两周后临床症状缓解。

　　请思考：

1. 目前常用的治疗哮喘发作的药物有哪几类？代表药分别是什么？
2. 支气管哮喘急性发作患者使用氨茶碱的作用机制是什么？
3. 氨茶碱主要的不良反应有哪些？
4. 氨茶碱给药时需要注意的问题有哪些？
5. 患者出院时，护士应如何对患者进行用药指导？

　　支气管哮喘是常见的慢性呼吸道疾病之一。儿童哮喘患病率为3%～5%，高于青壮年。老年人群的患病率有增高趋势，成年男性和女性患病率相近，城市高于农村，约40%的患者有家族史。哮喘的治疗需长期使用药物控制症状。本节主要介绍哮喘的药物治疗及护理。

【疾病简介】

　　支气管哮喘（bronchial asthma）简称哮喘，是由嗜酸性粒细胞、肥大细胞、T淋巴细胞、中性粒细胞、气道上皮细胞等多种细胞参与的气道慢性炎症性疾病。炎症与气道高反应性相关，常出现广泛多变的可逆性气流受限，并引起反复发作性的喘息、气促、胸闷或咳嗽等症状，可自行或经治疗后缓解。若哮喘诊治不及时，随病程的延长可产生气道不可逆性狭窄和气道重塑。支气管哮喘按发作频率和症状严重程度分为4级：轻度间歇性、轻度持续性、中度持续性和重度持续性。

【药物治疗的目的及原则】
（一）药物治疗的目的
哮喘药物治疗的目的主要包括：①患者的哮喘症状得到控制，减少复发。②昼夜呼吸流量峰值正常，变化范围小于20%。③急性发作次数减少，无因哮喘发作引起的急诊。④使用 β_2 肾上腺素受体激动药时，给予最小需要量。⑤气道重塑程度降低或得到改善，以减少肺的不可逆变化，降低发病率和死亡率。

（二）药物治疗的原则
治疗原则和策略包括控制哮喘症状和抗炎治疗。哮喘治疗一般采用与患者哮喘特征或严重程度相对应的阶梯式疗法。

【药物分类及常用药物】
常用药物按其药理作用分为 β_2 受体激动药、茶碱类药、M胆碱受体阻断药、肾上腺皮质激素类药、肥大细胞膜稳定药、白三烯受体阻断药。控制哮喘急性发作长期使用的药物包括吸入性肾上腺皮质激素药、肥大细胞膜稳定药、白三烯受体阻断药、茶碱类药等。控制哮喘持续状态或急性发作的快速缓解药物，包括 β_2 受体激动药、全身性肾上腺皮质激素药物等。

（一）β_2 受体激动药
此类药物对 β_2 受体有较强选择性，对 α 受体无作用，能激活腺苷酸环化酶，增加 cAMP 的合成，激活 cAMP 依赖蛋白激酶，兴奋分布在气道平滑肌上的 β_2 受体产生支气管扩张作用。临床常用 β_2 受体激动药有沙丁胺醇（salbutamol）、特布他林（terbutaline）、福莫特罗（formoterol），药物能迅速改善哮喘急性发作时的呼吸困难、咳嗽等症状，口服有效，作用时间4~6小时。吸入给药时，几乎无心血管系统不良反应，但若剂量过大，仍可引起心悸、头晕、手指震颤等。

（二）茶碱类药
茶碱（theophylline）为甲基黄嘌呤类的衍生物，能够抑制磷酸二酯酶，升高细胞内 cAMP 水平，阻断腺苷受体，舒张支气管平滑肌，阻止过敏介质释放，有平喘、强心、利尿的作用。临床常用的茶碱类药是氨茶碱（aminophylline），其松弛平滑肌的作用对处于痉挛状态的支气管更为突出，对急、慢性哮喘，不论口服、注射或直肠给药，均有疗效。

（三）M胆碱受体阻断药
M胆碱受体阻断药能阻断乙酰胆碱作用，对呼吸道平滑肌具有较高的选择性，有明显的支气管扩张作用。临床常用的M胆碱受体阻断药是异丙托溴铵（ipratropium bromide），药物可增加第一秒最大呼气量，而不影响痰液分泌。

（四）肾上腺皮质激素类药
肾上腺皮质激素能抑制炎症细胞的活性和向变态反应部位的趋化，抑制 β_2 受体下调，阻断白三烯的合成，抑制细胞因子的产生和黏附蛋白的活性。临床常用肾上腺皮质激素类药有二丙酸倍氯米松（beclomethasome dipropionate）、布地奈德（budesonide），在以气溶胶给药时，能阻断对吸入变应原的迟发反应（对速发反应无效）及随之而来的气道高反应性。用皮质激素长期治疗，也可使支气管高反应性逐渐下降，是哮喘持续状态或急性发作的重要抢救药物。

（五）肥大细胞膜稳定药
肥大细胞膜稳定药能稳定肥大细胞的细胞膜，阻止肥大细胞脱颗粒，从而抑制过敏反应介质

笔记栏

159

的释放，进而阻抑过敏反应介质对组织的不良作用。临床常用的肥大细胞膜稳定药为色甘酸钠（sodium cromoglycate），该类药物可治疗儿童轻中度哮喘，也可用于运动前或接触不可避免的过敏原之前的预防性治疗。

（六）白三烯受体阻断药

白三烯受体阻断药能特异性阻止白三烯与受体的结合，预防白三烯多肽所致的血管通透性增加、气道水肿及支气管平滑肌收缩，抑制嗜酸性粒细胞、淋巴细胞及组织细胞的升高，从而减轻气管收缩和炎症反应，缓解哮喘症状，抑制哮喘急性发作，减少夜间憋醒次数，改善肺功能。临床常用的白三烯受体阻断药是扎鲁司特（zafirlukast），用于 12 岁以上儿童及成人支气管哮喘的长期治疗和预防。白三烯受体阻断药不是治疗哮喘的首选药物，可作为备选药物，适用于病情较轻而持久的哮喘症。相比长效 β_2 受体激动药，这种药物只起到辅助治疗的作用。

常用控制哮喘药物的用法和用量见表 7-9。

表 7-9　常用控制哮喘药物的用法和用量

药物分类	常用药物	用法和用量
β_2 受体激动药	沙丁胺醇	气雾吸入：①间歇性治疗，每次 2.5 ~ 5mg，以注射用生理盐水稀释至 2ml 或 2.5ml，雾化吸入，喷雾可维持约 10min，可 4 次 /d；②连续性治疗，以注射用生理盐水稀释成 50 ~ 100µg/ml 的溶液，给药速率通常为 1mg/h，最高可增至 2mg/h 粉雾吸入：每次 0.2 ~ 0.4mg，4 次 /d 口服：每次 2 ~ 4mg，3 次 /d
	福莫特罗	口服：成人，每次 40 ~ 80µg，2 次 /d；儿童，按体重每天 4µg/kg，2 ~ 3 次 /d 气雾吸入：每次 12 ~ 24µg，1 ~ 2 次 /d，每天最多可吸 48µg，早晨和 / 或晚间给药
茶碱类药	氨茶碱	口服：成人，一次 0.1 ~ 0.2g，3 次 /d，不能超过一次 0.5g，每天不超过 1.0g；儿童，一般每次按 3 ~ 5mg/kg，3 次 /d 静脉滴注：使用氨茶碱葡萄糖注射液，每次 200mg，1 ~ 2 次 /d，每次滴注时间不少于 20 ~ 30min
M 胆碱受体阻断药	异丙托溴铵	气雾吸入，成人和 > 6 岁儿童，一次 20 ~ 40µg（每揿 20µg，1 ~ 2 揿），3 ~ 4 次 /d，总剂量不超过 240µg/d；< 6 岁儿童，不超过 12 揿 /d
肾上腺皮质激素类药	二丙酸倍氯米松	气雾吸入，成人，一般每次 0.1mg，3 ~ 4 次 /d，最大量不超过 1mg/d；儿童，按年龄酌减，最大量不超过 0.8mg/d
	布地奈德	起始剂量每次吸入 0.2 ~ 0.3mg，2 ~ 4 次 /d；维持剂量每次 0.1 ~ 0.2mg，2 ~ 4 次 /d，可预防哮喘严重复发
肥大细胞膜稳定药	色甘酸钠	气雾吸入：每次 3.5 ~ 7mg，3 ~ 4 次 /d，最大剂量 32mg/d
白三烯受体阻断药	扎鲁司特	口服，成人和 > 12 岁儿童，起始剂量应是每次 20mg，2 次 /d；维持剂量为每次 20mg，2 次 /d，剂量逐步增加至一次最大剂量 40mg

 **知识链接**

哮喘长期（阶梯式）治疗方案

支气管哮喘防治指南（2024年版）在2020版基本框架下，同时参考2024版GINA文件对哮喘的长期（阶梯式）治疗方案做了更新，治疗方案具体内容见下表：

成人和青少年（12岁及以上）哮喘患者长期（阶梯式）治疗方案

路径	药物	阶梯治疗方案				
		1级	2级	3级	4级	5级
路径1：首选控制药物和缓解药物与使用SABA缓解药物相比，使用ICS-福莫特罗作为缓解药物可降低急性发作风险，并且是一种更简单的方案	控制药物	仅按需使用低剂量ICS-福莫特罗	仅按需使用低剂量ICS-福莫特罗	低剂量ICS-福莫特罗维持治疗	中剂量ICS-福莫特罗维持治疗	附加LAMA 请参考表型/内型评估；考虑高剂量维持ICS-福莫特罗、抗IgE单抗、抗IL-5单抗、抗IL-5Rα单抗、抗IL-4Rα单抗、抗TSLP单抗
	缓解药物			按需使用低剂量ICS-福莫特罗		
路径2：替代控制药物和缓解药物在考虑使用SABA缓解药物的治疗方案之前，检查患者是否可能依从每日控制药物治疗	控制药物	每当使用SABA时，同时使用ICS	低剂量ICS维持治疗	低剂量ICS-LABA维持治疗	中-高剂量ICS-LABA维持治疗 抗IgE单抗、抗IL-5单抗、抗IL-5Rα单抗、抗IL-4Rα单抗、抗TSLP单抗	附加LAMA 请参考表型/内型评估；考虑高剂量ICS-LABA维持、抗IgE单抗、抗IL-5单抗、抗IL-5Rα单抗、抗IL-4Rα单抗、抗TSLP单抗
	缓解药物			按需SABA或按需ICS-SABA		
其他控制药物方案（有限适应证，或疗效、安全性证据较少）	控制药物	每当使用SABA时同时使用低剂量ICS，或每日LTRA，或添加HDMSLIT	每当使用SABA时同时使用低剂量ICS，或每日LTRA，或添加HDMSLIT	中剂量ICS，或添加LTRA，或添加HDMSLIT	添加LAMA或LTRA或HDMSLIT，或转为高剂量ICS	添加阿奇霉素（成人）或LTRA；作为最后治疗手段，考虑添加低剂量OCS，但需考虑不良反应

注：ICS：吸入性糖皮质激素；LAMA：长效抗胆碱能药；SABA：短效肾上腺β_2受体激动药；LABA：长效肾上腺β_2受体激动药；LTRA：白三烯受体拮抗药；TSLP：抗胸腺基质淋巴细胞生成素；HDMSLIT：层尘螨舌下免疫治疗；OCS：口服糖皮质激素。

【用药护理】

（一）用药评估

1. 评估病史 评估患者哮喘发作的病因和过敏原，密切观察哮喘发作的先兆症状，如胸闷、鼻咽痒、咳嗽、打喷嚏等。

2. 评估用药史 了解既往药物治疗方案，曾使用药物的种类、用法、用量及疗效，有无用药不良反应，有无药物过敏史。

3. 评估并发症 评估患者是否有肺气肿、纵隔气肿、肺不张、肺心病、呼吸衰竭等并发症。

4. 实验室检查及其他检查 了解患者各种辅助检查结果，包括痰液检查、呼吸功能检查、血气分析、胸片 X 线检查及特异性变应原检查。

5. 评估用药依从性 评估患者及家属对疾病的认知程度、心理状况、教育背景、经济状况、社会支持度等。

（二）用药安全

1. β₂ 受体激动药

（1）不良反应：口服不良反应的发生率高于吸入给药，常见骨骼肌震颤，以手指震颤多见，剂量过大可引起心悸、头晕、头痛、心动过速、血压波动，甚至心律失常，一般减量即可恢复，严重时应停药。剂量过大或与糖皮质激素合用时可致低钾血症。长期用药可形成耐受性，不仅疗效降低，还可使哮喘加重。

（2）用药注意事项：①给予缓释片和控释片，嘱患者整片吞服，不可嚼碎或掰开服用，以免影响疗效。②给药期间，注意观察患者血压、心率和心律变化。③该药可致焦虑、失眠，应尽量避开夜间给药，以免影响患者睡眠。④口服给药时，常见反应有手颤、头晕、目眩及视物模糊等症状，应嘱患者用药期间避免进行开车等危险性操作。⑤儿童服药后，易出现中枢神经症状，如活动过度、激动、失眠等，也较易出现心动过速及胃肠道症状，应注意观察，及时发现与处理。

（3）禁忌证：对该类药物及其他肾上腺素受体激动药过敏者、孕妇禁用，老年人、高血压、糖尿病、青光眼、冠状动脉供血不足、甲状腺功能亢进者慎用。

（4）药物相互作用：①β 受体阻断药（如普萘洛尔）可拮抗支气管扩张作用，故两者不宜合用。②与其他肾上腺素受体激动药合用时，可增加不良反应。③单胺氧化酶抑制药、抗组胺药、三环类抗抑郁药、左甲状腺素等可增加该药的不良反应。④与降血糖药物合用时，促使血糖升高。⑤与磺胺类药物合用，会降低磺胺类药物的吸收。⑥与洋地黄类药物合用时，可增加洋地黄类药物诱发心律失常的危险性。⑦与糖皮质激素、利尿药等合用时，可加重血钾浓度降低的程度。⑧与甲基多巴合用时，可出现严重的急性低血压反应。

2. 茶碱类药

（1）不良反应：该药呈强碱性，局部刺激作用强，口服可致胃肠道反应，以恶心、呕吐、胃部不适常见。肌内注射可引起局部红肿、疼痛，故不宜肌内注射。治疗量时，可致失眠或不安；剂量过大可发生谵妄、惊厥，可用镇静药对抗。

（2）用药注意事项：①告知患者在餐后服用该药以减轻胃肠反应，使用时应避免饮用含大量咖啡因的饮料，避免大量食用巧克力，以免增加不良反应。②滴速过快或浓度过高，可强烈兴奋心脏，引起心悸、头晕、心律失常，严重者可致惊厥，必须稀释后缓慢注射。③治疗量可兴奋中枢神经系统，可同时应用少量镇静催眠药，以免失眠。④该药呈强碱性，遇酸性药易产生沉淀，故不宜与哌替啶、洛贝林、维生素 C 等药配合应用。⑤哮喘发作时，常与肾上腺皮质激素合用。与 β 受体激动药合用有协同作用，与 β 受体阻断药合用有拮抗作用。⑥代谢缓慢，用药剂量个体化。长期使用氨茶碱缓释剂者，用药期间应监测血药浓度，以合理调整剂量，避免发生严重毒性反应。⑦应告知患者控释片勿嚼碎，否则会破坏其疗效。⑧用药后须密切观察患者反应，若出现烦躁不安等反应，可先吸氧或给予地西泮镇静，并尽快报告医生。

（3）禁忌证：对本药及其衍生物过敏者、活动性消化性溃疡者、未经控制的惊厥性疾病患者、急性心肌梗死伴血压下降者、未经治愈的潜在癫痫者、低血压患者、休克患者禁用；高血压、心肌损害、甲亢、严重缺氧及妊娠妇女、乙醇中毒、严重低氧血症，以及新生儿、幼儿和65岁以上老年人慎用。

（4）药物相互作用：①某些抗菌药物（如喹诺酮类的环丙沙星、氧氟沙星，大环内酯类的红霉素、克拉霉素等）、美西律、地尔硫䓬等可降低该药清除率，使血药浓度增高，甚至出现毒性反应，与上述药物合用时，应适当减量。②与沙丁胺醇合用有协同作用，同时增加其不良反应。③抗甲状腺药可减慢机体对本药的代谢，从而使血药浓度升高，作用增强。④与利血平合用时，可使心率加快；干扰素可降低本药的清除率。⑤对非选择性β肾上腺素受体阻断药有拮抗作用。⑥利福平、苯巴比妥、苯妥英钠等可降低血药浓度，导致疗效减弱。⑦与麻黄碱及其他拟交感类支气管扩张药合用时，可使毒性增强。

3. M胆碱受体阻断药

（1）不良反应：少数患者可见头痛、口干、口苦、排尿困难、心率增加、心悸、视物模糊等症状。极少数患者可出现过敏反应，如皮疹、血管性水肿等。气雾剂在少数病例中可引起咳嗽、局部刺激。

（2）用药注意事项：①对易患青光眼的患者应用该药时应使用眼罩保护眼睛。发生急性闭角型青光眼征象，如与眼结膜充血和角膜水肿相关的眼痛或不适、视物模糊、虹视或有色成像等症状时，需开始缩瞳治疗。②药物过量或误入眼内，会出现瞳孔散大和轻度、可逆的视力调节紊乱，可予以缩瞳治疗。

（3）禁忌证：对阿托品类药物过敏者、对大豆卵磷脂或有关的食品（如大豆、花生）过敏者、幽门梗阻者禁用。

（4）药物相互作用：①与非诺特罗、色甘酸钠、沙丁胺醇、茶碱等合用，可产生协同作用。②金刚烷胺、吩噻嗪类抗精神病药、三环类抗抑郁药、单胺氧化酶抑制药以及某些抗组胺药可增强药物的作用。③肾上腺β受体激动药或黄嘌呤制剂可增强药物的支气管扩张作用。

4. 肾上腺皮质激素类药

（1）不良反应：长期使用易发生咽部念珠菌感染，每次吸入后应立即用水漱口。若出现肌肉痛、疲乏及抑郁等皮质功能减退症状时，应报告医生。

（2）用药注意事项：①患者吸入后可有声音嘶哑，可暂停吸入。②长期连续吸入可有口腔念珠菌感染（女性多于男性），可用抗真菌药进行治疗。③吸入性糖皮质激素与血管扩张药不同，不能立即产生疗效，应按时使用。④在症状控制后应逐渐停药，一般在用药后4~5天缓慢减量。

（3）禁忌证：①在吸入治疗时对哮喘持续状态或其他哮喘急性发作者禁用。②对此类药物过敏者禁用。③儿童、孕妇及哺乳期妇女慎用，孕妇和婴幼儿避免大面积长期使用。④对活动性肺结核患者应特别慎重。

5. 肥大细胞膜稳定药

（1）不良反应：有轻度头昏、口干、嗜睡、困倦、胃肠道等反应，可自行减轻或消失。少数患者用药后可出现过敏症状，主要表现为皮疹瘙痒，局部皮肤水肿等，遇此情况应及时停药。

（2）用药注意事项：①教会患者正确使用药物的方法，切忌吞服胶囊。吸药后应屏住呼吸数秒钟，避免药粉喷出。不要对喷头吐气，以免使之潮湿而影响喷出的浓度。②告知患者应连续用药，随意停药有诱发哮喘发作的可能。③指导患者若发生喉部刺激症状，如咳嗽、声音嘶哑，可在每次治疗后采用清水漱口、喝水或吮糖块等方法以减轻不良反应。

（3）禁忌证：妊娠早期、哺乳期妇女禁用，3岁以下儿童及正服用降糖药者禁用。

（4）药物相互作用：①与异丙肾上腺素合用可提高疗效。②与肾上腺皮质激素合用可增强支气管哮喘的治疗效果。③与氨茶碱合用可减少氨茶碱用量，并提高平喘效果。

笔记栏

163

6. 白三烯受体阻断药

（1）不良反应：最常见的不良反应有轻微头痛、胃肠道反应、咽炎、鼻炎，少见皮疹及血清氨基转移酶升高，罕见血管神经性水肿等变态反应。剂量较大时，可增加肝细胞肿瘤、组织细胞肉瘤和膀胱癌的发生率。

（2）注意事项：①不能解除哮喘急性发作的症状，急性发作前应与其他治疗哮喘药物合并应用。②不得长期大剂量使用，以免增加肿瘤发生率。③食物可降低该药物的生物利用度，应于餐前1小时或餐后2小时服用。④与皮质类固醇合用时，不应骤然以该药取代吸入或口服皮质类固醇药，必须采用皮质类固醇药物逐渐递减和该药少量逐渐递增的取代方法，以免引起反跳现象。⑤对长期给药者，应注意定期检查肝功能，注意是否发生肝毒性，还应注意观察肝细胞肿瘤、组织细胞肉瘤和膀胱癌的早期症状。

（3）禁忌证：12岁以下儿童禁用，孕妇和哺乳期妇女、肝功能不全者慎用。

（4）药物相互作用：与阿司匹林合用，可使该药血药浓度升高45%。与茶碱合用，可出现血浆中药物浓度下降约30%，但对于血浆中的茶碱浓度无影响。与华法林合用，能导致最大凝血酶原时间延长约35%，应密切监测凝血酶原时间。

（三）用药监测

1. 治疗效果监测　应密切观察哮喘药物的药效反应。开始治疗1~2周后，应持续评估患者症状的控制情况。症状控制良好，则转入阶梯式治疗的较轻阶段，更换药物。症状控制不良，患者治疗方案应转入阶梯式治疗的较重阶段。在更换治疗方案前，还需了解当前患者使用药物的种类、方法及是否接触过敏原等。

2. 并发症监测　监测患者的血电解质、酸碱度平衡情况。哮喘发作时患者容易出现酸碱失衡，在酸碱失衡及药物等因素的影响下，患者容易发生电解质紊乱，了解有无危重症状和并发症，发现异常，应及时处理。

3. 不良反应监测　密切观察患者用药后的症状及体征，如应用β_2受体激动药可出现心悸、心律失常、低钾血症、肌肉震颤等不良反应，使用时要严格掌握指征及剂量，并进行必要的心电图、血气及电解质等监护，发现不良反应及时联系医生，根据临床症状和不良反应及时调整剂量，必要时调整用药方案。

（四）用药指导

1. 向患者及家属宣教支气管哮喘的病因、典型临床症状、主要并发症等相关知识，使其了解自己的病情以及规范化药物治疗的必要性，提高用药依从性。

2. 指导患者了解自己所用药物的名称、用法、剂量、注意事项、药物不良反应，用药期间不可擅自停药、增加用药次数或用药过量。

3. 提高患者自我监测病情能力，如识别哮喘发作先兆、紧急自我处理，做好哮喘日记。

4. 指导患者掌握各种药物吸入装置的使用方法，并随时随身多备一套吸入装置，雾化吸入装置的口吸入和鼻吸入不可混用或交替使用。

第四节　慢性阻塞性肺疾病

慢性阻塞性肺疾病是一种以小气道阻塞和呼气流速降低为特征的肺部疾病。该病已成为全球第三大死亡原因，第四大经济负担疾病。在我国，40岁及以上人群中的患病率达13.7%，成为仅次于高血压、糖尿病的中国第三大常见慢性病。本节将主要介绍慢性阻塞性肺疾病的药物治疗及用药护理。

【疾病简介】

慢性阻塞性肺疾病（chronic obstructive pulmonary disease，COPD）是一种常见的以持续气流受限为特征的可以预防和治疗的疾病。病情呈反复进行性发展，可伴有气道高反应性。表现为长期反复发作的咳嗽、咳痰，部分患者伴有喘息，可继发肺动脉高压及肺源性心脏病。常见的两种表现形式是慢性支气管炎和肺气肿。慢性支气管炎患者每年咳嗽、咳痰达3个月以上，一般连续2年或以上。肺气肿患者以终末细支气管永久性异常扩大、同时伴有肺腺泡壁破坏为特征。

不同形式的COPD的症状不同。慢性支气管炎患者表现为喘息、大量脓性痰液及气短，其诊断必须满足咳嗽、咳痰超过3个月并连续2年或以上的条件。肺气肿患者表现为轻微活动时呼吸困难、少量黏稠痰液，也有可能出现轻微干咳。当患者表现出COPD症状时，其肺部组织通常已丧失50%～70%的功能。

【药物治疗的目的及原则】

（一）药物治疗的目的

COPD药物治疗的目的是延缓疾病进展，预防急性发作，保证生活质量，改善气道阻塞等相关症状，提高运动耐量，改善睡眠质量及降低死亡率。

（二）药物治疗的原则

COPD药物治疗的原则是缓解咳嗽、解除支气管痉挛及增强气流。

【药物分类及常用药物】

治疗用药包括β₂受体激动药、M胆碱受体阻断药、茶碱类药、肾上腺皮质激素及用于控制感染的抗生素。

（一）β₂受体激动药

β₂受体激动药（inhaled beta-2 agonists）属于拟交感神经类药，通过激活腺苷酸环化酶来释放3′, 5′环腺苷酸，舒张支气管平滑肌，扩张气道和改善肺功能，缓解COPD症状。β₂受体激动药按药效持续时间长短有短效和长效之分。短效β₂肾上腺素受体激动药（short-acting beta-2 agonists，SABAs）的药效可持续3～6小时，长效β₂肾上腺素受体激动药（long-acting beta-2 agonists，LABAs）的药效可持续12小时以上。SABAs起效快，能有效缓解COPD症状。LABAs，如福莫特罗（formoterol）和沙美特罗（salmeterol），能有效改善肺功能，减轻症状。用药剂量应根据药物种类而定。

（二）M胆碱受体阻断药

M胆碱受体阻断药可松弛支气管平滑肌，阻止支气管平滑肌的收缩，降低副交感神经活动引起的黏液分泌。最常用异丙托溴铵（ipratropium bromide），另一种长效抗胆碱能类药噻托溴铵（tiotropium bromide）可减轻呼吸困难，提高活动耐量，减轻肺部过度充气以及降低中重度COPD患者急性发作的频率。

（三）茶碱类药

茶碱类药通过抑制磷酸二酯酶来阻止环腺苷酸的分解，从而舒张支气管平滑肌，阻止内源性变应原的释放，如肥大细胞释放组胺、白三烯等。临床常用的药物是茶碱（theophylline），其主要作用包括舒张平滑肌，兴奋中枢神经系统及强心作用，能增加心脏排出量，降低静脉压。

（四）抗生素

COPD患者易出现由黏液淤塞引起的反复呼吸道感染，故应积极控制呼吸道感染，最常见的病原体包括流感嗜血杆菌、肺炎链球菌、肺炎衣原体及嗜肺军团菌。抗生素的使用详见本章第二节支气管炎和肺炎。

常用COPD治疗药物的分类与用法和用量见表7-10。

笔记栏

表 7-10　常用 COPD 治疗药物的分类与用法和用量

药物分类	常用药物	用法和用量
β₂ 受体激动药	福莫特罗	吸入给药，成人，常规剂量一次 12μg，1 ~ 2 次 /d
	沙美特罗	吸入给药，50μg/ 吸，2 次 /d
M 胆碱受体阻断药	异丙托溴铵	吸入给药，18μg/ 吸，2 吸 / 次，4 次 /d
	噻托溴铵	每天 1 次吸入，每天 1 粒噻托溴铵干粉吸入胶囊（配用特定吸入器）
茶碱类药	茶碱	成人或 > 12 岁儿童口服（缓释片），起始剂量为 0.1 ~ 0.2g，2 次 /d，最大量不超过 0.9g/d

【用药护理】

（一）用药评估

1. **评估病史**　评估患者 COPD 症状，患者气流受限分级及肺功能情况，了解患者急性加重期的病史及肺功能分级，评估患者是否有急性加重风险。

2. **评估用药史**　了解既往药物治疗方案，曾使用药物的种类、用法、用量及疗效，有无用药不良反应，有无药物过敏史。

3. **评估并发症**　评估患者是否有慢性呼吸衰竭、自发性气胸、慢性肺源性心脏病、继发性红细胞增多症等并发症。

4. **实验室检查及其他检查**　了解患者各种辅助检查结果，包括肺功能检查、胸部影像学检查、动脉血气分析及痰液检查等。

5. **评估用药依从性**　了解患者及家属对疾病的认知程度、心理状况、教育背景、经济状况、社会支持度等。

（二）用药安全

β₂ 受体激动药、M 胆碱受体阻断药、茶碱类药和肾上腺皮质激素药的用药安全详见本章第三节支气管哮喘，抗生素的用药安全详见本章第二节支气管炎和肺炎。

（三）用药监测

1. **治疗效果监测**　应密切观察治疗药物的药效反应，监测患者体温、咳嗽咳痰、喘息症状改善与否及血常规等实验室指标以判定治疗疗效。患者一般每 2 ~ 3 个月安排一次随访检查，监测用药后呼吸道感染的征象及其他症状和体征是否缓解。建议每 1 ~ 2 年进行一次肺功能检查，评价药物治疗效果。

2. **并发症监测**　监测患者有无缺氧和二氧化碳潴留的表现，有无突然加重的呼吸困难。COPD 引起肺血管床减少及缺氧致肺动脉收缩和血管重塑，导致肺动脉高压，右心室肥厚扩大，最终发生右心功能不全，了解有无危重症状和并发症，及时发现异常，以便及时处理。

3. **不良反应监测**　密切观察患者用药后的症状及体征。长期应用糖皮质激素可能出现肾上腺皮质功能不全、骨质疏松、电解质紊乱等全身不良反应，故尽量使用最小有效剂量，达到满意效果后，逐渐减量，改为口服维持治疗。沙丁胺醇雾化液容易出现心悸、肌肉震颤等药物不良反应，使用过程中需注意观察患者的临床症状。长期应用广谱抗菌药物和糖皮质激素易继发深部真菌感染，应密切观察真菌感染的临床征象并采用防治真菌感染的措施。发现不良反应及时联系医生，以便根据临床症状和不良反应及时调整剂量，必要时调整用药方案。

（四）用药指导

1. 向患者及家属宣教慢性阻塞性肺疾病的病因、临床症状、主要并发症等相关知识，指导患者避免各种可使病情加重的因素，使其了解自己的病情以及规范化药物治疗的必要性，用药期间不可擅自停药、增加用药次数或用药过量。

2. 指导患者了解自己所用药物的名称、用法、剂量、注意事项、药物不良反应，患者应注意避免使用可加重呼吸抑制的药物，如抗组胺药、镇静药、β受体阻断药及麻醉药。

3. 指导患者自我监测病情，告知患者气促、咳嗽、咳痰等症状明显或加重时，应及时就医。

第五节 肺 结 核

肺结核是呼吸系统常见的慢性传染性疾病。全球现有肺结核患者约 2 000 万，每年新发病例 800 万~1 000 万，每年死于结核病者约 300 万。我国是结核病发病第二大国，仅次于印度，是世界上结核病疫情负担最重的 22 个国家之一。肺结核的控制主要采用药物治疗。

【疾病简介】

肺结核（pulmonary tuberculosis）是由结核分枝杆菌引起的肺部慢性传染性疾病。基本病理改变为渗出、增生（结核结节形成）和干酪样坏死。肺结核全身性症状中，发热最常见，多为长期午后低热。部分患者有乏力、食欲缺乏、体重减轻、盗汗等症状。当肺部病灶急剧进展播散时，可有高热，妇女可有月经失调或闭经。呼吸系统症状中，咳嗽、咳痰是肺结核最常见症状，多为干咳或咳少量黏液痰，伴继发感染时，痰呈脓性且量增多。1/3 ~ 1/2 患者有不同程度咯血。当炎症波及壁层胸膜时，相应胸壁有刺痛，为胸膜炎性胸痛，随呼吸和咳嗽而加重。慢性重症肺结核时，呼吸功能减损，可出现渐进性呼吸困难，甚至发绀。并发气胸或大量胸腔积液时，则有突发性呼吸困难。

【药物治疗的目的及原则】

（一）药物治疗的目的

肺结核的药物治疗采用化学治疗。化学治疗的目的是迅速杀死病灶中大量繁殖的结核分枝杆菌，使患者由传染性转为非传染性，中断传播、防止耐药性产生，最终达到治愈。

（二）药物治疗的原则

药物治疗的原则是早期、联合、适量、规律和全程治疗。

1. **早期** 指一旦发现和确诊结核后应立即给予化学治疗。早期病灶内结核菌以 A 群为主，局部血流丰富，药物浓度高，可发挥其最大的抗菌作用，以迅速控制病情及减少传染性。

2. **联合** 是指根据病情及抗结核药的作用特点，联合使用两种以上药物。联合用药可杀死病灶中不同生长速度的菌群，提高疗效，还可减少和预防耐药菌的产生，增加药物的协同作用。

3. **适量** 指严格遵照适当的药物剂量用药。用药剂量过低不能达到有效血药浓度，影响疗效，易产生耐药性；剂量过大易发生药物不良反应。

4. **规律** 严格按照化疗方案的规定用药，不可随意更改方案、遗漏或随意中断，以避免细菌产生耐药性。

5. **全程** 指患者必须按治疗方案，坚持完成规定疗程，以提高治愈率和减少复发率。

整个化疗方案分强化和巩固两个阶段。强化期旨在有效杀灭繁殖菌，迅速控制病情；巩固期的目的是杀灭生长缓慢的结核菌，以提高治愈率，减少复发。总疗程 6 ~ 8 个月，其中初治为强化期 2 个月，巩固期 4 个月；复治为强化期 2 个月，巩固期为 4 ~ 6 个月。

【药物分类及常用药物】

抗结核病药可分为两大类。一类为一线抗结核病药，包括异烟肼（isoniazid）、利福平（rifampicin）、乙胺丁醇（ethambutol）、吡嗪酰胺（pyrazinamide）和链霉素（streptomycin），其疗效好，不良反应较少；另一类为二线抗结核病药，包括对氨基水杨酸（para-aminosalicylic acid）、

笔记栏

167

乙硫异烟胺（ethionamide）、丙硫异烟胺（protionamide）等，此类抗菌药物抗菌作用弱、不良反应多，仅用于对结核分枝杆菌一线药耐药的患者。

（一）一线抗结核病药

1. 异烟肼 对结核分枝杆菌高度选择，能抑制结核分枝杆菌分枝菌酸的生物合成，从而损伤结核分枝杆菌细胞壁的完整性及其抗酸性，导致细菌死亡。对生长期的结核分枝杆菌有杀菌作用，对静止期结核分枝杆菌仅有抑菌作用。异烟肼易渗入吞噬细胞，杀灭或抑制胞内的结核分枝杆菌。若结核分枝杆菌对异烟肼产生耐药，则与其他抗结核药之间无交叉耐药性。

异烟肼对抗结核分枝杆菌作用高效、低毒、口服方便，是最好的第一线抗结核病药，适用于各型结核病，对渗出性病灶疗效最佳。对于急性粟粒型结核和结核性脑膜炎，应增大剂量，延长疗程。常需与其他一线药合用，以避免或延缓耐药性产生。此外，单用异烟肼可作为结核菌素试验阳性者（无临床表现与 X 线证据）及接触结核患者的预防用药。

2. 利福平 抗菌谱广且作用强大，能与结核分枝杆菌等敏感菌的 DNA 依赖性 RNA 多聚酶 β- 亚单位形成稳定的复合物，抑制该酶的活性，抑制初始 RNA 链形成，但并不抑制 RNA 链延伸。利福平能透入细胞内，对吞噬细胞内的结核分枝杆菌也有杀灭作用。结核分枝杆菌能迅速产生耐药性，与细菌胞膜改变使利福平透入减少有关。利福平与其他药物无交叉耐药性。常与其他抗结核药合用，治疗各种类型的肺结核，包括初治及复治患者。

3. 乙胺丁醇 影响结核分枝杆菌菌体核糖核酸的合成，对繁殖期结核分枝杆菌有较强的抑制作用，最低抑菌浓度为 $0.5 \sim 0.8\mu g/ml$，对细胞内外的结核菌均有较强的杀菌作用，主要是对生长繁殖期的细菌有较强的杀菌活性，对静止期细菌无作用。与其他抗结核药物联合使用，可提高疗效，治疗各型结核病，单用可产生耐药性，但产生过程较缓慢。与其他抗结核药物之间无交叉耐药性。

4. 吡嗪酰胺 通过取代烟酰胺而干扰脱氢酶，阻止脱氢作用，妨碍结核分枝杆菌对氧的利用，对结核分枝杆菌有抑制和杀灭作用，体内的最低抑菌浓度为 $12.5\mu g/ml$，抗菌活性随着 pH 值的增高而减弱。吡嗪酰胺单独使用极易产生耐药性，与其他抗结核药物无交叉耐药。与利福平、异烟肼合用有明显的协调作用，对异烟肼、链霉素耐药的结核菌也有抗菌作用。一般在强化期应用，与链霉素联合可杀死细胞内外的结核分枝杆菌，用于治疗各种类型的结核病。

5. 链霉素 作用于结核分枝杆菌菌体核糖体，干扰蛋白质合成，并破坏细菌细胞膜的完整性，从而杀灭或者抑制结核分枝杆菌生长。其抗结核作用仅次于异烟肼和利福平，不易透过血－脑脊液屏障和细胞膜，对结核性脑膜炎的效果差，对细胞内结核菌无效。

（二）二线抗结核病药

1. 对氨基水杨酸 对结核菌有抑菌作用，主要作用于细胞外结核分枝杆菌，抑制叶酸的合成，从而影响结核菌的生长繁殖。结核菌对该药产生耐药性较慢，与异烟肼或链霉素合用可增强疗效及延缓耐药性的产生。不宜用于短程治疗，多用于复治患者。

2. 乙硫异烟胺和丙硫异烟胺 均为异烟酸的衍生物，其化学结构与异烟肼相似，但抑菌作用较弱，毒性较强。两者的作用机制、体内过程、不良反应及应用剂量等基本相同，并存在交叉耐药。主要用于复治和耐药结核患者。

3. 氨硫脲 阻碍结核分枝杆菌核酸的合成，有抑菌作用，并能激活吞噬细胞。由于其价格便宜，世界卫生组织将其定为六种基本抗结核药物之一，以备发展中国家应用。氨硫脲与乙硫异烟胺及丙硫异烟胺有单向交叉耐药，即对该药耐药者对后者仍敏感，对后者耐药者对该药不再敏感。与其他抗结核药物之间无交叉耐药。单用易产生耐药，与异烟肼合用可防止耐异烟肼菌株的产生。

常用抗结核病药的用法和用量见表 7-11。

表 7-11　常用抗结核病药的用法和用量

药物分类	常用药物	用法和用量
一线抗结核病药	异烟肼	口服：①预防，300mg/d，顿服；儿童，每天 10mg/kg，总量不超过 300mg/d。②治疗，与其他抗结核药合用，每天 5mg/kg，最多 400mg/d，顿服；或每次 15mg/kg，最高 900mg，每周 2～3 次；儿童，每天 10～20mg/kg，不超过 300mg/d，顿服；某些严重结核病（如结核性脑膜炎）儿童，可每天 30mg/kg，不超过 500mg/d 肌内注射：治疗剂量同口服 静脉滴注：用于重症患者，300～600mg/d
	利福平	口服：450～600mg/d，空腹时顿服
	乙胺丁醇	口服：①结核初治，每天 15mg/kg，顿服；或每次 25mg/kg，最大量 1 250mg/d，每周 2～3 次；②结核复治，每天 25mg/kg，顿服，最大量 1 250mg/d，连用 2～3 个月，之后每天 5mg/kg，顿服
	吡嗪酰胺	口服：每 6h 按体重 5～8.75mg/kg，或每 8h 按体重 6.7～11.7mg/kg，最高 3g/d
	链霉素	肌内注射：成人 750～1 000mg/d，1～2 次/d；儿童每天 15～30mg/kg，2 次/d
二线抗结核病药	对氨基水杨酸	静脉滴注：4～12g/d，应用前加灭菌注射用水适量溶解后再用 5% 葡萄糖注射液 500ml 稀释，2～3h 滴完；儿童每天 0.2～0.3g/kg
	乙硫异烟胺	口服：500～800mg/d，顿服，必要时可从小剂量（300mg/d）开始
	丙硫异烟胺	口服，成人一次 250mg，2～3 次/d；儿童一次 4～5mg/kg，3 次/d
	氨硫脲	口服：成人最初 25～50mg/d，渐增至 100～150mg/d。儿童体重 < 10kg 者，25mg/d；体重 10～20kg 者，50mg/d；20～40kg 者，100mg/d，分 2～3 次服用或顿服

 知识链接

利福平敏感耐药肺结核全口服化学治疗方案

利福平敏感的单耐药和多耐药肺结核患者的全口服化学治疗方案制订原则为尽量多选用一线口服类抗结核药物组成的 4 种药品的治疗方案，并选择二线口服类抗结核药物进行补齐。

（1）INH 单耐药肺结核（isoniazid-resistant pulmonary tuberculosis，Hr-PTB）：推荐全口服化学治疗方案为 6～9R-Z-E-Lfx。该方案组成的推荐主要基于对 5 418 例 Hr-PTB 患者的治疗分析数据，结果显示，在（H）R-E-Z 方案的基础上加入 FQ 能明显提高治疗成功率［aOR（95% CI）：2.8（1.1～7.3）］，因此，推荐所有确诊为 Hr-PTB 或等待药敏试验结果但高度怀疑 Hr-PTB 的患者（如确诊为 Hr-PTB 患者的密切接触者）立即启动 R-Z-E-Lfx 方案治疗；对于起始应用 2H-R-E-Z/4H-R 方案后确诊为 Hr-PTB 的患者，须在排除利福平耐药后，接受 6～9R-Z-E-Lfx 方案治疗。

（2）多耐药利福平敏感肺结核：根据患者的药敏试验结果，强化期至少选择 4 种可能有效的一线和二线口服抗结核药物，巩固期至少选择 3 种可能有效的一线和二线口服抗结核药物。总疗程一般为 9～12 个月。

注：异烟肼（INH，H）、利福平（RFP，R）、吡嗪酰胺（PZA，Z）、乙胺丁醇（EMB，E）、左氧氟沙星（Lfx）、氟喹诺酮类药物（fluoroquinolones，FQ）。

【用药护理】

（一）用药评估

1. 评估病史　了解患者的年龄、起病时间、主要症状和体征，评估患者咯血的量、颜色、性质及出血速度。

2. 评估用药史　了解既往药物治疗方案，曾使用药物的种类、用法、用量及疗效，有无用药不良反应，有无药物过敏史。

3. 评估并发症　评估患者是否有自发性气胸、咯血、支气管扩张、结核性胸膜炎、肺源性心脏病等。

4. 评估合并症　了解患者是否合并艾滋病、肝炎、糖尿病、肺尘埃沉着病等疾病。

5. 实验室检查和其他检查　了解患者各种辅助检查结果，如结核菌素试验、影像学检查、纤维支气管镜检查等。

6. 评估用药依从性　了解患者及家属对疾病的认知程度、心理状况、教育背景、经济状况、社会支持度等。

（二）用药安全

1. 一线抗结核病药

（1）异烟肼

1）不良反应：大多数患者都能耐受治疗剂量异烟肼。不良反应与高剂量用药及过敏有关。①肝脏毒性，可出现一过性转氨酶升高，多见于快代谢型患者，多见于用药后 1～2 个月，多无自觉症状，与利福平合用，肝毒性可能增加。②中枢神经系统毒性，如眩晕、失眠、反射亢进、排尿困难、诱发癫痫患者惊厥发作。③周围神经炎，如四肢感觉麻木、共济失调、肌肉萎缩、反应迟钝。④过敏反应，如发热、皮疹、过敏性肝炎及血液改变等，多发生于与对氨基水杨酸合用的患者。

2）用药注意事项：①慢乙酰化者较易产生周围神经炎等不良反应，宜减量应用。②对与该药化学结构类似的药物如对乙硫异烟胺、吡嗪酰胺、烟酸过敏者，可能对该药也过敏。③除预防性用药外，应与其他抗结核药物联合使用，以延缓产生耐药性并增强疗效。④该药注射剂刺激性强，可致局部疼痛，应尽量采用口服法，避免注射。同时服用抗酸药时，应在口服抗酸药前至少 1 小时服用，与食物或抗酸药同服，能减少该药的吸收。⑤静脉滴注该药时，应用 0.9% 氯化钠注射液或 5% 葡萄糖注射液溶解并稀释后缓慢滴注。⑥用药期间，避免饮酒，以免诱发肝脏毒性反应。不宜进食富含酪胺类的食物，以免出现皮肤潮红、咽部发痒、喉头水肿甚至呼吸困难等类似组胺中毒的症状。勿饮浓茶或咖啡，以免出现高血压反应。用药后 3～7 周如出现过敏反应，如皮疹、瘙痒症状，应立即停药；服药期间避免驾驶、高处作业或机械操作。按医嘱用药，症状好转，不得擅自减量、停药或增加活动量。一般应空腹给药，以利于吸收，若出现恶心、呕吐、腹上区不适等严重胃肠道反应，则改为餐后服用。按时复查。⑦结核病合并肾病者，应小剂量给药，并注意观察记录液体出入量。⑧给药期间，应注意观察和随访患者的神经系统反应，如出现手足麻木、刺痛、烧灼感等周围神经中毒症状，以及头痛、头晕、嗜睡等中枢神经系统症状，应立即停药，并及时报告医生，及时处理。⑨用药前和治疗中，应做肝功能检查；用药期间，应密切观察有无肝炎的前驱症状，如食欲缺乏、异常乏力或软弱、恶心或呕吐等。患者如出现肝毒性症状及体征，应停药，并给予对症处理和保肝治疗。待肝毒性症状及体征完全消失后，方可继续应用该药，此时必须从小剂量开始，逐步增加剂量，如再现肝毒性症状，则应停用该药而改用其他药物。该药可干扰糖代谢，并可使糖尿病恶化，甚至引起糖尿病性昏迷。糖尿病患者使用该药时，应加强监护，并密切注意糖尿病病情的变化。大剂量使用该药时，应适当补充维生素 B_6，有助于防止或减轻周围神经炎及维生素 B_6 缺乏症状。治疗中定期进行眼科检查，发现视物模糊、视力减退或眼痛等视神经炎症状，应立即停药，并定期复查。利福平与该药合用时，可增加肝毒性的危险，尤其是已有肝功能损害者或异烟肼快乙酰化者。因此，在疗程的前 3 个月应密切观察有无肝毒性征象。

3）禁忌证：对此药过敏、急性肝病及任何原因引起的肝损害者以及妊娠期和哺乳期妇女禁用，慢性肝病或肾病、乙醇中毒、有精神疾病史、有癫痫史者、新生儿及老年人慎用。

4）药物相互作用：服用异烟肼时饮酒，易诱发肝脏毒性反应，并加速该药的代谢；与肾上腺皮质激素（尤其是泼尼松龙）合用时，可增加该药在肝内的代谢及排泄，导致血药浓度减低而影响疗效；与抗凝血药（如香豆素或茚满双酮衍生物）合用时，由于抑制了抗凝药的酶代谢，抗凝血药代谢减弱，抗凝作用增强；为维生素 B_6 的拮抗药，可增加维生素 B_6 的经肾排出量，易致周围神经炎的发生，同时服用维生素 B_6 者，需酌情增加用量；不宜与神经毒性药物合用，以免增加神经毒性；与吡嗪酰胺、乙硫异烟胺、利福平等其他有肝毒性的抗结核药合用时，可增加该药的肝毒性，尤其是已有肝功能损害者或异烟肼快乙酰化者；与环丝氨酸合用时可增加中枢神经系统的不良反应，需调整用量，并密切观察中枢神经系统毒性征象；该药可抑制卡马西平的代谢，使其血药浓度增高，引起毒性反应，卡马西平则可诱导异烟肼的微粒体代谢，使具有肝毒性的中间代谢物增加；与对乙酰氨基酚合用时，由于异烟肼可诱导肝细胞色素 P450，使前者形成毒性代谢物的量增加，可增加肝毒性及肾毒性；异烟肼为肝药酶抑制药，与阿芬太尼合用时，可延长后者的作用时间；与恩氟烷（安氟醚）合用可增加具有肾毒性的无机氟代谢物的形成；与双硫仑合用可增强其中枢神经系统作用，产生眩晕、动作不协调、易激惹、失眠等症状；该药不宜与酮康唑或咪康唑合用，会使后两者的血药浓度降低；与苯妥英钠或氨茶碱合用时可抑制两者在肝脏中的代谢，导致苯妥英钠或氨茶碱血药浓度增高；不可与麻黄碱、颠茄同时服用，以免发生或增加不良反应。

（2）利福平

1）不良反应：①胃肠道反应，如恶心、呕吐、腹痛或腹泻等，一般不严重。②肝脏损害，可引起转氨酶升高，甚至发生黄疸，停药后可恢复。慢性肝病、乙醇中毒者和老年患者单用利福平，或同时应用异烟肼时，可增加肝脏损害的发生。③少数人有过敏反应，如药物热、皮疹等，出现过敏反应时应停药。④患者可出现与免疫反应相关的急性溶血、白细胞及血小板减少、间质性肾炎或急性肾衰竭、嗜酸性粒细胞增多等。

2）用药注意事项：①该药单用时迅速发生耐药，不宜将该药作为一般抗生素应用。②肝功能不全者常需减少剂量，用量每天不超过 8mg/kg。③该药口服给药，应于空腹时（餐前 1 小时或餐后 2 小时）用水送服，以保证最佳吸收，如出现胃肠道刺激症状，则可在进食后服用。④给药后，患者尿液、汗液等排泄物可呈橘红色，属正常反应。⑤患者服用该药期间，禁止饮酒，以免加重肝毒性；勿同时饮用牛奶、豆浆、米酒、浓茶及麦乳精，以免降低该药的吸收，影响疗效。⑥该药偶可引起青霉素休克样反应，且很严重，一旦出现此反应，应立即按过敏性休克抢救法急救。⑦肝损害一般出现于用药后 6～49 天，可出现血清氨基转移酶升高、肝大，甚至发生严重黄疸，老年患者及原有肝功能异常者较易发生，故用药期间应注意观察和随访肝毒性的前驱症状，并定期检查肝功能。⑧该药可能引起白细胞和血小板减少，并可导致牙龈出血和感染、伤口愈合延迟等。此时，应避免拔牙等手术，并嘱患者注意口腔卫生，刷牙及剔牙均需谨慎，直至血象恢复正常。⑨该药偶可致流感样综合征，抗感染治疗无效。流感样综合征在某些患者中可能是正常

笔记栏

治疗反应的表现，提示用药后机体有较好或较正常的应答。对于反应虽重而又必须应用者，可合用地塞米松、阿司匹林或吲哚美辛，以减轻反应症状。⑩该药可致月经不正常，甚至引起大量出血，育龄女性用药应预先告知，以免引起恐慌。

3）禁忌证：对该药过敏、胆管梗阻的患者及妊娠3个月内的孕妇禁用，肝病患者及乙醇中毒者应慎用。

4）药物相互作用：①利福平是一种强有力的肝药酶诱导剂，加速其他作为肝药酶底物的药物的代谢、灭活，使这些药物的药效降低。必须同用时，应调整或增加剂量。②利福平可促进雌激素的代谢，减少其肠肝循环，降低口服避孕药的作用，导致月经失调及计划外妊娠。③对氨基水杨酸、巴比妥类及氯氮可减少利福平在肠道的吸收，必须合用时应间隔6小时给药。④与异烟肼、乙硫异烟胺合用有协同作用，但可增加肝脏损害的危险，尤其是原有肝脏损害者及异烟肼快乙酰化者。⑤与乙胺丁醇合用有加强视力损害的可能。

（3）乙胺丁醇

1）不良反应：①球后视神经炎是最严重的不良反应，主要见于长期、大剂量用药者，表现为视力模糊、眼痛、红绿色盲或视力减退、视野缩小等。一般于用药后2~6个月发生，个别患者在停药后3~4周才出现。发现后及时停药或经治疗数周或数月可恢复，少数患者在一年左右甚至更长时间恢复。②偶见胃肠症状、过敏反应、肝功能损害、关节肿痛、周围神经炎、高尿酸血症等。

2）用药注意事项：①服用该药胃肠道反应较为常见，与食物同服可以减轻症状。②用药期间，应定期检查视力、视野、红绿鉴别力，尤其是老年患者、糖尿病患者、营养不良者及疗程和每天剂量超过15mg/kg者，应每天检查1次。治疗中，如出现视觉障碍，应视情况减量或停药。如发生视神经炎，则应立即停药，并给予大剂量B族维生素治疗。③注意观察和随访患者有无下肢麻木、关节疼痛、手足软弱无力及精神障碍。如有发生，应立即停药，轻症停药数天症状即可消失，重者需要给予维生素 B_6、维生素 B_1 治疗。④治疗中，应定期检查肝肾功能、血象和听力，发现问题及时停药。

3）禁忌证：①乙醇中毒、对该药过敏、13岁以下儿童、哺乳期和妊娠期妇女禁用。②肾功能减退、痛风、有视神经炎、糖尿病性视网膜病变者应慎用。

4）药物相互作用：①与乙硫异烟胺同用可增加不良反应。②与神经毒性药物同用，可增加视神经炎、周围神经的神经毒性反应。③与氢氧化铝同用可减少乙胺丁醇的吸收。

（4）吡嗪酰胺

1）不良反应：①肝脏损害为吡嗪酰胺最常见和最严重的不良反应，可表现为肝大、黄疸、转氨酶升高等，严重者可因肝坏死而导致死亡。常规剂量较少发生，一旦出现明显的肝脏损害，应立即停药。②吡嗪酰胺可促进肾小管对尿酸的重吸收，抑制尿酸的排泄，诱发痛风发作，表现为关节疼痛。③其他偶见过敏反应，如发热、皮疹等，个别患者对光敏感，皮肤暴露部位呈红棕色。

2）用药注意事项：①该药必须与异烟肼、利福平等联合使用，单用该药易产生耐药性。②对乙硫异烟胺、异烟肼、烟酸或其他化学结构相似药过敏者，也可能对该药过敏。③该药的毒性作用与药物剂量相关，每天服用者每次最大量为2g，每周服3次者每次最大量为3g，每周服2次者每次最大量为4g。嘱患者多饮水，至少每天2 000ml。如有排尿困难，应及时就医。④肝功能不全者除非必要，不宜使用该药。给药期间应注意观察和随访肝损害的症状与体征，并定期检查肝功能。患者如出现血清氨基转移酶升高或食欲缺乏、发热、异常乏力等肝毒性前驱症状，应及时停药，并报告医生处理。⑤该药可能引起痛风样关节炎，应注意观察和随访痛风症状。一旦发生立即调整剂量，必要时停药处理。⑥个别患者对光敏感，皮肤曝光部位呈鲜红棕色，应嘱患者用药期间注意防日光直晒，并避免紫外线照射。

3）禁忌证：对该药过敏者、儿童、妊娠及哺乳期妇女禁用，肝病、糖尿病、高尿酸血症、肾功能减退、营养不良及卟啉病患者慎用。

4）药物相互作用：①与异烟肼、利福平合用有明显的协同作用。②与乙硫异烟胺合用可增强其不良反应。③环孢素与吡嗪酰胺同用时，前者的血药浓度可能减低，因此需监测血药浓度，从而调整药物剂量。④与别嘌醇、丙磺舒、秋水仙碱、磺吡酮合用，吡嗪酰胺可增加血尿酸浓度，从而降低上述药物对痛风的疗效。

（5）链霉素

1）不良反应：①过敏反应，表现为皮疹、紫癜及血管神经性水肿等症状，严重者可发生过敏性休克，还可并发急性溶血性贫血、血红蛋白尿、休克、急性肾衰竭等。②急性毒性反应，以麻木、头晕、耳聋等为多见，多在用药后 10 天内出现，最短者于注射后 20 分钟内出现麻木，持续 1~6 小时，重者可延续 24 小时而不消失。③慢性毒性反应，主要表现为第八对脑神经损害、对肾脏的损害、对骨髓的抑制及其他，如多毛症、结膜炎、关节痛、心肌炎、中毒性脑病等。

2）用药注意事项：①该药偶可引起过敏性休克，反应出现迅猛，死亡率高达 20%，用药前应做皮试。给药时和给药后 30 分钟内，甚至是在皮试时，均应加强观察。患者如突然出现不适、眩晕、便意、喘鸣、耳鸣、出汗等休克前驱症状，应立即停药，并做好抢救准备。抢救方法与青霉素过敏性休克的抢救方法相似，但应注意同时迅速静脉注射 5% 氯化钙注射液或 10% 葡萄糖酸钙注射液 10~20ml，疗效良好。②肌内注射时，应经常更换注射部位，药液浓度一般为 0.2~0.25g/ml，不宜超过 0.5g/ml。③治疗中应多饮水，因补充足量水分可减轻肾损害程度。患者如有不适症状，尤其是感觉头晕、耳鸣、听力减退或耳部饱满感、口唇及面部和指端麻木等症状，或出现血尿、排尿次数减少、极度口渴等症状，应及时停药，并报告医生。④长期用药时和用药后 6 个月内，应对患者定期进行听电图检测高频听力损害、温度刺激试验和平衡试验检测前庭毒性监测，同时注意观察前庭及耳蜗神经损害的早期症状，一旦发现，应及时停药。该药虽为本类药物中肾毒性较轻者，但仍有肾毒性，给药中仍须注意尿量、尿常规、肾功能检查，尿量应在 1 500ml/24h 以上；该药可偶致体内菌群失调，进而导致葡萄球菌性肠炎或真菌性心内膜炎。

3）禁忌证：对链霉素或其他氨基糖苷类药过敏者、孕妇（尤其是妊娠前 3 个月内）禁用。

4）药物相互作用：①与青霉素类药联用对肠球菌、甲型溶血性链球菌有协同抗菌作用。②与其他氨基糖苷类药联用（同用或先后连续局部或全身应用），可增加耳毒性、肾毒性以及神经肌肉阻滞作用。③与依他尼酸、呋塞米等强利尿药同用可能增加耳毒性、肾毒性。④与头孢菌素类药同用可增加肾毒性。⑤与神经肌肉阻滞药同用可加重神经肌肉阻滞作用，导致呼吸抑制。⑥与多黏菌素药同用可增加肾毒性、神经肌肉阻滞作用。

2. 二线抗结核病药

（1）对氨基水杨酸

1）不良反应：最常见的不良反应为胃肠道反应，如厌食、恶心、胃灼热、腹痛等，个别可引起胃溃疡和出血。少数患者可出现过敏反应、嗜酸性粒细胞增多等。

2）用药注意事项：①该药遇光后易变色，静脉滴注时应在避光下进行，药液变色后不宜使用。溶液宜新鲜配制，避光保存，24 小时内用完。给予片剂时，应仔细检查，若药片已变为棕色或紫色，说明已降解，不可给予患者。②就餐时、餐后服或与抗酸药同服，可减少胃部刺激，如发生胃部刺激，暂时减量或停服 2 周可缓解症状，然后再从小剂量开始，逐渐递增至足量。③告知患者该药为酸味或先酸后苦，服药后可用清水漱口，并饮水一杯，也可含糖果以去除苦味。④该药可致结晶尿或血尿，用药期间应多饮水，至少每天 2 000ml，避免吃酸性食物，因尿酸化将增加结晶的可能。⑤服用该药期间应注意可能出现的不良反应，如肝大或压痛、甲状腺肿或甲状腺功能减退、厌食、发热、关节酸痛、剥脱性皮炎、蛋白尿、瘀斑或其他不正常出血。⑥对长期用药者，应定期监测血象、尿常规及肝肾功能。

笔记栏

3）禁忌证：对其他水杨酸盐类药及磺胺类药过敏者禁用，肝或肾功能损害、红细胞葡萄糖-6-磷酸脱氢酶缺乏、充血性心力衰竭、血象低、甲状腺肿、胃溃疡患者慎用，儿童、妊娠期和哺乳期妇女慎用。

（2）乙硫异烟胺和丙硫异烟胺

1）不良反应：发生率与用药剂量成正比。多数患者会出现胃肠道反应，饭后服用或加服抗酸药可以减轻，其他可有抑郁、兴奋、肝脏损害、周围神经炎、失眠或嗜睡等。丙硫异烟胺的胃肠道反应较乙硫异烟胺轻，较易耐受，但肝损害较多。

2）用药注意事项：①对异烟肼、吡嗪酰胺、烟酸等过敏者可能对该药过敏。②与乙硫异烟胺和氨硫脲有完全交叉耐药性，并有交叉过敏反应。③易引起烟酰胺代谢紊乱，宜适当补充B族维生素，尤其需要补充维生素B_1、维生素B_2、维生素B_3。④对因胃肠反应不能耐受该药者，可酌情减量或分次服用，也可从小量开始，逐步递增用量。餐后给药或同时给予抗酸药（碳酸氢钠）和解痉药（颠茄）等，可减轻胃肠反应。⑤告知患者用药期间应注意，如出现眩晕症状，应就地倚靠、坐下或卧床休息。由蹲、坐或卧位直立时，应扶持，宜缓慢，站立勿过久，并避免热水盆浴或长时间热水淋浴，以免出现意外。避免驾驶、机械操作或高处作业。⑥治疗中，患者如出现视力减退或其他视神经炎症状，应立即进行视力检查，并定期复查。如出现步态不稳或麻木、针刺感、烧灼感、手足疼痛等周围神经炎症状，以及精神抑郁、精神错乱或其他精神改变，应立即停药。⑦对长期用药者，可补充适量维生素B_6和维生素B_1，有助于预防或减轻周围神经炎症状。给药期间，应注意观察和随访肝损害的症状，并定期检查肝功能，若ALT、AST或BIL明显升高，应立即报告医生处理。

3）禁忌证：对该药或异烟肼、烟酸等化学结构相近药物过敏者、精神病患者、孕妇及12岁以下儿童禁用，营养不良、糖尿病、严重肝功能不全、酗酒、哺乳期妇女慎用。

4）药物相互作用：与环丝氨酸合用，可使中枢神经系统反应发生率增加；与其他抗结核药合用，可能加重其不良反应；该药为维生素B_6拮抗药，可增加其肾脏排泄。

（3）氨硫脲

1）不良反应：氨硫脲的毒性较大，最常见的不良反应为胃肠道症状，其他有皮疹、头痛、关节痛、肝和肾损害、造血系统损害等。

2）用药注意事项：①只适用于住院患者。②不能作间歇疗法。③避免用于结核病合并HIV/AIDS患者，以免发生致死性剥脱性皮炎，尤其是与乙硫异烟胺或丙硫异烟胺合用时。④用药期间应定期监测肝、肾功能及血象变化等。⑤使用该药者，一旦出现无其他原因可究的皮肤瘙痒，应立即停药。

3）禁忌证：肝病、肾病、贫血及糖尿病患者禁用。

4）药物相互作用：氨硫脲与链霉素合用可增加链霉素的血药浓度及毒性，与氯霉素合用可增加造血系统的毒性。

（三）用药监测

1. 治疗效果监测　服用抗结核病药必须评估治疗效果。结核病的有效治疗不仅是为了患者，更是为了防止结核分枝杆菌向公众传播。痰培养阳性的患者在治疗开始时应每月进行痰培养，并且经治疗后痰培养应转变为阴性时方可停止。治疗疗程结束后，胸部X线检查可作为之后的影像学复查基线保存，患者胸片表现是反映疗效的关键指标之一。在治疗开始后的前3个月，会发现肺部改善，若无肺部改善表现，可考虑结核分枝杆菌的耐药性或有无误诊可能。

2. 并发症监测　密切观察病情，监测并记录生命体征，了解有无并发症的发生，若患者出现胸闷、发绀、呼吸困难等不适，建议患者尽快就医，以便尽早给予相应处理。

3. 不良反应监测　密切观察患者用药后的症状及体征，如巩膜黄染、肝区疼痛、胃肠不适、耳鸣等不良反应，及时联系医生，不可自行随意停药，一般不良反应症状经过治疗可以完全消失。

（四）用药指导

1. 向患者及家属宣教肺结核的病因、临床症状、主要并发症等相关知识，告知患者及家属必须规律、全程、合理规范化药物治疗的重要性，提高用药依从性。

2. 指导患者及主要照顾者掌握药物的用法和用量，强调遵医嘱按时、按量用药的重要性。指导患者及主要照顾者给药期间观察药物的不良反应，出现不适症状及时就诊。

3. 教育督促患者治疗期间定期复查胸片、肝肾功能、视敏度等，指导患者观察药物疗效和不良反应，若出现药物不良反应，应及时就诊并定期随访。

ER7-3
肺结核的药物
治疗与护理

（李红丽）

小 结

上呼吸道感染药物治疗的目的主要是控制症状，防止发生鼻窦炎和支气管炎等并发症。上呼吸道感染治疗药物分为减充血药、抗组胺药、镇咳祛痰药、解热镇痛抗炎药及抗病毒药五大类。若患者出现继发感染并发症，如中耳炎、鼻窦炎、气管炎、肺炎等，应高度怀疑由细菌感染引起，须考虑使用抗生素治疗。

支气管炎和肺炎是由病毒、细菌、支原体、衣原体等微生物感染引起。常用抗生素包括青霉素类、头孢菌素类、氨基糖苷类、四环素类、大环内酯类、糖肽类和氟喹诺酮类，选用抗生素时应考虑病原体、本地区流行病学资料等，根据病情演变和病原学检查结果选择药物，坚持完成整个抗生素疗程，以确保根除致病菌。

支气管哮喘是由嗜酸性粒细胞、肥大细胞、T淋巴细胞、中性粒细胞、气道上皮细胞等多种细胞参与的气道慢性炎症性疾病。治疗原则和策略包括控制哮喘症状和抗炎治疗。常用药物按其药理作用分为β_2受体激动药、茶碱类药、M胆碱受体阻断药、肾上腺皮质激素类药、肥大细胞膜稳定药、白三烯受体阻断药。控制哮喘急性发作长期使用的药物包括吸入性肾上腺皮质激素药、肥大细胞膜稳定药、白三烯受体阻断药、茶碱类药等。控制哮喘持续状态或急性发作的快速缓解药物包括β_2受体激动药、肾上腺皮质激素药物等。

慢性阻塞性肺疾病是一种以小气道阻塞和呼气流速降低为特征的肺部疾病。药物治疗的目的是延缓疾病进展，预防急性发作，保证生活质量，改善气道阻塞等相关症状，提高运动耐量，改善睡眠质量及降低死亡率。药物治疗的原则是缓解咳嗽、解除支气管痉挛及增强气流。治疗用药包括β_2受体激动药、M胆碱受体阻断药、茶碱类药、肾上腺皮质激素及用于控制感染的抗生素。

肺结核是由结核分枝杆菌引起的肺部慢性传染性疾病。抗结核病药可分为两大类，一类为一线抗结核病药，包括异烟肼、利福平、乙胺丁醇、吡嗪酰胺和链霉素，其疗效好，不良反应较少；另一类为二线抗结核病药，包括对氨基水杨酸、乙（丙）硫异烟胺、氨硫脲等，此类抗菌药物抗菌作用弱、不良反应多，仅用于对结核分枝杆菌一线药耐药的患者。

思考题

ER7-4
第七章
目标测试

1. 从药物作用机制角度讨论选用抗生素治疗肺炎、支气管炎时的注意事项。
2. 结合护理工作实际，讨论哮喘不合理用药的常见表现及应对。
3. 结合治疗药物总结抗结核药的用药特点和使用注意事项。

笔记栏

ER8-1
第八章
思维导图

第八章

消化系统疾病药物治疗与护理

ER8-2
第八章
消化系统疾
病药物治疗
与护理

　　消化系统由消化管和消化腺两大部分组成，主要负责食物的消化吸收，并分泌多种激素以调节神经体液。消化系统疾病在临床上非常常见，涉及食管、胃、肠、肝、胆囊、胰腺和腹膜等，包括器质性和功能性疾病。流行病学研究显示，胃肠及肝病引起的健康负担约占所有疾病的1/10，严重影响人类健康和生活质量。因此，对护理人员而言，了解消化系统疾病的发病机制、掌握治疗原则以及熟悉药物治疗都很重要。本章将详细介绍胃炎、胃食管反流病、消化性溃疡、慢性病毒性肝炎、肝硬化、急性胰腺炎和肠易激综合征等消化系统疾病的药物治疗，旨在帮助护理人员在相关学习的基础上，结合现代护理理论，有效掌握合理用药及相关护理。

第一节　胃炎、胃食管反流病、消化性溃疡

 导入案例

　　患者，男，35岁。以"间断上腹部疼痛2个月余"就诊。伴反酸、胃灼热，无呕血、黑便等，既往未行胃镜检查，无药物过敏史。查体：上腹部压痛，无反跳痛，肝脾肋下未触及。B超示：肝胆胰脾未见明显异常。胃镜检查提示：胃窦部可见一约0.4cm×0.4cm大小的黏膜缺损，覆薄白苔，周围黏膜充血水肿，未见活动性出血。胃镜诊断：胃溃疡。快速尿素酶试验：Hp阳性。1年前因体检行碳14呼气试验，显示阳性，接受根除幽门螺杆菌治疗，使用奥美拉唑20mg/次，2次/d，阿莫西林1 000mg/次，2次/d，克拉霉素500mg/次，2次/d，枸橼酸铋钾220mg/次，2次/d，服用7天后自行停药，后未再复查呼气试验。

　　请思考：

　　1. 常用的根除Hp的药物及其作用机制是什么？

　　2. 使用抗生素根除幽门螺杆菌（Hp）的患者，护理人员应注意哪些药物相互作用？如何预防和管理这些相互作用？

　　3. 结合患者初次治疗经历，该患者的用药指导应该注意什么？

　　4. 奥美拉唑类的药物有哪些常见的不良反应？

　　胃炎、胃食管反流病及消化性溃疡是常见的消化系统疾病，其发病均与胃酸过度分泌或胃黏膜保护机制受损有关。通常情况下，使用抑制胃酸分泌或中和胃酸的药物以及保护胃黏膜的药物可以明显改善患者症状。由于幽门螺杆菌（*helicobacter pylori*，Hp）感染是胃炎和消化性溃疡的常见病因之一，本节在掌握抑酸药、胃黏膜保护药、胃肠促动药等的基础上，还需要掌握根除Hp的药物治疗方案及相应的用药护理知识。

　　【疾病简介】

　　胃炎（gastritis）是指各种病因引起的胃黏膜炎症，显微镜下表现为组织学炎症。胃炎的症状

包括上腹部疼痛、恶心、呕吐、食欲减退、嗳气、反酸、上消化道出血甚至癌变。根据其常见的病理生理和临床表现，胃炎可分为急性、慢性胃炎。急性胃炎在胃镜下见胃黏膜糜烂和出血。常见病因有应激、药物、乙醇、创伤和物理因素、十二指肠 – 胃反流、胃黏膜血液循环障碍等。慢性胃炎分为慢性非萎缩性胃炎和慢性萎缩性胃炎，其胃黏膜呈非糜烂的炎症改变，如黏膜色泽不均、颗粒状增殖及黏膜皱襞异常等。常见病因包括 Hp 感染、长期使用非甾体抗炎药、十二指肠液反流、不良生活习惯等。胃炎的治疗策略包括去除病因、药物治疗和生活方式调整。药物治疗在缓解症状和促进胃黏膜愈合方面起着关键作用。

胃食管反流病（gastroesophageal reflux disease，GERD）是指胃十二指肠内容物反流至食管以及食管以外部位，引起的一系列临床综合征。根据是否导致食管黏膜糜烂、溃疡，分为反流性食管炎及非糜烂性反流病。GERD 的主要症状是烧心和反流，也可引起咽喉、气道等食管邻近组织损害，出现食管外症状。GERD 发病机制涉及多个因素，包括食管下括约肌功能不全、食管蠕动功能障碍、胃排空延迟等。治疗策略包括生活方式的改变、药物治疗和外科手术。药物治疗在 GERD 管理中占据重要地位，主要通过抑制胃酸分泌和促进胃肠动力来缓解症状和促进愈合。

消化性溃疡（peptic ulcer，PU）是指胃肠道黏膜被胃酸 / 胃蛋白酶消化而形成的溃疡，可发生于食管、胃、十二指肠、胃 – 空肠吻合口附近以及含有胃黏膜的 Meckel 憩室，其中胃溃疡和十二指肠溃疡最为常见。消化性溃疡的症状取决于溃疡的部位和患者年龄，最常见的症状为上腹部疼痛，可由进食或抑酸药所缓解。消化性溃疡的并发症主要包括出血、穿孔、梗阻和癌变等。胃肠黏膜的防御因子（黏液、HCO_3^-、前列腺素、黏膜血流）和攻击因子（胃酸、胃蛋白酶等）之间的力量失衡是消化性溃疡发病的直接原因，而机体神经内分泌紊乱及某些遗传因素会干扰两者的平衡。治疗策略主要包括抑制胃酸分泌、保护胃黏膜和根除幽门螺杆菌。

【药物治疗的目的及原则】

（一）药物治疗的目的

1. 胃炎 通过治疗原发疾病和创伤，纠正其引起的病理生理紊乱，促进胃黏膜修复。慢性胃炎药物治疗目的是去除病因、缓解症状、改善胃黏膜炎症反应和预防并发症。

2. 胃食管反流病 控制症状、治疗食管炎、改善生活质量、减少复发和防治并发症。

3. 消化性溃疡 除去病因、消除症状、愈合溃疡、防止溃疡复发和避免并发症。

（二）药物治疗的原则

1. 胃炎 使用抑酸药减少胃酸的分泌及使用黏膜保护药促进胃黏膜的修复；慢性活动性胃炎的药物治疗原则包括根除 Hp、使用抑酸药物及黏膜保护药等。

2. 胃食管反流病 使用抑酸药抑制胃酸分泌。对于食管炎患者，初始治疗应给予抑酸药以迅速控制症状，治愈食管炎。对于症状缓解后易复发的患者，应进行维持治疗，以最小的药物剂量达到长期治愈的目的，治疗应个体化。

3. 消化性溃疡 药物治疗主要包括抑酸治疗、黏膜保护治疗和根除 Hp 治疗。抑酸治疗的首选药物为质子泵抑制药（proton pump inhibitor，PPI），胃黏膜保护药包括弱碱性抗酸药和铋剂，在抑酸治疗的基础上加用胃黏膜保护药能快速缓解患者症状以及改善溃疡修复质量。根除 Hp 是消化性溃疡病（适用于 Hp 阳性的患者）的基本治疗，是溃疡愈合和预防复发的有效防治措施。

【药物分类及常用药物】

胃炎、胃食管反流病、消化性溃疡的治疗药物主要包括抑酸药、抗酸药、胃黏膜保护药、胃肠促动药和抗 Hp 药。其中抑酸药包括质子泵抑制药和 H_2 受体阻断药。胃肠促动药也可用于胃食管反流病的治疗，但单独使用效果差，抑酸治疗效果不佳时，考虑联合使用胃肠促动药，特别是对于伴有胃排空延迟的患者。

（一）抑酸药

针对胃酸分泌的关键环节，抑酸药主要有质子泵抑制药和 H_2 受体阻断药，其常用抑酸药及

笔记栏

177

其特点见表 8-1。

表 8-1　常用抑酸药及其特点

分类	代表药	给药途径	用法用量
质子泵抑制药	奥美拉唑	口服	1~2 次 /d，每次 20mg
		静脉滴注	1~2 次 /d，每次 40mg
	兰索拉唑	口服	1 次 /d，每次 30mg
		静脉滴注	2 次 /d，每次 30mg
	泮托拉唑	口服	1 次 /d，每次 40mg
		静脉滴注	1~2 次 /d，每次 40~80mg
	雷贝拉唑	口服	1 次 /d，每次 10~20mg
	艾司奥美拉唑	口服	1 次 /d，每次 20~40mg
		静脉滴注	1 次 /d，每次 20~40mg
钾离子竞争性酸阻滞剂	伏诺拉生	口服	1 次 /d，每次 20mg
	替戈拉生	口服	1 次 /d，每次 50mg
H_2 受体阻断药	西咪替丁	口服	1 次 /d，每次 0.8g，或 2~4 次 /d，每次 0.2~0.4g
		静脉滴注	1~4mg/（kg·h），每次 0.2~0.6g
		静脉注射 / 肌内注射	间隔 6 小时给药一次，每次 0.2g
	雷尼替丁	口服	1 次 /d，每次 0.3g，或 2 次 /d，每次 0.15g
		静脉滴注 / 静脉推注 / 肌内注射	2 次 /d 或每 6~8 小时给药 1 次，每次 50mg
	法莫替丁	口服	2 次 /d，每次 20mg
		静脉滴注 / 静脉推注	2 次 /d，每次 20mg

　　PPI 是目前临床上应用最广泛的抑酸药物。PPI 呈弱碱性，通过转化为亚磺酰胺的活性形式，能够特异性地与胃壁细胞质子泵（H^+-K^+-ATP 酶）发生不可逆结合而抑制 H^+-K^+-ATP 酶的活性，阻断胃酸生成的终末环节，可完全对抗所有刺激物引起的胃酸分泌，表现出较高的选择性、专一性、不可逆性和持久性。临床常用的 PPI 主要包括奥美拉唑（omeprazole）、兰索拉唑（lansoprazole）、泮托拉唑（pantoprazole）、雷贝拉唑（rabeprazole）、艾司奥美拉唑（esomeprazole），主要用于胃及十二指肠溃疡、胃食管反流病、卓 - 艾综合征、消化性溃疡急性出血、急性胃黏膜病变出血，与抗菌药物联合用于 Hp 根除治疗。

　　钾离子竞争性酸阻滞剂（potassium-competitive acid blocker，P-CAB）是新型可逆性 PPI，与传统 PPI 相比，起效更快，抑酸更持久且服用不受进餐影响。代表药物为伏诺拉生（vonoprazan）

和替戈拉生（tegoprazan）。P-CAB 在酸性环境下通过离子形式与壁细胞上质子泵结合，竞争性抑制质子泵与 K^+ 结合，抑制胞质中 H^+ 与分泌小管中的 K^+ 间的相互交换，从而迅速升高胃液 pH。临床主要用于胃炎、胃食管反流病、消化性溃疡、应激性黏膜损伤以及酸相关性疾病，与抗菌药物联合用于 Hp 根除治疗。

H_2 受体阻断药（H_2 receptor antagonist，H_2RA）是抑酸作用仅次于 PPI 的抑酸药，通过阻断壁细胞的 H_2 受体，抑制基础胃酸和夜间胃酸分泌，对因进食、胃泌素和迷走神经兴奋等刺激引起的胃酸分泌的抑制作用较弱。常用的 H_2RA 主要包括西咪替丁（cimetidine）、雷尼替丁（ranitidine）及法莫替丁（famotidine），主要用于治疗十二指肠溃疡、胃溃疡、吻合口溃疡、反流性食管炎及卓-艾综合征等，静脉注射可用于上消化道出血。

（二）抗酸药

抗酸药能直接中和胃酸，但不能抑制胃酸分泌。本类药物多属口服不易吸收的弱碱性镁盐或铝盐，主要包括氢氧化铝（aluminum hydroxide）、铝碳酸镁（hydrotalcite）等。口服后在胃内中和胃酸，升高胃液 pH 使胃蛋白酶活性降低，解除胃酸和胃蛋白酶对胃和十二指肠黏膜的侵蚀和刺激；部分抗酸药可在胃内形成胶状保护层覆盖于溃疡表面，起保护和收敛作用，促进溃疡愈合和缓解疼痛。用于胃及十二指肠溃疡、反流性食管炎、急慢性胃炎和十二指肠球炎等，也用于胃酸过多症的辅助治疗，如胃灼痛、胃灼热、反酸、腹胀、恶心、呕吐等。常用抗酸药及用法用量见表 8-2。

表 8-2　常用抗酸药及用法用量

分类	代表药	给药途径	用法用量
抗酸药	氢氧化铝	口服	3 次/d，每次 2~4 片（每片含氢氧化铝 0.245g）
	铝碳酸镁	口服	3 次/d，每次 1~2 片（每片含铝碳酸镁 0.5g）
	海藻酸铝镁	口服	3~4 次/d，每次 1.5~3g

（三）胃黏膜保护药

胃黏膜保护药可通过增强胃黏膜保护因素，其作用机制主要包括：①增加胃黏膜细胞黏液和 HCO_3^- 的分泌。②促进胃黏膜细胞前列腺素的合成。③增加胃黏膜血流量。④刺激胃黏膜上皮细胞的增殖，或促进其生长与修复。⑤中和胃酸，抗 Hp。常用胃黏膜保护药特点及用法用量见表 8-3。

表 8-3　常用胃黏膜保护药特点及用法用量

分类	代表药	给药途径	用法用量
胃黏膜保护药	枸橼酸铋钾	口服	4 次/d，每次 0.3g
	米索前列醇	口服	0.8mg/d，分 2 或 4 次服用
	替普瑞酮	口服	3 次/d，每次 50mg
	伊索拉定	口服	4mg/d，分 1~2 次口服
	瑞巴派特	口服	3 次/d，每次 0.1g

（四）胃肠促动药

胃肠促动药能增加胃肠道蠕动，加快胃排空和肠道内容物的推进。主要用于功能性消化不良引起的上腹部不适等症状，也用于胃食管反流病、胃轻瘫等。

常用的胃肠促动药包含以下几类：

1. 多巴胺 D_2 受体阻断药　如甲氧氯普胺和多潘立酮。甲氧氯普胺通过阻断催吐化学感受区（CTZ）的多巴胺 D_2 受体，发挥镇吐作用；还能阻断胃肠道 D_2 受体，加强胃蠕动和排空；而多潘立酮仅阻断胃肠道 D_2 受体。

2. 5-HT$_4$ 受体激动药　如莫沙必利，通过兴奋胃肠道胆碱能中间神经元以及肌间神经丛的 5-HT$_4$ 受体，刺激乙酰胆碱的释放，从而增强胃肠道的运动，加快胃排空，改善消化不良症状。

3. 胆碱酯酶抑制药　如新斯的明，通过抑制胆碱酯酶活性，增加乙酰胆碱的浓度，从而促进胃肠道运动。

4. 具有多巴胺 D_2 受体阻断和乙酰胆碱酯酶抑制双重作用药物　如伊托必利，通过阻断多巴胺 D_2 受体增加乙酰胆碱的释放，同时抑制乙酰胆碱酶来抑制已释放的乙酰胆碱分解，从而增强胃、十二指肠动力。

知识链接

卵黄免疫球蛋白治疗 Hp 感染

卵黄免疫球蛋白（immunoglobulin of yolk，IgY）是以特异性抗原免疫禽类获得的一种免疫球蛋白。一般以病毒、Hp 全菌或特异性致病因子为免疫原来制备特异性的 IgY 抗体，制备的 IgY 抗体均能达到抑制 Hp 生长繁殖及其致病因子、根除幽门螺杆菌、治愈感染以及降低复发率的目的。IgY 具有容易制备及保存、制备产率及效价高、纯度及特异性高、安全性高等优势，在制备中通常以一些病毒、Hp 全菌或某些特异性致病因子为抗原来免疫蛋鸡，能得到具有良好治疗效果的 IgY。IgY 在体外和体内均对 Hp 有良好抑菌效果，在体外能显著抑制菌体生长繁殖、致病因子的活性；在动物体内能起到根除 Hp、保护胃上皮细胞及胃黏膜达到治愈 Hp 感染的目的。在抗生素耐药性严重增加而降低其治愈幽门螺杆菌感染的治愈率的情况下，研究 IgY 在治疗 Hp 感染的治愈效果具有重要的临床意义。

（五）抗 Hp 感染根除治疗

常用的抗 Hp 的抗菌药物有阿莫西林（amoxicillin）、克拉霉素（clarithromycin）、甲硝唑（metronidazole）、四环素（tetracycline）和呋喃唑酮（furazolidone）等。阿莫西林属于 β- 内酰胺类杀菌性抗生素，在胃内 pH 升至 7.0 时杀菌活性增强，Hp 对阿莫西林的耐药相对较少。克拉霉素为抑菌性大环内酯类抗生素，在胃酸中相对稳定，加用可提高根除率。甲硝唑为硝基咪唑类药物，胃酸环境下活性高。四环素属于广谱抗生素，对 Hp 效果较好。呋喃唑酮属硝基呋喃类广谱抗生素，对 Hp 有抗菌作用，不易产生耐药性。

治疗 Hp 感染通常推荐铋剂四联方案作为初次和再次治疗，该方案包括铋剂 +PPI+2 种抗菌药物的组合，疗程为 10～14 天。为确保治疗效果，根除治疗前停服 PPI 不少于 2 周，停服抗菌药物、铋剂不少于 4 周，以避免影响诊断测试的准确性和治疗效果。

根除治疗中常用的质子泵抑制药包括艾司奥美拉唑、雷贝拉唑、奥美拉唑、兰索拉唑、泮托拉唑。常规的铋剂包括枸橼酸铋钾。

抗菌药物组成方案有 4 种：①阿莫西林 + 克拉霉素；②阿莫西林 + 左氧氟沙星；③阿莫西林 + 呋喃唑酮；④四环素 + 甲硝唑或呋喃唑酮。常用治疗方案及剂量见表 8-4。

表 8-4　推荐四联方案中抗菌药物的剂量和用法

方案	抗菌药物 1	抗菌药物 2
1	阿莫西林 1 000mg/ 次，2 次 /d	克拉霉素 500mg/ 次，2 次 /d
2	阿莫西林 1 000mg/ 次，2 次 /d	左氧氟沙星 500mg/ 次，1 次 /d 或 200mg/ 次，2 次 /d
3	阿莫西林 1 000mg/ 次，2 次 /d	呋喃唑酮 100mg/ 次，2 次 /d
4a	四环素 750mg/ 次，2 次 /d	甲硝唑 400mg/ 次，2 次 /d 或 3 次 /d
4b	四环素 750mg/ 次，2 次 /d	呋喃唑酮 100mg/ 次，2 次 /d

　　青霉素过敏者推荐的铋剂四联方案抗菌药物组合为：①四环素 + 甲硝唑；②四环素 + 呋喃唑酮；③四环素 + 左氧氟沙星；④克拉霉素 + 呋喃唑酮；⑤克拉霉素 + 甲硝唑；⑥克拉霉素 + 左氧氟沙星。

【用药护理】
（一）用药评估
　　1. 评估病史　①了解患者年龄、起病时间、主要症状（如上腹部疼痛、消化不良、反酸等）。②记录体征，如体重变化、吞咽困难等。③询问是否有胃炎、GERD 或消化性溃疡的家族史。④了解患者是否有长期使用非甾体抗炎药、阿司匹林等药物的历史。⑤评估患者是否有规律进行内镜检查，以及检查结果。
　　2. 评估用药史　①详细了解患者以往的药物治疗方案，包括药物种类、用法、用量及疗效。②询问是否有药物不良反应或药物过敏史。③记录患者对 H_2R 阻断药、PPI、抗酸药、胃黏膜保护药等药物的反应。
　　3. 评估并发症及危险因素　①评估患者是否有出血、穿孔、梗阻等消化性溃疡的并发症。②检查患者是否有胃食管反流病引起的食管炎或 Barrett 食管。③了解患者是否有心血管疾病、肝病、肾病等可能影响药物代谢和排泄的疾病。
　　4. 评估合并症　了解患者是否有合并症，如心脏病、肺部疾病、糖尿病等，这些疾病可能影响药物选择和剂量。
　　5. 实验室检查和其他检查　①评估患者的血常规、肝肾功能和电解质水平。②检查胃蛋白酶原 I 和 II、幽门螺杆菌感染情况。③如有必要，进行胃镜检查以评估胃和食管黏膜的状况。
　　6. 评估用药依从性　①了解患者的生活方式、饮食习惯，如是否经常食用辛辣、油腻食物。②评估患者对疾病的认知程度、心理状况，如是否有焦虑、抑郁等情绪问题。③了解患者的教育背景、经济状况、社会支持度，这些因素都可能影响患者的用药依从性。
　　7. 评估药物相互作用　考虑患者正在使用的所有药物，评估可能的药物相互作用，特别是与抗酸药、胃黏膜保护药、止痛药等的相互作用。
　　8. 评估治疗目标和预期效果　①根据患者的具体病情，设定治疗目标，如缓解症状、促进溃疡愈合、根除幽门螺杆菌等。②与患者讨论治疗方案，确保患者理解并同意治疗计划。
　　9. 制订个性化治疗计划　根据评估结果，为患者制订个性化的治疗方案，包括药物选择、剂量调整、治疗持续时间等。

（二）用药安全
　　1. 质子泵抑制药
　　（1）不良反应：① PPI 可能引起腹痛、腹泻、便秘、恶心、呕吐等胃肠道不良反应。②少数

笔记栏

还可能出现头晕、头痛、乏力、耳鸣、嗜睡、失眠、焦虑、指端麻木等神经系统症状。③长期或高剂量使用 PPI 可增加骨折、感染、胃底腺息肉、心血管风险。④长期使用 PPI 可能导致低镁血症、维生素 B_{12} 缺乏、急性间质性肾炎、骨骼肌与心肌不良反应等。

（2）用药注意事项：①PPI 可掩盖胃癌症状，使用之前应排除恶性肿瘤的可能性。②预期需延长 PPI 治疗或有合并使用可能导致低镁血症或低钙血症的药物，需要考虑定期检测血镁和血钙浓度。必要时补充镁和 / 或钙，若低钙血症治疗无效，考虑停止使用 PPI。③应避免使用 PPI 长于临床需要的时间，若接受 PPI 治疗的患者观察到符合皮肤红斑狼疮或系统性红斑狼疮的体征或症状，则停止使用该药物。④存在骨质疏松的患者应按照当前的临床指南接受治疗，并服用适量的维生素 D 和钙。⑤长期使用 PPI 治疗的患者，特别是使用一年以上者，应定期进行不良反应的监测。⑥若出现疑似急性间质性肾炎，应停用奥美拉唑和艾司奥美拉唑；对于泮托拉唑，应单独给药，严禁混合配伍；需合并使用其他药物时，应分别滴注，且两组给药之间需冲管。

（3）禁忌证：对 PPI 或其成分过敏的患者禁用；妊娠及哺乳期妇女、儿童不宜使用 PPI；严重肝功能损害者应减少剂量并监测肝酶谱的变化。

（4）药物相互作用：①PPI 提高胃内 pH 可能影响其他药物吸收，如地高辛、伊曲康唑、酪氨酸激酶抑制药等。②PPI 可能影响通过 CYP2C19 和 CYP3A4 代谢的药物，如氯吡格雷、华法林、甲氨蝶呤等。③PPI 可能与抗血小板药物如氯吡格雷联用时减弱其抗血小板效果，增加心血管事件发生的风险。④PPI 可能影响通过肾脏清除的药物，如顺铂和培美曲塞。⑤抗真菌药物（如氟康唑）和抗生素（如克拉霉素）可以影响 PPI 的代谢，增加其血药浓度，可能导致副作用风险增加。

2. H_2 受体阻断药

（1）不良反应：①以轻微的腹泻、便秘、眩晕、乏力、肌肉痛、皮疹、皮肤干燥、脱发为主。②中枢神经系统反应较为少见，可出现嗜睡、焦虑、幻觉、谵妄、语速加快、定向障碍等。③偶见心动过缓、肝肾功能损伤、白细胞减少等。④长期大剂量使用西咪替丁可能引起男性精子数目减少、性功能减退、男性乳腺发育、女性溢乳等内分泌系统症状。⑤突然停药可能引起慢性消化性溃疡、穿孔，系胃酸分泌反跳性增加引起。

（2）用药注意事项：①H_2RA 可掩盖胃癌症状，使用之前应排除恶性肿瘤的可能性。②严重肝、肾功能不全患者慎用，必须使用时应减少剂量和进行血药浓度监测。③西咪替丁具有一定的神经毒性，多发于老人、儿童或肝肾功能不全患者。出现神经毒性后，一般只需适当减少剂量即可消失，用拟胆碱药毒扁豆碱治疗，可改善症状。使用西咪替丁时应禁用咖啡因及含咖啡因的饮料。对于西咪替丁应避免采用快速静脉注射，时间不应短于 5 分钟，且应对血压与脉搏进行监测。

（3）禁忌证：对 H_2RA 或其成分过敏的患者禁用；妊娠及哺乳期妇女禁用。

（4）药物相互作用：①H_2RA 不宜与口服铁剂联用，会降低对铁的吸收。②青霉素皮试前应停用 H_2RA 至少 48 小时。③H_2RA 提高胃内 pH 可能影响其他药物吸收，如口服依诺沙星、硫糖铝。④由于西咪替丁对肝药酶有较强的抑制作用，可显著降低通过肝药酶代谢的药物（如环孢素、华法林、利多卡因等）在体内的消除速度；与苯妥英钠、普萘洛尔、硝苯地平或其他乙内酰脲类合用，使后者血药浓度升高；与氨基糖苷类抗菌药存在相似的神经 – 肌肉阻断作用，合用可能致呼吸抑制或呼吸停止。⑤雷尼替丁可减少肝血流量，经肝代谢、受肝血流量影响较大的药物（如华法林、利多卡因、地西泮等）与其合用，可升高这些药物的血药浓度，延长作用时间和强度，表现毒性反应；可增加糖尿病患者口服磺酰脲类促胰岛素分泌药（格列吡嗪、格列本脲）的降糖作用，引起严重低血糖风险，故合用时应警惕血糖变化。

3. 抗酸药

（1）不良反应：①长期大剂量服用氢氧化铝，可致严重便秘，粪结块引起肠梗阻；老年人长期服用，可致骨质疏松；肾功能不全患者服用后，可能引起血铝升高。②服用铝碳酸镁偶见便秘、稀便、口干和食欲缺乏，大剂量服用可导致软糊状便、大便次数增多、腹泻和呕吐。③长期服用海藻酸铝镁偶见发生肾硅酸盐结石，肾功能不全患者长期大剂量服用时可出现眩晕、昏厥、心律失常或精神症状，以及异常疲乏无力（高镁血症或其他电解质失调）。

（2）用药注意事项：①抗酸药连续使用不得超过 7 天，症状未缓解，应咨询医师或药师。②本类药物性状发生改变时禁止使用。③儿童必须在成人监护下使用，儿童用量需咨询医师或药师，本类药物需放在儿童不能接触的地方。④如果正在使用其他药品，使用本类药物前需咨询医师或药师。

（3）禁忌证：①对本类药品成分过敏的患者禁用。②阑尾炎、急腹症患者禁用氢氧化铝。③严重肾功能不全者、低磷血症者禁用铝碳酸镁。④严重肾功能不全、阑尾炎、急腹症、肠梗阻、溃疡性结肠炎、慢性腹泻者禁用海藻酸铝镁。

（4）药物相互作用：①服用本类药物应至少提前或推后 1～2 小时方可服用其他药物或酸性食物，因铝、钙、镁等金属离子会降低阿托品类、地西泮类、吩噻嗪类、四环素类、喹诺酮类、H_2RA 等药物的吸收。②含铝、钙或镁的抗酸药在足量的情况下，可显著升高尿液的 pH 值，导致水杨酸盐类的肾清除率增加、疗效下降、合用时需要监测水杨酸盐类的治疗效果。③含镁的抗酸药可促进格列本脲的吸收，引发低血糖反应，不宜合用；氢氧化铝与肠溶片同服，可使肠溶片加快溶解，不应同用。④铝剂可吸附胆盐而减少脂溶性维生素的吸收，特别是维生素 A。

4. 胃黏膜保护药

（1）不良反应：①头晕、口干、恶心、呕吐、便秘、稀便、胃肠胀气等。②铋剂可致口中氨味、舌苔及大便呈灰黑色、恶心、呕吐、食欲减退、便秘、腹泻、头痛、头晕、失眠、铋性脑病及相关的骨关节病、肾毒性、皮疹等。

（2）用药注意事项：①枸橼酸铋钾不宜大剂量长期服用，不宜同时与制酸药和牛奶服用。②服用米索前列醇应知晓本品对妊娠的危险性，并采取有效的避孕措施。接受非甾体抗炎药治疗的患者使用米索前列醇可能发生胃肠道出血、溃疡和穿孔，因此在使用米索前列醇前应进行内镜和活组织检查，以确保消化道无恶性病变。对于有腹泻易发因素如炎症性肠病的患者应将米索前列醇与食物同服以降低腹泻风险。对于脱水会导致危险的患者，应密切监测。米索前列醇可引起头晕，患者应小心操纵机器或驾驶车辆。③出现皮疹不良反应时应停用伊索拉定。

（3）禁忌证：①对本类药品成分过敏的患者禁用。②严重肾功能不全者及孕妇禁用枸橼酸铋钾。③未采取有效避孕措施的育龄妇女、孕妇、无法排除妊娠或计划妊娠的妇女禁用米索前列醇。④妊娠期妇女慎用替普瑞酮、伊索拉定及瑞巴派特。

（4）药物相互作用：①铋剂在酸性环境中产生保护胃、十二指肠黏膜作用，故不宜与碱性药物合用；H_2RA、PPI 等抑酸药物使胃酸分泌减少，可干扰铋剂的吸收，故不宜合用。②米索前列醇不宜与含镁的抗酸药同时使用，避免增加腹泻的风险。③替普瑞酮抑制肝脏 CYP2C19，与奥美拉唑合用可增加后者的血药浓度；具有轻度诱导肝脏 CYP3A 的作用，与其他通过 CYP3A 代谢的药物（如咪达唑仑）合用时可能会对后者的疗效产生影响。

5. 促胃肠动力药

（1）不良反应：①甲氧氯普胺的主要不良反应是镇静作用，可有倦怠、嗜睡、头晕等，少见便秘、腹泻、皮疹、溢乳、男性乳房发育等；大剂量或长期使用甲氧氯普胺可导致锥体外系反应。②多潘立酮的不良反应较少，偶见头痛、头晕、嗜睡、倦怠等，常用剂量极少出现锥体外系反应。③莫沙必利的不良反应主要表现为腹泻、腹痛、口干、皮疹、倦怠、头晕、心悸、甘油三酯及转氨酶升高等。④新斯的明可致药疹，大剂量时可引起恶心、呕吐、腹泻、流泪、流涎等，严重时可出现共济失调、惊厥、昏迷、语言不清、焦虑不安、恐惧甚至心脏停搏。⑤伊托必利可导致皮疹、发热、尿素氮或肌酐升高、腹泻、腹痛、头痛、白细胞减少等。

（2）用药注意事项：①甲氧氯普胺对晕动病所致呕吐无效；严重肾功能不全患者使用时剂量

至少须减少 60%，以免出现锥体外系症状；给药速度过快易诱发锥体外系不良反应；遇光变成黄色或黄棕色后，毒性增高；12 岁以下及 65 岁以上患者使用时应谨慎，密切观察用药反应；避免长时间使用，使用时间建议不要超过 14 天。②多潘立酮使用时间一般不得超过 1 周；药物性状发生改变时禁用；在确定本品对自身影响之前，建议不要从事驾驶、操控机器或其他需要意识清醒和协调的活动。③莫沙必利服用一段时间（通常为 2 周）后，若消化症状没有改变，应停止服用。④新斯的明用药时应掌握好剂量，口服过量时应洗胃、早期维持呼吸，并使用阿托品进行对抗治疗。⑤伊托必利使用中若出现心电图 Q-Tc 间期延长，应停药。

（3）禁忌证：①对该类药物成分过敏者禁用。②嗜铬细胞瘤、乳腺癌、机械性肠梗阻、胃肠出血、妊娠期妇女禁用甲氧氯普胺及多潘立酮，癫痫、对普鲁卡因及普鲁卡因胺过敏者、2 岁以下儿童禁用甲氧氯普胺，催乳素瘤、中重度肝功能不全者禁用多潘立酮。③胃肠道出血、机械性肠梗阻、穿孔及刺激胃肠道可能引起危险的疾病禁用伊托必利及莫沙必利。

（4）药物相互作用：①甲氧氯普胺与乙醇及中枢抑制药合用，镇静作用增强；与抗胆碱能药物和麻醉止痛药合用有拮抗作用；甲氧氯普胺可释放儿茶酚胺，正在使用单胺氧化酶抑制药的高血压患者应注意监测；与吩噻嗪类药物联用会导致锥体外系反应的发生率及严重性增加。②多潘立酮不宜与唑类抗真菌药物、大环内酯类抗生素、HIV 蛋白酶抑制药、抗胆碱能药物、抑酸药、抗酸药同服；与锂剂和地西泮合用，可引起锥体外系反应。③新斯的明有增强去极化肌肉松弛药的作用，禁止与去极化型肌松药合用；某些能干扰肌肉传递的药物如奎尼丁，能使本品作用减弱，不宜合用；与胆碱能药物乙酰胆碱、萘二磺酸乙乳胆铵等合用时可增强相互作用，联合应用时应谨慎；副交感神经药物会掩盖胆碱能危象的初期症状，有导致过度用药的危险，因此与硫酸阿托品水合物、东莨菪碱氢溴酸盐、布托溴铵等联用时应谨慎。④莫沙必利、伊托必利与抗胆碱能药物（阿托品）合用时，可相互抵消作用。

（三）用药监测

患者使用药物治疗后，反酸、胃灼热、胃痛、食欲减退等症状得到缓解，有食管病变的患者，内镜下示病变好转或消失，消化性溃疡患者除症状好转外，内镜下可见溃疡以及黏膜愈合，疾病并发症得到较好预防，患者生活质量得到持续的改善。同时还需监测患者服药期间是否发生不良反应，包括消化系统反应、皮肤反应、血液学异常、肝肾功能异常等。

（四）用药指导

1. 药物治疗指导　①使患者和家属了解胃炎、GERD 和消化性溃疡的病理特点、临床表现及潜在的并发症，如出血、穿孔等，提高用药依从性。②指导患者和家属掌握 PPI、H_2RA、抗酸药、胃黏膜保护药等药物的用法和用量，强调按医嘱用药。③指导患者正确监测症状变化，如疼痛、反酸等，并观察药物不良反应，如持续的腹泻、腹痛、便秘等。出现不适症状应及时就诊。

2. 药物相互作用与饮食指导　①告知患者可能的药物相互作用，特别是与非甾体抗炎药、阿司匹林等药物的相互作用。②建议患者避免辛辣、油腻、生冷食物，以及咖啡、酒精等刺激性食物和饮料。推荐定时定量的温和饮食。

3. 症状管理指导　①指导患者识别疼痛的触发因素，并采取适当的药物或非药物治疗方法，如使用抗酸药缓解症状。②鼓励患者减少压力、避免紧身衣物、抬高床头睡觉等，以减少 GERD 症状。

4. 根除 Hp 指导　①向患者解释根除幽门螺杆菌对预防溃疡复发的重要性。②指导患者遵循医嘱完成整个抗菌疗程。

5. 预防并发症指导　①告知患者识别可能的出血迹象，如黑色粪便（潜血便），并立即就医。②鼓励患者定期进行内镜检查，以监测胃和食管黏膜的状况。

6. 长期管理与随访　①与患者讨论长期管理计划，包括药物治疗、生活方式调整和定期监测。②安排定期随访，以评估治疗效果和及时调整治疗方案。

第二节　慢性病毒性肝炎及肝硬化

慢性病毒性肝炎是指既往有乙型、丙型肝炎病毒感染半年以上并有肝炎临床表现者。慢性病毒性肝炎在全球范围内存在显著差异，各国感染率不同。据 WHO 报道，2019 年全球范围内约有 3.16 亿慢性乙型肝炎病毒（hepatitis B virus，HBV）感染者，82 万人死于 HBV 感染所致的肝衰竭、肝硬化或肝细胞癌（hepatocellular carcinoma，HCC）；慢性丙型肝炎病毒（hepatities C virus，HCV）感染者约 5 800 万，29 万人死于 HCV 感染引起的肝硬化或 HCC。尽管我国近年已将乙型肝炎病毒疫苗纳入儿童计划免疫管理，但由于感染者的广泛存在以及疫苗接种对垂直传播的有限作用，故表面抗原携带者仍高达 9 200 万，约占人口的 7.18%。我国慢性丙型肝炎病毒感染者大于 0.4 亿，人群感染率约为 3.2%。由此可见，病毒性肝炎已成为我国严重的社会和公共卫生问题。本节重点介绍慢性乙型病毒性肝炎、丙型肝炎及肝硬化的治疗用药及用药监测。

【疾病简介】

慢性乙型肝炎（chronic hepatitis B，CHB）是指 HBV 持续感染 6 个月以上引起的慢性肝脏炎症性疾病，其确诊需要依据血清 HBV 标志物、HBV DNA 检测和肝脏组织学检查结果。临床表现为全身乏力、食欲减退、恶心、呕吐、腹胀、肝区触痛或叩痛等症状。肝大，质地为中等硬度，有轻压痛。病情重者可伴有慢性肝病面容、蜘蛛痣、肝掌、脾大，肝功能异常或持续异常。根据临床表现分为轻度、中度和重度。慢性乙型肝炎发展至重度可引起肝小叶结构紊乱，形成假小叶并进展为肝硬化。

慢性丙型肝炎（chronic hepatitis C，CHC）是 HCV 感染超过 6 个月，或有 6 个月以上的流行病学史，或发病日期不明确。临床表现为乏力、厌食、恶心、腹胀、肝区疼痛等，少数伴低热等症状，部分患者可出现脾肿大，少数患者出现黄疸。部分患者无明显症状，表现为隐匿性感染。慢性丙型肝炎发展至重度即为慢性丙型肝炎肝硬化。

肝硬化（hepatic cirrhosis）是由一种或多种病因引起的、以弥漫性肝细胞变性坏死、肝细胞异常再生、肝内血管新生、肝脏纤维化组织大量增生和假小叶形成组织学特征的慢性进行性疾病。肝硬化可分为肝功能代偿期和失代偿期。代偿期患者无症状或症状较轻，失代偿期症状较明显，肝硬化患者出现腹水、食管胃底曲张静脉破裂出血或肝性脑病等严重并发症。部分失代偿期乙型肝炎肝硬化患者经抗病毒治疗后可逆转为代偿期肝硬化。

【药物治疗的目的及原则】

（一）药物治疗的目的

1. 慢性乙型肝炎　最大限度地长期抑制 HBV 复制，减轻肝细胞炎性坏死及肝纤维化，延缓和减少肝功能衰竭、肝硬化失代偿、原发性肝癌及其他并发症的发生，从而改善生活质量和延长生存时间。

2. 慢性丙型肝炎　清除 HCV，获得治愈，清除或减轻 HCV 相关肝损害，阻止进展为肝硬化、失代偿期肝硬化、肝衰竭或肝癌，改善患者的长期生存率，提高生活质量。

3. 肝硬化　现有的治疗手段尚不能逆转已经发生的肝硬化，对于代偿期患者，药物治疗的目的在于延缓肝功能失代偿，防止肝细胞癌变。而对于失代偿期患者，药物治疗的目的是改善肝功能，治疗并发症，延缓或减少对肝移植的需求。

（二）药物治疗的原则

1. 慢性乙型肝炎　根据血清 HBV DNA 水平，丙氨酸氨基转移酶（alanine aminotransferase，ALT）和肝脏疾病的严重程度，结合患者年龄、家族史和伴随疾病等因素，综合评估患者是否需要启动抗病毒治疗。接受抗病毒治疗的人群需同时满足以下条件：① HBV DNA 水平：HBeAg 阳性，HBV DNA ≥ 20 000IU/ml（相当于 10^5copies/ml），HBeAg 阴性；HBV DNA ≥ 2 000IU/ml（相当于 10^4copies/ml）；② ALT 水平：ALT 持续异常，超过正常值上限（greater than upper limit of normal，

ULN）。另外，只要发现存在乙型肝炎肝硬化的客观依据，无论代偿期和失代偿期，无论 ALT 和 HBV DNA 水平及 HBeAg 状态，均可考虑抗病毒治疗。如使用干扰素治疗，一般情况下 ALT 应 ≤ 10×ULN，血清总胆红素应 < 2×ULN。

2. 慢性丙型肝炎　所有 HCV RNA 阳性的患者，不论是否有肝硬化、合并慢性肾脏疾病或者肝外表现，均应接受抗病毒治疗。育龄期女性在进行直接抗病毒药物（direct-acting Antivirals，DAAs）治疗前先检查是否妊娠，已妊娠者可在分娩哺乳期结束后给予抗病毒治疗。排除妊娠后，应避免在服用 DAAs 期间妊娠。

3. 肝硬化　首先是去除病因，其次是保护肝细胞及针对并发症的治疗。去除病因即抗 HBV、HCV 治疗。对于 HBV 肝硬化失代偿期患者，无论 ALT 水平如何，当 HBV DNA 阳性时，均应给予抗 HBV 治疗，常用药物有核苷类药物，不宜使用干扰素。对于 HCV 肝硬化失代偿期患者，可选择直接抗病毒药物，不宜使用干扰素。

【药物分类及常用药物】

（一）抗 HBV 药物

治疗 HBV 感染的药物主要有两大类：干扰素和核苷类药物。

核苷类药物用于有病毒复制证据以及有血清转氨酶持续升高或肝组织活动性病变证据的慢性乙型肝炎患者。无论代偿期还是失代偿期乙型肝炎肝硬化的患者，都最好选用核苷类药物进行治疗。干扰素用于肝硬化代偿期或无肝硬化的慢性乙肝或丙型肝炎的治疗，禁用于失代偿期肝硬化患者。

1. 干扰素 α（IFN-α）　与细胞表面的特异性 α- 干扰素受体结合，触发细胞内复杂的信号传递通路并激活基因转录，调节多种生物效应，包括抑制细胞内的病毒复制、抑制细胞增殖，并且具有免疫调节作用。聚乙二醇干扰素 α-2a（PegIFN-α）是聚乙二醇（PEG）与重组干扰素 α-2a 结合形成的长效干扰素，药效学与 α- 干扰素相似。

2. 核苷类药物　主要作用于病毒的聚合酶，包括 RNA 复制酶和反转录酶。核苷酸类似物经过细胞代谢转变为三磷酸核苷，与聚合酶竞争性结合并被添加至核酸链上。由于核苷类似物药物分子结构上的缺陷导致 DNA 链延长的终止，从而抑制病毒 DNA 的复制。代表药物有拉米夫定（lamivudine）、替比夫定（telbivudine）、恩替卡韦（entecavir）。此外，通过在核苷类似物药物上添加保护基团制成前药，可以提高核苷类药物的吸收率并减少副作用，前药在经过体内代谢后释放出活性药物从而发挥疗效，代表性药物如阿德福韦酯（adefovir dipivoxil）。常用抗 HBV 制剂及其特点见表 8-5。

表 8-5　常用抗 HBV 制剂及其特点

制剂类型	代表药	给药途径	用法用量
干扰素	干扰素 α	肌内/皮下/病灶注射	注射（3～6）×10^6 IU/d，连用 4 周后改为每周 3 次，连用 16 周以上
	聚乙二醇干扰素 α	静脉/皮下注射	每次 180μg，每周 1 次，腹部或大腿皮下注射
核苷类药物	拉米夫定	口服	成人推荐剂量为 0.3g/d，儿童应根据年龄体重选择规格更小的片剂或口服溶液
	阿德福韦酯	口服/静脉注射	肾功能正常患者推荐剂量为每次 10mg，1 次/d；肾功能不全患者应根据肌酐清除率调整给药方案
	替比夫定	口服	每次 600mg，1 次/d

制剂类型	代表药	给药途径	用法用量
核苷类药物	恩替卡韦	口服	应空腹服用，成人推荐剂量为每次 0.5mg，1 次 /d；儿童应根据年龄体重选择规格更小的片剂或口服溶液
	替诺福韦酯	口服	应随食物口服，每次 25mg，1 次 /d

（二）抗 HCV 药物

直接作用抗病毒药物（DAAs）方案是 CHC 的首选药物，它们根据 HCV 的基因型和患者的具体情况进行选择，分为泛基因型方案和基因型特异性方案。DAAs 是靶向病毒特定非结构（nonstructural，NS）蛋白的分子，可破坏病毒复制和感染。DAAs 可根据作用机制和靶标分为 3 类：NS5B 核苷多聚酶抑制药、NS5A 抑制药以及非结构蛋白 3/4A（NS3/4A）蛋白酶抑制药。

1. NS5B 核苷多聚酶抑制药　代表药物有索磷布韦（sofosbuvir，SOF），是核苷酸前体药物，在细胞内代谢为具有药理活性的鸟苷类似物三磷酸盐，可被 NS5B 聚合酶嵌入 HCV RNA 中而终止复制。

2. NS5A 蛋白抑制药　代表药物有维帕他韦（velpatasvir，VEL）、可洛派韦（coblopasvir，CLP）、来迪派韦（ledipasvir，LDV）、依米他韦（emitasvir）和艾尔巴韦（elbasvir，EBR）。NS5A 蛋白在病毒复制和 HCV 装配中都起到了一定作用，但是机制尚不明确。因此，HCV NS5A 抑制药的确切机制尚不清楚。维帕他韦只与 NS5B 抑制药索磷布韦组成固定的复方制剂使用。盐酸可洛派韦对 HCV 1a、1b、2a、3a、4a、5a 及 6a 基因亚型均具有强效抑制作用。依米他韦吸收缓慢，广泛分布于肠道和肝脏中，主要通过消化道排泄。

3. NS3/4A 蛋白酶抑制药　代表药物有伏西瑞韦（voxilaprevir，VOX）、达诺瑞韦（danoprevir，DNV）和格拉瑞韦（grazoprevir，GZR）。伏西瑞韦作为 NS3/4A 蛋白酶的非共价、可逆抑制剂发挥作用，只与索磷布韦、维帕他韦组成固定剂量处方试剂使用。达诺瑞韦与 NS3/4A 蛋白酶结合形成低解离速率的复合体，防止病毒多肽裂解，有明显的组织蓄积特征，体内代谢清除快。

DAAs 不作为单一药物使用，而是以特定的组合使用，如艾尔巴韦 / 格拉瑞韦、依米他韦联合索磷布韦、达诺瑞韦联合拉维达韦用于 HCV 基因 1b 型的慢性丙型肝炎患者；可洛派韦联合索磷布韦用于 HCV 基因 1b 型以外的慢性丙型肝炎患者；索磷布韦 / 维帕他韦、来迪派韦 / 索磷布韦用于基因 1~6 型的慢性丙型肝炎患者。具体药物用法用量见表 8-6。

表 8-6　常用抗 HCV 药物及其特点

制剂类型	代表药	适用范围	给药途径	用法用量
泛基因型				
NS5B 聚合酶核苷类似物抑制药 /NS5A 抑制药	索磷布韦 / 维帕他韦	HCV 基因 1~6 型	口服	每片复合片剂含索磷布韦 400mg，每次 1 片，1 次 /d
NS5B 聚合酶核苷类似物抑制药 /NS5A 抑制药 /NS3/4A 蛋白酶抑制药	索磷布韦 / 维帕他韦 / 伏西瑞韦	HCV 基因 1~6 型	口服	每片复合片剂含索磷布韦 400mg/ 维帕他韦 100mg/ 伏西瑞韦 100mg，每次 1 片，1 次 /d
NS5A 抑制剂	可洛派韦	与索磷布韦联用，治疗 HCV 基因 1、2、3、6 型	口服	60mg/ 次，1 次 /d，连续 12 周

笔记栏

187

续表

制剂类型	代表药	适用范围	给药途径	用法用量
NS5B 聚合酶核苷类似物抑制药	索磷布韦	HCV 基因 1~6 型	口服	1 次 /d，每次口服一片 0.4g 片剂，随食物服用
基因型特异性				
NS3/4A 蛋白酶抑制药 / NS5A 抑制药	艾尔巴韦 / 格拉瑞韦	HCV 基因 1、4 型	口服	每片复合片剂含艾尔巴韦 50mg 和格拉瑞韦 100mg，每次 1 片，1 次 /d
NS3/4A 蛋白酶抑制药	达诺瑞韦	非肝硬化的 HCV 基因 1b 型	口服	每次 100mg，2 次 /d，连续 12 周。服用本品时须同时应用药代动力学增强剂利托那韦、聚乙二醇干扰素 α 和利巴韦林
NS5A 抑制药	依米他韦	非肝硬化 HCV 基因 1 型	口服	每次 0.1g，1 次 /d，须同时服用索磷布韦片 400mg
NS5A 抑制药 /NS5B 聚合酶核苷类似物抑制药	来迪派韦 / 索磷布韦	HCV 基因 2、5、6 型	口服	每片含 90mg 来迪派韦和 400mg 索磷布韦，每次 1 片，1 次 /d

（三）肝硬化治疗用药

对于 HBV 或 HCV 引起的肝硬化，抗病毒是治疗的关键。肝硬化的治疗除了针对病因进行治疗外，还包括保护肝细胞及针对并发症的治疗。本节主要介绍保肝药物（表 8-7）及针对肝性脑病、门静脉高压的治疗药物，其余并发症的治疗用药如利尿药、止血药等参见相关章节。

表 8-7 常见保肝药物及其特点

制剂类型	代表药	给药途径	用法用量
必需磷脂	多烯磷脂酰胆碱	口服 / 静脉注射 / 静脉滴注	口服每次 456mg，3 次 /d，一段时间后，剂量减至每次 228mg，3 次 /d；注射用缓慢注射 232.5~465mg/d
解毒类	还原型谷胱甘肽	静脉注射 / 肌内注射 / 口服	口服每次 400mg，3 次 /d 次；注射每次 1.2g，1 次 /d，疗程 30 天
	硫普罗宁	静脉滴注 / 口服	口服每次 100~200mg，3 次 /d；注射 1 次 0.2g，1 次 /d
抗炎类	复方甘草酸苷	口服 / 注射	口服每次 50~75mg，3 次 /d；注射用每次 10~40mg
	甘草酸二铵	注射 / 口服	静脉滴注 1 次 150mg，以 10% 葡萄糖注射液 250ml 稀释后缓慢滴注，1 次 /d；口服 1 次 150mg，3 次 /d
	异甘草酸镁	静脉注射	1 次 /d，一次 0.1g，以 10% 葡萄糖注射液 250ml 稀释后静脉滴注，4 周为一疗程

笔记栏

续表

制剂类型	代表药	给药途径	用法用量
利胆类	熊去氧胆酸	口服	胆固醇性胆结石每天 10mg/kg。结石必须是 X 线能穿透的，同时胆囊收缩功能须正常。原发性胆汁淤积性肝硬变，原发性硬化性胆管炎每天 15mg/kg。胆汁反流性胃炎 250mg/d，睡前服用
	腺苷甲硫氨酸	口服 / 肌内注射	肌内注射，初始治疗为 0.5～1g/d，分 2 次肌内注射，用 2～4 周后转为维持治疗；口服 1～2g/d，持续 4 周
降酶类	联苯双酯	口服	一次 7.5mg，必要时一次 9～15mg，3 次 /d，连用 3 个月
	双环醇	口服	每次 25mg，3 次 /d，最少服用 6 个月或遵医嘱，应逐渐减量

1. 保肝药物

（1）必需磷脂：多烯磷脂酰胆碱（polyene phosphatidyl choline）在化学结构上与重要的内源性磷脂一致，它们主要进入肝细胞，以完整分子的形式与肝细胞膜及细胞器膜相结合。

（2）解毒类：还原型谷胱甘肽（glutathione）是含有巯基的三肽类化合物，在人体内具有活化氧化还原系统，激活 SH 酶、解毒作用等重要生理活性。硫普罗宁（tiopronin）是一种与青霉素性质相似的含巯基药物，具有保护肝脏组织及器官的作用，用于改善各类慢性肝炎的肝功能。

（3）抗炎类：①复方甘草酸苷（compound glycyrrhizin）可以直接与花生四烯酸代谢的启动酶——磷脂酶 A_2 结合以及与作用于花生四烯酸使其产生炎性介质的脂氧合酶结合，选择性地阻碍这些酶的磷酸化而抑制其活化。除此之外，复方甘草酸苷还具有免疫调节作用和抑制肝细胞损伤的作用。②甘草酸二铵（diammonium glycyrrhizinate）具有抗炎、保护肝细胞膜及改善肝功能的作用。③异甘草酸镁（magnesium isoglycyrrhizinate）是一种肝细胞保护药，具有抗炎、保护肝细胞膜及改善肝功能的作用。异甘草酸镁静脉注射后主要在肝脏分布，主要经胆汁排泄。

（4）利胆类：①熊去氧胆酸（ursodeoxycholic acid），促进内源性胆汁酸的分泌，减少重吸收；拮抗疏水性胆汁酸的细胞毒作用，保护肝细胞膜；溶解胆固醇性结石；并具有免疫调节作用。②腺苷甲硫氨酸（ademetionine），作为甲基供体和生理性巯基化合物的前体参与体内重要的生化反应。在肝内，通过使细胞膜磷脂甲基化而调节肝脏细胞膜的流动性，通过转巯基反应促进解毒过程中硫化产物的合成。

（5）降酶类：联苯双酯（bifendate）为合成五味子丙素的中间体，联苯双酯可降低因四氯化碳所致的肝脏损害和谷丙转氨酶升高。双环醇（bicyclol）为联苯结构衍生物，可降低升高的氨基转移酶，不同程度地减轻肝脏组织病理形态学损害。

2. 肝性脑病治疗药物

（1）门冬氨酸鸟氨酸：可提供尿素和谷氨酰胺合成的底物，能直接参与肝细胞代谢，使肝细胞摄入的大部分血氨与鸟氨酸结合，并通过尿素循环进行代谢，生成尿素，最终以无毒的形式排出体外；门冬氨酸间接参与核酸合成，以利于修复被损伤的肝细胞，并提供能量代谢的中间产物增强肝脏供能，从而改善肝功能，恢复机体的能量平衡。

（2）精氨酸：参与体内鸟氨酸循环，促进尿素的形成，使人体内产生的氨经鸟氨酸循环转变成无毒的尿素，由尿中排出，从而降低血氨浓度。

（3）乳果糖：是在肠道内不被吸收的双糖，可被结肠细菌分解成乳酸和醋酸，使肠道 pH 值降至 6.0 以下，从而阻断氨的吸收，减少内毒素的蓄积和吸收。

3. 降门静脉高压药物

（1）特利加压素：是赖氨酸加压素的前体药物，自身无活性，在体内缓慢转化为赖氨酸加压素后获得加压素的生理活性。选择性地收缩胃肠道血管平滑肌，降低内脏血流量及门静脉压力，但对动脉血压的影响较加压素小很多。

（2）生长抑素：人工合成的环状氨基酸十四肽，可抑制生长激素的释放，同时抑制胃酸、胃蛋白酶、促胃液素、胰腺外分泌和内分泌在基础或应激状态下的分泌，降低酶的活性。能明显减少内脏血流。

（3）奥曲肽：为人工合成的八肽环状化合物，具有与天然内源性生长抑素类似的作用。

【用药护理】

（一）用药评估

1. 慢性丙型肝炎患者　有失代偿期肝硬化病史者，不推荐使用含有 NS3/4A 蛋白酶抑制药的方案。采用泛基因型 DAAs 方案的感染者，且当地基因 3b 型流行率低于 5% 的情况下，可以不检测基因型。采用基因特异性 DAAs 方案的感染者，需要先检测基因型。此外，治疗前需要了解有无合并用药。

2. 慢性乙肝病毒肝炎患者　首先依据血清 HBV DNA 水平和肝脏疾病严重程度，同时结合年龄、家族史和伴随疾病等因素进行评估，决定是否启用抗病毒治疗。若符合以下情况之一，则使用 NAs 或干扰素治疗：①有乙型肝炎肝硬化或 HCC 家族史。②年龄＞30 岁。③无创指标或肝组织学检查，提示肝脏存在明显炎症或纤维化。④ HBV 相关肝外表现。既往多以 ALT ULN 的倍数作为启动抗病毒治疗的 ALT 治疗阈值。国际多部指南将 ALT 治疗阈值定为男性 30U/L、女性 19U/L，但该 ALT 治疗阈值是否适用于中国患者尚待进一步证实。另外，只要发现存在乙型肝炎肝硬化的客观证据，无论代偿期或失代偿期，无论 ALT 和 HBV DNA 水平及 HBeAg 状态，均可考虑抗病毒治疗。

3. 肝性脑病患者　首先评估患者治疗的适应证，有肝性脑病倾向或血氨升高的患者方有使用指征；其次要评估相应的禁忌证。对氨基酸类药物过敏或严重肾衰竭患者禁用门冬氨酸鸟氨酸；肾功能不全患者禁用精氨酸；对乳果糖过敏、阑尾炎、胃肠道梗阻、不明原因腹痛、尿毒症及糖尿病酸中毒患者禁止使用乳果糖。

（二）用药安全

1. 核苷类药物

（1）不良反应：国外进行的临床研究中，核苷类药物常见的不良反应有头痛、疲劳、眩晕、恶心。国内进行临床研究中常见的不良反应有：ALT 升高、疲劳、眩晕、恶心、腹痛、腹部不适、上腹痛、肝区不适、肌痛、失眠和风疹。这些不良反应较多为轻度至中度。服用核苷类偶发类过敏反应、乳酸中毒、氨基转移酶升高、严重脂肪性肿大、血脂异常、神经病变等。除此之外，有报告患者停止乙肝抗病毒治疗（包括恩替卡韦、阿德福韦酯）后发生肝炎急性加重。对于肾功能障碍或潜在肾功能障碍风险的患者，使用阿德福韦酯慢性治疗会导致肾毒性。核苷类药物对妊娠妇女的危险性尚不明确。

（2）用药注意事项：①有报道乙型肝炎患者停止治疗后出现肝炎加重的情况，在停止治疗的 6 个月内应定期进行肝功能监测，必要时恢复抗乙肝病毒治疗。不建议进展期肝病或肝硬化患者停止治疗。②慢性乙型肝炎治疗期间出现肝炎自发性加重的情况较为常见，治疗期间应加以严密监测。③单独使用核苷类似物（富马酸替诺福韦或其他替诺福韦前体药物）治疗或发生其他抗逆转录药物治疗时，曾发生如酸性中毒和严重脂肪性肝肿大的报告，如果患者出现乳酸性酸中毒或显著肝毒性，应当暂停治疗。④在使用核苷类似物时，应注意查看药物成分，避免重复用药。

⑤目前尚不清楚核苷类似物对妊娠妇女的影响，若预期获益超过胎儿潜在风险，可在妊娠期间使用。⑥尚不清楚核苷类似物对哺乳的影响，哺乳期间不应使用核苷类似物。⑦有单用替比夫定或与聚乙二醇干扰素 α-2a 及其他干扰素合用时发生周围神经病变的报告。当患者出现上 / 下肢麻木，刺痛和灼烧感，或伴有步行障碍，应及时向医生报告。如果确诊为神经性病变，应停止替比夫定治疗。对肾功能障碍或潜在肾功能障碍风险的，使用阿德福韦酯会导致肾毒性。阿德福韦酯会对慢性乙肝患者携带的未知或未治疗的 HIV 产生作用，可能出现 HIV 耐药。

（3）禁忌证：对药物活性成分或任何一种辅料过敏者慎用。

（4）药物相互作用：①替诺福韦治疗期间应避免与 P-gp 强效诱导作用的药物（如卡马西平、奥卡西平、苯巴比妥和苯妥英钠等）联合使用，避免与 P-gp 强效抑制作用的药物（如伊曲康唑和考比司他等）联合使用。②替比夫定主要通过肾排泄消除，同时服用可改变肾功能的药物可能影响替比夫定的血浆浓度。替比夫定与聚乙二醇干扰素 α-2a 一起使用会增加周围神经病变的发生风险。③阿德福韦通过肾小球主动分泌的方式经肾排泄，阿德福韦与其他经肾小管分泌或改变肾小管分泌功能的药物合用可以增加阿德福韦酯或合用药物的血清浓度。

2. 干扰素

（1）不良反应：①流感样综合征，包括发热、寒战、头痛、肌肉酸痛、乏力等，可在睡前注射 INF-α，或在注射 INF 的同时服用解热镇痛药。②外周血细胞、血小板减少。③精神异常，包括抑郁、妄想、重度焦虑等精神疾病症状。④自身免疫病，出现自身抗体，部分患者出现甲状腺疾病、糖尿病、银屑病、白斑等。⑤其他少见不良反应包括肾脏损害、心血管并发症、视网膜病变、听力下降、间质性肺炎、骨痛、肌肉痉挛、阳痿等，如有出现应停止治疗。

（2）用药注意事项：①干扰素治疗可能会出现严重精神方面的不良反应，应监控所有出现抑郁症状的患者，严重时需要停药，并给予精神治疗干预。②心血管事件与干扰素治疗有关。利巴韦林可能会加重心脏疾病，干扰素联合利巴韦林应慎用于有严重或不稳定心脏病的患者。③如果患者在治疗中出现肝功能失代偿，应考虑停止本品的治疗并密切监测患者。

（3）禁忌证：①对活性成分、干扰素 α 或干扰素过敏者禁用。②自身免疫性慢性肝炎、严重肝功能障碍或失代偿性肝硬化者禁用。③有严重心脏病史，包括 6 个月内有不稳定或未控制心脏病禁用。④有严重精神疾病或严重的精神疾病史（主要是抑郁）禁用。⑤妊娠和哺乳期间禁用。

（4）药物相互作用：①干扰素 α 与茶碱同时使用时，应监测茶碱血清浓度并适当调整茶碱用量。②干扰素会增加之前使用或合并使用药物的神经毒性、血液毒性和心脏毒性。③聚乙二醇干扰素 α-2a 与替比夫定联合使用会增加外周神经病变的风险。

3. 直接作用抗病毒药物

（1）不良反应：①神经系统疾病，常见失眠、焦虑、抑郁、头痛、头晕。②胃肠道疾病，常见恶心、腹泻、便秘、上腹疼痛、腹痛、口干、呕吐。③皮肤和皮下组织疾病，常见瘙痒、脱发，是否引起血管性水肿尚不清楚。④全身性疾病，常见疲乏、易激惹。⑤常见各类检查指标异常，如血肌酸磷酸激酶升高、脂肪酶升高、血乳酸脱氢酶升高等。⑥其他，使用依米他韦常见代谢及营养类疾病的不良反应，如高胆固醇症、高甘油三酯血症、高尿酸血症等。

（2）用药注意事项：① HCV 和 HBV 合并感染患者有乙肝病毒再激活风险，开始治疗前，所有患者均应进行 HBV 筛查。在 HCV 治疗和治疗后随访期间，需监测肝炎急性发作或 HBV 再激活，根据临床指征对 HBV 感染进行监测和治疗。② NS5A 抑制药临床使用中谨慎决定是否与胺碘酮合用，NS5A 抑制药与胺碘酮合用观察到重度心动过缓和心脏传导阻滞，目前机制尚不明确。如果认为确有必要合用胺碘酮，建议在开始使用依米他韦或来迪派韦联合索磷布韦治疗时对患者进行严密监测。③目前无足够的人体数据说明 DAAs 对妊娠期以及哺乳期妇女等的影响。④在使用索磷布韦治疗时，不建议其以单药形式使用，应与其他药品合用治疗丙型肝炎感染。当索磷布

笔记栏

韦与利巴韦林或聚乙二醇干扰素 α-2a/ 利巴韦林合用时，需避免女性患者妊娠和男性患者的女性伴侣妊娠。经证实，暴露于利巴韦林的各种动物均出现了明显的致畸性和 / 或胚胎影响。

（3）禁忌证：①禁用于重度肝功能损害患者。②禁止与强效 P-gp 诱导剂（如利福平、卡马西平、苯妥英、苯巴比妥和圣约翰草）合用。③在使用 DAAs 时，应注意查看药物成分，避免重复用药。④禁用于对药物活性成分或任一辅料过敏的患者。⑤可洛派韦应避免与肝药酶 CYP3A 强诱导剂（包括但不限于卡马西平、苯妥英钠、利福平及圣约翰草）或抑制剂（包括但不限于克拉霉素和伊曲康唑）合用，此类药物可能会降低或升高可洛派韦的血药浓度，影响其疗效或安全性。来迪派韦索磷布韦禁止与瑞舒伐他汀合用。

（4）药物相互作用：①格拉瑞韦与抑制 OAT1B 转运体药物联合使用会导致格拉瑞韦血浆浓度明显升高，与 CYP3A 强效诱导剂或依非韦伦合用会导致格拉瑞韦疗效明显下降。格拉瑞韦为药物转运体乳腺癌耐药蛋白（BCRP）的抑制剂，联合使用可能会增加 BCRP 底物的血浆浓度。②艾尔巴韦禁止与 CYP3A 强诱导剂或依非韦伦联合使用。艾尔巴韦为 BCRP 的抑制剂，可能会增加联合使用 BCRP 底物的血浆浓度。③来迪派韦是 BCRP 抑制剂，可能会增加联合使用 BCRP 底物的血浆浓度。在服用来迪派韦索磷布韦片之前不得使用质子泵抑制药。与地高辛合用可能会增加地高辛浓度。④依米他韦是 BCRP、P-gp、摄取转运体 OATP1B1、OATP1B33、OATP22B1、OAT1 和 OAT3 的抑制剂，当依米他韦与这些转运体底物联用时，会增加此类药物的暴露量。⑤索磷布韦与强效 P-gp 诱导剂合用会显著降低索磷布韦血浆浓度，与中效 P-gp 诱导剂合用会降低索磷布韦疗效。⑥可洛派韦是肝药酶 CYP3A4 的底物，中强效 CYP3A4 诱导剂会降低可洛派韦的血药浓度。合用 P-gp 抑制剂或诱导剂可能会升高或降低可洛派韦的血药浓度。

4. 保肝药物

（1）不良反应：①多烯磷脂酰胆碱会导致胃肠道紊乱、胃部不适、软便和腹泻。极少数患者可能对注射制剂中所含的苯甲醇产生过敏反应。②对于还原型谷胱甘肽，偶见脸色苍白、血压下降、脉搏异常等类过敏症状，应停药。偶见皮疹等过敏症状，应停药。偶有食欲减退、恶心、呕吐、胃痛等消化道症状，停药后消失。注射制剂有注射部位轻度疼痛。③硫普罗宁可致食欲减退、恶心、呕吐、腹痛、腹泻、瘙痒、皮疹、皮肤发红、蛋白尿、肾病综合征、胰岛素性自体免疫综合征、疲乏、肢体麻木。④甘草酸制剂可致血钾降低、心悸、血压升高、上腹不适、皮肤瘙痒、荨麻疹、口干、头痛、头晕、横纹肌溶解、过敏性休克、假性醛固酮症、肌肉痛、感觉异常等。⑤腺苷甲硫氨酸偶可引起昼夜节律紊乱，睡前服用安眠药可减轻此症状。⑥熊去氧胆酸可致腹泻、便秘、过敏、头痛、头晕、胰腺炎、心动过速。⑦联苯双酯和双环醇可见轻度恶心，偶见转氨酶升高。

（2）用药注意事项：①多烯磷脂酰胆碱可能会导致严重的过敏反应。本药物治疗不能替代对肝损伤的主动防御，如酒精引起的肝损伤。慢性肝炎中，只有大豆磷脂能明显改善患者的主观临床症状时，才能表明用其辅助治疗是适当的。②还原型谷胱甘肽注射前必须完全溶解，外观澄清、无色。如在用药过程中出现出疹、面色苍白、血压下降、脉搏异常等症状，应立即停药。肌内注射仅限于需要此途径给药时使用，并应避免同一部位反复注射。③硫普罗宁在使用期间应注意全面观察患者状况，定期检查肝功能，如发现异常应考虑停用或相应处理。儿童、孕妇及哺乳期妇女禁用。④甘草酸制剂对于高龄患者应慎重给药（高龄患者低钾血症发生率高）。⑤熊去氧胆酸对于急性胆系感染、胆管梗阻、孕期及哺乳期妇女禁用。⑥对联苯双酯或其任一辅料成分过敏者禁用、肝硬化者禁用、孕妇及哺乳期妇女禁用。⑦对双环醇过敏者禁用。

（3）禁忌证：①对大豆制剂、磷脂酰胆碱过敏和 / 或对本品中所含的任何成分过敏的患者禁用多烯磷脂酰胆碱。②对还原型谷胱甘肽有过敏反应者禁用该药物。③对硫普罗宁产生过敏或严重不良反应的患者禁用。④醛固酮症患者、肌病患者、低钾血症患者和有血氨升高倾向的末期肝硬化患者禁用甘草酸制剂。⑤长期使用熊去氧胆酸可增加外周血小板数量。如治疗过程中出现反复胆绞痛发作或出现明显结石钙化，宜终止治疗。⑥少数患者使用联苯双酯过程中 ALT 回升，停药后部分患者 ALT 反跳，继续服用仍然有效。个别患者服药过程中出现黄疸及病情恶化，应停药。⑦双环醇在用药期间应密切观察患者临床症状、体征和肝功能变化，疗程结束后也应加强随访。有肝功能失代偿如胆红素明显升高，低蛋白血症，肝硬化腹水，食管静脉曲张出血，肝性脑病及严重心、脑、肾器质性病变及骨髓抑制的患者，谨遵医嘱。

（4）药物相互作用：①多烯磷脂酰胆碱与抗凝药之间的相互作用尚无法排除。因此，同时使用时需要对抗凝药的剂量进行调整。②还原型谷胱甘肽不得与维生素 B_{12}、维生素 K_3、甲萘醌、泛酸钙、乳清酸、抗组胺药物、磺胺类药物及四环素等混合使用。③硫普罗宁不得与具有氧化作用的药物合用。④甘草酸制剂与依他尼酸、呋塞米等噻嗪类利尿药合用时，其利尿作用可增强本类药物的排钾作用，易导致血清钾值的下降，应注意观察血清钾值的测定等。复方甘草酸苷与莫西沙星合用，有引起室性心动过速的报道。⑤熊去氧胆酸不应与考来烯胺、考来替泊、氢氧化铝、蒙脱石等同时服用，因为这些药可以在肠道中和熊去氧胆酸结合，从而阻碍吸收，影响疗效；熊去氧胆酸胶囊可以增加环孢素在肠道的吸收，服用环孢素的患者应做环孢素血清浓度的监测，必要时要调整服用环孢素的剂量。熊去氧胆酸胶囊会降低环丙沙星的吸收；基于熊去氧胆酸可以降低钙通道阻滞药尼群地平的血浆峰浓度，必要时调整给药剂量。⑥联苯双酯与肌苷合用，可减少本药的降酶反跳现象。

5. 肝性脑病治疗药物

（1）不良反应：①门冬氨酸鸟氨酸大剂量静脉注射（40g/L）会有轻、中度的消化道反应。②精氨酸可引起高氯性酸中毒以及血中尿素、肌酸、肌酐浓度升高，有报道称肝肾功能不全或糖尿病患者使用精氨酸会引起高钾血症。静脉滴注精氨酸可引起肢体麻木、头痛、恶心、呕吐及局部静脉炎，滴注速度过快可引起流涎、面部潮红及呕吐。③乳果糖剂量过大可引起腹部不适、胃肠胀气、厌食、恶心、呕吐及腹泻，腹泻严重时应减少剂量，治疗初期容易发生。

（2）用药注意事项：①在大量使用门冬氨酸鸟氨酸时，注意监测血及尿中的尿素指标，严重肾功能衰竭者慎用。②精氨酸用药期间，宜进行血气监测，注意患者的酸碱平衡。本药禁忌与强心苷类联合应用。③过敏患者禁用乳果糖。妊娠期妇女前 3 个月慎用。服药超过 6 个月的老年患者需要及时测定血清蛋白。

（3）禁忌证：①对于天冬氨酸鸟氨酸过敏的患者禁用该药物。②对于精氨酸，严重肾功能不全的患者（诊断标准是血清中肌酐水平超过 3mg/100ml）禁用。对精氨酸过敏者禁用。高氯性酸中毒、肾功能不全及无尿患者禁用。③对于乳果糖，糖尿病患者慎用，对半乳糖不能耐受者不宜服用。阑尾炎、肠梗阻、不明原因的腹痛者均禁用。

6. 降门静脉高压药物

（1）不良反应：①对于特利加压素，个别病例可出现腹绞痛、头痛、短时间面色苍白、动脉血压增高。少见食管静脉曲张诱发的代谢性酸中毒，低钾血症，支气管收缩与横纹肌溶解。②对于生长抑素，少数病例用药后产生恶心、眩晕、脸红等反应。当滴注速度过快时，患者会发生恶心和呕吐现象。

（2）用药注意事项：①高血压患者、冠状动脉功能不全患者、心律失常患者、肾功能不全者、哮喘患者禁用特利加压素。本药对平滑肌有影响，孕妇禁用。②生长抑素抑制胰岛素及胰高血糖素的分泌，在治疗初期会引起短暂的血糖水平下降。特别是胰岛素依赖型糖尿病患者，使用本品后每隔 3～4 小时应测试一次血糖浓度。

（3）禁忌证：①孕妇禁用特利加压素。②对于生长抑素，对药物活性成分过敏者禁用，孕妇慎用。

（4）药物相互作用：①特利加压素与催产素和甲基麦角新碱合用会增强血管收缩和子宫紧张的效应。②生长抑素药物相互作用不明确，建议单独使用。

笔记栏

193

（三）用药监测

1. 疗效和安全性　主要检测 HCV RNA 或 HBV RNA，应采用灵敏度高的实时定量 PCR 试剂（检测下限 < 15IU/ml）。建议在治疗的基线、治疗的第 4 周、治疗结束后 12 周检测 HCV RNA 或 HBV RNA。

2. 不良反应　对于接受 DAAs 治疗方案的患者需在基线、治疗后 4、12、24 周或有临床症状时检测 ALT 水平。蛋白酶抑制药在严重肝损伤患者中的不良反应发生率很高，因此，含有蛋白酶抑制药的治疗方案禁用于失代偿期肝硬化或失代偿病史患者。治疗期间，ALT 出现 10 倍升高，须提前终止治疗；ALT 升高但低于 10 倍时，伴有疲乏、恶心、呕吐、黄疸或胆红素、碱性磷酸酶、国际标准化比值显著升高，须提前终止治疗。另外，在使用 DAAs 治疗时，应特别了解药品说明书中指出的具有相互作用的其他药物，如果可能，治疗期间应停止有相互作用的合并用药，或者转换为具有较少相互作用的其他药物。

3. 实验室指标　接受 NAs 药物或干扰素治疗的患者每 3～6 个月进行 1 次血常规检查、肝脏生物化学指标、HBV DNA 定量和乙型肝炎血清病毒学标志物、LSM 等；腹部超声检查和甲胎蛋白检测，无肝硬化者每 6 个月 1 次，肝硬化者每 3 个月 1 次，必要时做增强 CT 或增强 MRI 以早期发现 HCC。对治疗中出现血肌酐、肌酸激酶或乳酸脱氢酶水平明显升高，并伴有相应临床表现的患者，应密切观察。一旦确诊为上述不良反应者，及时停药并换用其他药物，同时积极给予相应治疗。

（四）用药指导

1. 慢性丙型肝炎患者　若患有代偿期肝硬化，不推荐使用 NS3/4A 蛋白酶抑制药的方案。治疗前需检测 HBsAg 以了解有无合并 HBV 感染。治疗前评估患者的合并疾病以及合并用药，评估 DAAs 与合并用药的潜在药物间相互作用。特定细胞色素酶 P450/P 糖蛋白诱导剂（如卡马西平、苯妥英钠）可显著降低 DAAs 的血药浓度，禁与所有 DAAs 治疗方案合用。

2. 慢性乙型肝炎患者　初始治疗时首选强效低耐药药物。对于治疗中患者，应定期检测 HBV DNA 定量，以便及时发现病毒学突破、低病毒血症及应答不佳者，并尽早给予挽救治疗。妊娠期或短期内有妊娠计划、精神病史、失代偿期肝硬化等禁用。

3. 依从性指导　护士在常规护理的基础上，应加强患者健康教育与用药指导，包括用药剂量、使用方法。确保患者已经明确随意停药可能导致的风险，避免治疗中漏服或自行停药、自行减量等行为，提高用药依从性，减少并发症的发生。

第三节　急性胰腺炎

急性胰腺炎（acute pancreatitis，AP）是胰蛋白酶原在胰腺内激活引起胰腺组织自身消化，以胰腺局部水肿、炎性浸润和实质坏死为主要病理改变，以急性腹痛和全身炎症反应综合征（systemic inflammatory response syndrome，SIRS）为主要临床表现的常见消化疾病。急性胰腺炎的全球发病率约为每年 34 人 /10 万人，并呈逐年上升趋势。约 20% 的急性胰腺炎患者会出现持续性全身炎症反应综合征，进而发展为持续性器官功能衰竭（persistent organ failure，POF），表现为重症急性胰腺炎（severe acute pancreatitis，SAP），容易出现多器官功能不全综合征（multiple organ dysfunction syndrome，MODS）及感染性胰腺坏死（infected pancreatic necrosis，IPN），病死率 > 40%。约 30% 的急性胰腺炎患者出院后会出现糖尿病前期状态和胰腺外分泌功能不全（exocrine pancreatic insufficiency，EPI），20% 会反复发作，10% 进展为慢性胰腺炎（chronic pancreatitis，CP），严重影响患者生活质量，造成巨大的卫生经济和社会负担。

【疾病简介】

急性胰腺炎可根据严重程度分轻症急性胰腺炎（mild acute pancreatitis，MAP）：占急性胰腺炎的 80% ~ 85%，不伴有器官功能障碍及局部或全身并发症，通常在 1 ~ 2 周内恢复，病死率极低；中重症急性胰腺炎（moderately severe acute pancreatitis，MSAP）：伴有一过性（≤ 48h）的器官功能障碍和 / 或局部并发症，早期病死率低，如坏死组织合并感染，则病死率增高；以及重症急性胰腺炎（severe acute pancreatitis，SAP）：占急性胰腺炎的 5% ~ 10%，伴有持续（> 48h）的器官功能障碍，病死率高。

【药物治疗的目的及原则】

（一）药物治疗的目的

急性胰腺炎的治疗策略主要聚焦于识别并消除引发该炎症的根本原因，并有效控制炎症过程。因此，急性胰腺炎的药物治疗目的是通过药物对症治疗减少对患者的创伤，同时有效控制炎症，以期达到更好的治疗效果和降低患者的死亡率。

（二）药物治疗的原则

急性胰腺炎的内科治疗应首先禁饮食、胃肠减压，同时加强营养支持治疗，纠正水、电解质平衡。明显疼痛的急性胰腺炎患者，可根据病情合理选择镇痛药物进行治疗。对于确诊感染的患者，可经验性使用抗菌治疗。同时给予抑制胰腺外分泌和蛋白酶抑制药治疗，以控制炎症进展，减少并发症的发生。用于抑制胰腺外分泌的药物主要有生长抑素及奥曲肽，相关内容参见本章第二节。本节主要介绍蛋白酶抑制药。

【药物分类及常用药物】

加贝酯（gabexate）是一种高效的非肽类蛋白酶抑制药，主要用于急性轻型（水肿型）胰腺炎的治疗，也可作为辅助治疗手段用于急性出血坏死型胰腺炎的治疗。该药物能够有效抑制胰蛋白酶、激肽释放酶、纤维蛋白溶酶、凝血酶等多种蛋白酶的活性，从而减轻这些酶引起的病理生理变化，对于控制病情发展和缓解症状具有显著效果。

乌司他丁（urinastatin）是来源于新鲜人尿中的糖蛋白提取物，能够有效抑制胰蛋白酶等胰酶的活性，从而减轻胰腺炎的病理损害。它还能稳定溶酶体膜，防止溶酶体酶的过度释放，并抑制心肌抑制因子的产生，这些综合效应有助于在急性胰腺炎的治疗中保护心脏功能和减轻全身炎症反应。乌司他丁是治疗急性胰腺炎和慢性复发型胰腺炎的特效药物，同时也在急性循环衰竭的抢救中发挥着重要辅助作用。

抑肽酶（aprotinin）作为一种广谱蛋白酶抑制药，能抑制胰蛋白酶、糜蛋白酶等胰酶的活性，阻止胰腺内纤维蛋白酶原及糜蛋白酶原的自我激活。同时，它还能抑制纤维蛋白溶酶和纤维蛋白溶酶原的激活因子，有效防止纤维蛋白溶解引起的急性出血。抑肽酶主要用于急性胰腺炎的预防和治疗，特别是在应对由纤维蛋白溶解引起的出血和弥散性血管内凝血方面具有显著疗效。抑肽酶在体内的作用时间短暂，$t_{1/2}$ 大约为 2.5 小时，但效果迅速且有效。这使其成为临床上治疗急性胰腺炎及相关并发症的重要药物。蛋白酶抑制药及其特点见表 8-8。

表 8-8 治疗急性胰腺炎的蛋白酶抑制药及其特点

制剂类型	代表药	给药途径	用法用量
蛋白酶抑制药	加贝酯	静脉滴注	本药仅供静脉点滴使用，每次 100mg，治疗开始 3 天 300mg/d，症状减轻后改为 100mg/d。疗程 6 ~ 10 天，先以 5ml 注射用水注入盛有加贝酯冻干粉针瓶内，待溶解后即移注于 5% 葡萄糖液或林格液 500ml 中，供静脉点滴用。点滴速度不宜过快，应控制在每小时 1mg/kg 以内，不宜超过每小时 2.5mg/kg
	乌司他丁	静脉滴注 / 静脉注射	急性胰腺炎、慢性复发性胰腺炎，初期每次 100 000U 溶于 500ml 5% 葡萄糖注射液或氯化钠注射液中静脉滴注，每次静脉滴注 1 ~ 2h，1 ~ 3 次 /d，以后随症状消退而减量

笔记栏

续表

制剂类型	代表药	给药途径	用法用量
蛋白酶抑制药	抑肽酶	静脉滴注 /静脉注射	缓慢静脉推注（不超过 2ml/min），头 2 天每天注射 8 万～12 万 U，首剂宜大些，维持量用静脉滴注，一天 2 万～4 万 U，分 4 次用

【用药护理】

（一）用药评估

急性胰腺炎的用药评估是一个多方面、综合性的过程，需要考虑以下关键因素：

1. 病史　详细了解患者的既往病史，包括是否有急性胰腺炎的复发、胆囊炎、胆石症等胆道疾病，以及其他可能与胰腺炎相关的疾病，如高血压、糖尿病等。

2. 用药史　评估患者目前正在使用的所有药物，包括处方药、非处方药、草药和补充剂。特别注意可能引起胰腺炎的药物，如某些利尿药、免疫抑制药、抗生素等。同时，记录患者对药物的过敏史，避免使用可能引起过敏反应的药物。

3. 实验室检查　利用血液和尿液检测来评估胰腺炎的严重程度和患者的整体状况。关键指标包括血清淀粉酶和脂肪酶水平、肝肾功能测试、电解质平衡、血细胞计数和凝血功能等。这些结果有助于指导治疗决策和监测治疗效果。

4. 并发症　评估患者是否存在急性胰腺炎的并发症，如胰腺坏死、感染、器官衰竭等。并发症的存在可能需要调整治疗方案，如使用抗生素治疗感染，或采取更为积极的措施，如手术干预。

5. 用药依从性　考虑患者的用药依从性，包括他们遵循医嘱服药的能力以及对治疗的理解和接受程度。对于依从性较差的患者，可能需要简化治疗方案或提供额外的教育和支持。

（二）用药安全

1. 常见不良反应　①加贝酯在滴注过程中，少数患者会出现注射部位疼痛、皮肤发红等轻微局部反应，或皮疹、面部潮红等过敏症状。极少数情况下，可能会出现胸闷、呼吸困难等过敏性休克现象。医护人员需密切监测患者反应，并在出现不适时迅速采取医疗措施。②使用乌司他丁时，偶有粒细胞减少、腹泻、皮肤反应等轻微不良反应，通常停药或处理后可缓解。少数患者可能出现恶心、呕吐或局部血管症状，严重过敏反应应立即停药并适当处理。③对于抑肽酶，少数患者可出现支气管痉挛、胃肠道不适、皮疹、心动过速等过敏反应，应立即停药处理。输注过快有时会出现恶心、呕吐等。

2. 用药注意事项　①加贝酯在使用过程中，应注意观察，谨防过敏，一旦发现应及时停药或抢救。勿将药液注入血管外。多次使用应更换注射部位。药液应新鲜配制，随配随用。②有药物过敏史、对食品过敏者或过敏体质患者慎用乌司他丁。本品用于急性循环衰竭时，应注意不能代替一般的休克疗法（输液、吸氧、外科处理、抗生素等），休克症状改善后即终止给药。③抑肽酶输注时出现过敏反应，应立即停止给药，进行急救处理。

3. 禁忌证　①对多种药物有过敏史及妊娠妇女和儿童禁用加贝酯。②有药物过敏史、对食品过敏者或过敏体质患者慎用乌司他丁。用于急性循环衰竭时，应注意不能代替一般的休克疗法（输液、吸氧、外科处理、抗生素等），休克症状改善后即终止给药。使用时注意：避免与加贝酯或球蛋白制剂混合使用。溶解后应迅速使用。③抑肽酶禁止与皮质激素、肝素、含氮氨基酸的营养液及四环素等药物配伍用。

（三）用药监测

蛋白酶抑制药用药期间应注意监测患者临床体征、血淀粉酶、血清脂肪酶、血常规、血脂、肝肾功能、C 反应蛋白等指标的变化情况，必要时进行影像学检查，以评价药物治疗效果。

其次要严密监测患者的不良反应，尤其是过敏反应。若患者在用药过程中出现颜面潮红、呼吸困难等过敏症状时，应立即停止使用相应的药物，并立即采取急救措施。

（四）用药指导

急性胰腺炎是一种病理机制复杂、病程中可广泛影响全身器官系统的疾病，治疗过程漫长且费用昂贵。患者对疾病的认识往往不足，容易产生忽视或过度焦虑的心理，这些心理反应可能降低患者对治疗的遵循度，进而影响药物疗效。因此，护理人员需加强对患者进行疾病治疗用药指导，强调遵循医嘱用药的重要性。同时，应向患者详细解释主要治疗药物的作用机制、使用方法及潜在的不良反应，以增强患者用药的依从性和自我监控能力，确保治疗效果。

ER8-3
急性胰腺炎患者的药物治疗与护理

第四节 肠易激综合征

肠易激综合征是一种常见的胃肠疾病，在我国普通人群总体发病率为 1.4% 到 11.5%，但仅有 25% 的患者到医院就诊。这种病症不仅对患者的身体健康造成影响，还可能引起情绪疲惫、工作和社交活动的限制，从而严重影响患者的心理健康和生活质量。

【疾病简介】

肠易激综合征（irritable bowel syndrome，IBS）是一种主要特征为腹痛、腹胀或腹部不适伴随排便习惯改变的功能性肠病。根据排便特性及粪便形态，IBS 可以进一步分为腹泻型（IBS-D）、便秘型（IBS-C）、混合型（IBS-M）和未分类型（IBS-U）。患者通常为中青年人群（18～59 岁），而 60 岁及以上的老年人患病率则相对较低。患者中女性的比例大约是男性的两倍，显示出性别差异的特点。

【药物治疗的目的及原则】

（一）药物治疗的目的

减轻或消除患者顾虑，减轻心理压力，改善腹痛、腹胀和排便习惯改变等症状，进而提升患者生活质量。

（二）药物治疗的原则

在肠易激综合征（IBS）的药物治疗中，应结合综合和个体化治疗原则。对于腹痛，使用解痉药物缓解；腹泻型 IBS（IBS-D）患者可根据症状选择止泻药；便秘型 IBS（IBS-C）患者应选择温和的泻药以减少不良反应；对常规治疗无效且伴有精神症状的患者可考虑抗抑郁药。在药物治疗过程中，应密切观察患者反应并适时调整治疗方案。

【药物分类及常用药物】

肠易激综合征的药物治疗可细分为渗透性泻药、止泻药、解痉药和促分泌药等类别，其中促分泌药和渗透性泻药如聚乙二醇主要用于 IBS-C 患者以改善便秘；止泻药如洛哌丁胺则用于 IBS-D 患者以控制腹泻；解痉药如匹维溴铵和曲美布汀用于缓解腹痛。值得注意的是，抗抑郁药如三环类抗抑郁药（TCA）与五羟色胺再摄取抑制药（SSRI），以及一些肠道不吸收的抗生素也在肠易激综合征的治疗中有一定应用。总之，在治疗选择应根据患者具体症状和个体差异进行个性化调整。

（一）渗透性泻药

渗透性泻药常用于治疗以便秘为主症状的肠易激综合征（IBS-C），它能在肠腔形成高渗环境，促进肠道分泌，从而软化粪便、加快肠道运输。乳果糖不仅适用于恢复老年人和儿童的正常排便习惯，预防便秘和粪便干燥，还适用于因用药引起的便秘。而聚乙二醇则更多用于成年人便秘的缓解，也作为肠道手术或肠道检查如肠镜、钡灌肠前的准备药物。

乳果糖用于治疗慢性或习惯性便秘。口服后，在胃及小肠中几乎不被吸收，24～48 小时到

笔记栏

达结肠，被肠道菌群分解成小分子酸，产生酸化作用，降低肠内 pH，增加渗透压，从而增加粪便体积并刺激结肠蠕动。这有助于保持大便通畅并恢复结肠节律。大部分乳果糖在结肠被代谢，只有约 3% 未代谢部分通过尿排出，少量可能通过胆汁排入粪便。

聚乙二醇用于治疗成人及 8 岁以上儿童的便秘症状。这种高分子聚合物口服后不被吸收或生物转化，直接随粪便排出。聚乙二醇在结肠内保留水分，增加粪便含水量并软化粪便，恢复正常体积和重量，促进排便过程，改善便秘症状。对儿童，建议短期治疗，最长不超过 3 个月，以避免副作用或依赖性。

（二）止泻药

止泻药通过减缓肠道蠕动、增加吸收液体或改变肠道内容物的质地来减少排便次数和稀便。

止泻药常见类型包括吸附性止泻药如蒙脱石散，以及作用于肠道的洛哌丁胺，后者虽具有与吗啡相似的结构，但主要用于减缓肠蠕动并治疗腹泻。

蒙脱石散通过其层状结构和非均匀电荷分布吸附并抑制消化道内的病毒、细菌及其毒素。它还与消化道黏膜的糖蛋白结合，增强黏膜屏障，提高对病原体和刺激物的防御。口服后，蒙脱石散在肠腔内形成保护层，维持 6 小时效果，不被吸收入血，随肠蠕动排出。主要用于治疗各类腹泻，尤其对儿童急性腹泻有效，同时用于消化系统疾病相关的疼痛治疗。

洛哌丁胺作为止泻药，通过抑制肠道平滑肌收缩和肠蠕动，减少乙酰胆碱释放，延长食物在小肠的停留时间，增进水和电解质吸收。它还提高肛门括约肌张力，防止大便失禁。口服后主要在肠壁吸收，经肝脏代谢并主要通过胆汁排泄，尿中少量排出。适用于治疗各类原因引起的急、慢性腹泻，包括手术后和甲亢引起的腹泻。

（三）解痉药

解痉药通过放松胃肠道平滑肌，减少胃肠道痉挛，松弛食管及胃肠道括约肌，从而减慢胃的排空和小肠转运，减弱胆囊收缩，降低胆囊压力，减弱结肠蠕动。对伴有腹痛的 IBS 患者具有显著的治疗作用。解痉药代表药物及其特点见表 8-9。

表 8-9　解痉药代表药物及其特点

制剂类型	代表药	给药途径	用法用量
Ca^{2+} 拮抗药	匹维溴铵	口服	成人：常用推荐剂量 3 ~ 4 片 /d（每片 50mg），少数情况下，如有必要可增加到 6 片 /d 切勿咀嚼或掰碎药片，宜在进餐时用水吞服。不要在卧位时或临睡前服用
	奥替溴铵	口服	根据医嘱，2 ~ 3 次 /d，每次 1 片（40mg）
罂粟碱衍生物	阿尔维林	口服	成人 1 ~ 2 粒 / 次，3 次 /d；8 ~ 12 岁儿童，1 粒 / 次，1 次 /d；8 岁以下剂量尚未定。对于手术患者，应在术前 1h 开始给药。注意整粒吞服（每粒 60mg）
其他类	曲美布汀	口服	成人口服，每次 1 片，3 次 /d。根据年龄、症状适当增减剂量，或遵医嘱

匹维溴铵（pinaverium bromide）是一种钙通道阻滞药，专门针对肠道平滑肌，通过抑制钙离子进入细胞来防止平滑肌的异常收缩，从而缓解肠易激综合征的症状并增加肠道蠕动能力。口服吸收率较差，不足 10% 的药物经肠道吸收，约 97% 与血浆蛋白结合，主要经肝胆排泄。匹维溴铵用于治疗肠易激综合征相关的腹痛、排便紊乱、肠道不适，以及肠道功能性疾病引起的疼痛和钡灌肠前的准备。

奥替溴铵（otilonium bromide）是一种解痉挛和抗胆碱能药物，具有选择性地解除消化道平滑肌的痉挛作用，适用于肠道易激综合征、结肠痉挛、胃肠炎及胃、十二指肠和食管疾病。口服后吸收率很低（仅 5%），被吸收的药物大部分经胆汁排泄。此外，奥替溴铵也用于内窥镜检查的准备。

阿尔维林（alverine）是一种合成的罂粟碱类衍生物，作为平滑肌松弛剂，尤其放松胃肠道、子宫和泌尿生殖道的平滑肌。口服后迅速在体内被代谢，主要的代谢物对平滑肌产生较强的抑制作用，随尿以结合形态排出。阿尔维林用于处理胃肠系统的易激痛、胆道痉挛及泌尿道结石或感染引发的痉挛性疼痛。

曲美布汀（trimebutine）通过对胃肠道平滑肌的双向调控，即降低 K^+ 的透过性促进肌肉收缩，同时抑制 Ca^{2+} 进入细胞促进肌肉舒张，有效调节肠道运动节律。口服后主要在肝脏、消化系统中浓度较高，体内经水解和 N 位脱甲基形成结合物后，由尿排出。曲美布汀用于治疗慢性胃炎引起的腹部饱胀、腹痛、嗳气等症状，以及肠易激综合征。

（四）促分泌药

促分泌药通过激活肠上皮细胞相关离子通道促进肠上皮细胞分泌，从而软化粪便，改善便秘症状。促分泌药代表药物及其特点见表 8-10。

表 8-10　促分泌药代表药物及其特点

制剂类型	代表药	给药途径	用法用量
鸟苷酸环化酶 –C 激动剂	利那洛肽	口服	成人推荐 1 粒 /d（含 290μg 利那洛肽），至少首餐前 30 分钟服用
选择性氯离子通道激动药	鲁比前列酮	口服	口服，推荐剂量为 24μg，2 次 /d，餐中服

利那洛肽（linaclotide）是一种鸟苷酸环化酶 C（GC-C）激动剂，具有内脏镇痛和促进分泌的效果。它激活 GC-C 受体，增加细胞内外的环鸟苷酸（cGMP）浓度，减轻内脏疼痛，并通过激活 CFTR 增加氯化物和碳酸氢盐分泌，加快结肠转运。利那洛肽在肠道中转化为活性代谢物，最终通过粪便排出，用于治疗成人便秘型肠易激综合征（IBS-C）。

鲁比前列酮（lubiprostone）通过激活前列腺素受体 EP4 和氯离子通道，促进氯离子和水分的分泌，从而软化粪便并加快其排出，缓解便秘引起的腹痛和肠痉挛。它还通过激活 ClC-2 和调节紧密连接蛋白，帮助维护肠屏障功能。鲁比前列酮的生物利用度低，主要通过尿液和粪便排泄，适用于治疗成人慢性特发性便秘。

 知识链接

肠易激综合征替代治疗方法前瞻

在探索肠易激综合征的替代治疗方法时，中医药提供了一种独特的视角，痛泻要方和痛泻宁颗粒等中药在多项研究中显示出改善 IBS 症状的潜力。这种方法的基础在于中医对疾病整体和平衡的看法，强调调和身体的内在机制。益生菌治疗则基于肠道微生态平衡的重要性，旨在通过补充有益菌群来改善 IBS 患者的症状。尽管具体的有效菌株和剂量仍需进一步研究，但已有的研究支持了其对腹胀、腹痛等症状的改善作用。非吸收性抗生素，如利福昔明，代表了另一种治疗思路，即通过抑制肠道中的过度生长菌群来减轻 IBS 症状。这种方法的有效性在多个研究中得到了验证，尤其是在改善腹胀和腹泻方面显示出明显优势。这些治疗方法的探索和应用，反映了对 IBS 复杂成因和治疗反应个体差异的深入理解。未来的研究有望提供更多证据，指导临床实践中这些方法的有效整合，为 IBS 患者提供更多元化的治疗选择。

笔记栏

【用药护理】

（一）用药评估

1. 病史评估　①详细记录患者的主要症状，包括腹痛、腹泻、便秘、腹胀等。评估症状的频率、严重程度和诱发因素。②了解患者的既往疾病史，特别是消化系统疾病史，如炎症性肠病、肠梗阻等。

2. 用药史评估　①记录患者之前使用的所有药物，包括药名、剂量、疗效和不良反应。②询问患者是否对某些药物过敏，以避免使用引起过敏反应的药物。

3. 实验室检查评估　①基本检查，包括血常规、肝肾功能检查、粪便常规和潜血试验等，以排除其他可能引起类似症状的疾病。②特殊检查，根据需要进行进一步的检查，如肠镜检查、影像学检查（如腹部超声、CT 或 MRI），以明确诊断和评估病情。

4. 并发症评估　①检查是否存在与 IBS 相关的并发症，如痔疮、肠梗阻等。这些并发症可能影响药物选择和治疗效果。②评估 IBS 对其他系统（如心理健康、睡眠、生活质量）的影响，以便制订综合治疗方案。

5. 用药依从性评估　①了解患者对药物治疗的态度和遵医嘱用药的能力。评估患者是否能够按时、按量服药，以及是否存在因不良反应而自行停药的情况。②通过患者教育和沟通，帮助患者理解疾病和治疗的重要性，提高其用药依从性。

6. 个体化治疗评估　①根据患者的主要症状（腹泻型、便秘型或混合型）进行分类，选择合适的药物治疗方案。②评估患者的生活方式和饮食习惯，并给予相应的调整建议，以辅助药物治疗。

（二）用药安全

1. 泻药

（1）不良反应：①乳果糖常见消化系统不良反应，如反酸、痉挛性腹部不适、腹泻，偶见腹胀、肠鸣、腹痛、食欲减退、嗝逆、呕吐等。若长期或过量服用，会因腹泻而导致水电解质失衡（低钾血症、高钠血症）。②聚乙二醇主要体现为轻微和短暂的消化系统不良反应，包括腹痛、腹胀、腹泻和恶心，也可能导致电解质紊乱（低钠血症、低钾血症）和 / 或脱水，特别是老年人。

（2）用药注意事项：①乳果糖用于乳糖酶缺乏症患者时，需注意本药中乳糖含量。在便秘治疗剂量下，不会对糖尿病患者带来任何问题，用于治疗肝性脑病或昏迷前期的剂量较高，糖尿病患者应慎用。服用乳果糖的患者在进行直肠镜检查或结肠内窥镜检查过程中接受电烙术时，肠内会有高浓度的氢气，因此需用非发酵液体清洗完全后再进行检查。②在使用聚乙二醇治疗便秘时，应调整饮食与生活习惯，确保无器质性疾病，并严格按照用量和服用方法进行，尽快完成每次服药。开始服药 1 小时后，肠道运动加快，可能导致排便前患者腹胀或不适，此时可适当减慢服药速度或暂停，直至症状缓解。注意观察过敏反应如红斑、瘙痒等，并在腹泻出现时考虑水电解质紊乱的风险。

（3）禁忌证：①半乳糖血症；肠梗阻，急腹痛及与其他导泻药共同使用；对乳果糖及其组分过敏。②严重的炎症性肠病（溃疡性结肠炎、克罗恩病）或中毒性巨结肠；消化道穿孔；肠梗阻；不明原因的腹痛症状；对聚乙二醇过敏。

（4）药物相互作用：①乳果糖与抗酸药合用时，可使肠内 pH 值升高，降低乳果糖的疗效，不宜合用。与阿卡波糖等糖苷酶抑制药联用时，可增加消化系统不良反应。与广谱抗生素联用时，因分解乳果糖的肠道菌群减少，会使乳果糖药效降低。与利尿药、肾上腺皮质激素、两性霉素 B 和强心苷联用时，可增加钾流失和毒性。②服用聚乙二醇前 1 小时口服的其他药物可能经消化道排出，从而影响人体对该药物的吸收。一般来讲，最好与其他药物间隔较长一段时间服用（至少 2 小时）。

2. 止泻药

（1）不良反应：①蒙脱石散偶见便秘、大便干结、胀气、呕吐。②洛哌丁胺偶见口干、胃肠痉挛、便秘、恶心和皮肤过敏。

（2）用药注意事项：①蒙脱石散含有葡萄糖和蔗糖，因此对果糖不耐受、葡萄糖或半乳糖吸收不良综合征、蔗糖酶/异麦芽糖酶缺乏症（一种罕见的遗传性疾病）的患者不推荐使用。有严重便秘史的患者应慎用。如果在7天内症状未得到缓解，请咨询医师。出现疼痛伴随高温或呕吐的情况下，应立即咨询医生。使用时，1袋内容物要加入50ml温水，摇匀后立即服用。不能将散剂直接倒入口内用水冲服，或将散剂用水调成糊状服用，这样会使药物在消化道黏膜表面分布不匀，影响疗效。治疗急性腹泻时，应注意纠正脱水。如出现便秘，可减少剂量继续服用。②首先，对于伴有肠道感染的腹泻，除了使用洛哌丁胺外，还需配合有效的抗生素治疗；洛哌丁胺不适用于需要避免抑制肠蠕动的患者，特别是存在肠梗阻、胃肠胀气或便秘情况的患者；腹泻通常会导致水分和电解质的丧失，因此，适当补充水和电解质是治疗的重要组成部分；如果在服用洛哌丁胺48小时后症状无改善，或者出现便秘，应停止使用；由于洛哌丁胺主要通过肝脏代谢，肝功能障碍的患者可能会出现药物相对过量，需警惕中枢神经系统中毒反应；洛哌丁胺及其代谢产物主要通过粪便排泄，肾脏疾病患者通常不需要调整剂量；治疗期间可能会出现乏力、头晕或困倦等症状，这可能影响驾驶和操作机器的能力，应特别注意。

（3）禁忌证：①对蒙脱石散任何成分过敏者禁用。②2岁以下儿童，发生胃肠胀气或严重脱水的儿童，伴有高热和脓血便的急性菌痢、假膜性肠炎、妊娠及哺乳期妇女禁用，严重中毒性或感染性腹泻和重症肝损害患者慎用洛哌丁胺。

（4）药物相互作用：①由于蒙脱石散可能影响其他药物的吸收，如需服用其他药物，建议与本药间隔一段时间（如1～2小时）。②洛哌丁胺尚未发现与其他药物存在相互作用。

3. 解痉药

（1）不良反应：①匹维溴铵不良反应可见腹痛、腹泻、便秘，偶见瘙痒、皮疹、恶心、口干等。②奥替溴铵偶见恶心，呕吐，上腹部疼痛，腹部不适，头痛，头晕。③阿尔维林在治疗剂量下几乎无副作用，超剂量使用会有胃肠不适、嗜睡、头晕、虚弱、头痛、口干或低血压等。④曲美布汀偶有口渴、口内麻木、腹鸣、腹泻、便秘、心动过速、困倦、眩晕、头痛和皮疹等。

（2）用药注意事项：①服用匹维溴铵时，切勿咀嚼或掰碎药片，宜在进餐时用水吞服。不要在卧位或临睡前服用。孕期和哺乳期不建议使用。②患有青光眼，前列腺肥大，幽门狭窄的患者应小心使用奥替溴铵。③对阿尔维林本品过敏、麻痹性肠梗塞者禁用；前列腺肿瘤患者不宜使用；孕妇或哺乳期妇女慎用。④使用曲美布汀时若出现皮疹患者应停药观察。

（3）禁忌证：对此类药物过敏的患者禁用解痉药；孕妇忌服匹维溴铵。

（4）药物相互作用：①匹维溴铵尚不明确相互作用。②奥替溴铵与其他抗胆碱性药物（如阿托品、抗组胺药、三环类抗抑郁药等）同时使用时，可能增强抗胆碱作用，引起口干、视力模糊、排尿困难等症状。此外，与其他影响肠蠕动的药物共用时，可能会影响肠道动力学。③三环类抗抑郁药、普鲁卡因或衍生物、抗组胺药可增强阿尔维林的作用，氟康唑、咪康唑、全身性胆碱能药可使其作用减弱。④曲美布汀与普鲁卡因合用，可对窦房结传导产生相加性的抗迷走作用，合用时应监测心率和心电图。

4. 促分泌药

（1）不良反应：①利那洛肽最常见不良反应是腹泻，大多为轻度至中度。此外，还存在腹痛、腹胀、肠胃胀气、病毒性胃肠炎、头晕和头痛等不良反应。②鲁比前列酮常见不良反应为胃肠道症状，其他还有晕厥、震颤、感觉异常、味觉异常、僵直、无力、疼痛、水肿、哮喘、呼吸痛、咽喉发紧、精神紧张、面红、心悸、食欲减退等。

（2）用药注意事项：①使用利那洛肽前，需先排查患者是否存在器质性疾病，尤其是克罗恩病或溃疡性结肠炎等慢性炎症性肠病；治疗过程中，患者可能会经历腹泻，当腹泻持续超过一周或呈现重度时，应考虑停药直至腹泻症状缓解，并且应就医咨询。对于有水或电解质紊乱倾向的患者，以及对水或电解质紊乱耐受性差的特定人群，如老年人、心血管疾病患者、糖尿病患者及高血压患者，使用利那洛肽时应格外慎重。此外，合并使用质子泵抑制药、泻药或非甾体抗炎药的患者，可能会增加腹泻的风险。需要注意的是，6 岁以下的儿童因重度脱水的风险而禁用利那洛肽。②服用鲁比前列酮可能会出现恶心，与食物同服可能会减轻恶心症状。此外，严重腹泻和肠梗阻患者应避免使用本药。

（3）禁忌证：患有肠梗阻或对此类药物过敏的患者禁用。

（4）药物相互作用：①利那洛肽合用质子泵抑制药、泻药或非甾体抗炎药，腹泻风险可能增加。发生重度或持续腹泻时，可能会影响其他口服药物的吸收。此外，口服避孕药的疗效可能会降低。②非临床研究显示二苯基庚烷阿片类（如美沙酮）可以剂量依赖性降低胃肠道中鲁比前列酮对 ClC-2 的激活。

（三）用药监测

在治疗肠易激综合征时，如果患者在使用药物后腹泻、便秘和腹痛等症状得到明显缓解，并且生活质量有所提升，则表明药物治疗有效。同时，应持续监控患者在服药期间是否出现不良反应。泻药、止泻药、解痉药和促分泌药通常不良反应较轻，且在常规治疗剂量下不良反应发生的可能性较小。对于需要长期服药的功能性便秘或 IBS 患者，建议定期监测电解质水平、血常规以及肝肾功能，以确保治疗安全性。

（四）用药指导

1. 疾病认识　使患者及其照顾者了解 IBS 的病理特点、临床表现及长期症状控制的重要性，提高用药依从性。

2. 药物使用　①解痉药物，如曲美布汀、匹维溴铵、阿尔维林，按时、按量服药，不可擅自停药。②止泻药物，如洛哌丁胺和蒙脱石散，特别是症状严重时使用，避免长期使用。③泻药：如乳果糖、聚乙二醇，注意温和性，防止药物依赖。④促分泌药，如利那洛肽和鲁比前列酮，按时服药，避免禁忌证。

3. 不良反应预防和处理

（1）不良反应预警：①解痉药物可能引起头晕、口干、便秘等。②止泻药物可能引起腹胀、便秘、恶心等。③泻药可能引起腹泻、腹痛、脱水等。④促分泌药可能引起腹泻、腹痛等。

（2）不良反应预防：按时按量服药，定时进餐，避免过量饮酒。定期随访，调整药物剂量，确保治疗效果。

（3）不良反应处理：轻度不适可调整用药时间或饮食习惯，严重症状需立即停药并就医。

（王　贯）

小　结

治疗胃炎、胃食管反流病和消化性溃疡的药物主要包括抑酸药、抗酸药、胃黏膜保护药、胃肠促动药和抗幽门螺杆菌（Hp）药。抑酸药如奥美拉唑和西咪替丁，通过抑制胃酸分泌，减轻胃黏膜的刺激。抗酸药如氢氧化铝，通过中和胃酸快速缓解症状。胃黏膜保护药如枸橼酸铋钾，保护和修复受损的胃黏膜。胃肠促动药如甲氧氯普胺，改善胃肠道运动功能，帮助消化。抗 Hp 药，如铋剂四联疗法，主要用于治疗 Hp 感染引起的胃炎和溃疡。选择药物时，应综合考虑药物的作用机制、体内过程、不良反应和相互作用。

慢性病毒性肝炎的主要治疗手段是抗病毒治疗。对于乙型肝炎，常用干扰素和核苷类似物如拉米夫定、阿德福韦酯等，它们能够抑制病毒复制。丙型肝炎的治疗以直接作用抗病毒药物为主，这些药物靶向 HCV 病毒非结构蛋白，破坏病毒复制。常见药物包括 NS3/4A 蛋白酶抑制药（如伏西瑞韦）、NS5B 核苷多聚酶抑制药（如索磷布韦）和 NS5A 抑制剂（如可洛派韦）。肝硬化治疗不仅针对病因，还包括保护肝细胞和治疗并发症。保肝药物通过修复肝细胞和抗炎来保护肝功能。治疗肝性脑病的药物调节肠道 pH 值，阻断氨的吸收。降门静脉高压药物如特利加压素，通过调节血管收缩和内脏血流降低门静脉压力。

急性胰腺炎是一种复杂的疾病，涉及多个器官系统。早期治疗包括禁食、胃肠减压和营养支持，以纠正水分和电解质失衡。控制炎症和减少并发症的药物包括抑制胰腺外分泌的生长抑素和奥曲肽，以及蛋白酶抑制药如加贝酯和乌司他丁。在使用这些药物时，需密切监测不良反应，特别是过敏反应。如出现过敏症状，应立即停药并采取紧急救治措施。综合治疗方法可以有效控制病情，提高治疗效果。

肠易激综合征的药物分为泻药、止泻药、解痉药和促分泌药。泻药如乳果糖，通过增加肠内容物的体积和水分缓解便秘。止泻药如蒙脱石散，通过减少肠蠕动和吸收多余水分控制腹泻。解痉药如匹维溴铵，减轻肠道平滑肌痉挛，缓解腹痛。促分泌药如利那洛肽，通过增加肠道分泌改善肠道运动。选择药物时需考虑药理机制、不良反应、禁忌证和相互作用。合理用药和综合健康指导是实现有效治疗和提高生活质量的关键。

思考题

ER8-4
第八章
目标测试

1. PPIs 是治疗胃食管反流病和消化性溃疡的常用药物，但长期使用可能导致骨质疏松、维生素和矿物质吸收障碍等副作用。作为护理人员，你将如何监测并管理这些潜在的副作用？

2. 对于 HBV 和 HIV 合并感染患者应对哪些指标进行监测，如何对用药方案进行调整？

3. 结合护理工作实际，讨论在使用蛋白酶抑制药过程中应主要监测哪些指标？

4. 比较解痉药和促分泌药在治疗 IBS 中的药理机制有何不同？这两类药物是如何缓解肠易激综合征症状的？

笔记栏

ER9-1
第九章
思维导图

ER9-2
第九章
泌尿系统疾
病药物治疗
与护理

第九章

泌尿系统疾病药物治疗与护理

泌尿系统各器官（肾脏、输尿管、膀胱、尿道）都可发生疾病，并波及整个系统。泌尿系统疾病既可由身体其他系统病变引起，又可影响其他系统甚至全身。其主要表现为泌尿系统症状，如排尿改变、尿液性状的改变、肿块、疼痛等，但亦可表现为其他症状，如高血压、水肿、贫血等。本章节就泌尿系统尿路感染，急、慢性肾小球肾炎，慢性肾衰竭以及前列腺增生症等常见疾病的药物治疗与用药护理进行介绍。

第一节　尿　路　感　染

导入案例

患者，女，79岁。因反复尿频、尿急、尿痛3个月，再发4天入院。曾在外院多次住院治疗，予抗生素治疗后症状缓解。本次入院检查：尿常规白细胞（＋＋＋），亚硝酸盐阳性，血常规未见异常，血清肌酐64.7μmol/L。尿培养示大肠埃希菌（ESBL－），对多药敏感。膀胱镜示膀胱炎症，腹部CT未见梗阻及尿路畸形，泌尿系统B超未见膀胱残余尿。体检：肾区叩击痛阳性，左侧上输尿管点压痛阳性。诊断考虑复杂性尿路感染。入院后给予阿莫西林克拉维酸钾片，每次312.5mg，每天3次口服，治疗第3天泌尿系统症状明显好转，尿常规未见白细胞，第4天复查尿培养阴性，随后每3天复查小便均未见白细胞。15天后症状好转停药。

请思考：

1. 选用阿莫西林克拉维酸钾片治疗的依据在哪里？
2. 除了该药，也可以推荐其他什么类药物？
3. 青霉素药物应用过程中，应该预防哪些不良事件？

尿路感染（urinary tract infection，UTI）是指各种病原体包括细菌、真菌、支原体、病毒等在尿路中生长、繁殖引起的感染性疾病，可表现为肾盂肾炎、膀胱炎、输尿管炎、尿道炎等，也可引发严重并发症如败血症、感染性休克等。少数反复发作或迁延不愈，导致肾衰竭。本章主要介绍由细菌引起的尿路感染。

【疾病简介】

尿路感染95%以上是由单一细菌引起的。其中90%的门诊患者和50%左右的住院患者，其病原菌是大肠埃希杆菌；5%~20%年轻女性尿路感染是由于凝固酶阴性葡萄球菌致病；变形杆菌、产气荚膜梭菌、肺炎克雷伯菌、铜绿假单胞菌、粪链球菌等见于再感染、留置导尿管、并发肾乳头坏死及肾周脓肿的患者；白念珠菌、新型隐球菌感染多见于糖尿病患者、使用糖皮质激素和免疫抑制药患者及肾移植后患者；金黄色葡萄球菌多见于皮肤创伤及吸毒引起的菌血症和败血

笔记栏

症；病毒、支原体感染虽少见，近年来有逐渐增多趋势。多种细菌感染见于留置导尿管、神经源性膀胱、结石、先天性畸形和阴道、肠道、尿道瘘等。尿路感染的治疗应根据细菌培养及药敏结果选择抗生素。

【药物治疗的目的及原则】

（一）药物治疗的目的

控制感染，缓解全身或者局部症状。药物治疗的目的是清除病原体，缓解症状，保护肾脏，防止再发感染。

（二）药物治疗的原则

1. 根据尿路感染的部位，是否存在尿路感染的危险因素选择抗生素的种类、剂量及疗程。

2. 选用病原菌敏感的抗生素，无病原学结果前，一般首选对革兰氏阴性杆菌有效的抗生素，治疗 3 天症状无改善，应调整用药。

3. 选择尿内和肾内浓度高的抗生素。

4. 选用肾毒性小且副作用少的抗生素。

5. 单一药物治疗失败、严重感染混合感染、耐药菌株感染时应联合用药。

【药物分类及常用药物】

抗感染药物主要包括 β- 内酰胺类、氨基糖苷类、喹诺酮类、四环素类、大环内酯类、磺胺类及糖肽类等抗菌药。对于泌尿系感染，应该根据尿细菌培养的药敏结果选择抗生素，常用抗菌药物的作用机制参见第七章呼吸系统疾病药物治疗与护理。

（一）β- 内酰胺类

1. **青霉素类**　青霉素类抗生素包括青霉素（penicillin）、氨苄西林（ampicillin）、阿莫西林（amoxicillin）等。天然青霉素抗菌谱窄，毒性低，但也存在过敏性休克等不良反应。半合成青霉素和复合青霉素都拓宽了抗菌谱。广谱青霉素类对革兰氏阳性菌与革兰氏阴性菌均有杀菌作用，对革兰氏阴性杆菌如大肠埃希杆菌有一定的抗菌作用，临床可用于敏感菌所致的尿路感染、败血症等。

2. **头孢菌素类**　根据其抗菌谱和肾脏毒性将此类抗生素分为四代。①第一代头孢匹林（cefpelin）、头孢噻吩、头孢唑林、头孢拉定、头孢氨苄，第一代头孢菌素对革兰氏阳性菌抗菌作用强，但对革兰氏阴性菌的作用差。②第二代头孢呋辛（cefuroxime）、头孢孟多，第二代头孢菌素对革兰氏阳性菌、革兰氏阴性菌均有明显作用，可用于治疗敏感菌所致的尿路感染。③第三代头孢唑肟（cefazoloxime）、头孢曲松、头孢噻肟、头孢哌酮等，第三代头孢菌素对革兰氏阴性菌有较强的作用，对 β- 内酰胺酶有较高的稳定性，与氨基糖苷类合用有协同作用，可用于败血症、严重尿路感染等。④第四代头孢吡肟（cefepime）、头孢甲吡唑、头孢环戊吡啶等，第四代头孢菌素对革兰氏阳性菌和革兰氏阴性菌均有明显作用，对 β- 内酰胺酶高度稳定，可用于治疗对第三代头孢菌素耐药的细菌感染。为了克服细菌耐药，许多抑制细菌分解抗生素酶的抑制药先后问世，如棒酸、克拉维酸钾、舒巴坦等。抗生素与这些酶抑制药组合后抗菌活性增强，例如第三代头孢中的头孢哌酮与舒巴坦的混合制剂有头孢哌酮钠舒巴坦钠等。头孢菌素与青霉素类有着相似的作用机制，具有抗菌谱广、杀菌力强、对 β- 内酰胺酶较稳定以及过敏反应少等特点。

📝 **知识链接**

新的 β- 内酰胺酶抑制药及其复合制剂

新的 β- 内酰胺酶抑制药如阿维巴坦、法硼巴坦（vaborbactam）和瑞来巴坦（relebactam）对超广谱 β- 内酰胺酶（ESBL）等均有较强的抑制活性，但对 B 类金属酶无抑制作用。阿维巴坦和瑞来巴坦属于二氮杂二环辛烷（diazabicyclooctane，DBO）类，为非 β- 内酰胺

类 β- 内酰胺酶抑制药，能与 β- 内酰胺酶形成可逆的共价结合。法硼巴坦的结构与阿维巴坦不同，是环硼酸非 β- 内酰胺类，也属于可逆的竞争性酶抑制药。新的 β- 内酰胺酶抑制药复合制剂有头孢洛扎 / 他唑巴坦（ceftolozane-tazobactam）、头孢他啶 / 阿维巴坦（ceftazidime-avibactam）、美罗培南 / 法硼巴坦和亚胺培南 / 西司他汀 / 瑞来巴坦，以上药物可用于复杂性尿路感染的治疗。

（二）氨基糖苷类

氨基糖苷类抗生素包括庆大霉素（gentamicin）、卡那霉素（kanamycin）、链霉素（streptomycin）、阿米卡星等。由于耳毒性、肾毒性等副作用，其临床应用受到限制。

（三）喹诺酮类

喹诺酮类抗菌药也可分为四代。①第一代萘啶酸（nalidixic acid）、吡哌酸，具有中等抗菌活性，是同类最早出现的药物。②第二代氧氟沙星（ofloxacin）、诺氟沙星、环丙沙星，对革兰氏阴性菌的活性超过青霉素类，能达到第一代、第二代头孢菌素的效果。③第三代司帕沙星（sparfloxacin）、左氧氟沙星等，这些药物的主要特点是抗菌谱扩大到革兰氏阳性菌、衣原体、支原体及细胞内致病菌，抗菌活性进一步提高，同时药代动力学及安全性也有很大改善。其中左氧氟沙星的安全性和有效性尤为显著，得到广泛应用，被认为是喹诺酮类发展史上的里程碑。④第四代加替沙星（gatifloxacin）、莫西沙星等，其中莫西沙星主要在肝脏中代谢，所以在肾脏、尿液中的莫西沙星浓度相对较低，不适用于泌尿系统感染。第三、四代喹诺酮类药物因其广谱杀菌，安全性高，毒副作用较小等特点，广泛应用于临床，其耐药菌株也很多。

（四）其他类

临床上常用复方磺胺甲噁唑（compound sulfamethoxazole）、盐酸多西环素（doxetetracycline hydrochloride）等，对多种致病微生物都有一定的作用，适用于支原体、衣原体、立克次体、梅毒螺旋体及葡萄球菌、链球菌、肺炎双球菌等所致的感染。另外，还有林可霉素类、大环内酯类抗生素。新一代的大环内酯类抗生素抗菌作用增强，如阿奇霉素对大多数革兰氏阳性菌、革兰氏阴性菌、衣原体、支原体等分离菌株均具有抗菌活性。

常用治疗尿路感染药物的用法及用量见表 9-1。

表 9-1　常用治疗尿路感染药物的用法及用量

药物分类	常用药物	常用剂量范围	用法
头孢菌素类	头孢匹林	2～6g	肌内注射或静脉滴注，分 3～4 次给予
	头孢呋辛	0.5～1.5g	口服，轻到中度感染每次 0.25g，2 次 /d，重度每次 0.5g，2 次 /d
	头孢唑肟	1～4g	肌内注射或静脉滴注，间隔 8～12h 给药 1 次；严重感染者剂量可增至 1 次 3～4g，间隔 8h 给药 1 次
	头孢吡肟	1～2g	肌内注射或静脉滴注，间隔 12h 给药 1 次
青霉素类	青霉素	80 万～200 万 U	肌内注射，分 3～4 次给药
	氨苄西林	2～4g	肌内注射或静脉滴注，分 4 次给药
	阿莫西林	0.5～4g	口服，间隔 6～8h 给药 1 次，1 天剂量不超过 4g

药物分类	常用药物	常用剂量范围	用法
氨基糖苷类	庆大霉素	80mg	肌内注射或稀释后静脉滴注，间隔 8h 给药 1 次
	卡那霉素	750 ~ 1 250mg	肌内注射或静脉滴注，全身感染时 1 次 0.5g，间隔 12h 给药 1 次
	链霉素	0.5 ~ 1g	肌内注射，每次 0.5g，间隔 12h 给药 1 次或每次 0.75g，1 次 /d
喹诺酮类	萘啶酸	0.5 ~ 1g	3 次 /d
	氧氟沙星	200 ~ 400mg	2 次 /d
	司帕沙星	0.1 ~ 0.3g	口服，1 次 /d
	加替沙星	200 ~ 400mg	1 次 /d
其他类	复方磺胺甲噁唑	0.96g	口服，间隔 12h 给药 1 次
	盐酸多西四环素	100 ~ 200mg	口服，1 次 /d

【用药护理】

（一）用药评估

1. **评估病史** 了解患者的年龄、起病时间、主要症状和体征，有无既往类似病史，是否规律使用抗生素等。

2. **评估用药史** 了解既往药物治疗方案，曾使用药物的种类、用法、用量及疗效，有无用药不良反应，有无药物过敏史。

3. **评估合并症** 评估患者是否有尿路梗阻、糖尿病、免疫力低下、寒战高热、腰痛、血尿等。

4. **实验室检查和其他检查** 评估血常规、肾功能、尿常规、尿细菌培养、尿白细胞酯酶试验、泌尿系彩超。

5. **评估用药依从性** 了解患者的生活方式、饮食习惯及结构等；评估患者及家属对疾病的认知程度、心理状况、教育背景、经济状况等。

（二）用药安全

1. 青霉素类，头孢菌素类，喹诺酮类，氨基糖苷类，四环素类，用药安全参见第七章呼吸系统疾病药物治疗与护理。

2. 磺胺类

（1）不良反应：①可产生尿道刺激和梗阻，有结晶尿。②胃肠道反应、皮疹等。③粒细胞减少、血小板减少、再生障碍性贫血等。④磺胺类药物可竞争血浆蛋白，置换出胆红素，使新生儿及早产儿血中游离胆红素增加致黄疸甚至胆红素脑病。

（2）用药注意事项：多饮水，减少磺胺结晶的形成；用药后及时观察疗效，并注意有无不良反应，如复方磺胺甲噁唑等，主要针对革兰氏阴性杆菌、葡萄球菌和链球菌，服用时要注意碱化尿液。

（3）禁忌证：①本类药物有交叉过敏反应，有过敏史者禁用。②新生儿、早产儿、孕妇、哺乳期妇女禁用。③肝功能损害者避免使用。

（4）药物相互作用：与磺酰脲类降血糖药、香豆素类抗凝药或肿瘤药甲氨蝶呤等合用时，磺胺类药物与其竞争与血浆蛋白结合，从而使游离血药浓度升高，严重时可出现低血糖、出血倾向及甲氨蝶呤中毒。

笔记栏

（三）用药监测

1. 评价用药方案有效性　不同类型或程度不同的患者用药方案不同，督促患者按时、按量、按疗程服用药物，同时消除诱发因素，抗菌药物使用时间要充分。如治疗 3 天症状仍无改善，则应按药敏试验结果来选择。

2. 监测不良反应　注意患者的年龄，监测其听力、皮肤及肝肾功能情况。

3. 监测疗效　自 20 世纪 90 年代以来，耐药细菌明显增加，特别是复方磺胺甲噁唑、阿莫西林对耐药菌的治疗失败率超过 50%，应密切监测疗效，根据医嘱及时改用其他药物。

（四）用药指导

1. 提高用药依从性　向患者及家属宣教尿路感染药物治疗的相关知识，使其了解自己所用药物的必要性，提高用药依从性及治疗效果。

2. 用药方法指导　指导患者及主要照顾者掌握药物的用法、用量及服用时间，强调必须遵医嘱按时、按量用药。

3. 不良反应观察指导　密切观察给药期间有无不良反应，如出现不适症状及时就诊。

4. 疗程规范性指导　告知患者应坚持完成治疗疗程，以确保根除致病菌。复杂性尿路感染患者即使开始治疗后感觉好转，也必须接受全程抗感染治疗。早期中断治疗可能导致复发或病原体耐药性增强。如果治疗几天后症状无缓解，甚至病情继续恶化，提示抗菌药物不敏感或病原体产生耐药性，应立即复诊。

5. 特殊人群用药指导　如孕妇、儿童、老年患者等，需避免使用对胎儿和儿童生长有潜在风险的药物，如氟喹诺酮。

第二节　急性肾小球肾炎

急性肾小球肾炎（acute glomerulonephritis，AGN）多发于儿童，男性居多，高峰年龄为 2 ~ 6 岁，2 岁以下或 40 岁以上的患者仅占所有患者 15%。发作前常有前驱感染，潜伏期为 7 ~ 21 天，常于感染后 2 周起病。本病为自限性疾病，多数患者预后良好。

【疾病简介】

急性肾小球肾炎简称急性肾炎，是以急性肾炎综合征为主要表现的一组疾病。可见于多种病原微生物如细菌、病毒、寄生虫等感染后，其中以乙型溶血性链球菌导致的急性链球菌感染后肾小球肾炎最常见。病理变化主要表现为肾小球毛细血管内皮细胞和系膜细胞增生。临床表现主要为突发的血尿、蛋白尿、高血压，部分患者表现为一过性氮质血症。患者的病情轻重不一，轻者可无明显临床症状，仅表现为镜下血尿及血 C3 异常，典型者呈急性肾炎综合征表现，重者表现为少尿型急性肾损伤。80% 的患者可有晨起眼睑及下肢水肿，可有一过性高血压，少数重症患者可发生充血性心力衰竭。急性肾小球肾炎的治疗原则是支持和对症治疗，急性肾衰竭有透析指征者，应及时采用透析治疗以帮助患者度过急性期。

【药物治疗的目的及原则】

（一）药物治疗的目的

急性肾小球肾炎的药物治疗目的主要在于消除症状、防止并发症。

（二）药物治疗的原则

1. 对症治疗　包括利尿消肿、降血压、预防心脑并发症。如有急性心力衰竭、高血压脑病、尿毒症等严重并发症发生时，应给予针对并发症的药物治疗。

2. 感染灶治疗　在病灶细菌培养阳性时或明显感染时，应积极应用抗生素治疗，控制病菌传播，一般不主张预防性使用抗菌药物。

【药物分类及常用药物】

治疗药物包括对症治疗药物和抗菌药物。利尿药应用于水肿严重者，降压药应用于缓解高血压者，抗生素应用于控制感染或清除病灶。如有急性心力衰竭、高血压脑病或肾衰竭等严重并发症时，应给予针对并发症的药物治疗。

（一）利尿药

1. 袢利尿药 如布美他尼（bumetanide）、依他尿酸（ethetauric acid）、呋塞米（furosemide）等，主要抑制髓袢升支粗段 Na^+-K^+-$2Cl^-$ 同向转运子，减少 NaCl 重吸收而利尿；同时具有扩血管作用，使肾血流量尤其肾皮质深部血流量增加。

2. 渗透性利尿药 如甘露醇（mannitol）、山梨醇（sorbitol）等，提高肾小管液中溶质浓度使水重吸收减少而产生利尿作用。

3. 碳酸酐酶抑制药 如乙酰唑胺（acetazolamide）等，主要抑制肾小管细胞的碳酸酐酶，使钠氢交换受阻，排出钠、钾及碳酸氢根离子而利尿。

4. 噻嗪类利尿药 如氢氯噻嗪等，主要抑制远曲小管近端 Na^+-Cl^- 同向转运子，减少 NaCl 重吸收而利尿。

5. 保钾利尿药 如螺内酯、依普利酮（eplerenone）等，竞争性阻断醛固酮受体，表现出排钠保钾作用，从而利尿。

（二）常用降压药

1. 血管紧张素 I 转换酶抑制药和血管紧张素 II 受体（AT_1 受体）阻断药 包括卡托普利（captopril）、贝那普利（benazepril）、福辛普利（fosinopril）、氯沙坦（losartan）、缬沙坦（valsartan）等，是肾性高血压的一线药物，除有确切的降压作用外，还能降低肾小球内压，减少尿蛋白，保护肾功能而延缓病程进展。

2. 钙通道阻滞药 包括硝苯地平（nifedipine）、氨氯地平（amlodipine）、非洛地平等。钙通道阻滞药可以使心肌收缩力降低、心率减慢、外周阻力血管扩张、血压下降、心脏后负荷减轻，同时可减少肾组织钙盐沉积。

3. β 受体阻断药 包括美托洛尔（metoprolol）、比索洛尔（bisoprolol）、卡维地洛等。β 受体阻断药降压作用确切广泛，既可以抑制交感中枢，又可阻断心交感神经功能，同时通过肾小球入球动脉球旁细胞 β 受体，阻碍肾素 – 血管紧张素 – 醛固酮系统，发挥降压作用。

4. 扩血管药物 包括哌唑嗪（prazosin）、肼屈嗪、硝普钠、酚妥拉明等。

【用药护理】

（一）用药评估

1. 评估病史 患者是否有慢性肾脏疾病、自身免疫性疾病、感染等疾病史。患者的生命体征尤其是血压、心率、是否受孕、起病急缓、尿量变化、水肿的部位、程度等。

2. 评估用药史 询问患者是否曾经使用过与疾病有关或可能影响肾功能的药物，包括抗生素、非甾体抗炎药、ACE 抑制药、利尿药等。

3. 评估合并症 患者是否有肾功能损害、水电解质紊乱、高血压病史、蛋白尿和血尿及感染等病史，感染是急性肾小球肾炎的常见并发症之一。

4. 实验室检查和其他检查 评估肝肾功能、电解质情况，尤其是肌酐、血钾等变化；心电图、心脏 B 超等情况。

5. 评估用药依从性 了解患者的用药记录，作息、睡眠或饮食等生活习惯，健康知识水平，患者用药情况反馈和患者意见及反馈等。

（二）用药安全

利尿药与常见降压药的用药安全参见第五章心血管系统疾病药物治疗与护理第一节高血压部分。

笔记栏

（三）用药监测

1. 评价用药方案有效性 加强监测患者症状缓解情况，如注意水肿消退情况。

2. 监测不良反应 长期常规应用普萘洛尔类药物，有些患者可出现戒断症状，表现为神经质、心动过速、心绞痛加剧及血压回升，应注意不要突然停药，观察患者反应随时调整剂量，实行剂量个体化。应用 ACEI 或 ARB 类药物时要注意监测血钾，观察肌酐指数，肾功能不全患者应慎用。

3. 监测疗效 如水肿仍明显者，应遵医嘱给予利尿药，从小剂量开始，先用不良反应少的药物，无效时再用强效利尿药。

（四）用药指导

1. 提高用药依从性 向患者及家属宣教急性肾小球肾炎药物治疗的相关知识，使其了解自己所用药物的必要性，提高用药依从性及治疗效果。

2. 用药规范性指导 指导患者及主要照顾者掌握利尿消肿药物的用法、用量及服用时间，强调必须遵医嘱按时、按量用药。告知患者应坚持完成治疗疗程，预防心脑血管并发症的发生。无感染症状，不需要使用抗生素。

3. 药效及不良反应观察指导 通过尿液及尿量的变化观察药物疗效，密切观察给药期间药物可能发生的不良反应，如出现不适症状及时就诊。

第三节 慢性肾小球肾炎

导入案例

患者，女，30岁。近2年间断颜面及下肢水肿，1周前加重来入院。患者2年前无诱因出现面部水肿，以晨起明显，伴双下肢轻度水肿、尿少、乏力、食欲缺乏。曾到医院检测血压 150/95mmHg，尿蛋白（+）~（++），尿 RBC 和 WBC 情况不清，间断服过中药，病情时好时差。1周前着凉后咽痛，水肿加重；尿少，尿色较红，无发热和咳嗽，无尿频、尿急和尿痛，进食和睡眠稍差，无恶心和呕吐。发病以来无关节痛和光过敏，大便正常，体重似略有增加（未测量）。既往体健，无高血糖与肝脏疾病史，无药物过敏史。家族中无高血压患者。查体：T 36.8℃，P 80次/min，R 18次/min，BP 160/100mmHg。一般状况可，无皮疹，浅表淋巴结无肿大，双眼睑水肿，巩膜无黄染，结膜无苍白，咽稍充血，扁桃体（-）。心肺（-），腹平软，肝脾肋下未触及，移动性浊音（-），双肾区无叩击痛，下肢轻度凹陷性水肿。实验室检查：Hb 112g/L，WBC $8.8×10^9$/L，N 72%，L 28%，PLT $240×10^9$/L；尿蛋白（++），WBC 0~1/HP，RBC 10~20/HP，颗粒管型 0~1/HP，24h 尿蛋白定量 3.0g；血 BUN 6.8mmol/L，Cr 126μmol/L，ALB 36g/L。临床诊断：慢性肾小球肾炎。为控制血压和减少尿蛋白予以缬沙坦 80mg，口服，每天1次。

请思考：

1. ACEI 与 ARB 类药物在临床应用时有哪些不良反应？

2. 上述药物应用过程中，有哪些注意事项？

3. 针对上述不良反应，预防措施有哪些？

慢性肾小球肾炎（chronic glomerulonephritis，CGN）简称慢性肾炎，可发生于任何年龄，但以青、中年为主，男性居多。临床特点是长期持续性尿异常，缓慢进行性肾功能损害，部分患者最终发展为慢性肾衰竭。

笔记栏

【疾病简介】

慢性肾小球肾炎是以血尿、蛋白尿、高血压和水肿为基本临床表现的一组原发于肾小球的慢性疾病。多数患者起病缓慢、隐匿，临床表现以蛋白尿和/或水肿为首发症状，轻重不一；有轻重不等的高血压。慢性肾炎患者可有急性发作倾向，由于感染、过度疲劳等因素，而出现类似急性肾炎的临床表现，晚期则主要表现为终末期肾衰竭 – 尿毒症症状，慢性肾炎临床表现多种多样，个体间差异较大，易造成误诊，如慢性肾炎高血压突出而易误诊为原发性高血压。

大多数慢性肾炎患者的病因不清楚。慢性肾炎的病因、发病机制和病理类型不尽相同。但起始因素多为免疫介导的炎症反应。此外，非免疫介导的肾脏损害在慢性肾炎的发生发展中也具有重要作用。这些因素包括高血压、高脂血症、慢性肾小管间质损害、血流动力学改变介导的肾小球硬化以及肾小球系膜的超负荷状态等均可引起慢性肾炎。

【药物治疗的目的及原则】

（一）药物治疗的目的

慢性肾小球肾炎的药物治疗的目的是防止和延缓肾功能进行性恶化，改善和缓解临床症状，防治严重心脑血管并发症。

（二）药物治疗的原则

慢性肾小球肾炎的治疗原则是对症治疗，积极控制高血压和减少尿蛋白，避免加重肾损害的因素。

【药物分类及常用药物】

慢性肾炎治疗用药包括糖皮质激素（glucocorticoids）、雷公藤多苷（tripterygium glycosides，TG）等免疫抑制药、控制血压和减少尿蛋白的药物，防治肾小球毛细血管内凝血的双嘧达莫、阿司匹林和华法林等抗凝血药，以及降尿酸药。其中糖皮质激素、雷公藤多苷是治疗慢性肾小球肾炎的主要药物。

（一）糖皮质激素

1. 作用机制与药理作用

（1）抗炎作用：糖皮质激素抗炎作用的主要机制是基因效应。糖皮质激素通过细胞膜与胞质内的糖皮质激素受体α（glucocorticoid receptor，GRα）结合后，类固醇 – 受体复合体易位进入细胞核，在细胞核内与特异性 DNA 位点即靶基因的启动子（promoter）序列的糖皮质激素反应元件（glucocorticoid response element，GRE）或负性糖皮质激素反应元件（negative glucocorticoid response element，nGRE）相结合，影响基因转录，相应地引起转录增加或减少，改变介质相关蛋白的水平，进而对炎症细胞和分子产生影响，从而发挥抗炎作用。糖皮质激素具有强大的抗炎作用，能抑制物理性、化学性、免疫性及病原生物性等多种原因造成的炎症反应。

（2）免疫抑制与抗过敏作用：目前认为糖皮质激素抑制免疫的机制是：①诱导淋巴细胞 DNA 降解。②影响淋巴细胞的物质代谢。③诱导淋巴细胞凋亡。④抑制核转录因子 NF-κB 活性。NF-κB 过度激活可导致多种炎性细胞因子的生成，这与移植物排斥反应、炎症等疾病发病有关。糖皮质激素对免疫过程的多个环节均有抑制作用，小剂量糖皮质激素主要抑制细胞免疫，大剂量糖皮质激素能干扰淋巴组织在抗原作用下的分裂和增殖，阻断致敏 T 淋巴细胞所诱发的单核细胞和巨噬细胞的聚集等，从而抑制组织器官的移植排斥反应和皮肤迟发性过敏反应。对于自身免疫性疾病也能发挥一定的近期疗效。

糖皮质激素能减少抗原抗体反应引起的肥大细胞脱颗粒，减少释放组胺、5- 羟色胺、过敏性慢反应物质和缓激肽等过敏介质的产生，抑制因过敏反应而产生的病理变化，从而减轻过敏性症状。

（3）对代谢的影响：糖皮质激素能增加肝糖原和肌糖原含量并升高血糖，能加速胸腺、肌肉、骨等组织蛋白质分解代谢，增高尿液中氮的排泄量，造成负氮平衡。大剂量糖皮质激素还能

笔记栏

抑制蛋白质合成。短期使用对脂肪代谢无明显影响。大剂量长期使用可增高血浆胆固醇，激活四肢皮下的脂酶，促使皮下脂肪分解，使脂肪重新分布于面部、胸、背及臀部，形成向心性肥胖，表现为"满月脸，水牛背"，呈现面圆、背厚、躯干部发胖而四肢消瘦的特殊体形。糖皮质激素也有较弱的盐皮质激素的作用，能潴钠排钾。此外，它能增加肾小球滤过率和拮抗抗利尿激素的作用，减少肾小管对水的重吸收，故有利尿作用。此外，长期用药将造成骨质脱钙，这可能与其减少小肠对钙的吸收和抑制肾小管对钙的重吸收从而促进尿钙排泄有关。

2. 临床应用　病情迁延 3 个月至半年以上，仍有大量蛋白尿，或出现肾病综合征表现，肾活检病理改变呈系膜增殖型病变时，用糖皮质激素进行治疗。糖皮质激素的应用虽能缓解其症状，短期效果不错，但并不对受损的功能肾单位进行修复，相反易诱发各种感染，使潜在的感染病灶扩散，加速肾功能的破坏，一般不主张积极应用，无禁忌证者可试用，但无效者则应及时逐步撤去。

3. 用法用量　使用原则为：①起始足量。常用药物为泼尼松 1mg/（kg·d），口服 8 周，必要时可延长至 12 周。②缓慢减药。足量治疗后每 2～3 周减原用量的 10%，当减至 20mg/d 时病情易复发，应更加缓慢减量。③长期维持。最后以最小有效剂量（10mg/d）再维持半年左右。激素可采取全天量顿服，维持用药期间两天量隔天一次顿服，以减轻激素的副作用。水肿严重、有肝功能损害或泼尼松疗效不佳时，应更换为甲泼尼龙（等剂量）口服或静脉滴注。因地塞米松半衰期长，副作用大，现已少用。

 知识链接

新型激素类药物——靶向迟释布地奈德

　　IgA 肾病是常见的原发性肾小球肾炎，近年来针对 IgA 肾病的新药研究进展迅速，其中靶向迟释布地奈德胶囊是全球首个 IgA 肾病对因治疗药物。半乳糖缺乏的 IgA1（Gd-IgA1）增多是 IgA 肾病的主要发病机制，布地奈德肠溶胶囊可以将布地奈德靶向至回肠末端释放，作用于肠道黏膜 B 细胞，达到从发病机制上游减少诱发 IgA 肾病的 Gd-IgA1 产生，进而对因治疗 IgA 肾病。已有研究显示靶向迟释布地奈德可以有效降低蛋白尿，延缓肾功能恶化。《原发性 IgA 肾病管理和治疗中国专家共识》推荐对于进展高风险的 IgA 肾病患者，可口服靶向迟释布地奈德进行治疗。

（二）雷公藤多苷

　　雷公藤多苷具有抗炎和抑制免疫作用，能抑制肾小球系膜细胞增生，改变肾小球基底膜电荷状态，改善肾小球滤过的通透性，阻止蛋白滤过，适用于肾功能正常或有轻度受损而以蛋白尿为主的患者。

（三）控制高血压和减少尿蛋白药物

　　控制高血压尤其是肾内毛细血管内压力是延缓慢性肾衰竭进展的重要措施。常用于慢性肾炎的降压药物有利尿药、血管紧张素 I 转换酶抑制药（ACEI）、血管紧张素 II 受体阻断药（ARB）、钙通道阻滞药、β 受体阻断药和 α 受体阻断药等。常用药物的用法及用量参见本章第二节急性肾小球肾炎。

（四）抗凝血药物

　　在肾小球肾炎时，肾小球毛细血管内凝血和纤溶障碍是肾小球肾炎不可逆病变形成的决定因素之一。可应用抗凝药及抗血小板药物。

　　常用的抗凝药有肝素、低分子肝素以及香豆素类如华法林。肝素及低分子肝素能通过激活抗凝血酶Ⅲ（AT Ⅲ）灭活多种凝血因子。低分子肝素如达肝素钠（dalteparin sodium）等因为安全性较好，可用于门诊。香豆素类抗凝药可竞争性抑制维生素 K 环氧化物还原酶，阻止还原型维生素 K 生成，从而减少凝血酶原和凝血因子Ⅻ、Ⅸ、Ⅹ 的生成，产生抗凝作用。华法林应用时剂量应严格个体化，初始剂量 4 ~ 10mg/d，根据凝血酶原时间以 1mg 为阶梯调整剂量。用药期间定期（至少每 3 ~ 4 周 1 次）检测凝血酶原时间，以防出血。

常用的抗血小板药如阿司匹林（aspirin）和双嘧达莫等，具有抗血小板聚集作用，前者通过抑制血小板内环氧合酶活性而减少血栓素 A_2 形成，后者主要通过增加细胞内 cAMP 含量、增强 PGI_2 活性而发挥抗血小板作用。以往报道服用抗血小板聚集药能延缓慢性肾炎患者的肾功能衰退，但近年来多数循证医学的研究结果并未证实其确切疗效，主要用于肾病综合征高凝状态时。

（五）降尿酸药物

常用的降尿酸药有非布司他（febuxostat）、别嘌醇（allopurinol）、苯溴马隆（benzbromarone）。高尿酸血症时，尿酸盐或尿酸结晶可沉积于肾小管，加重肾脏损害。非布司他、别嘌醇是尿酸合成抑制药，苯溴马隆是促进尿酸排泄药。

常用治疗慢性肾小球肾炎药物的用法及用量见表 9-2。

表 9-2 常用治疗慢性肾小球肾炎药物的用法及用量

药物分类	常用药物	常用剂量范围	用法
免疫抑制物	雷公藤多苷	20 ~ 60mg	口服，3 次 /d
抗凝药物	华法林	4 ~ 10mg	华法林应用时剂量应严格个体化，初始剂量口服 4 ~ 10mg/d，根据凝血酶原时间以 1mg 为阶梯调整剂量。用药期间定期（至少每 3 ~ 4 周 1 次）检测凝血酶原时间，以防出血
	达肝素钠	5 000 ~ 40 000U	深部皮下注射，一次 5 000 ~ 10 000U，以后间隔 8h 给予 8 000 ~ 10 000U，或根据凝血试验监测结果调整剂量。静脉滴注时，20 000 ~ 40 000U/d，加入 0.9% 氯化钠注射液 1 000ml 中持续滴注
	阿司匹林	75 ~ 100mg	口服，1 次 /d
	双嘧达莫	300 ~ 400mg	口服，100mg，3 次 /d
降尿酸药物	非布司他	20 ~ 80mg	口服，推荐初始剂量为 20mg，1 次 /d。4 周后根据血尿酸值逐渐增量，每次可增加 20mg，最大剂量为 80mg/d
	别嘌醇	50 ~ 600mg	口服，2 ~ 3 次 /d，剂量增加，最大量不超过 600mg/d
	苯溴马隆	50 ~ 100mg	口服，1 次 /d，早餐后服用；用药后 1 ~ 3 周检查血尿酸浓度，后续治疗中，可增加至 50 ~ 100mg

【用药护理】

（一）用药评估

1. **评估病史** 了解水肿发生的初始部位、时间及原因；水肿的特点、程度及进展情况；生命体征、尿量及体重的改变，以及皮肤的完整性；有无胸腔积液、腹部膨隆和移动性浊音等。记录患者的主要症状和不适感。了解患者的现病史、既往病史、家族史和诊疗经过等。

2. **评估用药史** 评估和记录患者已给予的药物治疗方案及曾使用药物的种类、用法及疗效；用药耐受程度，是否有头晕、腹胀、心率加快等症状。

笔记栏

3. 评估合并症　了解患者的已知合并疾病，如高血压和心血管疾病等。了解患者的合并症状及检查结果。

4. 实验室检查和其他检查　评估患者肝肾功能及血常规、电解质尤其是血钙情况；肾盂造影、肾组织活检、B超和免疫学检查等。

5. 评估用药依从性　了解患者的生活、饮食等习惯；患者有无精神紧张、焦虑等不良情绪。

（二）用药安全

1. 糖皮质激素

（1）不良反应：长期大剂量使用可引起：①医源性肾上腺皮质功能亢进，表现为满月脸、毛发增生、水牛背等。②骨质疏松、肌肉萎缩、伤口延迟愈合。③诱发及加重感染。④消化系统及心血管系统并发症。⑤停药反应及反跳现象。⑥糖耐量受损或糖尿病（类固醇性糖尿病）。

（2）用药注意事项：①一般不主张积极应用，如患者肾功能正常或仅轻度受损，而且尿蛋白较多，无禁忌证者可试用，但无效者应及时逐步停药。②激素治疗可致消化性溃疡出血，或使感染扩散，故需密切观察病情变化，及时通知医生并做好相应处理。③当慢性肾炎伴肾病综合征时使用糖皮质激素不可自行加量、减量甚至停药，避免出现停药反应。④使用时，患者的免疫力和机体防御力受到抑制，极易继发感染，应对患者实行保护性隔离，预防继发感染，并应密切观察此类药物的不良反应。

（3）禁忌证：①严重的精神病或癫痫、活动性消化性溃疡、骨折、创伤修复期、角膜溃疡、孕妇、严重高血压及糖尿病。②抗菌药物不能控制的感染等。

2. 抗凝血药

（1）不良反应：①可引起出血，常见皮下血肿，罕见血小板减少症、皮肤坏死，可见肝转氨酶一过性轻度至中度升高，少见过敏样反应。②肝素长期应用可出现骨质疏松或骨折。

（2）用药注意事项：①使用达肝素钠、依诺肝素钠应避开脐周2cm左右，两侧腹外侧壁交替深部皮下注射。肝素轻度过量致出血，停药即可，如严重出血，可缓慢静脉注射硫酸鱼精蛋白解救。②使用抗凝血药物应监测出、凝血时间，观察有无出血倾向。

（3）禁忌证：对肝素过敏、有出血倾向、严重高血压、细菌性心内膜炎、溃疡病、颅内出血、活动性肺结核、孕妇、先兆流产、产后、内脏肿瘤等患者禁用。

（4）药物相互作用：①肝素为酸性药物不能与碱性药物合用。与阿司匹林、双嘧达莫、右旋糖酐等合用可增加出血危险。与糖皮质激素合用可致胃肠道出血。与胰岛素或磺酰脲类药物合用可致低血糖。②华法林与阿司匹林、保泰松等合用可增强抗凝作用。降低维生素K生物利用度的药物可增强华法林的作用。肝药酶诱导剂苯巴比妥、苯妥英钠、利福平等能加速香豆素类的代谢，降低其抗凝作用，胺碘酮等肝药酶抑制药可增强其凝血作用。

3. 降尿酸药

（1）不良反应：服用苯溴马隆等可有皮疹、发热、胃肠道反应；别嘌醇可引起皮肤过敏反应、肝肾损害、骨髓抑制等不良反应，严重者可发生致死性剥脱性皮炎，须密切监测，肾功能不全者，宜减半量使用，HLA-B*5801基因阳性是别嘌醇发生不良反应的危险因素，在服用别嘌醇治疗前进行该基因筛查，阳性者禁用。

（2）用药注意事项：高尿酸血症时，尿酸盐或尿酸结晶可沉积于肾小管间质，加重肾脏损害，患者应严格限制高嘌呤食物的摄入，如动物内脏、鱼虾类、菠菜、浓茶、黄豆等。别嘌醇用药期间要多饮水，口服碳酸氢钠以碱化尿液可促进尿酸经肾脏排泄。苯溴马隆在开始治疗时有大量尿酸随尿液排出，因此起始剂量要小。

（三）用药监测

1. 监测不良反应　华法林应用时剂量应严格个体化，根据医嘱及时调整剂量，用药期间密切监测凝血酶原时间，及时观察是否有出血症状，及时处理。

2. 监测疗效 苯溴马隆：①治疗期间需大量饮水以增加尿量，治疗初期饮水量不得少于1.5~2L，以免尿液中的尿酸过多导致尿酸结晶。②定期测量尿液的酸碱度，为促进尿液碱化，可酌情给予碳酸氢钠或柠檬酸合剂，并注意酸碱平衡，患者尿液的 pH 值应调节在 6.5~6.8。

（四）用药指导

1. 提高用药依从性 向患者及家属宣教慢性肾小球肾炎治疗药物的相关知识，使其了解自己的病情，药物治疗的必要性、用药方式和疗程，提高用药依从性及治疗效果。

2. 疗程规范性指导 指导患者及主要照顾者掌握药物的用法、用量及服用时间，不宜过多用药，强调必须遵医嘱按时、按量用药。

3. 疗效及不良反应观察指导 告知患者治疗目标血压控制 < 130/80mmHg，尿蛋白 < 1g/d。密切观察给药期间药物有无不良反应，出现不适症状、合并症或并发症，如高血脂、贫血、骨病、肾功能损害加重等，应立即复诊。

第四节 慢性肾衰竭

慢性肾衰竭（chronic renal failure，CRF）的病因主要有糖尿病肾病、高血压肾小动脉硬化症、原发性和继发性肾小球肾炎等。近年来国内外肾脏病界多主张采用慢性肾脏病（chronic kidney disease，CKD）这一概念，以更好地指导临床实践。我国 CKD 各种病因中原发性肾小球肾炎居首位，但近年继发性肾脏病呈明显增高趋势，尤其是糖尿病肾病有可能成为导致我国慢性肾衰竭的首要原因。此外，心血管疾病、吸烟、白蛋白尿、高脂血症及 CKD 家族史等流行病学因素也导致了 CKD 进展的风险。慢性肾脏病的分期见表 9-3。

表 9-3 慢性肾脏病的分期

分期	描述	GFR	治疗计划
1	肾功能正常	≥ 90ml/（min·1.73m²）	CKD 病因的诊断和治疗
2	肾功能轻度下降	60~89ml/（min·1.73m²）	减慢 CKD 进展，降低心血管病风险
3*	肾功能中度下降	30~59ml/（min·1.73m²）	减慢 CKD 进展，评估治疗并发症
4	肾功能重度下降	15~29ml/（min·1.73m²）	综合治疗，治疗并发症
5	肾衰竭	< 15ml/（min·1.73m²）或透析	肾脏替代治疗

注：*2009 年 10 月 KDIGO 研讨会上提议将 3 期分为 3a-GFR 45~49ml/（min·1.73m²）；3b-GFR 30~44ml/（min·1.73m²）。

【疾病简介】

慢性肾衰竭是由各种原因引起的肾脏慢性进行性损害，造成肾功能不可逆衰退，使机体在排泄代谢废物和调节水、电解质及酸碱平衡等方面发生紊乱或失调及全身各系统症状的临床综合征，为各种肾脏疾病持续发展的共同转归，其终末期称为尿毒症。慢性肾脏病和慢性肾衰竭的不同阶段，其临床表现各异。肾功能的进行性下降往往缺乏特征性临床症状或体征。肾功能失代偿期可以表现为水、电解质、酸碱平衡紊乱，三大物质代谢紊乱和各系统功能障碍等，到 CKD 5 期时，可出现急性左心衰竭、严重高钾血症、消化道出血、中枢神经系统障碍等，甚至有生命危险。

【药物治疗的目的及原则】

（一）药物治疗的目的

药物治疗目的包括：①缓解症状，减轻或消除患者痛苦，提高生活质量。②延缓病程的进展，防止其进行性加重。③防治并发症，提高生存率。

（二）药物治疗的原则

积极治疗原发疾病，避免或纠正慢性肾衰进展、恶化的危险因素，阻断或延缓肾单位损害渐进性发展的各种途径。

【药物分类及常用药物】

治疗慢性肾衰竭的药物有纠正水、电解质紊乱和酸碱平衡失调的碳酸氢钠、氯化钠、葡萄糖酸钙等，控制血压的降压药，调脂的贝特类和他汀类药物，控制感染的抗菌药，用于吸附疗法和导泻疗法的药物，以及心力衰竭或贫血等并发症的防治用药。

（一）纠正水、电解质紊乱和酸碱平衡失调的药物

1. 水电解质紊乱的防治　当患者 GFR < 30ml/min，水钠潴留时需选用高效利尿药，如呋塞米、布美他尼等。对慢性肾衰竭患者轻、中度低钠血症，一般不必积极处理，而应分析其不同原因，只对真性缺钠者谨慎地进行补充钠盐。对严重缺钠的低钠血症者，也应有步骤地逐渐纠正低钠状态。

2. 纠正代谢性酸中毒　主要口服碳酸氢钠（$NaHCO_3$）。中、重度患者必要时可静脉输入，将酸中毒所需要的碳酸氢钠总量分 3 ~ 6 次给予，在 48 ~ 72 小时或更长时间后基本纠正酸中毒。但应注意监测血钙水平，必要时可预先补充 10% 葡萄糖酸钙液，以防低钙性抽搐。对有明显心功能衰竭的患者，要防止 $NaHCO_3$ 输入总量过多，输入速度宜慢，以免使心脏负荷加重甚至加重心功能衰竭。对血容量负荷过重者不宜补碱，应给予透析治疗。

3. 高钾血症的防治　肾衰竭患者易发生高钾血症，尤其是血清钾水平大于 5.5mmol/L 时，则应更严格地限制钾摄入。在限制钾摄入的同时，还应注意及时纠正酸中毒，并适当应用利尿药（呋塞米、布美他尼等），增加尿钾排出，以有效防止高钾血症发生。对已有高钾血症的患者，除限制钾摄入外，还应采取以下各项措施：①积极纠正酸中毒，必要时（血钾 > 6mmol/L）可静脉滴注碳酸氢钠。②钙剂可对抗钾的心肌毒性。常用 10% 葡萄糖酸钙加等量 25% 葡萄液缓慢静脉注射，一般数分钟起作用，但需多次应用。有心力衰竭者不宜同时使用洋地黄。钙离子并不能降低血钾，但可使静息膜电位与阈电位之间的差距增加，从而降低心脏兴奋性。③给予袢利尿药，最好静脉或肌内注射呋塞米或布美他尼。④将胰岛素加入葡萄糖溶液中静脉滴注，可以促进葡萄糖合成糖原时，将钾转入细胞内。⑤口服降钾树脂聚苯乙烯磺酸钙（calcium polystyrene sulfonate）离子交换过程中只释放离子钙，不释放钠离子，不增加钠负荷。环硅酸锆钠（sodium zirconium silicate）在胃肠道内通过结合钾增加钾的排泄，从而降低血清钾的水平。⑥对严重高钾血症（血钾 > 6.5mmol/L），且伴有少尿、利尿效果欠佳者，应及时给予血液透析治疗。

（二）降压药

严格控制血压是干预慢性肾脏疾病进展的重要措施，目标血压应 < 130/80mmHg。为有效控制慢性肾脏病患者的高血压，常常需要数种降压药物联合治疗，且往往用药剂量显著高于原发性高血压患者。最多的联合性用药是 ACEI/ARB+CCB/利尿药，有不少患者常常还需要合并应用肼屈嗪或哌唑嗪。但需注意当血肌酐 > 265μmol/L（3mg/dl）需慎用 ACEI 及 ARB 类药物。肾动脉狭窄、血容量不足及严重肾功能减退患者不宜应用 ACEI 和 ARB 类。新型药物如钠 – 葡萄糖共转运蛋白 2（sodium-glucose cotransporter 2，SGLT2）抑制药可预防糖尿病患者发生 CKD 的风险，因此，推荐 SGLT2 抑制药用于糖尿病合并动脉粥样硬化性心血管疾病患者的 CKD 一级预防。严格控制血压是干预慢性肾脏病进展的最重要措施。常用降压药物有利尿药、血管紧

张素 I 转换酶抑制药（ACEI）、血管紧张素 II 受体阻断药（ARB）、钙通道阻滞药、β 受体阻断药和 α 受体阻断药等。

（三）防治感染药物

慢性肾衰竭患者极易并发感染，特别是肺部和尿路感染。抗生素的选择和应用原则与一般感染相同，但应注意根据肾小球滤过率调整剂量。在疗效相近的情况下，应选用无肾毒性的药物，并注意抗生素中钠和钾的含量，以避免加重电解质代谢紊乱。

（四）调脂药

慢性肾衰患者脂质代谢异常主要表现为甘油三酯代谢紊乱，宜首选贝特类药物。但由于他汀类药物兼有调脂和抗硬化作用，因此在 CKD 中也应用较广，如辛伐他汀、阿托伐他汀、瑞舒伐他汀等。必需多价不饱和脂肪酸（polyunsaturated fatty acids，PUFA）或鱼油对 CKD 脂质代谢异常也有治疗作用。他汀类药物抑制药竞争性抑制胆固醇合成的限速酶（HMG-CoA 还原酶），使肝内胆固醇合成显著减少；同时肝细胞内胆固醇的降低促使 LDL 受体蛋白上调，从而增加 LDL 颗粒自血液的清除。

（五）清除肠道毒物的药物

口服包醛氧化淀粉（aldehyde-coated oxidized starch）或活性炭制剂（吸附疗法）或口服甘露醇（导泻疗法）等，均可促进尿毒症毒素从肠道排出。包醛氧化淀粉能吸附肠道内含氮代谢产物，并通过腹泻作用将毒性物质排出体外，长期服用可降低血尿素氮水平。吸附疗法和导泻疗法主要用于透析前 CKD 患者，对减轻氮质血症起到一定辅助作用，但不能依赖这些疗法作为治疗的主要手段。

（六）其他对症处理

1. 心力衰竭的治疗　治疗方法与一般心力衰竭相似，但疗效较差。常选用快速短效的洋地黄类制剂，以减少蓄积中毒。药物剂量可根据肌酐清除率调整。近几年临床应用较多的还有 SGLT2i、沙库巴曲缬沙坦钠、醛固酮受体阻断药以及维立西呱等药物，具体参见第五章心血管系统疾病药物治疗与护理。

2. 肾性骨病的治疗　肾性骨病以降低高血磷，维持正常血钙为目标。如骨化三醇（calcitriol）、西那卡塞（cinacalcet）、司维拉姆（sevelamer）、碳酸钙（calcium carbonate）、碳酸镧等药物。钙离子能在肠道与磷结合，促进其排出体外，从而改善高磷血症。口服碳酸钙可补充钙离子，纠正低钙血症，对抗高钾血症对心功能的损害。用药期间应监测血钙及碱性磷酸酶变化，后者转向正常，即应减量，一旦发生高钙血症应及时停药。并可以用生长激素促进骨转化，骨化三醇调节钙磷代谢、补充活性维生素 D，治疗肾性骨病。

3. 肾性贫血的治疗　①外源性促红细胞生成素（erythropoietin，EPO）是治疗肾性贫血的首选药物，慢性肾衰竭合并血红蛋白低于 100g/L 时，应使用 EPO 治疗。使用中应注意小剂量、逐步递增的原则，避免血红蛋白上升速度过快引起高血压等并发症。EPO 通过诱导骨髓红系细胞的增生及分化，促进红细胞成熟，增加红细胞数和血红蛋白含量，改善慢性肾衰竭贫血。②造血原料的补充：提高饮食营养，注意铁、叶酸、维生素 B_{12} 的补充。铁剂、叶酸和维生素 B_{12} 是合成红细胞的原料，若合并使用，促红细胞生成的效果会更好。

4. 营养支持治疗　α- 酮酸（α-ketoacid）是氨基酸前体，通过转氨基或氨基化的作用，利用体内含氮代谢产物合成必需氨基酸，在提高必需氨基酸比例的同时，降低尿素氮生成率，使体内必需氨基酸 / 非必需氨基酸比例失调得到纠正，有利于蛋白的合成，延缓慢性肾衰竭进展。

常用治疗慢性肾衰竭药物的用法及用量见表 9-4。

笔记栏

表 9-4　常用治疗慢性肾衰竭药物的用法及用量

药物分类	常用药物	常用剂量范围	用法
纠正水钠紊乱类	呋塞米	20 ~ 600mg	口服，起始剂量为 20 ~ 40mg，1 次 /d，必要时间隔 6 ~ 8h 追加 20 ~ 40mg，直至出现满意效果为止
	布美他尼	0.5 ~ 20mg	口服起始 0.5 ~ 2mg/d，必要时间隔 4 ~ 5h 重复服药，最大剂量可达 10 ~ 20mg/d
改善脂质代谢类	辛伐他汀	5 ~ 40mg	口服推荐剂量范围为 5 ~ 40mg/d，晚间服用 1 次，所有剂量应根据基础低密度脂蛋白胆固醇水平和患者反应进行个体化调整
	阿托伐他汀	10 ~ 80mg	口服，阿洛伐他汀的起始剂量为每次 10 ~ 20mg，1 次 /d，最大剂量为每次 80mg/d
	瑞舒伐他汀	5 ~ 20mg	口服，常用起始剂量为 5mg，1 次 /d。最大剂量为 20mg
清除肠道毒物	包醛氧化淀粉	5 ~ 10g	口服，宜饭后用温开水浸泡后服用。每次 5 ~ 10g，2 ~ 3 次 /d
改善贫血药物	外源性促红细胞生成素	50 ~ 75U/kg	皮下注射，起始剂量 50U/kg，2 ~ 3 次 / 周，2 周后增至 75U/kg，待血红蛋白上升至 110 ~ 120g/L 时，应减量或减少使用次数

【用药护理】

（一）用药评估

1. **评估病史**　了解患者的年龄、有无肾脏疾病家族史、起病时间及病程长短、主要症状和体征，是否有慢性肾小球肾炎、慢性肾盂肾炎等病史。有无各系统尿毒症症状及其程度、持续时间长短等。皮肤黏膜出血点、瘀斑的沉积等情况。皮肤水肿的部位、程度等征象。

2. **评估用药史**　了解既往药物治疗方案，曾使用药物的种类、用法、用量及疗效，有无用药不良反应，是否使用过肾毒性药物、有无药物过敏史。

3. **评估合并症**　了解患者是否合并糖尿病、高血压、血脂异常、冠心病、脑血管病变、周围血管病变、痛风等疾病。

4. **实验室检查和其他检查**　评估血常规、肾功能、血糖、血脂水平、肝功能、电解质、尿常规、尿白蛋白 / 肌酐比值（UACR），估算的肾小球滤过率（eGFR）。还应评估贫血程度、骨营养情况、酸中毒和水电解质紊乱情况、肾脏缩小情况等。

5. **评估用药依从性**　了解患者的生活方式、饮食习惯、食盐量等；评估患者及家属对疾病的认知程度、心理状况、教育背景、经济状况、社会支持度等。

（二）用药安全

1. **治疗心衰及肾性高血压药**　用药安全参见第五章心血管系统疾病药物治疗与护理。

2. **抗贫血药**　用药安全参见第六章血液系统疾病药物治疗与护理。

3. **纠正代谢性酸中毒及钙代谢药**

（1）用药注意事项：①主要应用碳酸氢钠口服，必要时可静脉输注。②对合并心力衰竭的患者，要防止碳酸氢钠输入过多，输入速度宜慢，以避免心脏负荷加重；也可根据患者情况同时口服或注射呋塞米，以增加尿量、防止水钠潴留。对血容量负荷过重者不宜补碱，应给予透析治疗。

（2）药物相互作用：①口服骨化三醇期间需检测血钙、磷、甲状旁腺激素（parathyroid hormone，PTH）浓度。②服用钙剂时要多饮水，以增加尿量。③同时服用维生素 D 时，不可与绿叶蔬菜一起服用以免形成钙螯合物减少钙的吸收。

4. 营养支持药

（1）不良反应：使用氨基酸后若有恶心、呕吐应给予止吐药。

（2）用药注意事项：补充必需氨基酸，静脉输入必需氨基酸时应注意输液速度，以口服为宜。

（3）药物相互作用：切勿在氨基酸内加入其他药物，以免引起不良反应。

（三）用药监测

1. 评价用药方案有效性　监测药物血清或血浆浓度。①应注意药物的相互作用，个体化用药，部分药物在肾衰时应予更换或禁用。②遵医嘱合理使用对肾无毒性或毒性低的抗菌药物，并观察药物的疗效和不良反应，发现异常及时通知医生做好处理。

2. 监测不良反应　①抗贫血药的治疗期间须严格控制血压，观察有无高血压、头痛、血管通路栓塞等不良反应，每月定期监测血红蛋白和血细胞比容。②初次静脉注射铁剂治疗时，需密切监测病情变化，备置抢救设备及药物，及时发现不良反应并处理。

3. 监测疗效　为了避免药物蓄积引起的毒副作用、减少药物的肾毒性，需要对慢性肾衰竭患者的给药方案进行调整，一般按以下步骤进行：①评价肾功能。②定期监测患者血红蛋白和血细胞比容等。③根据药物的通常负荷剂量和维持量及肾功能，确定负荷剂量，计算维持剂量，减少每次用量或增加用药间隔，进行药物剂量的调整。④严重水钠潴留、急性左心力衰竭者当尽早透析治疗。

（四）用药指导

1. 提高用药依从性　向患者及家属宣教慢性肾衰治疗药物的相关知识，使其了解自己的病情，药物治疗的必要性，提高用药依从性及治疗效果。

2. 用药方法指导　指导患者及主要照顾者掌握药物的用法、用量及服用时间，强调必须遵医嘱按时、按量用药。

3. 疗效及不良反应观察指导　告知患者监测肾功能、电解质、血压、尿量及水肿情况等，密切观察给药期间药物的不良反应，如果尿量明显减少等应立即复诊，做好肠道透析或血液透析及肾脏移植的准备。

第五节　前列腺增生症

良性前列腺增生症（benign prostatic hyperplasia，BPH）是一种与年龄相关的常见疾病，病情进展缓慢。一般发生在 40 岁以后，60 岁时患病率超过 50%，80 岁时达 83%。前列腺增生的发病率随年龄递增，但有增生病变时不一定有临床症状。大约有 50% 组织学诊断为前列腺增生的男性有中到重度的下尿路症状（尿频尿急、排尿困难、尿后滴沥等）。城镇发病率高于乡村，而且种族差异也影响增生程度。目前已知前列腺增生必须具备有功能的睾丸及年龄增长两个条件。近年来吸烟、肥胖及酗酒、家族史、人种及地理环境与 BPH 发生的关系也得到关注。

【疾病简介】

前列腺增生症是引起中老年男性排尿障碍最为常见的一种良性疾病，全称为良性前列腺增生症，旧称为前列腺肥大，是指前列腺实质细胞数量增多而造成前列腺的体积增大，若明显压迫前列腺部尿道，可造成膀胱出口部梗阻而出现排尿困难等相关症状。有关前列腺增生的发病机制研究较多，但病因至今仍未能阐明。

前列腺增生早期由于代偿作用，症状不典型，随着下尿路梗阻加重，症状逐渐明显，临床症状包括贮尿期症状、排尿期症状、排尿后症状及相关并发症。国际前列腺症状评分（international prostate symptom score，IPSS）和生活质量评分可以作为评价前列腺增生症患者症状严重程度及影响生活质量的手段。它是通过对患者尿频、尿急、夜尿、尿流中断、尿流变细、排尿踌躇、尿不尽 7 项症状和生活质量加以量化来评价，还可以对比干预措施前后评分变化，评估治疗疗效。

【药物治疗的目的及原则】

（一）药物治疗的目的

减轻症状，延缓疾病的进展，预防并发症的发生。

（二）药物治疗的原则

解除下尿路梗阻，治疗合并症，提高生活质量。

【药物分类及常用药物】

良性前列腺增生症的治疗用药有 α 受体阻断药、5α 还原酶抑制药、抗雄激素药、抗胆碱能药物。进行药物治疗前对 BPH 病情应有全面估计，对药物的副作用及长期用药的可能性等也应充分考虑。观察药物疗效应长期随访，定期进行尿流动力学检查，以免延误手术时机。

（一）α 受体阻断药

交感神经兴奋时可引起前列腺平滑肌收缩，引起动力性梗阻。α 受体阻断药通过抑制前列腺和膀胱颈部平滑肌表面的肾上腺素受体，减轻前列腺张力和膀胱出口梗阻，使阻力下降以改善症状。而分布在前列腺外如血管和中枢神经系统的 α_1 受体，尤其是 α_{1B} 亚型，是 α 受体阻断药治疗不良反应的中介物。①选择性 α_1 受体阻断药，如多沙唑嗪（doxazosin）、阿夫唑嗪（alfuzosin）、特拉唑嗪（terazosin）等。阿夫唑嗪可全面改善 BPH 患者的生活质量，阿夫唑嗪耐受性较哌唑嗪和特拉唑嗪要好。特拉唑嗪作用较缓和，溶解度好，口服后基本全部吸收，对轻、中度原发性高血压有降压效应。另外，特拉唑嗪能显著降低甘油三酯和升高高密度脂蛋白等。所以，对于合并高血压和高血脂的 BPH 患者，具有双重疗效。②高选择性 α_{1A} 受体阻断药，如坦索罗辛（tamsulosin），其疗效可维持至少 4 年。

（二）5α- 还原酶抑制药

常用药物有非那雄胺（finasteride）、度他雄胺（dutasteride），耐受性良好。5α- 还原酶是睾酮向双氢睾酮转变的重要酶，双氢睾酮促进前列腺增生，因此采用 5α- 还原酶抑制药可以抑制前列腺增生，临床观察疗效确切。

（三）抗雄激素药

有甲地黄体酮（medeslutinone）、醋酸环丙氯地黄体酮（cyclopropyloxyluteinone acetate）、醋酸氯地黄体酮、己酸孕诺酮等。氟丁酰胺是非甾体抗雄激素药，亦能干扰雄激素的细胞摄取及核结合。抗雄激素药使用一段时间后能使症状及尿流率改善，残余尿减少，前列腺缩小，但停药后前列腺又增大，症状亦复发，而且副作用也较大，如心血管并发症、女性化发育和对肝脏的损害等。

（四）抗胆碱能药物

常用药物包括奥昔布宁（oxybutynin）、索利那新（solifenacin）、托特罗定（tolterodine）。主要阻断 M_2 和 M_3 受体，缓解逼尿肌过度收缩，降低膀胱敏感性，从而改善 BPH 患者的贮尿期症状。

常用治疗前列腺增生症药物的用法及用量见表 9-5。

表 9-5　常用治疗前列腺增生药物的用法及用量

药物分类	常用药物	常用剂量范围	用法
α- 受体阻断药	多沙唑嗪	1 ~ 4mg	口服，初始剂量为 1mg，1 次 /d。根据患者的尿动力学和症状，用药剂量可增加至 2 ~ 4mg，1 次 /d
	阿夫唑嗪	2.5 ~ 10mg	口服，每次 2.5mg，3 次 /d。所有老年患者均应慎用此药，即最初服用量应早晚各 1 片，最多可增至 10mg/d

笔记栏

药物分类	常用药物	常用剂量范围	用法
α-受体阻断药	特拉唑嗪	1~10mg	口服，初始剂量为睡前服用 1mg，且不应超过 10mg/d，以尽量减少首剂低血压事件的发生
	坦索罗辛	0.2mg	饭后口服，成人每次 0.2mg，1 次/d。根据年龄、症状的不同可适当增减
5α-还原酶抑制药	非那雄胺	5mg	口服，1 次/d，空腹服用或与食物同时服用均可
	度他雄胺	0.5mg	口服，1 次/d。胶囊应整粒服用，不可咀嚼
抗雄激素药	甲地黄体酮	4~12mg	口服，每次 4mg，2~3 次/d
	醋酸环丙氧地黄体酮	100~200mg	口服，1~2 次/d
抗胆碱能药物	奥昔布宁	5~15mg	口服，常用量为每次 5mg，2~3 次/d
	索利那新	5~10mg	口服，推荐剂量为每次 5mg，1 次/d，必要时可增至每次 10mg，1 次/d
	托特罗定	1~4mg	口服，推荐剂量为每次 2mg，2 次/d，肝功能损害患者的建议剂量为每次 1mg，2 次/d

【用药护理】

（一）用药评估

1. **评估病史** 了解患者的主诉、现病史、既往病史和个人史等；有无相关疾病家族史；有无并发疝、痔、脱肛、前列腺癌等情况；吸烟、饮食、饮酒和性生活等情况；性征、性欲等情况；排尿困难程度及夜尿次数。

2. **评估用药史** 了解患者目前正在使用和曾用的药物、患者的用药情况、用药耐受程度，是否有头晕、腹胀、心率加快等症状；评估过敏史。

3. **评估合并症** 了解患者的合并症状、合并症的病史以及合并症对生活质量及前列腺增生症的影响。

4. **实验室检查和其他检查** 前列腺特异抗原检测、血常规检查、肝肾功能检查、血糖和血脂检查；结合评估直肠指诊、B 超等结果；评估尿路梗阻程度。

5. **评估用药依从性** 了解患者用药情况及家属对手术及并发症的认知程度，记录患者所处的治疗阶段、列出患者正在使用的药物，提出改善用药依从性的建议。

（二）用药安全

1. **α 受体阻断药**

（1）不良反应：①最常见的副作用是伴心动过速和心律失常的直立性低血压、乏力、头晕、逆行射精等。②坦索罗辛不良反应发生率低，偶见头晕、血压下降、心率加快等；偶尔出现恶心呕吐、胃部不适、腹痛、食欲缺乏等消化道症状及鼻塞、水肿、吞咽困难、乏力等症状。罕见过敏者，出现皮疹时应停止服药。

（2）用药注意事项：①长效高选择性受体阻断药坦索罗辛为最新合成的强力 α 受体阻断药，须饭后口服。α 受体阻断药可引起头昏及直立性低血压，故应在睡前服用，用药后卧床休息，防止跌倒。服药期间应定时测量血压并观察药物的不良反应。但采用 IPSS 评分评估症状改善应在用药 4~6 周后进行。如有连续使用 1 个月未见症状改善不推荐继续使用。②坦索罗辛过量使用可能会引起血压下降，因此要注意用量。

（3）禁忌证：对坦索罗辛有过敏史及肾功能不全的患者禁止使用；直立性低血压患者慎用。

笔记栏

2. 5α- 还原酶抑制药

（1）不良反应：①临床研究中发现非那雄胺不良反应比较典型，主要有性欲下降、勃起功能障碍或射精量减少。②非那雄胺可引起血清前列腺特异抗原浓度下降，故治疗时，血清 PSA 浓度降低并不能排除同时伴发前列腺癌，故须密切观察病情变化。

（2）用药注意事项：在服用非那雄胺时应注意：①排除前列腺癌，治疗前及治疗期间，应定期行直肠指诊，以检查是否存在前列腺癌，任何可疑的发现都应通过适当的诊断程序予以随访。②因为 BPH 是一种缓慢发展的疾病，故非那雄胺逆转这个病程需要几个月治疗，因此必须长期服药。

3. 抗雄激素药

（1）不良反应：长期使用，男性可出现性欲亢进、女性化、睾丸萎缩、精子生成下降等副作用，应当密切观察，及时处理。

（2）用药注意事项：针对增大的前列腺，主要是抗雄性激素药物，应及时观察药物疗效及不良反应。

（3）禁忌证：前列腺癌患者禁用，肾炎、肾病综合征、肝功能不全、高血压、心力衰竭患者慎用。

（三）用药监测

1. 评价用药方案有效性 ①高龄患者常有肾功能减退，应注意观察服药后的状况，如达不到期待效果，不应继续增量，而应改用其他适当的处置方法。②非那雄胺有效反应不能马上显现，故尿潴留及尿流率严重降低的患者须密切监视，预防阻塞性尿路病。

2. 监测不良反应 注意监测药物的疗效及不良反应，根据医嘱随时调整药物的剂量、方法及途径。

3. 监测疗效 注意监测患者临床症状缓解情况，可进行国际前列腺症状评分（IPSS）和生活质量评分。

（四）用药指导

1. 提高用药依从性 向患者及家属宣教前列腺增生症治疗药物的相关知识，使其了解自己的病情，药物治疗的必要性，提高用药依从性及治疗效果。

2. 用药规范性指导 指导患者及主要照顾者掌握药物的用法、用量及服用时间，强调必须遵医嘱按时、按量用药，坚持完成治疗疗程。

3. 不良反应观察指导 密切观察给药期间药物有无不良反应，如特拉唑嗪可能导致血压下降，预防夜间起床跌倒，非那雄胺可能影响性功能等。如果治疗后症状无缓解或缓解后病情恶化，需警惕前列腺癌变，应立即复诊。

4. 特殊人群用药指导 如老年患者等，定期监测症状、尿流率和残余尿量，评估治疗效果和及时复诊调整治疗计划。

（庹勤慧）

ER9-3
肾病综合征
患者的治疗
与护理

小 结

尿路感染 95% 以上是由感染大肠埃希杆菌引起的，治疗实质就是抗菌药物合理运用。抗感染药物主要包括青霉素类、头孢菌素类、喹诺酮类、氨基糖苷类、四环素类、大环内酯类、磺胺类和糖肽类等抗菌药。青霉素和头孢菌素类药物应用前需严格询问药物过敏史，使用前必须做皮试，预防过敏反应。头孢菌素类药物应用前需严格询问饮酒史，预防双硫仑反应。应指导患者坚持完成治疗疗程。

笔记栏

急性肾小球肾炎为自限性疾病，以乙型溶血性链球菌导致的急性链球菌感染后肾小球肾炎最常见。治疗侧重于对症治疗，包括利尿消肿、降血压、预防心脑并发症，同时要注意兼顾控制感染灶。

慢性肾小球肾炎治疗用药包括糖皮质激素、雷公藤多苷等免疫抑制药、控制血压和减少尿蛋白的药物，防治肾小球毛细血管内凝血的双嘧达莫、阿司匹林和华法林等抗凝血药，以及降尿酸药。其中糖皮质激素、雷公藤多苷是治疗肾病综合征的主要药物。长期使用糖皮质激素可引发大量不良反应，与患者强调必须遵医嘱按时、按量用药，不得自行调药，同时密切观察给药期间药物有无不良反应。慢性肾炎合并高血压时降压不宜过快，也不宜降得过低，以免加重肾损伤。

慢性肾衰竭治疗药物有纠正水、电解质紊乱和酸碱平衡失调的药物，控制血压的降压药，调脂的贝特类和他汀类药物，控制感染的抗菌药以及心力衰竭或贫血等并发症的防治用药。肾衰竭患者易发生高钾血症，注意监测患者的电解质水平，及时纠正电解质紊乱，同时指导患者正确监测血压、血糖、血脂，定期前往医院复查。

良性前列腺增生症治疗药物有 α 受体阻断药、5α- 还原酶抑制药、抗雄激素药、抗胆碱能药物。进行药物治疗前对 BPH 病情应有全面估计，对药物的副作用及长期用药的可能性等也应充分考虑。观察药物疗效应长期随访，定期行尿流动力学检查，以免延误手术时机。

· · · · · **思考题** · · · ·

1. 说明如何配伍使用控制血压和减少尿蛋白的药物及用药监测要点。
2. 结合临床护理工作实际，讨论如何预防慢性肾衰患者降压药物引起的高钾？
3. 从药物相互作用的角度讨论尿路感染使用抗生素的注意事项。

ER9-4
第九章
目标测试

ER10-1
第十章
思维导图

第十章

内分泌及代谢性疾病药物治疗与护理

ER10-2
第十章
内分泌及代谢
性疾病药物治
疗与护理

内分泌及代谢性疾病是由内分泌腺体功能异常、激素分泌失调或代谢紊乱引起的一类疾病，具有病因多元、起病隐匿、病程迁延及多系统损害等特点。本章分别就甲状腺疾病、糖尿病、肥胖症、血脂异常、骨质疏松症及痛风的药物治疗相关内容进行阐述。针对以上几种常见内分泌及代谢性疾病的临床护理工作重点，着重阐述药物治疗的目的和原则、常用药物分类及作用特点、用药护理等内容。

第一节　甲状腺疾病

 导入案例

患者，女，48岁。因心悸、气短伴乏力1个月，咽痛、发热3天入院。患者于1个月前无明显诱因出现心悸、气短，伴有乏力、怕热多汗、易饥多食，体重减轻约2.5kg，曾在当地医院就诊，化验相关指标后诊断为"甲状腺功能亢进症"，口服"甲巯咪唑"治疗（30mg，每天1次）。3天前患者无明显诱因出现咽痛，伴干咳，无咳痰，发热，体温38.1℃，血常规：白细胞2.5×10^9/L，中性粒细胞1.3×10^9/L，门诊以"甲状腺功能亢进症、粒细胞缺乏症"收入院。病程中患者精神紧张，大便每天3次。入院后查体：体温38.1℃，脉搏108次/min，呼吸20次/min，血压130/70mmHg。双眼突出，瞬目减少，双眼辐辏不良，咽部充血，扁桃体Ⅱ度肿大，双侧甲状腺Ⅱ度肿大，质软，无压痛，上下级可触及震颤，可闻及血管杂音，双肺呼吸音清，未闻及干湿啰音，心律规整，双下肢无水肿。实验室检查：T_3 250nmol/L，T_4 10nmol/L，TSH 0.01mU/L。诊断：甲状腺功能亢进症、粒细胞缺乏症。给予^{131}I抗甲状腺、升白细胞对症治疗，患者症状明显好转，病情稳定后出院。

请思考：

1. 该患者在应用甲巯咪唑的过程中发生了粒细胞缺乏症，应如何预防？该患者是否应该停药？

2. 抗甲状腺药物的不良反应有哪些？用药注意事项是什么？

3. 应用^{131}I治疗后，应如何指导患者正确监测甲状腺功能？

4. 出院时，护士应如何对患者进行用药指导？

正常甲状腺形如"H"，分为左右两个侧叶，中间以峡部相连，位于喉下部气管上部的前侧，可分泌甲状腺激素。甲状腺激素为碘化酪氨酸的衍生物，包括甲状腺素（四碘甲状腺原氨酸，thyronine，T_4）和三碘甲状腺原氨酸（triiodothyronine，T_3），是维持机体正常代谢、促进生长发育所必需的激素。甲状腺激素分泌过少引起甲状腺功能减退症（hypothyroidism），需补充甲状腺激素进行治疗；分泌过多则引起甲状腺功能亢进症（hyperthyroidism），需要手术治疗或者应用抗甲状腺药物进行治疗。本节重点介绍甲状腺疾病的药物治疗。

一、甲状腺功能减退症

【疾病简介】

甲状腺功能减退症简称甲减，是由多种原因引起的甲状腺激素合成、分泌或生物效应不足所致的全身性低代谢综合征。按病因可分为原发性甲减、继发性甲减及周围性甲减。按起病年龄可分为三型：功能减退始于胎儿或新生儿，严重影响大脑和身体生长发育者，称"呆小病"或者"克汀病"；起病于青春期发育前儿童者及青春期发病者，称幼年型甲减；成人后发病者称为成人型甲减，重者表现为黏液性水肿，昏迷者称为"黏液性水肿昏迷"。甲减是最常见的甲状腺功能障碍，国外报告的临床甲减患病率为 0.8% ~ 1.0%，我国为 1.0%，女性多于男性。本病起病隐匿，病情发展缓慢，主要表现有畏寒、乏力、表情淡漠、手足肿胀感、少汗、嗜睡、记忆力减退、厌食、便秘、性欲减退等，需补充甲状腺激素进行治疗。

【药物治疗的目的及原则】

（一）药物治疗的目的

用最小剂量甲状腺激素纠正甲减而不产生明显的不良反应，使血中促甲状腺激素（thyroid-stimulating hormone，TSH）和甲状腺激素水平恢复到正常范围内。

（二）药物治疗的原则

甲减是终身性疾病，需要长期使用甲状腺激素维持治疗。药物的剂量取决于患者的病情、年龄、体重和个体差异。

【药物分类及常用药物】

甲状腺激素包括 T_4 和 T_3。常用药物为甲状腺替代激素，包括左甲状腺素（L-T_4）和碘塞罗宁（liothyronine）。L-T_4 为人工合成的 T_4，常用其钠盐，作用维持时间较长，是甲减替代治疗的首选药，也可用于黏液性水肿昏迷等。成年患者 L-T_4 替代剂量为每天 50 ~ 200μg，平均 125μg，儿童需要较高的剂量，大约每天 2.0μg/kg，老年患者则需要较低的剂量，大约每天 1.0μg/kg。碘塞罗宁为 T_3 的钠盐，其与受体的亲和力较 T_4 高 20 倍，为主要的具有活性的甲状腺激素，用于治疗需要迅速见效的甲减，不可用于一般甲减的替代治疗。

【用药护理】

（一）用药评估

1. 评估病史 了解患者的年龄、发病原因、主要症状和体征，有无家族史、是否为哺乳期，是否患有 Addison 病、急性心肌梗死等。

2. 评估用药史 了解既往药物治疗方案，曾使用药物的种类、用法、用量及疗效，有无用药不良反应，有无药物过敏史。

3. 评估甲状腺功能 进行血清 TSH、总 T_4（TT_4）、总 T_3（TT_3）、游离 T_4（FT_4）以及游离 T_3（FT_3）的检测，评估甲状腺的功能状态。血清 TSH 浓度的变化是反映甲状腺功能最敏感的指标。血清中的 T_4 全部由甲状腺产生，而 T_3 仅有 20% 由甲状腺产生，80% 在外周组织由 T_4 脱碘而成，因此 TT_4 比 TT_3 稳定，重复性好。血清 FT_4 和 FT_3 不受甲状腺结合球蛋白（thyroxine-binding globulin，TBG）变化的影响，可直接反映甲状腺的功能状态，但因血中含量甚微，测定的稳定性不如 TT_4 和 TT_3。用药前，应根据这些激素水平的变化，明确诊断，并尽可能作出病因诊断，指导药物治疗。

4. 评估用药依从性 评估患者及家属对疾病的认知程度、心理状况、教育背景、经济状况、社会支持度等。

（二）用药安全

1. 不良反应 甲状腺激素过量可引起心悸、手震颤、多汗、体重减轻、失眠等甲亢症状，

笔记栏

225

重者可有腹泻、呕吐、发热、脉搏快而不规则，甚至引起心绞痛、心力衰竭、肌肉震颤或痉挛。一旦出现上述现象，应立即停药，用 β 受体阻断药对抗，停药 1 周后再按初始剂量开始应用。

2. 用药注意事项　①L-T$_4$ 的服药方法首选早餐前 1 小时，与其他药物和某些食物如牛奶、咖啡、豆类食品的服用间隔应在 4 小时以上。②鼓励患者多饮水以预防吞咽困难和食管闭锁。③对有高血压、心脏病、肾炎的患者，应特别注意剂量的调整，不能随意增减剂量。④对病程长、病情重的甲减或黏液性水肿患者应从小剂量开始，逐渐增加至维持剂量。⑤伴有垂体前叶功能减退症或肾上腺皮质功能不全的患者应先服用糖皮质激素，待肾上腺皮质功能恢复正常后再用本类药。⑥甲减一般不能治愈，需终身替代治疗，不能随意停药。

3. 药物相互作用　①与考来烯胺同用可使甲状腺激素的吸收减少，应间隔 2 小时服药。②可增加口服抗凝药物的药效，导致出血，应减少口服抗凝药的用量，并定期检查出血时间。③可降低强心苷的药效，应监测强心苷的血药浓度。④甲状腺功能减退时茶碱清除率可降低，应相应调整茶碱剂量。

（三）用药监测

补充甲状腺激素，重建下丘脑 – 垂体 – 甲状腺轴的平衡一般需要 4 ～ 6 周，所以治疗初期，每 4 ～ 6 周需测定激素指标。然后根据检查结果调整 L-T$_4$ 剂量，直到达到治疗目标。治疗达标后，需要每 6 ～ 12 个月监测 1 次。

（四）用药指导

1. 永久性甲减通常需要终身服药治疗，要加强对患者的健康指导，向其解释坚持服药的重要性和必要性，避免自行停药或变更剂量，提高用药依从性。

2. 指导患者自我监测甲状腺激素服用过量的症状，如出现多食消瘦、脉搏 > 100 次 /min、心律失常、体重减轻、发热、大汗、情绪激动等情况时，应及时报告医生。

3. 给患者讲解黏液性水肿昏迷发生的原因及表现，学会自我观察。若出现低血压、心动过缓、体温低于 35℃等情况，应及时就医。

二、甲状腺功能亢进症

【疾病简介】

甲状腺功能亢进症简称甲亢，是指甲状腺腺体本身产生甲状腺激素过多而引起的甲状腺毒症。其病因包括弥漫性毒性甲状腺肿（Graves 病），结节性毒性甲状腺肿和甲状腺自主高功能腺瘤。其中 Graves 病是甲亢最常见的病因，约占全部病例的 80%。西方国家报道本病的发病率为 1.1% ～ 1.6%，我国学者报道普通人群的患病率为 1.2%，女性高于男性，高发年龄为 30 ～ 60 岁。甲亢的临床症状主要为高代谢综合征，如怕热、多汗、易激动、烦躁、失眠、心悸、食欲亢进、大便次数增多等，严重者可出现甲状腺危象、昏迷甚至危及生命。治疗措施有抗甲状腺药物和手术治疗等，抗甲状腺药物治疗是最常用、最基本的方法。

【药物治疗的目的及原则】

（一）药物治疗的目的

通过抑制甲状腺合成激素或破坏甲状腺组织减少激素的产生，降低已升高的甲状腺激素水平，缓解甲亢的症状。

（二）药物治疗的原则

1. 长期用药　甲亢一经确诊后一般要进行至少 1.5 ～ 2 年的治疗，如果维持时间不够容易引起复发。

2. 规则用药　甲亢治疗分为初治期、减量期及维持期，每一期都有明确的进入下一步的指标，不能随意更改药物剂量，否则容易导致病情不稳定。

3. 安全用药　骨髓抑制是严重的不良反应，在使用药物前后一定要检查白细胞数目并进行连续监测。

【药物分类及常用药物】

抗甲状腺药物主要包括硫脲类、碘及碘化物、放射性碘和 β 受体阻断药。

1. 硫脲类　硫脲类（thioureas）是最常用的抗甲状腺药，包括硫氧嘧啶类（thiouracils）和咪唑类（imidazoles），常用药物有丙硫氧嘧啶（propylthiouracil，PTU）、甲硫氧嘧啶（methylthiouracil，MTU）、甲巯咪唑（thiamazole，MMI）和卡比马唑（carbimazole）。作用机制是通过抑制甲状腺过氧化物酶，进而抑制酪氨酸的碘化和偶联，减少甲状腺激素的合成；抑制免疫球蛋白的生成，使甲状腺刺激性免疫球蛋白（thyroid-stimulating immunoglobulin，TSI）下降；PTU 能抑制外周组织 T_4 向 T_3 的转化。主要适应证为：①病情较轻，甲状腺轻度至中度肿大患者。②青少年及儿童、孕妇、年老体弱，或合并严重心、肝、肾、出血性疾病而不宜手术者。③手术前准备。④作为放射性 ^{131}I 治疗前后的辅助治疗。⑤术后复发而不宜再次手术或不宜用 ^{131}I 治疗的患者。

2. 碘及碘化物　不同剂量的碘化物对甲状腺功能产生不同的作用。小剂量碘是合成甲状腺激素的原料，可预防单纯性甲状腺肿。大剂量碘（> 6mg/d）有抗甲状腺作用。碘剂中的无机碘离子可抑制碘在甲状腺的转运、有机结合和甲状腺激素分泌，还可减少甲状腺充血，使组织变得坚实，有利于手术的施行，也可抑制外周 T_4 向 T_3 的转换。但过量碘的摄入会加重或延长病程，增加复发的可能性，因此碘剂已不再单独使用。常用药物复方碘溶液（liguor iodine Co）又称卢戈液（lugol solution）含碘 5%，碘化钾 10%，仅在甲亢手术前及甲状腺危象时使用。

3. 放射性碘　放射性碘（radioiodine）是 ^{131}I。甲状腺有高度的摄碘能力，^{131}I 被甲状腺摄取后可释放射程仅有 2mm 的 β 射线，破坏甲状腺组织细胞，起到类似手术切除部分甲状腺的作用。临床适用于不宜手术、手术后复发、硫脲类无效或过敏的甲亢患者，作用缓慢，一般用药 1 个月见效，3~4 个月后甲状腺功能可恢复正常。

4. β 受体阻断药　该类药物是甲亢及甲状腺危象时的辅助治疗药物，可通过阻断 β- 肾上腺素受体而改善甲亢所致的心率加快、心肌收缩力增强等交感神经兴奋症状，并可阻断外周组织 T_4 转换为 T_3。主要适用于不宜抗甲状腺药、不宜手术及 ^{131}I 治疗的甲亢患者；与硫脲类合用作术前准备；静脉注射能帮助甲状腺危象患者度过危险期。

常用抗甲状腺药物的用法与用量见表 10-1。

表 10-1　常用抗甲状腺药物的用法与用量

药物分类	常用药物	用法与用量
硫氧嘧啶类	丙硫氧嘧啶	起始：50~150mg/ 次，2~3 次 /d，口服 维持：50~100mg/ 次，2~3 次 /d，口服
	甲硫氧嘧啶	起始：300~600mg/d，分次口服 维持：50~150mg/d，分次口服
咪唑类	甲巯咪唑	起始：10~30mg，1 次 /d，口服 维持：5~10mg，1 次 /d，口服
	卡比马唑	起始：15~30mg/d，分次口服 维持：2.5~5mg/d
碘及碘化物	复方碘溶液	甲亢术前准备：0.1~0.3ml，3 次 /d，用水稀释后口服，约服 2 周 甲状腺危象：首次服 2~4ml，以后每 4h 服 1~2ml，或静脉滴注，3~5ml 加于 10% 葡萄糖注射液 500ml 中
放射性碘	^{131}I	成人（30 岁以上）：4~10 毫居里，口服
β 受体阻断药	普萘洛尔	每次 10~40mg，每 6~8h 口服 1 次

【用药护理】

（一）用药评估

1. 评估病史 了解患者的年龄、起病时间、发病原因及诱因、主要症状和体征，既往疾病史、家族史，是否为妊娠和哺乳期等。

2. 评估用药史 了解既往药物治疗方案，曾使用药物的种类、用法、用量及疗效，有无用药不良反应，有无药物过敏史。

3. 评估并发症 了解患者是否存在潜在的心血管系统和神经肌肉系统并发症等。

4. 实验室检查 检测血清 TSH、TT_4、TT_3、FT_4 及 FT_3 的水平，评估甲状腺的功能状态；检测 TSH 受体抗体（thyrotropin receptor antibody，TRAb），是诊断甲亢和了解甲亢是否缓解的重要指标。

5. 评估用药依从性 评估患者及家属对疾病的认知程度、心理状况、教育背景、经济状况、社会支持度等。

（二）用药安全

1. 硫脲类

（1）不良反应：①一般反应以消化道反应多见，表现为厌食、呕吐、腹痛和腹泻，亦有头痛、关节痛和眩晕等。②过敏反应最常见，多表现为皮疹，发生率约为5%，常见为粟粒样。③粒细胞减少为最严重的不良反应，以 MTU 多见，PTU 最少，粒细胞减少多发生于用药后 2~3 个月，老年人较易发生。④肝损伤以轻度常见，也可引起严重肝损伤，如胆汁淤积、中毒性肝炎等。⑤ PTU 可诱发抗中性粒细胞胞浆抗体阳性的小血管炎，其特点是随着用药时间延长，发生率增加，特别是亚洲患者多见。⑥甲状腺肿和甲状腺功能减退为过量所致，长期应用后，可使血清甲状腺激素水平显著下降，反馈性增加 TSH 分泌而引起腺体代偿性增生，腺体增大、充血，严重者可产生压迫症状，及时停药后可自愈。

（2）用药注意事项：①治疗前后应定期检查血象。如患者出现发热、咽痛等粒细胞减少的症状，白细胞低于 $3×10^9$/L 或中性粒细胞低于 $1.5×10^9$/L 时，应立即停药并与医生联系处理。②治疗前后应定期检测肝功能，包括肝脏酶学指标、胆红素和蛋白水平。③皮疹可先用抗组胺药治疗，当皮疹严重时应及时停药，以免发生剥脱性皮炎。

（3）禁忌证：严重肝功能损害、白细胞严重缺乏、对硫脲类药物过敏者禁用。

（4）药物相互作用：①使用硫脲类药物前不宜使用碘剂，因碘剂能抑制甲状腺激素的释放，使甲状腺内激素的贮存量增多，如合用会延缓硫脲类起效时间，明显延长疗程。②磺胺类、对氨基水杨酸、保泰松、巴比妥类、维生素 B_{12}、磺酰脲类药物等均有抑制甲状腺功能和引起甲状腺肿大的作用，与硫脲类药物合用时需注意。

2. 碘及碘化物

（1）不良反应与注意事项：①一般反应有咽喉不适、口腔金属味、呼吸道刺激、鼻窦炎及唾液分泌增加等，停药后可消退。②过敏反应可于用药后立即或几小时内发生，表现为发热、皮疹、皮炎，也可有血管神经性水肿，严重者有喉头水肿，可致窒息。一般停药后可消退，加服食盐和增加饮水量可促进碘排泄。必要时采取抗过敏措施。③诱发甲状腺功能紊乱。长期或过量服用碘剂可能诱发甲亢，已使用硫脲类控制症状的甲亢患者，也可因服用少量碘而复发。另外，碘剂也可诱发甲减和甲状腺肿，原有甲状腺炎者不易发生。④碘能通过胎盘和通过乳汁分泌，可能引起新生儿和婴儿甲状腺功能异常或甲状腺肿，严重者可压迫气管而致命，孕妇和哺乳期妇女应慎用。

（2）药物相互作用：抗凝血药、茶碱、地高辛、美托洛尔、普萘洛尔等药物与碘剂合用时，由于碘可破坏甲状腺功能，使患者的甲状腺功能由亢进变为减退，而这些药物在甲减和甲亢状态时的体内代谢不同，应密切监测。

3. 放射性碘

（1）不良反应：①放射性甲状腺炎可发生在摄 ^{131}I 后的 7～10 天，严重者可给予阿司匹林或糖皮质激素治疗。②诱发甲状腺危象，主要发生在未控制的重症甲亢患者。③加重活动性 Graves 眼病，对于活动性 Graves 眼病在治疗前 1 个月给予泼尼松 0.4～0.5mg/kg 治疗，治疗后 3～4 个月逐渐减量。

（2）用药注意事项：① ^{131}I 作用缓慢，一般用药 1 个月见效，3～4 个月后甲状腺功能可恢复正常。②剂量过大可致甲状腺功能减退，故应严格掌握剂量。用药后，一旦发现功能减退症状，可补充甲状腺激素对抗。

（3）禁忌证：20 岁以下患者、妊娠或哺乳期妇女及肾功能低下者不宜使用。甲状腺危象、重症浸润性突眼症及甲状腺不能摄碘者禁用。

4. β- 受体阻断药
不良反应较少，但应注意防止本类药物对心血管系统和气管平滑肌等造成的不良反应。

（三）用药监测

1. 甲状腺功能监测　每隔 1～2 个月复查 1 次甲状腺功能，作为评价药物疗效的依据。

2. 不良反应监测　指导患者定期监测血白细胞、中性粒细胞计数和肝功能。服用硫脲类药物的患者如出现发热、咽痛、口腔溃疡或其他感染的早期征象时，应停用药物并检测血白细胞计数和分类；如出现瘙痒性皮疹、黄疸、大便颜色变浅、深色尿、关节痛、腹痛或腹胀、厌食、恶心或乏力等，应立即检测肝功能。

（四）用药指导

1. 甲亢的治疗通常分为控制期、减量期和维持期 3 个不同阶段，每个阶段药物的用量和时间不同，指导患者坚持遵医嘱按剂量和疗程服药，不可随意减量和停药，提高用药依从性。

2. 指导患者在服用抗甲状腺药物的开始 3 个月，每周查血常规 1 次，每隔 1～2 个月做甲状腺功能测定，每天清晨起床前自测脉搏，定期测体重。脉搏减慢、体重增加是治疗有效的标志。

3. 指导患者在停药观察期间应避免劳累、精神刺激、过度紧张等。出院后定期到医院复诊，需要遵医嘱调整药物剂量，防止复发。

（王春梅）

第二节　糖　尿　病

 导入案例

　　患者，男，23 岁。因口干、多饮、多食、多尿 3 年，恶心、呕吐、乏力 3 天入院。患者于 3 年前无明显诱因出现口干、多饮、每天饮水量约 3 000ml，尿量随之增加，每餐主食约 150g，体重下降 15.0kg，行相关检查，明确诊断为"1 型糖尿病"。开始胰岛素强化治疗，平素生活方式控制欠佳，未系统监测血糖。患者于 3 天前因受凉后出现咳嗽、咳痰、乏力，随后出现恶心、呕吐，呼吸深大，伴有烂苹果味，急诊以"1 型糖尿病合并酮症酸中毒"收入院。入院后查体：体温 38.7℃，脉搏 108 次 /min，呼吸 30 次 /min，血压 115/67mmHg。急性面容，精神萎靡，呼吸深大，双肺呼吸音粗，右肺可闻及湿啰音。实验室检查：白细胞 12.2×10^9/L，中性粒细胞百分率 85%，随机血糖 31.2mmol/L，β- 羟丁酸 4.50mmol/L，尿糖（++++），尿酮体（+++）。治疗上，给予吸氧、补液、小剂量胰岛素持续静脉滴注、纠正电解质代谢紊乱及酸碱平衡失调、抗感染及对症治疗。患者精神状态明显好转，实验室检查指标逐渐恢复正常，病情稳定后出院。出院后继续胰岛素治疗。偶有因未按时进餐，出现心慌、出汗、明显饥饿感等症状。

请思考：

1. 糖尿病患者在使用降糖药物治疗过程中，为什么需要监测血糖？

2. 胰岛素的主要不良反应是什么？结合该病例，出现不良反应时如何处置？

3. 胰岛素与哪些降糖药物联合应用容易引起低血糖反应？

4. 抢救糖尿病酮症酸中毒患者，护理上的重要环节是什么？

5. 患者出院时，护士应如何对患者进行用药指导？

糖尿病是严重危害人类健康的常见病、多发病。根据国际糖尿病联盟 2021 年的统计数据，全球糖尿病患者人数已超过 5 亿，预计到 2045 年将增至 7.83 亿。近 30 年来，随着我国经济的高速发展和人口老龄化，肥胖率上升，糖尿病患病率也呈快速增长趋势，目前成年人糖尿病患病率达 11.2%，其中 2 型糖尿病占 90% 以上，居全球首位。绝大多数糖尿病是终身性疾病，严格的糖尿病控制是延缓和预防慢性并发症的关键方法和有效措施。

【疾病简介】

糖尿病（diabetes mellitus）是由于胰岛素分泌不足和 / 或胰岛素作用缺陷所引起的代谢性疾病，以高血糖为特征，可由遗传和环境等多种因素共同作用引起。其主要临床表现为多饮、多尿、多食和体重减轻。长期碳水化合物以及脂肪、蛋白质代谢紊乱可引起多系统损害，导致眼、肾、心脏、血管等组织器官慢性进行性病变、功能减退及衰竭；病情严重或应激时可发生严重代谢紊乱，如酮症酸中毒、高渗性高血糖状态和各种感染等急性并发症。糖尿病可分为四种类型，分别为：1 型糖尿病（type 1 diabetes mellitus，T1DM）、2 型糖尿病（type 2 diabetes mellitus，T2DM）、特殊类型糖尿病和妊娠期糖尿病。由于糖尿病的病因和发病机制尚未完全阐明，目前仍缺乏病因治疗。在生活方式干预不能使血糖控制达标时应及时应用降糖药物治疗。

【药物治疗的目的及原则】

（一）药物治疗的目的

通过控制高血糖和代谢紊乱，消除糖尿病症状，防止出现急、慢性并发症，提高患者生活质量和延长寿命。糖尿病的综合控制目标见表 10-2。

（二）药物治疗的原则

糖尿病的药物治疗主要是根据患者胰岛功能及全身情况，选用合适的降糖药物，在控制空腹血糖的同时应注意餐后血糖达标情况，监测糖化血红蛋白（HBA1c）水平，减少糖尿病并发症的发生。

表 10-2　糖尿病的综合控制目标（2024 版中国糖尿病防治指南）

检测指标	目标值
毛细血管血糖	
空腹	4.4 ~ 7.0mmol/L
非空腹	≤ 10.0mmol/L
HBA1c	< 7.0%
血压	< 130/80mmHg
TC	< 4.5mmol/L

续表

检测指标	目标值
HDL-C	
男性	> 1.0mmol/L
女性	> 1.3mmol/L
TG	< 1.7mmol/L
LDL-C	
未合并动脉粥样硬化性心血管疾病	< 2.6mmol/L
合并动脉粥样硬化性心血管疾病	< 1.8mmol/L
体重指数	< 24kg/m²

注：1mmHg=0.133kPa。

【药物分类及常用药物】

胰岛素（insulin）、口服降血糖药物（oral hypoglycemic drugs）及其他降血糖药物是临床治疗糖尿病的主要药物。口服降血糖药物包括磺酰脲类（sulphonylureas，SUs）、格列奈类（meglitinides）、双胍类（biguanides）、噻唑烷二酮类（thiazolidinediones，TZDs）和 α- 葡萄糖苷酶抑制药（α-glucosidase inhibitor）。其他降血糖药物主要包括胰高血糖素样肽 –1（glucagons like peptide 1，GLP-1）受体激动药、二肽基肽酶 – Ⅳ（dipeptidyl peptidase 4，DPP-4）抑制药和钠 – 葡萄糖共转运体 2（sodium-glucose cotransporter 2，SGLT-2）抑制药。

（一）胰岛素

根据来源和化学结构的不同，胰岛素可分为动物胰岛素、人胰岛素和胰岛素类似物。根据作用起效快慢和维持时间的差异，又可将胰岛素分为速效胰岛素类似物、常规（短效）胰岛素、中效胰岛素、长效胰岛素、长效胰岛素类似物、预混胰岛素等。胰岛素类似物与人胰岛素相比控制血糖的效能相似，但在模拟生理性胰岛素分泌和减少低血糖发生风险方面优于人胰岛素。常用胰岛素制剂及其特点见表 10–3。

表 10-3　常用胰岛素制剂及其特点

制剂类型	代表药	给药途径	起效时间	峰值时间	持续时间
速效					
胰岛素类似物	门冬胰岛素	皮下注射	10 ~ 20min	1 ~ 2h	4 ~ 6h
	赖脯胰岛素	皮下注射	15min	1.0 ~ 1.5h	4 ~ 5h
短效					
	普通胰岛素	皮下注射 / 肌内注射 / 静脉滴注	0.5h（皮下）	2 ~ 4h（皮下）	6 ~ 8h（皮下）
中效					
	低精蛋白胰岛素	皮下注射	2 ~ 4h	5 ~ 7h	18 ~ 24h
长效					
	精蛋白锌胰岛素	皮下注射	3 ~ 4h	8 ~ 10h	24 ~ 36h

续表

制剂类型	代表药	给药途径	起效时间	峰值时间	持续时间
长效					
	甘精胰岛素	皮下注射	2 ~ 3h	无	> 30h
	地特胰岛素	皮下注射	3 ~ 4h	3 ~ 14h	24h
	德谷胰岛素	皮下注射	1h	无	42h
预混					
	人胰岛素 30R，70/30	皮下注射	0.5h	2 ~ 12h	14 ~ 24h
	人胰岛素 50R	皮下注射	0.5h	2 ~ 3h	10 ~ 24h
	门冬胰岛素 30	皮下注射	10 ~ 20min	1 ~ 4h	14 ~ 24h
	门冬胰岛素 50	皮下注射	15min	0.5 ~ 1h	16 ~ 24h
	赖脯胰岛素 25	皮下注射	15min	0.5 ~ 1h	16 ~ 24h
	赖脯胰岛素 50	皮下注射	15min	0.5 ~ 1h	16 ~ 24h

胰岛素通过加速组织对葡萄糖的摄取和利用、促进糖原的合成和贮存、加速葡萄糖的氧化和酵解，并抑制糖原分解和糖异生而降低血糖。其作用机制是与靶细胞的胰岛素受体（insulin receptor，IR）结合，激活胰岛素受体底物（insulin receptor substrate，IRS），进而导致细胞内其他活性蛋白的一系列磷酸化，产生降血糖效应（图 10-1）。主要适应证为：①1 型糖尿病。②2 型糖尿病需迅速降低血糖至正常水平的初始治疗。③经饮食控制和口服降血糖药物未能控制的 2 型糖尿病。④发生各种急性或严重并发症的糖尿病。⑤合并重度感染、高热、妊娠、创伤以及大手术的各型糖尿病。

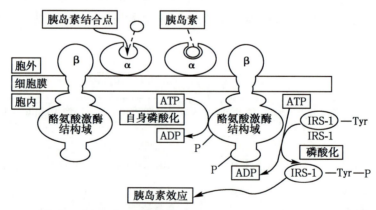

ATP: adenosine triphosphate（三磷酸腺苷）；ADP: adenosine diphosphate（二磷酸腺苷）；
IRS-1: insulin receptor substrate-1（胰岛素受体底物-1）；Tyr: tyrosinase（酪氨酸）；
IRS-1-Tyr-P：胰岛素受体底物-1酪氨酸残基磷酸化。

图 10-1　胰岛素受体结构及信号转导示意图

（二）口服降血糖药物

1. 磺酰脲类　属于促胰岛素分泌剂，可降低正常人血糖，对胰岛功能尚存的患者有效，可以使 HbA1c 下降 1% ~ 2%。主要作用机制是与胰岛 β 细胞膜上磺酰脲受体结合，抑制细胞膜上 ATP 敏感的 K^+ 通道而阻止钾外流，致使细胞膜发生去极化，电压依赖性 Ca^{2+} 通道开放，细

胞外 Ca^{2+} 内流增加, 细胞内 Ca^{2+} 升高, 触发胰岛素的分泌, 降低血糖。常用药物有格列本脲（glibenclamide）、格列美脲（glimepiride）、格列齐特（gliclazide）、格列吡嗪（glipizide）和格列喹酮（gliquidone）等, 适用于胰岛功能尚存的 2 型糖尿病且单用饮食控制无效者。

2. 格列奈类 为非磺酰脲类促胰岛素分泌药, 主要通过刺激胰岛素的早时相分泌而降低餐后血糖, 也有一定的降低空腹血糖作用, 可以使 HbA1c 降低 0.3% ~ 1.5%。常用药物有瑞格列奈（repaglinide）、那格列奈（nateglinide）和米格列奈（mitiglinide）等, 较适用于 2 型糖尿病早期餐后高血糖阶段或以餐后高血糖为主的老年患者。该类药物需在餐前或进餐时服用, 可单独使用或与其他降糖药联合应用（磺脲类除外）。

3. 双胍类 目前临床上使用的主要是盐酸二甲双胍（metformin）。该类药物可明显降低糖尿病患者的血糖, 但对正常人血糖无明显影响, 可以使 HbA1c 下降 1% ~ 2%。主要药理作用是通过改善外周组织对胰岛素的敏感性, 增加组织对葡萄糖的摄取和利用, 减少葡萄糖在肠道的吸收和抑制糖原异生而降低血糖。二甲双胍不增加体重, 并可改善血脂谱、增加纤溶系统活性、降低血小板聚集性、使动脉壁平滑肌和成纤维细胞生长受抑制等, 被认为可能有助于延缓糖尿病血管并发症的发生。我国及许多国家和国际学术组织制定的糖尿病诊治指南中均推荐二甲双胍作为 2 型糖尿病患者控制血糖的一线用药和药物联合中的基本用药。主要用于轻症糖尿病患者, 尤其适用于肥胖及单用饮食控制无效者。

4. 噻唑烷二酮类 也称格列酮类（glitazones）, 是一类胰岛素增敏药, 主要通过激活过氧化物酶体增殖物激活受体 γ（PPARγ）起作用, 增加靶组织对胰岛素作用的敏感性而降低血糖, 还可改善脂肪代谢紊乱, 防治血管并发症, 改善胰岛 β 细胞功能。噻唑烷二酮类可以使 HbA1c 降低 1.0% ~ 1.5%。常用药物有罗格列酮（rosiglitazone）和吡格列酮（pioglitazone）, 可单独或与其他降糖药物合用治疗 2 型糖尿病, 尤其是肥胖和胰岛素抵抗明显者。

5. α- 葡萄糖苷酶抑制药 该类药物通过抑制碳水化合物在小肠上部的吸收而降低餐后血糖。常用药物有阿卡波糖（acarbose）、伏格列波糖（voglibose）和米格列醇（miglitol）, 主要适用于以餐后血糖升高为主的早期 2 型糖尿病患者, 可单独用药或与其他降糖药物合用。1 型糖尿病患者在胰岛素治疗基础上加用本类药物有助于餐后血糖控制。

常用口服降血糖药物的用法及用量见表 10-4。

表 10-4 常用口服降血糖药物的用法及用量

药物分类	常用药物	常用剂量范围	用法
磺酰脲类	格列本脲	2.5 ~ 15mg	起始剂量 2.5mg, 1 次 /d, 早餐前 30min 服用, 7 ~ 14d 调整一次剂量, 每天剂量超过 10mg 时, 2 次 /d, 每天不得超过 15mg
	格列美脲	1 ~ 8mg	1 次 /d, 早餐前或餐时服用
	格列齐特	80 ~ 320mg	1 次 /d, 早餐前 30min 顿服, 每天剂量超过 160mg 时, 2 ~ 3 次 /d, 饭前服用
	格列吡嗪	2.5 ~ 30mg	1 次 /d, 或分次, 于餐前服用, 首次可在早餐前 30min 服用
	格列喹酮	30 ~ 180mg	1 次 /d, 或 2 ~ 3 次 /d, 餐前服用
格列奈类	瑞格列奈	1 ~ 16mg	餐前 10 ~ 15min 服用, 3 次 /d, 起始剂量为 0.5mg, 根据血糖水平调节, 最大单次剂量为 4mg; 此药进一次餐服一次药, 不进餐不服药, 故被称为 "餐时血糖调节剂"

笔记栏

233

续表

药物分类	常用药物	常用剂量范围	用法
格列奈类	那格列奈	120 ~ 360mg	单一或联合应用的起始剂量为 120mg，3 次 /d，餐前 10 ~ 15min 服用
	米格列奈	30 ~ 60mg	餐前 5min 内口服，通常成人 10mg/ 次，3 次 /d，可根据患者的治疗效果酌情调整剂量
双胍类	二甲双胍	500 ~ 2 000mg	500 ~ 1 500mg/d，分 2 ~ 3 次口服，最大剂量一般不超过 2 000mg
噻唑烷二酮类	罗格列酮	4 ~ 8mg	起始剂量为 4mg，1 次 /d，治疗 12 周后，如需要可加至 8mg/d，1 次或分 2 次服用
	吡格列酮	15 ~ 30mg	口服初始剂量为 15mg，可加至 30mg，1 次 /d
α- 葡萄糖苷酶抑制药	阿卡波糖	100 ~ 300mg	50mg/ 次，3 次 /d，应在开始进餐时服用（与第一口主食同时嚼服）；应从小剂量开始，观察血糖控制情况和胃肠反应，再逐渐增加剂量
	伏格列波糖	0.2 ~ 0.9mg	0.2mg/ 次，3 次 /d，餐前口服，服药后即刻进餐
	米格列醇	100 ~ 300mg	起始剂量为 25mg/ 次，3 次 /d，个别患者起始时需从 1 次 /d 逐渐增加至 3 次 /d；4 ~ 8w 后可增量至 50mg/ 次，3 次 /d，服用 3 个月；在此期间，应测定 HbAlc 以确定是否需加量至 100mg/ 次，3 次 /d（最大推荐量）

（三）其他降血糖药物

1. GLP-1 受体激动药和 DPP-4 抑制药　GLP-1 是一种肠促胰素，由肠道 L 细胞分泌，通过与相应受体结合，发挥促进胰岛素的合成和分泌、抑制胰高血糖素的分泌、抑制食欲、延缓胃排空等作用，是调节餐后血糖的主要激素。然而，GLP-1 在体内可迅速被 DPP-4 降解而失去生物活性，$t_{1/2}$ 不到 2 分钟。目前针对 GLP-1 已开发出两类降糖药物，一类是长效的 GLP-1 受体激动药，如艾塞那肽（exenatide）、利拉鲁肽（liraglutide）、贝那鲁肽（benaglutide）、利司那肽（lixisenatide）等，需要注射给药，可有效降低血糖，并能部分恢复胰岛 β 细胞功能，降低体重，改善血脂及降低血压；另一类是 DPP-4 抑制药，如西格列汀（sitagliptin）、沙格列汀（saxagliptin）、维格列汀（vildagliptin）等，通过抑制 DPP-4 而减少 GLP-1 在体内的失活，使内源性 GLP-1 水平升高，进而调节血糖。本类药物可单独使用或与其他降糖药物联合使用，为糖尿病的治疗提供了更多的用药选择。

2. 钠 - 葡萄糖共转运体 2 抑制药　钠 - 葡萄糖共转运体 2（sodium-glucose co-transporter 2，SGLT-2）抑制药是一类近年受到高度重视的新型口服降糖药物，常用药物有达格列净（dapagliflozin）、恩格列净（empagliflozin）和卡格列净（canagliflozin）。该类药物通过抑制肾脏近曲小管钠 - 葡萄糖共转运体对葡萄糖的重吸收，降低肾糖阈，促进尿糖的排出，从而达到降糖作用。SGLT-2 抑制药单药治疗能使 HbA1c 降低 0.5% ~ 1.2%。此外，该类药物还有一定的减轻体重和降压作用，可单用或联合其他降糖药物治疗成人 2 型糖尿病。

常用其他降血糖药物的用法及用量见表 10-5。

表10-5 常用其他降血糖药物的用法及用量

药物分类	常用药物	常用剂量范围	用法
GLP-1 受体激动药	艾塞那肽	10～20μg	起始剂量为5μg，2次/d，于早餐和晚餐前60min内皮下注射；餐后不可给药；治疗1个月后，可根据临床反应将剂量增加至10μg
	利拉鲁肽	0.6～1.8mg	起始剂量为0.6mg，1次/d，皮下注射，可在任意时间给药，不受进餐影响；1w后，可增加至1.2mg；推荐每天剂量不超过1.8mg
	贝那鲁肽	0.3～0.6mg	起始剂量为0.1mg，3次/d，餐前5min皮下注射；治疗2w后，剂量应增加至0.2mg，3次/d
	利司那肽	10～20μg	起始剂量为10μg，1次/d，皮下注射14d；从第15d开始20μg，1次/d；给药时间可在任何一餐前1h内
DPP-4 抑制药	西格列汀	100mg	100mg，1次/d，可与或不与食物同服
	沙格列汀	5mg	5mg，1次/d，服用时间不受进餐影响
	维格列汀	100mg	50mg，每天早晚各给药1次，可以餐时服用，也可以非餐时服用
	利格列汀	5mg	5mg，1次/d，服用时间不受进餐影响
	阿格列汀	25mg	25mg，1次/d，可与食物同时或分开服用
SGLT-2 抑制药	达格列净	5～10mg	5mg，1次/d，晨服，不受进食限制
	恩格列净	10～25mg	早晨10mg，1次/d，空腹或进食后给药；耐受本品者剂量可增加至25mg
	卡格列净	100～300mg	起始剂量为100mg，1次/d，当天第一餐前服用；剂量可增加至300mg/d

 知识链接

老年2型糖尿病的药物治疗要点

1. 结合老年2型糖尿病（T2DM）患者健康状态分层和血糖目标制订降糖方案。

2. 生活方式干预是老年T2DM治疗的基础，单纯生活方式干预血糖不达标时进行药物治疗。

3. 老年T2DM患者应选择安全、简便的降糖方案。

4. 合并ASCVD或高危因素的老年T2DM患者，应首选有ASCVD获益证据的SGLT-2抑制药或GLP-1受体激动药。

5. 合并心力衰竭或慢性肾脏病（CKD）的老年T2DM患者，应首选SGLT-2抑制药；合并CKD的老年T2DM患者，若患者无法耐受SGLT-2抑制药，也可选择有CKD获益证据的GLP-1受体激动药。

6. 老年T2DM患者的胰岛素治疗强调"去强化"。

【用药护理】

（一）用药评估

1. 评估病史　了解患者的年龄、起病时间、主要症状和体征，有无糖尿病家族史、病毒感染史，是否规律监测血糖，血糖控制情况等。

2. 评估用药史　了解既往药物治疗方案，曾使用药物的种类、用法、用量及疗效，有无用药不良反应，有无药物过敏史。

3. 评估 ASCVD 危险因素及并发症　评估患者是否有高血压、血脂异常、冠心病、脑血管病变、周围血管病变、神经病变、眼底病变等。

4. 评估合并症　了解患者是否合并妊娠、感染、高热、手术等应激状态。

5. 实验室检查和其他检查　评估血糖、血脂水平、肝功能、肾功能、尿常规、尿白蛋白 / 肌酐比值，估算肾小球滤过率。如尿酮体阳性，应评估血 β- 羟丁酸、电解质情况及血气分析情况。

6. 评估用药依从性　了解患者的生活方式、饮食习惯、摄食量等；评估患者及家属对疾病的认知程度、心理状况、教育背景、经济状况、社会支持度等。

（二）用药安全

1. 胰岛素

（1）不良反应：①低血糖症是胰岛素治疗中最常见、最严重的不良反应，多发生于胰岛素剂量过大、未按时进餐、肝肾功能不全等患者。早期症状表现为心悸、饥饿感、出汗、震颤和感觉异常等，进而出现认知损害、精神运动异常，严重者可引起昏迷、休克、脑损伤甚至死亡。若胰岛素治疗的糖尿病患者出现上述症状，需考虑低血糖症，检测血糖值低于 3.9mmol/L，可明确诊断。处理方法见用药指导。②过敏反应较多见，临床表现为局部过敏反应如注射部位出现红斑、麻疹、皮肤瘙痒等，全身过敏反应如血管神经性水肿、紫癜等，极少数出现过敏性休克。主要原因一是来自动物与人的胰岛素结构差异所致，二是制剂纯度较低，内含杂质所致。处理措施包括更换胰岛素制剂，使用抗组胺药和糖皮质激素以及脱敏疗法等。严重者需停止或暂时中断胰岛素治疗。高纯度胰岛素或人胰岛素制剂的应用，降低了过敏反应的发生率。③胰岛素抵抗可分为急性型和慢性型，急性型多因并发感染、创伤、手术等应激状态所致，处理方法是清除诱因，并加大胰岛素用量；慢性型是指在临床中每天需用胰岛素 200U 以上，且无并发症者，处理方法是换用高纯度胰岛素或人胰岛素，并适当调整剂量。④脂肪萎缩或增生可发生于长期使用非纯化胰岛素或反复在一个部位注射，少数患者出现面部及四肢水肿，可能因胰岛素促进肾小管 Na^+ 重吸收所致，通常不需治疗，数天内可自行恢复。应用高纯度胰岛素制剂后已较少见。

（2）用药注意事项：①准确用药，包括熟悉各种胰岛素的名称、剂型、作用特点及给药时间，准确执行医嘱，按时注射；预混胰岛素应在使用前先摇匀，再注射。②采用皮下注射时，首先宜选择皮肤疏松部位，如上臂三角肌、臀大肌、大腿前侧、腹部等。腹部吸收最快，其次分别是上臂、大腿和臀部。如参加运动锻炼，不要选择在大腿、臀部等活动的部位。注射部位要经常更换，长期注射同一部位可能导致局部皮下脂肪萎缩、增生、局部硬结。如在同一区域注射，必须与上一次注射部位相距 1cm 以上，选择无硬结的部位。注射胰岛素时应严格无菌操作，防止发生感染。③根据胰岛素治疗方案进行相应的血糖监测。具体方法见用药监测。④使用胰岛素泵时应定期更换导管和注射部位以避免感染及针头堵塞。使用胰岛素笔时要注意笔与笔芯相互匹配，每次注射前确认笔内是否有足够药量、药液是否变质等。另外，每次使用前均应更换针头。⑤未开封的胰岛素放于冰箱 4～8℃冷藏保存，正在使用的胰岛素在常温下（不超过 28℃）可保存 28天，应避免过冷、过热、太阳直晒及剧烈晃动，否则可因蛋白质凝固变性而失效。

（3）药物相互作用：水杨酸类、α 受体阻断药、单胺氧化酶抑制药、乙醇和磺胺类药物可增强胰岛素的作用，肾上腺糖皮质激素、异烟肼、烟酸、雌激素、甲状腺激素、噻嗪类利尿药、吩噻嗪类抗精神病药和拟交感胺类药物可拮抗胰岛素的作用，联合用药时应注意调整胰岛素用量。

2. 磺酰脲类

（1）不良反应：①低血糖最常见，常发生于老年患者、肝肾功能不全或营养不良者，与药物剂量过大、饮食不规律或减少、体力活动过度、饮用含乙醇饮料及联合用药等有关。②体重增加。③皮肤过敏反应。④消化系统反应，可出现上腹部不适、食欲减退等，偶见肝功能损害、胆汁淤滞性黄疸。⑤少数患者可出现白细胞、血小板减少及溶血性贫血。

（2）用药注意事项：①协助患者正确服用药物，严密观察药物的不良反应。②用药期间禁用含乙醇饮料，因为乙醇可诱发或加重空腹时磺酰脲类的降糖作用而发生低血糖症。③监测患者的食欲，防止服药患者因不进食而引起低血糖。④需定期检查肝功能和血常规。

（3）禁忌证：①1型糖尿病患者。②有严重并发症或β细胞功能较差的2型糖尿病患者。③严重肝、肾功能不全者。④对本类药物过敏或有严重不良反应者。⑤妊娠、哺乳期妇女及儿童患者。⑥大手术围手术期者。

（4）药物相互作用：磺酰脲类血浆蛋白结合率高，可与保泰松、水杨酸钠、吲哚美辛、青霉素、双香豆素等发生竞争，使血浆中游离药物浓度增加而引起低血糖症。消耗性患者血浆蛋白低，黄疸患者血浆胆红素水平高，也能竞争血浆蛋白结合部位，容易引发低血糖。乙醇抑制糖原异生和肝葡萄糖输出，故患者饮酒会导致低血糖。另外，氯丙嗪、肾上腺糖皮质激素、噻嗪类利尿药、钙通道阻滞药、口服避孕药等均可降低磺酰脲类的降血糖作用，须予注意。

3. 格列奈类

（1）不良反应：常见的有低血糖和体重增加，但餐后低血糖及夜间低血糖较磺酰脲类少见。

（2）禁忌证：与磺酰脲类相同。

（3）药物相互作用：与β受体阻断药或乙醇同时使用增加低血糖的风险。非甾体抗炎药阿司匹林、磺胺类、华法林以及CYP3A4抑制药如酮康唑、咪康唑、红霉素等均可增强格列奈类药物作用。而利福平、巴比妥类、噻嗪类利尿药、吩噻嗪类抗精神病药、苯妥英、钙通道阻滞药和异烟肼等可拮抗格列奈类的作用。

4. 二甲双胍

（1）不良反应：①胃肠道反应最常见，表现为食欲下降、腹部不适、恶心、呕吐、腹泻等。②皮肤过敏反应。③乳酸性酸中毒为最严重的不良反应，但罕见，须注意严格按照推荐用药。④单独用药极少引起低血糖，但与胰岛素或促胰岛素分泌剂联合使用时可增加低血糖发生的风险。

（2）用药注意事项：①通过进餐时服药，从小剂量开始，逐渐增加剂量，可减少胃肠道反应。②造影检查如使用碘化对比剂，应暂时停用二甲双胍，在检查完至少48小时且复查肾功能无恶化后可继续用药。

（3）禁忌证：①肾功能不全（肾小球滤过率 < 45ml/min）、肝功能不全、缺氧及高热者禁用，慢性胃肠病、慢性营养不良者不宜使用。②1型糖尿病不宜单独使用本药。③2型糖尿病合并急性严重代谢紊乱、严重感染、缺氧、外伤、大手术、孕妇和哺乳期妇女等。④对药物过敏或有严重不良反应者。⑤酗酒者。

（4）药物相互作用：二甲双胍可抑制消化道对维生素 B_{12} 的吸收，导致大细胞性贫血，应予以注意。长期使用二甲双胍者可每年测定1次血清维生素 B_{12} 水平，如缺乏应适当补充。H_2 受体阻断药西咪替丁可抑制肾小管分泌二甲双胍，而致血中药物浓度增加，联合使用时增加低血糖风险。二甲双胍可降低血中呋塞米的浓度及半衰期，削弱其利尿作用。钙通道阻滞药可使消化道吸收二甲双胍增加。

5. 噻唑烷二酮类

（1）不良反应：体重增加和水肿最常见。低血糖症发生率低，但与胰岛素或促胰岛素分泌剂联合使用时可增加低血糖风险。本类药物的使用与骨折和心力衰竭风险增加相关。

（2）用药注意事项：密切观察有无水肿、体重增加等不良反应发生。患缺血性心血管疾病的风险增加，一旦出现应立即停药。尽管尚未发现罗格列酮和吡格列酮具有肝毒性，但仍建议患者定期检测肝功能。

（3）禁忌证：不宜用于 1 型糖尿病、孕妇、哺乳期妇女和儿童。有心力衰竭［纽约心脏学会（New York Heart Association，NYHA）心功能分级 Ⅱ 级以上］者、活动性肝病或氨基转移酶升高超过正常上限 2.5 倍者、严重骨质疏松和有骨折病史的患者应禁用。现有或既往有膀胱癌病史者或存在不明原因肉眼血尿的患者禁用吡格列酮。

（4）药物相互作用：吡格列酮可能导致口服避孕药的浓度降低，因此，使用口服避孕药者应考虑其他的避孕方法。

6. α- 葡萄糖苷酶抑制药

（1）不良反应：①胃肠道反应常见，由于小肠中未被吸收的碳水化合物在肠道滞留，酵解产气，临床上可表现为胃胀、腹胀、排气增多、腹泻、胃肠道痉挛性疼痛等。②全身不良反应少见，大剂量可引起血清转氨酶升高，但不伴其他肝功能改变，停药后可自行恢复。此外，由于 α- 葡萄糖苷酶抑制药减少肠道铁的吸收，少数患者可发生贫血。③单用不引起低血糖，但如与磺酰脲类或胰岛素合用，可发生低血糖。

（2）用药注意事项：①从小剂量开始，逐渐加量是减少不良反应的有效方法。②应与第一口主食同时服用。③如发生低血糖，应直接静脉或口服补充葡萄糖，而不适宜补给一般甜食类和蔗糖类，因后者不易转化为葡萄糖。④阿卡波糖可引起肝损伤，因此在服药期间应监测肝功能，发现转氨酶升高应停用。

（3）禁忌证：①不宜单独用于治疗 1 型糖尿病和重症 2 型糖尿病。②慢性腹泻、慢性胰腺炎、肝硬化、消化性溃疡、严重胃肠功能紊乱者。③严重肝肾功能不全者。④孕妇及哺乳期妇女。

（4）药物相互作用：肠道吸附剂如活性炭可拮抗 α- 葡萄糖苷酶抑制药的作用。α- 葡萄糖苷酶抑制药可影响地高辛和华法林的吸收，故合用时应监测两药的药理作用。

7. GLP-1 受体激动药和 DPP-4 抑制药

（1）不良反应：① GLP-1 受体激动药可引起胃肠道反应，如恶心、呕吐、腹泻、腹胀等，多为轻度到中度，主要见于初始治疗时，多随治疗时间延长逐渐减轻。偶见急性胰腺炎。② DDP-4 抑制药可能引起头痛、超敏反应、转氨酶升高、上呼吸道感染、胰腺炎等不良反应，多可耐受。

（2）用药注意事项：① GLP-1 受体激动药不是胰岛素的代替物，不应用于 1 型糖尿病患者或糖尿病酮症酸中毒的治疗。②不推荐肾终末期疾病患者或严重肾功能损伤（肌酐清除率 30ml/min）患者使用 GLP-1 受体激动药。③ DPP-4 抑制药与胰岛素及促胰岛素分泌药联合应用时应注意低血糖风险，可适当减少胰岛素及促胰岛素分泌药的剂量。④不推荐在有胰腺炎病史的患者中使用。如果在使用过程中患者出现疑似胰腺炎的症状，建议停用，并作相应处理。⑤对有心衰危险因素的患者，在沙格列汀和阿格列汀治疗期间应观察患者是否有心力衰竭的症状和体征；如出现心力衰竭，应规范处理并停用。

（3）禁忌证：1 型糖尿病患者、糖尿病酮症酸中毒患者、儿童、妊娠及哺乳期妇女禁用。有胰腺炎病史者禁用。

（4）药物相互作用：GLP-1 受体激动药艾塞那肽可抑制胃排空，应与治疗窗窄的药物分开使用。艾塞那肽可能使口服避孕药炔雌醇的血药浓度降低，因此应间隔 1 小时给药。DDP-4 抑制药西格列汀可增强磺酰脲类和胰岛素的作用。沙格列汀主要由 CYP3A4/5 介导代谢，与强效 CYP3A4/5 抑制药如克拉霉素、伊曲康唑、酮康唑、泰利霉素、利托那韦、阿扎那韦、沙奎那韦等合用时，剂量应限制为每天 2.5mg。

8. SGLT-2 抑制药

（1）不良反应及注意事项：总体不良反应发生率低，可能出现泌尿生殖道感染，部分可能增加截肢风险和骨折风险。可能会引起酮症酸中毒，在使用期间应密切监测，一旦诊断明确应立即停用，并按酮症酸中毒治疗原则处理。

（2）药物相互作用：利福平、苯妥英、苯巴比妥和利托那韦与卡格列净联合使用时，可能降低卡格列净的疗效。

（三）用药监测

1. 血糖监测　血糖监测是糖尿病管理的重要组成部分。基本指标包括空腹血糖、餐后血糖和 HbA1c。建议患者使用便携式血糖仪进行自我血糖监测，监测频率根据患者病情的实际需要决定，兼顾有效性和便利性。护士应指导患者按要求正确操作，使结果可信，尽量减少误差。HbA1c 可反映患者近 8～12 周平均血糖水平，用于评价长期血糖控制情况，也是临床指导调整治疗方案的重要依据之一，在治疗之初建议每 3 个月检测 1 次，一旦达到治疗目标可每 6 个月检查 1 次。

2. CVD 危险因素和并发症监测　指导患者定期测量血压，每年至少 1 次检查血脂、心、肾、神经、眼底和足部等情况，了解有无并发症的发生，以便尽早给予相应处理。

3. 不良反应监测　密切观察患者的症状及体征，应用磺酰脲类、噻唑烷二酮类和 α- 葡萄糖苷酶抑制药的患者应定期复查肝功能，发现不良反应及时联系医生，以便进一步处理，必要时调整用药方案。

（四）用药指导

1. 药物治疗指导　①使患者及主要照顾者了解糖尿病的主要病理特点、临床表现及长期血糖控制不良的危害等，使其认识到糖尿病是一种需要终身治疗的疾病，提高用药依从性。②指导患者及主要照顾者掌握胰岛素和 GLP-1 受体激动药的制剂特点、注射时间及注射方法；掌握口服降糖药的用法和用量，强调遵医嘱按时、按量用药的重要性，不可擅自停药或盲目用药。③指导患者及主要照顾者给药期间正确监测血糖，观察药物的不良反应，出现不适症状及时就诊。

2. 低血糖防治指导　糖尿病患者在药物治疗过程中可能发生低血糖症（血糖＜ 3.9mmol/L）。低血糖可导致不适甚至危及生命，为防止低血糖的严重后果，应教会患者熟知其表现及处理方法。

（1）可引起低血糖的降糖药物：胰岛素、磺酰脲类和非磺酰脲类促胰岛素分泌药均可引起低血糖。二甲双胍、α- 葡萄糖苷酶抑制药、噻唑烷二酮类、DPP-4 抑制药、GLP-1 受体激动药和SGLT-2 抑制药单用不增加低血糖风险，但与胰岛素及促胰岛素分泌药联合治疗时则可引起低血糖。

（2）临床表现：低血糖的临床表现与血糖水平以及血糖的下降速度有关，具体见本节胰岛素的不良反应。

（3）预防：①患者未按时进食、进食减少或进行剧烈运动时，均可发生低血糖，告知患者应定时、定量进餐，有可能误餐时应提前做好准备，可随身携带糖果，以备不时之需。②如果患者有呕吐、腹泻等表现，可能诱发低血糖，需及时就诊并调整降糖药的剂量，同时加强血糖监测。③酒精能直接导致低血糖，应教育患者避免酗酒和空腹饮酒。④使用胰岛素及促胰岛素分泌药时应从小剂量开始，逐渐增加剂量，并做好血糖监测。

（4）治疗：轻者及时进食或饮用糖水，可纠正低血糖症状；较重者应立即静脉注射 50% 葡萄糖 40～60ml；严重者应给予氢化可的松 0.3～0.5g 加入至 5%～10% 葡萄糖静脉滴注，待患者清醒后立即进食。

（王春梅）

ER10-3
老年 2 型糖尿病的药物治疗与护理

笔记栏

第三节 肥 胖 症

肥胖是一种全球性"流行病"。截至 2022 年，全球有 10 亿成年人为肥胖。《中国居民营养与慢性病状况报告（2020 年）》显示，我国超过一半成年人超重/肥胖，是全世界肥胖增加速度最快的国家之一。超重/肥胖造成的并发疾病与死亡风险密切相关，成为可预防疾病及失能的首要原因。WHO 明确认定，肥胖已成为全球十大慢性疾病之一。

【疾病简介】

肥胖症（obesity）是一种以体内脂肪过度积蓄和体重超常为特征的慢性代谢性疾病，由遗传因素、环境因素等多种因素相互作用所引起。肥胖症可见于任何年龄和性别。轻度肥胖症多无症状，中度至重度肥胖症可引起气急、关节痛、肌肉酸痛、体力活动减少以及焦虑、抑郁等。肥胖亦是引起高血压、糖尿病、心脑血管病、肿瘤等慢性非传染性疾病的危险因素和病理基础。治疗的主要环节是减少热量摄取及增加热量消耗，强调以饮食、运动等行为管理为主的综合治疗，必要时辅以药物或手术治疗。

【药物治疗的目的及原则】

（一）药物治疗的目的

在全生活方式管理基础上，辅以药物治疗，帮助患者控制体重，改善症状，预防相关并发症的发生发展。

（二）药物治疗的原则

中国人群中体重指数（body mass index，BMI）$\geq 28kg/m^2$ 且经过 3 个月的生活方式干预仍不能减重 5%，或 BMI $\geq 24kg/m^2$ 合并高血糖、高血压、血脂异常、非酒精性脂肪性肝病、负重关节疼痛、睡眠呼吸暂停综合征等肥胖相关并发症之一的患者，在生活方式和行为干预基础上推荐应用药物减重治疗。

【药物分类及常用药物】

肠道脂肪酶抑制药和兼有减重作用的降糖药物是临床治疗肥胖症的常用药物。

（一）肠道脂肪酶抑制药

奥利司他（orlistat）是我国批准上市的第一个减重药物。本药为胃肠道胰脂肪酶、胃脂肪酶抑制药，可抑制甘油三酯的吸收，减少热量摄入，有效减轻体重。奥利司他还可轻度降低收缩压和舒张压，显著改善胰岛素抵抗。适用于肥胖或体重超重者，包括已经出现与肥胖相关危险因素的患者的长期治疗。推荐使用剂量为 120mg，每天 3 次，餐前服用。

（二）兼有减重作用的降糖药物

1. 二甲双胍 二甲双胍为 2 型糖尿病的一线治疗药物，尚未获批用于肥胖症的治疗。二甲双胍可促进组织摄取葡萄糖和增加胰岛素的敏感性，有一定的减重作用，主要适用于超重/肥胖的 2 型糖尿病患者。推荐剂量为 0.5g，每天 3 次。

2. GLP-1 受体激动药 GLP-1 受体激动药属肠促胰素类药物，主要通过增加葡萄糖依赖胰岛素分泌，降低胰高血糖素分泌，减缓胃排空，增加饱腹感，降低血糖同时具有一定的减重作用。主要用于 BMI > $28kg/m^2$ 的单纯性肥胖患者，或 BMI > $24kg/m^2$ 合并至少一项肥胖并发症的患者。利拉鲁肽为中效 GLP-1 类似物，我国于 2023 年 7 月批准用于临床减重治疗，初始剂量为 0.6mg，每天 1 次皮下注射，持续 1 周，逐渐递增，最大剂量为每天 3mg。司美格鲁肽（semaglutide）为长效的 GLP-1 类似物，2.4mg 注射剂是全球首个用于肥胖症体重管理的每周注射 1 次的 GLP-1 受体激动药。

【用药护理】

（一）用药评估

1. 评估病史 了解患者的年龄、病程、主要症状和体征，有无家族史，饮食和运动等生活方式干预情况等。

2. **评估用药史**　了解既往药物治疗方案，曾使用药物的种类、用法、用量及疗效，有无用药不良反应，有无药物过敏史。

3. **评估并发症及伴发病**　评估患者是否有糖尿病、血脂异常、高血压、冠心病、痛风、胆石症、阻塞性睡眠呼吸综合征及代谢综合征等。

4. **评估肥胖程度和危险性**　评估患者的 BMI、腰围、腰 / 臀比，计算皮下脂肪厚度或内脏脂肪量等，了解患者的肥胖程度及相关的危险性，确定是否使用药物。

5. **评估用药依从性**　了解患者的生活方式、饮食习惯、体力活动等；评估患者及家属对疾病的认知程度、心理状况、教育背景、经济状况、社会支持度等。

（二）用药安全

1. 奥利司他

（1）不良反应：①治疗早期有轻度消化系统不良反应如胃肠胀气、大便次数增多和脂肪便等。②可影响脂溶性维生素如维生素 D、维生素 E 和胡萝卜素的吸收，推荐用药期间每天口服补充复合维生素，特别是维生素 D。③偶见过敏反应。④已有引起严重肝损害的报道，应引起警惕。

（2）用药注意事项：①不推荐 BMI 低于 $24kg/m^2$ 的人群使用本品。②服用本品同时应注意结合运动和控制饮食，才能达到良好效果。③用药后如出现食欲减退、瘙痒、黄疸、尿色深、粪便色浅、右上腹疼痛等肝损伤症状和体征，应立即停药，并检测肝功能。

（3）禁忌证：18 岁以下儿童、孕妇及哺乳期妇女，胆汁淤积症、器质性肥胖症（如甲状腺功能减退）患者，器官移植及服用环孢素患者，对奥利司他过敏者禁用。

（4）药物相互作用：本品与胺碘酮合用可导致后者吸收减少而降低疗效。与华法林或其他抗凝血药合用，应监测患者的国际标准化比值（international normalized ratio，INR）。与环孢素合用，可降低后者的血药浓度，合用时应加强药物浓度监测。与 $L-T_4$ 合用可导致甲状腺功能减退，需监测患者甲状腺功能。伴有 2 型糖尿病的肥胖症患者服用本品体重减轻、血糖控制情况改善，需要及时调整降血糖药物剂量，避免低血糖的发生。

2. 二甲双胍　主要不良反应是胃肠道反应，乳酸性酸中毒较少见。用药注意事项及药物相互作用见本章第二节糖尿病。

3. GLP-1 受体激动药

（1）不良反应与用药注意事项：见本章第二节糖尿病。

（2）禁忌证：妊娠、哺乳期妇女、对本类药物过敏者禁用。

（三）用药监测

1. 肥胖程度监测　指导患者定期正确测量 BMI、腰围、腰 / 臀比，了解肥胖程度，评价药物治疗效果。$BMI（kg/m^2）=$ 体重（kg）/ [身高（m）]^2。BMI 18.5 ~ 23.9kg/m^2 为正常，24.0 ~ 27.9kg/m^2 为超重，≥ 28.0kg/m^2 为肥胖。腰围是 WHO 推荐的用于评价中心性肥胖的首选指标，男性腰围 ≥ 85cm，女性腰围 ≥ 80cm，作为中心性肥胖的切点。

2. 并发症及伴发病监测　指导患者定期监测血糖、血压、尿酸、心、肝、肾等情况，每年检查血脂至少 1 次，了解有无并发症和伴发病的发生，以便尽早给予相应处理。

（四）用药指导

1. 使患者了解肥胖程度及其危害，认识到控制体重的重要性，坚持在饮食、运动等行为管理基础上，正确使用药物治疗。

2. 指导患者掌握奥利司他及 GLP-1 受体激动药的制剂特点、用法和用量，强调遵医嘱按时、按量用药的重要性，不可擅自停药或盲目用药。

3. 指导患者给药期间正确监测肥胖程度、血糖、血压、血脂等，观察药物的不良反应，出现不适症状及时就诊。

（王春梅）

第四节　血脂异常

血脂异常是动脉粥样硬化、冠心病以及其他心脑血管疾病的重要危险因素。目前我国成年人血脂异常患病率高达 40.4%，且呈持续快速上升状态，而居民对血脂异常的知晓率、治疗率和控制率均处于较低水平。因此，科学预防和治疗血脂异常是我国重要的健康问题，主要目的是抑制和延缓动脉粥样硬化的发生。

【疾病简介】

血脂异常（dyslipidemia）通常指血清中胆固醇、甘油三酯（triglyceride，TG）、低密度脂蛋白胆固醇（low-density lipoprotein cholesterol，LDL-C）水平升高，高密度脂蛋白胆固醇（high-density lipoprotein cholesterol，HDL-C）水平降低。在血浆中脂质主要与蛋白质结合以脂蛋白的形式存在，因此，血脂异常表现为脂蛋白异常血症。临床上，可表现为高胆固醇血症、高 TG 血症、混合型高脂血症和低 HDL-C 血症。血脂异常可导致冠心病等动脉粥样硬化性心血管疾病（atherosclerotic cardiovascular disease，ASCVD），同时增加肿瘤的风险。防治血脂异常对降低心血管疾病患病率、提高生活质量、延长寿命具有重要意义。血脂异常的治疗措施应是综合性的，生活方式干预是首要的基本措施，药物治疗需严格掌握指征。

【药物治疗的目的及原则】

（一）药物治疗的目的

通过调整血脂谱，使其恢复正常，以降低冠心病的患病率及其他心血管事件的发生率。

（二）药物治疗的原则

1. 无冠心病患者经过 3～6 个月或有冠心病者经过 1～2 个月的生活方式调整及饮食控制，其血脂水平仍未达到控制标准，应合理地选用调血脂药物。

2. 推荐 LDL-C 作为血脂干预的首要靶点，以中等强度他汀类药物作为起始药物治疗，必要时联用其他调血脂药物。

【药物分类及常用药物】

临床上可供选用的调血脂药物有许多种类，根据作用可分为主要降低胆固醇的药物和主要降低 TG 的药物。主要降低胆固醇的药物包括他汀类（statins）、胆固醇吸收抑制药、前蛋白转化酶枯草溶菌 9（proprotein convertase subtilisin/kexin type 9，PCSK9）抑制药、普罗布考及胆酸螯合剂。主要降低 TG 的药物包括贝特类（fibrates）、烟酸类及多烯脂肪酸。

（一）主要降低胆固醇的药物

1. **他汀类**　他汀类药物亦称羟甲基戊二酸单酰辅酶 A（3-hydroxy-3-methylglutaryl CoA，HMG-CoA）还原酶抑制药，能够竞争性抑制胆固醇合成限速酶 HMG-CoA 还原酶，使胆固醇合成减少，同时上调细胞表面 LDL 受体，加速血清 LDL 分解代谢。他汀类可显著降低血清胆固醇和 LDL-C 水平，也能轻度降低血清 TG 水平和升高 HDL-C 水平，此外，还有抗炎及保护血管内皮功能等作用。常用药物有阿托伐他汀（atorvastatin）、瑞舒伐他汀（rosuvastatin）、氟伐他汀（fluvastatin）、洛伐他汀（lovastatin）等，主要用于高胆固醇血症、混合型高脂血症和 ASCVD 的防治。

2. **胆固醇吸收抑制药**　该类药物可在肠道刷状缘水平通过与尼曼匹克 C1 类 1（Niemann-Pick C1-like 1，NPC1L1）蛋白受体相互作用从而抑制饮食和胆汁胆固醇在肠道的吸收，而不影响脂溶性营养素的吸收。常用药物有依折麦布（ezetimibe）和海博麦布（hybutimibe）。主要适应证为高胆固醇血症和以胆固醇升高为主的混合型高脂血症，单药或与他汀类联合使用。

3. **PCSK9 抑制药**　PCSK9 是肝脏合成的分泌性丝氨酸蛋白酶，释放入血后可与 LDL 受体结合并使其降解，从而减少 LDL 受体对血清 LDL-C 的清除。药物通过抑制 PCSK9，阻止 LDL 受体降解，促进 LDL-C 的清除。已上市的药物主要是 PCSK9 单抗，如依洛尤单抗（evolocumab）和阿利西尤单抗（alirocumab）。PCSK9 抑制药无论单用或与他汀类合用均可明显降低血浆 LDL-C

水平，并减少心血管事件的发生。

4. 普罗布考　普罗布考（probucol）是疏水性抗氧化药，通过掺入 LDL 颗粒核心中，影响脂蛋白代谢，使 LDL 易通过非受体途径被清除，可降低升高的血清 LDL-C 浓度，对 TG 无影响，主要适用于家族性高胆固醇血症患者。

5. 胆酸螯合剂　该类药物为碱性阴离子交换树脂，可阻断肠道内胆汁酸中胆固醇的重吸收，使血清总胆固醇和 LDL-C 水平降低。常用药物有考来烯胺（cholestyramine）、考来替泊（colestipol）和考来维仑（colesevelam），适合于除纯合子家族性高胆固醇症以外的任何类型的高胆固醇血症患者，尤其适用于仅有 LDL 升高的患者。

常用主要降低胆固醇药物的用法及用量见表 10-6。

表 10-6　常用主要降低胆固醇药物的用法及用量

药物分类	常用药物	常用剂量范围	用法
他汀类	阿托伐他汀	10～80mg	1 次/d，早上、晚上均可，固定时间规律服用即可
	瑞舒伐他汀	10～20mg	1 次/d，可在一天中任何时间服用
	氟伐他汀	40～80mg	1 次/d，晚餐时或临睡前吞服
	洛伐他汀	10～80mg	晚餐时服用，与食物一同服用增加生物利用度，且 2 次/d 降脂效果更佳
	普伐他汀	10～40mg	1 次/d，临睡前服用
	辛伐他汀	5～40mg	晚间 1 次服用
胆固醇吸收抑制药	依折麦布	10mg	1 次/d，可晨服或晚上服用
	海博麦布	10～20mg	1 次/d，空腹或与食物同时服用
PCSK9 抑制药	依洛尤单抗	140mg	每两周 1 次，皮下注射
	阿利西尤单抗	75mg	每两周 1 次，皮下注射
普罗布考	普罗布考	500mg	2 次/d，与早、晚餐同服
胆酸螯合剂	考来烯胺	15g	5g/次，3 次/d，口服
	考来替泊	15g	5g/次，3 次/d，口服
	考来维仑	3.75g	1.875g/次，2 次/d，口服

（二）主要降低甘油三酯的药物

1. 贝特类　药物通过激活 PPARα 和脂蛋白脂肪酶（lipoprotein lipase，LPL）的脂解活性，促进 VLDL 和 TG 的分解以及胆固醇的逆向转运，降低血清 TG 和 VLDL-C 水平，升高 HDL-C。常用药物有吉非罗齐（gemfibrozil）、非诺贝特（fenofibrate）和苯扎贝特（benzafibrate），主要用于高 TG 血症和以 TG 升高为主的混合型高脂血症。

2. 烟酸类　该类药物降脂作用与抑制脂肪组织中激素敏感酶活性、减少游离脂肪酸进入肝脏和降低 VLDL 分泌有关，能使血清 TG、VLDL-C 及 LDL-C 降低，HDL-C 轻度升高。常用药物有烟酸（nicotinic acid）和阿昔莫司（acipimox），主要适用于高 TG 血症和以 TG 升高为主的混合型高脂血症。

3. 多烯脂肪酸　又称多不饱和脂肪酸，常用 n-3 脂肪酸制剂，包括二十碳五烯酸（eicosapentaenoic

笔记栏

243

acid，EPA）和二十二碳六烯酸（docosahexaenoic acid，DHA）。药物通过减少 TG 合成与分泌及 TG 掺入 VLDL、增强 TG 从 VLDL 颗粒中清除来降低血清 TG 浓度。临床主要用于治疗高 TG 血症。

常用主要降低甘油三酯药物的用法与用量见表 10-7。

表 10-7　常用主要降低甘油三酯药物的用法及用量

药物分类	常用药物	常用剂量范围	用法
贝特类	吉非罗齐	1.2g	0.6g/ 次，2 次 /d，口服
	非诺贝特	0.3g	0.1g/ 次，3 次 /d，口服
	苯扎贝特	0.6g	0.2g/ 次，3 次 /d，口服
烟酸类	烟酸	1 ~ 2g	0.2g/ 次，3 次 /d，口服，渐增至 1 ~ 2g/d
	阿昔莫司	0.5 ~ 0.75g	0.25g/ 次，2 ~ 3 次 /d，饭后服用

【用药护理】
（一）用药评估
1. **评估病史**　了解患者的性别、年龄、体重、血脂水平，有无血脂异常、冠心病家族史等。
2. **评估用药史**　了解既往药物治疗方案，曾使用药物的种类、用法、用量及疗效，有无用药不良反应，有无药物过敏史。
3. **评估 ASCVD 危险因素**　评估患者是否有高血压、冠心病、糖尿病，是否有吸烟史，肥胖程度等 ASCVD 的主要危险因素。
4. **实验室检查和其他检查**　评估血脂、血糖、肝功能、肾功能等。
5. **评估用药依从性**　了解患者的生活方式、饮食习惯等；评估患者及家属对疾病的认知程度、心理状况、教育背景、经济状况、社会支持度等。

（二）用药安全
1. **他汀类**
（1）不良反应：①肝功能异常主要表现为转氨酶升高，发生率为 0.5% ~ 3.0%，呈剂量依赖性。②他汀类药物相关肌肉并发症包括肌痛、肌炎、肌病以及横纹肌溶解症，发生率为 1% ~ 5%。③大剂量应用时偶可见胃肠道反应、皮肤潮红、头痛失眠等暂时性反应。
（2）用药注意事项：①用药期间应定期检测肝功能，如血清谷丙转氨酶和 / 或谷草转氨酶升高达正常值上限 3 倍以上及合并总胆红素升高患者，考虑确由他汀类药物引起，应酌情减量或停药。②有肌肉不适或无力者应检测肌酸激酶，必要时减量或停药。
（3）禁忌证：活动性肝炎、肝功能不全者禁用，孕妇和哺乳期妇女禁用。
（4）药物相互作用：他汀类与胆固醇吸收抑制药合用，可产生良好的协同作用，并可进一步降低心血管事件发生率；与胆酸螯合剂联合应用，可增强降低血清总胆固醇及 LDL-C 的效应；若与贝特类或烟酸联合应用可增强降低 TG 的效应，但也能增加肌病的发生率。若同时与其他影响 CYP3A4 的药物，如环孢素、某些大环内酯类抗生素（如红霉素）、吡咯类抗真菌药（如伊曲康唑）等配伍使用，也能增加肌病的危险性。若与香豆素类抗凝药同时应用，可能使凝血酶原时间延长，应注意检测凝血酶原时间，及时调整抗凝血药的剂量。
2. **胆固醇吸收抑制药**
（1）不良反应：不良反应轻微，且多为一过性，主要表现为头痛和消化道症状。与他汀类药物联用也可发生转氨酶增高和肌痛等不良反应。
（2）用药注意事项：患者在接受本品治疗的过程中，应坚持适当的低脂饮食。当与他汀类药物联合应用时，治疗前应进行肝功能测定。

（3）禁忌证：妊娠期和哺乳期妇女禁用。

3. PCSK9 抑制药

（1）不良反应：①注射部位反应，如红斑、发痒、肿胀、疼痛等。②流感样症状，如咽痛、流鼻涕、打喷嚏等。③过敏反应，如荨麻疹、湿疹、过敏性血管炎等。

（2）用药注意事项：如发生严重过敏反应，需停药并对症治疗。

4. 普罗布考

（1）不良反应：常见不良反应为胃肠道反应，也可引起头晕、头痛、失眠、皮疹等，极为少见的严重不良反应为 Q-T 间期延长。

（2）用药注意事项：用药期间注意心电图的变化，不宜与延长 Q-T 间期的药物同用。

（3）禁忌证：室性心律失常、Q-T 间期延长、血钾过低者禁用。孕妇和儿童禁用。

5. 胆酸螯合剂

（1）不良反应：常见腹胀、便秘、恶心、食欲减退等胃肠道症状。偶可出现短时的转氨酶升高，大剂量可发生脂肪痢，久用可引起高氯酸血症等。

（2）用药注意事项：指导患者正确混合药物粉末，如果服用片剂，切记要整片吞服，不可将药片切割、粉碎或咀嚼。

（3）禁忌证：异常 β 脂蛋白血症和血清 TG ＞ 4.5mmol/L 者禁用。

（4）药物相互作用：本类药物在肠腔内与他汀类、氯噻嗪、保泰松、苯巴比妥、洋地黄毒苷、甲状腺素、口服抗凝药、脂溶性维生素（A、D、E、K）、叶酸及铁剂等结合，影响这些药物的吸收，应尽量避免配伍使用，必要时可在服此药 1 小时前或 4 小时后服上述药物。

6. 贝特类

（1）不良反应：主要为胃肠道反应，如恶心、腹痛、腹泻等，少数患者可出现过敏反应，偶见肝功能异常及尿素氮增高，停药后可恢复。肌炎不常见，但一旦发生则可能导致横纹肌溶解症，出现肌红蛋白尿症和肾衰竭，尤见于已有肾损伤的患者。

（2）用药注意事项：饭后服用可减轻胃肠道症状，用药早期应监测肝功能，一般不与他汀类合用以减少横纹肌溶解的风险。

（3）禁忌证：严重肝、肾功能不全者、孕妇、哺乳期妇女及胆石症患者禁用，儿童慎用。

（4）药物相互作用：贝特类可增强口服抗凝血药的抗凝活性，应适当减少抗凝血药的剂量；与他汀类合用可能增加肌病的发生；药物有轻度升高血糖的作用，故对糖尿病患者应适当调整胰岛素或口服降糖药的剂量。

7. 烟酸类

（1）不良反应：由于用量较大，不良反应较多。最常见为颜面潮红、皮肤瘙痒等，可能是前列腺素引起的皮肤血管扩张所致，其他有肝脏损害、高尿酸血症、高血糖、棘皮症等。此外，胃肠道刺激症状也常见，如恶心、呕吐，甚至引起消化道溃疡。

（2）用药注意事项：阿司匹林能缓解烟酸所致的皮肤血管扩张，防止尿酸浓度升高，因此可在使用烟酸前 30 分钟预先服用；餐食或饭后服用烟酸可减轻胃肠道症状。

（3）禁忌证：孕妇、慢性活动性肝病、消化性溃疡病、严重痛风和 2 型糖尿病患者禁用。

（4）药物相互作用：本药与他汀类药物合用具有潜在的横纹肌溶解的危险（氟伐他汀较少引起），应慎用。与阿司匹林合用，可减少烟酸的代谢消除，延长其半衰期。

8. 多烯脂肪酸　一般无明显不良反应，长期或大剂量应用，可使出血时间延长，有出血倾向者禁用。

（三）用药监测

1. 血脂监测　首次服用降脂药物者，应在用药 4 ~ 6 周内复查血脂。如血脂参数能达到目标值，且无药物不良反应，逐步改为每3~6个月复查1次。如治疗1~3个月后，血脂仍未达到目标值，须及时调整调血脂药物的用法和用量。每次调整药物种类或剂量均需在6周内复查血脂。

2. 不良反应监测 用药期间应监测转氨酶和肌酸激酶，监测方法同血脂监测。此外，应定期监测肾功能、血糖、血尿酸及心电图等。

（四）用药指导

1. 向患者讲解血脂异常对健康的危害，血脂异常与糖尿病、肥胖症及心脑血管疾病的关系，让其了解治疗性生活方式改变和调血脂药物治疗必须长期坚持，才能有更佳的临床获益。

2. 指导患者了解所用调血脂药物的常见不良反应，一旦出现及时就诊。

3. PCSK9抑制药是皮下注射制剂，可由患者自行注射，应指导患者掌握正确的操作方法。

（王春梅）

第五节 骨质疏松症

导入案例

患者，女，66岁。因反复出现间断性胸背痛8年、复发5天入院。患者8年前开始出现腰背部酸痛，未予重视，之后间断发作。4年前体检发现骨质疏松，曾自行短期服用钙剂。5天前患者无明显诱因复发胸背疼痛，平躺、弯腰、下蹲或受压时疼痛加剧。入院双能X线吸收测定术（dual-energy X-ray absorptiometry，DXA）检测骨密度：腰椎L_1~L_4 T值为-2.7，骨折风险预测工具（FRAX®）评估提示骨折高风险，其他未见明显异常，入院诊断"骨质疏松症"。入院后服用药物：碳酸钙D_3片250mg，2次/d，骨化三醇胶丸0.25μg，2次/d，阿仑膦酸钠10mg，1次/d，依降钙素10U，隔天一次。一周后，患者胸背痛较前减轻，但患者反复出现恶心、腹胀以及腹痛等症状。胃镜显示慢性非萎缩性胃炎伴糜烂。C14呼气试验阴性。医嘱停用阿仑膦酸钠，改唑来膦酸5mg，静脉滴注，每年1次，使用3年。

请思考：
1. 患者用药评估应考虑哪些方面？
2. 如何评定患者的药物治疗效果？
3. 如何开展患者的日常用药指导？
4. 患者长期用药过程中需要注意哪些事项？

骨质疏松症是全球范围内的重要公共健康问题，我国60~69岁老年女性的骨质疏松症发生率高达50%~70%。50岁以上女性中有1/3、男性中有1/5以上会出现骨质疏松引起的脆性骨折，严重影响患者生活质量，也给其家庭及社会带来负担。药物治疗是骨质疏松症防治的有效措施，目前骨质疏松症的药物治疗率仍较低。积极诊治对缓解骨质疏松症的严重程度，预防骨质疏松性骨折及其对患者造成的不利影响，具有重要作用。

【疾病简介】

骨质疏松症（osteoporosis，OP）是一种以骨量低下、骨组织微结构损坏，导致骨骼脆性增加，易发生骨折为特征的全身性骨病，分为原发性和继发性两大类。原发性骨质疏松症主要由于年龄增加、器官生理功能退行性改变和性激素分泌减少引起，约占骨质疏松症的90%，包括绝经后骨质疏松症（Ⅰ型）、老年骨质疏松症（Ⅱ型）和特发性骨质疏松症（青少年型）三种亚型。继发性骨质疏松症可继发于其他疾病或由药物引起。骨质疏松症主要表现为腰背部疼痛、四肢乏

笔记栏

力、下肢肌肉痉挛等。双能 X 线吸收法（dual energy X-ray absorptiometry，DXA）所测定的骨密度（bone mineral density，BMD）是骨质疏松症诊断的"金标准"，同时也可用于骨质疏松药物疗效评估，以及预测骨质疏松性骨折的发生。抗骨质疏松药物治疗对治疗原发性骨质疏松症必不可少，继发性骨质疏松症治疗的关键在于消除病因，但仍需要积极的抗骨质疏松药物配合治疗。

【药物治疗的目的及原则】

（一）药物治疗的目的

骨质疏松症治疗的目的在于纠正骨吸收和骨形成过程中的负钙平衡，稳定和促进骨密度增长，缓解骨折和骨骼畸形引起的临床症状，改善运动功能，减少骨质疏松性骨折的发生。

（二）药物治疗的原则

1. 注重预防与治疗相结合　骨质疏松症的发生是一个渐进过程，对于未发生过骨折但有骨质疏松症危险因素，或已有骨量减少者，应通过早期干预以减少骨量丢失进而维持正常骨量，防止其发展为骨质疏松症。对已存在骨质疏松症者或已发生过骨折者，积极的药物干预需贯穿整个诊疗过程，在改善骨质疏松的同时，应防止患者跌倒，减少病理性骨折的发生。

2. 实施个体化药物治疗　骨质疏松症药物治疗应依据患者的年龄、性别、病情、有无并发症及其经济承受能力等，遵循有效、安全、方便的原则，开展个体化药物治疗。

【药物分类及常用药物】

抗骨质疏松症药物主要包括骨健康基本补充剂、骨吸收抑制药、骨形成促进药及双重作用药物。

（一）骨健康基本补充剂

钙剂和维生素 D 是常见的基础治疗药物，见表 10-8。

表 10-8　常见骨健康基本补充剂

药物分类	常用药物	主要成分	含钙量	用法用量
钙剂	复方氨基酸螯合钙胶囊	钙、维生素 D_3 等	每粒 250mg	口服，每次 1 粒，1~2 次/d
	碳酸钙 D_3 咀嚼片	碳酸钙、维生素 D_3	每片 500mg	口服，每次 1 片，1~2 次/d
	枸橼酸钙片	枸橼酸钙	每片 100mg	口服，每次 1~4 片，3 次/d
活性维生素 D 及其类似物	阿法骨化醇	维生素 D_3	—	口服，0.5μg/d
	骨化三醇	维生素 D_3	—	口服，每次 0.25μg，2 次/d

1. 钙剂　钙是构成骨矿物质的重要成分。钙的摄入可纠正骨吸收和骨形成过程中的负钙平衡，减缓骨量的丢失，改善骨矿化，为骨量增加提供物质基础。钙剂可包括：①无机钙：以无机盐形式存在，如碳酸钙、氧化钙、氢氧化钙等。②有机钙：对胃肠道刺激性较小，化学形式为有机酸钙，如乳酸钙、葡萄糖酸钙、醋酸钙、马来酸钙、柠檬酸钙等。③生物钙：由富含钙的生物原料如鱼骨、贝壳等加工制成，钙的离子化程度高，易被机体吸收利用。但某些天然来源的生物钙剂长期服用可能存在重金属中毒的风险。

钙剂通过主动转运、被动扩散和溶剂牵引等不同的途径吸收。我国营养学会推荐中青年膳食钙摄入量为 800mg/d，哺乳期、妊娠中晚期及 50 岁以上人群膳食钙摄入量为 1 000~1 200mg/d，最高一般不超过 2 000mg/d。我国居民平均每天从膳食中获取约 400mg 的元素钙，每天应补充元素钙 500~600mg。骨质疏松症防治中，钙剂应与其他药物联合使用。

2. 维生素 D（vitamin D）　维生素 D 促进钙吸收及钙盐在骨基质内的沉积，也可调节神经 - 肌肉组织的协调性，促进骨骼矿化、保持肌力、改善平衡和降低跌倒风险等。此外，活性

笔记栏

247

维生素 D 的代谢产物在促进小肠对钙吸收的同时，也增强钙的敏感性，进而抑制甲状旁腺激素（parathyroid hormone，PTH）的分泌。维生素 D 缺乏时，继发性 PTH 分泌过多，增加骨钙吸收引起或加重骨质疏松。维生素 D 主要通过其活性代谢产物对小肠、骨、肾等靶器官的生理效应发挥作用。维生素 D 摄入后，在肝细胞微粒体中受 25- 羟化酶系统催化生成 25- 羟基维生素 D_3［25（OH）D_3，骨化二醇］，经肾近曲小管细胞在 1- 羟化酶系统催化，生成具有生物活性的 1，25- 二羟基维生素 D_3［1,25（OH）$_2D_3$，骨化三醇］，帮助钙从肠腔内经肠黏膜细胞进入浆膜面。

　　首先建议接受充足的阳光照射，对维生素 D 缺乏或不足者，应考虑补充维生素 D。我国营养学会推荐成人维生素 D 膳食摄入量为 400U（10μg）/d，≥ 65 岁老年人为 600U（15μg）/d。老年人因缺乏日照及摄入和吸收障碍，多存在维生素 D 缺乏，可根据具体情况考虑维生素 D 补充 400 ~ 800U（10 ~ 20μg）/d。存在维生素 D 羟化酶活性减退现象者，则应强调补充活性维生素 D，如阿法骨化醇（1α- 羟基维生素 D_3）、骨化三醇等。维生素 D 在脂肪组织内可长期贮存，反复给药会使药物在体内蓄积。

（二）骨吸收抑制药

　　骨吸收抑制药又称为骨转换抑制药，主要包括双膦酸盐类药物、RANKL 单克隆抗体、选择性雌激素受体调节药、降钙素和雌激素。常见骨吸收抑制药见表 10-9。

表 10-9　常见骨吸收抑制药

药物分类	常用药物	具体用法
双膦酸盐类		
	阿仑膦酸钠	阿仑膦酸钠素片或肠溶片，70mg/ 片，口服 1 片 / 次，每周 1 次；10mg/ 片，口服 1 片 / 次，每天 1 次 阿仑膦酸钠 D_3 片，阿仑膦酸钠 70mg+ 维生素 D_3 2 800U 或 5 600U 的复合片剂，口服 1 片 / 次，每周 1 次
	利塞膦酸钠	利塞膦酸钠片，35mg/ 片，口服 1 片 / 次，每周 1 次；5mg/ 片，口服 1 片 / 次，每天 1 次
	伊班膦酸钠	伊班膦酸钠静脉注射液，1mg/ 安瓿，2mg 加入 250ml 0.9% 氯化钠溶液静脉滴注 2 小时以上，每 3 个月 1 次；伊班膦酸钠片剂，150mg/ 片，每次口服 1 片，每月 1 次
	唑来膦酸	唑来膦酸静脉注射液，5mg，静脉滴注，每年 1 次
RANKL 单克隆抗体		
	地舒单抗	地舒单抗注射液，每支 60mg（1ml），每半年皮下注射 1 次，每次 60mg
选择性雌激素受体调节药		
	雷洛昔芬	雷洛昔芬片剂，60mg/ 片，口服 60mg/ 次，每天 1 次
降钙素		
	依降钙素	依降钙素注射液，20U/ 支，每次肌内注射 20U，每周 1 次；依降钙素注射剂，10U/ 支，每次肌内注射 10U，每周 2 次
	鲑降钙素	鲑降钙素鼻喷剂，2ml（4 400U）/ 瓶，鼻喷 200U，每天或隔天 1 次 鲑降钙素注射液，50U/ 支，50U 皮下或肌内注射，每天 1 次或 100U 皮下或肌内注射，隔天 1 次

笔记栏

1. 二膦酸盐类 二膦酸盐类（bisphosphonates，BPS）又称双膦酸盐类，对钙和骨骼矿物质亲和性强，可直接抑制破骨细胞形成和骨吸收，是强有力的骨吸收抑制药。双膦酸盐抑制羟基磷灰石结晶及其总体物质形成、生长和溶解。双膦酸盐抑制破骨细胞介导的骨吸收途径主要包括：抑制破骨前体细胞的分化和募集，干扰破骨细胞从基质接收骨吸收信号，附着于骨表面或者在成骨细胞介导下降低破骨细胞活性，以及吞噬双膦酸盐类后的破骨细胞凋亡。双膦酸盐摄入血液后约有 50% 浓集于骨骼，选择性地抑制破骨细胞减少骨吸收，而沉积于骨的双膦酸盐释出慢，人体代谢需经数月至数年。阿仑膦酸钠（alendronate sodium）是最常用的双膦酸盐，能明显提高绝经后妇女椎体与髋部的骨密度，降低骨折发生率，也适用于男性骨质疏松患者及继发性骨质疏松患者。

2. RANKL 单克隆抗体 核因子 –κB 受体活化因子配体（receptor activator of nuclear factor-κB ligand，RANKL）与破骨细胞前体细胞上和破骨细胞上的受体，即核因子 –κB 受体活化因子（receptor activator of nuclear factor-κB，RANK）相互作用，引起破骨细胞系造血干细胞的活化、迁移、分化和融合，从而启动骨质吸收过程。地舒单抗（denosumab）是一种全人源单克隆抗体，以高特异性和高亲和力与 RANKL 结合，阻止 RANKL 与 RANK 结合，抑制破骨细胞形成和活化，从而降低骨吸收、增加骨密度、改善皮质骨和松质骨的强度，降低骨折发生风险。适用于治疗高骨折风险的绝经后骨质疏松症、男性骨质疏松症、糖皮质激素性骨质疏松（glucocorticoid induced osteoporosis，GIOP）。地舒单抗由网状内皮系统清除，在血液中的清除非常缓慢。

3. 选择性雌激素受体调节药 选择性雌激素受体调节药（selective estrogen receptor modulators，SERMs）是一类人工合成的非激素制剂，通过与不同组织的雌激素受体（estrogen receptor，ER）选择性结合，产生类雌激素（如骨骼、心脏）或抗雌激素（如子宫、乳腺）的作用，提高骨量防止绝经后妇女骨质丢失。主要适用于无明显更年期症状、无血栓栓塞性疾病的绝经后骨质疏松症患者。常用药物雷洛昔芬（raloxifene）口服后迅速吸收，全身广泛分布，分布容积不依赖于剂量，雷洛昔芬及其葡萄糖苷酸代谢物绝大部分在 5 天内排泄，主要通过粪便排出，约 6% 经尿排出。雷洛昔芬可激活骨、脂肪和脑组织处的雌激素，对乳腺和子宫则表现为雌激素拮抗作用，增加全身包括股骨颈和椎体的骨密度，降低腰椎骨折的危险性。

4. 降钙素（calcitonin，CT） 是一种可以部分抑制破骨细胞活性的内生肽，可直接与破骨细胞的受体结合，刺激 cAMP 产生，从而激活蛋白激酶，在短时间内抑制破骨细胞活性，长期应用可抑制破骨细胞增殖，从而抑制骨吸收，降低骨转换。此外，也可作用于神经中枢的特异性受体，升高 β- 内啡肽水平，抑制疼痛介质合成，从而达到止痛目的。主要适用于高转换型骨质疏松症伴疼痛明显者，可以有效治疗骨质疏松性疼痛，并增加腰椎骨密度，降低椎体骨折率。降钙素为多肽，在消化道内会被降解。目前临床应用的降钙素制剂有两种：鳗鱼降钙素类似物依降钙素（elcatonin）和鲑降钙素（salmon calcitonin）。鲑降钙素 200U 皮下注射后的血浆浓度范围可达 0.1 ~ 0.4ng/ml，生物利用度为 70%，肌内注射或皮下注射后 15 分钟显效，达峰时间约为 1 小时，作用持续时间 8 ~ 24 小时；静脉注射的作用持续时间为 0.5 ~ 12 小时。主要在肝脏代谢，鲑鱼降钙素及其代谢物 95% 经肾脏排出，其中 2% 为原型。

5. 雌激素 雌激素可与成骨细胞上的受体结合，通过促进成骨细胞分泌胶原酶、释放多种生长因子、细胞因子等促进骨有机质合成和骨重建，同时雌激素还可直接调节骨质代谢，延缓和减少绝经后的骨丢失，缓解骨关节痛，降低骨折的发生率。防治骨质疏松时，用药时间不宜过长。天然雌激素可经消化道吸收，但易在肝破坏，故口服效果远较注射效果差。在血液中大部分与性激素结合球蛋白结合，也可与白蛋白非特异性地结合。部分以葡萄糖醛酸及硫酸结合的形式从肾脏排出，也有部分从胆道排泄并形成肝肠循环。人工合成的炔雌醇、炔雌醚或己烯雌酚等在肝内破坏较慢，口服效果好，作用较持久。油溶液制剂或与脂肪酸化合成酯，行肌内注射可延缓吸收，延长其作用时间。炔雌醚在体内可贮存于脂肪组织中，口服一剂作用可维持 7 ~ 10 天。

笔记栏

249

（三）骨形成促进药

骨形成促进药主要为甲状旁腺激素类似物（parathyroid hormone analogue，PTHa）。甲状旁腺激素是调节钙磷代谢及骨转移的重要肽类激素之一，对骨代谢发挥双向作用，可直接刺激成骨细胞和破骨细胞。小剂量促进骨骼重建，使新的骨组织沉积于骨膜、表皮内层和小梁的表面，增加骨强度，改善骨的微观结构，减少骨折。大剂量可以导致骨量丢失，出现纤维性骨炎等。常用的甲状旁腺激素类似物药物为特立帕肽（teriparatide），能明显加强腰椎、股骨颈及总体的骨密度，改善骨的微结构，降低骨质疏松性骨折的发生。

特立帕肽是人工合成的 PTHa 的活性片段，与天然 PTH 相比，保存了与 PTH-I 受体结合调节成骨细胞的作用，同时也消除了 PTH 的羧基端所带来的促进骨凋亡作用。特立帕肽可抑制成骨细胞凋亡、激活骨衬细胞和增强成骨细胞分化，增加成骨细胞数量，延长成骨细胞寿命。另外，也可通过调节细胞因子间接调节骨的成长，及通过 Wnt 信号通路调节骨形成过程进而增加骨的形成。皮下注射特立帕肽 20μg，一天一次，总共治疗的最长时间为 24 个月，患者终身仅可接受一次为期 24 个月的治疗。特立帕肽达峰时间 30 分钟，半衰期为 60 分钟，一般 3 小时内即可降至不可测水平。

（四）双重作用药物

双重作用药物罗莫佐单抗（romosozumab）是硬骨抑素单克隆抗体，通过抑制硬骨抑素（sclerostin）与低密度脂蛋白受体相关蛋白（low-density lipoprotein receptor-related protein，LRP）的结合，间接降低破骨细胞活性并参与调节成骨细胞增殖和分化，抑制成骨细胞凋亡，达到促进骨形成、抑制骨吸收的双重作用。罗莫佐单抗能显著增加骨质疏松症患者骨密度，降低椎体及髋部骨折风险，可用于治疗具有高骨折风险，且无心肌梗死或卒中病史的绝经后骨质疏松症患者，或其他抗骨质疏松症药物失败或不耐受的绝经后骨质疏松症。罗莫佐单抗规格每支 105mg（1.17ml），每月使用 210mg，可采用两次连续皮下注射方式给药，总疗程为 12 个月，在 1 年疗程满后，使用骨吸收抑制药序贯治疗。

知识链接

微生物 - 肠道 - 骨骼轴

研究发现，肠道微生物（GM）能通过 GM 代谢物、免疫系统、内分泌系统等途径参与骨稳态的调节过程，在骨质疏松症发病机制中发挥重要作用。GM 主要通过引起免疫系统中 T 细胞、Treg-Th17 细胞平衡、促炎性破骨细胞因子的变化来调节骨代谢。GM 代谢物如尿石素 -A、短链脂肪酸、吲哚 -3- 丙酸和胆汁酸等具有重要的骨代谢调节作用。内分泌骨信号因子，如甲状旁腺素能够刺激骨形成和骨吸收，胰岛素样生长因子 -1 通过 Wnt / β-catenin 途径促进骨髓间充质干细胞的增殖和成骨分化，肠源性5- 羟色胺是微生物调节骨内稳态的重要中间因素。钙剂、维生素 D、维生素 K 等微量营养素与 GM 相互作用以调节骨质量，GM 导向的膳食干预策略逐步用于骨质疏松防治，最终维护骨骼健康，降低骨质疏松风险。

【用药护理】

（一）用药评估

在药物治疗前需要了解继发性骨质疏松症的可能性，并完成病史采集、体格检查、骨折风险评估、骨密度测量，以及影像学和实验室检查等。

1. 病史采集及体格检查 评估患者年龄、起病时间、主要症状和体征；分析可能导致骨质

笔记栏

疏松症的各种病因、危险因素及药物。

2. 骨折风险评估　骨折风险评估工具（fracture risk assessment tool，FRAX®）是世界卫生组织（WHO）推荐的用于评估患者未来 10 年髋部骨折以及主要骨质疏松性骨折（椎体、前臂、肱骨近端骨折）发生率的骨折风险预测工具。具有一个或多个骨质疏松性骨折临床危险因素且未发生骨折的骨量减少患者，可通过 FRAX® 计算未来 10 年发生髋部骨折及主要骨质疏松性骨折的发生率。

3. 骨密度测量及影像学检查　可采用双能 X 线吸收检测法（DXA）、单光子吸收法（SPA）、定量超声等检测患者骨密度。也可根据临床症状和体征选择相关部位进行 X 线检查、CT 等监测骨骼变化情况，评估患者是否存在骨折。

4. 实验室检查　评估血常规、尿常规、红细胞沉降率、肝和肾功能，血钙、血磷、血碱性磷酸酶、25 羟维生素 D（25-hydroxyvitamin D，25OHD）和甲状旁腺激素（PTH）水平，以及尿钙、尿磷和尿肌酐等；评估骨转换生化标志物（bone turnover markers，BTMs），了解成骨细胞和破骨细胞活性、骨形成状态及骨吸收水平。

5. 评估用药史　了解患者既往药物治疗方案，曾使用药物的种类、用法、用量及疗效，有无用药不良反应，有无药物过敏史。

6. 评估用药依从性　评估患者的用药依从性及可能的影响因素，如患者的教育背景、心理状况、生活方式、经济状况和身体活动习惯等。了解患者及家属对疾病的认知状况及可获得的社会支持度等。

（二）用药安全

1. 钙剂

（1）不良反应：钙剂可长期服用，较少出现不良反应，偶见便秘、腹胀等。

（2）用药注意事项：①钙剂的吸收主要位于肠道，最常用的补钙方法是口服，钙剂在酸性环境下更易溶解吸收。由于人体对钙剂的吸收有限，钙剂宜分次服用。②钙剂不宜与含植酸或草酸的植物性食物如菠菜、笋、苋菜等同时食用，不宜与过多的脂肪性食物同时食用，以免形成难溶于水的植酸钙、草酸钙等，影响钙的吸收。可进食蛋白质丰富的食物。

（3）禁忌证：钙剂可增加洋地黄的毒性，故一般情况下，服用洋地黄类药物的心功能不全患者应禁用钙剂。

（4）药物相互作用：钙剂不宜与四环素、异烟肼等抗生素同时服用，因四环素、异烟肼可与钙络合，影响钙的吸收。不宜与氟化物或双膦酸盐类药物同时服用。碳酸钙不宜与抗酸药同时服用，否则会影响钙的吸收；与铁剂同时服用会影响铁的吸收。若病情需要联合用药，钙剂与这些药物应至少间隔 2 小时以上。

2. 维生素 D

（1）不良反应：偶见急性症状包括食欲减退、头痛、呕吐和便秘。慢性症状包括营养不良、感觉障碍、伴有口渴的发热、尿多、脱水、情感淡漠、发育停止及泌尿道感染。维生素 D 过量可引起高钙血症或发生维生素 D 中毒，严重者出现昏迷、惊厥等。极端情况下，维生素 D 中毒可诱导肾衰竭、心律失常甚至死亡。

（2）用药注意事项：①监测血（尿）钙浓度，特别是在建立安全维持量之前的治疗初期加强监测，以避免维生素 D 的毒副作用。②一旦出现高钙血症，必须立即停药，在血钙恢复正常 1 周后，按末次药量的一半剂量用药。③正在使用抗凝药、抗癫痫药、抗酸铝药、含镁或含钙药、洋地黄糖苷药物的患者，遵医嘱用药，不得擅自加减药量。④避免维生素 D 与同类物同时服用。

（3）禁忌证：①患有高钙血症相关疾病或已有维生素 D 中毒症状者。②已知对维生素 D 及其类似物过敏者。③妊娠期、哺乳期妇女及 3 岁以下儿童。

（4）药物相互作用：活性维生素 D 代谢物与噻嗪类利尿药合用会增加高钙血症的危险；肾上

腺皮质激素与维生素 D 有拮抗作用，可减少消化道对钙磷的吸收，从而降低血钙浓度；雌激素可增加钙的吸收，故联用时应减少活性维生素 D 的剂量；巴比妥类药物可激发肝药酶的活性，加速维生素 D 在肝脏的代谢，联用时应提高剂量。联合应用阿法骨化醇与含镁药物可导致高镁血症，故应慎用。

3. 二膦酸盐类药物

（1）不良反应：主要表现为胃肠道反应，如恶心、呕吐、腹痛、腹泻等。

（2）用药注意事项：①避免大剂量、长期、连续服用，必须长期服用时应遵医嘱用药，且每半年进行一次骨密度检测。②宜于晨起后空腹、白开水送服，口服，不可嚼碎，1 小时后再进食。③钙剂和维生素 D 会干扰双膦酸盐发挥药效，须间隔 1 小时后再服用。④服药后半小时内不宜喝果汁、牛奶、咖啡等饮品。⑤站立位服药，且应用足够的温水送服。⑥药物须按周期服用，一般服用 2 周后停服 11 周，第 14 周再开始下一个周期，停药期间需补充钙剂和维生素 D。

（3）禁忌证：对药品成分过敏者、低钙血症患者、妊娠和哺乳期妇女禁用。食管炎、食管溃疡及糜烂、胃溃疡等患者慎用或禁用。

（4）药物相互作用：双膦酸盐类药物不宜与非甾体抗炎药或氨基糖苷类抗生素联合应用。与抗酸药、铁剂或 2 价金属离子的药物合用时，生物利用度降低。

4. RANKL 单克隆抗体

（1）不良反应：地舒单抗最常见的不良反应包括肌肉、骨骼疼痛和肢体疼痛；偶见蜂窝织炎病例；罕见低钙血症、超敏反应、颌骨坏死和非典型股骨骨折病例。

（2）用药注意事项：①治疗前摄入足够的钙和维生素 D 以防止发生低钙血症。每次给药前，以及易于出现低钙血症的患者在首次给药后 2 周内，监测血钙水平。患者治疗期间出现低钙血症疑似症状，也应测定血钙水平。②地舒单抗为短效作用药物，一旦停用，需要序贯双膦酸盐类或其他药物，以防止骨密度下降或骨折风险增加。

（3）禁忌证：①对活性成分或任何辅料成分过敏者禁用。②低钙血症。

（4）药物相互作用：与拟钙剂或其他可降低钙水平的药物（如氨基糖苷类药物、利尿药等）合用可能增加发生低钙血症的风险。

5. 选择性雌激素受体调节药

（1）不良反应：以潮热出汗、腿部痉挛等多见，绝大多数不良反应无须停止治疗；严重不良反应有深静脉血栓形成、静脉血栓栓塞、脑血管意外和肺栓塞。

（2）用药注意事项：①潮热症状严重的围绝经期妇女暂时不宜服用。②用药增加静脉血栓栓塞的危险，因疾病或其他情况需要长时间制动的患者应停服。如若出现上述情况应立即或在制动前 3 天时停药。③可引起血清甘油三酯水平升高，有此类病史的患者使用药物时，应监测血清甘油三酯水平。④不适用于男性患者。哺乳期妇女不推荐使用。

（3）禁忌证：禁用于妊娠期妇女，静脉血栓栓塞性疾病者（包括深静脉血栓、肺栓塞和视网膜静脉血栓者），对雷洛昔芬或片剂中所含的任何赋形剂成分过敏者，肝功能减退包括胆汁淤积，严重肾功能减退者，难以解释的子宫出血者，有子宫内膜癌症状和体征者。

（4）药物相互作用：与考来烯胺（或其他阴离子交换树脂）同时服用可显著降低雷洛昔芬的吸收和肠肝循环；雷洛昔芬可轻度增加激素结合球蛋白的浓度。

6. 降钙素

（1）不良反应：其不良反应轻微，包括面部或躯体皮肤潮红、恶心、呕吐等。

（2）用药注意事项：①慢性鼻炎患者经鼻使用本品，会导致药品生物利用度增加。②儿童中长期应用降钙素可存在生长障碍的危险，治疗期不宜超过 8 周。

（3）禁忌证：对本品过敏者、孕妇、哺乳期妇女。

（4）药物相互作用：降钙素与锂合用可能导致血浆中锂浓度下降。锂的剂量可能需要调整。

7. 甲状旁腺激素类似物

（1）不良反应：表现为恶心、呕吐、腹泻、食欲缺乏、胃灼热、头痛、眩晕等。

（2）用药注意事项：①应用甲状旁腺激素类似物后，有可能出现甲状旁腺功能减退，停药后可恢复正常。②间歇用药时，为防止皮质骨骨密度下降，必须联合其他药物，如雌激素等。③目前，我国特立帕肽疗程限定为 24 个月，停药后建议进行序贯骨吸收抑制药治疗，以维持或增加骨密度，持续降低骨折风险。

（3）禁忌证：对特立帕肽或其任何赋形剂过敏者，妊娠及哺乳期妇女，高钙血症患者，严重肾功能不全患者，除原发性骨质疏松和糖皮质激素诱导的骨质疏松以外的其他骨骼代谢疾病（包括甲状旁腺功能亢进和 Paget 病），不明原因的碱性磷酸酶升高者，之前接受过外照射或骨骼植入放射性治疗的患者等。

（4）药物相互作用：与雷洛昔芬或激素替代治疗合用，不改变本品对血钙或尿钙的作用，也不改变其临床不良反应。本品单剂量不会改变地高辛对心脏的作用。然而，有少数病例报告提示，高血钙可能导致患者洋地黄中毒。由于本品能瞬时提高血钙水平，因此使用洋地黄的患者应慎用本品。

8. 罗莫佐单抗

（1）不良反应：主要包括鼻咽炎、注射部位红肿、疼痛、关节痛；过敏反应如血管性水肿、多形性红斑、皮炎、皮疹和荨麻疹等。

（2）用药注意事项：①该药可能增加心肌梗死（心脏病发作）、卒中和心血管疾病死亡的风险，对具有心血管风险因素的患者，应权衡治疗利弊；如果患者在治疗过程中心脏病发作或卒中，应立即停止使用罗莫佐单抗。②若发生过敏反应，应立即停药，并给予抗过敏治疗。③在该药治疗期间，应补充充足的钙剂和维生素 D。

（3）禁忌证：对药物活性成分过敏；低钙血症；过去 1 年内有心脏病发作或卒中的患者。

（4）药物相互作用：尚少见药物相互作用的研究报道。

（三）用药监测

1. 骨转换生化标志物监测　骨转换生化标志物是骨组织本身的代谢产物，又称骨代谢生化标记物或骨代谢标记物。包括骨形成标记物（碱性磷酸酶、血清骨钙素、Ⅰ型原胶原前肽等）和骨吸收标记物（尿羟脯氨酸，吡啶交联物和末端肽等），前者代表骨细胞活动及骨形成时的代谢产物，后者代表破骨细胞活动及骨吸收时的代谢产物，特别是骨基质降解时的产物。通过检测骨转换标记物水平在血、尿中的变化可以在用药的早期（1～3 个月）对药物的疗效特别是对抗骨吸收药疗效进行评价（表 10-10）。

表 10-10　骨质疏松药物治疗评价标准

评价指标	显效	有效	无效
疼痛	下降 2 分以上	下降 1 分	无改变
骨密度	上升	不变或上升	下降
	有显著性差异	无显著性差异	
骨转换标记物	改变	有改变	无改变
	有显著性差异	无显著性差异	

注：①疼痛程度计分：疼痛程度分为四级，即无法忍受（Ⅰ级，3 分）；可以忍受（Ⅱ级，2 分）；感到疼痛（Ⅲ级，1 分）；无疼痛（Ⅳ级，0 分）；②对于个体，BMD 测量最小意义的变化 =2.77×变异系数（CV）。

笔记栏

2. 骨密度及骨折监测 腰椎、股骨、桡骨等部位是骨质疏松性骨折的好发部位。监测患者全身骨密度特别是骨折好发部位的骨密度变化及可能存在的骨折情况。

3. 疼痛改善效果监测 疼痛是骨质疏松症最常见的症状，以腰背痛多见，夜间和清晨醒来时较明显，是患者最常见的主诉。因此疼痛的减轻程度也是评价抗骨质疏松药物疗效的常用方法。可从疼痛的程度、部位、类型及对活动功能的影响等几个方面进行综合评价。

4. 不良反应监测 监测常见药物使用中的不良反应。检查肝功能（谷丙转氨酶、谷草转氨酶、谷氨酰转肽酶等）、肾功能（血肌酐、尿素氮等）、血常规（红细胞总数、血红蛋白、白细胞总数、血小板计数等）。长期服用骨化三醇等促进钙质吸收类药物的患者定期监测血钙指标。

（四）用药指导

1. 提高患者用药依从性 提高患者对自身疾病的认识，防止患者因对疾病及药物认识不足而自行停药的现象。加强与患者家属的沟通，加强老年人用药管理，帮助提醒及督促服药，并尽可能降低影响患者依从性的客观因素。

2. 指导患者规范服药 用药前应了解药物的使用方法，学会自我监测药物不良反应，养成定期复查的习惯，每2~3个月检测一次血钙等各项指数，每6~12个月检测一次骨密度。服用钙剂时要多喝水，同时服用维生素D时，不可与绿色蔬菜一起服用，以免形成钙螯合物而减少钙的吸收。双膦酸盐应于晨起时空腹服用，同时饮清水200~300ml，服药后至少半小时内不能进食、进水，服药后30分钟内应保持站立或坐姿，勿咀嚼或吮吸药片。

（张银萍）

第六节 痛 风

 导入案例

患者，男，60岁。因间断多关节疼痛2年，左足第一跖趾关节疼痛1周入院。患者2年前无明显诱因出现双足关节及右膝关节疼痛，伴有红肿、皮温高，自行应用止痛药物后症状缓解。随后反复出现关节疼痛，呈游走性，未系统诊治。于1周前食用火锅后出现左足第一跖趾关节疼痛，伴肿胀，口服"秋水仙碱"后，疼痛略好转，但出现腹泻，故停用，停用后疼痛加重，于3天前自行口服"非布司他片"，每次40mg，每天1次，症状无明显缓解。实验室检查：血尿酸576μmmol/L。左足关节彩超：左足第一跖趾关节处不均匀低回声与高回声混杂团块影。左足双源CT：左足第一跖趾关节周围可见点状、结节样等密度及稍高密度影，双能量成像伪彩图示左足第一跖趾关节周围呈点状、结节状绿色影像，考虑尿酸盐沉积。门诊以"痛风"收入院。入院后查体：左足第一跖趾关节红肿，压痛（+）。诊断为"痛风"，给予止痛、降尿酸及对症治疗，患者症状明显好转，病情稳定后出院。

请思考：

1. 痛风的药物治疗原则是什么？是否可以擅自停药？

2. 秋水仙碱的不良反应有哪些？用药注意事项是什么？

3. 治疗痛风的药物分为几类？该患者由于关节疼痛自行口服非布司他片是否合理？

4. 出院时，护士应如何对患者进行用药指导？

痛风是最常见的炎症性关节病，与高尿酸血症直接相关。随着物质生活的日益丰富，高蛋白、高脂肪、高嘌呤、高糖饮食日益增加，高尿酸血症和痛风的患病率呈逐年上升趋势。流行病学调查显示，我国不同地区高尿酸血症患病率存在较大差别，为 5.46% ~ 19.30%，其中男性为 9.2% ~ 26.2%，女性为 0.7% ~ 10.5%。少数患者可发展为痛风，痛风患病率为 1% ~ 3%，其中男性为 0.83% ~ 1.98%，女性为 0.07% ~ 0.72%。发病有年轻化趋势，地域差别明显，常有家族遗传史。目前大多数痛风缺乏病因治疗，因此不能根治，但如早期即采取治疗一般预后良好。

【疾病简介】

痛风（gout）是嘌呤代谢紊乱和 / 或尿酸排泄障碍所致的一组异质性慢性代谢性疾病，以高尿酸血症为主要临床特征，伴有反复发作的痛风性急性关节炎，间质性肾炎和痛风石形成；严重者表现为关节畸形及功能障碍，伴尿酸性尿路结石。高尿酸血症是指成人在正常嘌呤饮食情况下，非同日 2 次空腹血尿酸水平超过 420μmol/L。根据病程可将痛风分为 4 期，分别为无症状高尿酸血症期、痛风性关节炎急性发作期、痛风性关节炎发作间歇期和慢性痛风性关节炎期。治疗原则主要包括合理的饮食控制、规律的生活制度、适当的体育活动、有效的药物治疗及预防尿酸盐的沉积等。

【药物治疗的目的及原则】

（一）药物治疗的目的

控制高尿酸血症，预防尿酸盐沉积；迅速终止急性关节炎发作，防止复发；防止尿酸结石形成和肾功能损害。

（二）药物治疗的原则

1. 高尿酸血症经非药物干预疗效不佳时采用药物治疗。药物治疗方案需遵循个体化、分层、达标、长程管理的原则，逐步调整剂量，避免短期内血尿酸水平波动过大诱发痛风急性发作。

2. 急性发作期在于迅速缓解急性关节炎，减轻疼痛。已接受降尿酸药物治疗者不需要停药，尚未开始降尿酸者可以在充分抗炎的基础上立刻启动药物降尿酸治疗，也可以在痛风急性发作缓解后再考虑启动药物降尿酸治疗。

3. 发作间歇期及慢性期应行降尿酸治疗，定期追踪疗效，并避免痛风反复发作以及并发症的发生。

【药物分类及常用药物】

高尿酸血症的治疗药物主要包括抑制尿酸合成药和促进尿酸排泄药；痛风急性发作期的治疗药物主要包括秋水仙碱、非甾体抗炎药和糖皮质激素。

（一）高尿酸血症的治疗药物

1. **抑制尿酸合成药**　该类药物为黄嘌呤氧化酶抑制药，通过抑制黄嘌呤氧化酶，使次黄嘌呤和黄嘌呤不能转化为尿酸，使尿酸生成减少。常用药物有别嘌醇（allopurinol）和非布司他（febuxostat）。

2. **促进尿酸排泄药**　该类药物可通过抑制肾小管对尿酸的重吸收，增加尿中尿酸的排泄，从而降低血尿酸。常用药物有苯溴马隆（benzbromarone）和丙磺舒（probenecid），主要用于尿酸排泄减少型，对别嘌醇过敏或疗效不佳者。由于促尿酸排泄药可导致尿中尿酸水平明显升高，增加尿酸性肾结石形成的风险，因此推荐将患者的尿 pH 值维持在 6.2 ~ 6.9，以增加尿中尿酸盐溶解度，减少尿酸结石的发生，常用药物为碳酸氢钠和枸橼酸盐制剂。

常用高尿酸血症治疗药物的用法与用量见表 10–11。

表 10-11 常用高尿酸血症治疗药物的用法与用量

药物分类	常用药物	常用剂量范围	用法
抑制尿酸合成药	别嘌醇	50 ~ 600mg	初始剂量 50 ~ 100mg/d，每 2 ~ 4 周测 1 次血尿酸水平，未达标者每次可递增 50 ~ 100mg，最大每天剂量为 600mg，待血尿酸降至 360μmol/L 或以下时，可逐渐减量
	非布司他	20 ~ 80mg	初始剂量 20 ~ 40mg/d，2 ~ 4 周后血尿酸不达标者，逐渐加量，最大每天剂量为 80mg
促进尿酸排泄药	苯溴马隆	25 ~ 100mg	初始剂量 25mg，1 次 /d，2 ~ 4 周后根据血尿酸水平调整剂量至 50mg 或 100mg，早餐后服用
	丙磺舒	0.5 ~ 2g	初始剂量 0.5g/d，2 周后逐渐加量，最大剂量 2g/d
碱化尿液的药物	碳酸氢钠	0.5 ~ 8.0g	起始剂量 0.5 ~ 2.0g/ 次，1 ~ 4 次 /d，与其他药物相隔 1 ~ 2h 服用
	枸橼酸钾	3.24 ~ 6.18g	1.08 ~ 2.06g/ 次，3 次 /d，服用
	枸橼酸氢钠钾	7.5 ~ 10.0g	7.5 ~ 10.0g/d，分 3 次服用

（二）痛风急性发作期的治疗药物

1. 秋水仙碱 秋水仙碱（colchicine）通过抑制白细胞趋化、吞噬作用及减轻炎症反应发挥止痛作用。痛风发作 12 小时内需尽早使用，36 小时后疗效显著降低。起始负荷剂量为每次 1.0mg 口服，1 小时后追加 0.5mg，12 小时后按每次 0.5mg，每天 1 ~ 3 次口服。

2. 非甾体抗炎药 非甾体抗炎药（NSAIDs）通过抑制花生四烯酸代谢中的环氧化酶（COX）活性，进而抑制前列腺素的合成而达到抗炎镇痛作用，可有效缓解急性痛风关节炎症状。无并发症的急性痛风关节炎发作可首选 NSAIDs，特别是不能耐受秋水仙碱的患者尤为适用。本类药物效果不如秋水仙碱，但较温和，发作超过 48 小时也可应用，症状消退后减量。常用药物包括非选择性 COX 抑制药和选择性 COX-2 抑制药，药物用法与用量参考第二章第二节疼痛的药物治疗与护理。

3. 糖皮质激素 糖皮质激素可迅速缓解急性发作，但停药后容易出现症状的反跳现象，且长期服用易致糖尿病、高血压等并发症。因此只在秋水仙碱、NSAIDs 治疗无效或有禁忌证时可考虑短期使用。一般用泼尼松 10mg，每天 3 次，症状缓解后逐渐减量，疗程不超过 2 周。不宜口服时可静脉使用糖皮质激素。急性发作仅累及 1 ~ 2 个大关节，全身治疗效果不佳者，可考虑关节腔内注射短效糖皮质激素，避免短期内重复使用。

【用药护理】

（一）用药评估

1. 评估病史 了解患者的性别、年龄、起病时间、发病的诱因、痛风发作的次数和频率、主要症状和体征，有无高尿酸血症及痛风家族史等。

2. 评估用药史 了解既往药物治疗方案，曾使用药物的种类、用法、用量及疗效，有无用药不良反应，有无药物过敏史。

3. 评估伴发病 评估患者是否有肥胖、2 型糖尿病、高血压、高脂血症、肾病、泌尿系结石、心脑血管疾病及治疗情况等。

4. 实验室检查和其他检查 常规测量身高、体重、血压等，检查患者关节。检查血尿酸、血尿常规、肝肾功能（估算肾小球滤过率）、血脂、血糖，必要时可进行糖耐量试验以确定糖代谢情况。

5. 评估用药依从性 了解患者的生活方式、膳食结构、饮食习惯和偏好等；评估患者及家属对疾病的认知程度、心理状况、教育背景、经济状况、社会支持度等。

（二）用药安全

1. 抑制尿酸合成药物

（1）不良反应：①别嘌醇可引起皮肤过敏反应、肝肾功能损害、骨髓抑制等，严重者可发生致死性剥脱性皮炎、重症多形红斑型药疹、中毒性表皮坏死松解症等超敏反应综合征。②非布司他能引起肝功能损害、恶心、皮疹等，对于心血管系统的影响尚无定论。

（2）用药注意事项：①使用别嘌醇前，应仔细询问过敏史，从小剂量开始试验性使用，并在使用过程中仔细观察有无过敏反应，一旦出现须立即停药。②肝肾功能不全者应酌情减量。③使用别嘌醇初期可能会因为血尿酸转移性增多而诱发急性关节炎发作，此时可加用秋水仙碱治疗。④在合并心脑血管疾病的高龄患者中，使用非布司他应从小剂量开始，同时关注心血管事件风险。

（3）药物相互作用：别嘌醇和非布司他显著增加硫唑嘌呤和巯嘌呤的血药浓度，可能达到毒性水平。ACEIs、噻嗪类利尿药、钙通道阻滞药等可增加别嘌醇的超敏反应风险。茶碱、氨茶碱、胆茶碱可改变非布司他的体内代谢方式，引起血药浓度升高。

2. 促进尿酸排泄药

（1）不良反应：主要有胃肠道不适、腹泻、皮疹和肝功能损害等。

（2）用药注意事项：①对于24小时尿酸排泄 > 3.75mmol 或已有尿酸性结石形成者，可能造成尿路阻塞或促进尿酸性结石的形成，故不宜使用。②为避免用药后因尿中的尿酸排泄急剧增多而引起肾脏损害及肾石病，用药时应注意从小剂量开始。③在使用排尿酸药物治疗的过程中，应使用碳酸氢钠或枸橼酸盐制剂碱化尿液，防止尿酸结石的发生。④注意多饮水，保持每天尿量在 2 000ml 以上，以利于尿酸的排出。

（3）药物相互作用：某些药物如噻嗪类利尿药，呋塞米，乙胺丁醇、吡嗪酰胺、烟酸等，可抑制尿酸的排泄而拮抗该类药物的作用，应注意避免同时使用。

3. 秋水仙碱

（1）不良反应：①主要是胃肠道反应如恶心、呕吐、腹痛、腹胀及水样腹泻，发生率高达 40% ~ 75%。②可引起粒细胞缺乏、血小板减少等骨髓抑制作用以及脱发等。③中毒时出现水样腹泻及血便、脱水、休克等。④静脉给药可产生肝损害、骨髓抑制、DIC、脱发、肾衰竭、癫痫样发作甚至死亡等严重不良反应。

（2）用药注意事项：①口服用药若出现严重胃肠道反应，应减量或停药。②静脉给药临床上极少应用，必须使用时应注意注射速度要慢，切勿漏出血管外，以免造成局部组织坏死。③有骨髓抑制和肝功能损伤者使用该药时，剂量应减半，并密切观察不良反应。④如发生秋水仙碱中毒，患者出现全血细胞减少（缺乏）症，应用粒细胞 – 集落刺激因子（G-CSF）有良好效果。

（3）禁忌证：孕妇和哺乳期妇女禁用。

4. NSAIDs

（1）不良反应：①胃肠道反应，如消化不良、恶心、呕吐、腹痛、腹泻、胃及十二指肠溃疡等。②中枢神经系统症状，如头痛、眩晕、头昏、抑郁、嗜睡、精神紧张、幻觉等。③过敏反应常见的有皮疹、哮喘等。④抑制造血系统功能，少数患者使用吲哚美辛可引起粒细胞减少，偶有再生障碍性贫血及血小板减少性紫癜。

（2）用药注意事项：①应在餐后服用，以减轻对胃肠道的刺激。②吲哚美辛长期应用可导致角膜色素沉着及视网膜改变，遇有视力模糊应立即做眼科检查。③本类药物间有交叉过敏。④禁

笔记栏

止同时服用两种以上 NSAIDs，症状缓解后逐渐减量。

（3）禁忌证：活动性消化性溃疡、消化道出血者禁用。

（4）药物相互作用：①吲哚美辛与氨苯蝶啶合用可引起肾功能损害。②与肝素、口服抗凝药、溶栓药合用，有增加出血的危险。③与糖皮质激素、促肾上腺皮质激素合用，可增加胃肠道溃疡或出血的倾向。④与秋水仙碱、磺吡酮合用时可增加胃肠溃疡和出血危险。

5. 糖皮质激素　该类药物停药后症状容易复发，且长期服用易致糖尿病、高血压等并发症，故不宜长期应用。

（三）用药监测

1. 血尿酸水平监测　血尿酸升高是痛风患者重要的临床生化特点，应定期复查血尿酸。慢性高尿酸血症患者的治疗目标是使血尿酸维持在 360μmol/L（6.0mg/dl）以下。对于有痛风石、慢性关节炎、痛风频繁发作者，治疗目标是血尿酸 < 300μmol/L（5.0mg/dl），但不低于 180μmol/L（3.0mg/dl）。

2. 关节疼痛监测　监测关节疼痛的部位、性质、间隔时间，受累关节的红肿、功能障碍等，以评价药物的疗效。

3. 不良反应监测　密切观察患者的症状及体征，应用抑制尿酸合成药和秋水仙碱的患者应定期复查血常规和肝功能，发现不良反应及时联系医生，以便进一步处理，必要时调整用药方案。

（四）用药指导

1. 向患者讲解疾病的有关知识，说明本病是一种终身性疾病，但经积极有效治疗，患者可正常生活和工作，让其了解治疗性生活方式改变如限酒、戒烟、减少高嘌呤食物的摄入、控制体重、规律运动等的重要性，提高用药依从性。

2. 指导患者了解所用药物的常见不良反应，一旦出现及时就诊。

（王春梅）

小　结

甲状腺激素分泌过少引起的甲状腺功能减退（甲减）需补充甲状腺激素进行治疗，而分泌过多则引起甲状腺功能亢进（甲亢），治疗药物有硫脲类、碘及碘化物、β受体阻断药和放射性碘。硫脲类通过抑制甲状腺过氧化物酶而抑制甲状腺激素的合成，是治疗甲亢的主要药物，常见不良反应有过敏反应、急性粒细胞缺乏症、肝功能损害等，应注意监测。

胰岛素主要用于 1 型糖尿病、2 型糖尿病经饮食控制或用口服降糖药未能控制者，以及合并各种急性或严重并发症的糖尿病。常用的口服降糖药物有促胰岛素分泌药磺酰脲类，餐时血糖调节药格列奈类，二甲双胍、α- 葡萄糖苷酶抑制药及胰岛素增敏药噻唑烷二酮类。其他药物有 GLP-1 受体激动药、DDP-4 抑制药和 SGLT-2 抑制药。必要时可采用两种或三种药物联合治疗，或加用胰岛素治疗。低血糖症是胰岛素和口服降糖药以及药物联用时最常见的不良反应，应指导患者正确监测血糖、熟知低血糖症状及处理方法。

肥胖症的治疗药物主要包括脂肪酶抑制药奥利司他和兼具减重作用的降糖药物二甲双胍和 GLP-1 受体激动药。司美格鲁肽属于长效 GLP-1 受体激动药，是全球首个用于肥胖症体重管理的注射制剂。

血脂异常是动脉粥样硬化性心脑血管疾病的重要危险因素，较重者应给予药物治疗，最常用的是中等强度他汀类药物，必要时可联合应用胆固醇吸收抑制药、PCSK9 抑制药、胆酸螯合剂、烟酸类、贝特类等药物。他汀类药物的主要不良反应有肝功能损害、肌病及新发糖尿病等。

笔记栏

　　骨质疏松症以骨密度降低和／或非创伤骨质疏松性骨折为标志。抗骨质疏松症药物有骨健康基本补充剂、骨吸收抑制药、骨形成促进药、双重作用药物及其他机制类药物。骨健康基础用药主要包括钙剂和维生素 D 类。双膦酸盐类直接抑制破骨细胞形成和骨吸收，是强有力的骨吸收抑制药。阿仑膦酸钠是最常用的双膦酸盐。在药物治疗前需要排除继发性骨质疏松症的可能性，并完成骨折风险评估、病史采集、体格检查、骨密度及椎体影像学检查等。治疗中注意提高患者的依从性，积极监测用药的安全性和有效性。

　　痛风是嘌呤代谢障碍或尿酸排泄障碍所致的一组异质性慢性代谢性疾病。急性发作期的药物治疗主要采用秋水仙碱、NSAIDs 和糖皮质激素，可迅速缓解急性关节炎，胃肠道不良反应多见。慢性痛风的治疗目的是降低血中尿酸浓度，可用抑制尿酸合成的药物别嘌醇和促进尿酸排泄的药物苯溴马隆等。

思考题

1. 说明如何配伍使用各类抗甲状腺药物及用药监测要点。
2. 结合护理工作实际，讨论如何预防降糖药引起的低血糖反应？
3. 从药物相互作用的角度讨论调血脂药物合用时的注意事项。
4. 结合护理工作实际，讨论如何提高患者抗骨质疏松用药的依从性？
5. 结合药物治疗原则总结痛风的用药特点和使用注意事项。

ER10-4
第十章
目标测试

ER11-1
第十一章
思维导图

第十一章

肿瘤药物治疗与护理

ER11-2
第十一章
肿瘤药物治疗
与护理

恶性肿瘤是严重威胁人类健康和生命的疾病。近年来由于癌前筛查及癌症治疗方法的改进，特别是靶向药物及免疫疗法的进展，癌症总体死亡率逐步下降。本章仅对肺癌、乳腺癌、胃癌、肝癌、结直肠癌及宫颈癌的药物治疗相关内容进行阐述。针对以上几种常见恶性肿瘤的临床护理工作重点，着重阐述药物治疗的目的和原则、常用药物分类及作用特点、用药护理等内容。

第一节 肺 癌

📄 导入案例

患者，女，44 岁。2023 年 7 月 14 日入院，2023 年 6 月 19 日 CT 引导下经皮肺穿刺活检，病理提示"中分化肺腺癌"，基因检测：*EML4(Exon1-6)-ALK(Exon20-29) 融合突变*。入院诊断为左肺腺癌伴骨转移。

2023 年 7 月 19 日予克唑替尼 250mg 口服，2 次 /d，1 周后患者出现呕吐，伴明显恶心、食欲减退及乏力。查肝功能正常并头颅磁共振排除脑转移后，考虑呕吐与克唑替尼有关，换用恩沙替尼 225mg 口服，1 次 /d，予甲磺酸多拉司琼注射液 100mg/d 静脉滴注，1 次 /d 甲氧氯普胺片 10mg 口服，3 次 /d。患者恶心、呕吐明显改善。

患者服用恩沙替尼 3 周后，出现表皮剥脱，初见于手掌、足底，后于臀部、面部、腰背部等处，伴有轻度瘙痒，皮肤科会诊后，予尿素乳膏局部涂抹，2 次 /d，用药 2 周后患者表皮未再出现新的脱屑，全身见稚嫩新生表皮。10 月 5 日复查 CT 见肺部原发灶缩小。

思考题：

1. ALK 阳性晚期非小细胞肺癌的首选药物是什么？

2. 简述靶向药物的利弊如何权衡。

3. 对于呕吐风险较高的口服抗肿瘤药，如何预防呕吐发生？

肺癌是世界上最常见的恶性肿瘤之一，也是癌症死亡的最常见原因。数据显示，全球新发肺癌数量在所有癌种中排名第 2 位，而病死率排名第 1 位。我国肺癌新发数量和死亡数量均居全球首位，全世界新诊断的肺癌患者中超过 1/3 在中国。

【疾病简介】

肺癌可以分为非小细胞肺癌（non-small cell lung cancer，NSCLC）与小细胞肺癌（small cell lung cancer，SCLC），其中 NSCLC 最为常见，约占肺癌总人数的 80% ~ 85%，其余 15% ~ 20% 为小细胞肺癌，SCLC 虽然占比不大，但生长迅速，侵袭性强，极易早期转移，且往往仅在治疗初期对放化疗敏感，其死亡率位居各种肿瘤之首。NSCLC 起病隐匿，多数 NSCLC 患者就诊时已处于局部晚期或发生远处器官转移，因此，全身治疗（化疗）是 NSCLC 患者的首选治疗方式。

笔记栏

【药物治疗的目的及原则】

（一）药物治疗的目的

肺癌的药物治疗主要为化疗、分子靶向治疗以及免疫治疗，以改善症状，延长患者生存期，提高其生活质量。

（二）药物治疗的原则

肺癌的化疗分为新辅助化疗、辅助化疗、姑息化疗。药物治疗应当严格掌握临床适应证，充分考虑患者疾病分期、体力状况、不良反应、生活质量及患者意愿，避免治疗过度或治疗不足；应当及时评估化疗疗效，密切监测及防治不良反应，并酌情调整药物和／或剂量；分子靶向治疗需要明确基因突变类型，依据分子分型指导靶向治疗。

【药物分类及常用药物】

（一）传统化疗药物

1. 铂类 是目前临床应用最广泛的抗肿瘤药物，属于直接影响 DNA 结构和功能的药物，是细胞周期非特异性药物。顺铂（cisplatin，DDP）是第一代铂类化合物，能够与 DNA 链的碱基形成交叉联结，破坏 DNA 的复制、转录，从而抑制肿瘤细胞增殖。此外，DDP 还具有放疗增敏功能。卡铂为第二代铂类化合物，奥沙利铂为第三代铂类抗肿瘤药。铂类化合物常用于肺癌的单独化疗或联合治疗。

2. 植物碱类 是指来源于植物或其提取物的一类微管蛋白活性抑制药物，主要是紫杉类药物，包括紫杉醇（paclitaxel，PTX）和多西他赛（docetaxel，DTX）等。

紫杉醇通过促进微管蛋白聚合诱导和促进微管的装配，抑制解聚，使微管在有丝分裂时不能形成纺锤体、而阻止肿瘤细胞分裂繁殖，使癌细胞复制受阻断而死亡。

多西他赛是一种半合成的紫杉烷类抗肿瘤药物，主要通过加强微管蛋白聚合作用和抑制微管解聚作用，从而形成较为稳定的非功能性微管束，使细胞不能进行正常的有丝分裂而停止在 G_2/M 期，从而发挥抗肿瘤作用。除了干扰有丝分裂，还具有诱导癌细胞凋亡和抗肿瘤血管生成的作用。多西他赛在细胞内的浓度比紫杉醇高出 3 倍之多，并且在细胞内的滞留时间也相对较长。多西他赛与顺铂或卡铂之一联合组成含铂两药方案，是治疗晚期 NSCLC 一线标准方案，也是 NSCLC 术后常用的辅助治疗方案之一。

白蛋白结合型紫杉醇是一种全新剂型的紫杉类药物，它是将紫杉醇和人血白蛋白经高压振动技术制成的纳米微粒紫杉醇冻干粉剂，使用时以生理盐水溶解，可直接用于静脉滴注。与传统剂型紫杉醇相比，白蛋白结合型紫杉醇可通过白蛋白受体（GP60）穿胞途径及结合于肿瘤细胞外间质的富含半胱氨酸的酸性分泌蛋白（SPARC）途径从而形成了肿瘤组织中药物储藏池，提高肿瘤组织内的药物浓度。可对肿瘤进行靶向杀伤，并且白蛋白结合型紫杉醇去除了传统紫杉醇的助溶剂（聚氧乙烯蓖麻油），解决了助溶剂引起的过敏反应及严重神经毒性的问题，用药前无须预处理，静脉滴注时间大大缩短，安全提高了紫杉醇的用药剂量。白蛋白结合型紫杉醇相比于传统型紫杉醇药物（紫杉醇及多西紫杉醇），有靶向性强、抗肿瘤活性高、用药剂量高、生物利用度高、毒性低等优点。可作为晚期 NSCLC 一线或其他方案失败后的选择。

3. 抗代谢药 属于干扰核酸生物合成的药物，是细胞周期特异性药物，主要包括培美曲塞、吉西他滨。

培美曲塞（pemetrexed，MTA）是一种新型多靶点抗叶酸化合物，是基于经典的抗代谢类药物甲氨蝶呤和氟尿嘧啶之上研制的新一代抗代谢药，通过干扰癌细胞复制所必需的叶酸依赖性代谢过程，抑制胸苷酸合成酶、二氢叶酸还原酶和甘氨酰胺核糖核苷酸甲酰基转移酶的活性，影响嘌呤和嘧啶的合成，从而干扰癌细胞的 DNA 合成和修复。培美曲塞主要与铂类化合物联合应用治疗非鳞状 NSCLC 和 NSCLC 晚期患者。其单药方案常用于晚期肺腺癌的二线治疗，或培美曲塞联合顺铂四周期无进展患者的维持治疗。

笔记栏

吉西他滨（gemcitabine，GEM）是一种高效低毒的嘧啶类似物，在细胞内经核苷激酶的作用被代谢为具有活性的二磷酸及三磷酸核苷，可通过抑制 DNA 聚合酶和核糖核苷酸还原酶的活性，显著减少细胞内脱氧核苷酸的合成，这一过程是细胞 DNA 复制和修复的关键环节，吉西他滨还能与 DNA 链中的 dCTP 竞争性结合，导致 DNA 双链断裂，进一步将细胞增殖周期阻断至 S 期和 G1 期。吉西他滨联合顺铂或卡铂的两药方案是治疗晚期 NSCLC 一线标准方案，也是 NSCLC 术后常用的辅助治疗方案之一。

（二）分子靶向治疗药物

1. VEGF 抑制药　靶向 VEGF 药物主要通过下调血管内皮生长因子表达，抑制肿瘤血管新生，切断肿瘤供氧，遏制肿瘤的生长、复发和转移。代表药物贝伐珠单抗（bevacizumab）是人源化 Ig G1 型单克隆抗体，能与 VEGF 特异性结合，从而阻断 VEGF 与其在内皮细胞表面的受体结合，以抑制肿瘤血管生成，可用于肿瘤无法切除、晚期或转移性非鳞状肺癌。研究证实了卡铂/紫杉醇联合贝伐珠单抗对晚期或复发非鳞状 NSCLC 患者的一线治疗地位。

2. EGFR 抑制药　EGFR 是 NSCLC 中较常见的驱动基因。选择性小分子酪氨酸激酶抑制药（tyrosine kinase inhibitor，TKI）是应用最多的治疗肺癌的 EGFR 酪氨酸激酶受体阻断药（EGFR-TKIs），可阻断 EGFR 的磷酸化，阻碍三磷酸腺苷与 EGFR 激酶结合，阻断下游信号通路，进而导致细胞凋亡。第一代 EGFR-TKI 主要包括吉非替尼（gefitinib）、厄洛替尼（erlotinib）和埃克替尼（icotinib）。吉非替尼适用于携带 EGFR 19 外显子缺失突变（Del19）和 EGFR 21 外显子突变（L858R）的晚期非小细胞肺癌的一线治疗。第二代包括阿法替尼（afatinib）和达可替尼（dacomitinib）。临床用于：①具有 EGFR 基因敏感突变的局部晚期或转移性 NSCLC，既往未接受过 EGFR-TKIs 治疗。②使用含铂药物化疗期间或化疗后疾病进展的局部晚期或转移性鳞状细胞组织学类型的 NSCLC。③对于携带 EGFR 突变且伴有脑转移的 NSCLC 患者，可将阿法替尼作为首选药物。第三代包括奥西替尼、阿美替尼和伏美替尼等。常用于第一、二代 EGFR-TKIs 治疗后进展并且存在 EGFR T790M 阳性突变的晚期或转移性 NSCLC 患者。

3. ALK 抑制药　克唑替尼（crizotinib）是能选择性竞争腺嘌呤核苷三磷酸，阻断激酶蛋白，抑制肿瘤细胞增殖，诱导其凋亡。主要用于治疗 ALK 融合基因阳性或 ROS1 融合基因阳性的晚期或转移性 NSCLC 患者。

（三）免疫治疗药物

最常用的免疫治疗药物是免疫检查点抑制剂（immune checkpoint inhibitor，ICI），ICI 通过阻断免疫检查点与其配体结合，解除免疫检查点引起的免疫功能抑制，重新激活免疫细胞发挥抗肿瘤作用。PD-1 是最具代表性的免疫检查点，目前以 PD-1 为靶点治疗 NSCLC 的药物包括纳武利尤单抗（nivolumab）、帕博利珠单抗（pembrolizumab）、替雷利珠单抗（tislelizumab）、卡瑞利珠单抗（camrelizumab）和信迪利单抗（sintilimab）等。PD-L1 是 PD-1 配体，以其为靶点治疗 NSCLC 的常用药物包括度伐利尤单抗（durvalumab）和阿替利珠单抗（atezolizumab）等。

1. 纳武利尤单抗　是全人源化 IgG4 型单克隆抗体，主要通过阻断 PD-1 受体，恢复 T 细胞抗肿瘤免疫应答发挥作用。目前用于晚期 NSCLC 的二线治疗。

2. 帕博利珠单抗　能通过阻断 T 细胞 PD-1 受体的免疫抑制信号，增强 T 细胞抗肿瘤免疫应答，其抗肿瘤活性强。在 NSCLC 患者的治疗中具有良好疗效及耐受性。帕博利珠单抗联合化疗用于一线治疗非鳞状 NSCLC 患者。

3. 替雷利珠单抗　是我国自主研发的人源化 IgG4 抗 PD-1 单克隆抗体，适用于晚期非鳞状细胞 NSCLC 患者的一线治疗；联合紫杉醇和卡铂用于局部晚期或转移性鳞状细胞 NSCLC 的一线治疗。

4. 卡瑞利珠单抗　联合培美曲塞和卡铂适用于 EGFR 基因突变阴性和 ALK 阴性的、不可手术切除的局部晚期或转移性非鳞状细胞 NSCLC 患者的一线治疗；联合紫杉醇和卡铂用于局部晚期或转移性鳞状细胞 NSCLC 患者的一线治疗。

5. 信迪利单抗 联合培美曲塞和铂类药物用于 *EGFR* 基因突变阴性和 ALK 阴性、不可手术切除的局部晚期或转移性非鳞状细胞 NSCLC 的一线治疗；联合吉西他滨和铂类药物用于不可手术切除的局部晚期或转移性鳞状细胞 NSCLC 的一线治疗；联合贝伐珠单抗、培美曲塞、顺铂方案治疗 EGFR 敏感突变阳性的晚期非鳞状细胞 NSCLC、*EGFR-TKIs* 耐药后的患者。

6. 度伐利尤单抗 适用于在接受以铂类药物为基础的化疗同步放疗后未出现疾病进展的不可切除、Ⅲ 期 NSCLC。联合依托泊苷和卡铂或顺铂一线治疗广泛期小细胞肺癌（extensive stage small cell lung cancer，ES-SCLC）。

7. 阿替利珠单抗 与卡铂和依托泊苷联合用于 ES-SCLC 患者的一线治疗；联合培美曲塞和铂类化疗用于 *EGFR* 基因突变阴性和 ALK 阴性的转移性非鳞状细胞 NSCLC 患者的一线治疗；用于检测评估为 ≥ 1%TC PD-L1 染色阳性、经手术切除、以铂类为基础化疗之后的 Ⅱ～ⅢA 期 NSCLC 患者的辅助治疗。

（四）联合治疗

肺癌常用的化疗联合治疗方案见表 11-1。

表 11-1 肺癌常用的化疗联合治疗方案

化疗方案	剂量	用药时间	时间及周期
NP 方案			21d 为 1 个周期，4～6 个周期
长春瑞滨	25mg/m²	第 1d、8d	
顺铂	75mg/m²	第 1d	
TP 方案			21d 为 1 个周期，4～6 个周期
紫杉醇	135～175mg/m²	第 1d	
顺铂或卡铂			
顺铂	75mg/m²	第 1d	
卡铂	AUC=5～6	第 1d	
DP 方案			21d 为 1 个周期，4～6 个周期
多西他赛	60～75mg/m²		
顺铂或卡铂			
顺铂	75mg/m²	第 1d	
卡铂	AUC=5～6	第 1d	
GP 方案			21d 为 1 个周期，4～6 个周期
吉西他滨	1 000～1 250mg/m²	第 1d、8d	
顺铂或卡铂			
顺铂	75mg/m²	第 1d、2d	
卡铂	AUC=5～6	第 1d	

注：AUC：曲线下面积。

笔记栏

【用药护理】

（一）用药评估

1. 评估分型与分期 药物的选择与分型、分期密切相关。SCLC 与 NSCLC、鳞癌与腺癌、早期与晚期 NSCLC、局限期和广泛期 SCLC 的治疗方案不同。

2. 检测驱动基因 靶向治疗药物针对特定驱动基因才能发挥作用。

3. 评估病史 了解患者的年龄、体重、婚姻及妊娠状况、有无肝肾功能不全、有无免疫性疾病等。

4. 评估用药史 了解既往药物治疗方案，曾使用药物的种类、用法、用量及疗效，有无糖皮质激素使用中、有无用药不良反应，有无药物过敏史。

5. 评估心理和营养状况 了解患者的心理状况为心理护理提供依据，了解患者的营养状况为下一步治疗提供支持。

6. 实验室检查和其他检查 评估血常规、肝功能、肾功能、心电图及胸部 X 片，为开展化疗提供基线数据及用药指导。

7. 评估用药依从性 了解患者的生活方式、饮食习惯、摄食量等；评估患者及家属对疾病的认知程度、心理状况、教育背景、经济状况、社会支持度等。

（二）用药安全

1. 铂类

（1）不良反应：顺铂是目前致吐性最强的化疗药物之一，可能出现食欲减退、恶心、呕吐、腹泻等。可能表现为血尿及肾功能损伤，血清肌酐升高及清除率降低，与用药剂量有关，常发生于药后 7~14 天。也可能造成神经毒性，主要表现为耳鸣、耳聋、不可逆的高频听力丧失等，少数患者还可有球后视神经炎、感觉异常及味觉丧失。卡铂与顺铂相比，毒副反应较轻，肾、耳、神经毒性明显降低，主要副作用是骨髓抑制，毒性反应呈剂量依赖性。奥沙利铂的神经性毒性为其主要不良反应，包括急性和累积性不良反应，表现为感觉迟钝或异常，遇冷加重。

（2）用药注意事项：使用奥沙利铂时神经毒性与寒冷有关，注意保暖，用药期间不可食用冷食、冷水。为了降低神经毒性，可服用维生素 B_1，维生素 B_6 和烟酰胺等。

（3）药物相互作用：将铂类药物与靶向药物、增敏剂或抗体等联合应用可以减少其副作用和耐药性，提高药物的抗肿瘤效果。与伊立替康合用时发生胆碱综合征的危险增高，应注意观察并使用阿托品预防。

2. 紫杉醇

（1）不良反应：主要包括骨髓抑制、脱发、肌肉/关节酸痛、胃肠道反应、周围神经病变、过敏反应等，过敏反应表现为呼吸困难、低血压、血管神经性水肿、荨麻疹等。白蛋白紫杉醇剂型可以减少过敏反应的发生率。

（2）用药注意事项：此药容易引起过敏反应，为预防和减少过敏反应发生，临床上在用药前常须先给予大剂量地塞米松和 H_2 受体阻断药，但仍有约 5% 患者出现程度不等的过敏反应。若出现面色潮红、血压稍降的情况，可以减慢输注速度，若出现呼吸急促、血压低、喉头发紧的情况要立即停药。

3. 培美曲塞

（1）不良反应：主要是骨髓抑制、皮疹、发热、胃肠道反应等。

（2）用药注意事项：骨髓抑制为剂量限制性毒性，可通过调整剂量的方法减轻症状，补充叶酸及维生素 B_{12} 可预防胃肠道不良反应和粒细胞减少。使用地塞米松可降低皮疹发生率。

4. 吉西他滨

（1）不良反应：包括血小板减少、中性粒细胞减少、骨髓抑制、胃肠道反应、肝肾功能损害、皮疹、发热等。吉西他滨引起的恶心呕吐症状可通过抗呕吐药物控制，皮疹可通过局部抗过敏药膏治疗，水杨酸类药物可减轻吉西他滨引起的发热、乏力症状，部分局部疼痛可通过停止药物后自行逆转。

（2）用药注意事项：用药前检查肝肾功能，对于肝肾功能损害者需谨慎使用。

5. 吉非替尼

（1）不良反应：常见的不良反应有皮肤黏膜反应，表现为口腔黏膜炎，皮肤干燥、痤疮样皮疹、皮肤皲裂和色素沉着多发生于颜面、上胸背部和手足皮肤。还有腹泻、乏力、蛋白尿。应特别注意间质性肺炎、肝脏毒性和眼部症状的发生。如确诊药物相关性间质性肺炎，建议永久停用。心血管不良反应主要包括高血压、左心室射血分数下降、心肌缺血/梗死、Q-T间期延长等。

（2）用药注意事项：用药前必须明确检测到 *EGFR* 敏感突变才能用药。老年人及伴有心血管疾病者更易发生心血管不良反应，故对这些患者应特别慎重并进行必要的监控，同时避免与蒽环类药物等可影响心血管功能的化疗药物联用。

（3）药物相互作用：CYP3A4强效抑制剂能降低吉非替尼代谢速率，增加其血浆浓度，两者联合使用时，应监测不良反应。

6. 厄洛替尼

（1）不良反应及用药注意事项：主要不良反应为可耐受的1、2级皮肤病和胃肠道反应。用药前必须明确检测到 *EGFR* 敏感突变。建议在饭前1h或饭后2h服用。吸烟会导致厄洛替尼的暴露量降低，建议患者戒烟。

（2）药物相互作用：避免与CYP3A4强效抑制剂或强效诱导剂联合使用，避免与可显著且持续升高胃液pH的药物联合使用。

7. 阿法替尼

（1）不良反应及用药注意事项：不良反应主要是腹泻、皮肤相关不良反应和间质性肺炎。一线治疗 *EGFR* 基因敏感突变的晚期NSCLC患者时，用药前必须明确检测到 *EGFR* 基因敏感突变。不能与食物同服，应当在进食后至少3小时或进食前至少1小时服用。阿法替尼含有乳糖，患有罕见遗传性半乳糖不耐受症、乳糖酶缺乏症或葡萄糖-半乳糖吸收不良的患者不能服用阿法替尼。

（2）药物相互作用：如需要使用P-糖蛋白抑制剂，应采用交错剂量给药，尽可能延长与阿法替尼给药的间隔时间。

8. 克唑替尼

（1）不良反应：胃肠道反应为克唑替尼常见不良反应，通常发生在治疗早期，恶心、呕吐的发生率分别为47%~57%和39%~47%，一般为轻度或中度（1/2级），仅有不到1%的患者会发生3/4级的恶心、呕吐。

（2）用药注意事项：用药前必须明确检测到 *ROS1* 阳性或 *ALK* 阳性。用药期间必须注意观察肝功能损伤和视觉异常。在治疗开始的最初2个月应每周检测1次，之后每月检测1次患者的肝功能，肝功能损伤患者应谨慎使用克唑替尼。

（3）药物相互作用：克唑替尼可延长Q-Tc间期，应避免联合使用可延长Q-Tc间期的药物。克唑替尼可引起心动过缓，应避免联合使用可引起心动过缓的药物。

9. 纳武利尤单抗

（1）不良反应：常见中性粒细胞减少，腹泻、疲乏、恶心，皮疹、瘙痒，甲状腺功能异常（减退或亢进），高血压，周围神经病变、头痛、头晕，肌肉骨骼痛、关节痛。偶见肝炎、葡萄膜炎、视力模糊、干眼、心动过速。

（2）用药注意事项：稀释于0.9%氯化钠溶液或5%葡萄糖溶液中，浓度10mg/ml。总输注量一定不能超过160ml。纳武利尤单抗可引起免疫相关性不良反应，应持续监测患者（至少至末次给药后5个月）。根据不良反应的严重程度，应暂停纳武利尤单抗治疗并给予糖皮质激素。如果出现任何重度、复发的免疫相关性不良反应以及任何危及生命的免疫相关性不良反应，必须永久停用纳武利尤单抗。

（3）药物相互作用：联合伊匹木单抗治疗时，应先输注纳武利尤单抗，每次输注需使用单独的输液袋和过滤器，输注结束时冲洗输液管，不能通过同一根输液管直接给予其他药物。若暂停一种药物，则应同时暂停另一药物。

10. 帕博利珠单抗

（1）不良反应：常见的不良反应包括疲劳、皮疹、恶心、咳嗽、腹泻等，通常不严重，但需要密切关注并及时处理。在极少数情况下，可能会发生严重的免疫相关不良反应，如肺炎、结肠炎等。

（2）用药注意事项：发生4级或复发性3级免疫相关性不良反应，应永久停用帕博利珠单抗，并使用糖皮质激素治疗。在使用帕博利珠单抗之前应避免使用全身性糖皮质激素或其他免疫抑制药，因为这些药物可能会影响其药效学活性及疗效。但在开始给药后，可使用全身性糖皮质激素或其他免疫抑制药治疗免疫介导性不良反应。

（3）药物相互作用：如果联合化疗给药时，应首先给予帕博利珠单抗。当帕博利珠单抗与化疗联合使用时，糖皮质激素也可以作为治疗前用药来预防呕吐和／或缓解化疗相关不良反应。

11. 替雷利珠单抗

（1）不良反应：不良反应包括骨髓抑制、感染、心血管系统异常、代谢和营养障碍、消化系统异常等，主要表现为血小板减少、白细胞减少，发热，血压升高、心动过速，食欲下降、恶心呕吐、腹泻等。

（2）用药注意事项：与化疗联合使用时，若为同日给药则先输注替雷利珠单抗。

12. 度伐利尤单抗

（1）不良反应：常见的不良反应包括咳嗽、疲劳、非感染性肺炎或放射性肺炎、上呼吸道感染、感染性肺炎和皮疹，偶见腹泻、腹痛、甲状腺功能减退。

（2）用药注意事项：根据免疫相关性不良反应的类型和严重程度，暂停给药或永久停用。

13. 阿替利珠单抗

（1）不良反应：常见不良反应主要是贫血、中性粒细胞减少和血小板减少。

（2）用药注意事项：静脉输注给药，不得采用静脉推注或快速静脉输注。不得与其他药物使用同一输液管给药。对于疑似免疫相关性不良反应，应进行充分评估以确认病因或排除其他病因。根据免疫相关性不良反应的类型和严重程度，暂停给药或永久停用。

（3）药物相互作用：在治疗前应尽量避免使用全身性糖皮质激素或其他免疫抑制药，因为这些药物可能会影响阿替利珠单抗的药效学活性及疗效。

14. 卡瑞利珠单抗

（1）不良反应：常见的不良反应是反应性毛细血管增生症、发热、咳嗽、乏力、贫血、甲状腺功能减退症、蛋白尿、食欲降低等。

（2）用药注意事项：对于非鳞状 NSCLC 患者，用药前必须明确诊断为 *EGFR* 突变阴性和 *ALK* 阴性。可能出现免疫相关性不良反应，根据患者个体的安全性和耐受性，可能需要暂停给药或永久停用。治疗前做基线评估，治疗期间定期监测治疗反应及毒性。当卡瑞利珠单抗联合化疗给药时，应首先给予卡瑞利珠单抗静脉输注，间隔至少30分钟后再给予化疗。

（3）药物相互作用：因可能干扰生物活性，应避免在开始治疗前使用全身性糖皮质激素及其他免疫抑制药。但如果是为了治疗免疫相关性不良反应，可在开始本品治疗后使用全身性糖皮质激素及其他免疫抑制药。

15. 信迪利单抗

（1）不良反应：发热、贫血、天冬氨酸氨基转移酶升高、谷丙转氨酶升高、乏力、白细胞计数降低等。

（2）用药注意事项：静脉输注，输注时间应在30～60分钟内，不得采用静脉推注或单次快速静脉注射给药。根据患者个体的安全性和耐受性，暂停给药或永久停用。不建议增加或减少剂量。不建议在妊娠期间使用本品治疗。建议哺乳期妇女在接受本品治疗期间及末次给药后至少5个月内停止哺乳。

（3）药物相互作用：应避免在开始本品治疗前使用全身性糖皮质激素及其他免疫抑制药，但如果是为了治疗免疫相关性不良反应，可在开始本品治疗后使用全身性糖皮质激素及其他免疫抑制药。

（三）用药监测

1. 抗肿瘤药物不良反应发生率高、毒副作用严重，应重视用药前的基线评估、用药中的实时管理和用药后的继续随访。

2. 阿替利珠单抗或信迪利单抗治疗前应先进行胃镜检查，评估胃底食管静脉曲张出血风险，治疗过程中应全程进行胃镜管理。在阿替利珠单抗、信迪利单抗、卡瑞利珠单抗、纳武利尤单抗或替雷利珠单抗治疗前应进行包括甲状腺功能、心肌酶等的基线检测，在治疗中定期随访以早期发现免疫相关性不良反应，同时需注意免疫相关性不良反应也可能出现于治疗结束后，应持续进行患者监测（至少至末次给药后5个月）。

3. 疗效评估 每一周期后进行CT和/或MRI检查，评价其疗效，详细记录病灶情况，按照RECIST实体瘤客观疗效评定标准进行评估，疗效评定为四部分，包括完全缓解、部分缓解、稳定和进展级。有效率为完全缓解率+部分缓解率；疾病控制率为完全缓解率+部分缓解率+稳定率。完全缓解（complete response，CR）：可见病灶完全消失，维持时间超过4周；部分缓解（partial response，PR）：可见病灶两个最大垂直直径乘积缩小＞50%，维持时间超过4周；稳定（stable disease，SD）：可见病灶两个最大垂直直径乘积缩小25%～50%，无新病灶出现；进展（progressive disease，PD）：可见病灶两个最大垂直直径乘积增大＞25%，或有新病灶出现。总有效率=（CR例数+PR例数）/总例数×100%。

（四）用药指导

1. 常规化疗方案因非选择性的细胞毒性，易导致严重的系统毒性（如骨髓抑制、肝肾毒性和神经毒性等），有些患者无法耐受，导致疗效不佳，且不良反应较多，不利于控制患者病情，可应用分子靶向药物，但分子靶向药物不可避免会耐药。免疫检查点抑制剂在肺癌治疗中发挥了重要作用，可显著延长生存期，然而，患者也会面临免疫相关不良反应。因此，需要综合考虑患者病情、各项指标变化以及机体的耐受性，采用针对性的治疗方案特别是联合治疗，达到疗效最大化，不良反应最小化，从而提高临床治疗效果，延长患者生存时间，改善其生活质量。

2. 在应用阿替利珠单抗治疗前应尽量避免使用全身性糖皮质激素或其他免疫抑制药，因为这些药物可能会影响药效学活性及疗效。但在阿替利珠单抗开始给药后，可使用全身性糖皮质激素或其他免疫抑制药治疗免疫相关性不良反应。

3. 信迪利单抗治疗中如出现免疫相关性不良反应，根据患者个体的安全性和耐受性，可能需暂停给药或永久停用。不建议增加或减少剂量。

4. 在接受卡瑞利珠单抗治疗的患者中，70%～80%发生反应性毛细血管增生症。反应性毛细血管增生症均发生在体表，初始多表现为体表鲜红色点状物，直径≤2mm，随着用药次数增加，病变范围可逐渐增大，多为结节状，也有斑片状，颜色鲜红或暗红。应叮嘱患者避免抓挠或摩擦，易摩擦部位可用纱布保护以避免出血，同时应联系主管医师，获得恰当的处理建议。破溃出血者可采用局部压迫止血，反复出现者可在止血后于皮肤科就诊，或采取如激光或手术切除等局部治疗；并发感染者应给予抗感染治疗。反应性毛细血管增生症可能在皮肤以外的其他组织发生（包括睑结膜、内外眦、口腔黏膜、咽喉等消化道黏膜或其他脏器），必要时进行相应的医学检查，如大便潜血、内窥镜及影像学检查。

5. 脱发在化疗患者中极为常见，化疗前告知患者脱发属正常反应，在化疗间歇期头发仍会长出。

6. 责任护士要根据化疗药物的特点，化疗前及时与患者交流，介绍肺癌的生物学特点和化疗的重要性及必要性、化疗药物的作用和副作用，对于适宜手术的患者，介绍术前化疗具有降低疾病分期等优点。客观地告诉患者用药方式及用药后可能出现的各种不良反应与处理方法及应对措施，告诉预防性用药可大大减少不良反应的发生，纠正患者对化疗药物不良反应的片面认识，使其有一定的心理准备，建立信心，采取转移、分散注意力及温馨服务等方法，使患者心情愉快轻松，减轻恶心、呕吐的症状，以良好的心态配合治疗和护理。

7. 关节和肌肉疼痛一般不需要处理，停药后可减轻，如果出现对疼痛敏感的患者可以给予止痛药物应用，如吗啡片、右旋布洛芬、芬必得等药物，或者采取一些其他的止痛方法：①体表止痛法；②注意力转移止痛法；③放松止痛法。

 知识链接

奥希替尼联合化疗治疗晚期非小细胞肺癌

奥希替尼是第三代 EGFR-TKI，可以改善 *EGFR* 突变晚期非小细胞肺癌（non-small cell lung cancer，NSCLC）患者的预后，提高患者生活质量，比第一代和第二代 *EGFR-TKI* 具有更好的无进展生存率（progress-free survival，PFS）和总生存期（overall survival，OS）获益，是目前 *EGFR* 突变晚期 NSCLC 的一线标准治疗，已在临床广泛使用。

一项全球首个国际多中心随机Ⅲ期临床研究，探讨奥希替尼联合化疗的疗效是否优于奥希替尼单药，结果显示奥希替尼联合化疗在奥希替尼单药的基础上将 PFS 延长了 9~10 个月，不良反应并未增加，奥希替尼联合化疗可以克服或延缓耐药，并通过协同作用来增强抗肿瘤效果，是治疗 *EGFR* 突变晚期 NSCLC 的一种有前景的策略。

特别是联合化疗组延缓脑转移的发生和进展，降低中枢神经系统进展的风险可有助于患者保留神经认知，维持或改善生活质量。奥希替尼联合化疗能延缓乃至预防脑转移的发生，这对患者的全程管理是非常有利的，脑转移患者可能更适合联合治疗策略。

未来，我们更需要通过肿瘤特征、分子特征、患者特征以及个体意愿精准实施特定高危群体患者的个体化治疗，从而让患者高质量的活得更久。

第二节　乳　腺　癌

全球乳腺癌发病率一直呈上升趋势。我国乳腺癌发病率已超过肺癌位居癌症发病率之首，且位居女性恶性肿瘤发病率之首，严重威胁女性的健康及生命。

【疾病简介】

乳腺癌是女性常见的恶性肿瘤，治疗方法主要包括手术、放疗、化疗、内分泌治疗和靶向治疗等，具体选择方案取决于患者的病情、年龄、病理分型、分子生物学特征等因素。乳腺癌最常见的亚型是激素受体阳性（hormone receptor positive，HR+）/人表皮生长因子受体 2 阴性（human epidermal growth factor receptor 2 negative，*HER2*-）乳腺癌，约占所有乳腺癌的 65%。该亚型对内分泌治疗（endocrine therapy，ET）有反应，预后较好，即使在转移情况下也具有较高的生存率。单克隆抗体、小分子靶向药物、抗体偶联药物（antibody-drug conjugate，ADC）"三驾马车"显著

提升了 *HER2* 阳性乳腺癌的整体疗效，早期 *HER2* 阳性乳腺癌的辅助治疗由既往的单一模式转变为精准医学时代下的个体化治疗。三阴型乳腺癌（triple negative breast cancer，TNBC）的治疗药物也从最初的化疗发展到现在开始应用靶向治疗、免疫治疗和免疫治疗联合化疗等多种治疗模式，显著改善了 TNBC 患者预后。

【药物治疗的目的及原则】

（一）药物治疗的目的

早期乳腺癌治疗目标是治愈，以手术治疗为主，晚期乳腺癌以全身药物治疗为主，治疗的主要目标是延长生存期、提高生活质量、控制肿瘤进展。

（二）药物治疗的原则

乳腺癌应采用综合治疗的原则，根据肿瘤的生物学行为和患者的身体状况，联合应用多种治疗方式，兼顾局部治疗和全身治疗。

【药物分类及常用药物】

（一）传统化疗药物

1. 蒽环类 蒽环类常用的有多柔比星（doxorubicin，ADM）、表柔比星（epirubicin，EPI）、吡柔比星（pirarubicin，THP）等，是乳腺癌标准化疗方案的基础药物之一。该类药物可嵌入 DNA 双链，形成稳定复合物，抑制肿瘤 DNA 合成，也可直接对 DNA、蛋白质和细胞膜产生作用，从而有效抑制肿瘤细胞。临床上用于乳腺癌治疗，在新辅助化疗中处于基础地位。三阴性乳腺癌治疗首选蒽环类化疗药物，其疗效较好。对于未使用过蒽环类的患者，可以采用蒽环类为主的联合化疗。与多柔比星相比，表柔比星的不良反应较轻，实际临床应用相对更广泛。而与传统蒽环类药物相比，脂质体多柔比星在心脏风险等方面进一步增加了蒽环类药物治疗乳腺癌的安全性。

2. 紫杉类 对于既往未使用过紫杉类、蒽环类耐药，或使用蒽环类产生累积剂量和心脏毒性的转移性乳腺癌，若考虑进一步化疗，可考虑以紫杉类为基础的治疗。对老年乳腺癌患者，含紫杉类药物的化疗方案为其首选化疗方案。白蛋白结合型紫杉醇单药应用于多线化疗失败多药耐药的晚期难治性乳腺癌，仍有较好的疗效，且总体耐受性好，可作为多线治疗失败耐药的难治性乳腺癌患者的挽救方案。

3. 抗代谢药 主要包括卡培他滨（capecitabine，CAP）和吉西他滨。

卡培他滨是 5-氟尿嘧啶前药，口服后在肠道吸收迅速，在肝脏经胞苷脱氨酶、羧酸酯酶和胸苷酸化酶一次水解为活性代谢物 5-FU，从而抑制 DNA 合成而发挥抗肿瘤活性。此外，通过口服的用药方式能有效模拟持续静脉给药的作用机制，提高了其抗肿瘤的疗效，比静脉用药更便捷，不良反应明显减少。是晚期乳腺癌一线治疗用药。

吉西他滨单药使用，亦可与紫杉醇或卡铂联合使用治疗晚期乳腺癌。

（二）靶向治疗药

1. 靶向 *HER2* 单克隆抗体和小分子药物 靶向 *HER2* 单克隆抗体常用的有曲妥珠单抗（trastuzumab）、帕妥珠单抗（pertuzumab）。这些单克隆抗体主要是通过与 Fc 受体的接触来激活先天免疫效应功能和补体活性。

曲妥珠单抗是全球首个抗 *HER2* 单克隆抗体，国内外指南一致推荐曲妥珠单克隆抗体单药 12 个月的辅助治疗依然是 *HER2* 阳性早期乳腺癌的标准用药方案，可以降低乳腺癌的复发率。小肿瘤患者术后也应考虑曲妥珠单抗治疗。*HER2* 靶向治疗显著改善了乳腺癌患者的预后。多以单药或与化疗、内分泌治疗药物、其他靶向治疗药物联合的方式用于 *HER2* 阳性乳腺癌的治疗，与拉帕替尼联合或与内分泌治疗药物联合用于已接受过多个化疗方案的 *HER2* 阳性转移性乳腺癌，与帕妥珠单抗和紫杉醇或多西他赛等化疗药物联合用于未接受化疗的转移性乳腺癌患者。

帕妥珠单抗是第二个被批准用于新辅助治疗的抗 *HER2* 药物，与曲妥珠单克隆抗体分别作用于 *HER2* 不同的胞外结构域，是曲妥珠单克隆抗体之外又一被批准用于新辅助治疗的抗 *HER2* 药物。

笔记栏

曲妥珠单抗与帕妥珠单抗（简称曲帕）双靶在 *HER2* 阳性早期乳腺癌新辅助、辅助治疗中的地位已经国内外临床研究证实，抗 *HER2* 治疗由此迈入曲帕双靶时代。帕妥珠单抗与曲妥珠单抗的联合应用可进一步改善 *HER2* 阳性晚期乳腺癌的 PFS 及 OS，曲帕双靶成为 *HER2* 阳性晚期乳腺癌的一线治疗新标准，尤其在腋窝淋巴结阳性患者中，双靶向治疗的获益更明显。在解救治疗方面，研究证实双靶向治疗联合多西他赛可以明显改善 *HER2* 阳性晚期乳腺癌患者的 PFS 和 OS。

靶向 *HER2* 的小分子药物那替尼（neratinib）是一种口服有效的、不可逆性结合 *HER-2*、*HER-4* 及 *EGFR* 的泛酪氨酸激酶抑制药，用于经曲妥珠单克隆抗体治疗后未进展但复发风险较高的早期 *HER-2* 阳性乳腺癌成年患者的强化辅助治疗药物，ER 阳性患者获益更加明显。

2. ADC 药物　ADC 药物的问世是乳腺癌治疗领域的一大亮点，其通过先进的生物工程平台精准地将细胞毒性药物与特别设计的人源化抗体结合，利用抗体的高度特异性，直接识别并结合肿瘤细胞上的特定抗原，确保毒性药物直接送达并集中作用于肿瘤细胞，减少对正常细胞的损害，为乳腺癌患者的治疗效果与生活质量同步提升开辟了可能性。

德曲妥珠单抗（trastuzumab deruxtecan，DS-8201）是 *HER-2* 靶向的 ADC 药物，由曲妥珠单抗、连接子、效应分子三部分构成，通过曲妥珠单抗识别人表皮生长因子受体 2 表达的肿瘤细胞后，经过胞吞胞饮进入细胞，在溶酶体酶作用下降解连接子，释放效应分子拓扑异构酶 I 抑制药伊沙替康衍生物，从而发挥抗肿瘤作用。德曲妥珠单抗对晚期乳腺癌患者具有较好的疗效，特别是在传统治疗手段效果不佳的患者中。对既往接受过两种或两种以上抗 *HER2* 治疗方案的无法切除或转移性 *HER2* 阳性乳腺癌成年患者表现出更大的治疗优势。目前作为 *HER2* 晚期的二线治疗方案。

3. CDK4/6 抑制药　CDK4/6 抑制药通过靶向结合 CDK4/6，阻断 CDK4/6 与 Cyclin D 的结合，降低视网膜母细胞瘤蛋白磷酸化水平，阻断细胞周期从 G1 期向 S 期的进展，从而阻断肿瘤细胞的生长和增殖。CDK4/6 抑制药在晚期 HR 阳性乳腺癌的一线治疗地位已毋庸置疑，国内外获批 CDK4/6 抑制药用于晚期 HR 阳性乳腺癌。目前已上市的 CDK4/6 抑制药包括哌柏西利（palbociclib）、阿贝西利（abemaciclib）。

哌柏西利是首个高选择性 CDK4/6 抑制药，与芳香化酶抑制药联合用于激素受体阳性局部晚期或转移性乳腺癌患者的一线内分泌治疗。

阿贝西利较哌柏西利相比具有更高的亲脂性，能够更有效地穿透乳腺组织和血脑屏障。阿贝西利广泛应用于乳腺癌的治疗，可与芳香化酶抑制药联合使用作为绝经后 HR 阳性、*HER2* 阴性的局部晚期或转移性乳腺癌患者的初始内分泌治疗，也可与氟维司群联合用于既往曾接受内分泌治疗后出现疾病进展的 HR 阳性、*HER2* 阴性的局部晚期或转移性乳腺癌患者，还可联合他莫昔芬用于 HR 阳性、*HER2* 阴性、淋巴结阳性，高复发风险且 Ki-67 ≥ 20% 早期乳腺癌患者的辅助治疗。

（三）免疫治疗药物

基于帕博利珠单抗在临床研究中的 PFS 及 OS 双重阳性结局，帕博利珠单抗联合化疗用于 PD-L1 综合阳性评分（CPS）达 10 分及以上的晚期 TNBC 患者的一线治疗，并用于 PD-L1 CPS 达 20 分及以上的早期高危 TNBC 患者的新辅助治疗，进而揭开了免疫检查点抑制剂治疗三阴性乳腺癌的序幕。目前用于治疗乳腺癌的免疫检查点抑制剂（ICI）有帕博利珠单抗、阿替利珠单抗、度伐利尤单抗等。

（四）内分泌治疗药物

内分泌治疗（ET）又称为抗激素治疗，是激素受体（HR）阳性乳腺癌患者主要的全身治疗手段。通过内分泌药物减少激素产生，或抑制激素与肿瘤细胞的结合，从而抑制肿瘤细胞的增殖生长，达到预防复发转移及延长生存期的目的。他莫昔芬（tamoxifen）、芳香化酶抑制药（aromatase inhibitors）、氟维司群（fulvestrant）是内分泌治疗的基本药物。

1. 他莫昔芬 雌激素受体阻断药，与雌激素竞争性地与乳腺癌细胞浆内雌激素受体相结合，阻止雌激素诱导的癌细胞 DNA 的合成及增殖。常用于复发或转移性乳腺癌，以及早期乳腺癌术后的辅助治疗。

2. 芳香化酶抑制药 能特异性导致芳香化酶失活，阻断芳构化反应，抑制雌激素生成，降低绝经后女性血液中雌激素水平，达到治疗乳腺癌的目的。目前常用的芳香化酶抑制药为第三代芳香化酶抑制药，包括非甾体芳香化酶抑制药来曲唑（letrozole）和阿那曲唑（anastrozole），甾体类芳香化酶抑制药依西美坦（exemestane）。针对绝经后女性，这三种芳香化酶抑制药在早期乳腺癌与晚期乳腺癌的内分泌治疗中均较他莫昔芬具有更优疗效，其不良反应更小，疗效更好。

3. 氟维司群 属于雌激素受体下调剂，通过蛋白酶体降解 ER 的方式下调胞内 ER 水平，减少雌激素与乳腺癌细胞浆内雌激素受体相结合，从而阻止雌激素诱导的癌细胞 DNA 的合成及增殖。临床可用于在抗雌激素辅助治疗后或治疗过程中复发的，或是在抗雌激素治疗中进展的绝经后（包括自然绝经和人工绝经）雌激素受体阳性的局部晚期或转移性乳腺癌，亦可与阿贝西利联合治疗适用于 HR 阳性、*HER-2* 阴性的局部晚期或转移性乳腺癌，以及用于既往曾接受内分泌治疗后出现疾病进展的患者。

（五）联合治疗

晚期乳腺癌常用的化疗联合治疗方案见表 11-2。

表 11-2 晚期乳腺癌常用的化疗联合治疗方案

化疗方案	剂量	用药方法与时间	周期
TX			21d 为 1 个周期
多西他赛	75mg/m²	静脉滴注，第 1d	
卡培他滨	950 ~ 1 000mg/m²	口服，第 1 ~ 14d	
GT			21d 为 1 个周期
吉西他滨	1 000 ~ 1 250mg/m²	静脉滴注，第 1、8d	
紫杉醇	175mg/m²	静脉滴注，第 1d	
或多西他赛	75mg/m²	静脉滴注，第 1d	
GC			21d 为 1 个周期
吉西他滨	1 000mg/m²	静脉滴注，第 1、8d	
卡铂	AUC 2	静脉滴注，第 1、8d	
ET			21d 为 1 个周期
表柔比星	60 ~ 75mg/m²	静脉滴注，第 1d	
多西他赛	75mg/m²	静脉滴注，第 2d	
CAF			21d 为 1 个周期
环磷酰胺	500mg/m²	静脉滴注，第 1d	
多柔比星	50mg/m²	静脉滴注，第 1d	
5- 氟尿嘧啶	500mg/m²	静脉滴注，第 1、8d	

笔记栏

化疗方案	剂量	用药方法与时间	周期
FEC			28d 为 1 个周期
5- 氟尿嘧啶	500mg/m²	静脉滴注，第 1、8d	
表柔比星	50mg/m²	静脉滴注，第 1、8d	
环磷酰胺	400mg/m²	静脉滴注，第 1、8d	
NP 方案			21d 为 1 个周期
长春瑞滨	25mg/m²	第 1、8d	
顺铂	75mg/m²	第 1 ~ 3d	
或者卡铂	AUC 2	第 1、8d	
GP 方案			21d 为 1 个周期
吉西他滨	1 000mg/m²	第 1、8d	
顺铂	75mg/m²	第 1 ~ 3d	
或者卡铂	AUC 2	第 1、8d	

【用药护理】

（一）用药评估

1. **蒽环类药物的使用**　蒽环类药物所致心脏毒性是乳腺癌化疗需要面对和解决的首要问题。蒽环类药物化疗过程中引发的心脏毒性可直接对患者的心功能和心脏结构造成损伤，也可加重患者原有的心血管疾病，蒽环类药物对心脏的损伤具有明显的剂量 - 效应线性关系，其累计剂量被认为是蒽环类药物心脏毒性的主要危险因素。如何预防和控制心脏毒性的发生是肿瘤患者长期生存必须解决的问题。

2. 检测驱动基因。

3. 评估病史、用药史、心理和营养状况、用药依从性及实验室检查见本章第一节肺癌。

（二）用药安全

1. **蒽环类**

（1）不良反应：心血管不良反应主要包括高血压、左心室射血分数下降、心肌缺血 / 梗死、Q-T 间期延长等。骨髓抑制、中性粒细胞减少性发热、腹泻及肝损害等不良反应相对少见。多柔比星是第二代蒽环类药物，其引发的心脏毒性以出现时间的迟早分为急性、慢性和迟发性，而随着乳腺癌患者长期化疗和生存时间的延长，这种迟发性的影响可能会越来越大，成为影响患者长期存活的高危因素。

（2）用药注意事项：对于低危的、淋巴结阴性、不能耐受蒽环类药物的患者，可以尝试"去蒽环"，如 TCbHP 方案，甚至 TCbH 方案；但含蒽环方案仍是文献依据更为充分、主流指南推荐和认可的方案。脂质体多柔比星在联合环磷酰胺和曲妥珠单抗序贯紫杉醇和曲妥珠单抗辅助治疗 *HER-2* 阳性患者的心脏毒性发生率仅 4.2%，在有心脏安全风险的患者中可适当选用。老年人及伴有心血管疾病者更易发生这些不良反应，故对这些患者应特别慎重并进行必要的监控，同时避免与影响心血管功能的化疗药物联用。

（3）药物相互作用：蒽环类与曲妥珠单抗均有较强的心脏毒性，因此，身体状态好无心脏不良疾病、乳腺癌进展快分期晚的患者可以选用蒽环、曲妥珠单抗联合应用的方案，但不应超过

笔记栏

4个周期。对于心脏功能差的患者尽量选用无蒽环类方案。

2. 紫杉类

（1）用药注意事项：临床可通过适当延长用药间隔时间、调整剂量来降低周围神经不良反应的发生风险和严重程度，尽量避免联合使用其他具有神经不良反应的药物，如奥沙利铂等。应对用药患者提前进行合并症及既往用药评估，尤其当患者有器质性病变，比如末梢神经炎、糖尿病或既往使用过神经不良反应药物时，需提高警惕，具有较高周围神经不良反应风险的患者可以推荐单周方案。

（2）药物相互作用：紫杉醇会显著改变蒽环类药物的药代动力学行为，两者联用时，蒽环类药物体内清除率降低，可能导致心脏毒性。因此指南普遍推荐 AC 序贯紫杉醇方案。

3. 曲妥珠单抗

（1）不良反应：常见的不良反应有恶心呕吐、腹泻、头痛、乏力、呼吸困难、皮疹、中性粒细胞减少、贫血、肌痛等。严重的不良反应主要是充血性心力衰竭、LVEF 明显下降、严重的输液反应和肺部感染。

（2）用药注意事项：①在治疗前，应进行 *HER2* 检测，*HER2* 阳性患者方可应用。②临床实践中对既往史、体格检查、心电图、超声心电图左心室射血分数（LVEF）基线评估后，再开始应用，应用期间应每3个月监测 LVEF。若患者有心功能不全，或 LVEF < 50% 或低于治疗前 10% 以上，应停用曲妥珠单抗。③配制后的溶液稀释于 250ml 0.9% 氯化钠溶液中，不可使用 5% 葡萄糖溶液。

（3）药物相互作用：与蒽环类药物同期应用须慎重，可能增加心脏毒性，严重者会发生心力衰竭，建议序贯使用或分别使用。

4. 帕妥珠单抗

（1）不良反应：帕妥珠单抗的总体安全性良好，但有可能影响心脏射血功能和增加充血性心力衰竭的概率。

（2）用药注意事项：①治疗前应进行 *HER2* 检测，*HER2* 阳性患者方可应用。②应稀释于 250ml 0.9% 氯化钠中，不得使用 5% 葡萄糖溶液稀释，同时也不得与其他药物混合或稀释。配制好后应轻轻倒置输液袋以混合均匀，避免起泡。③在首次接受帕妥珠单抗治疗前评估 LVEF，并在治疗期间予以定期评估，以确保 LVEF 在正常范围内（> 50%）。如果 LVEF 下降 > 10%，应停用帕妥珠单抗。

（3）药物相互作用：与曲妥珠单克隆抗体分别作用于 *HER2* 不同的胞外结构域，两者作用方式互补，实现疗效增益。

5. 德曲妥珠单抗

（1）不良反应：主要的不良反应包括骨髓抑制、肝功能损伤、胃肠道反应。发生率最高的不良反应为食欲下降和恶心，3级及以上不良反应发生率较低。可能会增加间质性肺病及射血分数降低的发生风险。但大多数间质性肺病病情较轻，且管理有效。心脏毒性的总体发生率较低，且大多数病例无症状。

（2）用药注意事项：德曲妥珠单抗临床使用中的不良反应的预防和管理对于药物治疗连续性及患者预后转归极为重要。在输注前 30 分钟，患者被给予神经激肽 –1（NK-1）受体阻断药及地塞米松，预防恶心呕吐等消化道反应，并指导患者定期进行血液学检查，当出现骨髓抑制时，遵医嘱给予相应药物对症支持治疗，同时采取相应的保护性护理措施。

6. 阿贝西利

（1）不良反应：最常见的不良反应是腹泻，常发生在治疗的第一个周期，但大多数出现腹泻的患者并不需要调整剂量，其次是疲劳、恶心和食欲减退，肾脏或造血系统有关的不良反应。

（2）用药注意事项：在接受阿贝西利治疗前，应检测证实 HR 阳性、*HER2* 阴性患者方可使用。可在空腹或进食情况下给药，不能与葡萄柚或葡萄柚汁同服。应在以下时间监测全血细胞计数，包括：开始阿贝西利治疗前、治疗最初 2 个月内每 2 周一次、接下来 2 个月内每月 1 次以及出现临床指征时。在开始治疗前，建议中性粒细胞绝对计数应 ≥ 1.5×10^9/L、血小板计数应 ≥ 100×10^9/L 且血红蛋白应 ≥ 80g/L，如果第 15 天中性粒细胞绝对计数 ≤ 0.5×10^9/L，需暂停服用阿贝西利。如果发生腹泻，应当尽早采取支持性措施，具体如下：在首次出现稀便症状时，患者应当开始抗腹泻治疗；鼓励患者饮用液体（例如每天 8～10 杯白开水）；如果接受抗腹泻治疗后，腹泻未能在 24 小时内缓解至少 1 级，则应暂停给药。

（3）药物相互作用：应避免联合使用 CYP3A4 强效抑制剂。

7. 哌柏西利

（1）不良反应：常见不良反应为骨髓抑制，尤其是中性粒细胞减少和白细胞减少，其他不良反应包括乏力、口腔炎和恶心等。

（2）用药注意事项：在接受哌柏西利治疗前，必须进行检测证实 HR 阳性、*HER2* 阴性患者方可使用。建议在使用前行血常规检查，在中性粒细胞绝对计数 ≥ 1×10^9/L 且血小板计数 ≥ 50×10^9/L 时才可开始接受治疗。除血液毒性反应外，还可能引起腹泻、恶心等非血液学不良反应。不良反应发生主要集中在用药 3 个月内。因此，在哌柏西利全程治疗期间均应密切关注不良反应的发生，尤其重视开始用药前 3 个月内。

（3）药物相互作用：哌柏西利联合氟维司群用于绝经前/围绝经期女性，需与促黄体生成素释放激素激动剂联合使用。避免伴随使用 CYP3A 强效抑制剂，可将强效抑制剂替换为 CYP3A 弱效抑制剂或没有抑制作用的其他伴随用药。

8. 他莫昔芬

（1）不良反应：常见不良反应包括胃肠道反应、月经失调、子宫内膜增生、颜面潮红、皮疹、脱发等，其他罕见不良反应包括精神错乱、肺栓塞、血栓形成等。

（2）用药注意事项：可能导致脑卒中和肺部血栓，进而引发严重甚至致命的危险。因此在治疗前需要了解患者是否有肺部或者腿部血栓、脑卒中或心脏病的病史。他莫昔芬可能会影响卵巢功能，因此在使用期间需要注意避孕措施，避免意外妊娠。

（3）禁忌证：①孕妇或备孕妇女。②有眼底病变者禁用。③禁止与阿那曲唑联用。

（4）药物相互作用：雌激素可影响治疗效果；抗酸药、西咪替丁、雷尼替丁等改变胃 pH 值，使他莫昔芬肠衣提前分解，对胃有刺激作用。

9. 芳香化酶抑制药

（1）不良反应：较轻，主要是骨质疏松，以及相关的关节痛/关节僵直，关节炎，肌肉疼痛等。还有血脂异常、皮疹、潮热、头痛、恶心、呕吐、腹泻等消化道症状极其罕见。

（2）用药注意事项：按时定量服用药物，切勿随意长期停药。定期复查随访，定期监测骨密度，在饮食、运动、钙剂与维生素 D 治疗基础上如骨密度仍较低，需推荐患者使用双膦酸盐或者地舒单抗预防骨不良事件。定期监测血脂，对于胆固醇水平过高患者必要时予以药物控制。中到重度肝功能损害及严重肾功能损害患者不能选用阿那曲唑，依西美坦需慎用，可选择来曲唑，但需要密切监测。患有高胆固醇血症的患者可首选甾体类芳香化酶抑制药依西美坦，患有骨质疏松，有骨折高风险的患者也可首选依西美坦。

（3）药物相互作用：避免同时服用雌激素类药物、抗雌激素药物，孕激素等。在服用芳香化酶抑制药的 ER 阳性乳腺癌患者中，使用阴道雌激素治疗使乳腺癌的复发风险增加了 39%。如果患者正在服用细胞色素 P450 强诱导剂或者抑制剂类药物，为避免药物相互作用，可首选阿那曲唑。

10. 氟维司群

（1）不良反应：主要为中性粒细胞减少症、贫血、血小板减少症、白细胞减少症、全血细胞减少症等骨髓抑制毒性及肝酶、血肌酐、心电图异常。常见潮热和/或盗汗、头痛、恶心、疲倦、食欲减退、肌肉、关节或骨骼疼痛、注射部位疼痛。偶见肺栓塞、呼吸困难、喉痉挛、大疱性皮炎、疱疹性脑膜脑炎等严重不良反应。

（2）用药注意事项：氟维司群可致雌二醇水平假性升高、注射部位坏死和溃疡风险，因此尽早识别可能的药品不良反应至关重要。使用时定期监测血常规、肝肾功能及进行心电图检查，既往有骨髓抑制或肝肾功能异常或心脏疾病的患者在使用该类药物时应更谨慎。严重肾功能损害（肌酐清除率＜30ml/min）的患者慎用。

（三）用药监测

1. 抗肿瘤药物不良反应发生率高、毒副作用严重，严重影响患者的承受能力和治疗信心，需要更加关注用药以后出现的可能与药物相关的不良反应。肿瘤化疗的特点是必须按照既定的时间周期和剂量给药，因此需要监督和提醒治疗过程中患者是否按时按量服药。

2. 临床应用曲妥珠单抗或帕妥珠单抗前对既往史、体格检查、心电图、超声心电图左心室射血分数（LVEF）基线评估，治疗期间予以定期评估，应每3个月监测LVEF，以确保LVEF在正常范围内（＞50%）。

3. 在使用哌柏西利需定期进行血常规检查。

（四）用药指导

1. 用药前首先要询问患者有无过敏史，并且要求治疗前白细胞和血小板在正常范围内，医护人员应当更加重视治疗期间药品不良反应的观察与护理，并提前进行宣教，向患者说明可能出现的不良反应以及预防措施。

2. 骨髓抑制是化疗常见的不良反应，化疗过程中要严密监测血象变化，每周检查2次。如果白细胞低于$3.0 \times 10^9/L$，血小板低于$100 \times 10^9/L$，中性粒细胞低于$1\,500/mm^3$，应停止化疗。严重骨髓抑制的患者在采取保护性隔离措施的同时，给予粒细胞集落刺激因子（G-CSF）等升白细胞药物进行有效治疗。预防性G-CSF给药是基于骨髓抑制的高风险因素，包括年龄、疾病特征、患者身体状况以及化疗方案等，以降低患者发生中性粒细胞减少症及中性粒细胞减少性发热的风险。

3. 化疗药物对患者血管具有刺激性，易造成静脉炎，药物外渗还有可能导致局部组织坏死。化疗通常在健侧上肢进行，通常选择前臂内侧或左右侧弹性好、较直、较粗的静脉血管交替使用，不要在同一部位长时间注射药物，输注药物前可将上肢置于温水中浸泡或按摩、热敷，以使上肢血管软化、充盈。

4. 加强巡视，及时发现有无药物外渗。药物一旦发生外渗，立即停止静脉输液，再在外渗周围2～3cm处用封闭液实行环形封闭（2%利多卡因5ml+地塞米松5mg+0.9%生理盐水10ml），总量根据外渗范围调整；覆盖无菌纱布，局部冷敷12～24h；抬高患肢48h；禁止在外渗区域周围及远端再行各种穿刺注射，告知患者禁止外渗部位在阳光下暴晒。

第三节　胃　　癌

导入案例

患者，男性，51岁，因"剑突下隐痛不适半年"入院。既往有胃溃疡病史10余年。胃镜检查：胃角、胃窦可见巨大隆起，表面溃烂。病理：黏膜慢性炎伴坏死及肉芽组织形成，局部可见少量异形细胞。免疫组化：CKpan（+），EMA（-），CK7（-），CEA（-），*HER-2*（-），Ki-67（+，约50%），LCA（-），CKpan（黏膜腺及上皮+），EMA（黏膜及腺上皮+）。诊断"低分化胃腺癌"。给予"卡瑞利珠单抗200mg，第1天静脉滴注＋伊立替康360mg，第1

天静脉滴注，每3周1次"。治疗过程中胃肠道反应2级，表现为恶心、呕吐，无腹泻。复查胃镜：胃体、胃窦散在充血斑，未见溃疡及占位性病变。疗效评估为完全缓解，停用伊立替康，予卡瑞利珠单抗200mg，第1天静脉滴注，每3周1次，单药维持治疗。目前患者一般状况良好，继续治疗并随访。

思考题：
1. 简述伊立替康的不良反应包括哪些？如何处理？
2. 简述卡瑞利珠单抗治疗胃癌的有效性。
3. 卡瑞利珠单抗的常见不良反应是什么？如何处理？

胃癌是消化系统中最常见的恶性肿瘤之一。据统计，全世界近一半新发胃癌患者和死亡病例在我国。胃癌和癌前病变的早期无明显症状，国内常规胃癌早筛尚且无法大范围开展，很难早期发现胃癌。我国早期胃癌占比仅约20%，许多患者确诊时已处于中晚期，预后较差。

【疾病简介】

胃癌是一种起源于胃黏膜上皮的恶性肿瘤。在胃癌发生发展过程中，由于基因的不稳定性及肿瘤微环境的差异，可形成生物学行为完全不同的细胞克隆，这些细胞亚群的增殖速度、侵袭转移能力等存在明显异质性，对于药物敏感性也不尽相同，因此，胃癌是一种高异质性肿瘤，胃癌的药物治疗也不尽如人意。目前晚期胃癌的治疗是手术切除联合术前或术后辅助化疗。对于已经完全失去手术机会或转移复发的胃癌患者，进行以全身药物治疗为基础的化疗联合靶向免疫综合治疗。

【药物治疗的目的及原则】

（一）药物治疗的目的

药物治疗的目的是缓解症状，延长生存期。

（二）药物治疗的原则

胃癌恶性程度较高，单药化疗的有效率低，疗效不佳，一般不推荐用于晚期胃癌，仅适用于那些体质状况差、无法耐受强烈化疗的患者。联合化疗是进展期胃癌患者积极治疗的主要手段。分子靶向药物联合化疗被认为是 *HER2* 阳性胃癌的标准一线治疗方法。

【药物分类及常用药物】

（一）传统化疗药物

1. 铂类 顺铂在晚期胃癌化疗中骨髓的抑制作用明显，毒副反应重，目前奥沙利铂（L-OHP）作为一线用药有替代顺铂的趋势。

2. 口服氟尿嘧啶类药物 以卡培他滨（CAP）和替吉奥（S-1）为代表的口服氟尿嘧啶类药物已成为氟尿嘧啶（5-fluorouracil，5-FU）的替代药物。卡培他滨具有较高的抗胃癌活性，单药一线治疗晚期胃癌的有效率为24%，单药替吉奥治疗晚期胃癌的有效率可达45%，是老年晚期胃癌患者化疗的首选药物。

替吉奥是由抗肿瘤药物替加氟与两种生化调节剂吉美嘧啶和奥替拉西钾按1:0.4:1摩尔比组成的复方制剂，其中替加氟是5-FU的前体药物，在体内经肝内酶作用下转化为5-FU，其化疗指数为5-FU的2倍，毒性仅为5-FU的1/4～1/7，提高了抗肿瘤活性。吉美嘧啶能够选择性抑制肝二氢嘧啶脱氢酶，阻止5-FU在体内的分解代谢，使5-FU在血浆和肿瘤内能够更长时间地保持较高的稳定血药浓度，从而增强了抗肿瘤活性，取得与5-FU持续静脉滴注类似的疗效。奥替拉西钾口服吸收后在胃肠组织中具有很高的分布浓度，可以选择性抑制消化道内的乳清酸磷酸核糖转移酶从而阻止5-FU的磷酸化，减轻其胃肠道的不良反应。口服替吉奥可维持较好的血药浓度，抗癌作用强，同时可降低药物毒性，给药途径方便，依从性较好。

3. 植物碱类　常用的有伊立替康（irinotecan，CPT-11）。

伊立替康为半合成水溶性喜树碱类衍生物，是一种无活性的前体药物，经血液进入人体后可特异性地作用于拓扑异构酶Ⅰ，使 DNA 单链断裂，双链结构解旋，进而发挥细胞毒性作用，抑制肿瘤细胞增殖。目前，临床推荐将伊立替康联合氟尿嘧啶、亚叶酸治疗铂类耐药型进展期胃癌。

（二）靶向治疗药物

1. _HER2_ 靶向药物　临床研究证实曲妥珠单抗联合化疗 _HER2_ 阳性晚期胃癌的疗效有限。ADC 药物 DS-8201 中位 OS 为 12.5 个月，中位 PFS 为 5.6 个月。

2. VEGF/VEGFR 靶向药物　阿帕替尼（apatinib）作为小分子 VEGFR 酪氨酸激酶抑制药主要作用于细胞内的 VEGFR-2，使 VEGF-VEGFR 途径受到限制，抑制血管生成，被批准用于既往至少接受过 2 种系统化疗的晚期胃癌患者。而另一个靶向 VEGFR2 的药物雷莫西尤单抗（ramucirumab）在 2022 年获批晚期胃癌的二线治疗适应证。

（三）免疫治疗药物

贝伐珠单抗用于治疗晚期胃癌。纳武利尤单抗用于二线治疗失败的胃癌患者，纳武利尤单抗联合化疗已经成为 _HER2_ 阴性晚期胃癌和胃食管结合部腺癌的一线标准治疗方案。帕博利珠单抗联合化疗也成为 _HER2_ 阴性晚期胃癌一线治疗方案。信迪利单抗成为首款国产的用于治疗晚期胃癌的 PD-1 抗体类药物。研究显示，无论是在全人群还是 CPS ≥ 5 的人群中，信迪利单抗联合化疗均可显著延长患者的 OS 和 PFS。国产 PD-1 抗体替雷利珠单抗联合化疗也被证实能显著延长肿瘤区域阳性评分 ≥ 5% 患者的中位 OS 和 PFS，此方案被 2023 年中国临床肿瘤学会胃癌指南列为 IA 级推荐。

（四）联合治疗

胃癌常用的化疗联合治疗方案见表 11-3。

表 11-3　胃癌常用的化疗联合治疗方案

化疗方案	剂量	用药方法及周期
XELOX		每 21d 重复
奥沙利铂	$130mg/m^2$	静脉滴注，第 1d
卡培他滨	$1\,000mg/m^2$	口服，2 次 /d，第 1 ~ 14d
SOX		每 21d 重复
奥沙利铂	$130mg/m^2$	静脉滴注，第 1d
替吉奥	$40mg/m^2$	口服，2 次 /d，第 1 ~ 14d
XP		每 21d 重复
顺铂	$60mg/m^2$	静脉滴注，第 1d
卡培他滨	$1\,000mg/m^2$	口服，2 次 /d，第 1 ~ 14d
FOLFOX		每 14d 重复
奥沙利铂	$85mg/m^2$	静脉滴注，第 1d
亚叶酸钙	$400mg/m^2$	静脉滴注，第 1d
或左旋亚叶酸钙	$200mg/m^2$	静脉滴注，第 1d
5-FU	$400mg/m^2$	静脉滴注，第 1d，然后 $2\,400 ~ 3\,600mg/m^2$ 持续静脉滴注

笔记栏

【用药护理】

（一）用药评估

胃癌用药评估包括评估病史、评估用药史、评估心理和营养状况、评估用药依从性及实验室检查和其他检查等，可参见本章第一节肺癌。

（二）用药安全

1. 替吉奥　常见的不良反应是消化道反应与骨髓抑制，由于临床上已广泛使用人粒细胞刺激因子升白细胞及各种抑酸护胃与止吐药物，大部分胃癌患者用药期间的不良反应均可得到及时处理。随着用药的次数增多，大部分还会出现色素沉着，在脸上、手上、脚上以及身上的皮肤会有暗红色的色素沉着。此外，还会有部分人出现腹泻等症状以及口腔溃疡、口腔炎等。服用替吉奥前检查肝肾功能、血常规、血糖，排除感染性疾病，以增加用药的安全性。

2. 伊立替康　主要不良反应有腹泻、骨髓抑制，比较严重的副作用是迟发性腹泻。伊立替康引起的腹泻呈双相，分为早期腹泻和迟发性腹泻。早期腹泻是伊立替康引起的乙酰胆碱综合征中最常见的表现，以滴注后很快出现腹泻或伴有痉挛性腹痛、出汗为特征。迟发性腹泻为剂量限制性毒性，在用药 24 小时后至下一疗程之间的任何时间均可能发生，一般发生于治疗后 10 天左右。伊立替康可引起骨髓抑制，为剂量限制性毒性，较常见的是白细胞减少和中性粒细胞减少，贫血和血小板减少较少见。

3. 雷莫西尤单抗　最常见的不良反应为周围性水肿、高血压、腹泻、腹痛、头痛、蛋白尿和血小板减少症。治疗期间应定期监测血压，如果发生高血压，应中断治疗直到血压得到控制。雷莫西尤单抗可能导致心肌梗死、心搏骤停、脑血管意外、脑缺血、胃肠道穿孔和胃肠道出血等严重不良反应，治疗前应排除有血栓栓塞事件或胃肠道出血史的患者，每次使用前，须预先给予 H_1 受体阻断药、地塞米松和对乙酰氨基酚等解热镇痛药。由于雷莫西尤单抗影响血管生成，能延缓伤口愈合，治疗应在手术切口充分愈合后开始。

4. 阿帕替尼　常见的不良反应主要有手足综合征、高血压、蛋白尿、骨髓抑制及上消化道出血等，同时，也有特殊的不良反应，如认知障碍、肾病综合征及阴道出血。对高龄、用药剂量较大、联合用药、存在基础病及体力状态不佳的患者，尤其需要做好阿帕替尼的用药监护。上述患者易发生不良反应，且易发生不止 1 种或者严重不良反应。使用过程中出现 3~4 级不良反应时，建议暂停用药直至症状缓解或消失，对于出现胃肠道穿孔、需临床处理的伤口裂开、瘘、重度出血、肾病综合征或高血压危象的患者，应永久停用阿帕替尼。

（三）用药监测

雷莫西尤单抗可增加出血和胃肠出血风险，包括≥3 级的出血事件。雷莫西尤单抗治疗中必须监测凝血情况。还要监测 24 小时尿蛋白定量，首次发生尿蛋白＞2g/24h，暂停雷莫西尤单抗给药；尿蛋白＞3g/24h 或患有肾病综合征，永久停用雷莫西尤单抗。使用阿帕替尼的患者需要做好用药监护，建议对所有用药患者的血压、尿蛋白及手足皮肤进行日常监测，并注意认知障碍等特殊不良反应的发生，以便及时发现并给予有效干预，从而避免不良反应加重。阿帕替尼与 CYP3A4 强效抑制剂或诱导剂合用时需谨慎。阿帕替尼对 CYP3A4 和 CYP2C9 有较强的抑制作用，与经 CYP3A4 和 CYP2C9 代谢的药物合用时需谨慎。慎与延长 Q-Tc 间期的药物同时使用。

（四）用药指导

1. 择期手术前 28 天应暂停使用雷莫西尤单抗，外科大手术后 2 周内不应使用，直到伤口充分愈合。所有级别的胃肠穿孔、伤口愈合并发症、动脉血栓栓塞事件、降压治疗无法控制的重度高血压、3 级或 4 级出血、输注相关反应，应永久停用雷莫西尤单抗。

2. 口腔黏膜的护理　鼓励患者多饮水，饭后可用淡盐水或生理盐水漱口，注意观察口腔黏膜的动态变化。一旦发生口腔溃疡停用牙刷刷牙，用生理盐水棉球进行口腔护理。严格清洁口腔后，将维生素 E 涂于口腔内各处的溃疡面上，因维生素 E 具有抗氧化活性，能阻止不饱和脂肪酸的过氧化反应，且具有稳定细胞膜的作用，提高免疫力，促进机体的能量代谢，增强细胞活力，并改善溃疡局部的血液循环，而促进溃疡的愈合，还能较长时间保持口腔湿润，患者较易接受。

ER11-3
胃癌患者的化
学治疗与护理

第四节　肝　癌

导入案例

患者，男性，56 岁。因"腹痛 1 周"于 2023 年 12 月 9 日急诊入院。2023 年 7 月 31 日确诊低分化肝细胞癌，术后 2 个月复发，行 TACE。近 1 周，腹痛较剧烈，伴呕吐，呕吐后腹痛稍有缓解。既往史：乙肝大三阳 11 年，按医嘱服用恩替卡韦（5mg，1 次 /d）。入院查体：消瘦，皮肤巩膜无明显黄染，上腹部可见陈旧性手术瘢痕，上腹部及脐周轻压痛，无反跳痛，无肌紧张，肠鸣音 3 次 /min，NRS 7 分。入院诊断：肝癌术后，TACE 术后，慢性乙型肝炎。

患者入院后禁食水、胃肠减压、抑酸、抑制消化液分泌及肠外营养等支持治疗，并应用芬太尼透皮贴剂（4.2mg，q 72h）止痛治疗，NRS 4 分。12 月 10 日改为芬太尼透皮贴剂减量（2.1mg，q 72h），加用硫酸吗啡栓（10mg，q 4h，纳肛）。12 月 12～17 日，患者 NRS 2～3 分。分别于 12 月 23 日、12 月 26 日给予纳武利尤单抗注射液（140mg，q 21d）免疫治疗、甲磺酸仑伐替尼胶囊（8mg，1 次 /d）靶向治疗。2024 年 1 月 1～8 日，NRS 2 分，予以出院。

思考题：

1. 纳武利尤单抗的作用机制是什么？
2. 仑伐替尼的作用机制是什么？
3. 该患者的疼痛治疗如何指导？

肝癌是我国常见的恶性肿瘤之一，而且生存期短、病死率高，是我国第 2 位肿瘤致死病因。

【疾病简介】

近年来，肝癌发病率呈现出明显的增加态势，也呈现出年轻化趋势，具有恶性程度高、预后差等特点。临床治疗肝癌的有效方法为手术治疗，但由于发病隐匿，约 70% 肝癌患者就诊时已处晚期或转移状态，手术切除后的复发率高，5 年总体生存率＜ 15%。化疗是中晚期肝癌治疗的主要手段之一，基于作用方式的不同可分为局部化疗和系统化疗。临床上常用的肝癌局部化疗方法包括经肝动脉栓塞化疗（transcatheter arterial chemoembolization，TACE）、肝动脉灌注化疗（hepatic artery infusion chemotherapy，HAIC）和经门静脉栓塞化疗。全身化疗又称系统性化疗，主要通过口服、肌内、静脉给予单药或联合给药用于不能手术的肝癌患者。

【药物治疗的目的及原则】

（一）药物治疗的目的

药物治疗目的是控制疾病的进展，延长患者的生存时间，部分患者可获得肿瘤部分或完全缓解。

（二）药物治疗的原则

局部化疗广泛应用于不可切除的中晚期肝癌、手术切除后复发转移肝癌及肝癌手术切除后的巩固治疗。TACE 是目前指南推荐治疗中期肝癌的标准一线治疗，同时也是晚期肝癌姑息性治疗的常用手段。以奥沙利铂为基础的静脉化疗方案适用于治疗不适宜手术切除或局部治疗的晚期和转移性肝癌。

笔记栏

【药物分类及常用药物】

（一）传统化疗药物

细胞毒性化疗药物主要有奥沙利铂、亚叶酸钙、5-FU、卡培他滨、吉西他滨、替吉奥等。

亚叶酸钙（calcium folinate）是叶酸的活性形式，在体内不需叶酸还原酶的作用而直接起效，药理作用同叶酸。常与5-Fu联用，因为5-Fu在体内活化为氟尿嘧啶脱氧核苷，从而取代脱氧尿苷酸，与胸苷酸合成酶、甲基四氢叶酸形成三联复合物，这一复合物比正常代谢状态下脱氧尿苷酸、胸苷酸合成酶、甲基四氢叶酸的三联复合物更稳定，不易解离，使胸苷酸合成酶失活，不能生成脱氧胸苷酸，从而抑制DNA生成，抑制癌细胞增殖。用于治疗原发性和转移性肝癌。

（二）单克隆抗体

雷莫西尤单抗是一种针对血管内皮生长因子受体2（VEGFR-2）的人类IgG1单克隆抗体，已用于肝癌的二线治疗。

（三）小分子酪氨酸激酶抑制药（TKIs）

主要包括索拉非尼（sorafenib）、多纳非尼（donafenib）、瑞戈非尼（regorafenib）、仑伐替尼（lenvatinib）和阿帕替尼（apatinib）。

1. 索拉非尼　是治疗晚期不可切除肝癌的一线靶向治疗药物，具有双重抗肿瘤作用：一方面，其能通过阻断由促分裂素原活化蛋白激酶介导的信号通路来抑制肿瘤细胞增殖；另一方面，其还可通过抑制恶性肿瘤VEGFR等的活性来抑制肿瘤血管因水平升高及肿瘤生长，从而发挥控制病情进展的作用。尽管索拉非尼能有效延长晚期肝癌患者的OS，但其单独用药的效果欠佳。

2. 多纳非尼　即氘代索拉非尼，由吡啶基三氘代甲胺取代索拉非尼分子中的吡啶基甲胺而形成。氘代化不仅能降低药物代谢率，提高疗效，减少给药剂量和有害代谢物的形成，减少毒副作用，还能减少因副作用导致的停药或减量，从而提高疗效。多纳非尼是一种新型口服小分子多激酶抑制药，能抑制多种受体酪氨酸激酶以及多种Raf激酶的活性，并在下游抑制RAF/MEK/ERK信号转导通路，进而抑制肿瘤细胞增殖及血管生成，多纳非尼在体外对肿瘤细胞增殖的抑制作用与索拉非尼相似，而在体内抗肿瘤活性上明显优于索拉非尼，临床上表现出更高的抗肿瘤活性和安全性，多纳非尼改善患者中位总生存期和无进展生存期明显优于索拉非尼，药物相关3级不良事件的发生率明显少于索拉非尼。

3. 瑞戈非尼　是一种口服多靶点激酶抑制药，是在索拉非尼的中心苯环上添加了一个独特的氟原子，通过靶向VEGFR1/2/3、TIE-2、BRAF、KIT、RET、PDGFR和FGFR进而影响肿瘤发生、肿瘤血管生成和肿瘤微环境来抑制肿瘤的发生、发展。瑞戈非尼可用于既往接受索拉非尼治疗失败的晚期HCC患者。

4. 仑伐替尼　一种针对血管内皮生长因子受体、成纤维细胞生长因子受体、血小板生长因子受体α、RET和KIT的多受体酪氨酸激酶（RTKs）的口服抑制药。对于我国具有HBV感染背景的HCC患者，仑伐替尼可能比索拉非尼更适用，能显著改善我国晚期HCC患者的生存结局，并可作为索拉非尼治疗HCC的一线替代治疗方案。

5. 阿帕替尼　小分子抗血管生成类靶向药物，适用于中晚期恶性肿瘤的辅助治疗，其通过抑制新型血管生成发挥抗肿瘤作用。

（四）免疫检查点抑制剂

卡瑞利珠单抗目前作为既往接受过索拉非尼治疗和/或含奥沙利铂系统化疗的晚期肝癌患者的二线治疗方案。替雷利珠单抗对即使接受过多线治疗的患者仍有效。度伐利尤单抗目前列为临床一线推荐用药。帕博利珠单抗作为肝癌患者的二线治疗，治疗既往接受过索拉非尼或含奥沙利铂化疗的肝癌患者。

（五）联合治疗

晚期肝癌化疗联合治疗方案见表11-4。

表 11-4 晚期肝癌化疗联合治疗方案

方案 / 药物	用法
FOLFOX4	均为每 2 周一次
奥沙利铂	85mg/m², 静脉滴注 2h，第 1d
亚叶酸钙	200mg/m², 静脉滴注 2h，第 1、2d
5-FU	400mg/m², 静脉注射，600mg/m² 持续静脉滴注
XELOX	均为每 3 周一次
奥沙利铂	130mg/m², 静脉滴注 2h，第 1d
卡培他滨	625 ~ 1 000mg/m², 口服，第 1 ~ 14d，休息 7d

【用药护理】

（一）用药安全

1. 亚叶酸钙

（1）不良反应：较少见，偶有皮疹、荨麻疹、哮喘等过敏反应，高剂量可能出现胃肠功能紊乱、睡眠障碍、惊厥、烦躁或抑郁。

（2）用药注意事项：使用粉针剂应新鲜配制，且需使用灭菌注射用水而不能使用含苯甲醇的溶液溶解。不宜与甲氨蝶呤同用。恶性贫血患者及维生素 B_{12} 缺乏引起的巨幼细胞贫血患者禁止使用。

2. 索拉非尼 常见的不良反应为腹泻、手足综合征、皮疹、高血压、食欲减退以及乏力等，一般发生在治疗开始后的 2 ~ 6 周。在治疗过程中，还需要注意心肌缺血风险，特别是高龄患者应给予必要的监测和相关检查。

3. 多纳非尼 最常发生的不良反应为手足皮肤反应、谷草转氨酶升高、总胆红素升高、血小板降低和腹泻等。

4. 瑞戈非尼 常见不良反应为高血压、手足皮肤反应、乏力及腹泻等，可能会导致胃肠道瘘、胃肠道穿孔、出血等症状。

5. 仑伐替尼 最常见的不良反应为高血压、疲乏、腹泻、食欲下降、体重降低、关节痛 / 肌痛、腹痛、蛋白尿、出血事件、发声困难、甲状腺功能减退和恶心，严重的不良反应包括肝衰竭、脑出血和呼吸衰竭。治疗前控制高血压症状，出现 3 级高血压应暂停用药，如果出现严重、威胁生命的高血压，则终止治疗。仑伐替尼应在每天固定时间服用，空腹或与食物同服均可。

（二）用药监测

在开始瑞戈非尼治疗前进行肝功能检查，并在治疗开始的 2 个月内严密监测肝功能（至少 2 周 1 次）。

在多纳非尼治疗期间，应定期监测血压。当给予了最佳降压疗法后高血压仍为 3 级及以上时，必须调整剂量。出现危及生命的高血压（恶性高血压或高血压危象），应马上停用多纳非尼并采取干预措施。索拉非尼治疗过程中应定期评估疗效和监测毒性。治疗过程中需要密切监测血压，定期检查肝肾功能、HBV DNA、血常规、凝血功能以及尿蛋白等。

（三）用药指导

孕期应避免应用索拉非尼。育龄妇女在应用索拉非尼治疗期间应注意避孕。应告知育龄妇女患者，药物对胎儿可能产生的危害，包括严重畸形、发育障碍和胎儿死亡。在轻度或中度肝功能损害（child-pughA 或 B）和轻度肾功能损害的患者中，应用多纳非尼时不需要调整剂量。为了慎

笔记栏

281

重起见，对于可能有中重度肾损害和 / 或重度肝损害风险因素的患者，宜慎用多纳非尼；若需要服用时，必须严密监测肝功能和 / 或肾功能，并且根据患者的不良反应等情况，及时调整给药的剂量强度和密度。

第五节　结 直 肠 癌

结直肠癌是常见的消化系统恶性肿瘤，发病率占所有肿瘤的 10% ~ 15%，其发病率和死亡率在肿瘤中分别位居第 3 位和第 4 位，近年来，我国结直肠癌的发病率上升趋势和年轻化非常明显。

【疾病简介】

结直肠癌由于起病隐匿，早期诊断率低，临床诊断中以进展期最为常见，被诊断时大多已发展为中晚期，有近 1/3 的患者在初次就诊时就已发生转移，致使失去最佳手术时机，手术后也有约 50% 因转移或复发而死于该病，晚期或复发结直肠癌的治疗难度较大，目前，手术和放化疗仍然是结直肠癌的主要治疗手段。随着化疗药物的进展及靶向药物的应用，分子靶向治疗成为改善晚期结直肠癌预后的主要治疗手段。

【药物治疗的目的及原则】

（一）药物治疗的目的

临床上多采用化疗改善患者症状、为手术创造条件、延长患者生存期。

（二）药物治疗的原则

迄今，氟尿嘧啶仍处于化疗方案的基石地位，卡培他滨是目前治疗结直肠癌常用化疗药物，但单药化疗存在一定局限性，治疗晚期结直肠癌时，可将卡培他滨联合奥沙利铂（XELOX 方案）作为首选方案，随着西妥昔单抗和贝伐珠单抗等靶向治疗药物应用于临床，分子靶向药物已成为结直肠癌个体化治疗和综合治疗的一线方案，为结直肠癌患者带来更好的生存获益。

【药物分类及常用药物】

目前晚期结直肠癌患者的治疗仍以化疗为基础，常用的化疗药物以氟尿嘧啶类的氟尿嘧啶、卡培他滨，铂类的奥沙利铂和喜树碱类的伊立替康为主。

（一）传统化疗药物

1. 静脉输注氟尿嘧啶类药　氟尿嘧啶是结直肠癌常用的化疗药物，其辅助化疗的单药有效率为 20% 左右。目前仍主张用 5-FU 或类似物为基础的化疗方案。5-FU 联合亚叶酸钙方案能够使患者的中位生存期得到延长，但该方案毒性大、不良反应严重。5-FU 或卡培他滨联合奥沙利铂疗效好，安全性高，已经成为结直肠癌辅助化疗的一线化疗方案。

2. 口服氟尿嘧啶类药物　主要是卡培他滨、替吉奥。

3. 伊立替康在晚期大肠癌中疗效确切，被列为晚期大肠癌标准的一线治疗。

（二）以 VEGF/VEGFR 为靶点的靶向治疗药物

国内外批准治疗转移性结直肠癌的单克隆抗体主要是贝伐珠单抗、雷莫西尤单抗、帕博利珠单抗。目前，FOLFOX 方案联合贝伐珠单抗已广泛应用于临床一线治疗复发或转移性结直肠癌，FOLFIRI 方案联合雷莫西尤单抗、FOLFOX 方案联合雷莫西尤单抗一线治疗晚期结直肠癌都取得了较好的 PFS、OS 和 ORR。帕博利珠单抗用于 KRAS、NRAS 和 BRAF 基因均为野生型，不可切除或转移性高度微卫星不稳定型或错配修复基因缺陷型结直肠癌患者的一线治疗。

（三）以 EGFR 为靶点的靶向治疗药物

西妥昔单抗（xetuximab）主要用于治疗 RAS 基因野生型的转移性直肠癌。瑞戈非尼与呋喹替尼（fruquintinib）是晚期结直肠癌的三线治疗药物。

（四）联合治疗

结直肠癌常用的化疗联合治疗方案见表11-5。

表11-5　结直肠癌常用的化疗联合治疗方案

化疗方案	剂量	用药时间	周期
mFOLFOX6			每2周重复
奥沙利铂	85mg/m²	静脉输注2h，第1d	
LV	400mg/m²	静脉输注2h，第1d	
5-FU	400mg/m²	静脉推注，第1d	
	1 200mg/m²	持续静脉输注，第2~3d	
		（总量2 400mg/m²，输注46~48h）	
CAPEOX			每3周重复
奥沙利铂	130mg/m²	静脉输注大于2h，第1d	
卡培他滨	1 000mg/m²	口服，第1~14d	
FOLFIRI			每2周重复
伊立替康	180mg/m²	静脉输注30~90min，第1d	
LV	400mg/m²	静脉输注2h，第1d	
5-FU	400mg/m²	静脉推注，第1d	
	1 200mg/m²	持续静脉输注（46~48h），第2~3d	

【用药护理】

（一）用药安全

1. 卡培他滨　常见的不良反应有消化道反应如腹泻（严重者需给予对症治疗）、恶心、呕吐、腹痛、口腔炎等；几乎半数患者都会发生手足综合征，以麻木、麻刺感、感觉迟钝或异常为主要表现，可伴有肿胀、皮肤脱屑、红斑、水疱或疼痛等，严重者皮肤或指甲可脱落；少数患者可有心电图异常、心绞痛、心肌梗死、心力衰竭、下肢水肿等；骨髓抑制主要表现是中性粒细胞减少，一般为1~2度，贫血和血小板减少少见。常见的3~4度不良反应有腹泻、恶心、呕吐、手足综合征、口腔炎等。总体不良反应较轻，易于处理且可逆。

2. 替吉奥　过敏反应包括呼吸困难、低血压、血管神经性水肿、荨麻疹等，使用苯海拉明和抗组胺类药物可使过敏反应率降低。用药前首先要询问患者有无过敏史，并且要求白细胞和血小板在正常范围内，若有过敏史及化验不正常者，应慎用替吉奥。临床上在用药前常须先给予大剂量地塞米松和H_2受体阻断药，但仍有约5%患者出现程度不等的过敏反应。若出现面色潮红、血压稍降的情况，可以减慢输注速度，若出现呼吸紧促、血压低、喉头发紧的情况要立即停药并给予处理，以后不能再应用此药，还要告知家属和患者注意。

3. 雷替曲塞　副作用（如导管源性血栓形成、感染等）的发生率低，心脏毒性、黏膜炎及白细胞减少等毒副作用小，易耐受。主要不良反应为骨髓抑制，其中粒细胞减少分4级：白细胞数（3.0~3.9）×10⁹/L为Ⅰ级，（2.0~2.9）×10⁹/L为Ⅱ级，（1.0~1.9）×10⁹/L为Ⅲ级，＜1.0×10⁹/L为Ⅳ级。骨髓抑制为剂量限制性，通过调整剂量可以减轻症状。其他不良反应为Ⅲ度腹泻及

Ⅲ~Ⅳ度转氨酶升高，恶心、呕吐、转氨酶升高多为轻中度，经观察或对症支持治疗后可以有效缓解。

4. 呋喹替尼　常见的不良反应（发生率≥20%）为高血压、蛋白尿、手足皮肤反应、发声困难、出血、转氨酶升高、甲状腺功能检查异常、腹痛/腹部不适、口腔黏膜炎、疲乏/乏力、腹泻、感染、血胆红素升高以及食欲下降。如果有严重感染的患者，用药前需要在控制感染后开始服用；既往有胃肠穿孔史的患者，需密切关注，如出现上腹部剧烈疼痛，呈持续性刀割样，并扩散到全腹等症状，应立即停药，并及时救治；呋喹替尼可能引起伤口愈合延迟，需要常规监测血常规、凝血指标、肝功能、尿常规。

5. 西妥昔单抗　常可引起不同程度的皮肤毒性反应，主要表现为痤疮样皮疹，所有用药患者均需进行保湿和防晒的基本护肤。轻中度皮肤毒性反应无须调整剂量，发生重度皮肤毒性反应者，若是首次发生且中断治疗后反应缓解到2级或以下，无须调整剂量，后续再次发生重度皮肤反应，酌情减量或永久停用。严重的输液反应发生率约为1%，致死率低于0.1%。

（二）用药监测

1. 使用抗血管生成药物治疗，需要警惕心律失常的发生，用药前建议进行心电图与心脏超声检查，用药期间需要定期评估心脏功能。抗血管生成的单克隆抗体与小分子TKI均可能引起高血压的发生，因此治疗前应测量基线血压，在治疗期间应密切监测血压，特别是在治疗的前期及有高血压病史的患者。

2. 蛋白尿是VEGF/VEGFR信号通路抑制剂常见的不良反应之一，目前没有标准的治疗方案。建议在开始抗血管生成靶向药物治疗前，所有患者均应接受尿液分析和尿沉渣等检查。

3. 在接受抗血管治疗过程中发生血栓栓塞的风险增高，应该慎重评估有动、静脉血栓栓塞史，房颤、血管支架植入术后或糖尿病的患者。治疗过程中出现动脉血栓应立即停用抗血管生成药物，如出现静脉栓塞危及生命（4级）应永久停用，≤3级血栓事件可密切监测。

（三）用药指导

1. 伊立替康可能导致急性乙酰胆碱综合征，出现流涎增多、瞳孔缩小、流泪、出汗、潮红、腹痛等症状。在给予硫酸阿托品0.25mg肌内注射后症状可得到缓解，同时及时更换潮湿的衣裤、床单位，保持患者的舒适度。伊立替康治疗前30分钟给予硫酸阿托品0.25mg肌内注射，可预防此不良反应。

2. 伊立替康比较严重的副作用是延迟性腹泻，即化疗结束后24小时出现的腹泻。因此，伊立替康化疗前预先在患者身边准备洛哌丁胺（易蒙停）4mg，并告知患者如应用24小时后出现第1次稀便或异常肠蠕动时，立即口服洛哌丁胺4mg，同时报告医护人员。每2h给予洛哌丁胺2mg口服，直至末次稀便后12h，但洛哌丁胺使用时间不能超过48h。嘱患者饮用大量液体如碳酸水、苏打水、汤汁等，但要避免进食果汁、乳制品、新鲜水果与蔬菜、胡椒等可加速肠道蠕动的食物或饮料，停止口服缓泻药。密切观察患者出入液体量，如饮水量较少，给予静脉补液，防止出现脱水或电解质紊乱。监测体温变化，如出现畏寒、发热，及时报告医生，必要时给予抗生素控制感染。

3. 西妥昔单抗严重的输液反应90%发生于第1次使用时，以突发性气道梗阻、荨麻疹和低血压为特征。首次滴注西妥昔单抗前，患者必须接受H₁受体阻断药和糖皮质激素类药物的治疗，而且建议在随后每次治疗前均对患者进行这种治疗。用药前必须检测*RAS*基因状态，*RAS*基因野生型是接受西妥昔单抗治疗的先决条件，西妥昔单抗不用于治疗*RAS*基因突变型或*RAS*状态不明的患者。

第六节 宫 颈 癌

宫颈癌是最常见的妇科恶性肿瘤，严重威胁广大妇女的健康。在世界范围内，宫颈癌已成为女性第四大常见恶性肿瘤，其发病率和死亡率均处于妇科恶性肿瘤前列，并呈现年轻化趋势。

【疾病简介】

宫颈癌最常见的病理类型为鳞癌，占 75%～80%；其次为腺癌，占 20%～25%。化疗在宫颈癌治疗中的地位日益得到重视，化疗主要适用于复发转移与晚期患者，也用于联合术前辅助化疗。晚期及复发转移宫颈癌以化疗、免疫及靶向治疗等系统治疗为主。

【药物治疗的目的及原则】

（一）药物治疗的目的

术前辅助化疗（新辅助化疗）的目的是使肿瘤缩小，降低宫颈癌分期，为手术创造条件或使手术切除更容易进行；术后辅助化疗的目的是杀灭手术不能完全切除的肉眼看不见的肿瘤细胞，补充手术的效果以达到治愈的目的；对于晚期肿瘤患者不能手术的，化疗可减小肿瘤，减轻患者症状，延长生存期，减轻患者痛苦。

（二）药物治疗的原则

目前，以顺铂为基础的同步放化疗仍然是局部晚期宫颈癌的标准治疗，化疗联合 PD-1 单抗 ± 贝伐珠单抗已成为晚期宫颈癌的一线治疗。抗体偶联药物为晚期宫颈癌患者带来了新的治疗选择。

【药物分类及常用药物】

（一）传统化疗药物

1. **铂类** 顺铂被认为是治疗宫颈癌最有效的药物，而且顺铂对于骨髓的影响非常轻微，推荐用于复发或转移性宫颈癌的一线治疗。宫颈癌往往需要同步放化疗（即在放疗的同时，给予患者口服或静脉注射化疗药物），当顺铂和放疗结合时，可以增强放射线对于肿瘤细胞的杀伤作用。另外，一般顺铂单药化疗推荐用于复发性或转移性宫颈癌的一线治疗。卡铂在宫颈癌的治疗中也占有一席之地，它使用方便，对肾功能基本无损害，耐受性好。

2. **紫杉醇类药物** 紫杉醇＋顺铂或卡铂联合化疗是复发或转移性宫颈癌最常用的化疗方案。

3. **丝裂霉素（mitomycin）** 为从放线菌的培养液中分离出的抗肿瘤药物，对多种实体瘤有效，为周期非特异性药物。在细胞内通过还原酶活化后起作用，可使 DNA 解聚，同时拮抗 DNA 的复制。高浓度时对 RNA 和蛋白质的合成亦有抑制作用。主要作用于晚 G1 期和早 S 期。是宫颈癌联合化疗的药物之一。

4. **长春新碱（vincristine，VCR）** 主要作用于 M 期，属于细胞周期特异性药物。大剂量时对 S 期细胞也有杀伤作用。本药抗癌谱较广，常作为联合化疗方案的组成药物，是宫颈癌联合化疗的药物之一。

5. **拓扑替康（topotecan）** 能与拓扑异构酶 I 及 DNA 形成三元复合物，诱导 DNA 单链和双链的断裂，使 DNA 螺旋链松解，属于 S 期细胞周期特异性药物。与紫杉醇＋贝伐单抗联合化疗是复发或转移性宫颈癌的常用化疗方案。

（二）以 VEGF/VEGFR 和 *EGFR* 为靶点的靶向治疗药物

贝伐珠单抗是目前宫颈癌治疗中最常用的抗血管生成药物，已在我国获批用于晚期、复发和转移性宫颈癌的治疗。贝伐珠单抗联合紫杉醇＋顺铂或紫杉醇＋拓扑替康用于持续性、复发性或转移性宫颈癌患者的一线治疗。阿帕替尼等 TKIs 也证实对子宫颈癌有效。

（三）免疫检查点抑制剂（ICI）

帕博利珠单抗（pembrolizumab）联合铂类/紫杉醇 ± 贝伐珠单抗获批复发/转移宫颈癌一线治疗适应证，获得指南 I 类推荐。

赛帕利单抗（zimberelimab）是我国自主研发的全人源抗 PD-1 单克隆抗体，2023 年我国食品药品监督管理局批准赛帕利单抗用于治疗既往接受含铂化疗失败的复发或转移性且 PD-L1 表达阳性（CPS ≥ 1）的宫颈癌患者，新版指南新增"赛帕利单抗"为晚期二线及以上治疗 II 级推荐。

卡度尼利单抗（candonilimab）是一种人源化免疫球蛋白 G1 双特异性抗体，同时靶向 PD-1 和 CTLA-4，已被 CSCO 指南推荐治疗复发转移的宫颈癌，用于既往接受含铂化疗失败的复发或转移性宫颈癌患者的治疗。

（四）抗体偶联药物

替索单抗（tisotumab vedotin）是首个针对组织因子的抗体药物偶联物，是目前妇瘤领域第一种抗体偶联药物（ADC）药物，唯一获批宫颈癌适应证。用于复发性或转移性宫颈癌的二线治疗，特别是既往有贝伐珠单抗使用史的患者。

（五）联合治疗

晚期、复发转移宫颈癌常用化疗方案见表 11-6。

表 11-6 晚期、复发转移宫颈癌常用化疗方案

化疗方案	剂量	用药时间及周期
DDP+ 紫杉醇		每 3 周重复
紫杉醇	$175mg/m^2$	静脉滴注 3h，第 1d
DDP	$50mg/m^2$	静脉滴注，第 1d
拓扑替康 + 紫杉醇		每 3 周重复
紫杉醇	$175mg/m^2$	静脉滴注 3h，第 1d
拓扑替康	$0.75mg/m^2$	静脉滴注，第 1～3d
卡铂 + 紫杉醇		每 3 周重复
紫杉醇	$175mg/m^2$	静脉滴注 3h，第 1d
卡铂	AUC=5～6	静脉滴注 1～3h，第 1d
顺铂 + 拓扑替康		每 3 周重复
DDP	$50mg/m^2$	静脉滴注，第 1d
拓扑替康	$0.75mg/m^2$	静脉滴注，第 1～3d

注：AUC：曲线下面积。

【用药护理】
（一）用药安全
1. 卡度尼利单抗

（1）不良反应：为贫血、甲状腺功能减退、ALT 升高、AST 升高、甲状腺功能亢进、白细胞减少症、低蛋白血症、皮疹、腹泻、发热等。

（2）用药注意事项：不良反应多为 1～2 级且可逆，可通过暂停给药或使用糖皮质激素治疗。采用无菌技术稀释后，在专业医生指导下静脉输注给药，输注宜在 60min（±10min）完成，本品不得采用静脉推注或快速静脉注射给药。考虑全身性糖皮质激素及其他免疫抑制药干扰卡度尼利单抗药效学活性的可能性，应避免在开始治疗前使用。如果为了治疗免疫相关性不良反应，可在开始本品治疗后使用全身性糖皮质激素及其他免疫抑制药。

2. 赛帕利单抗

（1）不良反应：大部分为1级或2级，最常见的是贫血。

（2）用药注意事项：赛帕利单抗可能会引发一些严重的副作用，如心脏问题和肺部问题。因此，在使用赛帕利单抗之前，医生会对患者进行详细的评估，包括心脏功能和肺部功能等方面的检查，以确保患者能够安全地接受治疗。

3. 替索单抗

（1）不良反应：最常见的不良反应是脱发、鼻出血、贫血、疲劳、干眼症、角膜炎、肌痛，还有乏力、关节痛、食欲下降、恶心和呕吐。

（2）用药注意事项：眼部不良反应严重者出现溃疡性角膜穿孔，用药前行视力和裂隙灯检查，并在用药前开始眼部护理，以降低风险。警惕任何新发或恶化的眼部疾病。输液反应发生率为2.5%～13.0%，输注中和输液结束1小时内严密监测患者症状和体征，出现输液反应时及时停止输液，并给予类固醇激素或抗组胺药对症治疗；若发生严重输液反应，永久停用。

（二）用药监测

1. 多西他赛或紫杉醇均可导致血糖异常升高，因此需要监测血糖特别是对于有血糖异常或糖尿病病史者。

2. 高血压是阿帕替尼最常见的毒性反应，发生率为19%～84%，因此，血压监测和评估需要贯穿整个用药过程，血压评估应从给药前开始，收缩压＜140mmHg且舒张压＜90mmHg时才可开始用药。用药期间血压应控制在＜150/95mmHg。

3. 在使用贝伐珠单抗过程中，每3周进行尿常规检测以确定尿蛋白情况。如果随机尿蛋白≥2+，则行24h尿蛋白定量测定；24h蛋白尿定量＞2g，应暂停贝伐珠单抗。

（三）用药指导

1. 贝伐珠单抗属于大分子单克隆抗体，静脉给药后可产生输液反应，但多数较轻，且在第1次给药时最为常见。为降低输液反应发生率，前3次用药需要遵循"9-6-3原则"，即首次静脉输注时间持续90分钟；如果耐受性良好，则第2次输注时间可缩短到60分钟；如果患者对60分钟输注也具有良好的耐受性，随后所有输注都可以在30分钟内完成。对于发生输液反应的患者可停药或延长给药时间，但贝伐珠单抗配制后在2～8℃条件下储存时间不宜超过24小时。

2. 贝伐珠单抗和TKIs都有导致瘘的风险。宫颈癌患者使用抗血管生成药物后发生的瘘，包括穿孔，是临床最关注的毒性事件，具体可表现为直肠-阴道瘘、膀胱-阴道瘘等。一旦发生瘘，包括穿孔，应永久停用抗血管生成药物。既往放疗史是发生瘘/穿孔的独立风险因素。其他风险因素包括患者合并高血压、有盆腔肿瘤、正在吸烟、严重低蛋白血症和营养不良。

3. 接受抗血管生成药物治疗后，出血和血栓事件发生率小于5%。重点在于接受抗血管生成药物前，需要常规对出血风险进行筛查，甄别出血和血栓高风险人群，具有以下风险因素的患者应慎用：长期或大剂量使用抗风湿/抗炎药物治疗或抗凝治疗、既往具有动脉硬化症病史或消化性溃疡病史。如果近3个月内发生过肺出血、咯血，应禁用抗血管生成药物。

4. 对于无法耐受顺铂的患者，可考虑使用拓扑替康+紫杉醇方案，这一方案已被指南推荐，但是使用该方案会导致严重骨髓抑制，特别是血小板减少症，故临床应用时需要监测血常规、密切随访和干预。

5. 与其他化疗方案相比，拓扑替康+紫杉醇+贝伐珠单抗三药联合方案（TPB方案）可改善PFS，降低复发风险。目前已被多项国际指南采纳。需要注意的是，TPB方案导致的血液学毒性十分显著，出现Ⅳ度骨髓抑制的风险极大，还会增加贝伐珠单抗使用后的出血风险。因此，使用TPB方案时必须做好基线评估和预防。

（欧阳艳琼）

笔记栏

小　结

　　非小细胞肺癌（non-small cell lung cancer，NSCLC）是具有高发病率和病死率的恶性肿瘤。尽管化疗和分子靶向治疗不断优化，但晚期 NSCLC 患者的 5 年生存率仍较低。对于驱动基因阳性的患者，分子靶向治疗为其基本治疗策略，对于驱动基因阴性的患者，免疫治疗可能会改善其生存结局。免疫治疗和靶向治疗之间是否具有协同或拮抗作用，未来将成为晚期 NSCLC 治疗的重要探索方向。

　　乳腺癌发病率已经超过肺癌，成为最常见的恶性肿瘤。分子分型的发展开启了乳腺癌精准治疗的新时代，尤其是 *HER2* 靶向治疗、CDK4/6 抑制药、ICI 等新型治疗乳腺癌药物陆续进入临床实践，在传统化疗、内分泌治疗的基础上不断丰富各分子分型乳腺癌患者的治疗方案，最终将乳腺癌精准治疗的提议从理想变为现实。

　　胃癌作为一种异质性明显、恶性程度很高的肿瘤，预后差，生存时间短。近几年对胃癌分子研究的进展取得了巨大的突破，*HER2* 阳性胃癌患者一线化疗加入曲妥珠单抗可以提高患者生存率。二线治疗使用雷莫西尤单抗作为单一药物或与化疗药物联合使用。越来越多的患者可能会受益于免疫治疗与分子靶向药物联合治疗。

　　近年来，肝癌的治疗进展突飞猛进，随着多种新的治疗策略和药物应用于临床，患者的生存获益大幅度改善，尤其是免疫检查点治疗在晚期肝癌一线治疗领域的疗效显著，成为晚期肝癌一线治疗的推荐方案，为肝癌治疗结局带来新的希望。

　　结直肠癌的治疗模式已从最初的肿瘤根治性切除联合术后辅助放化疗逐步发展为经新辅助治疗或转化治疗后联合手术切除的综合治疗模式；从传统的全身化疗到以分子标志物为指导的生物靶向药物或免疫治疗等精准治疗。多学科诊疗模式的出现，在很大程度上延长了患者的生存期，改善了患者的生活质量。

　　以顺铂为基础的同步放化疗仍然是局部晚期宫颈癌的标准治疗，化疗联合 PD-1 单抗 ± 贝伐珠单抗已成为晚期宫颈癌的一线治疗。抗体偶联药物为晚期宫颈癌患者带来了新的治疗选择。

ER11-4
第十一章
目标测试

• • • • **思考题** • • • •

1. 说明如何配伍使用各类化疗药物及用药监测要点。
2. 结合护理工作实际，讨论如何预防化疗药引起的骨髓抑制。
3. 从药物相互作用的角度讨论抗血管生成药物与免疫治疗药物合用时的注意事项。
4. 讨论铂类药物的用药特点和使用注意事项。

第十二章

风湿免疫性疾病药物治疗与护理

ER12-1
第十二章
思维导图

风湿免疫性疾病（rheumatic diseases）泛指与自身免疫系统相关，影响骨、关节及其周围软组织如肌肉、滑囊、肌腱、筋膜、神经等的一组疾病，包括类风湿关节炎（rheumatoid arthritis，RA）、系统性红斑狼疮（systemic lupus erythematosus，SLE）、强直性脊柱炎（ankylosing spondylitis，AS）等，常见症状包括关节疼痛、肿胀、僵硬、活动受限以及皮肤损害。目前药物治疗主要包括非甾体抗炎药（nonsteroidal anti-inflammatory drugs，NSAIDs）、糖皮质激素（glucocorticoids，简称激素）、缓解病情抗风湿药（disease modifying antirheumatic drugs，DMARDs）等。后者还分为传统合成DMARDs（conventional synthetic DMARDs，csDMARDs），生物制剂DMARDs（biological DMARDs，bDMARDs）及靶向合成DMARDs（targeted synthetic DMARDs，tsDMARDs）。

ER12-2
第十二章
风湿免疫性疾病药物治疗与护理

本章主要介绍类风湿关节炎、系统性红斑狼疮及强直性脊柱炎等常见的风湿免疫性疾病的药物治疗及用药护理，着重阐述药物治疗的目的和原则、常用药物分类及作用特点、用药护理等内容。

第一节　类风湿关节炎

 导入案例

　　患者，女，62岁。1年前无明显诱因出现右手指间关节肿痛，3个月后受累关节增多，双手指间关节、双手掌指关节、双腕关节均受累，且伴有明显晨僵感，寒冷刺激时病情明显加重。入院时查体：双手指间关节、掌指关节及双腕关节中度肿胀伴压痛，双手活动功能严重受限，双腕关节活动受限。血常规示白细胞11.3×10^9/L；血清类风湿因子阳性，血细胞沉降率52mm/h。

　　诊断：类风湿关节炎。

　　治疗：甲氨蝶呤，5mg，每周1次口服；柳氮磺吡啶，每次1g，每天2次口服；美洛昔康，15mg，每天1次口服。同时给予功能锻炼指导及精心护理，入院15天后双手关节肿胀、压痛明显减轻，双腕关节活动明显好转。

　　请思考：

　　1. 本例选用甲氨蝶呤和柳氮磺吡啶的理由是什么？

　　2. 在使用甲氨蝶呤治疗时应指导患者注意哪些不良反应？

　　3. 选用美洛昔康而非阿司匹林的理由是什么？

　　类风湿关节炎（RA）是一种以关节滑膜炎为主要病理特征，以周围对称性多关节肿痛为主要临床表现的系统性、全身性、自身免疫性疾病。该病呈慢性进行性发展，以关节畸形和功能障碍为主，并累及全身多器官、多系统，是导致人类丧失劳动能力和致残的主要疾病之一。目前我国RA患病率为0.32%～0.36%，患者总数约500万。

【疾病简介】

发病早期有关节红、肿、热、痛和功能障碍，可伴有发热、皮下结节及肺间质病变等关节外表现，血清中可出现多种自身抗体，病变呈慢性、持续、反复发作过程，晚期关节组织结构严重破坏，逐渐出现关节僵硬、畸形和功能障碍。发病高峰在 30～50 岁，女性多见。由于本病的病因和发病机制未完全明确，目前临床上尚缺乏根治及有效预防措施。药物治疗是 RA 最主要的治疗手段，手术、康复以及中医药等治疗有助于改善症状和恢复关节功能。

【药物治疗的目的及原则】

（一）药物治疗的目的

减轻关节症状，延缓病情进展，防止和减少关节的破坏，保护关节功能，最大限度地提高患者的生活质量。

（二）药物治疗的原则

RA 药物治疗原则是早期治疗和达标治疗。早期应该以药物治疗为主，对长病程患者可选择低疾病活动度为替代治疗目标。达标治疗指通过严密监控和及时调整治疗方案，尽快达到并维持治疗目标。

【药物分类及常用药物】

RA 治疗主要依赖药物。常用药物有传统合成 DMARDs、生物制剂 DMARDs 及靶向合成 DMARDs、NSAIDs、糖皮质激素等药物。

DMARDs 是一组具有改善病情和延缓疾病进展作用，不同化学结构的药物或生物制剂。此类药物起效缓慢，临床症状明显改善大约需 1～6 个月，通常不具备明显的止痛和抗炎作用，但可延缓或控制病情的进展，从根本上抑制组织和关节的进行性损伤，是治疗风湿免疫性疾病的核心药物。DMARDs 应早期应用，在等待起效期间，可与 NSAIDs 或糖皮质激素等药物联用，以减轻关节僵硬和疼痛。

（一）传统合成 DMARDs

传统合成 DMARDs 是目前 RA 治疗的一线用药，主要包括甲氨蝶呤、来氟米特、羟氯喹、柳氮磺吡啶、艾拉莫德等。药物的选择和应用的方案要根据患者的病情活动性、严重性和进展情况而定。

1. 甲氨蝶呤（methotrexate，MTX） 通过竞争性结合二氢叶酸还原酶，阻止二氢叶酸转化为四氢叶酸，干扰 DNA 的合成，抑制淋巴细胞增殖。小剂量 MTX 是最新中国类风湿关节炎诊断与治疗指南推荐的首选抗风湿药。

2. 来氟米特（leflunomide，LEF） 为人工合成的异噁唑类药物，通过肝脏及肠壁细胞的细胞质和微粒体转化为活性代谢产物，抑制二氢乳清酸脱氢酶的活性，使 T、B 淋巴细胞的增殖停止在 G_1 期，从而抑制淋巴细胞介导的细胞性和体液性免疫反应。目前是治疗成人 RA 的一线治疗药物，也应用于难治性狼疮性肾炎、强直性脊柱炎等治疗。

3. 羟氯喹（hydroxychloroquine） 为 4- 氨基喹啉衍生物类抗疟药，其抗风湿作用机制可能与干扰磷酸酯酶、胆碱酯酶、蛋白酶和水解酶等酶的活性，并与 DNA 结合，稳定溶酶体膜等因素有关。羟氯喹与氯喹（chlorquine）作用机制相近，但毒性仅为氯喹的一半，可以抑制类风湿关节炎滑膜破坏，一旦显效后作用持久，目前主要用于系统性红斑狼疮、类风湿关节炎、干燥综合征等自身免疫性疾病的治疗。

　　4. 柳氮磺吡啶（sulfasalazine，SASP）　在小肠远端和结肠分解成磺胺吡啶和 5- 氨基水杨酸盐，分别发挥抗菌、抗炎和免疫抑制作用。可单用于病程较短及轻症 RA，或与 MTX、LEF 或羟氯喹联合应用治疗病程较长和中、重度患者。

　　5. 艾拉莫德（iguratimod，IGU）　属于甲磺酰胺家族成员，通过抑制 NF-κB 的活性，减少炎症因子的释放；刺激成骨细胞分化和抑制破骨细胞生成，具有全面的骨及软骨保护作用。能显著降低患者类风湿因子、抗环状瓜氨酸多肽抗体水平，还能有效阻止骨质破坏，降低类风湿关节炎的致残致畸性，适用于 RA 的联合治疗和长期维持治疗。

　　常用传统合成 DMARDs 用法用量及用药特征见表 12-1。

表 12-1　常用传统合成 DMARDs 用法用量及用药特征

药物	用法用量	用药特征
甲氨蝶呤	口服、肌内注射或静脉注射均有效，口服常用剂量为 7.5 ～ 25mg/ 周，个别重症患者可以酌情加大剂量，4 ～ 6 周起效，疗程至少半年	补充叶酸 5mg/ 周以减少不良反应；不耐受或存在禁忌证的患者，应选用 LEF 或 SASP 代替
来氟米特	最初 3 天给予负荷剂量 50mg/d，之后根据病情给予维持剂量 10mg/d 或 20mg/d	与 MTX 有协同作用
羟氯喹 氯喹	羟氯喹 0.2 ～ 0.4g/d，分两次服 氯喹 0.25g/d，1 次服	起效慢，服用后 3 ～ 4 个月疗效达高峰，有效后可减量维持；至少连服 6 个月后才能宣布无效
柳氮磺吡啶	初始 250 ～ 500mg/d 开始，之后每周增加 500mg，直至 2.0g/d，如疗效不明显可增至 3.0g/d	小剂量逐渐加量有助于减少不良反应；如 4 个月内无明显疗效，应改变治疗方案
艾拉莫德	每次 25mg，2 次 /d，饭后服用	可单用也可联用，与 MTX、LEF、小剂量糖皮质激素等联用以适应不同治疗需求的患者

（二）生物制剂和靶向合成 DMARDs

　　生物制剂 DMARDs（bDMARDs）包括 TNF-α 抑制剂，如依那西普、重组人 II 型肿瘤坏死因子受体 - 抗体融合蛋白、英夫利昔单抗等；白介素 -1（IL-1）受体阻断药如阿那白滞素；白介素 -6（IL-6）受体阻断药如托珠单抗；抗 CD20 单抗如利妥昔单抗；T 细胞共刺激信号抑制药阿

笔记栏

巴西普；靶向合成 DMARDs（tsDMARDs）如 JAK 抑制药托法替布等。

1. TNF-α 抑制剂 主要有可溶性 TNF 受体 –IgG1 Fc 段融合蛋白和 TNF-α 单克隆抗体两大类，前者以依那西普、注射用重组人 II 型肿瘤坏死因子受体 – 抗体融合蛋白为代表，后者有英夫利昔单抗、阿达木单抗（adalimumab）、戈利木单抗（golimumab）以及赛妥珠单抗（certolizumab pegol）。通过拮抗 TNF-α，迅速阻断 RA 的炎症级联反应，具有快速抗炎、降低 RA 疾病活动度、阻止骨质破坏的作用。此类药物起效快，明显抑制骨破坏作用，患者总体耐受性好。依那西普（etanercept）可逆性地与 TNF-α 结合，竞争性抑制 TNF-α 与 TNF 受体位点的结合。英夫利昔单抗（infliximab）通过高度结合 TNF-α 而抑制 TNF-α 与 p55/p75 受体的结合，从而使 TNF-α 失去活性。

2. IL-1 受体阻断药 代表药阿那白滞素（anakinra），通过与 IL-1 受体竞争结合，同时抑制 IL-1α 及 IL-1β 的信号转导，减轻关节炎症状、改善功能障碍，并且具有较好的耐受性。

3. IL-6 受体阻断药 代表药托珠单抗（tocilizumab），特异性结合可溶性及膜结合的 IL-6 受体，并通过抑制 IL-6 受体介导的信号转导干预炎症级联反应。用于 csDMARDs 或 TNF-α 抑制剂治疗效果不佳的活动性 RA，可与 csDMARDs 联用或单用。

4. 抗 CD20 单抗 代表药利妥昔单抗（rituximab），通过清除 B 细胞，抑制自身免疫炎症。主要用于 csDMARDs 或 TNF-α 抑制剂疗效不佳的活动性 RA。

5. T 细胞共刺激信号抑制药 代表药阿巴西普（abatacept），通过阻断 T 细胞活化所需第二信号抑制 T 细胞活化，适应证同利妥昔单抗。

6. 靶向合成 DMARDs 代表药主要有 JAK 抑制药托法替布（tofacitinib）和巴瑞替尼（baricitinib）。JAK 是一种非受体酪氨酸蛋白激酶，介导多种促炎细胞因子胞内信号转导。此类药物可逆性地抑制 JAK 的激酶活性，同时抑制依赖 JAK 通路的多种炎症因子。临床用于对 csDMARDs 或 bDMARDs 疗效不佳的 RA 患者。

常用 bDMARDs 和 tsDMARDs 用法用量、给药特征见表 12-2。

表 12-2 常用 bDMARDs 和 tsDMARDs 用法用量、给药特征

药物	用法用量及给药特征
依那西普	皮下注射，25mg，2 次 / 周（间隔 72～96h）；或 50mg，1 次 / 周 使用前置于 2～8℃冰箱内贮存，不可冷冻；溶解后应立即使用
英夫利昔单抗	首次给予 3mg/kg，然后在首次给药后第 2 周和第 6 周及以后每隔 8 周各给予一次相同剂量
阿那白滞素	皮下注射，100mg/d，在每天相同的时间给药
托珠单抗	静脉滴注，8mg/kg，每 4 周 1 次，可与 MTX 或其他 DMARDs 药物联用，静脉滴注时间在 1 小时以上
利妥昔单抗	静脉输注 1 000mg，2 周后重复（2 周间隔 2 次输注为 1 个疗程），每 24 周重复一次疗程或根据临床评估（但不早于 16 周）；输注前给予对乙酰氨基酚、抗组胺药、100mg 甲泼尼龙或类似药物，以防治严重输注反应。在我国目前属于超适应证用药，使用方法需严格遵医嘱执行
阿巴西普	皮下注射，125mg，1 次 / 周
托法替布	口服，5mg，2 次 /d。有无进食皆可 有中度或重度肾功能不全，或者中度肝功能不全，5mg，1 次 /d

（三）其他药物治疗

1. NSAIDs　除对乙酰氨基酚等苯胺类药物外，NSAIDs 对控制风湿性和类风湿关节炎的症状有肯定的疗效，多数患者在全剂量服药 48 小时内明显缓解关节的红、肿、热、痛等炎症反应，疗效与用药剂量有关。但停药后症状会再次出现，不能真正改变 RA 的疾病进程，因此临床上只用于缓解症状，且必须与 csDMARDs 联合使用。

此外，NSAIDs 还具有镇痛、解热作用，是风湿免疫性疾病常用的对症药物，详见第二章临床常见症状的药物治疗与护理相关内容。

常用 NSAIDs 可分为以下几类：

（1）水杨酸类：代表药物为阿司匹林（aspirin），又称乙酰水杨酸（acetylsalicylic acid）。大剂量 3～5g/d 有较强的抗炎、抗风湿作用。可改善类风湿关节炎症状，须同时进行病因治疗。

（2）吡唑酮类：代表药物为保泰松（phenylbutazone），抗炎抗风湿作用强，而解热镇痛作用较弱，主要用于风湿性和类风湿关节炎、AS。

（3）吲哚衍生物及类似物：吲哚美辛（indomethacin）对急性风湿性和类风湿关节炎疗效似保泰松；对 AS 也有效。阿西美辛（acemetacin）具有解热、镇痛、抗炎作用，用于类风湿关节炎、骨关节炎、软组织损伤、急性痛风治疗。舒林酸（sulindac）为前体药，在组织中或肠道中还原为硫醚化物后发挥作用。用于治疗骨关节炎、RA、AS 等。

（4）丙酸类：布洛芬（ibuprofen，异丁苯丙酸）主要用于风湿及类风湿骨关节炎、AS；也可用于一般发热，疗效与阿司匹林相似。萘普生（naproxen，甲氧萘丙酸）具有解热、镇痛、抗炎作用，还可抑制血小板聚集。主要用于风湿及类风湿关节炎、骨关节炎、AS、各种类型风湿性肌腱炎。洛索洛芬（loxoprofen）作用广泛，起效较快，镇痛效果较好，主要用于 RA、骨性关节炎、肩周炎等常见的炎性关节炎引起的关节肿胀、疼痛。

（5）选择性环氧合酶抑制药：尼美舒利（nimesulide）选择性抑制 COX-2 作用强，主要用于 RA、骨关节炎等。塞来昔布（celecoxib）选择性抑制 COX-2，不影响 TXA_2 合成，但可抑制 PGI_2 合成。用于风湿及类风湿关节炎、术后疼痛。依托考昔（etoricoxib）可以缓解疼痛、减轻炎症和改善关节功能，起效速度较快。用于治疗急、慢性疼痛和炎症性疾病如骨关节炎、RA、AS 等。

（6）其他：双氯芬酸（diclofenac）用于风湿及类风湿骨、关节炎，AS 等。美洛昔康（meloxicam）主要用于风湿及类风湿关节炎、急性痛风、腰肌劳损、肩周炎等。吡罗昔康（piroxicam）作用迅速而持久；抑制软骨中黏多糖酶和胶原酶活性，减轻软骨的破坏，抑制炎症反应，适应证同美洛昔康。萘丁美酮（nabumetone）为强效 COX 抑制药，可用于各种风湿性及类风湿关节炎的治疗。

常用于治疗 RA 的 NSAIDs 用法及用量见表 12-3。

表 12-3　常用于治疗 RA 的 NSAIDs 用法及用量

药物分类	常用药物	用法及用量
水杨酸类	阿司匹林	成人：0.6～1g/ 次，3～4g/d；1 疗程 3 个月左右 儿童：80～100mg/（kg·d），分 2～4 次服，如 1～2 周未获疗效，可根据血药浓度调整剂量
吡唑酮类	保泰松	关节炎，0.1～0.2g/ 次，3 次 /d。饭后服用，总量不宜超过 0.8g/d。1 周后如无不良反应，病情改善可继续服用，剂量应递减至维持量，0.1～0.2g/ 次，1 次 /d
吲哚类	吲哚美辛	片剂，口服 25mg，2～3 次 /d，饭时或饭后服。必要时可增至 100～150mg/d，3～4 次 /d；控释胶囊，口服 25mg，2 次 /d，必要时可增至 50mg，2 次 /d

药物分类	常用药物	用法及用量
丙酸类	布洛芬	片剂 0.2 ~ 0.4g/ 次，3 次 /d，成人用药最大限量一般为 2.4g/d
	萘普生	成人：0.25 ~ 0.5g/ 次，早晚各一次，或早晨服 0.25g，晚上服 0.5g；儿童：按体重 5mg/kg，2 次 /d
选择性环氧合酶抑制药	尼美舒利	100 ~ 200mg，2 次 /d
	塞来昔布	成人口服 100 ~ 200mg，2 次 /d
其他	双氯芬酸	成人：75 ~ 150mg/d，分 3 次服，疗效满意后可逐渐减量；儿童：1~3mg/（kg·d），分 3 次服用
	美洛昔康	最大推荐剂量为 15mg/d，根据治疗反应，剂量可减至 7.5mg/d

2. 糖皮质激素 糖皮质激素是治疗风湿免疫性疾病的主要药物与基础治疗药物，但无法根治本病，停药后症状会复发。

（1）作用机制：①基因效应。糖皮质激素通过细胞膜与胞质内的糖皮质激素受体的 α 亚型结合后形成类固醇 – 受体复合体易位进入细胞核，在细胞核内与特异性 DNA 位点相结合，影响基因转录，相应地引起转录增加或减少，改变介质相关蛋白的水平，进而对炎症细胞和分子产生影响而发挥抗炎作用。②诱导淋巴细胞 DNA 降解；影响淋巴细胞的物质代谢；诱导淋巴细胞凋亡；抑制核转录因子 NF-κB 活性，从而发挥免疫抑制作用。

（2）药理作用：具有强大的抗炎作用，能抑制物理性、化学性、免疫性及病原生物性等多种原因造成的炎症反应。小剂量糖皮质激素主要抑制细胞免疫，大剂量糖皮质激素能干扰淋巴组织在抗原作用下的分裂和增殖，阻断致敏 T 淋巴细胞所诱发的单核细胞和巨噬细胞的聚集等，对于自身免疫性疾病发挥一定的近期疗效。

（3）临床应用：用于自身免疫性疾病如严重风湿热、风湿性心肌炎、风湿性及类风湿关节炎、SLE、自身免疫性贫血等。

（4）用法用量：由于 csDMARDs 起效较慢，在中、高疾病活动度 RA 患者中可联合糖皮质激素作为桥接治疗，以快速控制症状。起始剂量、给药途径可视患者具体情况而定，但不建议长期使用，应在 3 个月内逐渐减停。在关节炎急性发作期可给予短效糖皮质激素，其剂量依病情严重程度而调整。

3. 植物药制剂 包括：①雷公藤多苷及其衍生物，每天 30 ~ 60mg，分 3 次饭后服用。②青藤碱，20 ~ 60mg，饭前口服，每天 3 次。③白芍总苷，常用剂量为 0.6g，每天 2 ~ 3 次。

4. 锝^{99m}Tc 亚甲基双膦酸盐注射液 为我国自主研发的用于 RA 临床治疗的核素药物，联合 csDMARDs 治疗 RA 疗效优于单独应用。临用前无菌配制，静置 5 分钟后静脉注射，每天 1 次，20 次为 1 个疗程。

【用药护理】

（一）用药评估

1. 病史 询问家族有无类似疾病，发病前有无感染、过度劳累、情感挫折或暴露于寒冷潮湿的环境等诱因。了解饮食习惯、评估睡眠及排便情况、评估日常生活方式。

2. 身体状况 评估受累关节部位，是否对称，有无肿痛、畸形、皮下结节等。

3. 辅助检查 RF 是否阳性，X 线检查关节骨质有无破坏等。检查血常规、肝肾功能状态；筛查有无肺结核、乙型肝炎病毒、丙型肝炎病毒和人类免疫缺陷病毒（高危人群中）。

4. 心理及社会因素 询问患者是否因关节肿痛、畸形或者功能障碍产生抑郁、悲观等不良情绪。评估家属对疾病的认识及对患者的态度。

（二）用药安全

1. csDMARDS　常用药物有甲氨蝶呤、来氟米特、羟氯喹、柳氮磺吡啶、艾拉莫德等。

（1）甲氨蝶呤

1）不良反应：恶心、呕吐、黏膜炎、腹泻等；肝毒性、骨髓抑制。

2）用药注意事项：转氨酶增高可在停药后 1~2 周常可恢复正常。

3）禁忌证：肝肾功能异常、严重贫血、白细胞减少、感染、活动性消化道出血、间质性肺病、孕妇、已有骨髓抑制、乙型肝炎或丙型肝炎病毒感染活动期者禁用。

4）药物相互作用：磺胺类、四环素、氯霉素、青霉素、保泰松等药物可使本品血药浓度升高。

（2）来氟米特

1）不良反应：腹泻、恶心；转氨酶升高；联用 NSAIDs 时易导致高血压；口腔溃疡、皮疹、脱发、Stenven-Johnson 综合征；周围神经病；致畸等。

2）用药注意事项：转氨酶升高提示肝功能损害；出现骨髓抑制需停药；应避免感染。

3）禁忌证：有肝肾功能异常、严重贫血、白细胞减少、孕妇、免疫缺陷、未控制的感染、活动性胃肠道疾病、肾功能不全、骨髓发育不良者等禁用；有肝炎病史者慎用。

4）药物相互作用：联合 MTX 时，会增加高血压风险；使用本药期间不应接种活疫苗；可使利福平、双氯芬酸和布洛芬的浓度升高。

（3）羟氯喹

1）不良反应：恶心、呕吐、腹泻、腹部痉挛；肌无力、眩晕、耳鸣、神经性耳聋、头痛、神经过敏、情绪不稳；角膜混浊、视网膜损伤、视力障碍；再生障碍性贫血、粒细胞缺乏、白细胞减少、血小板减少、葡糖 –6– 磷酸脱氢酶缺乏引起的溶血；头发变白、脱发、瘙痒、皮肤及黏膜色素沉着、皮疹；束支传导阻滞、房室传导阻滞、双侧心室肥大等异常，过量可致心脏衰竭、惊厥，甚至心跳和呼吸停止。

2）用药注意事项：视网膜病变高危因素如累积剂量达 1 000g（相当于 400mg 治疗 6.85 年，200mg 治疗 13.7 年），服用时间超过 7 年，肥胖，严重肝肾疾病或高龄，既往存在视网膜、黄斑病变或白内障等，治疗期间应每年接受 1 次眼科检查。

3）禁忌证：肝、肾、心脏功能不全者，白细胞低下、孕妇、重症肌无力、眼底黄斑病变者、对 4– 氨基喹啉类化合物过敏者、未被控制的糖尿病患者慎用或禁用。窦房结功能不全、心率缓慢、传导阻滞等心脏病患者禁用。

4）药物相互作用：不可与索他洛尔、延长 Q-T 间期药物（如胺碘酮、莫西沙星、三环类抗抑郁药）等联用。

（4）柳氮磺吡啶

1）不良反应：恶心、呕吐、药物热、药疹、红斑、瘙痒、头痛、心悸等。其他可见中性粒细胞减少或缺乏症、血小板减少症、再生障碍性贫血、急性重型肝炎、甲状腺肿大或功能减退等。

2）用药注意事项：可使尿液呈橘红色，应多饮水以防结晶尿。

3）禁忌证：磺胺类或水杨酸盐过敏、肠梗阻者禁用。

4）药物相互作用：与维生素 C 和胃蛋白酶合剂联用，产生结晶尿；不可与硫唑嘌呤、巯嘌呤等联用。

（5）艾拉莫德

1）不良反应：一过性上腹部不适、头痛、可逆性肝酶升高、白细胞减少、听力下降、水肿、失眠、胸闷、心悸、牙龈出血、胃溃疡、反流性食管炎等。

2）用药注意事项：与华法林联用时应优先使用华法林，禁止给予本品。

3）禁忌证：孕妇、患有严重肝病的患者、消化性溃疡既往史、对艾拉莫德成分过敏的患者禁用。

4）药物相互作用：用药期间不应使用免疫活疫苗；与华法林联用易引发严重出血；与 NSAIDs 联合应用出现消化性溃疡或消化道症状；西咪替丁导致本品血浆药物浓度升高；苯巴比妥可导致本品血浆药物浓度降低。

2. 生物制剂及靶向合成 DMARDs

（1）不良反应：常见为注射部位反应或输液反应，有增加结核感染、肝炎病毒激活和肿瘤的风险。TNF-α 抑制剂偶有药物诱导的狼疮样综合征及脱髓鞘病变等。托法替布可见肝酶升高、血脂升高、感染、恶性肿瘤和淋巴增殖性疾病、胃肠道穿孔、超敏反应等。

（2）用药注意事项：用药前须进行肝炎、结核筛查以及胸部影像学检查。

（3）禁忌证：不建议用于重度肝损害者。活动性结核、各型活动性肝炎、恶性肿瘤史或怀疑恶性肿瘤、各种急慢性感染、心衰和脱髓鞘病变患者禁用。

（4）药物相互作用：不建议与其他生物制剂或强效免疫抑制药（如环孢素、硫唑嘌呤）联用。

3. NSAIDs　不良反应、用药注意事项、禁忌证及药物相互作用详见第二章临床常见症状的药物治疗与护理相关内容。

4. 糖皮质激素

（1）不良反应：①长期大剂量应用引起医源性肾上腺皮质功能亢进，表现为满月脸、水牛背、皮肤变薄、低血钾、高血压、糖尿病等，停药后症状可自行消失。诱发感染或使体内潜在病灶扩散。诱发或加剧胃、十二指肠溃疡，甚至造成消化道出血或穿孔。水、钠潴留和血脂升高可引起高血压和动脉粥样硬化。骨质疏松、肌肉萎缩、伤口愈合迟缓等。糖耐量受损或糖尿病（类固醇性糖尿病）。②停药反应。长期大剂量使用糖皮质激素，减量过快或突然停药，出现恶心、呕吐、乏力、低血压和休克等。常需加大剂量再行治疗，待症状缓解后再缓慢减量、停药。

（2）用药注意事项：①给药前评估和治疗已有疾病，有明确的指征，并根据药物的适应证、药代动力学特征及患者的病情特点严格选药，进行个性化给药。②对已经明确诊断、确需较长时间使用的患者，应寻找最小维持剂量或采用间歇疗法，尽量缩短激素使用疗程。病情稳定后有计划地逐步停药或改用其他药物和治疗方法。③长期用药者应在早晨 8 时和下午 4 时给药，以符合皮质激素的生理分泌规律。3~6 个月复查血常规和肝肾功能。连续使用突然停药应采取逐渐减量的方式，防止发生肾上腺皮质功能不全。④饭后服用，或加用胃黏膜保护药、抑酸药以预防消化性溃疡的发生。服用激素后用清水或弱碱性水漱口，减少药物残留口腔，防止口腔真菌感染。

（3）禁忌证：禁用于有严重的精神病（过去或现在）和癫痫，活动性消化性溃疡病，新近胃肠吻合术、骨折、创伤修复期，角膜溃疡，肾上腺皮质功能亢进症，严重高血压，糖尿病，妊娠初期和产褥期，缺乏有效病因治疗药物而不能控制的感染如水痘、麻疹、真菌感染等。

（4）药物相互作用：巴比妥酸盐、卡马西平、苯妥英钠、扑米酮或利福平等药物合用，降低全身性皮质激素的作用；口服避孕药或利托那韦可以升高糖皮质激素的血药浓度；与排钾利尿药合用，可以造成过度失钾；与 NSAIDs 合用时，消化道出血和溃疡的发生率高。

5. 其他　雷公藤多苷具有性腺抑制、生殖毒性、肝肾毒性及骨髓抑制等副作用，避免用于有生育需求的育龄期 RA 患者。青藤碱不良反应有皮肤瘙痒、皮疹和白细胞减少。白芍总苷常见不良反应为排便次数增多、稀便等，减少药物剂量后可缓解。锝 ^{99m}Tc 亚甲基双膦酸盐注射液不良反应有局部皮疹和静脉炎等。且放射性分布于全身，必须使用时建议终止妊娠，哺乳期妇女必须用本品时，建议停止哺乳 24~48 小时。

（三）用药监测

1. csDMARDs　治疗前需了解肝、肾功能情况，同时监测血常规。定期监测血压，LEF 联合 MTX 时，会增加高血压风险。羟氯喹用药前和治疗期间应每年检查 1 次眼底，同时为防止心肌损害，用药前后应检查心电图。

2. 生物制剂和靶向合成 DMARDs　治疗前筛查肺结核、HBV、HCV 和 HIV，有活动性结核与肿瘤病史的患者，慎用此类药物。使用过程中，应每 4～12 周监测血常规、尿常规、肝肾功能等。

3. NSAIDs　使用前应评估胃肠道、心血管、肾脏等功能，有高血压、肝或肾功能受损患者应谨慎用药，用量宜小，尽早使用维持量，使用中需注意监测血细胞计数、血压和肝肾功能等。对存在消化性溃疡、心血管风险高危因素的患者进行重点监护和定期随访。

4. 糖皮质激素　使用中应密切监测如感染、代谢紊乱（水、电解质、血糖、血脂）、体质指数增加、出血倾向、血压异常、骨质疏松、股骨头坏死等。老年患者要注意有无白内障、青光眼、眼部感染的发生。对于儿童要定期监测生长发育状况。

（四）用药指导

积极向患者及家属进行健康教育，RA 是一种慢性病，药物见效较慢，向病人解释遵医嘱服药的重要性及用药的注意事项，在治疗初期定时复诊、定期检查以便及时调整治疗方案，有效控制疾病。用药期间观察关节肿痛、活动受限的严重程度，晨僵发作持续时间及其他关节外表现，如果病情加重或正常服用抗风湿药物过程中出现不良反应，应及时就诊。

1. csDMARDs　MTX 不良反应与剂量相关，大部分患者可通过维持治疗，调整剂量或改变给药方法加以控制，不需停药。建议 MTX 治疗 24 小时后补充叶酸，1 周 1 次，剂量为 MTX 剂量的 1/3，可减少不良反应发生率的升高。SASP 可使尿液呈橘红色，应多饮水以防结晶尿。羟氯喹用药前做眼科检查，排除眼部禁忌。在服药 3～6 个月后做眼科检查，并每年复查 1 次，出现异常立即停药。

csDMARDs 治疗 3 个月疾病活动度改善＜50% 或 6 个月未达标者，应根据有无合并预后不良因素及时调整治疗方案。对无预后不良因素者可联合另一种或两种 csDMARDs 治疗继续观察，如甲氨蝶呤联合来氟米特，或柳氮磺吡啶，或羟氯喹，或三者合用等；而对合并预后不良因素或糖皮质激素减停失败者，应及早联用生物制剂或靶向合成 DMARDs 治疗。

病程较长的 RA 患者很难在不用药的前提下维持持续缓解，绝大多数患者需要终身服药。在条件允许的情况下应保留一种传统合成 DMARDs 来维持病情稳定；并在减药过程中，还需密切监测病情变化，做好病情评估和处理。

2. 生物合成和靶向合成 DMARDs　当单一生物制剂治疗未达标或不能长期维持疗效时，可以考虑联合一种或两种 csDMARDs 以增强疗效，或换用另一种靶向药物，优先考虑换用另一种作用机制的生物制剂或靶向合成 DMARDs。对 TNF-α 抑制剂治疗继发失效的 RA，可考虑换用另一种 TNF-α 抑制剂继续治疗。在使用生物制剂过程中出现任何过敏反应，应立即停药；若发现肝功能异常，应及时调整治疗方案或采取其他措施。

3. NSAIDs　①根据药物特点及病情合理选用不良反应少的品种和剂型。②老年人必须详细了解其病史及用药史，以便制订合理的用药方案，小剂量开始并避免长疗程使用。③根据病情不同，选择合适的剂量，尽量在最短治疗时间内使用最低有效剂量。在一种 NSAIDs 足量使用 1～2 周后无效才可更改为另一种化学结构不同的 NSAIDs，也应避免两种 NSAIDs 药物联合应用。④一旦确诊溃疡与 NSAIDs 相关，首先应尽可能停用 NSAIDs 及其他有胃肠副作用药物。首选质子泵抑制药防治 NSAIDs 相关溃疡。H_2 受体阻断药、胃黏膜保护药也有一定的治疗作用。如果原发病治疗需要不能停用 NSAIDs，可以更换为美洛昔康、塞来昔布等。

4. 糖皮质激素　①对于使用每天泼尼松剂量≥7.5mg，计划持续治疗超过 3 个月的患者，同时补充钙和维生素 D；对于有发生骨折高风险的患者，加用双膦酸盐类药物以预防骨质疏松。②长期应用激素可能会抑制患者自身对激素的调节能力，须遵医嘱酌情减量。③突然停药所引起的停药反应，可继续补充小剂量糖皮质激素。④出现应激事件时，在医师指导下增加糖皮质激素使用剂量。⑤使用中等剂量以上糖皮质激素及有溃疡病史者注意观察胃肠黏膜病变；冲击治疗者

ER12-3
类风湿关节炎
反复发作的药
物治疗与护理

需要常规用胃肠黏膜保护性药物。

5. 停药或减量　若 RA 患者持续缓解 ≥ 6 个月，可以考虑减停药物。首先减量或停用糖皮质激素或 NSAIDs，其次根据患者偏好和病情来选择生物制剂或传统合成 DMARDs 的减停（特别是生物制剂与其他 csDMARDs 联合使用时），最后谨慎调整、减量 csDMARDs。

第二节　系统性红斑狼疮

 导入案例

　　患者，女，34 岁。1 年余前无明显诱因出现乏力、间断关节疼痛、双手遇冷变色，面部出现蝶形红斑，掌跖红斑、口腔黏膜溃疡，继而发热，体温达 38.5℃，伴乏力、关节痛。免疫化验显示抗核抗体（ANA）1∶80（+）颗粒型，抗可溶性抗原（ENA）抗体、抗 sm 抗体和抗 RNP 抗体均（+）；病理检查符合红斑狼疮；皮损直接免疫荧光检查示 IgG 沿基底膜带呈线状沉积。

　　诊断：系统性红斑狼疮。

　　治疗：口服甲泼尼龙片 48mg，每天 1 次；吗替麦考酚酯 0.5g，1 天 2 次。患者病情逐渐好转，甲泼尼龙逐渐减量至 8mg，每天 1 次口服。

　　请思考：

　　1. 本例为什么选用吗替麦考酚酯治疗？

　　2. 在使用甲泼尼龙片治疗时应指导患者注意哪些不良反应？

　　3. 当患者病情好转时，为什么甲泼尼龙需要逐渐减量？

　　系统性红斑狼疮（systemic lupus erythematosus，SLE）在我国的患病率为（30 ~ 70）/10 万，高于西方国家。以女性多见，尤其是 20 ~ 40 岁的育龄女性。随着早期诊断方法的不断改进和治疗水平的提高，SLE 的预后已得到明显改善。

　　【疾病简介】

　　SLE 是一种表现为多系统损害的慢性系统性自身免疫病，其血清具有以抗核抗体为代表的多种自身抗体。本病病程以病情缓解和急性发作交替为特点，有肾、中枢神经等内脏损害者预后较差。SLE 主要通过药物治疗，同时辅以生活方式的调整和心理支持，恰当的治疗可以使大多数患者达到病情缓解。

　　【药物治疗的目的及原则】

　　（一）药物治疗的目的

　　短期目标为控制疾病活动、改善临床症状，达到临床缓解或可能达到的最低疾病活动度。长期目标为预防和减少复发，减少药物不良反应，预防和控制疾病所致的器官损害，实现病情长期持续缓解。

　　（二）药物治疗的原则

　　SLE 尚不能根治，需要根据疾病活动度及受累器官的类型和严重程度，选择不同的药物剂量和剂型，制订个体化的治疗方案。

　　【药物分类及常用药物】

　　目前治疗药物主要包括传统合成 DMARDs、糖皮质激素、免疫抑制药以及生物制剂等。

（一）传统合成 DMARDs

1. 羟氯喹 长期服用可降低 SLE 患者疾病活动度，降低器官损害和血栓的发生风险，改善皮肤红斑，提高患者生存率。无禁忌证的 SLE 患者宜选用羟氯喹作为长期基础治疗。每次 0.1～0.2g，每天 2 次。

2. 来氟米特 治疗增殖性狼疮肾炎，耐受性较好。前 3 天负荷剂量每天 50mg，之后给予维持剂量每天 20mg。

3. 甲氨蝶呤 用于轻、中度非肾脏受累的 SLE 患者，特别是关节炎、肌炎、浆膜炎和皮肤损害为主。每周口服或注射 7.5～15mg，皮下注射生物利用度高且副作用更低。

（二）糖皮质激素

糖皮质激素是 SLE 诱导缓解治疗中常用于控制病情的基础用药。临床应根据 SLE 疾病活动度评估结果确定激素剂量。一般口服选用泼尼松或甲泼尼龙，静脉注射选用甲泼尼龙、地塞米松。可联合免疫抑制药进行治疗，旨在诱导疾病缓解，并减少激素用量甚至最终停用，在病情长期缓解的同时减少激素相关不良反应的风险。糖皮质激素治疗 SLE 常用给药剂量见表 12-4。

表 12-4 糖皮质激素治疗 SLE 的适用人群及用量

适用人群	药物及用量
轻度活动的 SLE 患者，且羟氯喹或 NSAIDs 不能控制病情	泼尼松 ≤ 10mg/d 或等效剂量的其他激素
中度活动的 SLE 患者	泼尼松 0.5mg/（kg·d）或等效剂量的其他激素
中等剂量激素难以快速控制病情的中度 SLE 患者	适当增加激素剂量，可联合免疫抑制药
重度活动的 SLE 患者	标准剂量的泼尼松 1mg/（kg·d），对病情严重的 SLE 患者，必要时可使用激素冲击治疗
发生狼疮危象的 SLE 患者（急进性肾小球肾炎、神经精神狼疮、重症血小板减少性紫癜、弥漫性出血性肺泡炎、严重的肠系膜血管炎等）	激素冲击治疗：静脉滴注甲泼尼龙 500～1 000mg/d，溶于 5% 葡萄糖 250ml 中，缓慢静脉滴注 1 次/d，连用 3d 为 1 疗程，疗程间隔 5～30d 冲击治疗后改服泼尼松 0.5～1mg/（kg·d），通常治疗时间为 4～8 周，但具体疗程应视病情而定。 强调联合免疫抑制药进行治疗

（三）免疫抑制药

活动程度较严重的 SLE，应同时给予大剂量激素和免疫抑制药，有利于更好地控制 SLE 活动，减少 SLE 暴发，减少激素的需要量。常用环磷酰胺或硫唑嘌呤等。

1. 环磷酰胺（cyclophosphamide，CTX） 通过化学烷化反应、损伤 DNA 抑制淋巴细胞增殖，具有免疫抑制、免疫调节、抗炎作用，是重症 SLE 如增生性狼疮肾炎（Ⅲ型、Ⅳ型狼疮肾炎）、狼疮脑病、血管炎、肺间质纤维化等有效治疗药物。与糖皮质激素联合应用有效缓解Ⅲ型、Ⅳ型狼疮肾炎，阻止和逆转病变的发展，改善远期预后。

2. 硫唑嘌呤（azathioprine，AZA） 通过谷胱甘肽转移酶转化为活性代谢产物 6-巯基嘌呤，后者干扰嘌呤核苷酸的生物合成，从而抑制 DNA 和 RNA 的合成，抑制 T、B 淋巴细胞增殖。常用于狼疮肾炎、系统性血管炎的维持治疗。

3. 环孢素 A（cyclosporin，CsA） 与依赖钙/钙结合蛋白的钙调磷酸酶（calcineurin，CaN）作用，抑制活化的 T 细胞核因子的入核，减少 IL-2 的产生，抑制效应 T 细胞激活及增殖。与其

笔记栏

他免疫抑制药联合用于治疗标准治疗无效的狼疮肾炎和 SLE 伴免疫性血小板减少症；白细胞减少而暂不能使用 CTX 时，可用本药暂时替代。

4. 他克莫司（tacrolimus，FK-506）　与 CsA 机制相似，也可抑制 IL-2、γ- 干扰素等炎症因子。用于狼疮肾炎的诱导期和维持期治疗；难治性狼疮肾炎，尤其是以蛋白尿为突出表现者；较其他免疫抑制药或糖皮质激素引起严重感染的风险低。

5. 吗替麦考酚酯（mycophenolate mofetil，MMF）　在肝脏迅速水解为具有活性的霉酚酸，选择性抑制次黄嘌呤单核苷酸脱氢酶，阻断鸟嘌呤核苷酸的从头合成，抑制主要依赖嘌呤从头合成途径增殖的淋巴细胞，对非淋巴组织器官毒性较小。用于治疗中、重度狼疮肾炎患者，为诱导期和维持期的有效治疗，降低复发率。

常用免疫抑制药治疗 SLE 的用法用量见表 12-5。

表 12-5　常用免疫抑制药治疗 SLE 的用法用量

免疫抑制药	用法用量
环磷酰胺	冲击疗法：每次剂量 0.5～1.0g/m² 体表面积，加入 0.9% 氯化钠溶液 250ml 内，静脉缓慢滴注，时间 ≥ 1 小时。除病情危重每 2 周冲击 1 次外，通常每 4 周冲击 1 次，冲击 8 次后，如病情明显好转（如尿蛋白转阴），则改为每 3 个月冲击 1 次，至活动静止后至少 1 年，可停止冲击，冲击疗法比口服疗效好 口服剂量为 1～2mg/（kg·d），分 2 次服
硫唑嘌呤	1～2mg/（kg·d）
环孢素 A	5mg/（kg·d），分 2 次口服，服用 3 个月。以后每月减少 1mg/kg，至 3mg/kg 作维持治疗
他克莫司	3～6mg/d
吗替麦考酚酯	1～2g/d，分 2 次口服

（四）生物制剂

经激素和 / 或免疫抑制药治疗效果不佳、不耐受或复发的 SLE 患者，应考虑使用生物制剂。目前主要有贝利尤单抗、泰它西普和利妥昔单抗。

1. 贝利尤单抗（belimumab）　可靶向结合可溶性人 B 淋巴细胞刺激因子（B-lymphocyte stimulator，BLyS），通过阻断其与 B 细胞受体结合，抑制过渡 B 细胞和成熟 B 细胞的存活与分化，从而抑制自身抗体的产生。常用静脉输注给药，10mg/kg，前 3 次每 2 周给药 1 次，随后每 4 周给药 1 次。适用于在传统治疗基础上高度活动、自身抗体阳性的 5 岁及以上 SLE 患者，活动性狼疮肾炎成人患者。

2. 泰它西普（telitacicept）　由人跨膜激活剂及钙调亲环素配体相互作用因子受体的胞外域，以及人免疫球蛋白 G 的可结晶片段（Fc）域构成，可抑制 B 细胞增殖分化相关的细胞因子 BLyS 和增殖诱导配体，抑制 B 细胞活性。皮下注射给药，160mg/ 次，每周 1 次。适用于在传统治疗基础上高疾病活动、自身抗体阳性的 SLE 成人患者。

3. 利妥昔单抗（rituximab）　为人鼠嵌合抗 CD20 单克隆抗体，可靶向结合 CD20，导致 CD20⁺ B 细胞凋亡。静脉滴注，每次 375ng/m²，每周 1 次，连续 4 次；或 1 000mg，隔周 1 次，共 2 次。用于难治性或重症 SLE（如狼疮肾炎、血液系统受累）患者。

【用药护理】

（一）用药评估

1. 病史　了解起病时间、病程及病情变化；注意询问亲属中有无患同类疾病者；有无与本病相关的诱因，如病毒感染、日光过敏、妊娠、药物、精神刺激等。了解饮食习惯，是否喜食海鲜、辛辣食物等；是否吸烟、嗜酒；了解睡眠情况及排便情况；评估日常生活活动。

2. 身体状况 评估生命体征、神志有无改变；有无低热、关节肿痛及功能障碍；有无颊部蝶形红斑，手掌和甲周有无红斑、皮肤有无斑丘疹、盘状红斑及毛细血管扩张现象；有无内脏损害如肾、心血管、呼吸、消化系统表现等。

3. 辅助检查 是否有贫血、中性粒细胞数减少、血小板减少、血沉增快；有无自身抗体；补体 C3、C4、C50 是否降低；了解肾活检、皮肤狼疮带试验结果。

4. 心理及社会因素 评估患者有无焦虑、内疚、孤独、恐惧、绝望等不良情绪；评估患者对疾病的认识，家属对患者的态度，家庭经济状况，出院后社会保健及医疗条件等。

（二）用药安全

1. csDMARDS 羟氯喹、来氟米特、甲氨蝶呤等药物不良反应、用药注意事项、禁忌证及药物相互作用见本章第一节类风湿关节炎相关内容。

2. 糖皮质激素 长期使用激素会出现向心性肥胖、血糖升高、高血压、诱发感染、股骨头无菌性坏死和骨质疏松等不良反应，应予以密切监测。具体见本章第一节类风湿关节炎相关内容。

知识链接

SLE 患者使用糖皮质激素治疗需注意血脂代谢紊乱

SLE 患者应用糖皮质激素治疗时，由于后者增加非酯化脂肪酸、引起胰岛素抵抗等多种因素的作用，常导致患者出现血脂异常等并发症。近年来，糖皮质激素治疗引起 SLE 血脂代谢紊乱常常并发心血管疾病、肾脏损害，加重了 SLE 患者的炎症反应，影响了 SLE 患者的生存率和生活质量，是导致 SLE 患者远期死亡的主要因素。因此，要及时对 SLE 患者进行血脂检测，联合抗疟药规范化治疗，以降低血脂异常的发生率。同时，加强对糖皮质激素的深入研究，积极寻找代替糖皮质激素治疗的新药物，延缓 SLE 患者血脂异常的发生发展。

3. 免疫抑制药 用于 SLE 治疗常见胃肠道不适、肝脏损害、骨髓抑制，肝功能受损者需减少本类药物用量，用药期间应监测肾毒性、血糖和血压。部分药物具有明确的生殖毒性和致畸性，建议孕前药物完全洗脱后方可尝试妊娠。吗替麦考酚酯、来氟米特、环孢素等可引起机会感染；来氟米特、环孢素等引起血压升高，停药后可恢复；长期大剂量使用环磷酰胺会增加肿瘤发生危险。

4. 生物制剂 治疗 SLE 可见乏力、发热、肿胀、疼痛、红斑等输注相关反应，还有感染、消化道反应、失眠、头痛、抑郁、白细胞减少、肢体疼痛、过敏反应等。不推荐用于 HIV、重度活动性中枢神经系统狼疮、活动性乙型肝炎或丙型肝炎、低丙球蛋白血症、造血干细胞或骨髓移植、重要器官移植、IgA 缺乏者等。避免用于免疫力明显受损、怀疑或确诊有恶性肿瘤、严重活动性感染者。避免减毒活疫苗接种，若需接种疫苗，建议间隔 4~8 周。

（三）用药监测

指导患者遵医嘱用药，注意观察疗效及不良反应。羟氯喹的衍生物排泄缓慢，可在体内蓄积，引起视网膜退行性病变，应定期检查眼底；激素类药物勿擅自减量或停药以免导致病情"反跳"；免疫抑制药多可引起骨髓抑制等不良反应，需要定期查血常规、肝功能。生物制剂治疗前需充分评估患者的状况，避免使用于严重活动性感染或免疫力明显受损的患者中，对有慢性感染或反复感染史的患者应充分权衡后谨慎使用。治疗期间严密监测感染、输液或注射反应等，高度警惕潜在的不良反应，必要时提前预防并积极应对。

笔记栏

（四）用药指导

叮嘱患者严格按医嘱治疗，不可擅自改变药物剂量或突然停药，向病人详细介绍所用药物的名称、剂量、给药时间和方法等，并指导患者监测药物疗效和不良反应。

1. 羟氯喹治疗指导　所有无禁忌的SLE患者均应长期接受羟氯喹治疗，治疗前应行眼科检查，具有高风险的患者建议每年检查1次，低风险的患者建议服药第5年起每年检查1次，如视敏度、视野或视网膜黄斑区出现异常迹象，应立即停药并密切观察病情变化；对激素联合羟氯喹治疗效果不佳或无法调整激素至相对安全剂量以下的患者，建议加用甲氨蝶呤、硫唑嘌呤、吗替麦考酚酯等免疫抑制药治疗。

2. 糖皮质激素治疗指导　需按时按量规律服药，其使用剂量和给药途径取决于器官受累的类型及疾病的严重程度，在维持治疗中应尽可能使用小剂量激素治疗。不可随意停药或减量，定期测量血压，观察血糖、尿糖变化，做好皮肤、口腔黏膜护理，防止骨质疏松和骨折，防止激素撤离后的反跳现象，遵医嘱减量，定期复查。

3. 免疫抑制药治疗指导　伴有脏器受累的SLE患者，建议初始治疗时即加用免疫抑制药。免疫抑制药的选择不仅受其优缺点的影响，还应根据器官受累类型、临床表现，兼顾生育要求、药物的安全性和成本等因素作出选择，同时在用药过程中注意识别和预防感染，避免长期使用带来的风险。免疫抑制药可导致肝病、骨髓抑制等，因此应定期复查血象、肝功能。

4. 生物制剂治疗指导　可用于难治性或复发性SLE患者，或使用羟氯喹（单药或联用糖皮质激素）后仍有疾病活动或复发，或无法将糖皮质激素减至维持剂量者。可与糖皮质激素、抗疟药物、免疫抑制药（如吗替麦考酚酯、环磷酰胺、硫唑嘌呤）联用，优选贝利尤单抗。治疗前需充分评估患者的状况，避免使用于严重活动性感染或免疫力明显受损的患者中。治疗期间严密监测感染、输液/注射反应等，高度警惕潜在的不良反应、必要时提前预防并积极应对。

第三节　强直性脊柱炎

📄 导入案例

患者，男，37岁。自诉腰、髋疼痛，腰部旋转活动困难，两腿不能下蹲，步履蹒跚，生活不能自理，面容憔悴，长期服用雷公藤总苷、吲哚美辛等缓解疼痛，近半年已无效。免疫检查类风湿因子阴性，HLA-B27（＋），血沉24mm/h，X线提示腰椎呈竹节样变，双侧关节疏松，间隙变窄。

诊断为强直性脊柱炎。

请思考：

1. 本例患者的治疗原则包括哪些？

2. 可用于本例的治疗药物分哪几类，其代表药物是什么？

3. 在治疗时需要提示患者注意用药后有哪些不良反应？

强直性脊柱炎（ankylosing spondylitis，AS）是一组多基因遗传病，起病大多缓慢而隐匿。男性多见，且一般较女性严重，男女患病率比例为2∶1～3∶1，有遗传倾向。发病年龄多在10～40岁，以20～30岁为高峰。

【**疾病简介**】

笔记栏

AS以中轴关节慢性炎症为主，主要侵犯骶髂关节、脊柱骨突、脊柱旁软组织及外周关节，也可累及眼、心脏、肺及其他组织，严重者可发生脊柱畸形和强直。本病发病隐匿。多数患者随病情进展由腰椎向胸、颈部脊椎发展，则出现相应部位疼痛、活动受限或脊柱畸形。典型病例 X 线片表现为骶髂关节明显破坏，脊柱受累晚期的典型表现为"竹节样改变"。

AS 的病因未明，遗传和环境因素在本病的发病中发挥作用。与 MHCⅡ类基因 HLA-B27 高度相关，AS 患者的 HLA-B27 的阳性率在我国患者高达 90% 左右，有明显家族聚集倾向。

【药物治疗的目的及原则】

（一）药物治疗的目的

目前尚无肯定的疾病控制治疗方法。药物治疗的目的主要是缓解疼痛和僵硬，降低疾病活动度，控制症状，减缓病情进展，以达到改善和提高患者生活质量。

（二）药物治疗的原则

遵循早期、联合、对症治疗原则。早期治疗指患者一经确诊病情，应马上根据自身病情情况应用 NSAIDs、DMARDs 治疗。单一用药病情不能缓解或伴有多个预后不良因素的活动性患者，可以选择两种或两种以上 NSAIDs 联合治疗，也可以选择 NSAIDs 和生物制剂联合治疗。在治疗的过程中随时监测治疗效果，通过不断调整治疗方案、定期评估，尽可能在较短的时间内达到病情缓解或降低病症活跃度，最终实现病情持续缓解维持于稳定状态。

【药物分类及常用药物】

（一）NSAIDs

AS 对 NSAIDs 药物反应良好，可迅速改善患者腰背部疼痛、发僵，减轻关节肿胀和疼痛、增加活动范围，对早期或晚期 AS 患者的症状治疗均为首选。其种类繁多，对 AS 的疗效大致相当，相关药物介绍见本章第一节类风湿关节炎相关内容。

（二）生物制剂和靶向合成 DMARDs

NSAIDs 治疗后病情仍持续活动的，或 NSAIDs 治疗无效的 AS 患者，可选择 TNF-α 抑制剂、IL-17 抑制剂等生物制剂 DMARDs 和 JAK 抑制药等靶向合成 DMARDs。

1. TNF-α 抑制剂 包括依那西普、英夫利昔单抗、阿达木单抗（adalimumab）和戈利木单抗（golimumab）等。

（1）依那西普（etanercept）：起效快且疗效不随用药时间延长而降低，可用于常规治疗无效的 AS 重度活动成年患者。用法同本章第一节类风湿关节炎。

（2）英夫利昔单抗（infliximab）：对活动性 AS 有效。首剂 5mg/kg，第 2 周、6 周以及以后每隔 6 周各给予 1 次相同剂量，静脉滴注，输注时间≥2 小时。

2. IL-17 抑制剂 包括司库奇尤单抗、依奇珠单抗、比美吉珠单抗（bimekizumab）、布罗达单抗（brodalumab）和尼塔奇单抗（netakimab，BCD-085）。

（1）司库奇尤单抗（secukinumab）：与 IL-17A 具有高亲和力，能有效缓解 AS 患者的疼痛反应。每次 150mg，在第 0～4 周每周皮下注射，随后每 4 周给药 1 次。

（2）依奇珠单抗（ixekizumab）：可选择性结合 IL-17A。可显著缓解 HLA-B27 阳性或阴性的 AS 患者病情。推荐剂量为第 0 周皮下注射 160mg（80mg 注射两次），之后分别在第 2 周、4 周、6 周、8 周、10 周和 12 周各注射 80mg（注射一次），然后维持剂量为每 4 周注射 80mg 一次。

3. 靶向合成 DMARDs JAK 抑制药托法替尼、乌帕替尼可用于一种或多种 TNF-α 抑制剂疗效不足或无法耐受的活动性 AS 成人患者。

（三）传统合成 DMARDs

目前未证实传统合成 DMARDs 对 AS 的中轴病变有效。如上述治疗方案效果不佳，可以尝试使用传统合成 DMARDs。

1. 柳氮磺吡啶 可改善 AS 的关节疼痛、肿胀和发僵，并可降低血清 IgA 水平及其他实验室活动性指标，特别适用于改善 AS 患者的外周关节炎。其对 AS 的中轴关节病变的治疗作用及改

笔记栏

善疾病预后的作用尚缺乏临床证据。

2. 沙利度胺（thalidomide，反应停） 促进 mRNA 降解，激活单核细胞和巨噬细胞，抑制 TNF-α 产生，稳定溶酶体膜，抑制中性粒细胞趋化，产生抗炎作用。可改善部分难治性男性 AS 患者的临床症状、血细胞沉降率及 C 反应蛋白。

3. 甲氨蝶呤、来氟米特、艾拉莫德和抗风湿植物药等 可用于治疗 AS 外周关节受累者，但对中轴关节病变的疗效不确定。

（四）糖皮质激素

因不良反应大，且不能阻止 AS 病程，一般不主张口服或静脉全身应用糖皮质激素治疗 AS。

【用药护理】

（一）用药评估

1. 病史 评估患者的发病年龄、病情进展，有无遗传及感染的可能。

2. 身体状况 观察患者的生命体征、精神状态、营养状态、皮肤和黏膜，评估受累关节有无疼痛、晨僵、活动受限、畸形等。

3. 辅助检查 了解血细胞沉降率水平、C 反应蛋白是否升高，类风湿因子、HLA-B27 是否阳性，影像学检查有无关节损害。

4. 心理及社会因素 询问患者是否因关节肿痛、畸形或功能障碍产生抑郁、悲观等不良情绪反应。评估家属对疾病认识及对患者的态度。

（二）用药安全

1. NSAIDs 不良反应见第二章临床常见症状的药物治疗与护理相关内容。

2. TNF-α 抑制剂 最主要的不良反应为输液反应或注射部位反应，具体见本章第一节类风湿关节炎相关内容。司库奇尤单抗最常见的不良反应为头痛、腹泻和上呼吸道感染。因可加重炎症性肠病症状，患有炎症性肠病（如克罗恩病、溃疡性结肠炎）者应慎用。

3. 传统合成 DMARDs 柳氮磺吡啶不良反应见本章第一节类风湿关节炎相关内容。沙利度胺的不良反应有嗜睡、口渴、血细胞下降、转氨酶增高、镜下血尿及指端麻刺感等。

4. 糖皮质激素 不良反应见本章第一节类风湿关节炎相关内容。

（三）用药监测

应规律监测和评估 AS 的病情，疾病活动期每 1~3 个月 1 次。AS 获得缓解后，可每 3~6 个月监测 1 次。bDMARDs 用药期间要定期复查血常规、尿常规、肝功能、肾功能等。csDMARDs 用药前后应定期复查包括血小板在内的全血细胞、转氨酶（包括 AST、ALT 和白蛋白）、肌酐检查。监测频率取决于治疗持续时间。沙利度胺长期用药者应定期做神经系统检查，以便及时发现外周神经炎等不良反应。

（四）用药指导

指导病人及家属了解常用药物的主要作用、服用方法、不良反应及处理，认真观察记录药物疗效及副作用，尤其告知患者在使用 NSAIDs 时警惕胃肠道出血，使用生物制剂时警惕感染的发生等。强调遵医嘱坚持用药、规范用药的重要性，按时服药，不随意加减药和停药。定期门诊随诊。病情复发或加重应及早就医。

1. NSAIDs 治疗指导 应针对患者具体情况选用一种 NSAIDs，通常需用最大剂量，较长时间持续使用。同时使用 ≥ 2 种 NSAIDs 会增加药物不良反应，甚至带来严重后果。要评估某个特定 NSAIDs 是否有效，应持续规则使用稳定剂量至少 2 周。如某种 NSAIDs 治疗 2~4 周疗效不明显，应改用其他不同类别的 NSAIDs。在用药过程中应监测药物不良反应并及时调整。

2. TNF-α 抑制剂和 IL-17 抑制剂治疗指导 连续使用 2 种 NSAIDs 治疗效果不佳、病情仍持续活动的 AS 患者，应考虑使用 TNF-α 抑制剂和 IL-17 抑制剂。治疗至少 12 周，并通过评估病情活动度的变化来评价治疗反应。TNF-α 抑制剂治疗 6~12 周有效者建议可继续使用；一种 TNF-α

抑制剂疗效不满意或不能耐受的患者，可能对另一种制剂有较好的疗效；如果一种 TNF-α 抑制剂治疗失败，应考虑换用另一种 TNF-α 抑制剂或 IL-17 抑制剂治疗。如果患者病情持续缓解，可考虑生物制剂减量。完全停用生物制剂可能有较高比例的病情复发，因此应缓慢减量，并确保在前一个减量之后有足够的时间维持病情缓解。

3. 柳氮磺吡啶治疗指导 由于柳氮磺吡啶起效较慢及抗炎作用较弱的缺点，通常选用一种起效快的 NSAIDs 与其并用。

4. 激素治疗指导 一般 AS 患者不主张使用激素，对于上述特殊情况，可考虑局部使用激素，如局部滴眼控制葡萄膜炎、关节腔内注射治疗顽固性外周关节（如膝）积液等，并需严格掌握激素的给药途径和剂量。

（班　涛）

小　结

　　风湿免疫性疾病是常见的自身免疫性疾病，包括类风湿关节炎、系统性红斑狼疮、强直性脊柱炎等，常累及全身多系统、多脏器。此类疾病治疗的主要目的是减轻关节症状、延缓病情进展、防止和减少关节的破坏、保护关节和脏器的功能。药物治疗主要包括非甾体抗炎药（NSAIDs）、糖皮质激素、缓解病情抗风湿药（DMARDs）等。用药前宜评估患者病史、主要症状特征，评估其危险因素及并发症、合并症，进行实验室检查，并评估患者及家属的心理、社会支持情况。用药中注意积极防治 NSAIDs 的胃肠道不良反应、肝肾损伤、出血风险等；严格遵守糖皮质激素使用指征，长期用药患者不能突然停药，严密监测相关不良反应；使用传统合成 DMARDs 时注意监测血常规、肝肾功能；使用生物制剂 DMARDs 前，需进行肝炎、结核筛查以及胸部影像学检查。

思考题

1. 类风湿关节炎患者初始治疗时应如何选用药物，其依据是什么？
2. 请介绍常用于系统性红斑狼疮治疗的药物分类及主要特点。
3. 请介绍羟氯喹用于系统性红斑狼疮治疗的用药评估、用药监测及用药指导。
4. 非甾体抗炎药用于强直性脊柱炎治疗中需要注意什么？

ER12-4
第十二章
目标测试

笔记栏

ER13-1
第十三章
思维导图

第十三章

五官疾病药物治疗与护理

ER13-2
第十三章
五官疾病药物
治疗与护理

　　五官疾病，包括眼、耳、鼻、喉、口腔的疾病，是一类涉及人体多个重要感官系统的疾病。五官疾病的药物治疗旨在通过药物的作用，改善或消除患者的症状，恢复或提高五官的功能，进而提升患者的生活质量。常用药物分类包括激素类药物、抗感染药、抗过敏药、免疫调节药等。本章仅对青光眼、变应性鼻炎、复发性阿弗他溃疡、分泌性中耳炎的药物治疗相关内容进行阐述。

第一节　青　光　眼

 导入案例

　　患者，女，50 岁。双眼无明显诱因出现眼胀 1 个月余，眼痛伴视物模糊 3 天就诊。1 个月前偶尔出现双眼胀痛，有时伴有头痛，近 3 天因出现眼痛并伴有视力下降就诊。患者双眼结膜轻度充血、角膜透明、前房中深，瞳孔圆，直径 3mm，对光反应正常。右眼非矫正视力 0.4，左眼 0.5。眼压测量：右眼 36mmHg，左眼 33mmHg。眼底像：双眼视盘边缘清晰，色淡红，右眼视杯与视盘比 0.7，左眼视杯与视盘比 0.8，视盘边缘变窄。视野：双眼可见旁中心暗点。房角镜：双眼宽角，房角开放。光学相干断层扫描：左眼视网膜神经纤维层和视盘周围神经节细胞复合体的厚度变薄。患者既往有哮喘病史，青光眼家族史，其父亲患有青光眼。诊断：原发性开角型青光眼。治疗上给予他氟前列素滴眼液滴双眼，每晚 1 次，每次 1 滴。

　　请思考：

　　1. 原发性开角型青光眼的药物治疗原则是什么？

　　2. 该患者首选的药物治疗方案是什么？

　　3. 如何对该患者进行用药安全教育和用药指导？

　　4. 用药 2 周后，患者来随访，应如何对患者进行用药评估？

　　5. 用药 2 周后，如患者眼压未达到目标眼压，用药调整为联合使用噻吗洛尔滴眼液，是否合理？为什么？

　　青光眼是世界范围内导致不可逆性失明的主要原因。随着人口老龄化，我国青光眼的患病率逐年增加。据统计，2020 年我国青光眼患者人数达 2 100 万，致盲人数约 567 万。高致残率和致盲率给患者的生活质量带来了严重的影响，其防控形势已成为我国眼科临床工作者所面临的紧迫而严峻的任务及挑战。青光眼是一种慢性眼病，多数患者需要终身用药。因此，在有效控制眼压和青光眼进展的同时，需要最大限度减轻患者的眼表损伤，以改善其生活质量，提高治疗依从性。

笔记栏

【疾病简介】

青光眼（glaucoma）是一组以特征性视神经萎缩和视野缺损为共同特征的不可逆性致盲眼病，可分为原发性、继发性和先天性三大类。其中，原发性青光眼又分为闭角型青光眼和开角型青光眼。闭角型青光眼是由于周边虹膜堵塞小梁网，或与小梁网产生永久性粘连，致使房水外流受阻，眼压升高；开角型青光眼尽管房角始终开放，但房水引流系统异常导致房水外流受阻。

青光眼与进行性视网膜神经节细胞死亡有关。病理性眼压增高是原发性青光眼的主要危险因素。青光眼视神经萎缩和视野缺损的发生和发展与眼压升高水平和视神经对压力损害的耐受性有关。其他危险因素还包括高龄、种族、近视及家族史，以及任何可引起视神经供血不足的情况。

青光眼在治疗上应根据患者的眼压、眼底情况和视野损伤程度，结合医院的条件和医师的经验，可选择药物、激光、滤过性抗青光眼手术和微创抗青光眼手术给予降低眼压治疗。药物治疗对于青光眼非常重要，尤其对于原发性开角型青光眼，药物治疗是其首选的治疗措施。因此，本节主要介绍原发性开角型青光眼的药物治疗与护理。

【药物治疗的目的及原则】

（一）药物治疗的目的

通过降低眼压和保护视神经，达到保存视功能的目的，以提升患者幸福感和生活质量，提高治疗依从性。

（二）药物治疗的原则

强调个性化科学评估患者的目标眼压，以此制订适宜的药物治疗方案。首先，根据患者目标眼压的需要，原则上使用最少量药物达到控制眼压和防止视神经、视野进一步损伤的目的。其次，推荐从单一用药开始，选择单一或联合药物治疗，若需要联合药物治疗，首选复方固定药。同时，在有效控制眼压和青光眼进展的情况下，需最大限度减轻患者的眼表损伤。最后，需要注意的是，药物治疗虽然可以缓解症状、控制病情，但并不能完全治愈原发性开角型青光眼。因此，对于药物治疗效果不佳或病情进展较快的患者，须及时考虑其他治疗方式，如激光治疗或手术治疗。

【药物分类及常用药物】

药物降低眼压主要通过3种途径：①增加房水流出；②抑制房水生成；③减少眼内容积。其中，通过增加房水流出降低眼压最符合正常房水生理功能的维持。治疗原发性开角型青光眼的一线用药包括局部使用前列腺素类衍生物、β肾上腺素能受体阻断药、α_2肾上腺素能受体激动药、碳酸酐酶抑制药。原发性开角型青光眼一线药物的用法用量具体见表13-1。

表13-1　治疗原发性开角型青光眼一线药物的用法用量

药物分类	药物名称	用法用量
前列腺素类衍生物	拉坦前列素	1次/晚，1滴/次
	曲伏前列素	
	贝美前列素	
	他氟前列素	
β肾上腺素能受体阻断药	噻吗洛尔	2次/d，1滴/次
	卡替洛尔	2次/d，1滴/次
	倍他洛尔	2次/d，1~2滴/次

续表

药物分类	药物名称	用法用量
α₂ 肾上腺素能受体激动药	溴莫尼定	2 次 /d，1 滴 / 次
	安普乐定	开始激光手术前 1 小时给预定手术的眼滴 1 滴，第 2 滴应在激光手术完成后立即滴入同一眼中
碳酸酐酶抑制药	乙酰唑胺	急性病例，首次药量加倍给 0.5g，以后用 0.125 ~ 0.25g 维持量，2 ~ 3 次 /d
	布林佐胺	2 次 /d，1 滴 / 次

（一）前列腺素类衍生物

前列腺素类衍生物（prostaglandin analogues，PGAs）目前被作为治疗原发性开角型青光眼和高眼压症的一线药物，其活性成分为前列腺素 $F_{2\alpha}$ 的类似物，通过增加房水经葡萄膜巩膜和小梁网外流通道流出，但不减少房水生成发挥降眼压效果。与其他局部降眼压药物相比，前列腺素类衍生物每天用药 1 次即可实现持续 24 小时的降低病理性眼压的效果，具有降眼压效果最好、持续时间最长的特点。成人使用前列腺素类衍生物单药治疗，可降低眼压范围为 27% ~ 35%，较其他类一线用药降眼压效果相对较好，且对夜间眼压几乎没有降压作用。前列腺素类衍生物包括拉坦前列素（latanoprost）、曲伏前列素（travoprost）、贝美前列素（bimatoprost）和他氟前列素（tafluprost）。

拉坦前列素是全球首个列腺素类衍生物，我国上市的拉坦前列素滴眼液中含有 0.005% 的拉坦前列素和 0.02% 苯扎氯铵的眼用制剂防腐剂。曲伏前列素滴眼液中因不含防腐剂苯扎氯铵，故局部刺激的不良反应可能会更小。我国上市的曲伏前列素滴眼液中含有 0.004% 的曲伏前列素，保存液中含 0.001% 的聚季铵盐 -1 作为主要防腐剂，辅助防腐剂为硼酸、丙二醇。贝美前列素是第二代前列素类抗青光眼药物，相比拉坦前列素、曲伏前列素具有较优的降压效果。我国上市的贝美前列素滴眼液中含有 0.03% 的贝美前列素和 0.005% 苯扎氯铵的眼用制剂防腐剂。他氟前列素是高效能选择性前列腺素 $F_{2\alpha}$ 受体激动药，亲和力高于其他前列腺素类衍生物，是第一个无防腐剂的前列腺素类衍生物单剂量包装制剂。我国上市他氟前列素滴眼液中含有 0.001 5% 的他氟前列素。

（二）β 肾上腺素能受体阻断药

房水生成主要在睫状体的非色素性睫状上皮细胞，β 肾上腺素能受体阻断药能抑制该细胞上的 β 受体，使房水生成减少。降低眼压的程度平均为 20% ~ 25%，对高眼压和正常眼压均有降眼压作用，开角型青光眼、闭角型青光眼、继发性青光眼及高眼压症的患者都可以使用。一般首次小剂量即可达到 40% 以上的降眼压效应，但是这种效应在数天或数周后就会减弱，即"短期逃逸"；随后几个月中，10% ~ 20% 的患者表现出药效降低即"长期漂移"。此类药物可分为非选择性 β 受体阻断药和选择性 β_1 受体阻断药。临床上非选择性 β 受体阻断药的代表药物有噻吗洛尔（timolol）、卡替洛尔（carteolol），选择性 β_1 受体阻断药的代表药物是倍他洛尔（betaxolol）。

噻吗洛尔没有明显的内在拟交感活性和局麻作用，对心肌无直接抑制作用。卡替洛尔与其他 β 受体阻断药的主要区别在于它具有内在拟交感活性。倍他洛尔不具细胞膜稳定作用，故不影响角膜的敏感性。

（三）α₂ 肾上腺素能受体激动药

α₂ 受体激动药可激活 α₂ 受体介导的腺苷酸环化酶通路，具有双重降压机制，不仅可使睫状体上皮细胞房水分泌减少，还可调节基质金属蛋白酶的表达和活性，促进细胞外基质降解，从而降低葡萄膜巩膜途径的房水流出阻力，增加房水经葡萄膜巩膜的外流而降低眼压。代表药物有溴莫尼定（brimonidine）和安普乐定（apraclonidine）。

溴莫尼定是原发性开角型青光眼一线药物的替代药，可作为使用其他药物疗效欠佳时的联合治疗。与安普乐定相比，溴莫尼定对 α_2 受体具有更高的亲和力，可降低眼部不良反应。安普乐定亲脂性比可乐定和溴莫尼定低，因此不易透过血 - 脑屏障，减少了全身不良反应（如高血压、脉搏减弱、口干）的发生。

（四）碳酸酐酶抑制药

碳酸酐酶（carbonic anhydrase，CA）存在于包括眼组织在内的很多身体组织。碳酸酐酶催化体内碳酸氢盐和二氧化碳相互转化，影响酸碱平衡，也能调节睫状体生成房水。碳酸酐酶抑制药能抑制眼睛睫状体中的碳酸酐酶 2 型同工酶，并且具有较好的亲和力，减少房水的分泌，有效降低眼压，达到保护视神经的效果。全身性碳酸酐酶抑制药的代表药物为乙酰唑胺（acetazolamide），局部碳酸酐酶抑制药的代表药物为布林佐胺（brinzolamide）。

乙酰唑胺是全身性碳酸酐酶抑制药的口服代表药物，用于高眼压治疗已有多年，目前已逐渐被具有更高安全性和更好耐受性的眼用碳酸酐酶抑制药如布林佐胺所代替。但全身性碳酸酐酶抑制药在特定情况下仍然使用，比如正在等待手术的年轻患者、当局部药物的使用对老年患者有问题时以及需要紧急降眼压时。布林佐胺适用于高眼压症、开角型青光眼，可以作为对 β 受体阻断药无效或者有使用禁忌证的患者单独的治疗药物，也可作为 β 受体阻断药的协同治疗药物。

（五）胆碱能药物（缩瞳药）

胆碱能药物是最早用于治疗青光眼的一类药物，但由于不良反应以及新药的引进与广泛使用，已退出一线治疗青光眼的药物行列。该类药物主要通过睫状肌收缩紧张小梁网而增加房水的外流，当睫状肌从巩膜和小梁网部位撕脱时该作用消失。代表药物有毛果芸香碱和毒扁豆碱。

毛果芸香碱（pilocarpine）一种具有直接作用的拟胆碱药物，通过直接刺激位于瞳孔括约肌、睫状体及分泌腺上的毒蕈碱受体而起作用。毛果芸香碱通过收缩瞳孔括约肌，使周边虹膜离开房角前壁，开放房角，增加房水排出。同时，还可通过收缩睫状肌的纵行纤维，增加巩膜突的张力，使小梁网间隙开放，房水引流阻力减小，增加房水排出，降低眼压。

毒扁豆碱（physostigmine）一种间接胆碱能药物，能可逆性地抑制胆碱酯酶，减少胆碱能神经末梢所释放乙酰胆碱的水解，增强乙酰胆碱的毒蕈碱样和烟碱样作用。毒扁豆碱眼膏局部使用能缩小瞳孔，降低眼压，收缩睫状肌而引起调节痉挛等。作用较毛果芸香碱强而持久，但刺激性较大，不良反应多，目前临床应用较少。

（六）复方药物

随着病情进展，大多数青光眼患者降眼压治疗需要联合应用单一成分药物。中国青光眼指南（2020 年）指出若需要联合药物治疗，首选复方固定药。目前，复方药物常用的为双联药物。与单一成分药物相比，复方药物降低眼压更稳定、有效，降眼压幅度大，昼夜眼压波动更小，且局部刺激症状轻，不良反应少。此外，复方药物的局部用药次数明显减少，降低了药物防腐剂的眼表蓄积，使患者用药的耐受性和依从性较联合用药有所提高。然而，复方药物并不是一线治疗药物，仅用于一种药物控制眼压不理想时的选择。目前国内临床常用的几种复方药物均含有 β 受体阻断药。复方药物包括非脂溶性和脂溶性两大类。

1. 非脂溶性复方药物　有效成分包括一种 β 受体阻断药与 α_2 受体激动药、碳酸酐酶抑制药或者是毛果芸香碱组合而成的一类复方药物。如布林佐胺 / 噻吗洛尔、溴莫尼定 / 噻吗洛尔、毛果芸香碱 / 噻吗洛尔。

2. 脂溶性复方药物　有效成分包括一种前列腺素类衍生物（贝美前列素、拉坦前列素和曲伏前列素）和 β 受体阻断药噻吗洛尔。根据欧洲青光眼学会指南，当单一前列腺素类衍生物治疗有效，但无法达到目标眼压时，应接受一种前列腺素类衍生物加上其他降眼压药物（比如 β 受体阻断药）的联合治疗。

笔记栏

【用药护理】

（一）用药评估

1. 评估病史　评估患者青光眼的类型，详细询问患者青光眼病程、症状、发作频率和持续时间；了解患者既往眼部手术史、外伤史以及家族中是否有青光眼病史；评估患者是否患有可能影响青光眼的治疗效果的其他眼部疾病，如白内障、葡萄膜炎等；询问是否有可能影响青光眼的治疗和预后的其他全身性疾病，如高血压、糖尿病等。

2. 评估用药史　详细了解患者目前使用的药物种类、剂量、使用频率及持续时间；询问患者的药物过敏史及用药不良反应。

3. 评估危险因素及并发症　分析患者是否存在青光眼的高危因素，如年龄、性别、种族等；评估患者是否出现青光眼相关的并发症，如视神经萎缩、视野缺损等；关注患者是否有眼部炎症、感染等并发症，这些可能影响药物的选择和使用。

4. 实验室检查和其他检查　根据患者病情，进行必要的实验室检查，如血常规、尿常规、肝肾功能等，以评估患者的整体健康状况；进行眼部专科检查，如眼压测量、视力检查、视野检查、眼底检查等，以全面了解患者眼部的病变情况；根据需要，进行其他辅助检查，如超声生物显微镜检查、相干光层成像术等。

5. 评估用药依从性　了解患者对青光眼治疗的认知程度和态度；观察患者是否按时按量用药，是否定期复诊并接受医护人员的指导；对于用药依从性不佳的患者，分析其可能的原因，如药物副作用、经济因素、心理因素等，并采取相应的护理干预措施。

（二）用药安全

1. 前列腺素类衍生物

（1）不良反应：该药副作用主要为轻度结膜充血、烧灼感、异物感和过敏性眼睑炎、皮炎；用药半年后可致虹膜色素加深，睫毛附近的毛发及色素增多，睫毛的变化在停药后是可逆的，但是虹膜色素加深是不可逆的；长期应用可引起黄斑囊样水肿。不同种类前列腺素类衍生物的一般副作用相似，但不同个体间副作用的频率和程度可能存在差异。在目前治疗青光眼的药物中，该类药物引起眼表疾病的概率最小。

（2）用药注意事项：不适用于治疗闭角型或先天性青光眼，色素沉着性青光眼以及假晶状体症的开角型青光眼；慎用于无晶状体、人工晶体伴晶状体后囊袋撕裂或植入型前房人工晶体，或者已知有黄斑囊样水肿危险因素的患者；对眼内有活动性炎症患者或可能有眼部感染（虹膜炎／葡萄膜炎）风险的患者应谨慎使用。与其他抗青光眼药物联合使用具有协同作用，应至少间隔5分钟。配戴角膜接触镜者应先摘掉镜片，滴入药物15分钟后才能戴上镜片。用药后可产生一过性视力模糊，从事驾驶或执行其他需要清晰视力的任务时应谨慎。

（3）禁忌证：妊娠期、哺乳期患者、有黄斑水肿、疱疹病毒角膜炎病史者、严重哮喘或眼睛炎症充血等患者禁用。

（4）药物相互作用：已有报告显示同时使用两种前列腺素类似物滴眼液出现眼压升高，因此，不推荐同时使用两种或多种前列腺素、前列腺素类似物或前列腺素衍生物。

2. β 肾上腺素能受体阻断药

（1）不良反应：局部使用非选择性 β 肾上腺素能受体阻断药，可以出现结膜充血、泪液减少、不同程度的烧灼感和刺痛等局部不良反应，暂时的视物模糊很常见。凝胶型药物，可能会出现较长时间的视物模糊。另外，部分患者对于药物剂型中的某种成分也可能会有超敏反应。

部分非选择性 β 肾上腺素能受体阻断药，局部使用可通过鼻黏膜吸收，进入体循环，可以阻断心脏的 β_1 受体，导致心动过缓、低血压、降低心脏收缩力和减慢传导时间；还可以阻断呼吸道的 β_2 受体，导致支气管痉挛、哮喘及血管收缩。此外，还可影响交感神经的兴奋性，掩盖糖尿病患者的低血糖症状。

选择性 β_1 受体阻断药主要作用于心脏的 β_1 受体，对 β_2 受体影响较小，因此可以减少因 β_2 受体阻断而引起的呼吸系统不良反应。

（2）用药注意事项：β 肾上腺素能受体阻断药不具缩瞳作用，在控制因闭角型青光眼引起的高眼压时需与缩瞳药合用。在使用过程中如遇到以下情况时，须立即停药：①出现呼吸急促、脉搏明显减慢或过敏等不良反应；②出现脑供血不足的症状；③对于无心衰史的患者出现心衰症状。心功能损害者在使用该类药物时应避免同时服用钙通道阻滞药，以免加重心脏负担。最后，对于患有冠状动脉疾病、糖尿病、甲状腺功能亢进和重症肌无力的患者，在使用该类药物时需严格遵照医嘱。糖尿病患者慎用选择性 β 肾上腺素能受体阻断药，尤其是自发性低血糖患者以及正在接受胰岛素或口服降血糖药治疗的患者（特别是不稳定性糖尿病患者），易掩盖低血糖症状。β 受体阻断药会掩盖甲状腺功能亢进的临床征兆（如心动过速），合并甲状腺功能亢进的患者在使用 β 受体阻断药时不可立即停用治疗甲状腺功能亢进的药物，以免引起甲状腺危象。β 受体阻断药会加重肌无力的症状，如复视、上睑下垂和全身无力。

（3）禁忌证：禁用于窦性心动过缓、二度或三度房室传导阻滞、有心源性休克或心衰史者，非选择性 β 肾上腺素能受体阻断药还禁用于支气管哮喘、严重慢性阻塞性肺部疾病者。

（4）药物相互作用：与肾上腺素合用可引起瞳孔扩大；同时给予其他 β 受体阻断药或促进儿茶酚胺代谢药物（如利血平），可能产生药物间的相加效应，出现低血压或心动过缓，因此不推荐同时使用两种 β 受体阻断药；与钙通道阻滞药合用可引起房室传导阻滞、心衰及低血压，对心功能受损的患者，应避免两种药合用；与洋地黄类和钙通道阻滞药合用可进一步延长房室传导时间；奎宁丁可抑制 P450 酶和 CYPZD6 对噻吗洛尔的代谢作用，合用能引起心率减慢等全身 β 受体阻断的副作用。

3. α_2 肾上腺素能受体激动药

（1）不良反应：常见的眼部不良反应有结膜充血、灼烧感、刺痛、视物模糊、结膜滤泡、瘙痒、过敏性结膜炎、眼睑和结膜水肿及异物感。溴莫尼定的眼部不良反应较安普乐定少见，但全身不良反应（如口干、全身性低血压、脉搏减弱、疲劳、头晕、嗜睡）较常见。

（2）用药注意事项：长期应用需密切观察眼压控制情况。有严重心血管疾患、肝或肾功能受损、精神抑郁、大脑或冠状动脉功能不全、雷诺现象、直立性低血压、血栓闭塞性脉管炎的患者需慎用。

（3）禁忌证：禁用于使用单胺氧化酶抑制药治疗的患者和过敏者。新生儿和婴儿禁用。

（4）药物相互作用：与中枢抑制药（镇静药或麻醉药）合用可产生叠加作用或使抑制作用增强的可能性。由于 α_2 肾上腺素能受体激动药有使脉搏减慢或使血压降低的可能，在同时使用 β 受体阻断药（眼局部用或全身用）、抗高血压药和 / 或强心苷药物时，亦应予以注意。

4. 碳酸酐酶抑制药

（1）不良反应：全身应用碳酸酐酶抑制药可导致胃肠道紊乱，烦躁，口腔苦味，甚至可导致代谢性酸中毒及肾结石形成，少数患者可发生造血障碍等一系列严重副反应。眼用碳酸酐酶抑制药有良好的耐受性，全身不良反应少见。最常见的不良反应有短暂性苦味感、暂时性视觉模糊、眼部灼烧、刺痛、不适、过敏反应及浅表点状角膜炎。由于布林佐胺的 pH 值更接近泪液，故较多佐胺引起眼灼烧和刺痛的可能性更小。

（2）用药注意事项：局部用碳酸酐酶抑制药仍有少量可以被全身吸收，因此在使用时应监测血电解质（尤其是钾）和血 pH 值。

（3）禁忌证：对磺胺类药物过敏者、严重肾功能不全者、代谢性酸中毒患者等禁用；动物实验显示该类药物具有生殖毒性，且可通过小鼠的乳汁排泄，故在妊娠期间、没有避孕的有生育能力妇女及哺乳期妇女中存在相对禁忌证。

（4）药物相互作用：碳酸酐酶抑制药代谢相关的细胞色素 P-450 同工酶包括：CPY3A4（主要

的）、CPY2A6、CPY2C8 和 CPY2C9。CPY3A4 的抑制药，如酮康唑、伊曲康唑、克霉素、利托那韦和醋竹桃霉素，可抑制碳酸酐酶抑制药的代谢，合用时应注意。

5. 胆碱能药物（缩瞳药）

（1）不良反应：与虹膜毒蕈碱胆碱能受体相关的胆碱能药物的眼局部副作用是引起虹膜括约肌收缩。缩瞳药可使白内障患者瞳孔缩小，从而降低视力，甚至可能造成瞳孔后粘连。缩瞳药也可加重青光眼患者的视野缩小。另外，缩瞳药使虹膜 / 睫状体前移可能引起前房角关闭和短暂近视加深。在年轻患者，睫状体收缩可导致波动性调节性近视的问题，依个体耐受性不同，部分患者出现不同程度眉骨痛或头痛。当这类药物于术后或在其他炎症状态使用时，由于增加血 – 房水屏障通透性可导致严重的炎症。其他眼部副作用包括结膜充血、眼周接触性皮炎、视网膜脱离、环形睫状体脉络膜脱离。胃肠道、汗腺、心肺系统和泌尿道也具有毒蕈碱受体。因此，局部使用类胆碱能药物可出现罕见的全身副作用如恶心、呕吐、腹泻、出汗、心动过缓、支气管痉挛、肺水肿、尿频等。对胆碱能药物所致的全身副作用的治疗是使用适当剂量的阿托品和支持疗法。

（2）用药注意事项：哮喘及急性角膜炎患者应慎用。由于瞳孔缩小可能导致暗适应困难，夜间开车或从事照明不良的危险职业的患者应慎用。若不慎误服，须立即催吐或洗胃；如出现全身中毒反应，需使用阿托品类抗胆碱药进行紧急治疗。

（3）禁忌证：禁用于任何不应缩瞳的眼病患者，如虹膜睫状体炎、瞳孔阻滞性青光眼等；对于新生血管性青光眼，可引起虹膜及睫状肌收缩会导致严重的眼痛且无降眼压作用。禁用于可能发生孔源性视网膜脱离的患者。

（4）药物相互作用：局部胆碱能药物与 β 肾上腺能受体阻断药、碳酸酐酶抑制药、α 肾上腺能受体激动药或高渗脱水药联合使用时，可发挥协同作用。然而，与拉坦前列素合用可能会降低葡萄膜巩膜途径房水流出的量，从而减弱降眼压作用。另外，与全身胆碱能药物合用时，因全身用药到达眼部的浓度较低，通常不会干扰局部胆碱能药物的降眼压作用，但仍需谨慎观察，确保药物间的相互作用不会对治疗效果产生不良影响。

> **知识链接**
>
> ### 复方药物应用的注意事项
>
> 目前国内临床常用的几种复方药物均包含 β 受体阻断药，尽管眼局部给药后引起不良反应的发生率低于全身给药，但是对于伴有严重心肺疾病的患者仍应谨慎使用。因此，在给予复方药物治疗青光眼前，须确保患者没有复方药物所含单药的相关禁忌证。
>
> 不推荐同时使用两种或多种含有相同药物或相同作用机制的复方药物，如联合使用均含有 β 受体阻断药的复方药物，因为大剂量 β 受体阻断药可能引起更为严重的全身不良反应。
>
> 眼用复方药物均为 C 类药物。因此，在使用前应考虑到复方药物可能对胎儿（和新生儿）构成的潜在风险，这些风险必须与母亲可能承受的视力丧失风险相权衡。

（三）用药监测

1. 治疗效果的监测

（1）眼压监测：眼压是评估青光眼治疗效果的关键指标。如视力发生变化，需及时检查视力、视野、眼压描记及房角等，并根据病情变化调整治疗方案。

（2）视力监测：视力变化是青光眼治疗效果的直观体现。通过定期视力检查，可以观察患者视力是否稳定或有所改善，从而评估药物的疗效。

（3）视野检查：视野缺损是青光眼的重要表现之一。通过视野检查，可以评估药物是否有助于减缓视野缺损的进展，从而判断药物对青光眼的治疗效果。

（4）眼底检查：眼底检查可以观察视神经盘的形态和颜色，评估药物对视神经的保护作用。如果视神经盘的损伤得到控制或有所改善，说明药物治疗有效。

2. 不良反应的监测

（1）眼部症状：密切观察患者是否出现抗青光眼药物相关眼表疾病，主要症状为眼部干涩、刺痛、灼烧、流泪、畏光、视力下降、角膜损伤、结膜充血，甚至形成结膜瘢痕等。这些症状可能是药物不良反应的表现，如出现优先选择活性成分对眼表损伤较小的抗青光眼药物，如前列腺素衍生物或不含防腐剂的抗青光眼药物。

知识链接

抗青光眼药物相关眼表疾病：抗青光眼药物的选择

1. 对于原有眼表疾病或存在眼表疾病危险因素的青光眼患者：优先选择活性成分对眼表损伤较小的抗青光眼药物，如前列腺素衍生物。

2. 对于无法耐受防腐剂的患者：首选不含防腐剂的抗青光眼药物。

3. 尽量避免或减少防腐剂暴露：推荐使用无防腐剂抗青光眼药物或用药频次较低的抗青光眼药物，如单一药物治疗选择前列腺素衍生物类眼部制剂，联合药物治疗考虑使用固定配方的复合眼部制剂。

4. 对于须使用含防腐剂的抗青光眼药物的患者：优先选择使用含眼表毒性作用较弱防腐剂的抗青光眼药物，包括含低浓度苯扎氯铵的抗青光眼药物、含眼表损伤轻微的新型防腐剂的抗青光眼药物。

（2）全身症状：注意患者是否出现头痛、恶心、呕吐等全身症状。这些症状可能与药物的副作用有关，需要进一步评估和处理。

（3）过敏反应：如果患者出现过敏反应，如皮疹、呼吸困难等，应立即停药并就医处理。

3. 并发症的监测

（1）眼部感染：长期使用眼药水可能导致眼部感染的风险增加。因此，需要密切关注患者是否出现眼部红肿、疼痛、分泌物增多等症状，及时采取抗感染治疗措施。

（2）干眼症：某些青光眼药物可能导致干眼症的发生。通过询问患者是否感到眼部干涩、不适等症状，以及进行泪液分泌试验等检查，可以评估干眼症的风险并采取相应措施。

（3）其他全身并发症：关注患者是否出现与药物相关的全身并发症，如心血管事件、肝肾功能异常等。这些并发症可能对患者的整体健康状况产生不良影响，需要及时发现和处理。

（四）用药指导

1. 滴眼液使用指导　当患者同时使用多种药物时，应注意药物瓶盖颜色是否易混淆，以确保患者能充分自我管理；指导患者使用眼药水前应摇匀，一只手握住倒置的滴管，垂直于眼睛约2.5cm，确保即使患者眨眼，滴管与眼睑之间也不会发生接触；允许在下穹隆的中间灌入1滴，如果注入多于1滴，允许患者在每2滴之间眨眼；患者在使用眼膏时，挤压软膏管，从眼角向外涂抹一小条软膏，在下眼睑处涂抹，让患者抬头或向后看；要求患者轻轻闭上眼睛1min，避免挤压，用一张干净的纸巾擦去脸颊上的多余部分；应告知患者，通过眼睑闭合或指压鼻泪道可显著降低局部应用药物的全身吸收，减少不良反应；患者在滴用前列腺素类药物后，应及时擦去溢出的药液以减少对眼睛周围皮肤的影响；眼药水一般开启后28天应停止使用，即使在有效期之内；与其他滴眼液联合使用时，间隔5分钟以上；如果遗漏一次给药，继续按照原计划进行下一次给

笔记栏

药治疗，不要擅自增加药物剂量；佩戴角膜接触镜患者在使用之前应摘去角膜接触镜，在用药15分钟后再佩戴。

2. 用药依从性指导　告知患者遵从医嘱，按时、按量使用降眼压滴眼液，不可擅自更改药物使用方法，更不可以凭自我感觉良好而停药，以免造成眼压波动；定期复查眼压，根据眼压变化调整用药方案；患者教育结合其他行为改变措施，包括视频教育提高滴眼技术、调整日常生活方式等；通过讲座、宣传册等方式，向患者普及青光眼知识及药物治疗的重要性，提高他们的健康素养和自我管理能力；加强随访。

3. 关注抗青光眼药物相关眼表疾病　抗青光眼药物中添加的防腐剂和抗青光眼药物的活性成分对眼表具有损伤作用，且可干扰泪膜的稳态（酸碱值、渗透压和溶菌酶含量等）。因此应提高对青光眼患者眼表健康的关注，加强健康教育。低频次、短期使用含防腐剂的眼药，一般不会对眼表产生不良反应。对于长期用药且用药种类较多的患者，医护人员应特别关注抗青光眼药物相关的眼表疾病。首先，需加强患者教育，使其了解药物潜在副作用，并鼓励及时反馈眼部不适；其次，定期进行眼科检查，特别关注眼表状态，如有异常，及时调整治疗方案；同时，指导患者正确使用药物，避免不规范用药导致的眼表损伤；此外，提供眼部护理建议，保持眼部清洁，预防眼部感染；最后，建立长期随访机制，持续监测患者眼部健康状况，确保治疗的安全与有效。

ER13-3
青光眼患者
的药物治疗
与护理

第二节　变应性鼻炎

导入案例

患者，女，40岁。因"反复鼻塞、流涕、打喷嚏4年余，加重10天"就诊。患者自述近4年来反复出现鼻塞、流涕、打喷嚏等症状，尤其在春季时症状加剧。10天前，因天气变化，上述症状明显加重，近期出现轻度头痛、嗅觉减退等症状，同时睡眠状况不佳，多梦、易醒、难以入睡，清晨时感到倦乏，且记忆力有所减退。患者曾自行购买抗过敏药物氯雷他定服用，但效果不佳，故来院就诊。既往有青霉素、头孢类、磺胺类药物过敏史，对花粉、某些食物有轻微过敏史，但未曾接受过系统治疗，无其他疾病史。头面部检查：鼻腔检查示双侧鼻腔黏膜苍白水肿，有大量清水样鼻涕，无脓性分泌物。双侧下鼻甲肥大，触之柔软，对血管收缩药反应良好。鼻中隔居中，无偏曲。眼部检查示双眼轻度结膜充血，无水肿，泪腺无肿大。咽部检查见咽部黏膜轻度充血，扁桃体无肿大。辅助检查：IgE抗体阳性，变应原皮肤试验呈阳性反应，对至少1种为（++）或（++）以上；鼻腔分泌物涂片检查可见较多嗜酸性粒细胞；鼻内镜检查可见鼻腔黏膜苍白、水肿，鼻甲肥大，鼻腔内有水样分泌物，未见新生物。诊断：变应性鼻炎。治疗上给予丙酸氟替卡松鼻喷雾剂，2揿/次，1次/d，盐酸氮卓斯汀鼻喷雾剂，2揿/次，2次/d。

请思考：
1. 变应性鼻炎药物治疗原则是什么？
2. 鼻用激素在治疗变应性鼻炎中起到什么作用？其治疗机制是什么？
3. 抗组胺药是如何缓解变应性鼻炎症状的？
4. 如何对该患者进行用药安全教育和用药指导？
5. 用药4周后，患者来随访，应如何对患者进行用药评估？

笔记栏

变应性鼻炎是临床常见的慢性鼻病，影响着全世界 10% ~ 20% 的人口，已成为全球性的健康问题。该病导致劳动效率下降，每年在欧盟国家造成 300 亿~ 500 亿欧元的经济损失。我国在 2011 年开展了全国 18 个中心城市电话问卷调查，结果显示国内成人变应性鼻炎的自报患病率已从 2005 年的 11.1% 上升到 17.6%。近年来变应性鼻炎的患病率显著增加，已成为主要的呼吸道慢性炎性疾病，给患者生活质量和社会经济带来严重影响。

【疾病简介】

变应性鼻炎（allergic rhinitis，AR）是特应性个体暴露于过敏原（变应原）后主要由免疫球蛋白 E（immunoglobulin E，IgE）介导的鼻黏膜非感染性慢性炎性疾病。尽管 IgE 介导的 I 型变态反应是变应性鼻炎发病的核心机制，但非 IgE 介导的炎性反应也参与了变应性鼻炎的发生发展。临床表现以阵发性喷嚏、清水样涕、鼻痒和鼻塞为主要特征。

变应性鼻炎传统上按过敏原种类进行分类，分为季节性变应性鼻炎、常年性变应性鼻炎；按症状发作时间，可分为间歇性变应性鼻炎（症状发作＜ 4 天 / 周，或＜连续 4 周）、持续性变应性鼻炎（症状发作≥ 4 天 / 周，且≥连续 4 周）；按疾病严重程度，可分为轻度变应性鼻炎（症状轻微，对生活质量未产生明显影响）、中 - 重度变应性鼻炎（症状较重或严重，对生活质量产生明显影响）。变应性鼻炎治疗原则为"防治结合，四位一体"，包括环境控制、药物治疗、免疫治疗和健康教育。其中，环境控制是变应性鼻炎防治策略中的一个重要组成部分，免疫治疗为对因治疗，药物治疗为对症治疗，有必要时开展外科治疗，同时应对患者开展有针对性的健康教育，以加强疾病管理和随访。

【药物治疗的目的及原则】

（一）药物治疗的目的

控制各种症状，达到减轻鼻腔黏膜水肿、通畅引流、恢复正常黏膜功能的目的，并可显著改善生活质量。

（二）药物治疗的原则

根据变应性鼻炎的分类和程度，采用阶梯式治疗方法，即按照病情由轻到重，循序渐进依次采用抗组胺药物、糖皮质激素等进行治疗；治疗效果好时可降级治疗，减少联合用药；治疗效果差时可升级治疗，增加联合用药。

【药物分类及常用药物】

变应性鼻炎常用治疗药物分为一线用药和二线用药，具体见表 13-2。

表 13-2　变应性鼻炎常用治疗药物

药物种类	给药方式	临床治疗	推荐程度
糖皮质激素	鼻用	一线用药	推荐使用
	口服	二线用药	酌情使用
第二代抗组胺药	口服	一线用药	推荐使用
	鼻用	一线用药	推荐使用
抗白三烯药	口服	一线用药	推荐使用
肥大细胞膜稳定药	口服	二线用药	酌情使用
	鼻用	二线用药	酌情使用
减充血药	鼻用	二线用药	酌情使用
抗胆碱能药	鼻用	二线用药	酌情使用

笔记栏

315

（一）糖皮质激素

糖皮质激素具有显著的抗炎、抗过敏和抗水肿作用，其抗炎作用为非特异性，对各种炎性疾病均有效，包括基因效应（基因组机制）和快速效应（非基因组机制）。快速效应可在短时间内控制急性炎性反应，缓解症状；基因效应需数日至数周起效，可持续控制炎性反应状态。鼻内局部使用糖皮质激素可以使高浓度的药物直接作用于鼻黏膜的糖皮质激素受体部位而发挥治疗作用。

1. 鼻用激素 是变应性鼻炎的一线治疗药物，临床推荐使用。其强大的抗炎特性直接影响变应性鼻炎患者鼻腔炎症的发展过程，可显著减少炎性介质和细胞因子的释放，抑制鼻黏膜和分泌物中嗜酸性粒细胞、嗜碱性粒细胞、中性粒细胞和单核细胞等的募集，并显著降低由过敏原和组胺诱导的鼻腔黏膜高反应性。在使用时按推荐剂量每天喷鼻 1~2 次，对于轻度变应性鼻炎和中–重度间歇性变应性鼻炎，疗程不少于 2 周；对于中–重度持续性变应性鼻炎是首选药物，疗程 4 周以上。由于变应性鼻炎存在黏膜最轻炎症持续状态，持续治疗或者最低维持剂量持续治疗对病情的长期控制效果明显优于间断治疗。鼻用激素可通过减少嗅区的炎症和增加鼻腔气流而改善嗅觉功能。鼻用激素分为第一代（包括布地奈德、曲安奈德、丙酸倍氯米松、氟尼缩松）和第二代（包括糠酸莫米松、丙酸氟替卡松、糠酸氟替卡松、倍他米松、环索奈德），与第一代鼻用激素相比，第二代鼻用激素具有高亲脂性、与受体结合力强、抗炎作用更强、生物利用度低等特点。

2. 口服糖皮质激素 是变应性鼻炎的二线治疗药物，临床需要慎重和酌情使用。对于症状严重难以控制的变应性鼻炎可考虑短期口服糖皮质激素，宜选择安全性和耐受性较好的剂型，剂量按患者体重计算，早晨顿服，疗程 4~7 天。

3. 注射糖皮质激素 临床不推荐应用肌内、静脉或鼻内注射糖皮质激素。

（二）抗组胺药

H_1 抗组胺药（简称抗组胺药）与组胺共有的乙胺基团 $X—CH_2—CH_2—N$ 可以直接阻断组胺与 H_1 受体的结合，发挥拮抗组胺作用，也称 H_1 受体阻断药。目前认为，抗组胺药作为反向激动药，竞争性结合 H_1 受体，稳定其非活性构象，使平衡向非活性状态转换。第二代抗组胺药具有一定的抗炎作用，包括抑制黏附分子、白三烯、5–羟色胺和血小板活化因子等炎性介质的表达、释放和功能。

1. 口服抗组胺药 第二代抗组胺药为变应性鼻炎的一线治疗药物。这类药物起效快速，作用持续时间较长，能明显缓解鼻部症状，特别是鼻痒、喷嚏和流涕，对合并眼部症状也有效，但对改善鼻塞的效果有限。对花粉过敏的患者，推荐在致敏花粉播散前进行预防性治疗，有利于症状控制，并根据花粉播散时间以及对症状产生的影响而决定疗程。第二代抗组胺药可常规用于老年变应性鼻炎患者。第二代口服抗组胺药对鼻部症状的疗效虽然不及鼻用激素，但能有效控制轻度和大部分中–重度变应性鼻炎。第二代抗组胺药包括阿司咪唑、西替利嗪、依巴斯汀、氯雷他定等，一般每天只需用药 1 次，疗程不少于 2 周。

2. 鼻用抗组胺药 是变应性鼻炎的一线治疗药物。其疗效相当于或优于第二代口服抗组胺药，特别是对鼻塞症状的缓解。鼻用抗组胺药比口服抗组胺药起效更快，通常用药后 15~30 分钟即起效。目前临床上常用的鼻用抗组胺药有氮卓斯汀、奥洛他定和左卡巴斯汀等，一般每天用药 2 次，疗程不少于 2 周。对第二代口服抗组胺药不能有效控制症状的中–重度季节性变应性鼻炎患者，单独采用氮卓斯汀鼻喷剂治疗 2 周可明显改善鼻部症状。

（三）抗白三烯药

白三烯是对含有半胱氨酰基的一大类脂质炎性介质的统称，其主要作用是扩张血管平滑肌，增加容量血管的通透性，导致黏膜充血、肿胀。白三烯还能促进嗜酸性粒细胞的趋化、黏附、活化和抗凋亡，刺激上皮杯状细胞和腺体分泌黏液。白三烯是导致变应性鼻炎患者产生鼻塞、流涕等鼻部症状的主要炎性介质之一。用于治疗变应性鼻炎的抗白三烯药主要为白三烯受体阻断药和白三烯合成抑制药。口服白三烯受体阻断药为治疗变应性鼻炎的一线药物。口服白三烯受体阻断药对鼻塞症状的改善作用优于第二代口服抗组胺药，而且能有效缓解喷嚏和流涕症状，可用于伴有或不伴有哮喘的变应性鼻炎患者。口服白三烯受体阻断药可以单独应用，但更推荐与第二代抗组胺药和／或鼻用激素联合使用。白三烯受体阻断药主要包括孟鲁司特和扎鲁司特。

孟鲁司特（montelukast）是临床最为常用的口服白三烯受体阻断药，通过竞争性结合 1 型半胱氨酰白三烯受体，阻断各类白三烯的生物学作用而发挥抗过敏和抗炎作用。成人 10mg 每晚睡前口服，推荐连续使用 8 ~ 12 周；儿童可根据年龄酌情减为 4mg 或 5mg 的片剂或颗粒剂。

（四）肥大细胞膜稳定药

肥大细胞膜稳定药通过抑制细胞内环腺苷酸磷酸二酯酶，使细胞内环腺苷酸浓度增加，阻止钙离子转运入肥大细胞内，稳定肥大细胞膜，阻止肥大细胞脱颗粒，抑制组胺、5- 羟色胺及白三烯等多种炎性介质的释放，发挥抗过敏作用。

肥大细胞膜稳定药为变应性鼻炎的二线治疗药物。这类药物属于色酮类化合物，包括色甘酸钠、尼多酸钠、四唑色酮、奈多罗米钠、吡嘧司特钾和曲尼司特等。色甘酸钠和曲尼司特临床较常用，对缓解儿童和成人变应性鼻炎的喷嚏、流涕和鼻痒症状有一定效果，但对鼻塞的改善不明显。由于起效较慢，作用维持时间短，通常需要每天用药 3 ~ 4 次，口服或鼻内给药，疗程 2 周以上。

（五）减充血药

减充血药是肾上腺素能受体激动药，可直接激动血管平滑肌 α 受体，引起血管平滑肌收缩，减少局部组织液生成。局部应用于鼻腔时，可减轻鼻腔黏膜充血、肿胀状态，迅速缓解鼻塞。减充血药有两种，第一种为非选择性受体激动的拟交感胺类，包括肾上腺素和麻黄碱等，可以同时兴奋 α 和 β 肾上腺素能受体；第二种为选择性受体激动的半拟交感胺类（咪唑啉衍生物类），包括羟甲唑啉、赛洛唑啉、萘甲唑啉等，是目前常用的鼻腔减充血药。鼻用减充血药可快速有效缓解鼻塞，在鼻用激素之前应用时，能扩大糖皮质激素在鼻腔的分布范围，增强其抗炎作用。因此鼻用减充血药仍然为国内外指南推荐治疗鼻炎的二线治疗药物。

不推荐口服减充血药（伪麻黄碱等）治疗变应性鼻炎。

（六）抗胆碱能药

抗胆碱能药通过抑制胆碱能神经释放递质乙酰胆碱，阻止乙酰胆碱与毒蕈碱受体（M 受体）相互作用，阻断副交感神经节后纤维，降低副交感神经张力，从而减少腺体的分泌并松弛气道平滑肌。抗胆碱能药也可能具有抑制气道炎症和气道重塑的作用。鼻用抗胆碱能药为变应性鼻炎的二线治疗药物，可控制流涕症状。目前主要药物有苯环喹溴铵和异丙托溴铵等。

苯环喹溴铵（bencycloquidium bromide）是一种高选择性的 M_1 和 M_3 胆碱能受体阻断药，相比于异丙托溴铵，其在减少鼻腔分泌物的同时，还可改善鼻塞、鼻痒和喷嚏等。苯环喹溴铵为国内自主研制药物，临床应用时间较短，尚待进一步开展高质量的真实世界研究。

异丙托溴铵（ipratropium bromide）是第四代阿托品类药物，可抑制浆黏液腺分泌，主要用于改善流涕症状，对常年性鼻炎和感冒也有疗效，但对鼻痒、喷嚏和鼻塞等症状无明显效果。

（七）鼻腔盐水冲洗

鼻腔盐水冲洗是一种安全、方便、价廉的治疗方法，通常用于鼻腔和鼻窦炎性疾病的辅助治疗，具有稀释黏液、改善黏液纤毛清除功能、减轻黏膜水肿和减少鼻腔鼻窦中的过敏原负荷等作用。目前鼻腔冲洗装置和方法主要有鼻腔灌洗、喷液和雾化等，冲洗液包括生理盐水、深海盐水和高渗盐水等种类。鼻腔冲洗可作为妊娠期变应性鼻炎的替代疗法。

（八）药物联合治疗策略

对于轻度变应性鼻炎和中 - 重度间歇性变应性鼻炎，使用一线药物单一治疗通常能获得良好的疗效；对于中 - 重度持续性变应性鼻炎，推荐在首选鼻用激素的基础上联合使用第二代抗组胺药和／或白三烯受体阻断药。对于季节性变应性鼻炎的治疗，可选择鼻用激素联合第二代口服抗

笔记栏

组胺药或鼻用抗组胺药；对于常年性变应性鼻炎的治疗，则建议联合使用鼻用激素和鼻用抗组胺药，但证据确定性均不高，有待进一步开展高质量临床研究。

 **知识链接**

抗 IgE 单抗治疗变应性鼻炎

　　奥马珠单抗（omalizumab）为抗 IgE 人源化单克隆抗体，目前在中国国家药品监督管理局获批的适应证为成人和 6 岁以上儿童中 - 重度持续性变应性哮喘以及成人和青少年（12岁及以上）抗组胺药控制不佳的慢性自发性荨麻疹。其作用机制是通过与 IgE 的 Cε3 区域特异性结合，形成以异三聚体为主的复合物，剂量依赖性降低游离 IgE 水平，同时抑制 IgE 与肥大细胞和嗜碱性粒细胞表面的高亲和力受体 FcεRI 的结合，从而阻断 IgE 介导的超敏反应以及炎症级联反应。由 IgE 介导的变应性哮喘合并严重变应性鼻炎患者，在过敏原回避和基础药物治疗效果不佳时，临床推荐使用奥马珠单抗治疗。目前在中国，奥马珠单抗治疗变应性鼻炎的适应证尚处于申报阶段。

【用药护理】
（一）用药评估
　　1. **评估病史**　详细询问患者鼻炎症状的起始时间、发作频率、严重程度以及可能的诱发因素。了解患者是否有季节性发作的特点，以及是否有家族过敏史。

　　2. **评估用药史**　询问患者过去和现在用药情况，包括药物的种类、剂量、使用频率和持续时间。特别注意患者是否对某种药物存在过敏或不良反应，以便在选择药物时避免使用可能引起问题的药物。

　　3. **评估危险因素及并发症**　分析患者的生活环境和工作条件，确定是否存在可能诱发鼻炎的危险因素，如接触过敏原、空气污染等。评估患者是否存在并发症，如哮喘、鼻窦炎等，这些并发症可能影响鼻炎的治疗效果。对于存在危险因素和并发症的患者，需要特别注意用药的选择和剂量调整。

　　4. **评估合并症**　了解患者是否患有其他慢性疾病，如心血管疾病、糖尿病等。这些合并症可能影响药物的代谢和效果，因此需要特别注意药物间的相互作用和潜在的不良影响。

　　5. **实验室检查和其他检查**　根据需要进行实验室检查，如血常规、过敏原检测等，以了解患者的过敏状态和免疫状态。同时，进行鼻窥镜检查、鼻腔分泌物涂片检查等，以观察鼻腔的炎症程度和病变情况。

　　6. **评估用药依从性**　需定期评估患者是否按时按量服药、是否定期复诊，以及是否有自行增减药物剂量或停药等情况。对于用药依从性差的患者，需深入了解其可能的原因，并提供相应的指导和帮助，如加强宣教、提供便捷的取药方式等，以提高患者的用药依从性。

（二）用药安全
　　1. **鼻用激素**
　　（1）不良反应：安全性和耐受性良好，常见的不良反应是局部不良反应，包括鼻腔烧灼感、干燥、刺痛、鼻出血、咽炎和咳嗽等，多为轻度。鼻中隔穿孔是鼻用激素的罕见并发症。鼻用激素引起局部真菌感染也非常罕见。鼻用激素的全身不良反应较少见，其发生率可能与药物的全身生物利用度有关，应用鼻用激素长期治疗时，建议使用全身生物利用度低的药物，如糠酸氟替卡松、糠酸莫米松和丙酸氟替卡松。

　　（2）用药注意事项：注意各类鼻用激素药物的年龄限制和推荐剂量，儿童应在医生指导下使用，如需长期使用，应用最小有效剂量并定期监测儿童身高等生长发育指标（抗酸莫米松鼻喷剂用药年龄≥3岁；丙酸氟替卡松用药年龄≥4岁；布地奈德鼻喷剂用药年龄≥6岁）。掌握正确的鼻腔喷药方法（如避免朝向鼻中隔喷药）可以减少鼻出血及鼻中隔穿孔的发生。

（3）禁忌证：对鼻用激素过敏的鼻炎患者禁用。严重高血压、糖尿病、胃十二指肠溃疡、骨质疏松症、有精神病史、癫痫病史以及青光眼的鼻炎患者慎用鼻用激素。考虑到药物对妊娠期妇女胎儿和哺乳期妇女婴儿的潜在影响，一般不推荐在妊娠期和哺乳期使用鼻用激素。

（4）药物相互作用：对于变应性鼻炎伴哮喘的患者，同时使用鼻喷和吸入糖皮质激素时需特别注意剂量累积导致下丘脑 – 垂体 – 肾上腺轴抑制的叠加效应。

2. 抗组胺药

（1）不良反应：第二代口服抗组胺药具有良好的安全性，其血脑屏障的穿透性低，减少了对中枢神经系统的抑制作用，镇静和嗜睡不良反应较少见。第一代口服抗组胺药有明显的中枢抑制和抗胆碱能作用，以及对认知功能的潜在影响。口服抗组胺药罕见发生心脏毒性作用，但应引起重视，临床表现为 Q-T 间期延长、尖端扭转型室性心动过速等严重心律失常。鼻用抗组胺药安全性好，苦味为主要不良反应，发生率在 1.4% ~ 16.7%。其他不良反应少见，包括鼻腔烧灼感、鼻出血、头痛和嗜睡等。鼻喷雾剂在使用时如头后仰，可能会产生辛辣味、恶心、呕吐等症状。

（2）用药注意事项：该类药物与酒精或其他神经中枢系统抑制药物同时用会导致眩晕、嗜睡、加重神经中枢系统抑制。易产生嗜睡、眩晕的患者，服药后不宜驾驶车辆、操作机器和高空作业等。第二代抗组胺药物中西替利嗪用药年龄≥6 个月，氯雷他定用药年龄≥2 岁。

（3）禁忌证：第一代口服抗组胺药不推荐用于儿童、老年人以及从事危险性职业（例如高空作业、职业驾驶员等）的特殊人群。在饮酒或使用中枢神经系统抑制药时，禁用抗组胺药。阿司咪唑、特非那定禁止与大环内酯类抗生素、抗真菌药物、人类免疫缺陷病毒蛋白酶抑制药及其他可潜在引起心律失常类药物合用。禁用于孕妇和哺乳期妇女。

（4）药物相互作用：抑制肝药物代谢酶功能的药物能使部分抗组胺药（如阿司咪唑、特非那定、氯雷他定）代谢减慢，因此通常不与大环内酯类抗生素、咪唑类抗真菌药物以及其他可抑制细胞色素 P450 系统的药物合用。

3. 抗白三烯药

（1）不良反应：白三烯受体阻断药的安全性和耐受性良好，不良反应较轻微，主要为头痛、口干、咽炎等。

（2）用药注意事项：治疗急性哮喘发作的疗效尚未确定，因此白三烯受体阻断药不应用于治疗急性哮喘发作。在合并使用吸入或口服皮质类固醇时，应逐渐减少合并使用的吸入或口服皮质类固醇剂量。2020 年美国食品药品监督管理局发布了关于白三烯受体阻断药相关神经精神事件（如噩梦、非特定性焦虑、睡眠障碍、失眠和易怒等）风险的安全警告，提示在长期治疗儿童变应性鼻炎的用药过程中应加强随访观察，不建议用于症状较轻的儿童。

（3）禁忌证：过敏者禁用。孕妇及哺乳期妇女应避免服用。

（4）药物相互作用：该类药物通过 CYP 3A4、2C8 和 2C9 代谢，因此应谨慎与 CYP 3A4、2C8 和 2C9 诱导剂（如苯妥英钠、苯巴比妥、利福平）同时服用。

4. 肥大细胞膜稳定药

（1）不良反应：安全性和耐受性好，不良反应少，无嗜睡和口干等。口服曲尼司特偶有胃肠道不适、头痛、心悸、皮疹和膀胱刺激症状等发生。

（2）用药注意事项：该类药物预防性地阻断肥大细胞脱颗粒，而非直接舒张支气管，因此可作为预防性治疗药物，在花粉播散前 2 周左右开始使用，对季节性变应性鼻炎患者因花粉过敏而引起的症状发作具有缓解作用。由于起效较慢，作用维持时间短，通常需要每天用药 3 ~ 4 次，口服或鼻内给药，疗程 2 周以上，持续治疗效果更好，但注意每天多次给药可能会影响患者的依从性。

笔记栏

（3）禁忌证：孕妇及哺乳期妇女慎用。肝肾功能不全者慎用。

5. 减充血药

（1）不良反应：鼻用减充血药的常见不良反应有鼻腔干燥、烧灼感和针刺感等，部分患者可出现头痛、头晕和心率加快等反应。浓度过高、疗程过长或用药过频可导致反跳性鼻黏膜充血，易发生药物性鼻炎。

（2）用药注意事项：非选择性受体激动的拟交感胺类，全身及局部不良反应较明显，因此为减少其不良反应，建议尽量选择咪唑啉类药物的鼻喷剂型，同时建议选用较低浓度的药物，连续用药不超过2周，儿童患者更需注意。

（3）禁忌证：鼻腔干燥者、萎缩性鼻炎、高血压、冠心病、糖尿病、甲状腺功能亢进、闭角型青光眼、正在接受单胺氧化酶抑制药（苯乙肼、反苯环丙胺等）或三环类抗抑郁药治疗的患者、妊娠期妇女及3周岁以下儿童。

6. 抗胆碱能药　鼻用抗胆碱能药很少全身吸收，无明显全身性抗胆碱能作用，但对严重心血管系统疾病、闭角型青光眼、前列腺增生或膀胱颈梗阻的患者应慎用。局部除可有鼻黏膜干燥、出血等不适外，对鼻腔黏液纤毛传输功能无影响，长期使用未见反跳作用、黏膜损伤等不良反应。有鼻腔出血现象的患者慎用。

7. 鼻腔盐水冲洗　高渗盐水因具有较高的渗透压，鼻腔冲洗时其减轻鼻黏膜水肿、改善鼻塞症状的效果较好，但建议连续使用时间不超过6周。与生理盐水相比，长时间使用高渗盐水进行鼻腔冲洗可使鼻出血、鼻烧灼感等不良反应的发生率增加。由于儿童咽鼓管的位置比成人低平，应注意鼻腔冲洗方法，避免引起或加重中耳炎。

8. 抗 IgE 治疗　成人和12岁以上青少年患者最常见的不良反应为头痛和注射部位疼痛、肿胀、红斑和瘙痒，6～12岁儿童最常见的不良反应为头痛、发热和上腹痛，这些不良反应多为轻度至中度，总体耐受性良好。奥马珠单抗可通过胎盘屏障，尚不确定对胎儿是否有潜在伤害，不推荐妊娠期使用。

（三）用药监测

1. 治疗效果监测　仔细观察并记录患者的主要症状，包括鼻部症状（喷嚏、流涕、鼻痒和鼻塞）以及眼部症状（眼痒/异物感/眼红、流泪），如果合并哮喘，需记录喘息、咳嗽、气促和胸闷等哮喘症状评分。通过定期应用"四分法"或者视觉模拟量表等工具来量化治疗效果。同时，评估患者的药物评分、生活质量是否因治疗而得到显著提升。此外，通过鼻内镜检查，可观察鼻腔黏膜的充血、水肿、分泌物等情况是否有所减轻，从而全面评估治疗效果。

2. 并发症监测　定期为患者进行鼻腔检查，以观察是否有鼻息肉的形成或增大。密切关注患者是否出现咳嗽、气喘等呼吸道症状，以便及时发现并处理可能存在的支气管哮喘风险。观察患者是否有持续的鼻塞、流脓涕等症状，以及是否出现头痛、面部疼痛等鼻窦炎的典型表现，以便早期发现并治疗慢性鼻窦炎。

3. 不良反应监测　密切关注患者可能出现的局部反应，如鼻腔干燥、出血或刺痛等不适感，这些局部症状可反映药物对鼻腔黏膜的影响。同时，重视全身性不良反应的观察，包括头痛、嗜睡、恶心、呕吐等，这些反应可能影响患者的日常生活和工作。此外，需特别警惕患者是否对药物有过敏反应，出现呼吸困难、喉头水肿等。

（四）用药指导

1. 鼻腔喷雾剂使用指导　①使用鼻喷剂之前，需要将鼻腔里的鼻涕清理干净，然后再用生理盐水清洁鼻腔内部，这样药物可以和鼻黏膜充分接触而发挥作用。②新开封或久置未用的鼻喷剂，在使用前要把药液充分摇晃均匀，然后再试喷几下。③使用鼻喷剂时，应取下瓶盖，右手大拇指放在瓶子底部，示指和中指分别放在喷头的两侧，夹住喷头予以固定。④要保持头部自然位置（不必抬头），先用右手将鼻喷剂的喷头放进左侧鼻孔，喷头方向朝向左侧的眼睛，即朝向左侧鼻腔的外侧，保持瓶子基本竖直，也不要过度倾斜。⑤由于鼻腔的内侧是鼻中隔，所以不要将喷头朝向鼻腔的内侧，以免喷洒在鼻中隔上造成损伤。⑥用左手将鼻喷剂的喷头放进右侧的鼻孔，喷头方向朝向右侧鼻腔的外侧进行喷药。⑦喷药的同时应轻轻地用鼻子吸气，这样可让药物更好地进入鼻腔的深部，从而更好地发挥药物的效果。⑧用纸巾将喷头擦干，盖好瓶盖。

2. 药物治疗指导 ①使患者认识到变应性鼻炎为慢性疾病，具有反复发作的特点，并可诱发哮喘，强调积极治疗控制症状的必要性。②耐心解释常用药物的作用机制、用法用量、疗程及可能发生的不良反应，指导患者正确使用药物（特别是鼻用激素），减少其对长期用药的恐惧，并对于在治疗过程中出现的问题及时作出科学、合理的解答，提高患者对治疗的依从性，从而优化治疗效果。③治疗剂量的鼻用激素对肾上腺皮质功能、骨代谢与生长等无明显影响，但超剂量应用可产生各种不良反应或副作用。因此，鼻炎患者尤其是儿童患者不能随意加大鼻用激素的使用剂量，以免引起不良反应。④某些药物需要持续使用一段时间才能达到最佳治疗效果，按时按量用药。同时，也要注意用药时间的选择，如某些药物需要在睡前使用以减少日间嗜睡等副作用。⑤使患者认识到变应性鼻炎并非感染性疾病，不需要使用抗生素，只有合并感染时才选用抗生素，避免因滥用抗生素造成不良后果。

第三节　复发性阿弗他溃疡

复发性阿弗他溃疡（recurrent aphthous ulcer，RAU）是最常见的口腔黏膜溃疡类疾病，我国复发性阿弗他溃疡的患病率居口腔黏膜病之首。在特定人群中，复发性阿弗他溃疡的患病率可高达 50%。复发性阿弗他溃疡好发年龄为 10～30 岁，溃疡疼痛明显，该病虽有自限性，却具复发性，3 个月内复发率可高达 50%，严重影响患者进食、言语、情绪，从而给患者的生活和工作造成较大困扰。

【疾病简介】

复发性阿弗他溃疡又称复发性阿弗他口炎和复发性口腔溃疡。目前复发性阿弗他溃疡的病因及致病机制仍不明确，近年来大量研究证实免疫因素，尤其是细胞免疫应答在复发性阿弗他溃疡的发病机制中起重要作用。复发性阿弗他溃疡临床表现为反复发作的圆形或椭圆形溃疡，其临床特征为黄、红、凹、痛，即溃疡表面覆盖黄色假膜、周围有红晕带、中央凹陷、疼痛明显，具有复发性、周期性和自限性的特点。溃疡的发作周期长短不一，可分为发作期（前驱期、溃疡期）、愈合期、间歇期，且具有不治自愈的自限性。

根据临床特征，按 Lehner 分类，复发性阿弗他溃疡可分为轻型、重型及疱疹样型 3 种类型，具体特征见表 13-3。

表 13-3　3 种类型复发性阿弗他溃疡的临床特征

分型	临床特征			
	大小	个数	持续时间	形成瘢痕
轻型	＜ 10mm	＜ 10 个	10～14 天	否
重型	＞ 10mm	1 个至数个	大于 14 天，可 1～2 个月或更长	是
疱疹样型	＜ 5mm	＞ 10 个	10～14 天	否

由于复发性阿弗他溃疡的病因及发病机制尚未完全明确，目前国内外尚无根治复发性阿弗他

笔记栏

溃疡的方法，因此复发性阿弗他溃疡患者的治疗原则和方案以对症治疗为主，可采用药物治疗和物理治疗（激光疗法、超声波雾化疗法、微波疗法、毫米波疗法、紫外线疗法、冷冻疗法等），积极寻找与复发性阿弗他溃疡发生的相关诱因并加以控制，同时加强患者心理疏导，缓解紧张情绪。但是这些治疗手段只能起到减缓和消除症状的作用，不能根治，易反复发作。

【药物治疗的目的及原则】

（一）药物治疗的目的

对症治疗为主，以达到减轻疼痛、促进溃疡愈合、延长复发间歇期的治疗目的，提高患者生活质量。

（二）药物治疗的原则

优先选择局部治疗，其中局部应用的糖皮质激素已成为治疗复发性阿弗他溃疡的一线药物。对于症状较重及复发频繁的患者，可采用局部和全身联合用药。

复发性阿弗他溃疡的治疗需个性化。治疗方式取决于患者症状的严重程度、频率、溃疡大小和数量。偶发轻型患者通过适当的局部治疗（麻醉止痛、非甾体抗炎药、创面保护药物等）可显著缓解。对于频发或严重的患者，早期使用局部糖皮质激素能有效减小溃疡面积，加快愈合。当局部治疗不能阻止新溃疡形成时，可考虑短疗程的糖皮质激素口服，长期治疗因不良反应风险高而很少采用。

【药物分类及常用药物】

（一）局部用药

主要是消炎、止痛、防止继发感染，促进愈合。用于轻型溃疡的治疗及重型溃疡、疱疹样溃疡的对症治疗。局部治疗的剂型有膜剂、粘贴剂、含漱剂、软膏、凝胶和糊剂、雾化剂和喷雾剂、散剂和片剂等；常用的药物包括消炎类药物、止痛药物、糖皮质激素、促进愈合药物和其他局部制剂等。

1. 消炎类药物　通过抗炎促溃疡愈合，常用药物包括氯己定含漱液、西吡氯铵含漱液、聚维酮碘含漱液、硼砂含漱液等。

氯己定（chlorhexidine）含漱液为抗菌防腐剂，对金黄色葡萄球菌、链球菌、大肠埃希菌、厌氧丙酸杆菌和白念珠菌有杀菌作用。复方氯己定含漱液主要组分为葡萄糖酸氯己定、甲硝唑等。主要用于口腔疾病（如牙龈炎、口腔溃疡、咽炎等）的防治。

西吡氯铵（cetylpyridinium chloride）含漱液是一种新型口腔局部抗菌药，其主要成分西吡氯铵是阳离子型表面活性药，带正电荷，主要通过降低表面张力抑制和杀灭细菌，具有广泛的抗菌谱，同时不会改变口腔正常菌群的组成。西吡氯铵可在口腔黏膜吸附，而对口腔黏膜无刺激性，对牙面不着色，对细菌有抗菌作用，可减少菌斑形成，广泛地应用于口腔的卫生保健和轻型复发性阿弗他溃疡。

2. 止痛药物　包括利多卡因凝胶及喷剂、苯佐卡因凝胶、苄达明喷雾剂、含漱液等。仅限在疼痛难忍和影响进食时使用，以防成瘾。擦干溃疡面后涂于溃疡处，有迅速麻醉止痛效果。

3. 糖皮质激素　糖皮质激素作为治疗复发性阿弗他溃疡的一线药物，局部使用可增加溃疡区的药物浓度，减轻全身用药的副作用。目前，应用的糖皮质激素包括：曲安奈德口腔糊剂，地塞米松软膏、喷雾剂、含漱液，泼尼松龙软膏，倍他米松含漱液，氢化可的松黏附片，氟轻松乳膏，丙酸倍氯米松喷雾剂、乳膏等。对于经久不愈、溃疡较重、疼痛明显的溃疡，曲安奈德或醋酸泼尼松龙混悬液加等量的2%利多卡因液，进行溃疡下局部浸润封闭治疗，有止痛和促进愈合的作用。但需要注意的是，长期局部应用糖皮质激素可能引起口腔念珠菌感染。

4. 促进愈合药物　常用药物包括重组人表皮生长因子凝胶、外用溶液，重组牛碱性成纤维细胞生长因子凝胶、外用溶液等。重组人表皮生长因子可以促进内源性表皮生长因子的表达和分泌，促进创面细胞再上皮化，加速创面的肉芽组织生成和上皮细胞增殖，提高创面修复质量，缩短创面愈合时间。重组牛碱性成纤维细胞生长因子，对来源于中胚层和外胚层的多种组织细胞都具有促进修复和再生的作用，可促进细胞生长分化和肉芽组织形成，同时能够抑制新生细胞降解，促进溃疡创面愈合。

5. 其他局部药物 如西地碘片和溶菌酶片剂、氨来呫诺糊剂、双氯芬酸钠含片及口腔贴片、甘珀酸钠含漱液、环孢素含漱液、5-氨基水杨酸乳膏、双氯芬透明质酸酯凝胶等。西地碘片活性成分碘分子，在唾液作用下迅速释放，直接卤化菌体蛋白质，杀灭口腔内各种微生物，用于慢性咽喉炎、口腔溃疡、慢性牙龈炎、牙周炎等。溶菌酶片是一种黏多糖溶解酶，具有抗菌、抗病毒、抗炎、止血、消肿、增强抗生素疗效及加快组织恢复的作用，用于急慢性咽喉炎、口腔黏膜溃疡及咳痰困难。

（二）全身用药

目的在于控制症状、减少复发。原则上仅应用于严重的复发性阿弗他溃疡患者或频繁发作的轻型复发性阿弗他溃疡患者。

1. 糖皮质激素类 对于复发频繁、症状较重的患者适于全身应用糖皮质激素治疗，常用药有泼尼松、地塞米松、泼尼松龙（如泼尼松每天 1mg/kg，用药时间 1 周）等，该类药物通过抗炎、抗过敏、减少炎性渗出、抑制组胺释放、抑制免疫等功能，达到缩短愈合时间，减轻疼痛，延长病变间歇期的目的。多在溃疡期短期使用，为防止复发，可做 3~4 个周期的巩固治疗。使用时应注意规范用药，避免出现停药反应。

2. 其他免疫抑制药 已有大量研究证实免疫因素尤其是细胞免疫异常在复发性阿弗他溃疡的发病机制中起着重要的作用。对单独应用糖皮质激素治疗效果不理想的患者，可选择与免疫抑制药合用，常用药物包括：环磷酰胺、硫唑嘌呤、甲氨蝶呤、环孢素等。免疫抑制药可以有效地治疗免疫介导的溃疡，提高激素的敏感性。

3. 免疫增强药 复发性口腔溃疡是自身免疫性疾病，其反复发作与机体的免疫状态密切相关，免疫功能降低造成机体免疫屏障减弱、增加细胞对致病因子的易感性。免疫增强药在复发性阿弗他溃疡的溃疡期、间歇期皆可使用，常用药包括转移因子、胸腺肽、卡介苗、胎盘球蛋白、丙种球蛋白等。转移因子、胸腺肽、卡介菌多糖核酸通过增强机体细胞免疫功能来治疗复发性阿弗他溃疡；胎盘球蛋白、丙种球蛋白适用于体液免疫功能降低者。

4. 沙利度胺 对中重度复发性阿弗他溃疡病例可选择口服沙利度胺作为全身用药治疗，特别是对于顽固性溃疡有较好的疗效，能迅速减轻症状，明显缩短发作期，从而有效控制溃疡的复发和维持疗效。沙利度胺是谷氨酸衍生物，具有免疫调节、抗血管生成、抗炎等多种作用。沙利度胺作为常用的 TNF-α 抑制药，既抑制 TNF-α 的表达，也抑制 TNF 受体表达；还可能通过抑制 I-κB 磷酸化过程介导多种细胞中的 NF-κB 的失活，从而发挥抗炎作用。另外，沙利度胺能增加角质形成细胞的 IL-8 的分泌，促进细胞的增殖和成熟，加速溃疡的愈合。鉴于受沙利度胺剂量 / 疗程相关的神经毒性与致畸性和嗜睡等不良反应，宜用小剂量治疗。

5. 其他

（1）H_2 受体阻断药：对重型口疮患者应配合全身用药，全身治疗具有减少溃疡复发、延长间歇期、促进愈合等作用。H_2 受体阻断药（如雷尼替丁）能改善溃疡损伤处基底部组织循环状态，迅速缓解疼痛，促进溃疡面愈合，明显缩短病程。

（2）维生素类和微量元素：复发性阿弗他溃疡可能与维生素或微量元素缺乏有关，如维生素 B_2 的缺乏会造成口腔溃疡，因此，要提高人体内维生素 B_2 的摄入量。另外，维生素 C、维生素 E 能够有效地治疗复发性阿弗他溃疡，病情的缓解作用比较显著，同时还能降低复发性阿弗他溃疡的复发率和病情严重程度，故可酌情补充 B 族维生素、维生素 C 或复合维生素等。

笔记栏

【用药护理】

(一)用药评估

1. 评估病史　需要了解患者的发病时间、溃疡的频率、严重程度以及持续时间。同时,注意询问患者是否有家族遗传史。此外,还需了解患者的生活习惯、饮食习惯、精神状况及可能的诱发因素。

2. 评估用药史　详细询问患者之前的治疗方案和用药情况,包括药物的种类、剂量、使用频率以及治疗效果。同时,注意了解患者是否对某些药物有过敏反应或不良反应。

3. 评估危险因素及并发症　危险因素主要包括免疫系统紊乱、病毒感染、胃肠道疾病等。需要评估患者是否存在这些危险因素,并采取相应的预防措施。同时,关注患者是否出现并发症,如淋巴结肿大、发热等,以便及时调整治疗方案。复发性阿弗他溃疡患者可能同时患有其他疾病,如糖尿病、高血压等。

4. 实验室检查和其他检查　可进行血细胞分析、免疫功能检查、微量元素测定等辅助检查,以了解患者的身体状况和病情严重程度。同时,可进行涂片检查和细菌培养,以排除结核性溃疡等其他疾病。

5. 评估用药依从性　需要了解患者是否遵医嘱按时按量使用药物,以及是否有擅自更改药物剂量或停药的情况。

(二)用药安全

1. 氯己定含漱液

(1)不良反应:长期使用能使口腔黏膜表面、牙齿着色、舌苔发黑、味觉改变,停药后可恢复。用0.2%溶液含漱后有牙龈表面上皮轻度剥脱、发红、轻度不适或疼痛,停药后可自愈。用0.12%溶液可避免发生此现象。复方氯己定含漱液中的甲硝唑常可引起味觉改变、口干、口腔金属味等。

(2)用药注意事项:仅供含漱用,含漱后吐出不得咽下;儿童如误服,可出现酒精中毒症状,应送急诊处理;避免接触眼睛;含漱3天后症状未见缓解,需向医护人员咨询;药物性状发生改变时禁止使用。

(3)药物相互作用:不得与碳酸氢钠、碘化钾合用。

2. 氨来呫诺口腔贴片

(1)不良反应:用药局部疼痛、灼烧感、刺激感、非特异反应和异样感,出现的全身不良反应包括恶心、头痛、咽喉痛。

(2)用药注意事项:尽可能在口腔溃疡一出现就使用,最好在早餐、午餐、晚餐后和睡前80分钟清洁口腔后涂用。用药1小时内,患者应避免进食。为保证药物能在睡觉前分布至患处,患者在睡前80分钟内不能用药。确保贴片紧贴溃疡处。在有多处溃疡的情况下,每处溃疡使用一片。一次最多使用三片。如用药十天后仍无明显的愈合或疼痛减轻,应及时就医。

(3)禁忌证:孕妇及哺乳期妇女、儿童患者慎用。

3. 西地碘片

(1)不良反应:长期应用碘和碘化合物可发生精神抑郁、神经过敏、失眠、阳痿和黏液性水肿。碘中毒或过敏的表现为头痛、唾液腺肿痛、结膜炎、喉头炎、气管炎、发热、乏力,可发生碘疹,呈轻度红斑、痤疮样疹、荨麻疹、化脓性或出血性疹。

(2)用药注意事项:甲状腺疾病患者慎用;孕妇及哺乳期妇女慎用;连续使用5天症状未见缓解应停药就医;如服用过量或出现严重不良反应,应立即就医。

(3)禁忌证:对碘过敏患者。

4. 糖皮质激素类　不良反应、用药注意事项、禁忌证及药物相互作用参见第九章泌尿系统疾病药物治疗与护理中的糖皮质激素类药。

5. 沙利度胺

（1）不良反应：可致畸胎，一般发生在妊娠前 3 个月，尤其是第 45～55 天；头昏、嗜睡、直立性低血压、口干、皮肤干燥、便秘、食量增加，少数患者可出现肌无力、发热、皮疹、水肿、低血压、心率过慢等；长期大剂量使用，当总剂量达 40g 以上时可出现多发性神经炎，停药后仍较难恢复，故在临床上应早期做神经电生理学检查，若有异常应立即减量或停药。

（2）用药注意事项：育龄妇女需采取有效的避孕措施才可服用，停药 6 个月以上方可妊娠；中性粒细胞减少者、癫痫病史者、驾驶员、高空作业者慎用。

（3）禁忌证：对本品过敏者、妊娠期妇女禁用。

6. H_2 受体阻断药 不良反应、用药注意事项、禁忌证及药物相互作用参见第八章消化系统疾病药物治疗与护理中的 H_2 受体阻断药。

（三）用药监测

1. 治疗效果监测

（1）溃疡愈合情况：观察溃疡面的大小、深度及颜色变化，记录溃疡愈合的时间。若溃疡逐渐缩小、颜色变淡，则说明治疗效果较好。

（2）疼痛程度：采用视觉类比量表评估患者的疼痛程度。若疼痛指数逐渐降低，说明药物治疗有效。

（3）复发频率：观察患者溃疡复发的次数及间隔时间，若复发次数减少、间隔时间延长，则说明治疗效果显著。

2. 不良反应监测

（1）口腔刺激症状：如口腔黏膜红肿、疼痛等。若症状持续加重，应及时调整药物剂量或更换药物。

（2）过敏反应：部分患者可能对某些药物过敏，出现皮疹、呼吸困难等症状。一旦出现过敏反应，应立即停药并就医。

（3）胃肠道反应：部分药物可能引起恶心、呕吐、腹泻等胃肠道症状。症状较轻者可继续观察，症状较重者需调整药物或给予相应治疗。

3. 并发症监测

（1）感染：溃疡长期不愈合，易受到细菌感染。监测体温、白细胞计数等指标，及时发现感染迹象。

（2）瘢痕形成：重型阿弗他溃疡愈合后可能形成瘢痕或组织缺损。观察溃疡愈合后的口腔黏膜形态，评估瘢痕形成的可能性。

（3）体重减轻：严重溃疡可能导致疼痛剧烈、进食咀嚼困难，进而引起体重减轻或营养不良。监测患者体重及营养状况，及时调整治疗方案。

（四）用药指导

1. 含漱液使用指导

（1）漱口方式：使用前先用清水漱口，将口腔内的食物残渣、细菌等物质清洗干净。再按照药品说明书倒入适量的含漱液在量杯内，将含漱液含入口中，让含漱液尽可能地浸润到口腔两侧、上下腭以及舌头下方。

（2）漱口时间：一般建议漱口时间为 20～30 秒，不宜时间过长，最后将漱口水吐出，含漱过程中不要吞咽。

（3）漱口后注意事项：使用漱口水之后，短时间内不要用清水漱口，也不要吃东西或者饮水，以免影响药物发挥效果。同时不建议长期使用漱口水，以免导致口腔内菌群失调。

2. 口腔贴片使用指导

（1）确保口腔清洁：建议在刷牙后使用口腔贴片。使用前，确保口腔干净，无残留食物或其他异物。

（2）取下防护层：洗净并擦干双手，将贴片上的一层防护层撕掉。注意不要碰触贴片上的药物部分以保持其完整性。

（3）正确放置贴片：将贴片贴于溃疡处，并轻压15秒左右，以确保贴片可以牢固附着，同时尽量避免贴片干扰正常吞咽动作。

（4）贴片后禁食：使用贴片后，半小时内避免进食或饮水，以防贴片脱落或误吸。建议在饭后或者睡前使用。

（5）贴片使用时间：参照说明书确定使用口腔贴片的持续时间。使用过程中，若发现贴片部位有疼痛、红肿、过敏等反应，立即停止用药。

3. 警惕药源性复发性阿弗他溃疡 某些药物可刺激到口腔黏膜，引发的口腔溃疡反复发作。因此，在使用药物时，需要特别注意可能诱发复发性阿弗他溃疡的药物，并采取相应的预防措施。

（1）可引起口腔溃疡的药物：①润喉片：含有薄荷成分的润喉片具有收缩口腔黏膜血管、减轻炎症水肿和疼痛的作用。然而，如果口腔无炎症时经常含服，可能会因黏膜血管收缩、黏膜干燥破损而导致口腔溃疡。②抗生素：广谱抗生素抗菌范围广，容易破坏口腔内的菌群平衡，刺激口腔黏膜，导致溃疡反复发作。③激素：使用含有激素成分的哮喘喷剂后，如果没有及时用清水漱口，可能造成激素在口腔内长期停留。此外，滴完含激素的眼药水后，如果没有及时按压内眼角1~2分钟，药物成分可能通过鼻泪管进入口腔，从而对口腔黏膜造成影响。④解热镇痛药：发热时，患者的黏膜比较脆弱，若解热镇痛药在口腔停留过久，易引起黏膜损伤，导致口腔溃疡。⑤抑制胃酸分泌的药物：如奥美拉唑、西咪替丁等，这类药物在抑制胃酸分泌的同时可能影响唾液腺的分泌，导致口干、口腔黏膜糜烂等症状。⑥抗肿瘤药物，如甲氨蝶呤、环磷酰胺、阿霉素等，这些药物多具有细胞毒性，可能对口腔黏膜造成较大的损害，引发口腔溃疡。

（2）预防措施：①注意口腔卫生：保持口腔清洁，定期刷牙、漱口，避免食物残渣和细菌滋生。②合理饮食：多吃新鲜蔬菜和水果，补充维生素和矿物质，增强口腔黏膜的抵抗力。③避免刺激性药物：在服用药物时，尽量避免使用可能诱发口腔溃疡的药物，必须使用时，服药期间多饮水或漱口。④积极治疗原发病：如患有消化系统疾病、免疫系统疾病等，应积极治疗，以减少复发性阿弗他溃疡的诱因；对于已经患有复发性阿弗他溃疡的患者，避免使用可能加重病情的药物。

第四节 分泌性中耳炎

分泌性中耳炎（otitis media with effusion，OME）在儿童的发病率较高，是引起儿童和成人听力下降的常见原因之一。儿童分泌性中耳炎非常普遍，被称作"儿童早期职业病"。据统计，约90%的学龄前儿童至少罹患过一次分泌性中耳炎，25%以上儿童分泌性中耳炎持续3个月或更长时间。持续的鼓室积液不仅可引起听力损失，严重时还可影响学习能力，甚至造成认知障碍等不良后果。

【疾病简介】

分泌性中耳炎是以传导性聋及鼓室积液（包括浆液、黏液、浆-黏液、而非血液或脑脊液）为主要特征的中耳非化脓性炎性疾病。该病多发于冬春季，是成人和儿童常见的听力下降原因之一。病因多为咽鼓管功能不良、感染、免疫功能下降等因素，由于儿童咽鼓管比成人管腔短且平，使得儿童更容易患分泌性中耳炎，临床表现为听力下降、耳痛、耳内闭塞感、耳鸣等。本病的其他名称很多，其中主要是根据积液产生的机制以及液体的性质而命名，如非化脓性中耳炎、分泌性中耳炎、卡他性中耳炎、浆液性中耳炎、浆液黏液性中耳炎、中耳积液以及胶耳等。根据病程长短，分泌性中耳炎可分为急性分泌性中耳炎（＜3个月）和慢性分泌性中耳炎（＞3个月）两种类型。

【药物治疗的目的及原则】

（一）药物治疗的目的

去除病因、改善中耳通气引流及促黏液排出。急性期，可给予镇痛药物解除耳痛症状。

（二）药物治疗的原则

对于发病3个月内不具有高危因素的患儿，应避免进行不必要的医学干预。治疗中，不推荐使用糖皮质激素（全身或鼻内）、抗生素（全身）、减充血药或抗组胺药等药物。药物治疗只有在具有持续性疗效或者短期治疗获益明显大于疾病自愈的获益时。

【药物分类及常用药物】

（一）糖皮质激素

糖皮质激素可以减少鼓室积液并减轻鼓室负压。机制主要包括：①减少花生四烯酸和相关炎症介质的产生和释放。②促使咽鼓管周围淋巴组织萎缩。③促进咽鼓管表面活性物质的分泌。④降低鼓室积液黏稠度。局部或全身使用糖皮质激素治疗分泌性中耳炎存在争议，但确有变态反应表现时可考虑酌情使用。鉴于口服糖皮质激素的不良反应，更推荐鼻用剂型。

（二）抗生素

大约1/3分泌性中耳炎患儿的鼓室积液中可检出细菌，最常见的为肺炎链球菌、流感嗜血杆菌和卡他莫拉菌等，易迁延不愈或反复发作。在抗生素使用前应将使用抗生素的潜在益处与其发生不良反应和产生细菌耐药性的风险加以权衡。考虑到抗生素的不良反应、耐药性以及分泌性中耳炎的自限性，在无明确合并感染证据时，不推荐常规使用。

（三）抗组胺药

可抑制炎性介质释放，减轻鼓室和咽鼓管黏膜水肿及渗出。分泌性中耳炎患儿缺少变态反应证据时，不推荐常规使用。

（四）减充血药

虽可减轻鼻黏膜肿胀，但对改善分泌性中耳炎症状并无确切效果，且有不良反应，目前指南均不推荐使用。

（五）黏液促排药

可促进咽鼓管类表面活性物质合成和分泌，调节黏膜表面黏液毯溶胶层和凝胶层比例，促进黏膜纤毛运输与中耳液体排出。分泌性中耳炎患者鼻腔及鼻咽部分泌物增多或较黏稠时，可酌情使用。黏液促排药主要包括标准桃金娘油肠溶胶囊、欧龙马滴剂及桉柠蒎肠溶软胶囊等。

【用药护理】

（一）用药评估

1. 评估病史　在分泌性中耳炎的用药评估中，首先需要详细了解患者的病史。特别要关注患者是否有过敏史、感染史以及既往中耳炎的治疗情况等。

2. 评估用药史　需要了解患者当前正在使用的药物、过去使用过的药物以及药物反应情况。

3. 评估危险因素及并发症　危险因素可能包括免疫功能低下、呼吸道感染、腺样体肥大等。并发症可能包括粘连性中耳炎、鼓膜穿孔等。

4. 实验室检查和其他检查　包括血常规、尿常规等常规检查，以及听力检查、鼓膜检查等专科检查。

5. 评估用药依从性　与患者建立良好的沟通，解释药物治疗的重要性，了解患者是否存在用药困难或疑虑，并提供必要的支持和帮助。同时，还需要定期随访患者，了解患者的用药情况，及时调整治疗方案。

笔记栏

（二）用药安全

1. 糖皮质激素　见第九章第三节慢性肾小球肾炎糖皮质激素类药。

2. 抗生素　见第七章第二节支气管炎和肺炎中抗生素相关部分。

3. 抗组胺药　见本章第二节变应性鼻炎中的抗组胺药。

4. 减充血药　见本章第二节变应性鼻炎中的减充血药。

5. 黏液促排药

（1）不良反应：比较轻微，偶有胃肠道的不适和过敏反应，例如皮疹、面部水肿、呼吸困难和循环障碍等。

（2）用药注意事项：使用桉柠蒎肠溶软胶囊时注意餐前半小时，凉开水送服，禁用热水。肠溶胶囊不可打开或嚼破后服用。

（三）用药监测

1. 药物治疗效果监测

（1）症状改善情况：观察患者的主要症状，如耳痛、听力下降、耳鸣等是否有所缓解。通过定期询问患者，记录症状改善的程度和速度，以评估药物治疗的效果。

（2）听力检查：通过纯音测听、声导抗等听力检查手段，监测患者听力改善情况。这些检查可以客观地反映药物治疗对患者听力的影响，有助于评估治疗效果。

（3）鼓膜检查：通过耳镜检查观察鼓膜颜色、透明度及积液情况等，以判断中耳炎是否得到控制。鼓膜的改善情况可以作为药物治疗效果的一个直观指标。

2. 不良反应监测

（1）局部反应：注意观察患者耳部是否出现红肿、疼痛等局部反应。

（2）全身反应：监测患者是否出现发热、皮疹、恶心、呕吐等全身不良反应。

3. 并发症监测

（1）粘连性中耳炎：分泌性中耳炎如未得到及时治疗，可能导致鼓膜与听骨链之间发生粘连，形成粘连性中耳炎。

（2）鼓膜穿孔：由于药物刺激或感染扩散，药物治疗过程中，有时会出现鼓膜穿孔的并发症。

（四）用药指导

1. 滴耳液使用指导　①焐热：使用前可用双手将滴耳液焐5～10分钟，使其温度接近体温，防止滴耳液的温度过低而产生刺激，用药后出现头晕、恶心等症状。②保持体位：可以保持侧卧位，或是坐立时将头部偏向一侧，有利于保持耳道呈现垂直状态，滴耳液更容易进入深处。③滴入：按照说明书的要求，遵照医嘱，滴入5～10滴。如果使用的是混悬液型滴耳剂，需摇匀后使用。④停留：保持上述姿势5～10分钟，避免立即活动头部，有利于滴耳液充分发挥作用。如果是双耳用药，则在停留后更换另一侧，重复上述操作即可。⑤观察：使用滴耳液后，需要观察是否出现疼痛、瘙痒等不适感。如果症状比较轻微，无须过度担心；如果症状严重，积极就医。

2. 药物治疗指导　①对于没有危险因素的分泌性中耳炎患者应该给予3个月的等待观察，具体时间应从发现中耳积液开始计算（如果可以明确积液的起始时间）或者从诊断之日开始计算（如果不能明确积液的起始时间）。②分泌性中耳炎在无明确合并感染及变态反应性疾病证据时，不推荐使用糖皮质激素（全身或鼻内）、抗生素（全身）、减充血药或抗组胺药等药物。③使患者认识到预防分泌性中耳炎危险因素的重要性，避免对分泌性中耳炎过度使用抗生素，以预防耐药性细菌的快速产生。

（吴国翠）

小　结

原发性开角型青光眼在药物治疗上强调个性化科学评估患者的目标眼压，以此制订适度的药物治疗方案，避免过度治疗，以达到降低眼压和保存视功能的目的，进而提升患者幸福感和生活质量，提高治疗依从性。一线药物包括局部使用前列腺素类衍生物、β 肾上腺素能受体阻断药、α₂ 肾上腺素能受体激动药、碳酸酐酶抑制药。胆碱能药物（缩瞳药）由于不良反应多，已退出一线治疗青光眼的药物行列。

变应性鼻炎药物治疗旨在长期控制症状，减轻鼻腔黏膜水肿，通畅引流，恢复黏膜功能，提升生活质量。根据病情轻重，采用阶梯式治疗。一线治疗药物包括鼻用激素、第二代口服和鼻用抗组胺药、口服白三烯受体阻断药；二线治疗药物包括口服糖皮质激素、口服和鼻用肥大细胞膜稳定药、鼻用减充血药、鼻用抗胆碱能药。

复发性阿弗他溃疡的药物治疗旨在减轻疼痛、促进愈合、延长复发间歇期，提升患者生活质量。治疗选择需个性化，考虑患者症状严重程度、频率及溃疡情况。局部治疗为首选，糖皮质激素为一线药物，可显著减小溃疡面积、缩短愈合时间。对于症状较重或复发频繁的患者，需结合全身治疗，但应权衡药物利弊，由专科医护人员指导。偶尔可采用短疗程糖皮质激素口服治疗重型溃疡，但长期口服因不良反应风险高而少用。

分泌性中耳炎的药物治疗旨在去除病因、改善中耳通气引流及促黏液排出。急性期，可给予镇痛药物解除耳痛症状。在治疗上，对于发病 3 个月内不具有高危因素的患儿，应避免进行不必要的医学干预。药物治疗只有在具有持续性疗效，或者虽仅具有短期疗效但短期获益明显大于疾病自愈的获益时，才被认为是合理的。分泌性中耳炎在无明确合并感染及变态反应性疾病证据时，不推荐使用糖皮质激素（全身或鼻内）、抗生素（全身）、减充血药或抗组胺药等药物。黏液溶解促排药已证明有短期疗效，可用于分泌性中耳炎的治疗。

思考题

1. 请简述原发性开角型青光眼一线用药的种类及主要作用机制。
2. 请简述治疗变应性鼻炎常用药物的种类、用药特点及使用注意事项。
3. 如何预防药源性口腔溃疡的发生。
4. 请讨论在分泌性中耳炎药物治疗中，如何平衡治疗效果与药物可能带来的副作用。

ER13-4
第十三章
目标测试

笔记栏

ER14-1
第十四章
思维导图

第十四章

皮肤病药物治疗与护理

ER14-2
第十四章
皮肤病药物
治疗与护理

皮肤被覆于体表，是人体最大的器官，也是人体的第一道防线。皮肤病发病率高，一般病情较轻，除了引起身体不适，也常影响患者外观，给患者带来明显的心理影响。皮肤病的药物治疗主要采用外用药物，相关药物应具有皮损局部药物浓度高、系统吸收少、疗效高而不良反应少的特点。作为皮肤科护士，应根据医嘱为患者涂外用药、清创换药，严密观察皮损变化，及时向医生反馈信息，以便及时调整治疗方案。

第一节　痤　疮

 导入案例

> 　患者，男，20 岁。2 年前额部开始出现针尖大坚实的毛囊性丘疹，未予重视。后逐渐发展到面部及鼻部，并逐渐出现红色丘疹，伴脓头，患者自行挤压后有出血，皮疹可好转消退。皮肤科体检：双侧面部，鼻部可见多发粟粒大红色丘疹，局部伴脓疱，未见水疱，局部见褐色色素沉着，额部见多发针尖大坚实丘疹。临床诊断：痤疮。治疗方案：①异维 A 酸软胶囊：0.25mg/kg，1 次 /d，口服，1 个月后调整剂量。②过氧苯甲酰凝胶：外用。③阿达帕林凝胶：外用。
>
> **请思考：**
>
> 1. 异维 A 酸及阿达帕林分别属于哪类药物？作用是什么？
>
> 2. 过氧苯甲酰的作用是什么？
>
> 3. 外用阿达帕林如何使用？注意事项是什么？

痤疮好发于 15 ~ 30 岁，主要发生在面部，虽然大多数患者均能自然痊愈或症状减轻，但其发病率极高且具有一定损容性，对青少年心理和社交的影响较大。

【疾病简介】

痤疮（acne）俗称青春痘，是一种毛囊皮脂腺的慢性炎症性皮肤病。发病原因主要与雄激素和皮脂分泌过多、毛囊皮脂腺导管过度角化和毛囊内痤疮丙酸杆菌感染等有关。临床表现以粉刺、丘疹、脓疱、结节、囊肿等多形性皮损为特点，可持续数年。严重者遗留色素沉着、持久性红斑、凹陷性或肥厚性瘢痕，与痤疮严重程度、个体差异或处理不当密切相关。痤疮药物治疗以外用药物为主，必要时进行全身系统用药，配合物理治疗以及瘢痕处理。

【药物治疗的目的及原则】

（一）药物治疗的目的

药物使用主要在于控制症状，避免或减轻色素沉着及瘢痕形成。

（二）药物治疗的原则

主要针对去脂、对抗过度角质化、杀菌消炎及调节激素水平。轻度、轻中度痤疮药物治疗以局部用药为主，中重度、重度痤疮在系统治疗的同时辅以外用药物治疗，用药需足剂量、足疗程。

【**药物分类及常用药物**】

痤疮的治疗药物主要包括维A酸类和抗菌药物，治疗方式主要包括局部外用和系统药物治疗。

1. 维A酸类 分为外用维A酸类和系统性维A酸类。

（1）外用维A酸类：临床用于治疗痤疮的外用维A酸类药物主要包括第一代全反式维A酸和异维A酸（isotretinoin）、第三代阿达帕林（adapalene）和他扎罗汀（tazarotene）。外用维A酸类可抑制痤疮早期的皮损，是治疗非炎性痤疮的一线药物，同时与局部及系统抗生素联合用药，治疗炎性痤疮。

维A酸类通过与视黄酸细胞核受体结合，调节基因转录而发挥作用。外用维A酸类作用于异常的毛囊表皮细胞，可减少毛囊堵塞，改善毛囊皮脂腺导管角化，减少微粉刺和非炎性痤疮皮损；还可抑制角质细胞的异常增生，减少炎性皮损数目，促进分化；不直接抑制皮脂分泌，但可提供不适合痤疮丙酸杆菌生长的有氧环境，从而抑制丙酸杆菌生长。

外用维A酸类的使用方法：在皮损形成之前，每晚1次在发病区薄涂一层乳膏或凝胶，而不是点状涂于单个皮损部位。由于维A酸类具有光敏性，因此应夜间使用。临床研究发现，治疗12周后，一般约有50%痤疮皮损得到改善。

（2）系统性维A酸类：异维A酸是国内外常规使用的口服维A酸类药物，可作为首选。口服后头面部的油脂分泌明显减少。儿童和青少年的异维A酸推荐用量为每天0.25～0.5mg/kg，16周为一个疗程。如需连续用药，则停药8周。

2. 抗菌药物 常用药物分为外用制剂和口服抗生素，可控制痤疮的炎症或化脓感染，从而减轻病情。

外用常见制剂包括硫黄洗剂、壬二酸、二硫化硒、过氧苯甲酰及具有抗痤疮丙酸杆菌和抗炎作用的抗生素。①硫黄洗剂：可调节角质形成细胞的分化、降低皮肤非酯化脂肪酸等，对痤疮丙酸杆菌亦有一定的抑制作用。②壬二酸：外用能减少皮肤表面、毛囊及皮脂腺内的菌群，尤其对痤疮丙酸杆菌有抑制作用。③二硫化硒：有效抑制真菌、寄生虫及细菌，可降低皮肤非酯化脂肪酸含量。④过氧苯甲酰（benzoyl peroxide）：外用后可缓慢释放出新生态氧和苯甲酸，具有杀灭痤疮丙酸杆菌、轻度溶解粉刺及收敛作用。是炎性痤疮首选外用药，可单独使用，也可联合外用维A酸类药物或外用抗生素。⑤具有抗痤疮丙酸杆菌和抗炎作用的抗生素包括：红霉素、林可霉素及其衍生物克林霉素、氯霉素、克林霉素、夫西地酸等。

口服抗生素选择针对痤疮丙酸杆菌敏感、选择性分布于皮脂溢出部位的抗生素。首选四环素类药物如多西环素、米诺环素等。四环素类药不耐受或有禁忌证时，可考虑大环内酯类药物如红霉素、罗红霉素、阿奇霉素等，磺胺甲噁唑-甲氧苄啶（复方新诺明）也可酌情使用。米诺环素和多西环素具有抗菌活性高、在组织中药物浓度高、耐药性低、非特异性抗炎等作用。米诺环素口服常用剂量为每天50～100mg，多西环素口服常用剂量为每天100～200mg，疗程建议不超过8周。

【**用药护理**】

（一）用药评估

1. 健康史 询问患者病史、用药史、过敏史及家族史；既往饮食习惯，如是否大量摄入糖类和脂肪，而维生素A和锌摄入不足；有无接触某些化学物品，如矿物油、碘、溴、锂等；皮脂分泌情况，对于女性患者须了解痤疮与月经周期关系。

笔记栏

2. 临床表现 痤疮初期为白头粉刺，顶端氧化为黑头粉刺；合并感染为炎性丘疹；炎症加重丘疹顶端可出现小脓疱；脓疱破溃或吸收后留下色素沉着、结节或瘢痕；炎症经久不愈可形成聚合性痤疮。根据临床表现评估痤疮分级。

3. 辅助检查 评估实验室检查，患者体液免疫中血清 IgG 水平升高。评估组织病理检查，毛囊、皮脂腺出现慢性炎症。

4. 心理社会因素 评估痤疮皮损造成患者不适感，如炎症严重时出现的红、肿、热、痛，影响患者生活质量；面部痤疮影响形象，对年轻患者易造成心理压力。

（二）用药安全

1. 维 A 酸类

（1）不良反应：维 A 酸类药物外用部位常会出现轻度皮肤刺激反应，如局部红斑、脱屑，出现紧绷和烧灼感，但可建立耐受，刺激反应严重者建议停药。系统短期应用异维 A 酸通常是安全的，只要避免妊娠（致畸性），不良反应均轻微且可逆。常见的不良反应主要为皮肤黏膜干燥、皮疹、脱发和皮肤脆性增加等；其次为神经系统损害，包括头晕头痛、精神异常等；其他不良反应为肝功能异常、胃肠道反应、过敏样反应等。

（2）用药注意事项：外用维 A 酸类药物以皮肤黏膜刺激为主，一代维 A 酸药物有光敏性，使用 2 ~ 4 周内会出现短期皮损加重现象，可采取低起始浓度、小范围试用等措施。

在育龄妇女中系统使用维 A 酸类时，应特别注意致畸胎副作用。妊娠前 3 个月，口服异维 A 酸可引起严重的胚胎异常；在治疗过程中妊娠，自然流产率为 20% ~ 30%。儿童与青少年长期使用维 A 酸类时，可能引起骨质疏松、骨骺闭锁及骨膜与肌腱钙化等，每 6 ~ 12 个月应做 X 线检查腰部与长骨。有抑郁病史或家族史的患者使用维 A 酸类时要谨慎，一旦发生情绪波动或出现任何抑郁症状，应立即停药。

（3）禁忌证：妊娠妇女、哺乳期妇女、备孕妇女及严重肝肾功能损害者禁用。

（4）药物相互作用：维 A 酸类不宜与四环素、多西环素、米诺环素同时使用，可能增加假性脑瘤风险。与维生素 A 合用可诱发维生素 A 过多样毒性反应。大环内酯类、唑类药物可抑制维 A 酸代谢，导致潜在毒性增加。抗结核药物利福平，抗惊厥药物苯妥英钠、苯巴比妥、卡马西平可降低维 A 酸血药浓度。

2. 抗菌药物

（1）不良反应：常见的不良反应包括胃肠道反应、药疹、肝损害、光敏反应等，特别是四环素类药物。少数患者在口服米诺环素时出现头晕、良性颅内压增高症等。

（2）用药注意事项：治疗痤疮时避免某一抗菌药物单独使用，治疗 2 ~ 3 周后无效时应及时停用或更换其他药物治疗；需保证足疗程，避免间断使用，不可无原则地加大剂量或延长疗程，更不可作为维持治疗甚至预防复发的措施。

（3）禁忌证：四环素类药物不宜用于孕妇、哺乳期妇女和 8 岁以下儿童。

（4）药物相互作用：四环素类药物不宜与口服维 A 酸类药物联用，以免诱发或加重良性颅内压增高。

（三）用药监测

维 A 酸类是目前唯一一类对痤疮及许多角化异常疾病最有效的药物，使用时，前 3 ~ 6 个月每月进行临床评估，此后每 3 个月 1 次。主要评估患者反应、症状改善程度及不良反应。患者需理解在治疗初始的 4 ~ 6 周，整体皮损情况可能恶化，此后逐渐改善，在第 4 ~ 5 个月，多数患者皮损几乎完全消除。

（四）用药指导

痤疮是一种好发于面部的损容性皮肤疾病，需将健康教育贯穿于痤疮治疗始终，以达到治疗、美观、预防于一体的防治目的。

1. 药物治疗指导 ①指导患者了解痤疮的发病机制、临床表现、治疗措施等，提高患者对治疗手段的依从性，认识到外用药造成的不良反应，如轻度皮肤刺激等。②指导患者掌握药物使用方法，谨遵医嘱用药，关注其副作用，出现不适症状需及时就诊。③指导患者避免刺激、暴晒、摩擦，剧烈活动后及时清洗皮肤。

2. 轻度皮肤刺激反应防治指导 患者在使用药物治疗青春痘痤疮时，可能会使皮肤中水分蒸发过快，从而导致局部红斑、脱屑、烧灼感等。

（1）可引起轻度皮肤刺激反应的药物：维 A 酸类、过氧化苯甲酰等药物治疗时易出现皮肤屏障受损，易导致皮肤干燥。

（2）临床表现：主要有皮肤干燥、粗糙、脱屑等，部分患者还可伴有红斑、皲裂、瘙痒等症状。

（3）预防：①建议患者在使用时先建立耐受，日常注意皮肤的护理，宜选择舒敏保湿类护肤品。②维 A 酸类药物具有光敏性，需做好防晒。③痤疮呈慢性过程，治疗中需要定期复诊，根据治疗反应情况及时调整治疗方案，减少后遗症发生。

第二节　湿　疹　皮　炎

 导入案例

> 患者，男，50 岁。以"周身皮疹，瘙痒反复发作 3 年，加重 1 个月"为主诉来诊。
>
> 瘙痒反复发作，夜间尤甚。体格检查：颜面部红斑界限不清，颈项、胸腹、背部、四肢丘疹成片，少量水疱，点状糜烂，脱屑不多，部分抓痕，结痂，腘窝皮肤肥厚，色素沉着。实验室检查：外周血嗜酸性粒细胞 11.5%，嗜酸性粒细胞绝对值 0.6。临床诊断：特应性皮炎。治疗方案：①氯雷他定片：10mg，1 次 /d，口服，瘙痒控制后停药。②吡美莫司软膏：外用，2 次 /d。
>
> **请思考：**
>
> 1. 氯雷他定的注意事项是什么？
> 2. 吡美莫司属于哪类药物？作用是什么？

皮炎以发痒的红色疹子为特征，疹子表面可能变成鳞屑剥落。可能因接触刺激性或易致过敏物质而引发，或因感染、药物、辐射所致，有时原因不明。病因不明的初步诊断为湿疹，查明病因再确诊为某种皮炎，如接触性皮炎、特应性皮炎等。湿疹皮炎类皮肤病约占皮肤科门诊病例的30% 以上。

【疾病简介】

1. 湿疹（eczema） 是一类由多种内因（慢性感染病灶、内分泌代谢紊乱、精神因素、遗传因素等）或外因（食物、生活环境等）综合作用引起的表皮及真皮浅层的炎症性皮肤病，发病率为 3% ~ 7%，70% 以上患者有家族史。临床表现为瘙痒性、对称性、多形性、渗出性和复发性五大特点。

2. 接触性皮炎（contact dermatitis） 是由于皮肤或黏膜接触外源性物质后，在皮肤黏膜接触部位发生的急性或慢性炎症性反应。患者有瘙痒感和烧灼感，重者有痛感。有自限性，病因去除后，数日至十余日可痊愈。详细询问发病前接触史，寻找可能致病物质，是诊疗的关键。

3. 特应性皮炎（atopic dermatitis） 是一种与遗传过敏体质有关的特发性炎症性皮肤病。皮损呈多形性，病程缓慢、瘙痒剧烈，多具有家族发病的特点，大多数在婴儿、儿童期可自愈，但仍有约 10% 患者可迁延至成人期。

【药物治疗的目的及原则】

（一）药物治疗的目的

湿疹皮炎类皮肤病的治疗目的是减少瘙痒，抑制炎症，保护和恢复皮肤的屏障功能，避免复发，提高患者生活质量。

（二）药物治疗的原则

病因明确者，如接触性皮炎，应先去除病因并对症治疗；病因未确定者，如湿疹和特应性皮炎，主要进行对症治疗。根据皮损炎症情况，选择清洁、止痒、抗菌、抗炎、收敛及角质促进剂等外用药物。剂型选择原则为：使湿性皮损干燥，干性皮损湿润。

【药物分类及常用药物】

目前治疗湿疹皮炎类皮肤病的药物包括外用药物和系统使用药物两大类，以外用药物为主。

（一）外用药物

皮肤科常用外用药物按治疗作用分类。

1. 糖皮质激素（glucocorticoids）　此类药物外用是小范围皮损的湿疹皮炎类皮肤病的首选。年幼或面部皮损患者应选择抗炎强度较弱、作用温和、不易过敏的 1% 氢化可的松霜、氢化可的松丁酸酯霜或莫米松糠酸酯霜。其他部位应根据皮损性质选择适宜强度的药物：①轻度湿疹一般选弱效激素，如醋酸氢化可的松乳膏；②中度湿疹建议用中效激素，如曲安奈德乳膏；③重度肥厚性皮损可选强效激素，如丙酸倍氯米松乳膏，或使用复方倍他米松注射液或醋酸曲安奈德注射液在皮损部位局部注射。苔藓化明显者可与维 A 酸霜联合使用。

> **知识链接**
> **中国特应性皮炎诊疗指南（2020 版）—— 特应性皮炎外用糖皮质激素治疗方案**
>
> 外用糖皮质激素（topical corticosteroids，TCS）是特应性皮炎的一线疗法。TCS 强度一般可分为四级（超强效：0.1% 氟轻松乳膏、0.05% 氯倍他索乳膏；强效：0.05% 卤米松乳膏、0.05% 二丙酸倍他米松乳膏、0.1% 戊酸倍他米松乳膏、0.25% 去羟米松软膏剂及乳膏；中效：0.05% 丙酸氟替卡松乳膏、0.1% 糠酸莫米松乳膏、0.1% 丁酸氢化可的松乳膏、0.1% 曲安奈德乳膏；弱效：氢化可的松乳膏、0.05% 地奈德乳膏/软膏）。初治时应选用足够强度的制剂，以求在数天内迅速控制炎症，炎症控制后逐渐过渡到中弱效 TCS 或钙调神经磷酸酶抑制药。面颈部及皱褶部位推荐短期使用中弱效 TCS。肥厚性皮损可选用封包疗法。急性期泛发性严重或者顽固皮损推荐短期（通常 3 天，不超过 14 天）湿包治疗，可快速有效控制症状，该疗法特别适用于不宜系统用药的儿童患者，但要注意长期大面积使用 TCS 可能导致皮肤和系统不良反应。

2. 钙调磷酸酶抑制药（calcineurin inhibitors）　为非皮质类固醇类外用免疫抑制药，主要作用机制是与细胞蛋白 FK506 结合蛋白结合，抑制钙调磷酸酶，阻止 T 细胞活化和增殖，及相关细胞因子的产生。较少引起皮肤萎缩，可相对较长时间用于所有发病部位，特别是面颈部和其他柔嫩皮肤部位。常用药物为他克莫司（tacrolimus，FK-506）和吡美莫司（pimecrolimus），均为大环内酯类化合物，结构及作用机制与环孢素相似，分子量小，可穿透炎性皮肤。可外用于特应性皮炎及其他炎症性皮肤病。

笔记栏

334

（二）系统使用药物

主要起止痒和抗过敏作用，可用 H_1 受体阻断药、三环类抗抑郁药等，辅助给予钙剂和维生素 C 降低毛细血管通透性。对用各种疗法效果不明显者，可考虑短期使用糖皮质激素。合并感染时，除皮肤明显渗出外，不提倡使用抗菌药物预防感染。

1. H_1 受体阻断药（H_1-receptor antagonists） 是临床上治疗皮肤黏膜变态反应性疾病最常用的抗过敏药，选择性阻断 H_1 受体，缓解局限性水肿，减轻瘙痒。第一代 H_1 受体阻断药可透过血脑屏障，具有镇静、催眠作用；第二代和第三代难以透过血脑屏障，几乎无镇静催眠作用。H_1 受体阻断药的药理作用、常用剂量及用法见表 14-1。

表 14-1　常用 H_1 受体阻断药的药理作用、常用剂量及用法

常用药物		药理作用					常用剂量及用法
		外周（抗组胺）	中枢（镇静）	中枢（抗晕止吐）	抗胆碱	其他	
第一代（短效）	氯苯那敏	+++	+	+/-	++	-	口服，4mg/次，3 次/d；肌内注射，5～10mg/次，1 次/d；静脉注射，10mg，1 次/d
	异丙嗪	+++	+++	++	+++	局麻	口服，12.5～25mg/次，2～3 次/d；肌内注射，25mg/次，1 次/d；静脉滴注，25～50mg/次，1 次/d
	苯海拉明	++	+++	++	+++	局麻	口服，12.5mg/次，2～3 次/d
	赛庚啶	+++	++	+	++	抗 5-HT	口服，2～4mg/次，2～3 次/d
第二代（长效）	氯雷他定	+++	-	-	-	-	口服，10mg/次，1 次/d
	西替利嗪	+++	+	-	-	-	口服，10mg/次，1 次/d；晚饭前服用
	依巴斯汀	+++	-	-	-	-	口服，10mg/次，1 次/d
	阿伐斯汀	+++	-	-	-	抗 5-HT	口服，8mg/次，2～3 次/d
	咪唑斯汀	+++	-	-		抗炎	口服，10mg/次，1 次/d
	酮替芬	++++	-	-		抗炎	口服，0.5～1mg/次，2 次/d
	地氯雷他定	+++	-	-	-	-	口服，5mg/次，1 次/d
第三代（长效）	左旋西替利嗪	+++	+	-	-	-	口服，5mg/次，1 次/d
	非索非那定	+++	-	-	-	-	口服，120～180mg/次，1 次/d

2. 三环类抗抑郁药 多塞平（doxepin）兼有 H_1 和 H_2 受体阻断作用，同时也是胆碱能受体和肾上腺素受体阻断药，阻断 H_1 受体的效价比苯海拉明和赛庚啶强。临床应用发挥止痒、镇静作用。

笔记栏

3. 糖皮质激素　湿疹皮炎类皮肤病一般不主张系统使用糖皮质激素。但是对于难治性患者或者泛发性湿疹、严重接触性皮炎或特应性皮炎，特别是皮肤有坏死倾向者，可考虑短期使用，是由于其具有抗炎、抗过敏、免疫抑制和收缩局部血管等作用。例如泼尼松 15mg 或曲安西龙 12mg，早晨顿服；复方倍他米松（倍他米松二丙酸酯 5mg、倍他米松磷酸二钠盐 2mg），肌内注射。待炎症控制后逐渐减量停用，一般用药 3~7 天。对于较顽固病例，可先应用糖皮质激素，后逐渐过渡为免疫抑制药或紫外线疗法。

【用药护理】

（一）用药评估

1. 健康史　年龄、过敏史、病程长短；药物、食物、化学性物质接触史；饮食习惯（是否偏食、经常食用海鲜或辛辣食物）、生活习惯（是否经常大量饮酒、吸烟），患者睡眠质量及情绪等。

2. 临床表现　湿疹皮炎的临床表现复杂，主要评估以下项目：

（1）评估皮损程度：①皮损位置及分布（四肢或躯干、暴露或遮盖部位、广泛或局限、对称或单侧、分隔或融合）。②皮疹原发或继发。③皮损性状、渗出、糜烂情况、病程。④是否伴有瘙痒、疼痛，及严重程度。

（2）是否有并发感染。

3. 皮肤专科检查　皮损分布部位、皮损面积、皮疹形态、发生时间及周期评估。

4. 心理社会因素　湿疹及特应性皮炎患者由于瘙痒严重，常导致心情烦躁，多因病情反复发作，久治不愈才就医，依从性较差。但接触性皮炎患者起病急，损害严重，患者主要表现为恐惧，一般依从性好。

（二）用药安全

以外用药物治疗为主，用药前应先去除鳞屑及结痂，以促进药物吸收；湿敷范围不超过体表总面积的 1/3，注意保暖；湿敷敷料应不少于 6 层纱布，每天更换不少于 3 次；散剂、洗剂每天可多次使用；软膏、乳膏、糊剂每天 1~2 次为宜，糊剂一般不宜直接涂于皮肤，应涂于纱布，覆盖于皮肤表面。

1. 糖皮质激素

（1）不良反应：长期局部使用可使皮肤出现红斑、皮下出血、局部多毛、色素沉着、唇周炎、毛细血管炎、皮肤萎缩等，尤其是继发感染。治疗几天内可发生表皮改变，主要表现为细胞变小，通常停止给药可以逆转。真皮萎缩通常发生在几周后，几乎不可逆。

（2）用药注意事项：外用糖皮质激素时，应密切注意皮肤反应，出现不良反应，立即终止治疗。糖皮质激素联合封包对于增厚结痂的慢性皮损有效，但封包时间不宜过长，每天不应超过 12 小时。

外用糖皮质激素应遵循以下原则：①应使用效力相当的药物来控制病情，大多数皮肤病仅需使用中、弱效激素。②用药间隔不宜过短、疗程不宜过长，每天 2 次、不超过 4 周；含强效激素的霜或软膏，每天 1 次，不超过 2 周。③皮肤较薄部位（如脸部）易发生不良反应，尽量使用氢化可的松或非氟化激素。④慢性疾病应逐渐停止治疗，以减少局部皮损复发的机会。

2. 钙调磷酸酶抑制药　不良反应主要为用药初期发生的局部瘙痒、刺痛或灼烧感，但强度和持续时间可随症状改善而减弱或消失。长期系统应用，可能有致癌性。不推荐用于孕妇、哺乳期妇女或有遗传性表皮障碍缺陷或者广泛红皮病患者。虽然该类药物对儿童免疫系统发育的潜在作用尚不明确，但 2023 年 4 月，吡美莫司乳膏获得中国国家药品监督管理局正式批准，拓展适应证用于治疗 3 个月及以上轻度至中度特应性皮炎患者。

3. H_1 受体阻断药　最常见的不良反应是降低患者注意力，影响精细操作，引起嗜睡，尤其是第一代抗组胺药。饮酒或服用其他中枢抑制药（如镇静催眠药、抗抑郁药）可加重嗜睡，需做好用药教育。

（三）用药监测

密切监测瘙痒及皮损改善情况，以便及时调整药物治疗方案。监测剧烈瘙痒是否减轻、皮损是否缓解、有无继发感染、睡眠质量和情绪是否好转等。

（四）用药指导

1. 药物治疗指导　①指导患者了解湿疹皮炎类皮肤病的病理特点、临床表现及治疗周期等，避免湿疹久治不愈使患者丧失治疗信心、依从性差。②指导患者掌握药物用法及注意事项，密切监测瘙痒及皮损改善情况，以便及时调整药物治疗方案。③指导患者进行基础治疗，合理清洁皮肤，外用保湿润肤剂恢复和保持皮肤屏障功能，改善刺激性环境，避免接触致敏物。

2. 皮肤萎缩防治指导　皮肤萎缩是指表皮、真皮或皮下组织出现一种或几种组织减少变薄的病理变化。

（1）可引起皮肤萎缩的药物：使用糖皮质激素类药物如醋酸可的松、倍他米松、氟轻松、曲安奈德等，可能导致皮肤萎缩。

（2）临床表现：当表皮、真皮均萎缩时，皮肤变薄透明，可见其下血管，皮纹完全消失，皮肤容易推动。萎缩局部出现皮肤生理功能障碍，如汗腺、皮脂腺等分泌功能减退。

（3）预防：①使用激素类药物时，可局部联合应用维A酸及维生素D等药物。②适当运动、均衡营养，注意防晒，可外用润肤剂等帮助皮肤保湿。

第三节　真菌性皮肤病

 导入案例

患者，男，48岁。以"躯干及双上肢圆斑瘙痒2个月"为主诉就诊。2个月前皮肤出现散在高粱米粒大小丘疹，后慢慢扩大成铜钱大小的圆斑，伴剧烈瘙痒。体格检查：浅红色圆形斑，边缘清楚，周围有鲜红色小丘疹，中心皮损趋于消退，边缘鳞屑明显。实验室检查：血常规无异常。直接镜检白色鳞屑：可见菌丝和孢子。临床诊断：体癣。治疗方案：1%特比萘芬乳膏：外用，每天2次，症状消失后，继续使用2周。

请思考：

1. 本例为何使用外用特比萘芬？是否需要系统使用特比萘芬？

2. 体癣症状消失后为何仍要继续使用特比萘芬乳膏2周？

3. 本例患者的用药护理要点是什么？

真菌性皮肤病是一种临床常见、易复发性皮肤病。根据真菌入侵组织深浅不同，分为浅部和深部感染两类，临床上绝大多数患者属于浅部真菌感染。

【疾病简介】

真菌性皮肤病（dermatomycosis）是由真菌引起的感染性皮肤病。浅部真菌病主要由毛癣菌属、小孢子菌属和表皮癣菌等癣菌引起，主要侵犯皮肤、毛发、指（趾）甲等，统称为癣（tinea）。深部真菌病常由白假丝酵母菌（白念珠菌）、新型隐球菌等感染引起，可累及皮肤黏膜，主要侵犯内脏器官和深部组织。长期使用广谱抗生素、皮质激素、免疫抑制药、抗肿瘤药者，或机体免疫功能低下者易致深部真菌感染，发病率虽低，但危险性大，可危及生命。

【药物治疗的目的及原则】

（一）药物治疗的目的

真菌性皮肤病的治疗目的是快速消除症状、控制真菌感染、防止复发及继发细菌感染。

（二）药物治疗的原则

以局部抗真菌药物为主，必要时系统应用抗真菌药物。当浅部真菌病继发细菌感染时，应首先抗细菌治疗，再行抗真菌治疗，局部皮损应按湿疹治疗原则处理。诊断明确后，首选杀菌药，坚持足量、足疗程用药，防止复发。

【药物分类及常用药物】

（一）外用抗真菌药

真菌性皮肤病的外用抗真菌药包括：丙烯胺类，如特比萘芬（terbinafine）、布替萘芬（butenafine）和萘替芬（naftifine）等；唑类，如联苯苄唑（bifonazole）、氯康唑（croconazole）、硫康唑（sulconazole）、噻康唑（tioconazole）等；其他类，如吗啉类的阿莫罗芬（amorolfine）、吡啶酮类的环吡酮胺（ciclopirox olamine）。

1. 特比萘芬　具广谱抗真菌活性，对皮肤癣菌有杀菌作用，对其他丝状真菌（孢子丝菌、卡氏枝孢霉等）及酵母菌也具有抗菌作用。外用（1% 霜剂、乳膏剂等）用于体癣、股癣、皮肤念珠菌病、花斑癣等，每天涂抹 1 ~ 2 次，疗程 1 ~ 2 周。

2. 联苯苄唑　低浓度通过抑制真菌麦角固醇合成，抑制真菌细胞活性而产生药效；高浓度与细胞膜磷脂特异性结合，杀灭真菌。特点是在皮肤存留时间长，吸收较少。主要外用于体癣、股癣、手足癣、花斑癣等浅表皮肤真菌病。临床常用 1% 乳膏、凝胶，涂于患处，每天 1 次，疗程 2 ~ 4 周。

3. 阿莫罗芬　具有广谱抗真菌活性，对皮肤、甲板癣菌抑制作用强，念珠菌属对其敏感性存在明显的种间差异。主要外用于阴道念珠菌病、甲癣、各种皮肤真菌病。临床常用 5% 阿莫罗芬搽剂，每周 1 ~ 2 次，疗程 4 周（甲癣 48 周）。

4. 环吡酮胺　广谱抗真菌药，主要通过改变真菌细胞膜的完整性，细胞内物质外流，导致真菌细胞死亡，外用治疗各种皮肤浅表或黏膜的癣菌病。临床常用 1% 药物涂于患处，每天 2 次。甲癣宜先用温水泡软灰指甲，再削薄病甲，涂药包扎。疗程 1 ~ 4 周（甲癣 13 周）。偶见局部刺激、红肿、烧灼感，停药则症状消失。

此外，一些角质剥脱剂也有一定的抗真菌作用，如水杨酸、间苯二酚（雷锁辛）等。

（二）系统使用抗真菌药物

此类药物包括多烯类抗生素类、丙烯胺类、棘白菌素类及唑类等，有效治疗深部真菌感染的药物较少。

1. 多烯类抗生素类　通过结合真菌胞膜上的麦角固醇，改变膜通透性，导致真菌细胞内容物外漏，抑制真菌生长。主要为两性霉素 B（amphotericin B），属于广谱抗真菌药，不易耐药，用于各种深部真菌病。静脉滴注，浓度不超过 1mg/ml，必要时可加入地塞米松，按照每天 0.5 ~ 1mg/kg，每天或隔天 1 次，6 ~ 10 周 / 疗程。

2. 丙烯胺类　通过抑制真菌细胞麦角甾醇合成中鲨烯环氧合酶，并使鲨烯在细胞内蓄积而起杀菌作用。对皮肤真菌有杀菌作用，对白假丝酵母菌有抑制作用。主要为特比萘芬，可用于浅表真菌、白假丝酵母菌感染。口服，每次 250mg，每天 1 次，足癣、体癣、股癣疗程为 2 ~ 4 周；皮肤念珠菌病 2 ~ 4 周；指甲癣 6 周；趾甲癣 12 周（花斑癣口服无效）。

3. 棘白菌素类　1,3-β-D- 葡萄糖合成酶的非竞争性抑制药，抑制葡聚糖合成酶，干扰真菌细胞壁合成，发挥杀菌作用，毒性较小。主要为卡泊芬净（caspofungin）、米卡芬净（micafungin）、阿尼芬净（anidulafungin），不与其他药物产生交互耐受，主要用于曲霉菌病和假丝酵母菌病。卡泊芬净静脉滴注，首次给予单剂量负荷量 70mg，以后每次 50mg，每天 1 次。米卡芬净静脉滴注，每次 50 ~ 150mg，每天 1 次。阿尼芬净静脉滴注，每次 50 ~ 100mg，每天 1 次。

4. 唑类 通过影响麦角甾醇合成，使真菌细胞膜合成受阻，导致真菌细胞破裂而死亡。常用的是伊曲康唑（itraconazole）、氟康唑（fluconazole）、伏立康唑（voriconazole）。伊曲康唑用于深部真菌病，每次 100 ~ 200mg，顿服，一般连续服用 1 周，停药 3 周，为一个疗程。氟康唑用于各种浅部和深部真菌病，口服，每次 200mg，每天 1 次，症状消失后，仍需要使用 2 周左右，以免复发。伏立康唑用于假丝酵母菌病和曲霉菌病，主要用于进行性、危及生命的免疫功能损伤的 2 岁以上患者，静脉滴注，每次 4 ~ 6mg/kg，每天 2 次；口服，每次 200mg，每天 2 次。

【用药护理】

（一）用药评估

1. 健康史 寻找传染源，了解患者生活、工作环境，以明确诱因。

2. 临床表现 评估患者皮损状况，包括皮损发生部位、皮损性状、渗出、糜烂情况、病程。询问是否有并发感染。

3. 实验室检查 刮去皮损边缘或脓液做真菌检查，明确感染菌种。

4. 心理社会因素 真菌感染伴有瘙痒、疼痛和烧灼感等影响患者活动和生活。另外，由于易复发或再感染，患者易失去信心，因此需评估其心理状态。

（二）用药安全

1. 外用抗真菌药 外用抗真菌药如环吡酮胺及联苯苄唑等应用时偶见局部发红、瘙痒、刺痛或烧灼感等刺激症状，一般停药后可自行消失。偶可发生接触性皮炎。用药部位如有烧灼感、红肿等情况应停药，并将局部药物洗净；孕妇及哺乳期妇女慎用。

2. 系统使用抗真菌药物

（1）不良反应：两性霉素 B、伊曲康唑等抗真菌药物均有一定肝毒性。特比萘芬等局部应用不良反应较少，偶有过敏反应，表现为局部瘙痒、皮疹等。系统给药主要不良反应为消化道反应（腹胀、恶心、腹泻等）和皮肤反应（皮疹），偶见味觉改变。

（2）用药注意事项：两性霉素 B、伊曲康唑等抗真菌药物均有一定肝毒性，对于需要系统使用抗真菌药物时，须监测肝功能。伊曲康唑还具有一定心脏毒性。

（三）用药监测

对于难治性甲真菌病、手足癣等疾病，除了应用外用抗真菌药外，还需依据病情增加系统抗真菌药物，两性霉素 B、伊曲康唑在治疗前应先检查肝功能，肝功能不全者禁用，治疗期间每两周进行一次肝功能检查。

（四）用药指导

1. 药物治疗指导 ①使患者了解真菌性皮肤病的主要病理特点、临床表现，认识其传染性，强调治疗时间，增强用药依从性。②指导患者掌握外用抗真菌药的使用方法及疗程，以及口服抗真菌药的用法和用量。③患者应注意个人卫生，避免交叉感染，观察药物不良反应，出现不适症状及时就诊。

2. 皮肤反应防治指导 患者在药物治疗过程中可能会出现皮肤局部发红、瘙痒、刺痛或烧灼感等刺激症状。为防止真菌性皮肤病的不良后果，应教会病人熟悉其表现及处理方法。

（1）可引起皮肤反应的药物：特比萘芬、卡泊芬净、米卡芬净等局部应用后偶有过敏反应，表现为局部瘙痒等；外用环吡酮胺偶见局部刺激等；外用联苯苄唑偶见皮肤刺激如烧灼感、过敏反应等；静脉滴注两性霉素 B 和口服伊曲康唑后会出现皮疹等皮肤反应。

（2）临床表现：皮肤反应可表现为全身各部位的皮肤损害，包括局部发红、瘙痒、刺痛或烧灼感、丘疹、水疱、糜烂、皲裂、脱皮、脓肿等，严重者可出现斑块、结节或囊肿。

（3）预防：①严格遵医嘱按时、按量用药，注意观察药物的不良反应，出现不适症状及时就诊。②避免接触真菌传染源。③保持皮肤清洁。④增强免疫力。免疫力低下者更容易感染真菌，需保持健康生活方式，如适当运动和健康饮食等。

笔记栏

第四节　病毒性皮肤病

 导入案例

患者，女，40岁。左颈部、胸部疼痛1周，群集性水疱2天。1周前无明显诱因，左颈部、胸部出现蚁走感并伴有阵发性针刺样痛，夜间尤重，外用伤湿止痛膏未见好转，2天前接触止痛膏部位皮肤出现红斑、伴有群集性丘疱疹和水疱来诊。既往史无特殊记载。皮肤科检查：左颈部、胸部见群集性丘疱疹和水疱，疱壁紧张发亮，内容澄清，沿神经走行呈带状分布，疹间可见正常皮肤，左侧腋窝淋巴结肿大并有压痛。临床诊断：带状疱疹。治疗方案：①伐昔洛韦：口服，每天3次，每次1 000mg，连续7天。②对乙酰氨基酚：口服，0.5g/次，一天3次。③皮疹糜烂渗出处予以3%硼酸溶液湿敷，一天2次。

请思考：

1. 该患者是否需要药物治疗？为什么？
2. 带状疱疹的治疗原则有哪些？
3. 该患者的用药注意事项是什么？

【疾病简介】

病毒性皮肤病（viral skin infections）是指由病毒感染引起的以皮肤黏膜病变为主的一类疾病。不同病毒对组织的亲嗜性有差异，人乳头瘤病毒具有嗜表皮性，引起疣；疱疹病毒具有嗜神经和表皮性，引起单纯疱疹、水痘及带状疱疹；更多的是泛嗜性病毒，可导致包括皮肤在内的全身广泛组织损伤，如柯萨奇病毒引起手足口病等。

【药物治疗的目的及原则】

（一）药物治疗的目的

多数病毒性皮肤病病程呈自限性，其治疗目的是缩短病程，防止继发细菌感染和全身播散，减少复发和传播。

（二）药物治疗的原则

病毒性皮肤病的治疗原则是提高机体免疫功能，对症处理，必要时使用抗病毒药。水痘、疣、传染性软疣等轻症主要对症处理，重症尽早使用抗病毒药。带状疱疹常常并有神经痛，其治疗原则是及时、足量、足疗程应用抗病毒药，辅以镇静止痛药物，目标是缓解急性期疼痛，限制皮损的扩散，预防或减轻神经痛及其他各种并发症，缩短病程。

【药物分类及常用药物】

（一）抗病毒药

常用于病毒性皮肤病的抗病毒药物包括：一线药物鸟嘌呤腺苷类似物，如阿昔洛韦、伐昔洛韦和泛昔洛韦等；二线药物膦甲酸钠；其他药物包括酞丁安、鬼臼毒素、阿糖腺苷等。常用抗病毒药的作用机制、常用剂量及用法（表14-2）。

表14-2　常用抗病毒药的作用机制、常用剂量及用法

常用药物		常用剂量及用法
鸟嘌呤腺苷类似物	阿昔洛韦	口服，200～800mg/次，1次/4h 静脉注射，每次5～10mg/kg，3次/d
	伐昔洛韦	单纯疱疹，口服，200～300mg/次，2次/d；带状疱疹，口服，1 000mg/次，3次/d
	泛昔洛韦	口服，250mg/次，3次/d

常用药物	常用剂量及用法
膦甲酸钠	静脉滴注，初始剂量 60mg/kg，1 次 /8h，维持量为每天 90～120mg/kg
酞丁安	1% 酞丁安软膏涂抹患处 2～3 次 /d
鬼臼毒素	涂于患处 2 次 /d
阿糖腺苷	静脉滴注，单纯疱疹病毒性脑炎为每天 15mg/kg，疗程为 10 天；带状疱疹感染为 10mg/kg，连用 5 天

1. 鸟嘌呤腺苷类似物　可有效抑制病毒复制。阿昔洛韦（acyclovir）是广谱高效的抗病毒药，为最有效的抗 I 型和 II 型单纯性疱疹病毒药物之一，对水痘带状疱疹病毒、巨细胞病毒等其他疱疹病毒均有效；伐昔洛韦（valaciclovir）是阿昔洛韦的前体药物，在胃肠道和肝脏内迅速转化为阿昔洛韦，生物利用度是阿昔洛韦的 3～5 倍；泛昔洛韦（famciclovir）对 I 型和 II 型单纯性疱疹病毒、水痘带状疱疹病毒、EB 病毒均有抑制作用，用于治疗带状疱疹和原发性生殖器疱疹，对免疫力正常患者的带状疱疹急性疼痛及后遗神经痛（postherpetic neuralgia，PHN）的治疗效果与伐昔洛韦相似。

2. 膦甲酸钠（foscarnet sodium）　特异性抑制病毒 DNA 聚合酶和反转录酶，对带状疱疹病毒有一定抑制作用，属于二线治疗药物。主要用于免疫缺陷或对阿昔洛韦、泛昔洛韦及伐昔洛韦耐药的单纯疱疹或带状疱疹病毒感染。

3. 酞丁安（ftibamzone）　对单纯疱疹病毒及水痘 - 带状疱疹病毒有一定抑制性，作用机制是抑制病毒蛋白质和 DNA 的合成。对浅表真菌也有一定抑制作用，适用于带状疱疹、单纯疱疹、尖锐湿疣、浅表真菌感染。

4. 鬼臼毒素（podophyllotoxin）　容易穿过细胞膜，能抑制正常皮肤角质生成细胞的一种细胞毒性药物。外用抑制人乳头瘤病毒感染上皮细胞的分裂增殖，使之坏死和脱落，适用于治疗外生殖器或肛周的尖锐湿疣。

5. 阿糖腺苷（vidarabine）　为嘌呤核苷类，在细胞内转化为有活性的三磷酸阿糖腺苷，抑制病毒的 DNA 聚合酶而干扰 DNA 合成。脑脊液中分布较高，可用于治疗单纯疱疹病毒性脑炎，还可以用于免疫抑制患者的带状疱疹和水痘感染，对巨细胞病毒无效。

（二）治疗神经痛药物

疼痛常贯穿疱疹疾病的全过程。轻中度疼痛可选用非甾体抗炎药（对乙酰氨基酚、双氯芬酸等）或曲马多；中重度疼痛可使用治疗神经病理性疼痛的药物，如钙离子通道调节药加巴喷丁、普瑞巴林，三环类抗抑郁药如阿米替林，或选择阿片类药物吗啡、羟考酮等。局部外用镇痛的药物包括局麻药利多卡因凝胶、非甾体抗炎药乳膏、辣椒碱软膏等。

（三）外用药

3% 硼酸溶液或冷水湿敷进行干燥和消毒，早期使用，每天数次，每次 15～20 分钟。水疱少时可涂炉甘石洗剂。皮疹晚期使用碘伏、聚维酮碘、呋喃西林等溶液湿敷，去除结痂，预防继发感染。

【用药护理】

（一）用药评估

1. 健康史　询问既往是否发生过水痘，是否有感染源接触史，是否存在机体免疫力降低情况如感染、恶性肿瘤、系统性疾病（如糖尿病、红斑狼疮）、外伤等，以明确病因。

2. 临床表现　①了解皮损具体情况，红斑、丘疹、水疱出现时间、形态、部位等。②了解患者前驱症状，是否有瘙痒、疼痛、发热、全身不适等。③询问患者的继发症状，如食欲降低、

笔记栏

睡眠障碍等。

3. 辅助检查 血常规检查，关注白细胞计数。评估肝肾功能，以便监测抗病毒药不良反应。

4. 心理社会因素 病毒性皮肤病可呈进展趋势，患者对治疗效果易产生质疑；抗病毒药物有一定肾毒性，患者对治疗接受度较差。

（二）用药安全

1. 一线抗病毒药

（1）不良反应：头晕、头痛等神经中枢反应，恶心、呕吐、腹泻等胃肠道反应，白细胞减少等血液系统反应，蛋白尿、尿素氮升高等泌尿系统反应。

（2）用药注意事项：如胃肠道反应较重可能导致患者脱水、尿量减少，增加抗病毒药肾损害的风险，因此，用药期间应注意补水，增加尿量。

（3）禁忌证：孕妇禁止口服或注射阿昔洛韦，但可外用；孕妇及2岁以下儿童禁用伐昔洛韦，肝功能不全、脱水、免疫缺陷者慎用伐昔洛韦，肾功能不全者需根据肌酐清除率调整剂量；严重肝功能不全者、妊娠和哺乳期妇女慎用泛昔洛韦。

2. 膦甲酸钠

（1）不良反应：肾功能损害、电解质紊乱和静脉炎，偶见疲劳、寒战、头痛、恶心、贫血、粒细胞减少、皮疹、口腔溃疡等，少数患者出现低血糖或癫痫发作。

（2）用药注意事项：膦甲酸钠具有肾毒性，可能发生严重不可逆的肾功能损害。用药期间应注意补水，增加尿量。

3. 阿糖腺苷 常见恶心、呕吐等消化道不良反应，偶见震颤、眩晕等中枢不良反应。用量超过规定时，反应较为严重。因此，不可静脉推注或快速滴注。

（三）用药监测

肾功能受损的患者对阿昔洛韦、膦甲酸钠等抗病毒药有蓄积作用，系统使用抗病毒药物时须监测肾功能。首次静脉滴注阿昔洛韦时必须检测血清肌酐清除率，血清肌酐清除率降低的患者距下次进行阿昔洛韦输注的间期从8小时延长至12小时甚至24小时。

（四）用药指导

1. 药物治疗指导 ①指导患者了解水痘、带状疱疹、传染性软疣等常见病毒性皮肤病的主要病理特点、临床表现，认识到病毒性皮肤病具有容易反复、治疗时间较长等特点，以提高患者重视。②指导患者掌握抗病毒药物的用法、用量，提高依从性，减少并发症。③指导患者使用一线抗病毒药期间密切监测血常规及肝、肾功能变化，观察药物的不良反应，出现不适症状及时就诊。

2. 肾功能损害防治指导 在抗病毒药物治疗过程中可能会出现肾损害的症状，因此，应教会患者熟悉其表现及处理方法。

（1）可引起肾功能损害的药物：阿昔洛韦、膦甲酸钠等抗病毒药物具有肾毒性，可能发生严重不可逆的肾功能损害，可危及生命，系统使用时须监测肾功能。

（2）临床表现：肾功能损害可能会出现尿频、尿急、尿痛、间质性肾炎，甚至出现血尿和无菌性脓尿，并伴有关节痛等症状。严重者会引起急性肾炎或肾小球坏死等肾病综合征，甚至导致肾功能衰竭而死亡。

（3）预防：①遵医嘱按时用药，使用抗病毒药时须监测肾功能。②用药期间注意补水，增加尿量，加速药物代谢，必要时进行尿液检查，若出现肾损害症状，应及时就诊。

ER14-3
带状疱疹患者
的药物治疗与
护理

笔记栏

第五节 细菌性皮肤病

 导入案例

患者，女，10岁。面颊部脓疱伴痒感4天。4天前无明显诱因，两侧面颊部出现散在红色斑丘疹，很快转变成脓疱，自觉瘙痒，搔抓后渗出、糜烂，脓液干燥后在表面形成蜡黄色厚痂，病程中无发热。既往健康，家族中无类似疾病者。皮肤科查体：两侧面颊部及口周见散在黄豆至蚕豆大小脓疱，疱壁薄，部分脓疱破溃伴渗出、糜烂，干燥脓疱表面覆有蜡黄色厚痂。体温：38.0℃。血常规结果：白细胞 $16.0 \times 10^9/L$ [$(4.0 \sim 10.0) \times 10^9/L$]，中性粒细胞0.88（0.50～0.70）。临床诊断：脓疱疮。治疗方案：① 2%莫匹罗星软膏：外用，每天3次，连续使用10天。②头孢氨苄：口服，12.5mg/kg，每天4次，连续使用10天。

请思考：

1. 本例外用莫匹罗星软膏的药理学依据是什么？
2. 本例中的头孢氨苄能否用左氧氟沙星等喹诺酮类药物替代？为什么？
3. 对于有破溃伴渗出的脓疱使用莫匹罗星软膏前注意事项是什么？

细菌性皮肤病（bacterial skin infection）可发生于全身皮肤，以头、面、颈、手等暴露部位最多见，轻微者可自愈，严重者可致残甚至危及生命。

【疾病简介】

正常皮肤表面存在常驻菌（如表皮葡萄球菌等）及暂住菌（如金黄色葡萄球菌等）。根据细菌形态可将细菌性皮肤病分为球菌性皮肤病和杆菌性皮肤病，前者主要是葡萄球菌或链球菌感染所致，多发生于正常皮肤上；后者分为特异性感染（如皮肤结核和麻风）和非特异性感染（革兰氏阴性）。临床常见细菌性皮肤病主要包括脓疱疮、毛囊炎、疖、痈、丹毒和蜂窝织炎等。皮肤结核病、麻风、坏死性筋膜炎等临床较少见，但感染严重，致残率及致死率较高。

【药物治疗的目的及原则】

（一）药物治疗的目的

细菌性皮肤病的治疗目的是治愈感染，阻止病情恶化，减少瘢痕形成，促进组织修复。

（二）药物治疗的原则

细菌性皮肤病治疗原则，轻症宜首选外用药物治疗，以杀菌、止痒、干燥、保护为原则，如脓疱疮、毛囊炎、疖和痈等。皮损广泛伴有发热等全身症状或营养不良、抵抗力低下者，除局部外用杀菌药物外，需早期、足量、足疗程系统给予抗菌药，缓解全身症状、控制炎症蔓延并防止复发。同时注意水电解质平衡，必要时输注血浆或白蛋白增强免疫力。

【药物分类及常用药物】

（一）外用药物

常用的抗菌药物有莫匹罗星、夫西地酸、杆菌肽、新霉素、红霉素等。

1. 莫匹罗星（mupirocin） 是假单胞菌培养液产生的假单胞菌A，通过可逆性结合异亮氨酸合成酶，使细胞内异亮氨酸合成终止，发挥抑菌和杀菌作用。对金葡菌、表皮葡萄球菌、化脓性链球菌和乙型溶血性链球菌活性极佳，对耐甲氧西林金葡菌有效。对厌氧菌、铜绿假单胞菌、粪肠球菌、真菌及皮肤常驻菌（如棒状杆菌、微球菌和丙酸杆菌）活性低。局部外用吸收少，皮肤代谢＜3%，多数药物停留在皮肤表面发挥抗菌活性。由于95%药物结合于蛋白，因此对渗出性伤口疗效稍差。适用于多种细菌引起的皮肤感染和湿疹、皮炎、糜烂、溃疡等继发感染。

临床常用为2%软膏，涂于患处，也可用敷料包扎或覆盖。一天3次，5天为一疗程。

笔记栏

2. 夫西地酸（fusidic acid） 与皮肤感染有关的各种革兰氏阳性球菌，尤其对葡萄球菌高度敏感，对耐药金黄色葡萄球菌有效，对某些革兰氏阴性菌有抗菌作用。与其他抗生素无交叉耐药性。皮肤病理条件下，可透入深层皮肤，进入感染病灶部位而发挥作用。临床主要用于革兰氏阳性球菌引起的各种皮肤感染，如脓疱病、疖肿、毛囊炎、甲沟炎、寻常痤疮等。常用 2% 乳膏涂于患处，必要时可用多孔绷带包扎患处。一天 2～3 次，7 天为一疗程，必要时重复一个疗程。

（二）系统治疗药物

主要选择青霉素类、头孢类、大环内酯类、喹诺酮类等，必要时依据药敏试验选择药物。

【用药护理】

（一）用药评估

1. 健康史 了解患者既往感染源接触史；有无外伤及感染、瘙痒性皮肤病、外界污染物接触史；有无机体抵抗力降低相关诱因，如糖尿病、慢性肾炎、血液病等。

2. 临床表现 ①了解皮损部位及程度。②了解局部皮温、有无隆起蔓延情况等。③了解是否有全身不适，如发热、局部烧灼感等。④询问继发情况，是否伴有全身感染、淋巴结水肿、丹毒形成象皮腿等。

3. 评估实验室检查 血常规中白细胞计数、中性粒细胞计数、血细胞沉降率等。

4. 心理社会因素 丹毒和蜂窝织炎起病急，患者可能出现寒战、高热及全身症状，患者易产生恐惧、焦虑情绪。

（二）用药安全

抗菌药常见不良反应如恶心、呕吐、腹泻、皮疹等。

1. 脓疱疮、毛囊炎、疖、痈的药物治疗注意事项 以外用药物治疗为主，未破损者可外用 10% 炉甘石洗剂、3% 碘酊、莫匹罗星软膏，涂抹，每天 3 次，7～10 天为一疗程。脓疱较大应抽取脓液，脓疱破溃者可用 1∶5 000 高锰酸钾或 0.5% 新霉素溶液清洗湿敷，再外用莫匹罗星软膏。疖、痈早期切忌挤捏和早期切开，晚期已化脓者应及时切开引流。对于病情较重或外用药物久治不愈者，可系统给药治疗，选用耐酶青霉素类、头孢类、大环内酯类、喹诺酮类抗生素，或根据药敏试验选择抗菌药。喹诺酮类一般不用于 16 岁以下儿童。

2. 丹毒和蜂窝织炎的药物治疗注意事项 反复发作患者应注意查明并处理慢性病灶（如足癣等）。系统给药应选择高效抗菌药，并遵循早期、足量、足疗程的原则。丹毒首选青霉素，480 万～640 万单位，静脉注射，一般 2～3 天后体温恢复正常，持续用药约 2 周防止复发；青霉素过敏者可选用大环内酯类或喹诺酮类。蜂窝织炎发展较为迅速，患者宜选择抗菌谱较广的头孢类抗生素、大环内酯类等。

（三）用药监测

目前革兰氏阳性菌的耐药问题日益严重，需监测抗菌药治疗效果，必要时，根据药敏试验调整给药方案。无论局部外用还是系统给药，均应达到足量、足疗程，患者易因临床症状缓解而终止用药，不仅易导致疾病复发，而且促进耐药菌种的发展。

（四）用药指导

1. 药物治疗指导 ①指导患者了解细菌性皮肤病的病理特点、菌种分类、耐药菌发展及治疗措施等，提高患者依从性，避免擅自增、减、改、停抗菌药。②指导患者进行药敏试验，掌握药物用法，保证用药剂量和疗程，避免二重感染。③指导患者日常护理，保持环境清洁，防止皮肤损伤，必要时进行简单隔离。

2. 胃肠道反应防治指导 在使用口服药物治疗细菌性皮肤病时，可能会诱发胃肠道反应，产生呕吐、腹胀、腹痛等消化道的症状。

（1）可引起胃肠道反应的药物：主要有氨苄西林、头孢克洛、阿奇霉素、红霉素等。

（2）临床表现：通常表现为口干、恶心、呕吐、食欲减退、腹痛、腹泻等。

（3）预防：①患者需明确服药时间，减少胃肠道刺激。②早期轻度不良反应会在使用一段时间后自行缓解，若持续不缓解应及时更换其他抗菌药物治疗。③多种抗菌药物联合使用可增加不良反应，建议使用单一药物进行治疗。

第六节　银　屑　病

 导入案例

患者，男，60 岁。因"头部皮疹伴痒 10 年，躯干、四肢红斑鳞屑 1 个月余"入院。患者 10 年前开始后头皮出现红色皮疹伴较多银白色鳞屑，伴痒，反复发作，时好时坏，未予重视。1 个月前，患者接触装潢材料后，出现头部皮疹再发，后四肢、躯干渐渐出现红色皮疹，高于皮面，开始呈针尖大小，并扩展成钱币或更大，伴瘙痒，搔抓可出现脱屑及出血，皮疹进行性增多。皮肤科体检：面部散发，头皮、躯干、四肢较多分布的红斑、斑块，部分有融合倾向，其上覆细鳞屑。临床诊断：银屑病。治疗方案：①甲氨蝶呤片：2.5mg，每 12 小时一次，连服 3 次，下一周的同一时间重复治疗；2 周后每周剂量增加 2.5mg，直至每周剂量 15mg；症状控制后，每周 2.5mg 巩固疗效，持续 3 个月。②卡泊三醇软膏：皮损处外涂，2 次 /d。

请思考：

1. 本例使用甲氨蝶呤的药理学依据是什么？
2. 本例的护理注意事项是什么？
3. 本例使用卡泊三醇的药理学依据是什么？

银屑病俗称牛皮癣，是一类常见的原因不明的非传染性皮肤病，病程长，不易彻底根治，易复发。

【疾病简介】

银屑病（psoriasis）是一种遗传与环境共同作用诱发的免疫介导的慢性、复发性、炎症性、系统性皮肤病，其特征表现为鳞屑性红斑或斑块，局限或广泛分布。银屑病可合并系统疾病，称为银屑病共病，严重影响患者的生活质量。

银屑病病因及发病机制尚未完全明了，由遗传基因调控与环境因素共同导致。主要病理特征是由免疫系统介导的 T 淋巴细胞浸润真皮。根据临床特征分为寻常型、关节病型、脓疱型和红皮型四种类型，99% 以上为寻常型。

 知识链接

中国银屑病诊疗指南（2023 版）——银屑病治疗方案

（1）序贯疗法：①皮损清除期：用强效和起效快的药物，快速控制疾病，清除皮损。②过渡期：用耐受性好、安全的药物维持，将强效药物逐渐减量。③维持期：仅用维持药物，必要时可联合 PUVA 或 UVB 照射，维持疗效，防止复发。

（2）交替疗法：常用甲氨蝶呤、阿维 A、环孢素及生物制剂等交替治疗，可联合 NB-UVB、PUVA。当皮损类型改变、面积增大或当前治疗失败时需转换治疗方法。

笔记栏

（3）联合疗法：①传统药物（阿维A、甲氨蝶呤）联合光疗。②传统药物之间联合，仅在单一药物疗效不佳时且患者知情同意后才考虑联合治疗。③传统药物与生物制剂联合：TNF-α抑制剂联合甲氨蝶呤（5～15mg/周）可减少抗药抗体产生，提高TNF-α抑制剂的最低药物浓度；阿维A与依那西普联用安全性较好，增强疗效。④系统用药与局部用药联合。

【药物治疗的目的及原则】

（一）药物治疗的目的

银屑病的治疗目的在于控制及稳定病情，减缓疾病发展进程，抑制皮损加重及瘙痒等；避免疾病复发及加重，减少药物不良反应。控制与银屑病相关的并发症，减少共病发生；改善患者生理、心理、社会功能。

（二）药物治疗的原则

应遵循：①规范：强调使用目前公认的治疗药物和方法。②安全：治疗方法以安全性为首要。皮损少而局限的寻常型银屑病仅需适当外用药物治疗，原则上不系统使用糖皮质激素、免疫抑制药等，以免加重或转化为其他型银屑病；急性进行期禁用高浓度、强刺激性外用药物，以免诱发红皮型银屑病；皮损广泛严重者给予综合治疗。③个体化：全面考虑患者的病情、经济承受能力、既往治疗史及药物不良反应等，综合制订个体化治疗方案。

【药物分类及常用药物】

1. **糖皮质激素** 主要外用糖皮质激素类药物。急性期、浸润不明显的皮损、头面部和外阴部多用中弱效糖皮质激素，如0.1%糠酸莫米松乳膏或软膏；斑块型皮损可用中强效糖皮质激素乳膏，如0.05%地奈德乳膏；四肢及手足皮损可用强效糖皮质激素乳膏，如0.25%泼尼卡酯乳膏。毛发部位宜用酊剂或溶液剂，慢性肥厚性皮疹也可用封包疗法。

2. **维A酸类** 维生素A类似物，具有调节表皮细胞分化和增殖、减少炎症等作用，治疗各种类型的银屑病。临床常外用他扎罗汀，系统治疗用阿维A（acitretin）。

他扎罗汀为皮肤外用的维A酸类的前体药，在体内快速脱脂转化为他扎罗汀酸，作用于维A酸受体发挥作用，外用治疗银屑病。临床应用0.05%或0.1%凝胶剂、乳膏，每晚睡前涂于患处。

阿维A是阿维A酯的代谢产物，口服用于治疗严重银屑病。阿维A起始治疗时为一次25mg或30mg，每天1次。起效后，给予每天20～30mg维持剂量。如用药4周未达到满意疗效，且无毒性反应，每天可逐渐增加至60～75mg。

3. **维生素D_3类似物** 与维生素D受体结合，抑制银屑病皮肤角质形成细胞的过度增生和诱导其分化，兼具抗炎作用，降低维生素D_3引起的高钙血症风险。临床常用卡泊三醇（calcipotriol）、骨化三醇（calcitriol）、他卡西醇（tacalcitol）、马沙骨化醇（maxacalcitol）等软膏剂，外用，刺激性小，为面部银屑病的首选外用药。每天1～2次，涂于患处，一般2～3周开始发挥作用，有效后可减至每天1次。可与地蒽酚、维A酸类及糖皮质激素局部合用，增加疗效。系统性治疗尚存在潜在毒性，可与环孢素、阿维A或MTX联合应用。

4. **甲氨蝶呤（methotrexate，MTX）** MTX是全身治疗银屑病的标准用药，但治疗量与中毒量接近，初始剂量宜小。主要用于红皮型、关节病型、急性泛发性脓疱型、严重影响功能的银屑病。每周口服给予MTX，依从性差的患者或出现恶心等不良反应的患者，可肌内注射给药。每周给药方式有两种：一次性服用或每周分三次服用，间隔超过24小时。小剂量开始，逐渐增至维持剂量。通常每周服用10～15mg即有效，总剂量很少超过30mg。当达到最大疗效后，以每周2.5mg递减，以达到控制疾病的最小剂量。

5. **地蒽酚（dithranol）** 通过抑制酶代谢、降低增生表皮细胞的有丝分裂活动，使表皮细胞生成速度和皮肤焦化速度恢复正常，缩小和消退皮损。每天1次，涂于患处，治疗寻常型银屑病。

6. 补骨脂素衍生物 甲氧沙林（methoxsalen）和三甲沙林（trioxysalen）能增强酪氨酸酶作用，加速色素的形成，抑制 DNA 合成、细胞分裂和表皮更替，是临床常用的色素形成剂，与长波紫外线合用治疗白癜风及银屑病。接受长波紫外线照射 2 小时，口服甲氧沙林（20～50mg）或三甲沙林（0.3～0.5mg/kg），每周 2～3 次，至少间隔 48 小时。

7. 抗感染药物 细菌、病毒或真菌感染是银屑病发病的重要诱因，通过应用药物控制感染，可以达到治疗银屑病的目的。

8. 生物制剂 包括阿法西普（alefacept）、依那西普（etanercept）、英夫利昔单抗（infliximab）、阿达木单抗（adalimumab）、优特克单抗（ustekinumab），主要靶点是 T 细胞和细胞因子如 TNF-α 和 IL-12/23，适用于中度至重度寻常型银屑病及关节型银屑病。常见不良反应为注射部位局部反应，包括轻至中度红斑、瘙痒、疼痛和肿胀等。

【 **用药护理** 】
（一）用药评估

1. 健康史 询问患者家族史，因银屑病存在遗传易感性。过敏史对疾病诊断无意义。

2. 临床表现 ①大多数寻常型银屑病急性起病，迅速扩延全身。白色鳞屑、发亮薄膜和点状出血是诊断银屑病的重要特征，称为"三联征"。患者多自觉不同程度瘙痒。②关节病型银屑病为银屑病皮疹并伴关节及周围软组织疼痛、肿胀、压痛、僵硬和运动障碍，部分患者可有骶髂关节炎和/或脊柱炎，病程迁延，易复发。③脓疱型银屑病常伴有发热、寒战、关节肿痛及白细胞增高等全身症状。可并发肝、肾损害，也可因继发感染、电解质紊乱导致病情严重甚至危及生命。④红皮型银屑病全身呈现弥漫性潮红浸润，大面积皮损中常有片状正常"皮岛"。

3. 皮肤专科检查 皮损分布部位、皮损面积评估、皮损外形评估等。

4. 心理社会因素 银屑病病因不明、病程长、不易彻底根治、易复发，疾病对患者生活、工作、社交等影响巨大，患者易出现焦虑、恐惧等负面情绪。

（二）用药安全

银屑病病程长，长期药物治疗不良反应多，易引发多种并发症。

1. 糖皮质激素

（1）不良反应：长期外用糖皮质激素时，可能导致表皮和真皮的萎缩、毛细血管扩张、持久性红斑、痤疮样疹、毛囊炎及皮肤色素沉着等。长期较大剂量使用糖皮质激素、免疫抑制药等药物时，易诱发口腔念珠菌感染。

（2）用药注意事项：出现皮肤刺激感、皮疹等过敏反应时应停止使用糖皮质激素；定期观察患者口腔黏膜情况，指导患者用生理盐水或复方硼砂溶液漱口。

（3）禁忌证：严重骨质疏松症、严重高血压、动脉硬化、中度以上糖尿病、心肾功能不全、妊娠早期者慎用。

2. 维 A 酸类 不良反应、用药注意事项、禁忌证详见本章第一节"痤疮"。

3. 维生素 D_3 类似物

（1）不良反应及用药注意事项：口服维生素 D_3 类似物可引起高钙血症或高钙尿症，一般停药 3 天可缓解；外用存在一定的刺激性，辅助外用糖皮质激素可降低维生素 D_3 刺激性。

（2）禁忌证：肝肾功能不全者慎用，高钙血症、维生素 D 增多症禁用。

4. 甲氨蝶呤等免疫抑制药 用药安全内容详见第十二章第一节"类风湿关节炎"。

5. 补骨脂素衍生物

（1）不良反应：皮肤色素沉着、瘙痒等。

（2）用药注意事项：治疗期间不宜食用酸橙、无花果、香菜、胡萝卜等含呋喃香豆素类食物，注意避免与其他光敏药物同时使用，以免增加光毒性。

（3）禁忌证：有日光敏感家族史、孕妇及哺乳期妇女慎用或禁用。

笔记栏

（三）用药监测

MTX 经肝脏代谢为谷氨酰化的 MTX，也具有二氢叶酸还原酶活性，毒性增加。主要经肾脏排泄，因此肾功能是影响该药不良反应的重要因素。应用前需对患者进行全面评估，调整药物剂量，可显著降低肝损伤、肾损伤、消化道毒性、口腔黏膜炎、骨髓抑制等的发生风险，治疗过程中应定期监测血象和肝、肾功能。

（四）用药指导

1. 药物治疗指导　①指导患者了解银屑病的临床表现、治疗周期等，认识到银屑病病程长、易复发等特点。②指导患者掌握药物的用法、用量，在急性进行期禁用高浓度、强刺激性外用药物，治疗以稳定病情，避免复发为主。

2. 银屑病共病防治指导　银屑病合并其他非皮肤性疾病的情况（如代谢综合征、心血管疾病等）称为银屑病共病，是增加银屑病死亡率的重要因素。

（1）可引起银屑病共病的药物：主要有糖皮质激素、甲氨蝶呤、地蒽酚、补骨脂素衍生物等。

（2）临床表现：银屑病共病患者，可能会同时患有关节炎、高脂血症、糖尿病、代谢综合征、冠心病等疾病。

（3）预防：①指导患者了解银屑病药物用药禁忌证和注意事项，遵从医嘱，坚持长期、规律、合理用药。②提高患者对银屑病共病的认识，用药期间定期查体，如有相关症状要及时就诊。③对患者进行有针对性的健康管理，个体化治疗，减少银屑病共病的发生。

（李 华）

小 结

外用药物是皮肤科疾病药物治疗的特色，必要时配合系统药物应用。

痤疮的药物治疗目的在于控制症状，避免或减轻色素沉着及瘢痕形成。药物主要包括维A酸类、抗感染药物。维A酸类分为外用维A酸类和系统应用维A酸类，外用维A酸类可抑制痤疮早期的皮损，是非炎性痤疮的一线药物；系统性维A酸类药物使用时应注意用法用量及不良反应，需定期进行临床评估。抗感染药物可控制痤疮的炎症或化脓感染。口服抗生素首选四环素类（米诺环素和多西环素），其次为大环内酯类、磺胺类等。

湿疹皮炎药物治疗目的以减少瘙痒、抑制炎症、保护和恢复皮肤的屏障功能为主。外用药物包括糖皮质激素、钙调磷酸酶抑制药。糖皮质激素是小范围皮损的湿疹皮炎类皮肤病的首选药；钙调磷酸酶抑制药常用药物为他克莫司和吡美莫司，分子量小，可穿透炎性皮肤，外用于特应性皮炎及其他炎症性皮肤病。系统使用药物主要起止痒和抗过敏作用，包括 H_1 受体阻断药、三环类抗抑郁药等。

真菌性皮肤病治疗目的是快速消除症状、控制真菌感染、防止复发及继发细菌感染。浅部真菌病继发细菌感染时，应首先抗细菌治疗，再行抗真菌治疗，局部皮损应按湿疹治疗原则处理。诊断明确后，首选杀菌药，坚持足量、足疗程用药，防止复发。外用抗真菌药包括丙烯胺类、唑类、吗啉类、吡啶酮类等；系统抗真菌药物包括多烯类抗生素类、丙烯胺类、棘白菌素类及唑类等。

病毒性皮肤病治疗目的是缩短病程，防止继发细菌感染和全身播散。一线治疗抗病毒药为鸟嘌呤腺苷类似物，可抑制病毒DNA合成，包括阿昔洛韦、伐昔洛韦和泛昔洛韦等；二线治疗抗病毒药包括膦甲酸钠。皮疹早期可外用3%硼酸溶液或冷水湿敷，晚期使用碘伏、聚维酮碘、呋喃西林、苯扎氯铵溶液湿敷，去除结痂，预防继发感染。

细菌性皮肤病治疗目的以治愈感染、阻止病情恶化及减少瘢痕形成为主。细菌性皮肤病轻症宜首选外用药物治疗；皮损广泛伴有发热等全身症状者，需局部外用药物联合系统给予抗菌药，减缓全身症状、控制炎症蔓延并防止复发。常用的抗菌外用药物包括：莫匹罗星、夫西地酸、杆菌肽、新霉素、红霉素等。系统治疗药物主要包括：青霉素类、头孢类、大环内酯类、喹诺酮类等，必要时依据药敏试验选择药物。

　　银屑病治疗目的在于稳定病情，避免复发。皮损少而局限的寻常型仅需适当外用药物治疗；急性进行期禁用高浓度、强刺激性外用药物；皮损广泛严重者给予综合治疗。常用药物包括外用糖皮质激素、维 A 酸类、维生素 D_3 类似物、甲氨蝶呤、地蒽酚、补骨脂素衍生物、抗感染药物、生物制剂等。

思考题

ER14-4
第十四章
目标测试

1. 简述外用维 A 酸类药物、口服异维 A 酸类药物的药理作用及如何应用。
2. 总结皮炎、湿疹的常用药物及用药注意事项。
3. 总结真菌性皮肤病的常用药物及其适应证。
4. 两性霉素 B、伊曲康唑的用药注意事项有哪些？
5. 如何有效降低带状疱疹急性疼痛及后遗神经痛（PHN）的发生？
6. 简述细菌性皮肤病的药物治疗原则及常用的外用药物。
7. 简述银屑病的药物治疗原则。

笔记栏

ER15-1
第十五章
思维导图

第十五章

性传播疾病药物治疗与护理

ER15-2
第十五章
性传播疾病药物治疗与护理

性传播疾病（sexually transmitted disease，STD）简称性病，指主要通过性接触、类似性行为及间接性接触传染的一组疾病，可引起泌尿生殖器官病变，还可以通过淋巴系统侵犯泌尿生殖器官所属的淋巴结，甚至通过血行播散侵犯全身各个重要组织器官。STD 为法定报告的一类特殊感染性疾病，近年来，性病逐渐呈现出流行范围扩大和发病年龄降低的趋势，且无症状或轻微症状患者增多及耐药菌株数增多。据世界卫生组织（WHO）报道，性病及与之相关的如不育、异位妊娠、宫颈癌和成人过早死亡已成为发展中国家成人寻求医疗保健的 5 大原因之一。STD 主要包括梅毒、淋病、生殖道衣原体感染、尖锐湿疣、生殖器疱疹和艾滋病 6 种疾病。近年来，STD 中的淋病报告发病率呈下降趋势，而梅毒、艾滋病（acquired immune deficiency syndrome，AIDS）发病率呈上升趋势。了解此类疾病的致病特点，掌握药物治疗原则，进行专业的用药监测及安全评估是护理工作者的职责所在。性病有很多种，有的易治愈，有的不易治愈。易治愈的性病通常是由细菌、衣原体、支原体、螺旋体等病原体引起的，如淋病、非淋菌性尿道炎、梅毒（早期梅毒）等。这些性病使用合适的抗生素及人工合成抗菌药治疗，均可达到临床和病原学治愈的目的。难以治愈的性病主要是由病毒感染引起，如生殖器疱疹、尖锐湿疣及艾滋病等。目前的抗病毒药物对引起这些性病的病毒一般只能起抑制作用，因此这些性病虽然可以达到临床治愈目的，但是病毒仍可能潜伏在人体中，这就是为什么部分患者生殖器疱疹或尖锐湿疣容易复发的缘故。此外，多种性传播疾病在男女外阴部、生殖器官都可引起皮疹，伴随瘙痒、疼痛、流脓、异味等，一些消毒防腐外用药如高锰酸钾、3% 过氧化氢溶液、氯己定、2% 甲紫溶液、1% 苯扎溴铵溶液、2% 碘酒及强氧化离子水等，可以帮助止痒去痛、清污去味、改善创面环境。此类疾病为一种"行为病"，护理工作者还应该加强对患者的健康教育，以防止疾病进一步传播。

第一节 梅 毒

 导入案例

患儿，女，半月龄。出生后 2 小时被发现双手足红斑和鳞屑，未在意，皮疹逐渐增多，遂于出生后 15 天到医院就诊。询问病史，其母曾有梅毒感染史，未经治疗，快速血浆反应素试验（RPR）1:8。

体格检查：体温 37.1℃，脉搏 150 次 /min，呼吸 46 次 /min，体重 3 000g，吃奶、睡眠可。精神稍微烦躁，反应欠佳，前囟 2cm×2cm，膨隆，双肺未闻及干湿性啰音，心音稍低钝，全身浅表淋巴结未触及。

皮肤科检查：双手足分布鳞屑性红斑。

辅助检查：RPR 1:4，TPPA（+），梅毒螺旋体抗体 IgM（+）。血常规白细胞 $12×10^9$/L；Hb 180g/L，血小板 $90×10^9$/L。

 笔记栏

诊断：先天性梅毒。

治疗：皮试后，给予青霉素 G［5 万单位 /（kg·次）］静脉滴注，每 12 小时一次。首次给药后出现高热、寒战，心率和呼吸加快，暂停抗梅毒治疗。静脉滴注氢化可的松注射液，症状好转后继续抗梅毒治疗。母亲也于同期进行治疗。患儿青霉素 G 治疗 12 天后皮疹基本消退。3 个月复诊及 6 个月、9 个月随访，皮疹无复发，RPR 阴性。

请思考：

1. 为何选用青霉素 G 治疗，需注意什么？
2. 使用青霉素治疗过程中，出现高热和寒战的原因是什么？
3. 母亲同治的原因是什么？可选用哪些药物？后期护理过程中需要注意什么？
4. 梅毒的用药监测都有哪些？

梅毒在全世界流行，据 WTO 估计，每年约有 1 200 万新发病例，主要集中在南亚、东南亚和次撒哈拉非洲。自 2009 年以来，我国梅毒报告发病率在乙类法定报告传染病发病排序中一直居前列，是主要的公共卫生问题之一。

【**疾病简介**】

梅毒（syphilis）是由梅毒螺旋体（*treponema pallidum*，TP）引起的一种慢性传染性疾病，主要通过性接触、垂直传播和血液传播。本病危害性极大，可侵犯全身各组织器官或通过胎盘传播引起死产、流产、早产和先天性梅毒。TP 表面的黏多糖酶可能与其致病性有关，可借助黏多糖酶吸附到皮肤、主动脉、眼、胎盘、脐带等富含黏多糖的组织细胞表面导致管腔闭塞性动脉内膜炎、动脉周围炎，出现坏死、溃疡等病变。梅毒的唯一传染源是梅毒患者，患者的皮损、血液、精液、乳汁和唾液中均有 TP 存在，通过性接触、垂直传播及血液等途径传染，少数患者可经医源性途径、接吻、握手、哺乳或接触污染衣物、用具而感染。梅毒根据传播途径不同分为获得性梅毒（后天梅毒）和先天性梅毒，根据病程的不同又分为早期梅毒和晚期梅毒，根据临床表现分为一期、二期、三期、隐性梅毒，其中一期、二期、三期属于显性梅毒，隐性梅毒无临床表现，其发现和报告有赖于梅毒血清学检测。梅毒分期及临床表现见表 15-1。

表 15-1　梅毒的分期及临床表现

传播途径	病程	临床表现
获得性梅毒 （后天梅毒）	早期梅毒 （病程＜ 2 年）	一期梅毒：硬性下疳、硬化性淋巴结炎
		二期梅毒：多种多样皮疹、黏膜损害、脱发、发热、骨关节损害、眼损害、神经损害、多发性硬化性淋巴结炎、内脏梅毒
		早期潜伏梅毒：无临床症状、血清反应呈阳性
	晚期梅毒 （病程＞ 2 年）	三期梅毒：皮疹及树胶肿等皮肤黏膜损害
		骨骼梅毒及眼梅毒同二期梅毒表现
		心血管梅毒（主动脉及瓣膜）
		神经梅毒如麻痹性痴呆
		晚期潜伏梅毒：无症状，一般没有传染性
先天性梅毒 （胎传梅毒）	早期先天性梅毒 （＜ 2 岁）	皮肤大疱、皮疹、鼻炎或鼻塞、汗腺肿大、淋巴结肿大等
	晚期先天性梅毒 （＞ 2 岁）	皮肤、黏膜、骨骼梅毒：间质性角膜炎等
		心血管梅毒
		神经梅毒：神经性耳聋
		潜伏梅毒

笔记栏

【药物治疗的目的及原则】

（一）药物治疗的目的

主要目的是杀灭梅毒螺旋体或抑制螺旋体增殖，控制局部感染，促使临床症状消失，阻断垂直传播。

（二）药物治疗的原则

治疗梅毒需要遵循早期诊断和治疗、疗程规则和剂量足够、定期随访的原则，注意休息，同时性伴侣同查同治，首选青霉素治疗，并防止吉海反应。

【药物分类及常用药物】

青霉素类、头孢菌素类及四环素类、大环内酯类可用于梅毒的治疗。

青霉素类药物为首选药物，主要机制是阻止梅毒螺旋体细胞壁的合成，即阻断其繁殖。青霉素的有效浓度必须维持 7～10 天，才能彻底杀灭体内的梅毒螺旋体，故通常选用长效的青霉素如苄星青霉素（benzathine penicillin G）、普鲁卡因青霉素 G（procaine penicillin G），如选择短效青霉素 G（penicillin G）则需缩短给药间隔。头孢菌素类的头孢曲松（ceftriaxone）近年来证实为高效的抗 TP 药物，可作为青霉素的替代治疗药物，其机制亦是阻止梅毒螺旋体细胞壁的合成。四环素类和大环内酯类疗效较青霉素差，主要抑制梅毒螺旋体蛋白质的生物合成，致使其蛋白质生物合成受阻，生长繁殖受抑，通常作为青霉素过敏者的替代治疗药物。四环素类药物常用的是多西环素（doxycycline），大环内酯类药物常用的是阿奇霉素（azithromycin）及红霉素（erythromycin）。常用抗梅毒药物的用法及用量见表 15-2。

表 15-2　梅毒的药物治疗

病情	药物用法及用量	注释
一期、二期，或潜伏梅毒＜2 年	成人：苄星青霉素 G 240 万 U，分两侧臀部肌内注射，每周 1 次，共 1～3 次；或普鲁卡因青霉素 G 80 万 U/d 肌内注射，连续 15 天 替代方案：头孢曲松 0.5～1g，肌内注射或静脉给药，1 次 /d，连续 10～15 天 儿童：青霉素 G 5 万 U/kg，静脉滴注，2～3 次 /d，连续 14 天；或普鲁卡因青霉素 G 5 万 U/（kg·d），肌内注射，10～14 天	青霉素过敏的非妊娠患者：多西环素 100mg 口服，2 次 /d，疗程 15 天；或四环素 500mg 口服，4 次 /d，疗程 15 天（肝肾功能不全者禁用）
晚期或潜伏疾病＞2 年或时间未知	成人：苄星青霉素 G 240 万 U，肌内注射，每周 1 次，连续 3 次；或普鲁卡因青霉素 G 80 万 U/d 肌内注射，连续 20 天，也可以考虑间隔 2 周给第 2 个疗程 儿童：青霉素 G 20 万～30 万 U/（kg·d），分 4～6 次静脉滴注，连续 14 天；或普鲁卡因青霉素 G 5 万 U/（kg·d），肌内注射，10～14 天，1～2 个疗程	青霉素过敏的非妊娠患者：多西环素及四环素治疗剂量同上，疗程 30 天
对青霉素过敏的妊娠患者	首选脱敏后使用青霉素进行治疗	脱敏治疗失败时可选择头孢菌素类治疗，或者直接选用红霉素替代，500mg 口服，4 次 /d，早期梅毒连服 15 天，晚期梅毒连服 30 天

【用药护理】

（一）用药评估

1. 评估病史 了解患者的年龄、起病时间、主要症状和体征，有无不洁性接触感染史，配偶有无感染史，与梅毒患者共用物品史等。

2. 评估用药史 仔细询问患者既往青霉素类药物的用药史和过敏史，并进行青霉素皮肤过敏试验。

3. 实验室检查和其他检查 病损（硬下疳或扁平疣）分泌物做涂片，用银染色法染色后镜检或用暗视野法检查活螺旋体，阳性者即可确诊。

4. 评估用药依从性 了解患者的生活方式、评估患者及家属对疾病的认知程度、心理状况等。性伴侣是否配合同时治疗，以防交叉感染。

（二）用药安全

1. 不良反应、禁忌证及药物相互作用 梅毒治疗药物涉及的抗生素包括青霉素类、头孢菌素类、四环素类及大环内酯类，其不良反应、禁忌证及药物相互作用详见第七章第二节支气管炎和肺炎。

2. 用药注意事项

（1）应用青霉素类药物严重药物不良反应是过敏性休克，一旦发生必须就地抢救，予以保持气道畅通、吸氧及使用肾上腺素、糖皮质激素等治疗措施。部分患者在青霉素首剂治疗过程中由于大量梅毒螺旋体被杀灭而释放大量蛋白质，引起急性变态反应，称为吉海反应，表现为头痛、发热、肌肉痛等。泼尼松可用于预防吉海反应，通常在驱梅前 1 天应用，每天 0.5mg/kg，口服 3 天。

（2）对于证明治疗失败的神经梅毒患者，再治疗通常需静脉给予 14 天的青霉素 G，无证据证明换用其他抗生素会改变结局。

（3）对于青霉素过敏者，可选用四环素类及大环内酯类药物。妊娠患者首选脱敏后的青霉素治疗，四环素和多西环素禁用于孕妇，红霉素和阿奇霉素对孕妇和胎儿感染疗效差。

（三）用药监测

1. 皮肤黏膜损害监测 早期梅毒患者的疗效评估为全身皮肤黏膜症状的好转。晚期梅毒患者除需评估皮肤黏膜损害外，还需关注全身多器官功能的损害情况。

2. 梅毒患者的血清非梅毒螺旋体滴度监测 如未下降至原来的 1/4 或以下，或者起初下降后又升高至 4 倍，考虑治疗失败。

3. 不良反应监测 密切观察患者的症状及体征，部分患者在青霉素首剂治疗过程中会出现吉海反应，表现为头痛、发热、肌肉痛等。应用头孢菌素类等广谱抗生素时，注意发生假膜性肠炎。四环素类及大环内酯类抗生素需注意肝、肾功能变化。

（四）用药指导

1. 药物治疗指导 向患者详细讲解药物的功效、机制、用法、用量，强调遵医嘱坚持治疗的重要性，不可擅自停药或盲目用药。追踪性伴侣和夫妻同治。

2. 定期复查 如梅毒完成正规治疗后，早期梅毒应随访 2～3 年，第一年每间隔 3 个月、第二年每间隔 6 个月做非梅毒螺旋体抗原的血清学检测，如从阴性转为阳性或者滴度升高 4 倍，应进行复治。晚期梅毒、神经梅毒需要随访复查至少 3 年。

ER15-3
神经梅毒患者的驱梅治疗与护理

第二节 淋 病

淋病潜伏期短、传染性强，可致多种并发症和后遗症，近年来淋病有明显增加的趋势，是目前世界上最常见的性传播疾病。我国自 1975 年以来，患者逐年呈直线增多，其发病率居我国性传播疾病第二位，也是需重点防治的乙类传染病。

笔记栏

【疾病简介】

淋病（gonorrhea）由淋病奈瑟球菌（neisseria gonorrhoeae，NGO，简称淋球菌）感染引起的传染性疾病，淋球菌主要侵犯黏膜，尤其对单层柱状上皮和移行上皮所形成的黏膜有亲和力，黏附在柱状上皮表面进行繁殖，并经柱状上皮的吞噬后进入细胞内繁殖，导致细胞溶解破裂；淋球菌还可以从黏膜细胞间隙进入黏膜下层使之坏死。淋球菌内毒素及外膜脂多糖与补体结合后产生化学毒素，能诱导中性粒细胞聚集和吞噬，引起局部急性炎症，出现充血、水肿、化脓和疼痛，主要导致泌尿生殖系统的化脓性感染，也可有眼、咽、直肠感染和播散性淋球菌感染。淋病主要通过性接触传播，人是淋球菌的唯一天然宿主，淋病患者是主要传染源，少数情况下也可因接触淋球菌的分泌物或被污染的用具而被传染。新生儿经过患淋病母亲的产道时，眼部被感染可引起新生儿淋菌性眼炎。淋病可发生于任何年龄，但多发于性活跃的青、中年。淋病分为急性淋病和慢性淋病。本病应与非淋菌性尿道炎、念珠菌性阴道炎及滴虫性阴道炎等进行鉴别。非淋菌性尿道炎临床症状较轻，淋球菌检查阴性，需注意临床上两者常并存，导致患者迁延不愈。

【药物治疗的目的及原则】

（一）药物治疗的目的

使用合适的抗生素治疗，达到临床和病原学治愈的目的。预防并发症的发生，防止变成慢性淋病，降低母胎围生期病死率，改善母婴预后。

（二）药物治疗的原则

治疗原则是早期诊断、早期治疗，明确是否合并衣原体或支原体感染，明确是否对头孢菌素类、阿奇霉素耐药等，及时、足量、规则用药，对性伴侣要追踪，同时治疗。

【药物分类及常用药物】

淋病治疗需抗淋球菌感染，可选择抗生素及人工合成抗菌药物。首选头孢菌素类的头孢曲松（ceftriaxone）、头孢噻肟（cefotaxime）、头孢克肟（cefixime）等，次选氨基糖苷类的大观霉素（spectinomycin），再选用其他的抗生素类如四环素类、大环内酯类。四环素类药物常用的是多西环素（doxycycline），大环内酯类药物常用的是阿奇霉素（azithromycin）及红霉素（erythromycin）。上述相关药物作用机制见本章第一节梅毒治疗药物分类及常用药物。另外，淋病治疗可选用人工合成抗菌药物氟喹诺酮类，其作用机制是通过抑制细菌 DNA 拓扑异构酶，从而阻碍 DNA 的复制、转录，最终导致细菌死亡。常用药物有左氧氟沙星（levofloxacin）。淋病的药物治疗见表 15-3。如不能排除衣原体感染，加抗沙眼衣原体感染药物，见本章第三节。

表 15-3 淋病的药物治疗

病情	用法及用量
无并发症：淋菌性尿道炎、宫颈炎、直肠炎、咽炎、眼炎	头孢曲松 250mg 一次肌内注射或 头孢噻肟 1g 肌内注射单次给药或 头孢克肟 400mg 口服单次给药 大观霉素 2.0g（宫颈炎 4.0g）一次肌内注射 左氧氟沙星 250mg 口服，1 次 /d，或 阿奇霉素 1g 口服，1 次 /d，或 多西环素 100mg 口服，2 次 /d，疗程 7 天
新生儿淋菌球性眼炎	头孢曲松 25～50mg/（kg·d）（不超过 125mg）静脉滴注或肌内注射，连续 3 天；并尽快使用 0.5% 红霉素眼膏

笔记栏

病情	用法及用量
伴并发症：淋菌性盆腔炎、淋菌性附睾炎、前列腺炎、精囊炎	头孢曲松 500mg/d 肌内注射或静脉滴注，1 次 /d，连续 10 天或 大观霉素 2.0g/d，1 次 /d，连续 10 天，同时加用甲硝唑 400mg，2 次 /d，口服连续 14 天或 多西环素 100mg 口服，2 次 /d，连续 14 天
播散性淋病	头孢曲松 1g 肌内注射或静脉滴注，1 次 /d，症状改善 24 ～ 48h 后改为头孢克肟 400mg 口服，2 次 /d，连用 7 天；淋菌性脑膜炎和心内膜炎疗程更长

【用药护理】

（一）用药评估

1. **评估病史**　患者有不洁性行为史，配偶有感染史，与淋病患者（尤其家中淋病患者）共用物品史、阴道分泌物呈脓性者高度怀疑该病。

2. **评估用药史**　了解既往使用药物的种类，有无头孢等用药过敏史及不良反应。

3. **评估症状**　尿频、尿急、尿痛、尿道口流脓或宫颈口、阴道口有脓性分泌物等。或有淋菌性结膜炎、直肠炎、咽炎等表现。

4. **评估合并症**　了解患者是否合并高热，是否属于播散性淋病。

5. **实验室检查和其他检查**　宫颈、尿道口或阴道脓性分泌物涂片检查及淋球菌培养。急性期可见中性粒细胞内有革兰氏阴性双球菌。而涂片阴性者，或经治疗，分泌物涂片已查不到淋球菌，但仍疑有症状者，应取阴道或宫颈分泌物做细菌培养。对疑有播散性淋病者，应在高热时取血做淋菌培养。PCR 技术检测淋球菌 DNA 片段，具有高度敏感性及高特异性。

6. **评估用药依从性**　了解患者的生活方式，评估患者及家属对疾病的认知程度、心理状况等，是否配合性伴侣同时治疗，以防交叉感染。

（二）用药安全

1. **不良反应、禁忌证及药物相互作用**　淋病治疗涉及的药物包括青霉素类、头孢菌素类、四环素类、大环内酯类及氟喹诺酮类，其不良反应、禁忌证及药物相互作用详见第七章第二节"支气管炎和肺炎"。新生儿眼炎的预防给药不良反应及禁忌证见表 15-4。

表 15-4　新生儿眼炎的预防给药不良反应及禁忌证

药物名称	不良反应	禁忌证
硝酸银（1% 水溶液一次应用）	长期应用可引起轻度化学性结膜炎，可引起角膜烧灼或致盲	已知对硝酸银过敏
红霉素（0.5% 眼膏一次应用）	过敏反应	已知对红霉素过敏

2. **用药注意事项**

（1）应用头孢菌素类药物前，仔细询问患者既往青霉素和头孢菌素类药物用药史和过敏史，必要时参照说明书要求进行皮肤试验；注意头孢曲松不可与含钙溶液配伍，如果新生儿需要使用含钙静脉输液包括静脉滴注营养液治疗时，有产生头孢曲松 - 钙沉淀物的风险，禁止使用头孢曲松。

（2）头孢曲松类药物应用时存在过敏反应的风险，因此首次应用时应密切监测，一旦发生严重过敏反应及时对症治疗。

笔记栏

（3）头孢菌素类药物有发生严重皮肤黏膜损害的药物不良反应，如史－约综合征和 Lyell 综合征的风险。

（4）淋菌产妇分娩的新生儿，应尽快使用 0.5% 红霉素眼膏预防淋球菌性眼炎。

（三）用药监测

1. 疗效监测　患者阴道分泌物是否减少，瘙痒或灼热等症状是否减轻。治疗结束后 2 周内，在无性接触史情况下临床症状和体征是否全部消失，治疗结束后 4 ~ 7 天取宫颈管分泌物做涂片及细菌培养，连续 3 次均为阴性为治愈。

2. 不良反应监测　应用头孢菌素类等广谱抗生素时，注意发生假膜性肠炎。大环内酯类抗生素需注意肝、肾功能变化。大观霉素等氨基糖苷类需定期检查听力及前庭功能，监测肾功能变化等。

（四）用药指导

1. 药物治疗指导　向患者详细讲解药物的功效、用法及用量，强调遵医嘱坚持治疗的重要性，不可擅自停药或盲目用药，以防转为慢性淋病。追踪性伴侣和夫妻同治。

2. 药物不良反应指导　如患者服用头孢类需提醒注意消化道症状，大观霉素需注意是否出现高频听损、前庭功能障碍及肾功能异常。

第三节　生殖道衣原体感染

据统计，生殖道衣原体感染全球每年约有 1.3 亿新发病例，是目前诊断发病数最高的一种性传播疾病，其中青少年是受影响较大的群体。

【疾病简介】

生殖道衣原体感染（chlamydial trachomatis genital infection）是一种以衣原体为致病菌的泌尿生殖道系统感染，主要通过性接触感染，临床过程隐匿、迁延、症状轻微，常引起上生殖道感染，是最常见的性传播疾病之一。病原体为沙眼衣原体（*Chlamydia trachomatis*，CT），血清型 D-K，其可导致宿主细胞凋亡，所携带的质粒及分泌蛋白致病性较强，并可引发免疫病理反应。生殖道衣原体感染多发生在性活跃人群，主要经性接触感染，男性和女性均可发生，新生儿可经产道分娩时感染。潜伏期为 1 ~ 3 周，但有 50% 以上无症状，有症状可表现为男性尿道炎、女性黏液性宫颈炎及新生儿感染。生殖道衣原体感染除下面所介绍药物外，还可采用物理治疗如红外线对皮损部位进行照射，促进血液循环，有利于消炎、止痒。

【药物治疗的目的及原则】

（一）药物治疗的目的

治愈感染，防止产生合并症，阻断进一步传播。

（二）药物治疗的原则

早期诊断、早期治疗，及时、足量、规则治疗，治疗方案个体化，同时治疗性伴侣。

【药物分类及常用药物】

生殖道衣原体感染可使用大环内酯类、四环素类和喹诺酮类等药物治疗，疗程为 1 ~ 2 周。常用大环内酯类药物如阿奇霉素（azithromycin）、红霉素（erythromycin）、琥乙红霉素（ethylsuccinate）、罗红霉素（roxithromycin）、克拉霉素（clarithromycin）等，常用四环素类药物如多西环素（doxycycline）、米诺环素（minocycline）、四环素（tetracycline）等，常用喹诺酮类药物如氧氟沙星（ofloxacin）、左氧氟沙星（levofloxacin）等。对于妊娠期患者，可使用红霉素、琥乙红霉素、阿奇霉素治疗，禁用四环素类和喹诺酮类药物。生殖道衣原体感染的药物治疗见表 15-5。

表 15-5 生殖道衣原体感染的药物治疗

病情	用法及用量
生殖道衣原体感染	推荐方案： 阿奇霉素 1g 口服，1 次 /d 或 多西环素 100mg 口服，2 次 /d，疗程 7 天 替代方案： 红霉素碱 500mg 口服，4 次 /d，疗程 7 天或 琥乙红霉素 800mg 口服，4 次 /d，疗程 7 天或 氧氟沙星 300mg 口服，2 次 /d，疗程 7 天或 左氧氟沙星 500mg 口服，1 次 /d，疗程 7 天
妊娠患者	可使用红霉素或阿奇霉素
新生儿衣原体眼结膜炎	红霉素干糖浆粉剂 50mg/（kg·d），分 4 次口服，2 周为一个疗程。0.5% 红霉素眼膏或 1% 四环素眼膏出生后立即滴入眼中，具有预防作用

【用药护理】

（一）用药评估

一般情况评估需要了解患者的年龄、性别、职业、心理状况、既往史、药物过敏史、相关实验室检查以及对疾病的诊治经过。疾病评估应主要包括：①性接触史及配偶感染史等。②临床表现如皮损部位、数量、损害严重程度、分泌物量、是否有疼痛和瘙痒等症状及其严重程度。③核酸、细胞培养及抗原等衣原体检测结果。

（二）用药安全

生殖道衣原体感染治疗涉及的药物包括大环内酯类、四环素类及氟喹诺酮类，其不良反应、用药注意事项及禁忌证及药物相互作用详见第七章第二节"支气管炎和肺炎"。

（三）用药监测

1. 疗效监测 症状和体征全部消失，3 ~ 4 周进行病原学监测，阴性者为治愈。

2. 不良反应监测 应用四环素类等广谱抗生素时，注意发生假膜性肠炎。大环内酯类及四环素类抗生素需注意肝、肾功能变化。应用氟喹诺酮类药物主要观察有无头晕、头痛、失眠、震颤、幻觉等神经系统毒性反应，以及皮肤红斑、水肿、过敏等光敏反应。

（四）用药指导

1. 药物治疗指导 告知患者生殖道衣原体阳性治疗的重要性，要根据医生指导用药，并可采用洗液进行局部治疗达到消炎杀菌的作用。感染前 60 天内接触的性伴进行检查和治疗，并且患者和其性伴治愈前避免性接触。最后与患者接触的性伴，即使在 60 天前接触，也应给予检查和治疗。对不能来院检查的性伴侣，可提供给其抗生素进行流行病学治疗。

2. 药物不良反应指导 告知可能出现的药物过敏或并发症（如男性睾丸痛或女性下腹痛）时就诊。在妊娠期间禁用多西环素、氧氟沙星、左氧氟沙星和依托红霉素。在妊娠期应用阿奇霉素治疗 CT 感染是安全和有效的。

第四节 生殖器疱疹

生殖器疱疹近 30 年来发病率不断上升，已成为很多国家和地区生殖器溃疡的首要病因。

【疾病简介】

生殖器疱疹（genital herpes，GH）是单纯性疱疹病毒（*herpes simplex*，HSV）感染泌尿生殖

笔记栏

道及肛周皮肤黏膜而引起的一种慢性、复发性、难治愈的 STD。生殖器疱疹可引起播散性 HSV 感染、病毒性脑膜炎、盆腔炎等一系列并发症，孕妇还可引起胎儿感染和新生儿疱疹。女性生殖器疱疹还可间接增加宫颈癌的发生风险。HSV 侵入机体后，首先在表皮角质形成细胞内复制，引起表皮局灶性炎症和坏死，出现原发性感染的临床表现或轻微的亚临床感染表现。当原发性生殖器疱疹的皮损消退后，残留的病毒长期潜存于骶神经节，机体抵抗力降低或某些诱发因素作用下可使潜存病毒激活而复发。生殖器疱疹患者、亚临床或无表现排毒者及不典型生殖器疱疹患者是主要传染源，有皮损表现者传染性强。HSV 存在于皮损渗液、精液、前列腺液、宫颈及阴道分泌物中，主要通过性接触传播。临床上分为初发性、复发性和亚临床 3 种类型，临床症状的轻重及复发频率受病毒型别和宿主免疫状态等因素影响。妊娠患者对胎儿影响较大，会导致流产率增加、发生低体重，也可发生早产，新生儿病死率高达 70% 以上，幸存者多遗留神经后遗症。

【药物治疗的目的及原则】

（一）药物治疗的目的

生殖器疱疹的治疗目的主要是缓解症状，减轻患者疼痛，缩短病程，防止继发感染及控制传染性等。目前尚无彻底清除病毒、完全预防复发的药物。

（二）药物治疗的原则

无症状或亚临床型生殖器疱疹无须药物治疗；有症状者的治疗包括全身和局部抗病毒治疗两方面；合并细菌感染者，可外用抗菌药物药膏；疼痛明显者可外用或口服药物镇痛。

【药物分类及常用药物】

常用抗疱疹病毒药包括阿昔洛韦（acyclovir）、泛昔洛韦（famciclovir）、伐昔洛韦（valacyclovir）等。其药理机制主要包括抑制病毒 DNA 聚合酶、干扰病毒 RNA 转录以及阻断病毒脱壳等。生殖器疱疹的药物治疗见表 15-6。

表 15-6　生殖器疱疹的药物治疗

病情	用法及用量
生殖器疱疹	首次感染治疗 7～10 天： 阿昔洛韦 400mg 口服，3 次 /d 或 阿昔洛韦 200mg 口服，5 次 /d 或 泛昔洛韦 250mg 口服，3 次 /d 或 伐昔洛韦 1g 口服，2 次 /d 复发治疗 5 天： 阿昔洛韦 400mg 口服，3 次 /d 或 阿昔洛韦 200mg 口服，5 次 /d 或 泛昔洛韦 125mg 口服，2 次 /d 或 伐昔洛韦 500mg 口服，2 次 /d 或 伐昔洛韦 1g 口服，1 次 /d 抑制性治疗： 阿昔洛韦 400mg 口服，2 次 /d 或 泛昔洛韦 250mg 口服，2 次 /d 或 伐昔洛韦 500mg 或 1 000mg 口服，1 次 /d 治疗 10 天后未痊愈可延长疗程

【用药护理】

（一）用药评估

本病主要通过性器官接触传染，患者和无症状的带毒者是主要传染源，因此需了解患者的婚外性行为史、配偶感染史、与疱疹患者共用物品史。疾病评估时应根据疾病动态表现判定用药效果，主要包括：

1. 患者的临床症状及体征有无减轻，如患病部位烧灼感、红斑及红色丘疹、水疱及脓疱等进展程度。

2. 水疱液可利用免疫荧光技术、PCR 技术进行单纯疱疹病毒及病毒 DNA 检测。

3. 孕妇及新生儿可通过酶联免疫法检测血清中特异 IgG、IgM。

（二）用药安全

1. **不良反应**　长期服用阿昔洛韦等抗病毒药物可能引起恶心、呕吐、食欲减退、腹泻等胃肠不适，头晕、头痛等中枢系统功能紊乱，还可引起皮疹、关节痛等。

2. **用药注意事项**　用药期间需要注意避免食用辛辣刺激性的食物，例如辣椒、花椒或芥末等，以免影响药物效果。脱水患者或已有肝肾功能不全者应谨慎使用，在用药过程中应给患者充足的水分，防止药物在肾小球、肾小管中沉积，造成肾功能损害。服药一段时间要定期复查肝肾功能。对于需要血液透析的患者，应在每次透析后追加调整剂量。

3. **禁忌证**　对此类药物过敏患者禁用，孕妇及哺乳期妇女禁用，脱水或已有肝、肾功能不全者需慎用。

4. **药物相互作用**　阿昔洛韦与干扰素或甲氨蝶呤合用，可引起精神异常；与肾毒性药物合用可加重肾毒性，阿昔洛韦与齐夫多定合用亦可引起肾毒性。β 内酰胺类药物和丙磺舒可增高阿昔洛韦的血药浓度。齐多夫定和其他细胞毒性药物可增强更昔洛韦的骨髓抑制毒性；肾毒性药物可减少更昔洛韦排泄；普鲁本辛和阿昔洛韦可降低更昔洛韦的肾清除率。

（三）用药监测

1. **疗效监测**　皮肤水疱、糜烂或溃疡症状是否好转，全身伴发的发热、头痛和乏力症状是否好转。

2. **不良反应监测**　口服阿昔洛韦耐受性良好，除轻微的消化系统和皮肤系统不良反应外，可定期检测血常规以评估阿昔洛韦对白细胞的影响。长期静脉注射阿昔洛韦剂量过大时可致肾功能不全，需检测肾功能。

（四）用药指导

1. **药物治疗指导**　①严格按照医生的指示使用阿昔洛韦，不可自行增减剂量或停止使用。②追踪性伴侣和夫妻同治。

2. **药物不良反应指导**　使用阿昔洛韦前，应告知医生过去的过敏史，包括对药物、食物或其他物质的过敏。如果在使用过程中出现过敏反应，如皮疹、呼吸困难等，应立即停止使用并寻求医生的帮助。

第五节　尖锐湿疣

尖锐湿疣是全球范围内最常见的 STD 之一。

【疾病简介】

尖锐湿疣（condyloma acuminatum，CA）由乳头瘤病毒（*human papilloma virus*，HPV）所致，常发生在外生殖器及肛门等部位，主要通过皮肤、黏膜直接接触病毒后发生传染，其中 2/3 是通过性接触传染，小部分患者通过接触患者用具用品而感染。HPV 是仅感染人类的双链 DNA 病毒，有 200 多个不同的亚型，有些亚型与宫颈癌的发生密切相关。多数人感染 HPV 后，机体免疫系统可自行清除 HPV，少数患者会呈亚临床感染，无肉眼可见病灶，但醋酸试验、阴道镜、细胞或组织病理学可见 HPV 感染改变。少数患者会发生临床可见的尖锐湿疣。

笔记栏

【药物治疗的目的及原则】

（一）药物治疗的目的

尖锐湿疣的治疗目的就是去除疣体并且能减少复发，治疗选择应个体化。目前尚无方法根治HPV，也无法完全预防复发。

（二）药物治疗的原则

用药原则是局部用药去除疣体为主，抗病毒和提高免疫力的药物为辅，尽可能消除疣体周围亚临床感染和潜伏感染，减少复发。

【药物分类及常用药物】

除了物理治疗及光动力治疗外，可使用外用药物及抗病毒和提高免疫功能药物。外用药物可选择 0.5% 普达非洛（pudafilol）溶液或凝胶、5% 咪喹莫特（imiquimod）乳膏、0.5% 鬼臼毒素（podophyllotoxin）酊、5% 氟尿嘧啶（fluorouracil）乳膏、80% ~ 90% 的三氯醋酸（trichloroacetic acid）或二氯乙酸（dichloroacetic acid）。抗病毒和提高免疫功能药物可选用转移因子、胸腺素或局部外用 α- 干扰素凝胶等。具体外用治疗药物及用法用量见表 15–7。

表 15-7 尖锐湿疣的药物治疗

病情	用法及用量
人乳头状瘤病毒患者	普达非洛 0.5% 溶液或凝胶，2 次 /d，连续 3 天，停药 4 天，共 4 个周期 咪喹莫特 5% 药膏每周 3 次，最长 16 周
人乳头状瘤病毒携带者	10% ~ 25% 鬼臼树脂复方安息香酊按需 1 周 1 次 80% ~ 90% 三氯醋酸或二氯乙酸按需 1 周 1 次

【用药护理】

（一）用药评估

需要了解患者有无不洁性接触史、药物过敏史。疾病评估主要包括：①症状的严重程度，如皮损部位、数量、损害严重程度、分泌物量、是否有疼痛和瘙痒等症状及其严重程度。②并发症的风险，尖锐湿疣可能会引起一些并发症，例如感染、溃疡、出血、疼痛等，而且有可能增加患上其他性病的风险。③评估患者的心理状况。④评估患者是否需要性伴侣同时治疗，以防交叉感染。

（二）用药安全

1. 不良反应及禁忌证 治疗尖锐湿疣的药物不良反应及禁忌证见表 15–8。

表 15-8 治疗尖锐湿疣的药物不良反应及禁忌证

药物名称	不良反应	禁忌证
普达非洛或咪喹莫特	胃肠不适（恶心、呕吐），头痛，中枢系统功能紊乱，皮疹，抑郁，眩晕，关节痛，疲劳，耐药 轻度至中度局部炎症反应	对鬼臼毒素过敏患者 慎用于肾功能不全、妊娠、哺乳患者 咪喹莫特孕期安全性尚未建立
鬼臼树脂复方安息香酊	局部刺激	鬼臼树脂孕期安全性尚未建立 由于潜在的全身吸收作用，故慎用于阴道
三氯乙酸或二氯乙酸	迅速分布可损伤邻近组织 疼痛	

笔记栏

2. 用药注意事项 普达非洛溶液和凝胶分别使用药棉拭子和手指涂于（软）疣，连续 3 天，后 4 天停止治疗，重复 4 个周期。咪喹莫特刺激性很大，需均匀涂抹在疣体上，注意避免涂抹正常皮肤。治疗 6～10 小时后所在区域用温和的肥皂水或清水冲洗。在使用咪喹莫特乳膏的过程中，需要密切观察患处的反应，如出现红肿、瘙痒等不适症状，应及时就医。鬼臼树脂复方安息香酊须暴露于空气使其干燥，应用 1～4 小时后清洗掉。三氯醋酸或二氯乙酸只可涂于疣体，并待药物干燥。疣体变为白色外观，使用滑石粉或碳酸氢钠中和未反应的酸。鬼臼毒素有致畸作用，孕妇禁用。

（三）用药监测

1. 疗效监测 生殖器或肛周等潮湿部位出现的丘疹，乳头状、菜花状或鸡冠状肉质赘生物是否有好转。治愈与否可以通过组织病理学检查、醋酸白试验、HPV-DNA 检测、血清学检测、尿道镜检等辅助检查观察判断。

2. 不良反应监测 局部刺激症状以及胃肠不适、皮疹、头晕头痛、关节痛、中枢系统功能紊乱等不良反应表现。

（四）用药指导

1. 药物治疗指导 可以同时肌内注射或者口服一些提高免疫力的药物，如卡介苗、胸腺五肽等来提高患者的自身免疫力。指导患者避免饮酒、熬夜，注意休息，提高免疫功能。

2. 药物不良反应指导 咪喹莫特注意是否有瘙痒、灼痛、红斑和糜烂。鬼臼毒素注意是否有局部刺激如疼痛和红肿。三氯醋酸具有腐蚀性，不良反应为局部刺激、红肿、糜烂等。

第六节 艾 滋 病

 导入案例

患者，男，51 岁。无诱因出现发热（39～39.5℃）、咳嗽 8 天入院。患者曾于外院就诊，经头孢菌素类、罗红霉素、克林霉素等抗生素不规律治疗后无明显好转。查体：双肺呼吸音粗，右肺呼吸音稍减弱，可闻及少量湿性啰音。辅助检查：胸部 CT 示两肺炎症少许。血常规 WBC 3.95×10^9/L；N 77.7%；CRP 40mg/L；血细胞沉降率 44mm/h；CD 系列 CD4 1.99%（参考值 4.5%～48.8%），CD8 58.8%（参考值 18.5%～42.1%），CD4/CD8 0.03［参考值（1.02～1.94）:1］。痰培养铜绿假单胞菌（++++），HIV 抗体筛查阳性。疾病预防控制中心行 HIV 抗体确认试验，结果阳性。血培养：新型隐球菌。诊断为：艾滋病合并隐球菌肺部感染。给予氟康唑每天 600mg 进行抗隐球菌治疗，口服 2 周后，加用 ART 治疗方案 TAF/FTC/BIC，氟康唑口服 10 周后，改为每天 200mg 口服维持，抗真菌治疗的总疗程为 6 个月。

请思考：

1. 患者采用 ART 治疗方案 TAF/FTC/BIC 分别为何种药物，其各自机制是什么？

2. 用药后可能会出现哪些用药安全问题？

3. 用药期间需要如何监测药物疗效及不良反应？

艾滋病预防与控制是全球关注的公共健康问题。世界卫生组织估计全世界将有 33 亿人口感染人类免疫缺陷病毒，其中包括 2 亿小于 15 岁的青少年被感染。近年来我国艾滋病发病进入快速增长期，西南、西北地区的 HIV 感染者主要为吸毒人群，中部地区以有偿供血人员及流动人口为主，而东南部沿海地区及大城市主要以性工作者为主，并且有从高危人群向一般人群传播的趋势。护理人员需掌握疾病相关知识。

笔记栏

361

【疾病简介】

艾滋病是感染人类免疫缺陷病毒（*human immunodeficiency virus*，HIV）而引起的慢性传染病，称为获得性免疫缺陷综合征（acquired immune deficiency syndrome，AIDS）。HIV 是反转录病毒，分为 HIV-1 型和 HIV-2 型，其中 HIV-2 型较 HIV-1 型传染效率低，主要流行于西非，而目前人们所指的 HIV 都是指 HIV-1，广泛分布于世界各地。艾滋病的传播速度快，病死率高，目前尚无治愈方法，是人类主要的致死性传染病之一，严重威胁公众健康。

【药物治疗的目的及原则】

（一）药物治疗的目的

艾滋病的治疗目的是最大限度、持续性抑制病毒载量，恢复保存免疫系统功能，提高生活质量，减少 HIV 相关并发症的患病率、病死率及预防 HIV 传播。

（二）药物治疗的原则

1. **联合治疗**　多种抗病毒药物联合治疗即鸡尾酒疗法（highly active antiretroviral therapy，HAART），可抑制病毒在体内的复制，减少病毒变异、耐药性的发生和副作用，以恢复宿主 $CD4^+$ 细胞的数量和保护机体免疫功能，并提高生活质量。从而控制 AIDS 的进一步发展，减少传染性。

2. **持久治疗**　抗病毒药物只能抑制病毒复制，不能杀死病毒，停药后又可恢复繁殖，因此必须持久治疗。

3. **综合治疗**　对并发症进行治疗，降低 AIDS 相关并发症的发病率和死亡率。

【药物分类及常用药物】

目前已有 6 大类 30 余种药物用于艾滋病的治疗，不同的药物分别作用于 HIV 复制的不同时期及不同环节（图 15-1）。这些药物是核苷和核苷酸反转录酶抑制药（nucleosides reverse transcriptase inhibitors，NRTIs）、非核苷类反转录酶抑制药（NNRTIs）、蛋白酶抑制药（protease inhibitors，PIs）、融合抑制药（fusion inhibitors，FIs）、趋化因子受体 5 拮抗剂（CCR5 拮抗剂，chemokine receptor 5 antagonist，CCR5 antagonist）和整合酶链转移抑制药（integrase strand transfer inhibitors，INSTIs）。国内的 HAART 药物有 NNRTIs、NRTIs、PIs、INSTIs 以及 FIs 5 大类。另外，

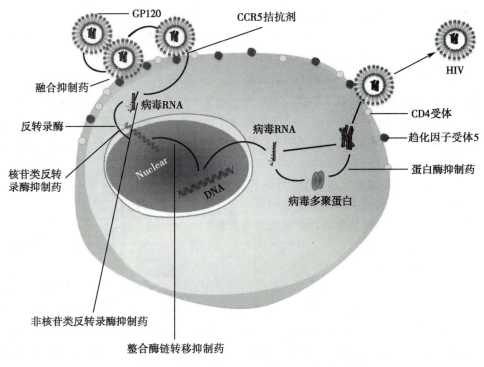

图 15-1　抗 HIV 和 AIDS 药物的作用位点

可以采用 α- 干扰素、白细胞介素 –2、静脉用人血丙种免疫球蛋白、粒细胞 – 巨噬细胞集落刺激因子及粒细胞集落刺激因子进行免疫调节治疗。

1. 核苷和核苷酸反转录酶抑制药　NRTIs 为第一类用于治疗 HIV 感染的药物，常用 NRTIs 药物有阿巴卡韦（abacavir，ABC）、齐多夫定（zidovudine，AZT）、替诺福韦（tenofovir，TDF）、丙酚替诺福韦（tenofovir alafenamide，TAF）、恩曲他滨（emtricitabine，FTC）、拉米夫定（lamivudine，3TC）等。NRTIs 是合成 HIV 的 DNA 反转录酶底物脱氧核苷酸的类似物，必须在靶细胞进行磷酸化后才能够被活化，这种胞内活化导致活性的三磷酸核苷衍生物的生成，激活型 NRTIs 与细胞本身的核酸终止酶竞争，从而干扰病毒 RNA 向 DNA 的反转录，最终终止病毒 DNA 的继续产生。本类药物与其他药物联合用于治疗成人或儿童艾滋病。

2. 非核苷类反转录酶抑制药　常用 NNRTIs 药物有依非韦伦（efavirenz，EFV）、艾诺韦林（ainuovirine）、奈韦拉平（nevirapine，NVP）、利匹韦林（rilpivirin，RPV）等。NNRTIs 主要作用于 HIV 反转录酶，可与酶活性中心的邻近部位相结合，使之构象改变从而抑制酶的活性。在此过程中，NNRTIs 不需要被细胞内的酶激活。

3. 蛋白酶抑制药　常用 PIs 药物有洛匹那韦（lopinavir，LPV）、利托那韦（ritonavir，RTV）等。本类药物都是可逆性 HIV 天冬氨酸蛋白酶抑制药，天冬氨酸蛋白酶负责将病毒多聚蛋白裂解成一些关键酶（如反转录酶、蛋白酶和整合酶）和一些结构蛋白，是传染性病毒成熟所必需。本类药物对病毒的选择性较好，可防止病毒颗粒的成熟并产生非传染性病毒颗粒。

4. 融合抑制药　常用 FIs 有恩夫韦地（enfuvirtide）、艾博韦泰（albuvirtide，ABT）等。与其他抗 HIV 病毒药的作用不同，融合抑制药可阻止病毒与人体细胞膜的融合，从而阻止 HIV-1 病毒进入细胞。

5. CCR5 拮抗剂　常用 CCR5 拮抗剂如马拉韦罗（maraviroc）。人类免疫缺陷病毒入侵机体细胞的辅助受体有 CCR5 和 CXC 趋化因子受体 4（CXC chemokine receptor 4，CXCR4）。本类药物可阻断 CCR5 与 HIV-1 包膜蛋白 gp120 结合，从而阻止病毒进入宿主细胞。

6. 整合酶链转移抑制药　常用 INSTIs 药物有拉替拉韦（raltegravir，RAL）、多替拉韦（dolutegravir，DTG）等。此类药物可抑制病毒的整合酶活性，整合酶是病毒复制所必需的一种编码酶。阻断该酶可抑制 HIV-1 前病毒的形成，从而导致病毒载量下降，活性 $CD4^+$ 细胞增加。

抗 HIV 和 AIDS 常用药物的用药方法及剂量见表 15–9。

表 15-9　治疗 HIV 感染和艾滋病的药物给药方法及剂量

药物名称	给药剂量及途径	适应证
非核苷类反转录酶抑制药（nonnucleoside reverse transcriptase inhibitors，NNRTIs）		
依非韦伦（EFV）	成人：400mg 睡前口服，1 次 /d 儿童：根据年龄及体重调整剂量	与其他抗反转录病毒药物联合治疗儿童及成人艾滋病
艾诺韦林	成人：150mg 空腹口服，1 次 /d	与 NRTIs 联合使用，治疗成人 HIV-1 感染初治患者
奈韦拉平（NVP）	成人：200mg 口服，2 次 /d 新生儿 / 婴幼儿：5mg/kg，2 次 /d 儿童：＜ 8 岁，4mg/kg 体重，2 次 /d； ＞ 8 岁，7mg/kg 体重，2 次 /d	与其他抗反转录病毒药物联合治疗儿童及成人艾滋病。此药有导入期，即在开始治疗的最初 14d，需要从治疗量的一半开始（1 次 /d），如无严重不良反应可增加至足量（2 次 /d）
利匹韦林（RPV）	成人：25mg，1 次 /d，进食同时口服	可用于成人艾滋病联合用药方案

笔记栏

药物名称	给药剂量及途径	适应证
核苷类反转录酶抑制药（nucleoside reverse transcriptase inhibitors，NRTIs）		
阿巴卡韦（ABC）	成人：300mg，口服，2 次 /d 儿童：8mg/kg，口服，2 次 /d，最大剂量 300mg，2 次 /d	与其他药物联合用于治疗成人及儿童艾滋病，新生儿 / 婴幼儿不建议使用本药
齐多夫定（AZT）	成人：300mg/ 次，口服，2 次 /d 新生儿 / 婴幼儿：2mg/kg，4 次 /d 儿童：160mg/m², 3 次 /d	作为联合用药治疗成人及儿童 HIV 晚期感染
替诺福韦（TDF）	成人：300mg，口服，1 次 /d，与食物同服	作为联合用药治疗成人及儿童（12 岁以上，体重 35kg 以上）HIV 感染患者
恩曲他滨（FTC）	成人：200mg 口服，1 次 /d，或 240mg 口服液 1 次 /d； 3 个月龄~ 17 岁儿童：6mg/kg，口服，最大剂量 240mg	用于治疗 HIV-1 感染患者的联合治疗药物
拉米夫定（3TC）	成人：150mg，口服，2 次 /d 或 300mg，口服，1 次 /d 新生儿：2mg/kg，口服，2 次 /d 儿童：4mg/kg，口服，2 次 /d	与其他抗反转录病毒药物联合治疗成人和儿童 HIV 感染
蛋白酶抑制药（protease inhibitors，PIs）		
洛匹那韦（LPV）	成人：400mg 口服，2 次 /d； 6 月龄~ 12 岁儿童：10 ~ 12mg/kg 口服，2 次 /d	
利托那韦（RTV）	成人及 2 岁以上儿童，600mg 口服，2 次 /d	作为联合用药治疗 HIV 感染 /AIDS 的成人及儿童
融合抑制药（fusion inhibitor，FIs）		
恩夫韦地	成人：90mg 皮下注射，2 次 /d 6 ~ 16 岁儿童：2mg/kg 皮下注射，2 次 /d	可用于联合治疗已知 HIV 病毒复制情况并已采用抗反转录病毒疗法的患者
艾博韦泰（ABT）	成人及 16 岁以上青少年：320mg/ 次，第 1 天、第 2 天、第 3 天和第 8 天各用 1 次，此后每周一次，静脉滴注	
CCR5 拮抗剂（CCR5 antagonist）		
马拉韦罗	成人：150mg 口服，2 次 /d	作为联合用药治疗 HIV 感染
整合酶链转移抑制药（integrase strand transfer inhibitors，INSTIs）		
拉替拉韦（RAL）	成人：400mg 口服，2 次 /d	作为联合用药治疗 HIV 感染
多替拉韦（DTG）	成人及 12 岁及以上青少年：50mg/ 次，1 次 /d，存在 INSTIs 耐药的情况下，首选餐后服用	

笔记栏

　　成人及青少年初始推荐方案为 2 种 NRTIs 类骨干药物联合第三类药物治疗，第三类药物可以为 NNRTIs 或增强型 PIs（含利托那韦或考比司他）或 INSTIs；也可选用复方单片制剂（single-tablet regimens，STR）。基于我国可获得的抗病毒药物，成人及青少年初始患者 ART 的推荐方案见表 15-10。

表 15-10　成人及青少年初治患者抗病毒治疗方案

推荐方案	
2NRTIs	第三类药物
TDF+3TC（FTC）	+NNRTIs：[#]EFV、*RPV
TAF/FTC	或 +PIs：LPV/r
	或 +INRTIs：DTG、RAL
复方单片制剂	
TAF/FTC/BIC	
TAF/FTC/EVG/c	
§ABC/3TC/DTG	
DOR/3TC/TDF	
1 NRTIs +1 INSTIs	
&DTG/3TC 或 &DTG+3TC	

　　TAF：丙酚替诺福韦（tenofovir alafenamide）为 NRTIs；BIC：比克替拉韦（bictegravir）为 INSTIs；EVG/c：艾维雷韦 / 考比司他，分别为 PIs 及药代动力学增效剂；DOR：多拉韦林（doravirine）为 NNRTIs；其余药物缩写见表 15-9。
　　[#]EFV 不推荐用于病毒载量＞ 5×10^5 拷贝 /ml 的患者；*RPV 仅用于病毒载量＜ 5×10^5 拷贝 /ml 和 CD4⁺T 淋巴细胞计数＞ 200 个 /μl 的患者；§ABC 用于 HLA-B5701 阴性者；&DTG/3TC 或 &DTG +3TC 用于乙型肝炎表面抗原阴性、病毒载量＜ 5×10^5 拷贝 /ml 的患者。

知识链接

复方单片制剂

　　采用联合用药方案治疗 HIV 感染的患者每天都需要服用大量的药物。按时每天服用如此大量的药物片剂或胶囊是一个非常艰巨的任务。因此，为了提高患者的依从性，减轻患者负担，人们已经开始努力生产具有抗 HIV 作用的复方药物。如双汰芝（combivir）是一种含有拉米夫定和齐多夫定的复方制剂，患者可每天服用 2 次，每次一片。trizivir 是一种含有阿巴卡韦、拉米夫定和齐多夫定的复方制剂，患者可每天服用 2 次，每次一片。这种固定配比剂量的复方制剂，不能用于因肾脏功能或副作用需要降低剂量使用的患者。另外，还有如 epzicom（含有阿巴卡韦和拉米夫定）、truvada（含有恩曲他滨和替诺福韦）等。艾诺米替片（艾诺韦林 / 拉米夫定 / 替诺福韦）2022 年 12 月 30 日获批上市，填补了中国创新成分复方单片制剂领域的空白。患者在使用复方制剂前首先应对复方中每种抗病毒药物的治疗敏感且稳定。

【用药护理】
（一）用药评估
　　首先，评估使用这些药物的注意事项及禁忌证。例如：是否对抗病毒药物有过敏史，是否存在可能导致肝功能或肾功能不全的疾病从而影响药物的代谢和排泄，女性患者是否是妊娠或哺乳

笔记栏

365

期，从而可能对胎儿或婴儿产生不利影响。其次，对患者进行体格检查，建立基础资料用以评估药物治疗的有效性，以及与药物治疗相关的不良反应的发生情况；评估患者的体温、定向力和反射功能水平，用以评估药物对中枢神经系统的影响；检查皮肤的颜色、温度和皮疹用以监测药物不良反应在皮肤上的体现，同时监测体温，观察是否有感染发生。最后，通过实验室检验评估肝、肾功能，全血细胞计数监测骨髓功能，CD4$^+$T 淋巴细胞计数以确定疾病的严重程度和药物治疗的有效性。

（二）用药安全

1. 核苷类反转录酶抑制药

（1）不良反应：常见恶心、腹痛、腹泻、头晕头痛、睡眠困难、疲劳。其他不良反应包括血液中的乳酸累积、加重未持续用药且双重感染乙型肝炎患者症状、胰腺炎、皮肤色素沉着等。阿巴卡韦可能还会出现过敏反应、增加心脏病发作的概率；替诺福韦可能会引起肾功能不全以及骨密度降低；丙酚替诺福韦对肾脏和骨骼更友好，但可能会导致体重增加；齐多夫定可引起贫血和脂肪代谢障碍，在极少数情况下，它还会降低白细胞计数，提高血脂水平，或导致肌无力。

（2）用药注意事项：在服用 NRTIs 时，肾功能不全患者需调整用药剂量。阿巴卡韦过敏反应可能致命，需立即停用，不可再次使用该药物，应用前需 HLA-B*5701 筛查，提高阿巴卡韦使用的安全性。注意齐多夫定不能与利巴韦林合用。

（3）禁忌证：NRTIs 过敏体质患者及中重度肝脏损伤患者。

2. 非核苷类反转录酶抑制药

（1）不良反应：可见中枢神经系统反应、皮疹、肝功检查异常、高脂血症和高甘油三酯血症。

（2）用药注意事项：抗酸药抑制利匹韦林吸收，至少间隔 1 小时以上服用。应用依非韦伦时，容易出现头晕症状，所以在睡前服用就可以减轻症状。另外，注意依非韦伦与西沙必利、匹莫齐特、咪达唑仑、三唑仑等存在药物配伍禁忌。

（3）禁忌证：利匹韦林妊娠安全分级中被列为 B 级，慎用，且不推荐用于病毒载量 ≥ 10^5 拷贝 /ml 的患者。依非韦伦禁用于过敏体质患者，妊娠时禁用。

3. 蛋白酶抑制药

（1）不良反应：洛匹那韦的不良反应主要是导致腹泻，通常为轻中度的。利托那韦可能导致恶心、呕吐、乏力、头痛、失眠等，少部分患者服药后，可能出现血小板和中性粒细胞减少，氨基转移酶和血胆固醇升高等，表现为异常出血、面色苍白、四肢无力、突发高热等。

（2）用药注意事项：进餐时服用。肾功能不全不需要调整剂量。在血友病患者中使用洛匹那韦和利托那韦有增加出血的可能。应用洛匹那韦和利托那韦时可能引起总胆固醇和甘油三酯较大幅度升高，治疗前以及治疗过程中应定期检测甘油三酯和胆固醇水平。

（3）禁忌证：过敏体质患者及重度肝功能不全的患者。

（4）药物相互作用：与辛伐他汀等药物合用，可增加横纹肌溶解发病率。不能与主要依赖 CYP3A 进行清除且其血药浓度升高会引起严重不良反应事件的药物同时服用。

4. 融合抑制药

（1）不良反应：恩夫韦地注射部位局部反应，增加细菌性肺炎发生率，并可引起过敏反应。艾博韦泰可出现过敏性皮炎、发热、头晕、腹泻等不良反应。

（2）用药注意事项：恩夫韦地稀释后药品冰箱保存，并在 24 小时内使用。肝、肾功能不全者慎用。

（3）禁忌证：过敏体质患者。

5. 整合酶链转移抑制药

（1）不良反应：此类药物比较常见不良反应主要体现在神经系统以及胃肠道方面，如头痛、头晕、恶心、腹泻、呕吐、肠胃气胀等。此外，多替拉韦还可引起皮疹、瘙痒、疲乏等。拉替拉韦还有罕见皮疹、多汗症、痤疮性皮炎、红斑、糖尿病、脂代谢紊乱、关节痛、肌肉痛、背痛、骨骼肌疼痛、骨质疏松等症状。

（2）用药注意事项：如果患者漏服，必须尽快服用，前提是下一次服药时间在4小时之后。如果下一次服药时间在4小时内，患者不得服用漏服剂量、按照常规给药方案服药即可。有生育能力的女性开始使用多替拉韦之前应进行妊娠检查，并在整个治疗期间采取有效避孕措施，避免妊娠。

（3）禁忌证：已知对多替拉韦或对本品的任何敷料过敏的患者禁用本品。妊娠前3个月不应使用多替拉韦。

（三）用药监测

1. 监测疗效 艾滋病患者用药后定期检查，是对患者用药后疾病变化情况进行监测，按时检测的常见项目包括CD4$^+$T淋巴细胞计数、HIV抗体检测、HIV核酸检测等。一般治疗1个月病毒载量可以下降一个对数级别，3~6个月可下降至无法检出，病毒载量的控制目标在50拷贝/ml以下。治疗有效时CD4$^+$细胞计数可上升超过30%，或者治疗后1年CD4$^+$细胞计数增长100/μl。此外，临床症状也可作为治疗有效的指标，多数患者临床症状缓解；需注意也有一些患者因免疫功能恢复而发生免疫重建炎症综合征，表现为感染性或炎症性并发症状加重，难以和药物不良反应以及机会性感染鉴别。治疗监测中如发现耐药可能（病毒载量高于500~1 000拷贝/ml或者用药1年后CD4$^+$细胞数量低于150/μl），应考虑更换联合疗法中的药物。

2. 监测不良反应 主要包括皮疹、头晕或头痛、胃肠不适和腹泻等，在服用药物期间需要观察身体变化。如果出现的不良反应比较轻微，无须增减药量，也无须停止用药，可继续用药。如果出现的不良反应比较严重，可在医生指导下减少药量或者更换其他药物。如果胃肠道反应严重，可采取适当的措施，以保证营养，包括少量多餐及均衡营养，提供蛋白质和其他营养物质。如出现严重皮疹，尤其是伴随着水疱、大疱以及发热等系统症状，可能存在药物导致的过敏反应，需停止用药，考虑更换疗法，以避免潜在的严重反应。在治疗前和治疗过程中定期监测肝功能和肾脏功能，以决定是否需要调整剂量或需要其他辅助治疗。长期用药者，还需要注意乳酸酸中毒、脂肪营养障碍综合征、骨骼矿质密度降低和心血管相关疾病等情况。

（四）用药指导

1. 药物治疗指导 用药期间确保患者完全遵循医嘱，保证药物联合治疗方案，定期进行血液化验，保证药物的有效性并减少耐药病毒株出现的风险。告知患者药物使用及效果观察的相关知识，包括抗病毒药物不能达到病原学治愈的事实，以提高患者对药物治疗的认识及依从性。提醒患者注意仍需采取适当的预防措施，以防止疾病通过性接触、血液制品等途径传播。

2. 药物治疗注意事项指导 了解服药后会出现胃肠不适、恶心、呕吐等情况，并保证足够的营养；如有头晕或嗜睡的情况发生，应避免驾驶或其他危险任务；建议患者如出现皮肤红疹、呼吸急促、黄疸、胃胀、呕吐、手脚发麻等立即就医。

（关凤英）

小　结

性传播疾病指主要通过性接触传染的一组疾病，主要包括梅毒、淋病、生殖道衣原体感染、尖锐湿疣、生殖器疱疹和艾滋病6种疾病。易治愈的性病通常是由细菌、衣原体、支原体、螺旋体等病原体引起的，如淋病、梅毒（早期梅毒）等，可使用合适的抗生素及抗菌药物治疗。难以治愈的性病主要是由病毒感染引起，如生殖器疱疹、尖锐湿疣等，抗病毒药物一般只能起抑制病毒作用，因此可以达到临床治愈目的，但是病毒仍可能潜伏在人体中，故容易复发。

性病治疗药物主要为抗生素类、抗病毒等抗微生物药物和外用药。抗微生物药物主要包括 β- 内酰胺类、喹诺酮类、大环内酯类、四环素类、氨基糖苷类以及抗疱疹病毒药。其中艾滋病目前尚无根治措施，抗人类免疫缺陷病毒药物主要有：核苷类反转录酶抑制药、非核苷类反转录酶抑制药、蛋白酶抑制药、融合抑制药、CCR5 拮抗剂和整合酶链转移抑制药六大类。另外，病毒引起的性病可以选用免疫调节药，以增加患者免疫功能。多种性传播病在男女外阴部、生殖器官都可引起病变，引起瘙痒、疼痛、流脓、异味等，可以使用外用消毒防腐药止痒去痛、清污去味。性病患者的护理包括多个方面，对患者的心理护理、疾病知识普及、用药指导和宣教对于提高依从性，增强治疗效果及性伴侣同治至关重要。护理过程中要注意防护和隔离，确保患者按照医嘱足疗程用药治疗，注意药物不良反应，治疗后应加强随访工作。

ER15-4
第十五章
目标测试

●●●● 思考题 ●●●●

1. 列举梅毒治疗药物的分类、作用机制及不良反应。
2. 简述治疗生殖道衣原体感染的药物分类及用药指导。
3. 简述尖锐湿疣的用药监测及用药指导。
4. 列举治疗艾滋病药物的分类及用药监测。

笔记栏

第十六章

女性健康用药与护理

ER16-1
第十六章
思维导图

女性一生经历不同阶段，为治疗疾病及维护健康状态，会接触各种药物，如为避免意外妊娠使用避孕药物，因生殖道感染性疾病需要特定药物治疗，绝经过渡期因雌激素下降引起潮热不适等而采用激素治疗。此外，女性在特殊时期如妊娠期、哺乳期的安全合理用药涉及母婴安全，直接关系到国家人口质量问题。本章介绍女性健康相关药物治疗及用药护理，学习女性健康用药相关知识，有助于更好地维护和促进女性全生命周期健康。

ER16-2
第十六章
女性健康用药
与护理

第一节 避 孕

避孕（contraception）指在保障使用者知情的条件下，采用药物、器具或自然避孕的手段达到暂时避免受孕的目的。药物避孕是女性避孕的主要方法之一，采用高效安全的药物避孕方法避免意外妊娠，是促进女性健康的重要举措。甾体激素避孕效果确切、安全性较高，是一种高效可逆的避孕方法。本节主要介绍激素避孕相关知识，以指导此类药物的合理使用。

【激素避孕简介】

激素避孕（hormonal contraception）是通过女性甾体激素调节月经周期内激素水平，进而达到避孕的一种方法，其发挥作用的环节与避孕药的种类、剂量、给药途径、用药方法有关。主要通过控制生殖过程中的三个环节实现：即抑制卵子产生；阻止精子与卵子结合；使子宫环境不利于精子获能、生存，或者不适宜受精卵着床和发育。女性甾体激素可口服、注射及植入用药。

【药物治疗的目的及原则】

（一）激素避孕的目的

激素避孕通过阻断妊娠的不同环节，达到暂时避孕的生育调节目的。

（二）激素避孕的原则

1. 保障妇女完全知情 选择避孕药时要考虑女性有知情权，保证激素避孕咨询服务的准确性和可及性。

2. 根据避孕需求选择药物 明确避孕药物的效果和特点，指导妇女权衡不同避孕药的优缺点，根据妇女的避孕需求选择适用药物，强调正确使用。

3. 严格掌握适应证 注意激素避孕药慎用和禁用情况，如静脉血栓栓塞症、高血压、缺血性心脏病等。及时监测药物的副作用及不良反应，必要时停药。

4. 兼顾女性的经济负担 选择避孕药时考虑妇女的经济承受能力、个人实际情况、与自身及伴侣的接受程度等，在经济条件允许的情况下，尽量选择新型避孕药。

【药物分类及常用药物】

甾体激素避孕的分类方法有三种：①按照药物组成，可分为雌孕激素复方和单孕激素类。②按照药物作用时间，可分为短效、长效、速效和缓释类。③按照给药途径，可分为口服、注射、经皮肤、经阴道和经宫腔类。现有剂型包括口服避孕药、长效避孕针、缓释避孕药。

笔记栏

（一）口服避孕药

口服避孕药（oral contraceptives，OCs）具有安全有效、使用方便等特点。根据作用效果，口服避孕药一般可分为复方短效口服避孕药、复方长效口服避孕药和探亲避孕药。复方口服避孕药（combination oral contraception，COC）是含有雌激素和孕激素的药物，通过抑制排卵、改变宫颈黏液和子宫内膜环境，阻止精子通过并阻碍受精卵植入。单一孕激素口服避孕药（progestin-only pill，POP）仅含有孕激素，主要通过增加宫颈黏液的黏稠度和改变子宫内膜来发挥避孕作用，适合不能使用含雌激素药物的女性。目前普遍应用的是含雌、孕激素的复方制剂。生育年龄无禁忌证的健康妇女均可服用。其中复方长效口服避孕药含雌激素剂量大，不良反应明显。

1. 复方短效口服避孕药　复方短效口服避孕药应用于我国临床已近40余年，是最经典的甾体避孕药。它含有低剂量的雌激素和孕激素，雌激素成分为炔雌醇，孕激素成分各不相同，构成不同配方及制剂，常用剂型为薄膜包衣片。随着药物的应用反馈和雌、孕激素药物的不断进展，复方短效口服避孕药中雌、孕激素的组成不断改变。炔雌醇剂量由35μg下降到20μg。孕激素则由合成孕激素逐渐向接近天然孕酮过渡，其主要目的是在保证避孕效果的同时降低副作用。

复方短效口服避孕药根据成分剂量的改变，可分为单相片、双相片和三相片。①单相片：整个周期中雌、孕激素剂量固定。②双相片：前7片含孕激素剂量小，后14片剂量明显增加，雌激素的剂量在整个周期中变化不大。③三相片：第一相，含低剂量的雌激素和孕激素；第二相，雌、孕激素剂量均增加；第三相，孕激素量再次增加而雌激素减至初始水平。三相片配方合理，避孕效果可靠，控制月经周期的效果良好，突破性出血和闭经发生率显著低于单相片，且恶心、呕吐、头晕等副反应少。妇女常用甾体激素复方短效口服避孕药见表16-1。

表16-1　妇女常用甾体激素复方短效口服避孕药

类别	名称	成分		用法
		雌激素含量/mg	孕激素含量/mg	
单相片	复方炔诺酮片	炔雌醇 0.035	炔诺酮 0.6	国产避孕药自月经周期第5天起，每晚1片，连服22天。一般停药后2~3天可见撤药性出血，类似月经来潮，若停药7天后月经尚未来潮，则应开始下一周期用药。进口避孕药首次服药在月经的第1天，连服21天，停药一周后再服药（不论月经何时来潮）
	复方甲地孕酮片	炔雌醇 0.035	甲地孕酮 1.0	
	复方左炔诺孕酮片	炔雌醇 0.03	左炔诺孕酮 0.15	
	复方去氧孕烯片	炔雌醇 0.03	去氧孕烯 0.15	
	去氧孕烯炔雌醇片	炔雌醇 0.02	去氧孕烯 0.15	
	复方孕二烯酮片	炔雌醇 0.03	孕二烯酮 0.075	
	炔雌醇环丙孕酮片	炔雌醇 0.03	环丙孕酮 2.0	
	屈螺酮炔雌醇片	炔雌醇 0.03	屈螺酮 3.0	
双相片	去氧孕烯双相片			服法同上
	第一相（第1~7片）	炔雌醇 0.04	去氧孕烯 0.025	
	第二相（第8~21片）	炔雌醇 0.03	去氧孕烯 0.125	
三相片	复方左炔诺孕酮三相片			首次服药从月经周期的第3天开始，每晚1片，连续21天。第一相，1片/d，共6片；第二相，1片/d，共5片；第三相，1片/d，共10片
	第一相（黄色第1~6片）	炔雌醇 0.03	左炔诺孕酮 0.05	
	第二相（白色第7~11片）	炔雌醇 0.04	左炔诺孕酮 0.075	
	第三相（棕色第12~21片）	炔雌醇 0.03	左炔诺孕酮 0.125	

笔记栏

2. 探亲避孕药 探亲避孕药（vacation pill）又称速效避孕药或事后避孕药，适用于两地分居的夫妇短期探亲时避孕，不受月经周期限制，无论何时开始服用均能发挥避孕作用，有效率在98%以上。该药分为孕激素类药、非孕激素类药及雌孕激素复合制剂。有抑制排卵、改变子宫内膜形态与功能、使宫颈黏液变稠等作用。

3. 紧急避孕药 紧急避孕药（emergency contraception）是指在无保护性生活，或避孕失败（如阴茎套破裂、阴茎套滑脱）或特殊情况性交后3天内，妇女为防止非意愿妊娠而采用的避孕方法。紧急避孕药有：①雌孕激素复合制剂，现有复方左炔诺孕酮片（compound levonorgestrel tablets），含炔雌醇30μg、左炔诺孕酮150μg。在无保护性生活后3天（72小时）内即服4片，12小时后再服4片。②单孕激素类药，现有左炔诺孕酮片（levonorgestrel tablets），含左炔诺孕酮0.75mg。在无保护性生活后3天（72小时）内即服1片，12小时后再服1片。激素类避孕药只能对一次无保护性生活起保护作用，同时在本周期内不应再有性生活，避孕套避孕除外。③抗孕激素类药，如米非司酮片（mifepristone tablets），在无保护性生活后120小时内服用10mg即可。

知识链接

新型非激素类阴道避孕凝胶

复方乳酸柠檬酸酒石酸氢钾阴道凝胶是一种非激素类、按需使用、女性能够自主控制使用的新型阴道避孕凝胶。主要成分为柠檬酸、L-乳酸和酒石酸氢钾，避孕原理是将阴道酸碱度保持在3.5~4.5的正常范围内，从而维持一个不适合精子及某些性传播感染病原体生存，但对阴道内正常菌群存活不可或缺的酸性环境。相比于传统避孕手段，该凝胶需在性交前使用，不需定时口服，也不通过调控女性激素来实现避孕目的，有望改变现有避孕方式。该产品已完成避孕效果的Ⅲ期临床试验，结果表明典型使用避孕率为86.0%，完美使用的避孕效果为98.7%。该药品可作为一种按需避孕方法，用于女性短效避孕。

（二）长效避孕针

长效避孕针是长效避孕方法之一，适用于对口服避孕药有明显胃肠道反应者。其主要成分为经酯化的孕激素（如己酸黄体酮、庚炔诺酮等），经肌内注射后药物在局部沉淀、储存、缓慢释放而发挥长效作用，有效率达98%。目前国内供应的种类包括单纯孕激素类和雌孕激素复合制剂类。单纯孕激素类药物易引发月经紊乱，而雌孕激素复合制剂则较少引发月经紊乱。长效避孕针的应用方法与其作用时间长短有关，不同避孕针一次用药可以避孕1~3个月。

（三）缓释避孕药

缓释避孕药是以具备缓慢释放性能的高分子化合物为载体，一次给药在体内持续、微量释放甾体激素（主要是孕激素），维持恒定的血药浓度以达到长效避孕的目的。目前国内外比较常用的有皮下埋植剂、缓释阴道避孕环、微球和微囊缓释避孕针及避孕贴。

1. 皮下埋植剂 皮下埋植剂（subdermal implants）以硅胶棒等为载体，内含高效孕激素，是一种缓释系统避孕药，为长效避孕方法之一。含左炔诺孕酮的皮下埋植剂分为左炔诺孕酮硅胶棒Ⅰ型和Ⅱ型，Ⅰ型每支硅胶含左炔诺孕酮36mg，总量216mg，使用年限5~7年；Ⅱ型每支硅胶棒含左炔诺孕酮75mg，总量150mg，使用年限3~5年，有效率达99%以上。近年来进入临床应用的依托孕烯植入剂，每支含依托孕烯68mg，植入皮下后缓慢释放激素，达到避孕目的，有效避孕年限为3年，优点是避孕效果好，不含雌激素，取放方便，恢复生育功能快，不影响乳汁质量。最常见的副作用为点滴出血等，一般不需处理，随放置时间延长逐步改善。

2. 缓释阴道避孕环 避孕原理与皮下埋植剂相同，将避孕甾体激素装在载体上，制成环状

笔记栏

放入阴道，通过阴道黏膜上皮直接吸收药物进入血液循环产生避孕效果。甲地孕酮硅胶环为直径4cm、具有弹性的空芯软硅胶环，空芯内含甲地孕酮200mg或250mg，每天释放100μg，可连续使用1年。缓释阴道避孕环使用方法简便，一次放入可避孕较长时间，妇女可自行放入或取出，其避孕效果好且安全。少数使用者会出现月经紊乱，月经异常者约为2.01%，脱落率约为2%。

3. 微球和微囊缓释避孕针　微球和微囊缓释避孕针是一种缓释系统避孕针，采用具有生物降解作用的高分子聚合物与甾体避孕药混合或包裹制成，注入皮下后缓慢释放避孕药，而载有避孕药的高分子聚合物将在体内降解、吸收，可不必取出。种类有庚炔诺酮微球针、肟高诺酮微球针等，可避孕3个月。

4. 避孕贴　避孕贴的储药区含有避孕激素，当其黏附于皮肤后，药物会按一定的剂量及比例释放入血，从而达到避孕作用。美国批准上市的产品Ortho Evra贴片含炔雌醇0.75mg与17-去酰炔肟酯6mg，前者每24小时释放20μg，后者释放150μg。于月经周期第1天使用，每周1片，连用3周，停药1周。其他常用妇女甾体激素避孕药见表16-2。

表16-2　其他常用妇女甾体激素避孕药

类别		名称	成分		用法
			雌激素含量	孕激素含量	
口服避孕药	探亲避孕药	炔诺酮片		炔诺酮5mg	于探亲前一天或当天中午起服用1片，此后每晚服1片，至少连服10~14天
		甲地孕酮片		甲地孕酮2mg	于探亲当天中午及晚上各服1片，以后每晚服1片，探亲结束次晨加服1片，探亲不足14天，也应服完14片
		炔诺孕酮片		炔诺孕酮3mg	于探亲前一天或当天中午起服用1片，此后每晚服1片，至少连服10~14天
		双炔失碳酯片		双炔失碳酯7.5mg	第一次房事后立即服用1片，次晨加服1片，以后每次房事后即服1片
长效针	单方	醋酸甲羟孕酮避孕针		醋酸甲羟孕酮150mg	肌内注射，首次给药应在月经周期第5天之内，以后每3个月注射1支
		庚炔诺酮注射液		庚炔诺酮200mg	肌内注射，首次给药应在月经周期第5天之内，以后每2个月注射1支
	复方	复方己酸羟孕酮	戊酸雌二醇5mg	己酸羟孕酮250mg	肌内注射，首次于月经周期第5天注射2ml，或分别于月经周期第5天及第15天各肌内注射1支，以后于每个月月经周期的第10~12天注射1ml
		复方甲地孕酮避孕针	雌二醇3.5mg	甲地孕酮25mg	肌内注射，首次于月经周期第5天和第12天各注射1支，后按第二次注射日期计算，每隔30天注射1支或每月月经周期第12天注射1支
		复方庚酸炔诺酮避孕针	戊酸雌二醇5mg	庚酸炔诺酮50mg	同复方己酸羟孕酮注射液的用法

类别		名称	成分		用法
			雌激素含量	孕激素含量	
长效针	复方	复方甲羟黄体酮注射针	环戊丙酸雌二醇 5mg	醋酸甲羟黄体酮 25mg	肌内注射，首次于月经周期第 5 天注射 1 支，以后每月注射 1 支
缓释避孕药	皮下埋植剂	左炔诺孕酮硅胶棒Ⅰ型		左炔诺孕酮 36mg×6	月经周期第 7 天内，于上臂内侧，肘上 6～8cm 处，二头肌与三头肌之间放置。依托孕烯植入剂有专用的植入器，放置更方便
		左炔诺孕酮硅胶棒Ⅱ型		左炔诺孕酮 75mg×2	
		依托孕烯植入剂		依托孕烯 68mg	
	缓释阴道避孕环	甲地孕酮硅胶环		甲地孕酮 200mg 或 250mg	于月经周期第 5 天放置，将环置于阴道深处，推至后穹隆处。可持续使用 1 年
		左炔诺孕酮阴道避孕环		左炔诺孕酮 5mg	于月经周期第 5 天放置，将环置于阴道深处，推至后穹隆处。可持续使用 90 天
	微球和微囊避孕针	庚炔诺酮微球针		庚炔诺酮 65mg 或 100mg	每 3 个月皮下注射一次，无须取出
		左炔诺孕酮微球针		左炔诺孕酮 50mg	
		肟高诺酮微囊针		肟高诺酮 50mg	

【用药护理】

（一）用药评估

1. **评估健康史** 了解妇女的年龄、月经周期、生育状况、身体健康状况，有无脂代谢异常、凝血功能异常、子宫内膜异常及心血管系统等疾病史。

2. **评估用药史** 了解既往用药史及药物避孕情况，包括曾使用药物的种类、用法、用量及效果，有无用药不良反应，有无药物过敏史。

3. **避孕药风险 / 获益评估** 了解脂代谢、凝血功能、子宫内膜、心血管系统疾病等。兼顾妇女妊娠率和用药安全性，包括血栓性事件等。

4. **实验室检查和其他检查** 测量血压、体重，进行腹部、乳房及盆腔检查。

5. **评估用药依从性** 了解妇女的生活方式、饮食习惯、摄食量等；评估妇女及家属对避孕的认知程度、心理状况、教育背景、经济状况、社会支持度等。评价其对避孕药物的心理接受程度和可能的依从性。

（二）用药安全

1. **不良反应**

（1）类早孕反应：服药后可出现恶心、头晕、乏力、困倦、食欲缺乏、乳胀、白带增多等类早孕反应。轻者不需处理，坚持服药数天后，症状可自行减轻或消失；重者可口服维生素 B_6 10mg，每天 3 次，连服 7 天。若治疗无效，可停药并更换制剂或改用其他避孕措施。

笔记栏

（2）阴道流血：少数妇女服药期间出现不规则少量非经期阴道流血，称突破性出血。多因漏服、迟服或不定时服用避孕药物所致，此外，可能与药片质量受损、服药方法错误及个体体质差异等因素有关。处理方法：①点滴出血者，不需特殊处理。②出血量较大者，需每晚加服炔雌醇1~2片（0.005~0.01mg），与避孕药同时服至22天停药。③若阴道流血量等同月经量或流血时间接近月经期者，应作为一次月经处理，停止用药，在流血第5天再开始按规定重新服药。重者也可考虑更换避孕药。

（3）月经过少或闭经：1%~2%的妇女服药后可出现月经量明显减少，甚至闭经。绝大多数经量过少或停经者，停药后月经能恢复正常。也可采取以下方法：①月经过少者可每晚加服炔雌醇1~2片（0.005~0.01mg），与避孕药同时服用22天后停药。②停药后仍无月经来潮且排除妊娠者，应在停药第7天开始服用下一周期避孕药，以免影响避孕效果。③连续停经两个月者，应考虑更换避孕药种类。若更换药物后仍无月经来潮或连续发生停经3个月时，应停药观察，及时就医，查明原因，等待月经复潮。停用避孕药期间，需采取其他避孕措施。

（4）体重增加：少数妇女长期服用短效口服避孕药后会体重增加，这与避孕药中的孕激素成分有弱雄激素活性作用或雌激素可引起水钠潴留有关，不需治疗，应注意均衡饮食，合理安排生活方式，适当减少盐分的摄入并结合有氧运动以减轻这一副作用。

（5）皮肤色素沉着：少数妇女服药后颜面部皮肤出现蝶形淡褐色色素沉着，停药后症状减轻或自行消退。

（6）其他：偶有头痛、乳房胀痛、复视、皮疹或性欲改变等症状，可对症处理，严重者须停药。

2. 用药注意事项

（1）复方短效口服避孕药：①需按时服药，不可随意更改服药时间，以保证避孕效果。②避孕药多为糖衣片，避孕药含在糖衣中，如糖衣潮解或脱落，药物的剂量不足，会影响避孕效果，或引起不规则子宫出血。③呕吐或腹泻会影响药物的吸收，可能导致避孕失败，宜加用外用避孕工具。④服用其他存在相互作用的药物时，尽量不选用避孕药。⑤若有漏服应及早补服，且警惕有妊娠可能。漏服处理与服药周期有关，漏服发生在服药第一周、第二周和第三周处理各不相同，可参考具体药物说明书。

（2）紧急避孕药：①紧急避孕药是一次性用药，其剂量要比常用的口服避孕药剂量大，若在服药4小时内发生呕吐，应补服相同剂量的药物，并加服止吐药。②服完紧急避孕药后，在本次月经周期中，不能再有无防护性生活，必须采取避孕措施。③紧急避孕是一次性补救措施，不能代替经常性的避孕方法，服药来月经后，必须采取经常性的避孕措施。④紧急避孕药可以预防妊娠，但仍有约2%的妇女会失败，其效果不如常规避孕方法，所以不能代替经常性口服避孕药。⑤服药后，如果月经不来超过1周者，必须复诊做妊娠试验。

（3）长效避孕针：①使用避孕针要定期检查乳房，发现乳房肿块应停止使用。②为保证避孕效果和减少月经的改变，应按时注射，并要将药液抽净，注射时作深部肌内注射。③避孕针因气温低有块状物析出时，可放在温水中，让其溶解、摇匀后使用。④在使用避孕针过程中，经常随访观察效果及副作用，出现副反应，应及时检查与处理。

3. 禁忌证

（1）复方短效口服避孕药的禁忌证：①母乳喂养女性产后6周内；未哺乳妇女产后<21天，有其他静脉血栓栓塞症危险因素。②存在多种动脉心血管疾病危险因素（如年龄≥35岁，吸烟≥15支/d、糖尿病和高血压、已知的高血脂）。③深静脉血栓/肺栓塞。④需制动的大手术。⑤缺血性心脏病；有并发症（肺动脉高压、房颤风险、亚急性心内膜炎史）的心脏瓣膜病。⑥脑血管意外史；任何年龄有局灶性神经症状的偏头痛；年龄≥35岁，在使用复方口服避孕药时出现或加重的偏头痛。⑦系统性红斑狼疮抗磷脂抗体阳性或未知。⑧现患乳腺癌。⑨急性或暴发性病毒性肝炎；重度失代偿性肝硬化；肝细胞性腺瘤，恶性肝脏肿瘤。

（2）单纯孕激素避孕的禁忌证：现患乳腺癌。

4. 药物相互作用

（1）利福平：利福平是一种强效肝药酶诱导剂，促进肝微粒体药物代谢酶的活性，可使口服避孕药的主要成分炔雌醇和炔诺酮的代谢加快，降低血药浓度，而导致避孕失败；还能使子宫内膜部分脱落，出现出血淋漓不尽等症状。使用利福平期间若需口服避孕药，应加大剂量，或改用其他避孕措施。

（2）抗生素：抗生素类药物（如氨苄西林、阿莫西林、头孢氨苄；红霉素；四环素；氯霉素；克林霉素；呋喃妥因；磺胺等）可干扰肠道内正常菌群的生长，使雌激素水解不充分，影响复方短效口服避孕药的肠肝循环和初始吸收，从而影响避孕效果。

（3）抗癫痫药：OCs 中的雌激素经肝微粒体酶细胞色素 P450 酶系统清除。抗癫痫药物是该酶的诱导剂，它可以通过增加口服避孕药的肝脏清除率，降低其避孕效果。反之，口服避孕药也可以通过诱导葡糖苷酸基转移酶，使其促进拉莫三嗪的代谢，致其血浆浓度降低 50%，可使癫痫不易控制。这两种药物同时服用的主要危险是导致意外妊娠或癫痫发作。

（4）抗真菌药物：灰黄霉素与避孕药并用时，可改变肝微粒体酶的活性或干扰肝肠循环，从而使炔雌醇的血药浓度下降而导致避孕失败。伊曲康唑与复方口服避孕药同时服用时可出现月经间期出血和意外妊娠。而氟康唑能增加口服避孕药中炔雌醇的浓度。

（5）抗抑郁药：OCs 中的雌激素成分有抗抑郁功效或增强抗抑郁药活性的作用。三环类丙米嗪与口服避孕药同时服用时，在肝中竞争相同的代谢酶，使三环类抗抑郁药在体内代谢的速度减慢，增加丙米嗪的毒性，故在服用口服避孕药期间，应减少三环类抗抑郁药的剂量。

（6）抗凝血药和止血药：含雌激素的避孕药可使多种非活性凝血因子增加，从而使华法林、双香豆素的抗凝血作用降低。当口服避孕药与抗纤溶药（如 6- 氨基己酸、对氨甲基苯酸）合用时，可增强凝血作用，故两者应避免合用。如必须合用时，应适当减少抗纤溶药的剂量。

（7）维生素：OCs 与维生素 A 合用会使血浆中维生素 A 的浓度升高，长期合用应警惕维生素 A 中毒。与维生素 B_6 合用时，雌激素可促进维生素 B_6 的消耗和排泄。避孕药可使机体对维生素 B_2（即核黄素）的需要量加大，还可使维生素 B_{12}、叶酸、维生素 C 吸收减少并加速其灭活和代谢，因而在服用避孕药时，需要适当补充这些维生素。反之，由于维生素 C 的存在，雌激素被硫化，代谢减少，从而导致雌激素的血药浓度增加。

（8）其他药物：糖皮质激素可拮抗避孕药中的雌激素与孕激素作用，使避孕效果减弱。与具有酶促作用的药物如甲丙氨酯和保泰松合用时，也会削弱避孕效果。此外，口服避孕药可影响降压药的疗效。

5. 远期安全性

（1）与肿瘤的关系：避孕药中所含的孕激素可预防子宫内膜过度增生，并对子宫内膜有一定的保护作用，长期服用复方口服避孕药能降低子宫内膜癌的发病率；研究显示长期服用复方口服避孕药也可降低卵巢癌的风险。长期服用甾体激素避孕药是否会增加宫颈癌与乳腺癌的发生率，尚存在争议。

（2）与日后生育和子代发育的关系：约 80% 长期服用甾体激素避孕药的妇女可于停药后 3 个月内恢复排卵，1 年内恢复者达 95%～98%。服用甾体激素避孕药的妇女停药后妊娠，不增加胎儿畸形的发病率。应用长效甾体避孕药者，停药 6 个月后妊娠更安全。

（3）与心脑血管疾病的关系：小剂量甾体激素避孕药可降低患心脑血管疾病的风险，特别是对于年龄＜ 35 岁且无吸烟史、无高血压史或服药期间血压正常的妇女，脑卒中及心肌梗死的发病率更低。但长期应用甾体激素避孕药可增加脑卒中及心肌梗死的发病率。应用较大剂量的雌激素可诱发血栓性疾病。通常认为雌激素每天的安全剂量在 50μg 以下。

（4）与机体代谢的关系：部分妇女长期应用甾体激素避孕药后可出现糖耐量减低，但空腹

笔记栏

血糖值正常、尿糖阴性，停药后胰岛功能及糖耐量均可恢复正常。雌激素可使低密度脂蛋白（LDL）降低、高密度脂蛋白（HDL）升高，孕激素可使高密度脂蛋白降低。高密度脂蛋白的增高可预防动脉硬化，对心脏和血管有保护作用，低密度脂蛋白则作用相反。因此，有心血管疾病潜在危险因素（高龄、长期吸烟、高血压等）的妇女不宜长期服用甾体激素避孕药。甾体激素避孕药对蛋白代谢的影响较小，停药后可恢复正常。

（三）用药监测

1. 监测出血强度与出血模式　监测药物避孕者阴道出血常见五种情况：①没有阴道出血。②点滴样出血，少于正常月经量。③少量阴道出血，少于正常月经量。④正常量阴道出血，类似正常月经出血情况。⑤大量阴道出血，阴道出血多于正常月经量。计算其出血天数和出血的发作次数。

2. 监测周期控制参数　监测撤退性出血发生的情况，包括撤退性出血发作开始时间、持续时间及最大强度等。注意经间期出血发生次数、持续时间、出血天数等。

3. 确定 OCs 妇女的机体状况　主要监测内容包括：①脂代谢、凝血功能和碳水化合物的代谢。②子宫内膜的评价以活检为主，超声检查为辅。③卵巢抑制程度和恢复情况的监测，包括促性腺激素、性激素、卵巢超声等。

（四）用药指导

1. 明确药物禁忌证　有禁忌证的患者不能服用避孕药，如深静脉血栓栓塞症、脑血管疾病或冠心病、高血压未治疗、糖尿病合并血管问题、已妊娠或可能妊娠、肝脏疾病、肠吸收不好等。对于偏头痛、月经稀少、抑郁症的患者如非必需，也尽量不要服用。

2. 定时定量正确服药　保持血液激素处于稳定水平对避孕效果非常重要，应提高口服避孕妇女的依从性，不可随意更改服药时间和剂量，在每天的同一时间服用避孕药。如服药时间相差太大，不但会引发频繁的突破性阴道出血，也将影响避孕效果。

3. 注意药物相互作用　在服用避孕药的同时服用其他药物可能会影响避孕效果，也可影响其他药物疗效，如使用利福平、抗生素、抗惊厥药、解热镇痛药、安眠药、抗抑郁药等。此时应询问患者的用药情况，必要时更换避孕措施。

4. 监测不良反应　服药期间应观察有无恶心、头晕、头痛、乏力、食欲缺乏、乳房胀痛、阴道流血、月经过少或闭经、皮肤色素沉着、体重增加、复视等不良反应的发生，应及时对症处理，严重者需停药。

5. 哺乳期避孕　产后母乳喂养可以起到避孕的效果，但产后不论哺乳与否、月经恢复与否都要指导患者避孕。哺乳期不宜口服复方避孕药，因为复方避孕药中的雌激素会影响乳汁分泌。可采用单纯孕激素长效避孕针，产后 6 周即可开始注射或采用避孕套。产后 42 天、顺产后 3 个月或剖宫产后 6 个月都可放置宫内节育器。

6. 随访　一般于用药后 3～4 个月开始进行第 1 次门诊随访检查，检查时应特别警惕头痛、视力模糊、胸痛、腿痛等症状；了解避孕妇女的用药情况、用药过程中的问题；体格检查包括血压、体重等。如无异常，需在继续服药 6 个月后随访检查，而后每年随访 1 次，随访内容包括：盆腔检查、防癌涂片、乳房检查及血压检查等。在避孕过程中，如有异常体征应及时就诊。

7. 恢复妊娠　口服避孕药的妇女如想再次妊娠应咨询医生。一般停药 1～2 月后，月经、排卵才可恢复。停药后应采取其他避孕措施，待有 2～3 次正常月经周期后才能妊娠。如在正常月经建立前妊娠，则很难准确计算妊娠的开始时间。

第二节　孕产妇用药

 导入案例

　　患者，李某，33 岁。因"妊娠 35^{+5} 周下腹坠痛 4 天"入院待产，未见红、无阴道流水等不适。既往体健，G_3P_2，有 1 次剖宫产史，入院时生命体征平稳。产科检查：宫高 34cm，腹围 117cm，头先露，浮，胎心 142 次 /min，无宫缩，胎膜未破。阴道检查：宫口未开。B 超检查：宫内妊娠，单活胎，头位。血常规检查：血红蛋白 92g/L。医嘱给予促胎肺成熟药，纠正贫血，监测胎心、胎动、宫缩情况。入院后第 4 天行子宫下段剖宫产术。新生儿出生后 1 分钟的 Apgar 评分为 9 分，外观无畸形，胎盘、胎膜娩出完整。术后子宫收缩乏力，阴道间断出血量约 500ml。医嘱给予缩宫素注射液 10U+5% 葡萄糖注射液 500ml 静脉滴注，每天 1 次，滴速为每分钟 0.1U。术后首次给药半小时后，患者出现一过性耳聋、不自主抽泣。不排除缩宫素注射液药物不良反应，减慢滴速至每分钟 0.04U，上述症状渐缓解，未予其他特殊处理。

　　请思考：

　　1. 妊娠期可选用的促胎肺成熟药物有哪些？

　　2. 缩宫素治疗过程中出现不良反应的可能原因是什么？

　　3. 如何对该患者开展不同时期的用药指导？

　　妊娠期和哺乳期妇女在药物治疗自身疾病和促进健康的同时，可直接或间接地影响胎儿及乳儿。妊娠、分娩或产褥期用药要保证对孕产妇本身以及对胎儿与乳儿无明显的直接或间接不利影响。

【孕产妇用药简介】

　　妊娠期间，胎儿各器官对药物的敏感性在妊娠不同时期有很大的差别。受孕前 8 周对药物敏感，可导致器官发育停滞或畸形。根据药物对胚胎、胎儿危害性不同，妊娠期药物一般分为五个等级（表 16-3）。新生儿畸形的发生与孕妇长期滥用药物之间存在关联。药物的致畸作用与药物种类、特性、暴露剂量、用药时长以及用药时孕（胎）龄等因素密切相关。哺乳期妇女药物治疗中，几乎所有药物均能进入乳汁并被婴儿吸收，多数药物仅有少量经乳汁分泌，对乳儿无明显影响，或者药物的有利作用超过潜在的不良反应。而少数药物经乳汁的排出量较大，如红霉素、地西泮等。孕产妇用药在考虑治疗其自身疾病的同时，应充分考虑药物对胎儿或乳儿的影响。

表 16-3　妊娠期药物分类

类别	具体内容
A 类	人群的对照研究显示无害，已证实此类药物对人胎儿无不良影响，最为安全
B 类	动物实验证明对胎儿无害，但尚无在人群中的研究，或动物实验证明有不良反应，但在高质量的人群对照组研究中未发现不良反应
C 类	不能排除危害性，动物实验可能对胎儿有害或缺乏研究，在人群中尚无相关研究，但对孕妇的益处大于对胎儿的危害，使用时必须谨慎权衡药物对胎儿的影响，多数妊娠期常用药物属于此类
D 类	对胎儿有危害，市场调查或研究证实对胎儿有害，但临床非常需要，又无替代药物，孕期妇女应充分权衡利弊后使用
X 类	妊娠期禁用，在人群或动物研究或市场调查中均显示对胎儿的危害程度超过对孕妇的益处，属妊娠期禁用药

笔记栏

377

【药物治疗的目的及原则】

（一）药物治疗的目的

孕产妇在妊娠、分娩或产褥期的用药既要保证达到治疗的目的，对孕产妇本身无明显的毒副作用，又要确保对胎儿及新生儿无不利影响。

（二）药物治疗的原则

1. 充分权衡用药利弊　对于可治疗孕妇疾病但对胎儿可能有不利影响的药物，应充分权衡利弊后使用。若仅为解除一般性的临床症状或病情较轻容许推迟治疗者，用药应尽量避开妊娠早期。

2. 谨慎选择治疗药物　严格掌握药物适应证，选用经临床充分验证的药物。近临产期或分娩期用药时，要考虑药物通过胎盘对胎儿的影响。母亲患病导致胎儿感染时，应选用胎儿、羊水的药物浓度与母体的药物浓度相接近的安全药物。哺乳期妇女用药应选用进入乳汁最少、对新生儿影响最小的药物。

3. 严格掌握用药剂量和时间　孕产妇应在医务人员的指导下用药，根据病情选用有效且对胚胎和胎儿相对安全的药物。按照最小有效剂量、最短有效疗程原则用药，避免联合用药；局部用药有效者应避免全身用药。

【药物分类及常用药物】

孕产妇常用药物包括抗感染药、子宫兴奋药、子宫抑制药、解热镇痛药、镇痛及镇静药、激素类药、抗组胺药、降压及解痉药、利尿药、祛痰止咳药。

（一）抗感染药物

妊娠、分娩和产褥期妇女均有可能因罹患各种感染性疾病，需要抗感染药物治疗。孕产妇常用抗感染药物见表 16-4。

表 16-4　孕产妇常用的抗感染药物

类别	常用药物	分类
青霉素类抗生素	主要有青霉素钠、氨苄西林钠、哌拉西林钠、羧苄西林钠等。安全性较高，妊娠期适用	B
头孢菌素类抗生素	主要有头孢唑林钠、头孢拉定、头孢噻肟钠、头孢曲松钠、头孢哌酮钠等，适用于有炎症感染的妊娠期患者	B
大环内酯类抗生素	红霉素通常作为青霉素过敏的替代药物，对支原体、衣原体、螺旋体、放线菌素等有抑制作用，但红霉素酯化物妊娠期禁用	B
其他抗生素	磷霉素、林可霉素、克林霉素，妊娠期可用	B
	万古霉素，妊娠期和哺乳期慎用	C
抗病毒药	利巴韦林（病毒唑），妊娠期至哺乳期禁用	X
	阿昔洛韦和齐多夫定，用于治疗 AIDS 的妊娠期患者	C
抗真菌药	克霉唑、制霉菌素可用于治疗念珠菌感染，在医生指导下局部应用	B
	咪康唑可用于阴道塞药，其吸收量极小	C
抗结核药	乙胺丁醇，孕中期或晚期可在指导下小剂量使用	B
	异烟肼、利福平、利福霉素钠、对氨基水杨酸钠，妊娠期合并结核病者可在指导下使用	C
抗滴虫药	甲硝唑可用于治疗厌氧菌感染和滴虫性阴道炎，妊娠期有明显指征时选用，但在妊娠初始 3 个月以及妊娠晚期禁用	B

笔记栏

（二）子宫兴奋药

1. 缩宫素　缩宫素（oxytocin）主要的药理作用是刺激子宫平滑肌产生收缩。小剂量（2～5U）可刺激子宫体和子宫底产生节律性收缩，对子宫颈则表现为松弛作用，促使胎儿顺利娩出，适用于催产和引产。用法：2.5～5U 缩宫素加入 5% 葡萄糖注射液 500ml 稀释后静脉滴注，滴速为每分钟 8～30 滴（输液泵控制滴速）。催产的应用指征为正常胎位、头盆相称、无产道异常的宫缩乏力者滞产；引产的应用指征为死胎、过期妊娠或患有心脏病、结核病者需提前终止妊娠。大剂量（5～10U）可引起子宫持续强直性收缩，压迫子宫肌层内血管而止血。预防产后出血常用缩宫素静脉 10U，静脉滴注或肌内注射。缩宫素还能使乳腺腺泡周围的肌上皮细胞收缩，促进排乳。大剂量使用能短暂松弛血管平滑肌，引起血压下降。

2. 麦角生物碱　麦角生物碱为麦角酸的衍生物，可分为胺生物碱类和肽生物碱类。胺生物碱类以麦角新碱、甲麦角新碱为代表，易溶于水，对子宫的兴奋作用强而快，维持时间较短。肽生物碱类以麦角胺和麦角毒碱为代表，难溶于水，对血管作用显著，起效缓慢，但作用维持时间长。麦角生物碱可引起子宫收缩（以麦角新碱最为显著），较大剂量即可引起子宫强直性收缩，且对子宫体和子宫颈的作用无显著差异，故适用于产后、刮宫或其他原因引起的子宫出血和子宫复旧不良，禁用于催产和引产。麦角胺、麦角毒碱可促进末端血管收缩，但大剂量应用可引起血栓和肢端坏疽。

3. 前列腺素　前列腺素（prostaglandins，PGs）对子宫有收缩作用，用于终止早期或中期妊娠或用于足月引产。地诺前列酮（dinoprostone，PGE_2）和地诺前列素（dinoprost，$PGF_{2\alpha}$）在妊娠各期都有兴奋子宫的作用，分娩前的子宫尤为敏感，可引起特性与生理性阵痛相似的子宫收缩，在增强子宫平滑肌节律性收缩的同时，尚能使子宫颈松弛。$PGF_{2\alpha}$ 经羊膜腔注入可用于过期妊娠、葡萄胎和死胎的引产。卡前列素主要用于终止妊娠和宫缩无力导致的产后顽固性出血。

（三）子宫抑制药

利托君（ritodrine）是选择性 β_2 肾上腺素受体激动药，特异性抑制子宫平滑肌，降低妊娠或非妊娠子宫的收缩强度，并可降低频率，缩短子宫收缩时间，可用于防治早产。一般先采用静脉滴注的方式，取得疗效后，口服维持疗效。口服易吸收，但首关消除明显，生物利用率约为30%，血浆蛋白结合率约为32%，可通过胎盘屏障，在肝脏代谢后经尿排泄。

（四）解热镇痛药物

阿司匹林属妊娠期药物分类中的 C 类，妊娠晚期应用需注意其对凝血机制的影响。布洛芬是妊娠 28 周前首选的抗炎药物，在妊娠晚期应用可引起胎儿动脉导管收缩，导致动脉导管闭合不全，临近分娩应用可致产程延长。吲哚美辛在妊娠 32 周后使用可致胎儿动脉导管收缩、狭窄，故妊娠晚期避免使用。对乙酰氨基酚适用于缓解普通感冒、流感引起的症状。

（五）镇痛及镇静药物

苯巴比妥属妊娠期药物分类中的 B 类，妊娠期可用；异戊巴比妥及司可巴比妥属 C 类；地西泮属 D 类，妊娠晚期应用可发生胎儿心率减慢，新生儿肌张力减弱，应个体化酌情应用。阿片类药物哌替啶、芬太尼、瑞芬太尼、纳布啡等可用于分娩镇痛，但可能导致产妇恶心、胎心变异减少、新生儿呼吸抑制等。

（六）激素类药物

雌二醇及孕激素属妊娠期药物分类中的 D 类。在早孕阶段发生先兆流产保胎时可用黄体酮。口服避孕药属 X 类，口服避孕药避孕失败者应终止妊娠。肾上腺糖皮质激素泼尼松及泼尼松龙均属 B 类，妊娠期可用；倍他米松与地塞米松属 C 类，是临床中常用的促胎肺成熟药物。糖皮质激素与胎儿呼吸道上皮细胞和肺间质纤维细胞特异性受体结合，产生多种糖皮质激素相关蛋白，其中部分作用于肺泡 II 型细胞，促进肺表面活性物质的合成与释放；还可促进肺抗氧化酶系统的发育成熟，减少脂质过氧化物在胎肺的积聚，改善肺泡功能。妊娠小于 34 周并预计在 1 周内分娩

笔记栏

的子痫前期孕妇均应接受糖皮质激素促胎肺成熟治疗。用法：地塞米松注射液 6mg 肌内注射，每 12 小时 1 次，共 4 次；或倍他米松注射液 12mg 肌内注射，24 小时后再重复一次。

（七）抗组胺药物

第一、二代抗组胺药盐酸苯海拉明、马来酸氯苯那敏、氯雷他定、盐酸西替利嗪等，可用于治疗过敏相关症状和疾病。第三代抗组胺药物盐酸左西替利嗪对 H_1 受体有很好的亲和力，能阻滞炎症变态反应递质生成，在妊娠期亦可考虑使用。

（八）降压及解痉药

孕产妇口服或静脉降压药物包括拉贝洛尔、硝苯地平、尼莫地平、尼卡地平、甲基多巴、酚妥拉明、硝酸甘油等，硝普钠仅适用于其他降压药物无效的高血压危象患者。硫酸镁具有抑制中枢、松弛骨骼肌、扩血管及抑制子宫平滑肌收缩作用，不作为降压药使用，适用于伴有严重情况的妊娠期高血压和子痫前期或子痫患者的抽搐预防和治疗。临产后大量应用时，可发生新生儿嗜睡、肌张力减弱等现象。高浓度的镁离子直接作用于子宫平滑肌细胞，拮抗钙离子对子宫收缩活性，有抑制子宫收缩的作用。硫酸镁肌内注射后 20 分钟起效，静脉注射几乎立即起作用。治疗先兆子痫和子痫有效血镁浓度为 2 ~ 3.5mmol/L，治疗早产的有效血镁浓度为 2.1 ~ 2.9mmol/L，个体差异较大。

（九）利尿药

呋塞米多用于妊娠高血压疾病或妊娠合并心脏病。由于利尿药可能引起有效循环血量减少，导致胎儿生长受限和羊水减少，故仅在孕妇出现全身水肿、肺水肿时，酌情使用小剂量呋塞米等快速利尿药。

（十）祛痰止咳药物

右美沙芬是妊娠期止咳的常用药物，可抑制延脑咳嗽中枢而产生镇咳作用，孕早期慎用。盐酸氨溴索是临床上广泛使用的祛痰药，口服后胃肠吸收良好，主要通过肝脏代谢。其可通过母体对胎儿起到促进肺成熟的作用，促进胎儿肺表面活性物质的生成，影响胎肺的成熟度及发育度。

【用药护理】

（一）用药评估

1. 评估健康史 了解孕产妇的年龄、胎次与产次、孕周、既往疾病史与家族史、分娩史、本次妊娠合并症与并发症、免疫能力以及对外界的应激状况。

2. 评估用药史 了解孕产妇药物过敏史，既往用药的种类、用法、用量、效果、出现的不良反应，评估其用药暴露风险。

3. 实验室和其他检查 测量孕产妇生命体征、体重，进行腹部、乳房及盆腔检查；根据具体的药物种类和用药时间，检查血常规、尿常规、肝功能、肾功能、血脂、血糖等以了解药物对母体的作用。胎儿健康状况检查：B 超检查、胎心监护、胎肺成熟度检查、胎儿畸形筛查等。

（二）用药安全

1. 缩宫素

（1）不良反应：偶见恶心呕吐、血压下降，极少发生过敏反应。对于妊娠合并严重心血管异常，如高血压、心脏病等的产后出血用药要特别观察心率、血压情况。大剂量应用时，可导致胎儿窒息而死或产妇子宫破裂，故应严格掌握用量和静脉滴注速度。

（2）用药注意事项：①用于催产和引产时必须指征明确。②静脉滴注时需使用滴速调节器控制用量，滴速应根据患者的具体情况而定。③遇有子宫收缩乏力，注药时间不宜超过 6 ~ 8 小时。④用高渗盐水终止妊娠的流产、胎盘早剥、严重的妊娠高血压综合征、心脏病、临界性头盆不称、子宫过大、有宫腔内感染史、受过损伤的难产史、子宫或宫颈曾经手术治疗（包括剖宫产史）、宫颈癌、部分前置性胎盘、早产、胎头未衔接、臀位、胎位或胎儿的先露部位不正常、妊娠期妇女年龄大于 35 岁，出现以上情况应慎用。⑤骶管阻滞时使用，可发生严重的高血压，其至脑血管破裂。⑥用药前和用药时需检查及监测子宫收缩的频率、持续时间及程度；妊娠期妇女脉搏及血压；胎儿心率；静止期间子宫肌张力；胎儿成熟度；骨盆大小及胎先露下降情况；出入量平衡，尤其是长时间使用缩宫素时。

（3）禁忌证：禁用于对本药过敏者、三胎以上的经产妇（易发生子宫破裂）、骨盆过窄、产道受阻、明显头盆不称及胎位异常、脐带先露或脱垂、完全性前置胎盘、前置血管、胎儿窘迫、宫缩过强、需立即手术的产科急症或子宫收缩乏力长期用药无效者。

（4）药物相互作用：①与麦角制剂合用时，子宫收缩作用增加。②环丙烷等碳氢化合物吸入全麻时，使用缩宫素可导致产妇出现低血压，窦性心动过缓和/或房室节律失常。恩氟烷浓度＞1.5%，氟烷浓度＞1%吸入全麻时，子宫对缩宫素的效应减弱。③与其他缩宫药同用，可使子宫张力过高，引起子宫破裂和/或宫颈裂伤。

2. 麦角生物碱

（1）不良反应：注射麦角新碱可引起恶心、呕吐及血压升高等。偶见过敏反应，严重者可出现呼吸困难，长期应用可损害血管内皮细胞。

（2）用药注意事项：①麦角流浸膏中含有麦角毒碱和麦角胺，长期应用损害血管内皮细胞。②冠心病、肝功能损害、妊娠期高血压疾病、低血钙、可能加重闭塞性周围血管病、肾功能损害、妊娠期脓毒血症，以上情况应慎用。

（3）禁忌证：禁用于催产及引产，血管硬化及冠心病患者。胎儿娩出前以及胎盘未剥离前禁用，否则可引起胎儿缺氧或颅内出血、胎盘嵌留宫腔内。

（4）药物相互作用：与缩宫素合用时，有增加子宫收缩作用。

3. 前列腺素

（1）不良反应：兴奋胃肠平滑肌引起恶心、呕吐、腹痛、腹泻等症状。

（2）用药注意事项：①因同时兴奋胃肠平滑肌，引起恶心、呕吐、腹痛、腹泻等症状。②$PGF_{2\alpha}$能收缩支气管平滑肌，诱发哮喘，故不宜用于支气管哮喘患者。③PGE_2能升高眼压，不宜用于青光眼患者。④用于引产时必须指征明确。

（3）禁忌证：禁用于本药过敏者、多产妇、多胎妊娠、胎位异常、头盆不称、瘢痕子宫和有不明原因的阴道出血者。

4. 利托君

（1）不良反应：不良反应多与β受体激动有关，表现为心率加快，收缩压升高及舒张压下降。静脉注射时，可见震颤、恶心、呕吐、头痛、红斑以及神经过敏、心烦意乱、焦虑不适等不良反应。口服可使心率增加、引发心悸、震颤、恶心、皮疹和心律失常等不良反应。

（2）用药注意事项：①利托君静脉滴注时应密切监测孕妇的血压、脉搏及胎儿心跳速率。密切关注胎儿情况，特别是用于急性胎儿窘迫时，如果胎儿情况恶化，需立即停药。②利托君可升高血糖及降低血钾，故糖尿病患者及使用排钾利尿药的患者慎用。其能通过胎盘屏障使新生儿心率改变和出现高血糖，应密切监护。③利托君与糖皮质激素合用，可出现肺水肿，极严重者可导致死亡。

（3）禁忌证：禁用于延长妊娠对孕妇和胎儿构成危险的情况，如分娩前任何原因的大出血，特别是前置胎盘及胎盘剥落；子痫及严重的先兆子痫；胎死腹中；绒毛膜羊膜炎；合并心脏病；肺性高血压；甲状腺功能亢进；未控制的糖尿病；重度高血压。对本药过敏者，妊娠不足20周的孕妇禁用。

5. 硫酸镁

（1）不良反应：①静脉注射硫酸镁常引起潮红、出汗、口干等症状，快速静脉注射时可引起恶心、呕吐、心慌、头晕，个别出现眼球震颤，减慢注射速度，症状可消失。②过量硫酸镁会引起呼吸抑制、血压剧降和心搏骤停。③连续使用硫酸镁可引起便秘，部分患者可出现麻痹性肠梗

笔记栏

阻，停药后好转。

（2）用药注意事项：①用药前须查肾功能，如肾功能不全应慎用，用药量应减少。②硫酸镁治疗有效浓度为 1.8～3.0mmol/L，超过 3.5mmol/L 可能出现中毒症状，在用药前和用药过程中应注意监测。③出现膝腱反射明显减弱或消失、呼吸少于 16 次/min、血压降低、尿量少于 17ml/h 或 400ml/24h，应及时停药。④出现急性镁中毒现象应立即停药，静脉缓慢推注 10% 葡萄糖酸钙 10ml（5～10 分钟）。⑤用药过程中出现胸闷、胸痛、呼吸急促，应及时听诊，必要时胸部 X 线摄片，以及早发现肺水肿。⑥保胎治疗时，不宜与肾上腺素 β 受体激动药如利托君（用于预防妊娠 20 周后的早产患者）同时使用，否则容易引起心血管不良反应。

（3）禁忌证：禁用于对本药过敏的患者；哺乳期妇女；心脏传导阻滞和心肌损伤者；肾功能不全者，肌酐清除率低于 20ml/min；肠道出血者；急腹症者。

（4）药物相互作用：与硫酸镁配伍禁忌的药物有硫酸多黏菌素 B、硫酸链霉素、葡萄糖酸钙、盐酸多巴酚丁胺、盐酸普鲁卡因、四环素、青霉素和萘夫西林。

（三）用药监测

1. 药物疗效和不良反应监测　监测孕产妇的血压、心率、心电图、肝肾功能、血常规等指标，必要时须进行血液及乳汁药物浓度的监测。对药物疗效进行评估，定期监测药物不良反应，根据评估结果调整药物剂量及治疗方案。

2. 胎儿及新生儿生长发育监测　监测孕产妇用药对胎儿及新生儿产生的影响，需要注意药物的性质与剂量、用药时长、途径、用药时的胎龄、胎儿及新生儿对药物的敏感性等因素。可通过产妇产检等多种方式了解胎儿生长发育情况。

（四）用药指导

1. 提高孕产妇用药依从性　孕产妇用药需严格遵从医嘱。保障孕产妇用药知情权，提高用药依从性，在治疗疾病、改善病情的同时最大程度降低对妊娠和哺乳的影响。

2. 指导孕期不同阶段用药　受精后 2 周内、孕卵着床前后，药物对胚胎的影响表现为胚胎早期死亡导致流产，或者胚胎继续发育，无异常。受精后 3～8 周是胚胎发育的关键时期，也是药物最易干扰胚胎组织细胞正常分化的时期。如有服药史，可在妊娠 16～20 周通过产前检查确定胎儿生长发育情况，排除胎儿畸形。受精 9 周后，胎儿已完成器官的基本分化，唯有神经系统、生殖器官和牙齿仍在继续分化。药物影响这些系统的发育，表现为宫内生长受限、低出生体重儿和行为异常，早产率增加。孕妇在分娩前最后 1 周内应尽量避免用药，药物可能在新生儿体内蓄积并导致药物过量。

3. 指导哺乳期安全用药　确需用药者可在服药后立即哺乳，尽可能避开血药高峰期，还可根据药物的半衰期调整用药与哺乳的最佳间隔时间；药物剂量较大或疗程较长，应检测乳汁及血液中的药物浓度；使用未证实对新生儿及乳儿具有安全性的药物时，应暂停母乳喂养；观察乳儿可能出现的不良反应，特别是肝、肾、脑等损害情况；激素、阿托品、利尿药、多巴胺、含雌激素的口服避孕药、维生素 B_6、溴隐亭等药物可能抑制乳汁分泌，哺乳期应慎用。

4. 加强孕产妇用药指导重要性认识　定期评估所在机构药品供应目录中孕产妇用药情况，制定规范化药事服务标准及流程。孕产妇处方应予以特殊标示提醒，为孕产妇临床合理用药配备具有专业资质的调剂和临床药学人员；收集和整理各类孕产妇用药风险资料；保障临床用药安全，开展孕产妇用药追踪及随访。

笔记栏

第三节　绝经与激素治疗

 导入案例

　　患者，女，52岁。因绝经3年，伴夜间潮热、出汗、心悸、头痛失眠就诊。同时伴有轻度抑郁、乏力、阴道干涩、性交痛。G_2P_1，避孕方式为宫内节育器。双乳腺纤维瘤切除术后6年。妇科检查子宫前位，稍小，活动可，无压痛，双附件未及肿物。空腹血糖 < 6.0mmol/L。乳腺B超显示左乳低回声结节，提示乳腺小叶增生。阴道B超显示子宫萎缩，无子宫肌瘤、无卵巢囊肿。骨密度测定：T-值 -2.1，提示骨量减少。诊断为绝经综合征、低骨量、乳腺小叶增生。遵医嘱给予替勃龙连续用药，每天2.5mg，服用维生素D及钙片。

　　请思考：

　　1. 如何开展患者激素治疗的用药评估？

　　2. 治疗过程中应注意监测的不良反应是什么？

　　3. 如何对患者进行用药指导？

　　妇女绝经前后的一段时期被称为围绝经期（perimenopausal period），包括从出现与卵巢功能下降有关的内分泌、生物学和临床特征起至绝经。在我国，约90%的女性在45～55岁绝经。目前，我国50岁以上的女性人口已经超过2亿。绝经激素治疗有助于解决绝经妇女雌激素缺乏所带来的各种相关不适症状，是针对围绝经期和绝经后相关健康问题的重要措施。

【疾病简介】

　　绝经（menopause）是月经的永久性停止。绝经综合征（climacteric syndrome or menopausal syndrome, MPS）是妇女绝经前后出现的一系列躯体及精神心理等方面的绝经相关症状。围绝经期女性最早出现卵巢功能衰退，继而下丘脑－垂体功能退化。月经改变是最常见的症状，表现为月经周期、经期和经量的改变。绝经前后多数妇女开始出现雌激素缺乏相关症状。早期多为血管舒缩症状，如潮热、出汗；精神神经系统症状和躯体症状，如情绪控制力下降，睡眠差，易醒或难以入睡，思维涣散，注意力分散等。绝经数年之后逐渐出现泌尿生殖系统萎缩性变化，易发生炎症，可有阴道干涩、小便频数等。由于体内激素水平变化常会导致远期危害，包括心脑血管疾病、骨质疏松及阿尔茨海默病等。绝经症状平均持续3～5年，少数仅持续1年，个别历时更长。约80%的妇女经历过至少一种绝经相关症状的困扰，50%～75%的妇女有明显症状，15%左右的妇女经历较为严重的绝经症状，并需要药物治疗，人工绝经者更易发生绝经综合征。

【药物治疗的目的及原则】

（一）药物治疗的目的

　　机体因缺乏性激素出现绝经症状，激素治疗的目的是缓解绝经不适症状，并预防可能会发生的远期健康问题。

（二）药物治疗的原则

　　激素治疗应遵循个体化用药原则和最低有效剂量原则。个体化用药原则是在综合考虑年龄、子宫及卵巢功能情况、绝经期具体症状、治疗目的和危险性的前提下，采用个体化用药方案。最低有效剂量原则是在综合评估治疗目的和风险的前提下，采用最低有效剂量，激素治疗的期限不需要限制。但是应用激素治疗期间，应至少每年进行一次个体化风险/获益评估，评价是否继续激素治疗或调整方案。

【药物分类及常用药物】

　　绝经激素治疗（menopausal hormone therapy，MHT）主要指卵巢功能衰退的妇女在有适应证的前提下，个体化给予低剂量的雌和／或孕激素药物治疗。本节主要介绍常用的雌激素类药、孕激素类药、复方制剂和替勃龙。

（一）药物分类

1. 雌激素类药 通过与靶细胞核内的雌激素受体特异性结合形成复合物，继而作用于 DNA，影响 mRNA 转录和蛋白质的合成，并产生不同的生物效应。卵巢分泌的天然雌激素主要是雌二醇。临床常用药品多系女性机体合成的雌二醇，它是一种可口服、高效、长效的甾体衍生物，主要种类有炔雌醇、戊酸雌二醇等。近年来，因其方便、长效、不良反应较少等优点而被广泛应用。尼尔雌醇是雌三醇的衍生物，是一种长效雌激素，此外，还有一些人工合成的结构简单、具有雌激素样作用的非甾体类同型物，如己烯雌酚等。多数雌激素易从皮肤和黏膜吸收，故可制成贴片，经皮给药。也可制成霜剂或栓剂用于阴道而发挥局部作用。雌激素可有效改善潮热、出汗、失眠、抑郁、焦虑等绝经相关症状，改善泌尿生殖道的萎缩症状，减少骨密度丢失，降低全身各部位骨折发生率；降低总胆固醇，降低低密度脂蛋白。

2. 孕激素类药 天然孕激素主要是指卵巢黄体分泌的黄体酮，黄体酮在体内的含量极低，妊娠 3～4 个月后，因黄体萎缩而由胎盘分泌，直至分娩。根据其化学结构，可将临床上使用的孕激素分为两大类：天然孕激素和人工合成孕激素。临床上应用的孕激素化学结构主要有 17α- 羟孕酮类和 19- 去甲睾酮类两类。孕激素类药的作用机制与雌激素类药类似，可有效改善潮热、出汗、失眠、抑郁、焦虑等绝经相关症状，改善泌尿生殖道萎缩症状。

3. 组织选择性雌激素活性调节药 替勃龙本身不属于雌激素或孕激素，其有效成分是 7- 甲异炔诺酮，口服代谢后转化为 3 种化合物，并产生雌、孕激素活性和较弱的雄激素活性。替勃龙是一个具有组织特异性的甾体，在骨骼、大脑中产生雌激素效用，在子宫内膜表现为微弱的雄激素和孕激素作用，在乳房组织表现为明显孕激素和抗雌激素作用。替勃龙对治疗情绪异常、睡眠障碍和性欲低下有较好的效果，对乳腺的刺激较小，可能具有较高的乳腺安全性。因其在子宫内膜处具有孕激素活性，因而未行子宫切除的绝经妇女应用此药时不必加用其他孕激素。

（二）常用药物及方法

绝经激素治疗以补充雌激素为核心，有子宫的妇女为保护子宫内膜需要加用孕激素。可采用单纯雌激素、单纯孕激素及雌、孕激素联合用药。

1. 单纯孕激素方案 适用于绝经过渡期早期尚未出现低雌激素症状，但因卵巢功能衰退导致的排卵障碍性异常子宫出血，需用足量、足疗程孕激素调整月经周期及保护子宫内膜。

（1）后半周期孕激素治疗：地屈孕酮每天 10～20mg 或微粒化黄体酮每天 200～300mg，于月经周期或撤退性出血的第 14 天后，连续用 10～14 天。

（2）长周期或连续孕激素治疗：适合有子宫内膜增生病史或月经量多的患者。左炔诺孕酮宫内缓释系统（levonorgestrel-releasing intrauterine system，LNG-IUS）对子宫内膜的保护作用最强，可优先选用。当出现低雌激素相关症状后，建议转为雌激素联合孕激素方案。

2. 单纯雌激素方案 适用于子宫全切的妇女，通常连续用药。

（1）口服：结合雌激素（conjugated estrogens）每天 0.3～0.625mg 或戊酸雌二醇每天 0.5～2mg 或 17β- 雌二醇每天 1～2mg。

（2）经皮：半水合雌二醇贴，每周 1/2～1 贴，每贴每天释放 17β- 雌二醇 50μg。雌二醇凝胶每 2.5g 凝胶含 17β- 雌二醇 1.5mg，将其涂抹于手臂、大腿、臀部等处的皮肤。

3. 雌、孕激素序贯用药 适用于有完整子宫、围绝经期或绝经后期仍希望有月经样出血的妇女。按雌激素的应用时间又分为连续序贯和周期序贯。

（1）连续序贯方案：在治疗过程中雌激素每天用药，孕激素周期用药。可采用连续序贯复方制剂，如 17β- 雌二醇片 /17β- 雌二醇地屈孕酮片（1/10 或 2/10 剂型）每天 1 片，每周期 28 天，连续应用。也可连续口服或经皮使用雌激素，每 28 天后半程加用孕激素 10～14 天。

（2）周期序贯方案：在治疗过程每周期有 3~7 天停药期。可采用周期序贯复方制剂，如戊酸雌二醇片 / 戊酸雌二醇醋酸环丙孕酮片，每天 1 片，共 21 天，停药 7 天后开始下一周期。也可采用连续口服或经皮使用雌激素 21~25 天，后 10~14 天加用孕激素，停药 3~7 天再开始下一周期。

4. 雌、孕激素连续联合用药 适用于绝经 1 年以上，有子宫但不希望有月经样出血的妇女。可连续口服雌激素（雌二醇每天 1~2mg、结合雌激素每天 0.3~0.625mg）或经皮使用雌激素（雌二醇凝胶每天 0.75~1.5mg、雌二醇皮贴每天 25~50μg），同时口服地屈孕酮（每天 5~10mg）或微粒化黄体酮（每天 100~200mg）。也可采用复方制剂如雌二醇屈螺酮片（每片含 1mg 雌二醇，2mg 屈螺酮）每天 1 片，连续给药。对于已经放置 LNG-IUS 的女性，只需每天口服或经皮使用雌激素。为了获得孕激素对子宫内膜的充分保护，孕激素用量应该与雌激素用量相匹配。

5. 连续应用替勃龙 推荐每天 1.25~2.5mg，非预期出血较少，适合于绝经 1 年以上，且服药期间不希望有月经样出血的妇女。

6. 阴道局部雌激素方案 绝经生殖泌尿综合征（genitourinary syndrome of menopause，GSM）的首选方案。普罗雌烯胶丸或乳膏、雌三醇乳膏和结合雌激素乳膏均可选择，阴道用药胶丸每天 1 粒、乳膏每天 0.5~1g，连续使用 2~3 周，症状缓解后改为每周 2~3 次，或根据疗效逐渐递减每周使用次数。短期局部应用雌激素阴道制剂，无须加用孕激素，但缺乏超过 1 年使用的安全性数据，长期使用（6 个月以上）者应监测子宫内膜。

7. 其他 MHT 方案

（1）尼尔雌醇：口服尼尔雌醇 2mg，每 15 天 1 次，每 3 个月加用孕激素 10 天，以避免尼尔雌醇对子宫内膜的刺激。

（2）巴多昔芬 20mg/ 结合雌激素 0.45mg，可用于有完整子宫的女性预防骨质丢失和缓解绝经相关症状，不用额外添加孕激素，在北美地区常用。

【用药护理】

（一）用药评估

1. 评估病史 了解患者的健康史、重点评估患者绝经相关症状出现的情况，如月经紊乱、潮热、多汗、睡眠障碍、疲倦、情绪障碍（如易激动、烦躁、焦虑、情绪高涨或情绪低落）等。泌尿生殖道萎缩的相关症状，如阴道干涩、疼痛、性交痛、反复发作的阴道炎、排尿困难、反复泌尿系统感染、夜尿多、尿频和尿急等。

2. 评估月经史 了解患者月经初潮年龄，末次月经时间，月经周期、经量、经色、经质有无异常，是否痛经等。评估患者有无子宫切除或卵巢切除等状况。

3. 评估用药史 了解既往药物治疗方案，曾使用药物的种类、用法、用量及疗效，有无用药不良反应，有无药物过敏史。

4. 实验室检查和其他检查 了解相关体格检查及辅助检查情况，特别是心、肝、肾、乳腺及盆腔脏器的检查。评估实验室检查情况，包括血尿常规、血液生化检查（包括肝肾功能、血糖、血脂、凝血功能等）、内分泌激素测定（FSH、E_2）、心电图、宫颈细胞学检查、盆腔 B 超、乳腺钼靶或 B 超。可选做骨密度测定、运动功能分析、人体代谢分析等。

5. 评估用药依从性 了解患者的生活方式、用药目的（是否希望有月经样出血）、用药习惯（口服、经皮或阴道用药）、治疗起始时间、持续时长、随访情况等；评估患者及家属的教育背景、经济状况、社会支持度及对绝经综合征的认知程度等。

（二）用药安全

1. 不良反应

（1）雌激素类药：常见不良反应有厌食、恶心、呕吐及头昏等，宜从小剂量开始，逐渐加量。大量使用可引起子宫内膜过度增生，诱发子宫出血，故患有子宫内膜炎者慎用。雌激素可增

笔记栏

加子宫癌的发病率。长期大量使用可致水钠潴留，可引起高血压、水肿并加重心力衰竭。

（2）孕激素类药：偶见恶心、呕吐、头痛或乳房胀痛。19-去甲睾酮类大量使用可致肝功能障碍，使女性胎儿男性化，大量黄体酮可引起胎儿生殖器官畸形。

（3）组织选择性雌激素活性调节药：偶见阴道出血、头痛、眩晕、肠胃不适、体重增加、皮脂分泌过多、面毛生长增加等。

2. 用药注意事项

（1）保留子宫的女性在补充雌激素时，应加用足量、足疗程孕激素以保护子宫内膜。已切除子宫的女性，通常不必加用孕激素。

（2）当全身应用 MHT 不能完全改善 GSM 症状时，可同时加用局部雌激素治疗。仅为改善 GSM 时建议首选阴道局部雌激素治疗。

（3）每天用 1 次激素的患者应在固定时间用药。选定的药物制剂、服药剂量、给药方案和给药途径要便于患者记忆，方便使用。

（4）注意 MHT 的慎用情况，包括子宫肌瘤、子宫内膜异位症及子宫腺肌病、子宫内膜增生病史、有血栓形成倾向、胆石症、癫痫、偏头痛、哮喘、免疫系统疾病（如系统性红斑狼疮、类风湿关节炎）、乳腺癌良性疾病及乳腺癌家族史、血卟啉症、耳硬化症、现患有脑膜瘤（禁用孕激素）等。雌激素主要在肝内代谢，肝功能不全者慎用。在用药之前及过程中，应权衡利弊选择个体化的 MHT 方案，并加强监测和随访，力争获益大于风险。

3. 禁忌证　应用 MHT 的禁忌证主要包括：①已知或怀疑妊娠。②原因不明的阴道出血。③已知或怀疑患有乳腺癌。④已知或怀疑患有性激素依赖性恶性肿瘤。⑤最近 6 个月内患有活动性静脉或动脉血栓栓塞性疾病。⑥严重肝、肾功能不全。

4. 药物相互作用

（1）雌、孕激素类药：参照本章第一节"避孕"中的药物相互作用。

（2）组织选择性雌激素活性调节药：替勃龙与酶诱导剂（如巴比妥类药、卡马西平、利福平）合用可加速替勃龙代谢，降低其活性；与抗凝药合用因血液纤溶活性增强，导致抗凝血效果增强，可能引起出血；与酮康唑、伊曲康唑、克拉霉素合用时，替勃龙血药浓度升高，需监测其不良反应；因替勃龙可能降低糖耐量，与胰岛素、其他降糖药合用需增加降糖药的用量。

（三）用药监测

1. MHT 规范流程监测　药物治疗第 1 年分别在用药后 1 个月、3 个月、6 个月及 12 个月随访，以后每年应至少进行 1 次个体化风险与获益评估，根据评估情况调整给药方案，在受益大于危险时，可继续治疗。一旦出现危险大于受益的情况，应先停止治疗，进行相关治疗后再评估是否继续治疗。若有慎用情况，可增加随访次数，必要时多学科会诊。当出现其他新发的非禁忌证疾病时，可在控制新发疾病的同时继续个体化 MHT。

2. 乳房状况监测　积极监测患者乳房变化情况，使用性激素治疗过程中，出现明显乳房胀痛则应酌情减药或停药，若乳房小叶增生加剧应考虑停药或行进一步检查。患者出现可疑肿块时，必须行进一步检查，明确诊断。

3. 不良反应监测　密切观察相关症状与体征，出现不良反应及时与医生联系。MHT 过程中出现非预期出血时，应查找病因并监测子宫内膜情况。MHT 启动后 6 个月内出现非预期子宫出血，可通过调整雌、孕激素的剂量，使用时长，或更换孕激素种类等方法减少出血发生率。MHT 使用超过 6 个月，连续联合治疗仍有点滴或少量子宫出血，或序贯治疗发生了非预期出血，可经阴道超声评估，必要时宫腔镜检查或行子宫内膜活检。

4. 停药指征　出现以下情况，需酌情考虑是否停药：①原发的子宫肌瘤有增大的趋势。②子宫内膜异位症患者出现疼痛症状进展或出现子宫内膜异位囊肿。③子宫内膜异常增生。④糖尿病或高血压控制不佳。⑤胆囊炎或胆囊结石病情加重者。⑥癫痫、偏头痛、哮喘等发作频率增加者，需酌情停药。应立即停药的情况包括：①出现了 MHT 的禁忌证。②继续应用弊大于利。③患者拒绝或无法坚持规范用药，无月经用药方案可随时停药，序贯方案非紧急者建议待周期结束停药。④系统性红斑狼疮等免疫系统疾病处于疾病活动期者，必须停药。

（四）用药指导

1. 遵医嘱按时按量用药　指导患者及主要照顾者了解绝经综合征的主要病理特点、临床表现及早期开展绝经激素治疗的意义等，提高用药依从性。指导患者及主要照顾者掌握用药方法、用药时间、剂量，强调遵医嘱按时、按量用药的重要性，不可擅自停药或盲目用药。

2. 注意监测不良反应　指导患者注意观察不良反应，出现不适症状及时就诊。MHT 过程中出现非预期出血时，及时与医生联系进行处置，积极查找病因并进行子宫内膜监测，无阴道流血的妇女也应定期行阴道超声检查测定子宫内膜厚度。

3. 正确观察用药效果　指导患者及主要照顾者给药期间观察药物的疗效。服药过程中如出现潮热、出汗消失，停药后第 3～5 天症状又出现，则说明剂量合适；若服药后，症状不减轻，则说明剂量不足；在服药期间若有出血、乳房胀痛，则说明剂量过大，应及时按医嘱减量或停药，并接受进一步检查。

ER16-3
绝经综合征患者的激素治疗与护理

4. 定期随访和复查　指导患者在服药过程中要定期随访和复查。第 1 年分别在用药后 1 个月、3 个月、6 个月及 12 个月随访，以后每年应至少进行 1 次个体化风险与获益评估，根据评估情况调整给药方案，在受益大于危险时，可继续治疗。

第四节　阴　道　炎

 导入案例

　　王某，女，29 岁。已婚未孕，因"反复外阴瘙痒，白带增多半年"就诊。患者曾检查出白带假丝酵母菌阳性，口服氟康唑，阴道用药克霉唑治疗。每次用药 7～14 天不等，治疗后症状有所缓解。本次妇科检查小阴唇内侧附有白色块状物，阴道黏膜充血明显，阴道内见较多豆腐渣样分泌物。阴道分泌物 pH 为 4.0，胺试验阴性。阴道分泌物清洁度Ⅲ度，假丝酵母菌阳性，滴虫阴性。诊断：复发性外阴阴道假丝酵母菌病。给予患者制霉菌素栓 20万 U 阴道用药，每天 1 次，共 14 天，停药 1 周后复查结果显示：阴道分泌物培养和显微镜检查假丝酵母菌阴性。予以巩固治疗，每月月经前后各 7 天给予制霉菌素栓 20 万 U 阴道用药，每天 1 次，半年后停止治疗。

请思考：

1. 针对患者的阴道炎症状可选用的药物有哪些？

2. 药物治疗中需要监测的不良反应是什么？

3. 如何对患者进行用药指导？

　　阴道炎是妇科常见病和多发病，可严重影响女性的生活质量。流行病学调查数据显示，我国患过阴道炎的成年女性占 53.9%，其中反复发作达 4 次以上的女性患者约占 9.5%。药物治疗是针对临床各种阴道炎病症的重要措施，有助于维护女性生殖健康。

【疾病简介】

　　阴道炎（vaginitis）是由病原微生物感染引起的多种阴道黏膜疾病的总称，阴道炎病程较长，转阴时间在 1～3 个月。可表现为单一性阴道炎或混合性阴道炎。滴虫性阴道炎、外阴阴道假丝

笔记栏

酵母菌病、细菌性阴道病和需氧菌性阴道炎是临床上常见的阴道炎。

滴虫性阴道炎又称阴道毛滴虫病，是由阴道毛滴虫引起的常见阴道炎症，通过性接触传播或间接传播，主要表现为阴道分泌物异常及外阴瘙痒，分泌物特点为稀薄脓性、泡沫状、有异味。外阴阴道假丝酵母菌病，又称外阴阴道念珠菌病，是由假丝酵母菌引起的外阴阴道炎症，多为内源性传染，主要表现为外阴阴道瘙痒、灼热痛，阴道分泌物呈豆渣状或凝乳样。细菌性阴道病是阴道内正常菌群失调所致的内源性混合感染，以带有鱼腥臭味的稀薄阴道分泌物增多为主要表现。需氧菌性阴道炎是由需氧菌感染引起的阴道炎症，患者阴道黏膜充血、水肿，产生脓性分泌物，表现为阴道分泌物增多、外阴瘙痒、灼痛等。

【 药物治疗的目的及原则 】

（一）药物治疗的目的

阴道炎药物治疗是通过局部和 / 或全身用药消灭病原微生物，保护阴道有益菌群，减轻临床症状，治疗阴道感染。

（二）药物治疗的原则

阴道炎的药物治疗主要是针对不同病原体，规范选择抗菌药物，减少不良反应并防止产生耐药。同时要根据患者情况，采用个性化治疗方案。对初次发作者要彻底治愈，避免迁延不愈和反复感染。女方进行药物治疗时，应建议配偶同治，并使用避孕套减少性伴侣间的相互感染。

【 药物分类及常用药物 】

滴虫性阴道炎常用药物包括甲硝唑、奥硝唑、替硝唑等硝基唑类药物。外阴阴道假丝酵母菌病常用药物包括制霉菌素、克霉唑、咪康唑等。细菌性阴道病常用药物为甲硝唑和克林霉素等。需氧菌性阴道炎常用药物为头孢呋辛、喹诺酮类等。给药方式主要包括口服给药或局部阴道给药两种方式。

（一）滴虫性阴道炎用药

滴虫性阴道炎常伴有泌尿生殖系统及肠道内的滴虫感染，单纯局部用药不易彻底消灭滴虫，应尽量选择全身用药。

1. 硝基咪唑类药物　常用药物为甲硝唑（metronidazole）、替硝唑（tinidazole）和奥硝唑（ornidazole）。甲硝唑的硝基在无氧环境中可被还原成氨基而发挥抗厌氧菌作用，对大多数厌氧菌有强大抗菌作用，口服吸收良好（生物利用度 > 80%），局部用药亦有疗效。替硝唑的疗效优于甲硝唑，胃肠道等的不良反应较轻。替硝唑进入人体后，抑制病原体 DNA 合成、并能快速进入细胞内。奥硝唑形成的氨基类物质可抑制滴虫的繁殖，阻断 DNA 的复制并降解 DNA，杀灭病原体。奥硝唑也经阴道吸收，局部使用 500mg 奥硝唑阴道栓后 12 小时，最大血浆浓度约为 5μg/ml。甲硝唑、替硝唑、奥硝唑药物特点及用法用量见表 16-5。

表 16-5　甲硝唑、替硝唑、奥硝唑药物特点及用法用量

代数	代表药	峰值时间	血药浓度峰值	给药方式及剂量	治疗疾病
第一代	甲硝唑	1 ~ 2h	25μg/ml	甲硝唑 2g，顿服；或 200mg，3 次 /d，共用 7 天	阿米巴原虫、阴道毛滴虫及厌氧菌感染
第二代	替硝唑	2h	48μg/ml	替硝唑 2g，顿服	
第三代	奥硝唑	2h	30μg/ml	奥硝唑 0.5g，口服，2 次 /d，持续 5 天	

2. 硼酸　硼酸不易产生耐药性、不完全穿透皮肤、抗菌谱较广以及局部使用耐受性良好，可用于治疗常规治疗不佳或由耐药菌株引起的难治性、复发性阴道炎。2% ~ 4% 硼酸溶液具有消炎及抗过敏的功效，能够改善阴道炎症状，恢复阴道微生态，可用于阴道冲洗消毒。

（二）外阴阴道假丝酵母菌病用药

1. 制霉菌素 制霉菌素可与真菌细胞膜上的甾醇成分相结合，引起细胞膜通透性的改变，致其重要细胞内容物漏失而发挥抗真菌作用，对细菌和立克次体等无作用，对念珠菌的作用较好。

2. 唑类抗真菌药物 常用药物包括克霉唑、咪康唑、氟康唑和伊曲康唑等。克霉唑抑制真菌麦角甾醇等固醇及真菌甘油三酸和磷脂的生物合成，损伤真菌细胞膜并改变其通透性致细胞内重要物质漏失，也可抑制氧化过程和过氧化酶的活性，引起过氧化物在细胞内过度积聚，致真菌亚细胞结构变性和坏死。咪康唑具有高效安全的特点，药理机制与克霉唑类似。咪康唑霜剂广泛用于阴道真菌感染的治疗，对曾用过其他抗真菌无效的患者仍可有效，且治疗时间也较短。氟康唑为三唑类抗真菌药物，主要是通过高度选择性干扰真菌的细胞色素 P450 的活性，达到抑制真菌细胞膜上麦角固醇的生物合成的效果，适用于未婚无性生活的女性、外出不方便局部用药者和月经将来潮者。伊曲康唑为高脂溶性化合物，具有三唑环结构，对真菌细胞色素 P450 保持较强的亲和力，达到抑制真菌细胞膜上麦角固醇的生物合成的作用。

3. 美帕曲星 美帕曲星对白念珠菌有较强的抑制作用，其作用是通过与真菌细胞膜的甾醇结构形成复合物达到破坏膜的通透性的作用。用于白念珠菌阴道炎和肠道念珠菌病，也可用于阴道或肠道滴虫病。

外阴阴道假丝酵母菌病常用药物特点及用法用量见表 16-6。

表 16-6 外阴阴道假丝酵母菌病常用药物特点及用法用量

代表药	抗微生物种类	给药方式	给药方式及剂量
制霉菌素	广谱抗真菌，抑制多种深部真菌	阴道用药	10 万 U，每晚 1 次，共用 10 ~ 14 天；50 万 U，每晚 1 次，共用 7 天
克霉唑	广谱抗真菌，抑制各种皮肤癣菌	阴道用药	克霉唑 500mg，单次；100mg，每晚 1 次，共用 7 天
咪康唑	广谱抗真菌，抑制深部真菌和一些浅表真菌，以及葡萄球菌、链球菌及炭疽杆菌	阴道用药	400mg，每晚 1 次，共用 3 天；200mg，每晚 1 次，共用 7 天
氟康唑	广谱抗真菌，抑制深部真菌如白念珠菌、球孢子菌属、着色真菌属及孢子丝菌属等	口服	150mg，顿服 1 次
伊曲康唑	与氟康唑类似	口服	200mg，顿服 3 天
美帕曲星	抗深部真菌药，对白念珠菌有较强的抑制作用	口服	1 次 10 万 U（2 片），每 12 小时 1 次，连用 3 天。复杂性病例可酌情延长

（三）细菌性阴道病用药

常用抗厌氧菌药物，包括硝基咪唑类药物（甲硝唑和替硝唑）、克林霉素等。

1. 硝基咪唑类药物 甲硝唑可抑制厌氧菌生长而对乳杆菌影响小，是治疗细菌性阴道病的常用药物，局部用药与口服用药疗效相似，对普雷沃菌属、拟杆菌属和嗜胨菌属等的抑菌活性优于克林霉素。全身用药：甲硝唑 400mg，口服，每天 2 次，共 7 天。局部用药：0.75% 甲硝唑凝胶 5g，阴道用药，每天 1 次，共 5 天；或甲硝唑阴道栓（片）200mg，每天 1 次，共 5 ~ 7 天。替代方案：替硝唑 2g，口服，每天 1 次，共 5 天；替硝唑 1g，口服，每天 1 次，共 5 天。

2. 克林霉素 克林霉素为林可霉素的衍生物，抗菌活性较强。通过阻止肽链的延长，抑制细菌细胞的蛋白质合成。适用于革兰氏阳性菌和厌氧菌引起的各类感染性疾病。全身用药：克林霉素 300mg，口服，每天 2 次，共 5 天。局部用药：2% 克林霉素软膏 5g 阴道用药，每晚 1 次，

笔记栏

共 7 天；或克林霉素阴道栓 100mg，每晚 1 次，共 3 天。

（四）需氧菌性阴道炎用药

针对背景菌群为革兰氏阴性杆菌、革兰氏阳性球菌或两者同时增多者予以对应的抗菌药物治疗。

1. 克林霉素　针对革兰氏阳性菌。轻中度需氧菌性阴道炎患者可选 2% 克林霉素软膏 5g 阴道用药，每天 1 次，共 7~12 天。重度患者可在症状缓解后，每周用药 1~2 次，维持 2~6 个月。

2. 头孢呋辛　头孢呋辛属于第 2 代头孢菌素，对革兰氏阳性球菌的作用与第 1 代相似，抗革兰氏阴性杆菌的活性较第 1 代强。全身用药口服头孢呋辛酯 250mg，每天 2 次，共 7 天。

3. 喹诺酮类药物　喹诺酮类药物的抗菌谱覆盖一些革兰氏阳性和阴性菌。全身用药口服左氧氟沙星 200mg，每天 2 次，共 7 天；莫西沙星口服 400mg，每天 1 次，共 6 天。

4. 卡那霉素　卡那霉素具有较强的抗革兰氏阴性需氧杆菌活性，对葡萄球菌属也有一定的抗菌作用，对乳杆菌无明显影响。卡那霉素阴道栓 100mg，每天 1 次，共 6 天。

【用药护理】

（一）用药评估

1. 评估病史　了解患者的年龄、婚姻状况、主要症状和体征出现的情况（特别是阴道炎和外阴炎症状或体征）。了解患者是否合并妊娠、宫颈炎或宫颈糜烂、盆腔炎附件炎、不孕等其他疾病。评估患者是否存在复合感染的状况。

2. 评估用药史　了解既往药物治疗方案，曾使用药物的种类、用法、用量及疗效，是否使用阴道制剂等，有无用药不良反应，有无药物过敏史。

3. 妇科检查及病原体检测　滴虫阴道炎最常用的诊断方法是湿片法，镜下可见活动的阴道毛滴虫。外阴阴道假丝酵母菌病是通过阴道分泌物检查发现假丝酵母菌的芽生孢子或假菌丝。细菌性阴道病通过阴道分泌物检查可见分泌物中有大量线索细胞、胺试验为阳性、还可根据阴道分泌物的各种细菌相对浓度应用 Nugent 革兰氏染色评分。在阴道分泌物显微镜下 Donders 评分 ≥ 3 分是需氧菌性阴道炎的诊断依据之一。患者取分泌物前 24~48 小时应避免性交、阴道冲洗或局部用药。

4. 评估用药依从性　了解患者的生活方式、月经、性生活、避孕方式等；分析患者及配偶对疾病的认知程度、心理状况、教育背景、经济状况，评估其对药物治疗的依从性。

（二）用药安全

1. 滴虫性阴道炎用药

（1）不良反应：甲硝唑最为常见的不良反应是消化道症状，包括恶心、呕吐、食欲缺乏、腹部绞痛等；神经系统症状有头痛、眩晕，偶有感觉异常、肢体麻木、共济失调、多发性神经炎等，大剂量可致抽搐。少数病例发生荨麻疹、潮红、瘙痒、膀胱炎、排尿困难、口中金属味及白细胞减少等症状，均具有可逆性，停药后可自行恢复。替硝唑的不良反应少而轻微，偶有消化道症状、个别有眩晕感、口腔金属味、过敏性皮疹、头痛、可逆性粒细胞和红细胞减少。

（2）用药注意事项：可采用甲硝唑、奥硝唑全身用药，局部可同时使用弱酸性液（如硼酸水）清洗外阴。用药治疗期间禁止性生活，同时治疗性伴侣。妊娠期应慎用甲硝唑，哺乳期间可选用甲硝唑全身或局部治疗，但尽量减少药物经过乳汁进入到新生儿或者婴儿的体内。

（3）禁忌证：禁用于对硝基咪唑类药物过敏者、有活动性中枢神经系统疾病和血液病者。替硝唑禁用于妊娠早期以及哺乳期妇女。

（4）药物相互作用：硝基咪唑类药物可减缓口服抗凝血药（如华法林等）的代谢，使凝血酶原时间延长。同时应用苯妥英钠、苯巴比妥等肝药酶诱导剂可加强硝基咪唑类药物的代谢，降低药物疗效；同时应用西咪替丁等肝药酶抑制剂可减缓本类药物的代谢。甲硝唑与替硝唑有抑制乙醛脱氢酶的作用，甲硝唑服药后 24 小时、替硝唑服药后 72 小时饮酒或服用含乙醇饮料可出现双硫仑样反应（面色潮红、头晕、腹部痉挛、灼热感及呕吐等）。

2. 外阴阴道假丝酵母菌病用药

（1）不良反应：制霉菌素口服后可发生恶心、呕吐、腹泻等症状，减量或停药后症状迅速消失。局部应用后可引起过敏性接触性皮炎。个别患者阴道应用后可引起白带增多。静脉注射咪康唑可能会引起胃肠道反应、头晕、皮疹、发热及寒战等，严重时应停药。长期大剂量静脉滴注可致血栓性静脉炎和转氨酶升高，故滴注前必须稀释，若将未稀释药品注入体内可致心动过速或心律失常。克霉唑在妊娠末期阴道给药未发现对胎儿有不良影响，哺乳期外用可分泌入乳汁，但未见不良影响。

（2）用药注意事项：①积极治疗糖尿病，及时停用广谱抗生素、雌激素及类固醇皮质激素。②局部或全身应用抗真菌药物，用药前可用 2%～4% 碳酸氢钠液坐浴或阴道冲洗以提高用药效果。③对有症状的性伴侣及时进行检查及治疗，避免女性重复感染。④妊娠合并感染者为避免胎儿感染，应坚持局部治疗，可选用克霉唑栓等，以 7 天疗法效果为佳。⑤治愈标准：应在治疗后1～2 周及 3～4 周后（或月经后）复查，经 2 次连续检查阴性者，方视为治愈。

（3）禁忌证：妊娠期及哺乳期妇女禁用伊曲康唑、美帕曲星。妊娠合并感染者禁用口服唑类药物。

（4）药物相互作用：咪康唑与香豆素或茚满二酮衍生物等抗凝药合用时，可增强此类药物作用，导致凝血酶原时间延长。与环孢素合用会使环孢素血药浓度增高，肾毒性发生的危险性增加。利福平和异烟肼可增强咪康唑的代谢，增加肝脏毒性。与苯妥英钠合用可引起两种药物代谢的改变。与降糖药合用时，可抑制后者的代谢并致严重低血糖症。禁止与西沙必利、阿司咪唑或特非那定合用，防止发生心律失常。

3. 细菌性阴道病用药　硝基咪唑类药物的用药安全见前文所述。

（1）不良反应：克林霉素可出现过敏反应，注射可产生局部刺激、诱发肝功能异常，严重者引起假膜性肠炎。

（2）用药注意事项：①无症状者无须治疗，但拟进行妇科手术者应进行治疗。②可采用全身用药或局部阴道用药治疗。③妊娠期患者建议口服甲硝唑或克林霉素；哺乳期选择局部用药，避免全身用药。④克林霉素乳膏（使用 5 天内）或克林霉素阴道栓（使用 72 小时内）其中的油性基质可能减弱乳胶避孕套的防护作用，建议患者在治疗期间避免性生活。

（3）禁忌证：克林霉素禁用于对林可霉素类抗生素过敏者。

（4）药物相互作用：克林霉素具有阻滞神经肌肉的作用，可提高其他神经肌肉阻滞药的药效，凡使用这些药物的患者应慎用克林霉素。与红霉素、氯霉素之间有拮抗作用。与新生霉素、卡那霉素、氨苄西林、苯妥英钠、巴比妥酸盐、氨茶碱、葡萄糖酸钙及硫酸镁存在配伍禁忌。与阿片类镇痛药合用，可使呼吸中枢抑制现象加重。

4. 需氧菌性阴道炎用药　克林霉素的用药安全见本节前文所述。

（1）不良反应：服用过多剂量的头孢菌素会导致大脑受刺激及引起惊厥，皮疹的发生率约为5%。喹诺酮类药物的不良反应包括胃肠道反应、头痛头晕等症状，大剂量或长期应用本类药物易致肝损害。卡那霉素的不良反应包括听力减退、耳鸣或耳部饱满感，也可出现血尿、排尿次数减少或尿量减少、食欲减退、恶心、呕吐、极度口渴等肾毒性反应。

（2）用药注意事项：①需氧菌性阴道炎常易合并阴道混合感染，治疗前应充分评估是否存在其他阴道炎症。有条件时还需要同时检查沙眼衣原体和淋病奈瑟球菌等。②妊娠期间推荐应用针对需氧菌的、妊娠期安全的药物治疗。

（3）禁忌证：对药物成分过敏者禁用；妊娠及哺乳期妇女、肝肾功能不全者慎用头孢呋辛、喹诺酮类药物、卡那霉素。喹诺酮类药物禁用于癫痫患者。

（4）药物相互作用：对于合并用强效利尿药或氨基糖苷类抗生素进行治疗的患者，给予大剂量头孢菌素类抗生素时可引起肾功能损害。碱性药物、抗胆碱药、H_2 受体阻断药均可降低胃液酸度而使喹诺酮类药物的吸收减少，应避免同服。氟喹诺酮类抑制茶碱的代谢，与茶碱联合应用时，使茶碱的血药浓度升高，可出现茶碱的毒性反应。卡那霉素与其他氨基糖苷类合用或先后局部或全身应用，可增加耳毒性、肾毒性以及神经肌肉阻滞作用。

（三）用药监测

1. 临床症状/体征监测 用药过程中监测临床症状/体征的变化情况，包括外阴瘙痒、外阴疼痛、阴道壁充血和水肿程度以及阴道分泌物量情况，了解药物的作用效果。

2. 阴道微生态评估 阴道分泌物 pH 值、革兰氏染色清洁度、菌群的多样性以及优势菌。

3. 临床治疗效果监测 滴虫性阴道炎易于月经后复发，故治疗应在每次月经后复查分泌物，经连续检查 3 次阴性者为治愈。念珠菌性阴道炎应在治疗后 1~2 周及 3~4 周后（或月经后）复查，经 2 次连续检查阴性者为治愈。细菌性阴道炎应在治疗后 1~2 周及 3~4 周后（或月经后）复查。

4. 药物安全性的监测 一般包括肝功能（谷丙转氨酶、谷草转氨酶、谷氨酰转肽酶等）、肾功能（血肌酐、尿素氮等）、血常规（红细胞总数、血红蛋白、白细胞总数、血小板计数等）、尿常规（尿白细胞、尿红细胞、尿蛋白等）。

（四）用药指导

1. 提高用药依从性 阴道炎若在急性期没有得到彻底的治愈，往往会经久不愈、反复发作。根据影响依从性的因素，针对性采取措施提高患者药物治疗依从性。

2. 做好全身用药护理 口服药物多为抑菌药和抗菌药，常引起恶心、呕吐等消化道不良反应，使用前护理人员需向患者说明不良反应的情况，并嘱咐患者于吃饭过程中或饭后服药，以最大限度地减少不良反应。护理人员还应督促患者按时、按量服药，以达到最佳的治疗效果。

3. 指导阴道用药 患者阴道用药多为栓剂、片剂或丸剂，常于晚上临睡前用药以免药物下移。指导患者各种剂型的阴道用药方法，滴虫性阴道炎在酸性药液冲洗阴道后用药，念珠菌性阴道炎在 2%~4% 碳酸氢钠坐浴或阴道冲洗后用药以提高用药效果。指导患者示指戴上消毒指套，将药物放置于阴道后穹隆部。若阴道用药为霜剂或膏剂，嘱患者将送药管消毒后，送至阴道后穹隆部，在螺旋式外退送药管的过程中推药，直至送药管退出阴道外口。月经期应暂停坐浴、阴道冲洗及阴道用药。

（张银萍）

小 结

甾体激素避孕包括复方甾体激素和纯孕激素避孕，主要通过抑制排卵以及对生殖器官产生直接影响发挥避孕作用。常用甾体激素避孕药有口服避孕药、长效避孕针、缓释避孕药，其中口服避孕药最为常用。避孕药的选择宜根据使用者的健康状况和药物特点综合制订，服药时间较长者应定期检查。

妊娠期妇女应选择对胚胎和胎儿危害小的药物，哺乳期妇女用药应考虑药物经乳汁对新生儿的影响。子宫兴奋药分别用于催产、引产、产后出血或子宫复原，常见的有缩宫素、麦角生物碱和前列腺素，须严格掌握用药适应证和用法；子宫抑制药利托君主要用于预防早产；硫酸镁可用于预防和治疗伴有严重情况的妊娠期高血压和子痫前期或子痫患者的抽搐，须明确用药方法、药物毒性反应以及注意事项；地塞米松、盐酸氨溴索均可用于促胎肺成熟。妊娠期和哺乳期用药应监测胎儿及新生儿生长发育情况、孕产妇器官功能以及血液与乳汁药物浓度，保证用药的安全性和有效性。

　　绝经激素治疗以补充雌激素为核心，尚有子宫的妇女需同时添加孕激素，建议尽量选择天然或接近天然的药物。应用激素补充治疗前应严格评估，制订个体化的用药方案。

　　阴道炎是女性生殖系统最常见的感染性疾病，主要通过全身用药和阴道局部用药进行治疗。根据病原体的种类不同应选择不同的药物进行治疗。滴虫性阴道炎可选用甲硝唑、奥硝唑、替硝唑等硝基咪唑类药物，外阴阴道假丝酵母菌病选择制霉菌素、克霉唑、咪康唑等广谱抗真菌药物，细菌性阴道病选择甲硝唑和克林霉素等抗细菌药物，需氧性阴道炎可选择头孢呋辛、喹诺酮类、卡那霉素等抗革兰氏阳性或阴性需氧菌药物。局部用药时不同疾病的冲洗液亦有不同要求，出院后应对患者进行用药指导。若为复合型阴道炎、合并妊娠或处在哺乳期的妇女，在用药时要加以注意。

●●●●● 思考题 ●●●●

ER16-4
第十六章
目标测试

1. 结合药物特点，讨论激素避孕药物选择依据和用药评估要点。
2. 结合药物常见的临床应用，总结子宫兴奋药物的用药特点以及注意事项。
3. 结合护理实际工作，说明硫酸镁中毒的临床表现以及预防措施。
4. 结合治疗药物选用总结常见阴道炎药物的用药特点和使用注意事项。

笔记栏

ER17-1
第十七章
思维导图

第十七章

健康促进相关用药

ER17-2
第十七章
健康促进相关
用药

　　健康促进相关用药包括烟草依赖、酒精依赖、旅行安全等用药，以促进疾病的预防和个体健康。本章主要介绍烟草依赖、酒精依赖、旅行安全的药物治疗原则，各类药物的作用特点及药物间的相互作用与不良反应。通过本章的学习，使学习者能够正确开展烟草依赖、酒精依赖、旅行常见问题等用药前护理评估，规范各类药物的给药方法，做好用药监测、用药指导，并且能够对烟草依赖、酒精依赖、旅行者进行用药的整体护理。

第一节　烟草依赖

> ### 导入案例
>
> 　　患者，男，46岁。有28年吸烟史，每天吸烟1.5包。作为一家大型营销公司的总监，工作压力非常大。通常结束一天的工作后，常与同事去酒吧。在家中常是久坐不动的生活方式，如躺在沙发上看电视。2年前他尝试过"冷火鸡疗法"（突然完全戒烟）模式，坚持了大约1年的时间，但从未尝试过任何药物戒烟。在之前的戒烟过程中，他变得非常焦虑、烦躁和抑郁，出现失眠，无法集中精神工作。既往有高血压病史10年，未坚持服药。多年来他的家人一直鼓励他戒烟，他自己也在考虑戒烟。今天，患者来到戒烟门诊向你咨询戒烟药物干预的相关知识。
>
> 　　请思考：
>
> 　　1. 如何对该患者进行用药评估？
>
> 　　2. 如何对该患者进行用药指导？
>
> 　　3. 你能预见到药物治疗可能出现的不良事件吗？

　　吸烟是众多疾病的危险因素，包括心血管疾病、癌症及肺部疾病等。烟草依赖需要反复的、长期的干预，才能达到戒烟的目的，以降低或消除吸烟导致的健康危害。药物治疗是目前烟草依赖者彻底戒烟的有效手段之一。

【烟草依赖简介】

　　烟草依赖（tobacco dependence）是一种慢性疾病，其国际疾病分类（ICD-10）编码为F17.2，参照国际疾病分类（ICD-10）中关于烟草依赖的诊断条件，烟草依赖的临床诊断标准为：在过去1年内体验过或表现出下列6项中的至少3项，则可以作出诊断。①强烈渴求吸烟。②难以控制吸烟行为。③当停止吸烟或减少吸烟量后，出现戒断症状。④出现烟草耐受表现，即需要加大吸烟量才能获得过去吸较少量烟可获得的吸烟感受。⑤为吸烟而放弃或减少其他活动及喜好。⑥不顾吸烟的危害而坚持吸烟。烟草依赖表现在躯体依赖和心理依赖两个方面：躯体依赖，表现为吸烟者在停止吸烟或减少吸烟量后，出现一系列难以忍受的戒断症状，包括吸烟渴求、焦虑、

笔记栏

抑郁、不安、头痛、唾液腺分泌增加、注意力不集中、睡眠障碍等。心理依赖又称精神依赖，表现为主观上强烈渴求吸烟。烟草依赖者出现戒断症状后若再吸烟，会减轻或消除戒断症状，破坏戒烟进程。

【药物治疗的目的及原则】

（一）药物治疗的目的

烟草依赖治疗的目的是控制吸烟者持续的吸烟欲望，摆脱烟草依赖，处理戒断症状，防止复吸的发生。

（二）药物治疗的原则

要根据吸烟者的戒烟意愿阶段，提供不同的干预和治疗方法。任何戒烟措施中都应包含以下3类治疗：戒烟建议、戒烟咨询及药物治疗。

【药物分类及常用药物】

WHO 建议使用的烟草依赖辅助药物中，一线药物包括尼古丁替代疗法（nicotine replacement therapy，NRT）类药物、伐尼克兰和安非他酮。二线药物是指在一线药物无效时可选用的药物，包括可乐定和去甲替林。

（一）一线药物

1. 尼古丁替代疗法类药物　尼古丁替代疗法类药物主要通过向人体释放尼古丁，代替或部分代替吸烟者通过吸烟获得的尼古丁，从而减轻或消除戒断症状。尼古丁替代疗法类药物因其剂型的不同，在体内的过程也有差异。2007 年中国临床戒烟指南推荐 5 种尼古丁替代药物：尼古丁咀嚼胶剂、尼古丁透皮贴片、尼古丁糖锭、尼古丁鼻喷剂、尼古丁吸入剂。

（1）尼古丁咀嚼胶剂（nicotine gum）：由包含在树脂中的尼古丁同合成的离子交换混合物组成的可咀嚼口胶，允许尼古丁缓慢释放且通过口腔黏膜缓慢吸收。尼古丁血药浓度的峰值大约在咀嚼口胶后 30min 后出现，然后缓慢下降。剂型为 2～4mg，单药治疗或联合其他尼古丁替代药物治疗有良好的效果。该药物的优点是使用者可自行操控剂量，有行为取代的效果，但缺点是需适当的咀嚼技巧以取得疗效，装义齿者使用困难。

（2）尼古丁透皮贴片（nicotine transdermal patches）：主要成分为尼古丁，为圆形带衬垫的贴剂，除去衬垫，可见均匀近似于无色的黏性表面，此表面下为淡黄色活性物质层。该药物的优点是能够提供稳定浓度的尼古丁，容易使用；缺点是尼古丁释放缓慢，渴求香烟时无法调节剂量。

（3）尼古丁糖锭（nicotine lozenge）：是尼古丁与带甜味剂的离子交换树脂的混合物，是一种特殊的尼古丁传递系统。尼古丁血药浓度的峰值出现在应用糖锭后 30～60min，之后浓度逐渐下降。该药物的优点是：①起效迅速，释放均匀，提高了尼古丁的稳定性，解决了尼古丁易挥发、遇光或空气易氧化等问题，且尼古丁的释放不受 pH 值的影响。②提高了生物利用度，减少了因口服给药对胃肠道的刺激，并避免了首关效应。③含化时间延长，符合吸烟者的习惯，利于帮助戒烟。④服用方便。

（4）尼古丁鼻喷剂（nicotine nasal spray）：一种尼古丁水溶剂，应用一种计量泵喷到鼻黏膜上。应用喷剂后 5～15min，尼古丁的血药浓度达到峰值。每喷约含 50μl 的药液，含有 0.5mg 的尼古丁。该药物的优点是使用者可自行控制剂量，吸收迅速，可达到的尼古丁浓度最高；缺点是对鼻腔刺激性大，有哮喘及过敏性鼻炎者应避免使用，使用不当可能有成瘾性。

（5）尼古丁吸入剂（nicotine inhaler）：使用喷雾剂时，气雾传递到口和咽部，通过此处的黏膜将尼古丁吸收，只有约 5% 的尼古丁会到达下呼吸道。随着吸入治疗的加强（20min 内吸气超过 80 次），大约传递了 4mg 的尼古丁，其中有 2mg 得以吸收。吸入 30～45min 后，尼古丁的血药浓度达到峰值，然后缓慢下降。该药物的优点是使用者可自行控制剂量，有以手至口的行为取代作用；缺点是需经常抽吸。

尼古丁替代疗法类药物常用剂型、剂量及疗程（表 17-1）。

表 17-1　尼古丁替代疗法类药物

剂型	用法用量	疗程
尼古丁咀嚼胶剂 2mg/ 片，4mg/ 片	用法：吸烟支数 ≤ 20 支 /d 者使用 2mg 剂型；吸烟支数 > 20 支 /d 者使用 4mg 剂型 用量：戒烟第 1 ~ 6 周，每 1 ~ 2 小时 1 片，8 ~ 12 片 /d（不超过 24 片 /d）；第 7 ~ 8 周，每 2 ~ 4 小时 1 片，4 ~ 8 片 /d；第 9 ~ 12 周，每 6 ~ 8 小时 1 片，2 ~ 4 片 /d	12 周或根据治疗情况延长
尼古丁糖锭 1mg	吸烟量每天 ≤ 20 支者，每天可服用 8 ~ 12 颗戒烟糖，但最多不超过 15 颗；治疗 2 个月后，用量应该逐渐减少 吸烟量每天 > 20 支者，建议前 2 个月先食用含量为 4mg 的胶剂，然后再过渡到服用含量为 1mg 的糖锭，每天定量逐渐减少	8 周~ 3 个月
尼古丁透皮贴片 16h 剂型（5mg/ 片、10mg/ 片、15mg/ 片） 24h 剂型（7mg/ 片、14mg/ 片、21mg/ 片）	每 16h 或 24h 一次，每次一片，治疗开始时宜用较大剂量，按照疗程逐渐减量 每天的吸烟量超过 10 支者，可按照以下用法：21mg/ 片使用 6 周，14mg/ 片使用 4 周，7mg/ 片使用 2 周 每天吸烟量不超过 10 支者：15mg/ 片使用 6 周，10mg/ 片使用 4 周，5mg/ 片使用 2 周	12 周或根据戒烟情况延长
尼古丁鼻喷剂	1 ~ 2 喷 /h，最少 8 ~ 10 喷 /d，最多 5 喷 /h 或 40 喷 /d	8 周~ 3 个月
尼古丁吸入剂 每个 10mg 替代药片中可吸入尼古丁 5mg	对中重度吸烟者，6 ~ 12 支 /d，持续 8 周；然后 3 ~ 6 支 /d，持续 2 周；然后 3 支 /d，持续 2 周。最大剂量：16 支 /d	8 周~ 3 个月

2. 伐尼克兰（varenicline）　伐尼克兰是一种选择性结合 $\alpha_4\beta_2$ 尼古丁乙酰胆碱受体的部分激动药，通过阻断尼古丁与 $\alpha_4\beta_2$ 尼古丁乙酰胆碱受体结合（拮抗剂效应），阻断受体兴奋所介导的活性（激动剂效应），从而导致多巴胺的释放，减轻"渴求"及尼古丁戒断症状。伐尼克兰也是烟碱样乙酰胆碱受体的阻断药，故可减轻戒烟过程中的戒断症状。适用于成人戒烟。伐尼克兰具有以下作用特点：①给药后快速吸收。②血清血药浓度在 4 小时内达到峰值。③ 4 天后血清达到稳态血药浓度。④没有代谢产物。⑤药物原型从尿液中排出。⑥半衰期大约为 17 小时。伐尼克兰有 0.5mg 和 1mg 两种剂型，需用水整片吞服，餐前餐后均可服用。推荐使用剂量，最初 4 周的治疗（包括剂量滴定）吸烟者开始使用伐尼克兰后需在 1 ~ 2 周内戒烟，具体时间应根据患者对该戒烟药物的感知效果确定，但不能超过 2 周。推荐使用剂量经过一周的剂量调整后 1 次 1mg 每天 1 次，具体如下：第 1 ~ 3 天 0.5mg，每天 1 次；第 4 ~ 7 天 0.5mg，每天 2 次；第 8 天开始 1mg，每天 2 次，直至 12 周疗程结束；对于已在 12 周内成功戒烟的患者，继续使用 12 周，使用剂量为 1mg，每天 2 次。

3. 安非他酮（bupropion）　安非他酮是一种具有多巴胺能和去甲肾上腺素能的抗抑郁药，1997 年被用于辅助戒烟。安非他酮的作用机制可能包括抑制中枢神经系统多巴胺及去甲肾上腺素的重摄取，以及阻断尼古丁乙酰胆碱受体，从而降低了尼古丁的需求量，减轻戒断症状。安非他酮在戒烟中的作用与边缘系统和伏隔核主管"快乐"与"奖赏"的多巴胺神经元激活有关。同时，安非他酮对尼古丁乙酰胆碱受体有阻断作用。实验数据表明，安非他酮的绝对生物利用度为 5% ~ 20%，它通过代谢产生 3 个主要代谢产物，其中一个代谢产物为羟基安非拉酮，由细胞色素 P450 的同工酶 CYP2B6 活化产生。安非他酮和它的代谢产物的 87% 从尿液中排出，10% 在粪便中排出，其中 1% 的原型从尿中排出。安非他酮的半衰期为 21 小时，它的代谢产物半衰期波动于 20 ~ 27 小时，稳定的血药浓度分别持续 5 天和 8 天。

笔记栏

临床试验显示安非他酮的戒烟效果劣于伐尼克兰。由于患者意愿或不良反应等因素不能选择使用伐尼克兰时，可以选择安非他酮；也适用于患有抑郁症或精神分裂症的患者。安非他酮用药开始第 1~3 天为 1 次 150mg，每天 1 次，连续使用 3 天，随后第 4~7 天改为 1 次 150mg，每天 2 次。两次用药间隔时间大于 8 小时，第 8 天开始为 1 次 150mg，每天 1 次或 2 次。疗程 6~12 周或者更长，可同时使用尼古丁替代品。本品的最大推荐剂量为每天 300mg，分 2 次服用。由于连续服药 1 周安非他酮的血药浓度才能达到稳态，所以应该在吸烟患者计划停止吸烟之前一周开始使用。在服药的第 2 周设定一个目标戒烟日（通常是服药第 8 天）。若治疗 7 周后仍不见效则停止服用，停药时无须逐渐减量。

（二）二线药物

1. 可乐定（clonidine） 可乐定也可用于戒烟辅助治疗，DHHS/PHS 指南推荐作为二线治疗药物。有报道，可乐定可减轻戒断症状。可乐定与安慰剂对比可增加戒烟成功率。可乐定通常在戒烟日前 3~7 天开始使用，口服初始剂量为 0.1mg，每天 2 次；然后增至 0.75mg，每天 1 次。此外，可乐定还有透皮贴片，剂量为 0.1~0.2mg/d，用法同尼古丁透皮贴片。治疗疗程一般为 3~10 周，随后逐渐递减剂量，以减少可乐定撤药反应，尤其对于高血压和糖尿病患者。

2. 去甲替林（nortriptyline） 与可乐定相似，去甲替林可用于戒烟辅助治疗。去甲替林戒烟成功率是安慰剂的 2 倍。去甲替林的初始剂量为 25mg/d，逐渐增至 75~100mg/d，疗程为 12~24 周。

【用药护理】

（一）用药评估

1. 烟草依赖严重程度的评估 对于存在烟草依赖的患者，可根据以下两个量表（表 17-2、表 17-3）评估其严重程度。法氏烟草依赖评估量表和吸烟严重度指数（heaviness of smoking index，HSI）的累计分值越高，说明吸烟者的烟草依赖程度越严重，该吸烟者从强化戒烟干预，特别是药物治疗中获益的可能性越大。

表 17-2 法氏烟草依赖评估量表

评估内容	0分	1分	2分	3分
您早晨醒来后多长时间吸第一支烟？	>60min	31~60min	6~30min	≤5min
您是否在许多禁烟场所很难控制吸烟？	否	是		
您认为哪一支烟最不愿意放弃？	其他时间	晨起第一支		
您每天吸多少支卷烟？	≤10 支	11~20 支	21~30 支	>30 支
您早晨醒来后第 1 个小时是否比其他时间吸烟多？	否	是		
您患病在床时仍旧吸烟吗？	否	是		

注：0~3分：轻度烟草依赖；4~6分：中度烟草依赖；≥7分：重度烟草依赖。

表 17-3 吸烟严重度指数

评估内容	0分	1分	2分	3分
您早晨醒来后多长时间吸第一支烟？	>60min	31~60min	6~30min	≤5min
您每天吸多少支卷烟？	≤10 支	11~20 支	21~30 支	>30 支

注：一般 ≥4 分为重度烟草依赖。

2. 吸烟者戒烟意愿的评估　基于心理学家 Prochaska 和 Di Clemente 提出的"改变的阶段变化模型（stages of change model）"，吸烟者在任何时候都将处于无戒烟准备、未确定或准备戒烟的不同阶段。在每个阶段内，吸烟者都展现出不同的需求。因此，需要采取相应的干预方法，以确保戒烟计划的有效性和针对性。

（二）用药安全

1. 尼古丁替代疗法类药物

（1）不良反应：不同剂型尼古丁替代药物的不良反应不同。①尼古丁咀嚼胶常见的不良反应包括下颌肌肉酸痛、乏力、口腔溃疡、呃逆、嗳气、咽喉不适、恶心。②尼古丁糖锭常见不良反应有呃逆、消化不良、口干、恶心、口腔及咽喉不适 / 疼痛，主要见于吞咽或咀嚼含片的患者。③尼古丁透皮贴片常见的不良反应包括瘙痒、灼热、刺痛、红斑，通常较轻，在移除透皮贴片后 24 小时内缓解，部分保留 24 小时的患者可能会出现睡眠障碍。④尼古丁鼻喷剂常见不良反应包括鼻或咽喉不适、鼻炎、打喷嚏、咳嗽、流泪、头痛、眩晕，75% 以上的患者会出现上述症状，使用 1 周后可适应。⑤尼古丁吸入剂常见不良反应包括咽喉不适、咳嗽、头痛、眩晕，使用 1 周后可适应。

（2）禁忌证：①颞下颌关节疾病、义齿、眩晕患者禁用尼古丁咀嚼胶。②全身湿疹、特异性皮炎、银屑病、不稳定型心绞痛、心肌梗死急性期、妊娠妇女禁用尼古丁透皮贴剂。③防腐剂过敏者、鼻炎、鼻窦炎患者禁用尼古丁鼻喷剂。④薄荷醇过敏者禁用尼古丁吸入剂。

（3）用药注意事项：稳定型心绞痛的患者可使用各种剂型的尼古丁替代药物，但近期发生心肌梗死、不稳定型心绞痛、严重心律失常和脑血管事件的患者应该谨慎使用。尼古丁替代药物间断给药（口服剂型）更佳，保证每天低剂量的尼古丁摄入，可避免长期的尼古丁暴露。尼古丁替代药物可用于妊娠妇女，但应优先使用非药物戒烟疗法。目前还没有足够的证据证明尼古丁替代疗法对妊娠妇女的安全性。当尼古丁达到一定浓度，可通过乳汁由母体进入婴儿体内，但乳汁中分泌的尼古丁对胎儿可能是没有危害的，应鼓励哺乳期的妇女继续哺乳，但应采取措施把二手烟对婴儿的危害降至最小。由于尼古丁替代疗法类药物对妊娠妇女及哺乳期妇女的安全性不确定，这些人群应该在医生或其他专业人员的监护下使用尼古丁替代药物。

2. 伐尼克兰

（1）不良反应：恶心、便秘、异常梦境、头痛、注意力集中困难、嗜睡、视力障碍；有报道伐尼克兰可导致神经精神症状（如情绪改变、精神错乱、幻觉、自杀念头、自杀企图等）。

（2）禁忌证：既往有精神病史、情绪或行为不稳定、有自杀念头者禁用。

（3）用药注意事项：尚无伐尼克兰联合其他药物治疗烟草依赖的系统研究，不推荐伐尼克兰和尼古丁替代药物联合使用。伐尼克兰可能恶化伴有重度精神障碍患者的精神症状，因此对这类患者使用伐尼克兰时应该严密监控。

3. 安非他酮

（1）不良反应：①常见的不良反应包括口干、失眠。②偶见不良反应有紧张、注意力集中困难、皮疹、便秘。③罕见不良反应如抽搐等。

（2）禁忌证：①有癫痫病史或具有癫痫发生危险因素、贪食症或神经性厌食症、过去 14 天中服用单胺氧化酶抑制药者禁用。②孕期或哺乳期妇女以及未成年人禁止使用。

（3）用药注意事项：安非他酮不能与单胺氧化酶抑制药合用，后者可增加安非他酮的急性毒性（如抽搐、精神状态改变）。不宜与肝药酶诱导剂或抑制剂合用。不宜长期用药，因其可加剧精神症状，诱发癫痫。安非他酮与 NRT 联合应用可能是安全的，安非他酮在孕期应用风险属 B 级用药，在孕妇中的应用没有进一步的研究，所以只适用于非药物治疗无效的患者。

（三）用药监测

1. 戒烟效果监测　对患者规律服药情况，以及戒烟效果进行监测。但需要注意的是，对于

戒烟干预的结果，不应简单地理解为"戒"或"没戒"，而是递增的、阶段性的"成功"过程。

2. 不良反应监测　使用尼古丁替代疗法和伐尼克兰时，偶有出现恶心等不适反应，但短期内会消失。使用安非他酮时，密切关注有无失眠、头痛、眩晕等症状，以便进一步给予相应处理。

（四）用药指导

1. 尼古丁咀嚼胶　应指导患者在使用咀嚼胶前15min内避免饮用降低口腔pH值的饮料，如咖啡、果汁和碳酸饮料。使用咀嚼胶的同时避免进食或者饮水。通过正确咀嚼减轻或避免其副作用。因为尼古丁离子交换树脂比普通咀嚼口胶更黏稠，可能粘在补牙的填充物、牙桥、义齿、牙冠以及畸牙矫正架上。如果过度黏附影响牙齿，应停用尼古丁咀嚼胶并就诊于牙医。同时应该提醒患者，咀嚼口胶太快会导致尼古丁过度释放，从而引起轻度的头痛、恶心、呕吐、咽喉刺激、呃逆以及消化不良。

2. 尼古丁糖锭　应该在口中慢慢溶解。当尼古丁从离子交换树脂中释放，患者口中会出现麻辣感，此时应该不断更换糖锭在口腔中的位置，这样才能有效降低口腔黏膜的刺激症状。如果应用正确，糖锭会在30min内溶解完全。同时要告知患者糖锭不能咀嚼和吞食，因为这样会增加胃肠道相关的副作用。

3. 尼古丁透皮贴片　不论选择何种贴片，都应指导戒烟者将贴片贴在干净、干燥没有毛发的皮肤上，一般贴在身体上部或上臂外侧，应该在每天基本相同的时间用药。为减少局部皮肤反应，贴片部位应每天更换，相同的部位每周不应重复应用2次。应用贴片后应明确贴片与皮肤是否接触良好，特别是边缘部位。每次更换不同部位可减少皮肤反应的发生。

4. 尼古丁鼻喷剂　在第一次应用鼻喷剂之前，尼古丁的喷雾泵必须准备好。晃动此装置直至产生可见的喷雾（6~8次）。使用过程中，患者应轻度将头后仰，将喷雾剂头部深插入鼻孔中。按动喷雾泵时，患者不能吸气或吞咽，因为这样会增加喷雾对局部的刺激。患者用药后，应该休息5min后再开车或操作大型机器。

5. 尼古丁吸入剂　指导患者表浅吸气，以将咽喉部的刺激减到最小。尼古丁吸入剂的传递释放是温度依赖性的，若温度低于15℃，尼古丁的释放将会降低。在寒冷的环境下，患者应将吸入器和"药筒"放在温暖的位置。与此相反，在温暖的环境下，每次吸气将有更多的尼古丁释放。在炎热的气候环境下使用吸入剂，尼古丁的血药浓度会达到最高，但是不会超出正常水平。尼古丁吸入剂的有效性会因酸性的食物、饮料而降低，因此，应该告知患者在应用吸入剂前15min，不要进食或饮用饮料。

第二节　酒　精　依　赖

导入案例

患者，男性，50岁，汉族，初中文化，排水管道安装工人。近8年来其对酒的耐受量增大，每天必饮，最多一天喝高度白酒2kg左右，有晨饮、夜饮现象，不饮则心烦不适，夜难眠，手发抖。4年前在综合医院检查发现有"乙肝、肝功能异常"，住院20天后病情好转出院，此后在医生建议下多次戒酒均未成功，其中2次戒酒后出现四肢抽搐、口吐白沫等症状，之后出现凭空视物、耳闻语声，称看到护士拿枪对自己不利，送到我院住院治疗，经地西泮针替代治疗及其他对症支持处理后病情好转出院。出院后仍不能坚持戒酒，戒了2个月后又复饮如初。近一周来出现食欲缺乏、腹胀，颜面部及下肢水肿。今其家人再次将患者送来我院住院。既往史：4年前患"乙肝，肝功能异常"，3年前患"胰腺炎"多次在综

笔记栏

合医院住院治疗，目前一直服用胰腺肠溶胶囊（0.3mg/次，每天3次）。入院后予奥沙西泮片（15mg/次，每天3次）替代治疗；以多烯磷脂酰胆碱、乙酰半胱氨酸、还原型谷胱甘肽降低胆红素，减轻胆汁淤积，保护肝细胞并提高凝血酶原活动度；鼓励肠内营养，给予胰酶以缓解腹胀、腹痛，助消化，增加食欲；限制水、钠摄入，予以呋塞米联合螺内酯利尿，酌情输注白蛋白和氨基酸；予芪胶升白胶囊以促进血小板及有形血细胞数量的提升；补钾、补充B族维生素，维持水、电解质平衡。

请思考：

1. 该患者存在哪些护理问题？
2. 请根据上述护理问题提出相应的护理措施。

酒精除了引起身体多个系统器质性损害外，各种酒类均可致依赖性。酒类产生依赖的速度较慢，依赖者可出现对酒的心理（精神）依赖性，生理（躯体）依赖性及耐受性。据WHO估算，酒精依赖每年造成约330万人死亡，以及高达13 900万的伤残调整生命年，占总体疾病与伤害负担的5%，而且有逐年增加的趋势。酒精依赖不仅造成各种社会失范行为和生产损失，也给医疗系统带来沉重负担。

【酒精依赖简介】

酒精依赖（alcohol dependence，AD）又称酒精依赖综合征或酒依赖，是一种慢性高复发性疾病，指持续或间接出现对酒精强烈渴求和不断需要饮酒的强迫感，其特征有：①特征性寻求饮酒行为。②固定的饮酒方式。③饮酒高于一切活动，不顾事业、家庭和社交活动。④酒精耐受性增加。⑤反复出现戒断症状。⑥为避免戒断症状而饮酒。⑦对饮酒的非正常渴求。⑧多次戒酒失败。酒精依赖的形成与诸多因素有关，主要包括影响酒精代谢及其在体内吸收的生理因素，心理压力或创伤、抑郁倾向、焦虑等心理因素，以及家庭、酒文化、职业、气候、经济水平等社会环境因素。对酒精依赖的治疗传统上可分为急性期和恢复期治疗两个阶段。急性期治疗控制严重的躯体戒断症状，是此期治疗的关键；恢复期的治疗主要目标是避免复发。目前，酒精依赖的治疗逐步形成以药物为主、多方面着手的综合治疗方法。

【药物治疗的目的及原则】

（一）药物治疗的目的

帮助患者戒断酒精；降低酒精依赖严重程度；治疗躯体及精神障碍的共病；维持酒精戒断状态，避免复发。

（二）药物治疗的原则

减轻急性戒断症状，将复发率降至最低。

【药物分类及常用药物】

苯二氮䓬类药物是因骤然戒酒出现酒精戒断综合征的首选治疗药物。另外，阿片受体阻滞药、药物厌恶治疗是酒精依赖康复脱敏治疗的临床常用药物治疗方式。药物厌恶治疗常用药物包括戒酒硫和呋喃唑酮。

（一）苯二氮䓬类药物

因为与酒精有部分交叉耐受性，故临床上常用苯二氮䓬类药物替代渐减量法控制戒酒综合征，并进行脱瘾治疗。此类药物的作用机制是通过对加强抑制性神经传递介质γ-氨基丁酸的传递作用而发生镇定作用。一般选取半衰期较长的苯二氮䓬类（如地西泮），在短期内（7~10天）递减剂量并结束用药。递减原则是先快后慢，临床上根据患者的饮酒量、饮酒总时间、戒酒症状的严重程度、肝功能情况及患者的年龄等确定初始剂量。初始剂量的换算公式为，以地西泮为

笔记栏

例：38%（V/V）的白酒 500g/d= 地西泮 30 ~ 40mg/d。应尽可能口服给药，但如果患者因呕吐等不宜口服，可给予静脉滴注，滴注速度控制在每 30min 不能超过 10mg。所有苯二氮䓬类作为首选的治疗药物均显示相同的疗效，但长期使用苯二氮䓬类药物有潜在的依赖风险。

（二）阿片受体阻断药——纳曲酮

纳曲酮（naltrexone）为非选择性阿片受体阻断药，从 20 世纪 80 年代开始用于阿片类成瘾物质治疗。酒精能够激活阿片系统，作用于脑内奖赏敏感区——伏隔核，引起多巴胺的释放与增加。纳曲酮可以阻断这一通路而淡化其强化效应，从而降低精神活性物质的精神依赖性，达到防复饮的目的。纳曲酮能阻断阿片受体，对抗酒对伏隔核多巴胺的释放，削弱其正性强化作用，降低对酒精的渴求度；还可加强酒对中枢神经的作用，如镇静、头痛、眩晕、嗜睡、思维缓慢等，少量饮酒就可能让患者体验到过量饮酒的不适感，从而达到饮酒者对酒的厌恶体验，类似于药物厌恶治疗的作用。

纳曲酮常规开始剂量为 25mg/d，大约一周以后逐渐加至 50mg/d。空腹服用可引起恶心、呕吐，所以宜饭后服用。如果发生胃肠不适，可减少剂量或应用药物减轻相关症状。如果再次饮酒或有饮酒的欲望，则应再次应用纳曲酮治疗。如果在治疗最初 3 ~ 4 个月发生零星大量饮酒，则应考虑将纳曲酮应用时间延长。如果患者治疗期间继续酗酒可将纳曲酮加量至 100mg，或考虑应用长效的注射用纳曲酮制剂。纳曲酮治疗时与吗啡依赖者治疗不同，无须做纳洛酮诱发试验。

（三）药物厌恶治疗

1. 戒酒硫（disulfiram） 戒酒硫又称双硫仑、双硫醒、酒畏等，适用于成年无精神病史且自觉戒酒者。戒酒硫用于脱瘾后进入康复项目之前，是戒酒巩固治疗的主要药物。戒酒硫的原理是抑制乙醛脱氢酶，造成乙醇的中间代谢产物乙醛不能进一步氧化为无害的乙酸，使乙醛在体内堆积，引起面红、心悸、头痛、恶心、呕吐等反应，使人感觉不适而达到戒酒作用。因此，服用此药期间，一旦饮酒（或含酒精的饮料），15 ~ 20 分钟后，即出现上述不良反应，持续 0.5 ~ 1 小时，少数严重者出现意识模糊、抽搐等，此表现大多数人呈自限性，无须处理。整个治疗过程需 6 周左右，短期效果好，但复饮率高，同时注意在治疗时给予白酒剂量不宜过大。口服酒精后呕吐症状严重者可酌情减少戒酒硫的用量。

2. 呋喃唑酮（furazolidone） 呋喃唑酮属硝基呋喃类药物，为化学广谱抗菌药。此类药物口服吸收后迅速在体内灭活，部分自尿中排出体外，半衰期为 0.3 ~ 1 小时。本品有抑制乙醛脱氢酶和降低单胺氧化酶的活性作用。目前关于呋喃唑酮的作用机制有两种解释：①抑制乙醛脱氢酶活动，使乙醛代谢停滞在乙醛阶段，致乙醛在体内蓄积，使患者每饮酒即出现强烈的类戒酒硫反应，多次后患者产生较强的厌恶感甚至望酒生畏，此时应配合心理治疗。②乙醇中含有升压物质酪胺，而呋喃唑酮是单胺氧化酶抑制药，能使酪胺难以分解，进入末梢交感神经后引起升压等躯体不适反应。使用方法是每天先服呋喃唑酮 0.4 ~ 0.6g，分 3 ~ 4 次饭后服，至 4 ~ 5 天后，每天午餐 50 ~ 200ml 白酒，1 次 /d 治疗，3 次后可隔天 1 次治疗。10 次为一疗程。

【用药护理】

（一）用药评估

1. 酒精依赖筛查量表 又称为密歇根酒精依赖筛查测验（Michigan alcoholism screening test, MAST），其主要用途是在人群中筛出可能有酒精依赖问题的对象，常用于流行病学调查（表 17-4）。

表 17-4 密歇根酒精依赖筛查测验（MAST）

项目	选项
0. 你经常爱饮酒吗？或你喝（过）酒吗？	是□ 否□
*1. 你的酒量与多数人一样或更少吗？	是□ 否□

笔记栏

续表

项目	选项
2. 你曾有隔天晚上喝酒，次晨醒来想不起隔晚经历的一部分事情吗？	是□ 否□
3. 你的配偶、父母或其他近亲曾对你饮酒感到担心或抱怨吗？	是□ 否□
*4. 当喝了 1～2 杯酒后，你能不费力地控制不再喝了。	是□ 否□
5. 你曾对饮酒感到内疚吗？	是□ 否□
*6. 你的亲友认为你饮酒和一般人的习惯差不多吗？	是□ 否□
*7. 当你打算不喝酒了的时候，你可以做到吗？	是□ 否□
8. 你参加过戒酒的活动吗？	是□ 否□
9. 你曾在饮酒后与人斗殴吗？	是□ 否□
10. 你曾因饮酒的问题而与配偶、父母或其他近亲产生矛盾吗？	是□ 否□
11. 你的配偶（或其他家族成员）曾为你饮酒的事而求助他人吗？	是□ 否□
12. 你曾因饮酒而导致与好友分手吗？	是□ 否□
13. 你曾因饮酒而在工作、学习上出问题吗？	是□ 否□
14. 你曾因饮酒被解雇吗？	是□ 否□
15. 你曾连续两天以上一直饮酒，而贻误责任，未去工作或置家庭不顾吗？	是□ 否□
16. 你经常在上午饮酒吗？	是□ 否□
17. 医生曾说你的肝脏有问题或有肝硬化吗？	是□ 否□
18. 在大量饮酒后，你曾出现震颤谵妄或听到实际上不存在的声音或看到实际上不存在的东西吗？（若是，请注明：　　　　　　　　　）	是□ 否□
19. 你曾因为饮酒引起的问题去求助他人吗？	是□ 否□
20. 你曾因为饮酒引起的问题而住院吗？	是□ 否□
21. 你曾因为饮酒引起的问题而在精神病院或综合医院精神科住院吗？	是□ 否□
22. 你曾因部分原因是饮酒导致的情绪问题而求助于精神科、其他科医生，社会工作者，心理咨询人员吗？	是□ 否□
23. 你曾因饮酒后或醉后驾车而被拘留吗？（如有过，共几次：　　　　）	是□ 否□
24. 你曾因为其他的饮酒行为而被拘留几小时以上吗？（如有过，共几次：　　　）	是□ 否□
总分 □ □	

注意事项：

①第一条问题 0 为引人性问题，不计分。原问卷问题是"你经常爱喝酒吗？"作为筛选题，为避免引起误解和漏查，可改为"你喝（过）酒吗？"。若为肯定回答者，则填此表；若为否定回答者，则不需继续填写。

②问题 1、4、6、7（即记录单上加＊号者）为反向计分，即答"否"记 2 分，答"是"不记分。其余各题均为正向计分，肯定回答记分，否定回答不记分。

③各问题的"分值"为：问题 3、5、9、16，每题 1 分；问题 2、10、11、12、13、14、15、17、19、20、21、22，每题 2 分；问题 8，为 5 分；问题 18，曾有震颤谵妄者，记 5 分；仅有严重震颤或幻听，或幻视者，记 2 分；问题 23、24，按酒后驾车和醉酒行为被拘留的次数计，每次 2 分。

④结果分析：MAST 只有一项统计量即总分。总分≥5，提示为有酒精依赖；总分 =4，为可能或可疑的酒精依赖对象；总分≤3，可视作尚无问题。检出的阳性对象，则应进一步检查确定，方能确定是否为真正的"病例"。临床应用解释：0 分，无酒精问题；1～2 分，很轻的与酒精有关的问题；3～5 分，有轻的与酒精有关的问题；6～13 分，中度酒精依赖问题；14～20 分，较重的酒精依赖；21～24 分，严重的酒精依赖。

2. 酒精依赖诊断量表　酒精依赖诊断量表（SCID-AD）为 Spitzer 于 1986 年编制的临床用诊断提纲（scheduleof clinical interview for diagnosis，SCID）的有关酒精依赖部分（alcohol dependence，AD）的内容。SCID 为一般定式精神科检查，可以视作一种诊断量表。

📋 **知识链接**

酒精依赖诊断量表（SCID-AD）

（是 1 分　否 0 分）

A-1. 你每天喝酒吗？（记录平均每天饮酒数量____度数____）1　0

A-2. 你曾否有过一段时间喝得过多，或因饮酒出过问题？（原因_____）1　0

A-3. 曾有人反对你饮酒吗？　1　0

（A）以上三题中，至少有 1 题为"1"吗？（如为 0，中止检查）1　0

B-1. 你曾花很多的时间去保证酒的供应或思考喝酒的事？1　0

B-2. 你是否经常发现你每次喝的酒比事先预计的量要多？1　0

B-3. 你是否要逐渐增加酒量，才能尽兴？1　0

B-4. 在你减少饮酒量或停止喝酒的日子里，出现过身体发抖或肢体震颤吗？1　0

B-5a. 你在停饮数小时后，是否需要喝些酒才能控制身体发抖或其他不适？1　0

B-5b. 在身体发抖或其他不适时，饮酒能否使之改善？1　0

（B-5）上述二题，B-5-a 和 B-5-b 中至少有一项为"1"吗？1　0

B-6. 你曾试图减少酒量或戒酒吗？1　0

B-7a. 在从事重要工作或担负责任时，如上班、上课、照看小孩等，你是否曾有下述情况，边工作边喝酒或事先已喝足了酒，或处于酒后不适状态？1　0

B-7b. 你曾否因饮酒、喝醉或醉后不适而误事、旷工或旷课？1　0

B-7c. 在从事饮酒可能造成危险的工作时，你是否也喝酒？1　0

（B-7）以上三题（a、b、c）中，至少有一项为"1"吗？1　0

B-8. 你曾否因饮酒时间过多，以致把工作、个人爱好的文娱活动或与家人或朋友相聚之类的事弃而不顾？1　0

B-9a. 你曾否因饮酒而与家人或同事等难于相处？1　0

B-9b. 你曾否因饮酒而造成精神不适，如情绪低落？1　0

B-9c. 你曾否因饮酒而造成身体疾病，或使原有身体疾病加重？1　0

（B-9）以上三题（a、b、c）中，至少有一项为"1"吗？1　0

B1~B9 的 9 项中，至少有三项为"1"吗？1　0

C. 在你过去的生活中，喝得最多的时间有多长？____年____月

D. 嗜酒成瘾开始于什么年龄？____岁

注：SCID-AD 为定性的诊断工具。若受检者 A 为"1"，属"问题饮酒"；B 也为"1"，符合酒精依赖的症状学标准（具有 9 项症状中的至少 3 项）；C 项病程＞1 个月；按 DSM-Ⅲ-R 可诊断为酒精依赖。A 和 C，均符合标准；但 B 项症状不足 3 条，而 B-7 或 B-9 至少有一项为"1"，按 DSM-Ⅲ-R 诊断为"酒精滥用"。

（二）用药安全

1. 苯二氮䓬类药物

（1）不良反应：①较常见的有嗜睡、头昏、乏力等，大剂量可见共济失调、震颤。②较少见的有思维迟缓、视物模糊、便秘、口干、头痛、恶心或呕吐、排尿困难、构音障碍。③偶见低血

压、呼吸抑制、尿潴留、忧郁、精神紊乱。④罕见过敏反应、肝功能损害、肌无力、白细胞减少、皮疹。

（2）禁忌证：①青光眼、重症肌无力患者、分娩前或分娩时产妇禁用。②年老体弱者慎用。

（3）用药注意事项：①对本品耐受差的患者初始剂量宜小。②需持续发挥疗效时应口服给药或静脉注射。③本品属于长效药，原则上不应作连续静脉滴注。④应避免长期大量使用而产生依赖性。

（4）用药相互作用：①本品与全麻药、镇痛药、单胺氧化酶抑制药、三环类抗抑郁药及可乐定等合用，可相互增效。②与安普那韦、利托那韦合用，本品的血药浓度升高。③大环内酯类抗生素可以抑制肝药酶对本品的代谢，使本品的血药浓度升高。④西咪替丁、双硫仑、奥美拉唑、普萘洛尔等可使本品的清除率降低，清除半衰期延长。⑤伊曲康唑、酮康唑可升高本品的血药浓度，并增加本品的不良反应。⑥口服避孕药、丙戊酸、异烟肼可减慢本品的代谢，升高本品的血药浓度。⑦抗酸药可延迟本品的吸收。⑧茶碱可以逆转本品的镇静作用。

2. 纳曲酮

（1）不良反应：①纳曲酮的每天用量达到 300mg 时可引起肝细胞损害。②除肝损害外，不良反应发生率在 10% 以上的反应有睡眠困难、焦虑、易激动、腹痛、痉挛、恶心、呕吐、关节肌肉痛、头痛。③不良反应发生率在 10% 以下的反应有食欲减退、腹泻、便秘、口渴、头晕。④在 1% 以下的不良反应见表 17-5。

表 17-5　发生率在 1% 以下的纳曲酮不良反应

系统	症状
呼吸系统	鼻充血、发痒、流鼻涕、咽痛、黏液过多、声音嘶哑、咳嗽、呼吸短促
心血管系统	鼻出血、静脉炎、水肿、血压升高、非特异性心电改变、心悸、心动过速
胃肠道系统	产气过多、便血、腹泻、溃疡
肌肉骨骼系统	肩、下肢和膝关节疼痛、震颤
皮肤	油皮肤、瘙痒、痤疮、唇疱疹
泌尿生殖系统	排尿不适、性欲降低
精神系统	抑郁、妄想、疲倦、不安、精神错乱、幻觉、噩梦

（2）禁忌证：①应用阿片类镇痛药者。②伴有阿片瘾的患者未经戒除者。③突然停用阿片的患者。④纳曲酮诱发失败的患者。⑤尿检阿片类物质阳性者。⑥对纳洛酮有过敏史者，尚不清楚本品与纳洛酮或其他含有菲的阿片类物质是否有交叉过敏性。⑦急性肝炎或肝功衰竭的个体。

（3）用药注意事项：①本品有肝脏毒性可引起转氨酶升高。引起肝毒性的剂量只有临床常用量的 5 倍，故对肝功轻度障碍者也应当慎用。②为避免发生戒断症状或戒断症状恶化，在应用纳曲酮之前患者应当在 7～10 天内确未使用阿片类物质。③应用本品之前或应用后应定期检查肝功，最好每月查 1 次。

（4）用药相互作用：本品可能干扰含有阿片类药物的治疗作用，凡使用阿片类镇痛药应避免与这类药物同时使用。

3. 戒酒硫

（1）不良反应：最常出现的不良反应为精神萎靡，口中有金属或大蒜样气味，头痛与疲乏感。少数可产生精神异常，尤其是脑脊液中多巴胺 β-羟化酶低者，或使用戒酒硫超过 500mg/d

及既往有重精神病史者。其他不良反应如焦虑与濒死感、视物不清、呼吸窘迫、面部及颈部赤红、头痛、血压升高或下降、恶心与呕吐、姿势性晕厥、出汗、心动过速、口渴、眩晕。严重反应为昏迷、休克、惊厥，以及心电图改变如 T 波低平、ST 段下降、Q-T 延长。

（2）用药注意事项：使用戒酒硫时患者需住院观察治疗，晨顿服戒酒硫 250～500mg，1 次 /d，可连用 1～3 周，治疗期间决不能饮用含有酒精的饮料，以防止乙醇 – 戒酒硫反应。告知患者约 10 天口中异味感消失。治疗两周后戒酒硫剂量减至 150～300mg/d。因乙醛在体内蓄积易出现严重不良反应，因此戒酒硫连续使用不能超过 3～6 个月。

4. 呋喃唑酮

（1）不良反应：治疗过程中，患者血压、脉搏变化明显。远期不良反应主要引起不同程度的末梢神经炎，可在治疗过程中联合应用 B 族维生素及叶酸预防，在治疗结束后，神经损伤基本可逐渐修复。偶有日光性皮炎。

（2）禁忌证：①对呋喃类过敏者禁用。②妊娠期和哺乳期妇女禁用。③葡糖 –6– 磷酸脱氢酶缺乏者禁用。④ 14 岁以下儿童禁用。⑤肾功能不全者慎用。⑥溃疡病及哮喘患者慎用。

（三）用药监测

1. 疗效监测 一旦酒精戒断症状消失，苯二氮䓬类药物用量应逐渐递减，直至停药。

2. 不良反应监测 ①应用苯二氮䓬类药物时，应定期监测肝功，定时检查生命体征和震颤、焦虑等戒断症状。若肝功能明显受损，肝脏代谢药物的能力下降，应相应减少用药剂量。用药的理想状态是既可控制戒断症状，又不至于过度镇静。②应用纳曲酮时，最初治疗一个月需要检查肝功，并且在 4 个月的治疗期间应每月复查一次。每天口服纳曲酮治疗需要持续至少 3～4 个月。如果患者在治疗期间彻底戒酒，纳曲酮可以停用，但每月肝功检测仍需持续 4～6 个月。

（四）用药指导

1. 药物治疗指导 一定要掌握好用药禁忌证，避免在戒酒过程中出现医疗意外。患者入院戒断症状缓解 1～2 周后方可进行戒酒治疗。治疗初期用药量不宜过大，要因人而异。存在精神症状者应先控制精神症状后，在无禁忌证的情况下，进行戒酒治疗。

2. 防止复饮指导 治疗间隙期，即患者出院后可定期根据不同患者，所采用的不同药物进行较少次数的强化治疗，以减少复饮率。同时药物疗法需要配合相应的心理治疗，让患者从根本上认识酗酒的危害性，只有这样才能真正降低复饮率。

ER17-3
酒精依赖患者
的治疗与护理

第三节 旅 行 用 药

旅行医学是一个跨学科和跨专业的领域，主要聚焦于游客传染病的预防以及管理患者的健康状况。因此，旅行用药应由受过专业训练的专家来执行，用药时必须考虑到患者在旅行时可能面临的风险或感染，如晕动病、高原反应以及旅行中潜在的外源性感染。本节就旅行中的安全问题，介绍其药物治疗及预防。

【旅行常见疾病简介】

（一）晕动病

晕动病（motion sickness），即晕车病、晕船病、晕机病和由于各种原因引起的摇摆、颠簸、旋转、加速运动等所致疾病的统称。在旅行中由于特定的车辆原因导致恶心、呕吐等不适，特别是没有严重疾病的情况下导致呕吐。中国是世界"晕动病"发生率最高的国家之一，80% 的人都曾经历过不同程度的晕动反应。目前没有彻底治愈的方法，但选择有效的抗晕药能够很好地缓解痛苦。

笔记栏

（二）高原反应

高原反应（altitude sickness）是当旅行海拔高于 2 500～3 500m 时常见的一种症状。由于海拔升高氧气含量下降，会引起头痛、疲劳、失眠、呼吸困难等症状。长期暴露于高海拔的地区会增加对红细胞的刺激引起红细胞增生而引起红细胞增多症。

（三）旅行感染性疾病

1. 疟疾（malaria） 该病是发病率和死亡率最高的一种寄生性疾病。据报道全世界每年有 3.5 亿～5 亿的人感染，100 万人死于疟疾。疟疾是由一种寄生于人类的疟原虫所引起的，共有四种类型的疟原虫：恶性疟原虫、间日疟原虫、三日疟原虫和卵形疟原虫，所有类型的疟疾都是通过雌性疟蚊的叮咬传播的。

2. 黄热病（yellow fever） 该病属于人类黄病毒类单链 RNA 病毒，可以导致病毒性出血。根据 WHO 报道，每年有 20 万人感染，3 万人死亡。黄热病的发病呈典型的热带分布，如美国中部、南部和非洲。它可以通过伊蚊的叮咬传播。其他血液传播的途径还包括：静脉输液、针刺伤和静脉用药。

3. 登革热（dengue fever） 该病在南太平洋、亚洲、非洲、加勒比、拉丁美洲等 100 多个热带国家流行，根据世界卫生组织统计，全球 2/5 的国家都有登革热感染。据报道，每年大概有 5 000 万的感染者。登革热是由与免疫相关的登革热病毒感染引起的，分为 1、2、3、4 型。感染其中任何一种都可以获得该种的终身免疫。患者一生中最多可以被感染 4 次，主要通过埃及伊蚊的叮咬传播。

【药物分类及常用药物】

（一）晕动病

对于易患晕动病的人群，往往需要药物来预防和治疗，常见药物包括茶苯海明、异丙嗪、东莨菪碱等。

1. 茶苯海明 苯海拉明（diphenhydramine）与氨茶碱的复合物，兼具抗组胺及镇静作用。茶苯海明片为非处方药，用药时须按剂量服用，孕妇、新生儿及早产儿禁用。茶苯海明片可与食物、果汁或牛奶同服，以减少对胃刺激。常见的不良反应包括反应迟钝、嗜睡、注意力不集中等，应避免驾驶飞机、车、船及从事高空作业、机械作业。

（1）预防性用药：茶苯海明片应在出发前 30 分钟服药，成人用量 50mg，7～12 岁儿童用量 25～50mg，1～6 岁儿童用量 12.5～25mg。

（2）治疗用药：茶苯海明片每 4 小时服药 1 次，一天用量不得超过 300mg，7～12 岁儿童一天不得超过 200mg，1～6 岁儿童一天不得超过 150mg。

2. 异丙嗪（promethazine） 异丙嗪为吩噻嗪类衍生物，具有抗组胺、止吐、抗晕动及镇静催眠作用。异丙嗪片为处方药，因药品不良反应及注意事项较多，应遵医嘱服药，新生儿及早产儿禁用。

（1）用法及用量：异丙嗪片用于防止晕动病时要及早服药，可与食物或牛奶同时服用，以减少对胃黏膜的刺激。成人常用量：一次 25mg，必要时每天 2 次。儿童常用量：每次按体重 0.25～0.5mg/kg 或按体表面积 7.5～15mg/m^2；必要时每隔 12 小时一次，或 12.5～25mg，每天 2 次。

（2）慎用异丙嗪的人群：急性哮喘、膀胱颈部梗阻、骨髓抑制、心血管疾病、昏迷、闭角型青光眼、肝功能不全、高血压、胃溃疡、前列腺肥大症状明显者、幽门或十二指肠梗阻、呼吸系统疾病、癫痫患者、黄疸、各种肝病以及肾功衰竭及瑞氏综合征。

3. 东莨菪碱（scopolamine） 颠茄类生物碱，具有中枢抗胆碱作用。东莨菪碱贴剂为非处方药。东莨菪碱贴片应在出发前 5～6 小时贴于耳后无发的皮肤上，成人一次 1 贴，儿童 10 岁以上一次 3/4 贴，10 岁以下一次 1/2 贴。东莨菪碱贴用药后，可能出现口渴、视力模糊、嗜睡、心悸、面部潮红、头痛等不适反应，特别是老年人。青光眼、前列腺肥大、严重心脏病，器质性幽门狭窄或麻痹性肠梗阻患者禁用；哺乳期妇女禁用。

（二）高原反应

患者可以阶段性地使用乙酰唑胺类的药物来预防急性高原反应，但应避免同时使用呼吸抑制药。乙酰唑胺（acetazolamide）是碳酸酐酶抑制药，减少肾小管近端对碳酸氢盐的重吸收，以改善代谢性酸中毒，刺激通气改善大脑血液循环。

（1）用法用量：成人推荐剂量为口服 125～250mg，2 次/d，于上高原前 24 小时和上高原后 48 小时服用。

（2）禁用人群：①对本品过敏者、肝病或肝功能不全患者。②肾功能及肾上腺皮质功能严重减退（艾迪生病）、代谢性酸中毒、肺心病及心力衰竭患者。③对磺胺类过敏者。④有尿结石病史、菌尿和膀胱手术史者。⑤低钠血症、低钾血症患者。⑥严重糖尿病患者。⑦孕妇不宜使用本品，特别在妊娠前 3 个月。⑧哺乳妇女不宜使用本品，必须使用本品应停止哺乳。⑨儿童和老年人应慎用本品。

（三）感染性疾病

1. 疟疾 在去疟疾高发的地方前，应向初级卫生保健提供者和国际卫生专家请教相关知识，遵医嘱使用药物预防疟疾感染。疟疾包括防蚊和药物预防。在氯喹（chloroquine）敏感的地方，选择氯喹作为治疗首选药物。青蒿素（artemisinin）可干扰疟原虫的表膜及线粒体功能，对疟原虫红细胞内期起高效杀灭作用。耐氯喹疟原虫可对青蒿素敏感，适用于间日疟、恶性疟，特别是抢救脑型疟有较好的疗效。

（1）用法用量

1）氯喹：治疗间日疟原虫、三日疟原虫、卵形疟原虫和仍保留敏感的恶性疟原虫株所引起的疟疾，成人或儿童均在 3 天内大约给予 25mg/kg 的总量。一种给药方法为：第 1 天首次给予 10mg/kg，6～8 小时后再给 5mg/kg；继后的两天每天给予 5mg/kg。另一种给药方法为：前两天各给予 10mg/kg，第 3 天给予 5mg/kg。有时成人还可采用以下方法，开始给予 600mg，68 小时后给予 300mg，然后每天 300mg，连用 2 天。流行期中预防疟疾，居住在流行区成人每周口服 1 次 300mg，儿童 5mg/kg，离开流行区后续服同样剂量共达 4～6 周。

2）青蒿素：口服时，首次服 1g，6～8 小时后再服 0.5g，第 2、3 天每天 0.5g，3 天为一疗程。深部肌内注射时，首剂 0.2g，6～8 小时后再用 0.1g，第 2、3 天每次 0.1g，每天 1 次，总量 0.5g。

（2）禁忌证

1）氯喹：肝肾功能不全、心脏病、重型多型红斑、血卟啉病、银屑病及精神病患者慎用；孕妇禁用。

2）青蒿素：对本品过敏者禁用；妊娠及哺乳期妇女慎用；肝功能异常者慎用。

2. 黄热病 游客去发病率高的地方时应向国际卫生的专家请教，接种黄热病疫苗和防蚊。一旦感染，采用对症支持治疗为主，如休息、喝水、止痛和退烧药物，如地塞米松等糖皮质激素可以控制全身炎症，辅助降温。注意禁用阿司匹林等非甾体抗炎药。

3. 登革热 目前没有预防该病的药物和疫苗，唯一的预防途径就是防止蚊虫叮咬。有登革热症状的患者应求助于国际卫生专家。主要治疗措施包括休息、饮水、预防脱水等。登革热没有特异的治疗方法，对乙酰氨基酚可以缓解登革热患者的疼痛和发热，剧烈的疼痛可以使用阿片类止痛药。注意禁用阿司匹林等非甾体抗炎药。

【用药护理】

（一）旅行前的评估

旅行前的评估，包括医疗的评估，疫苗的接种，必备的药物和目的地的医疗支持相关信息。为了出行安全，不论是国内还是国际游都应该遵守一些常规的程序。

1. 用药评估 所有的游客都应列一份自己身体状况和目前药物的清单以应对紧急情况。这张清单应该与其他物品区分开来，因为当游客无法提供信息时，它就是卫生保健机构寻找信息的

笔记栏

重要途径。国内外的旅行都应准备一个医药箱,包括常用的急救用品和游客自身特殊的药品。处方药物应放置在其原有的贴明标识的容器中并随身携带,不应放在托运的行李中。常见的非处方药也应保持随身携带,包括止痛药,止泻药,抗组胺药等。根据目的地的状况,考虑携带防晒霜和驱虫药。

2. 疫苗接种　包括适龄的疫苗、甲肝和乙肝疫苗以及目的地特殊的免疫治疗。地域改变,疫苗也会不同,所以应该向国际旅行医学专家咨询以确保接种该地所需的疫苗。最新的疫苗信息可登录疾病控制和预防中心的网站上查询,旅行者在出行前都应在此网站咨询关于目的地的情况以确保旅途安全。

(二)旅行的用药指导

1. 患有糖尿病的旅客　需要评估可能中断患者行程的事故,如航班延误、穿越不同时区、医疗保健的有效性和可靠性。药品和食物应该放在随手可得的地方,而不应放在托运的行李或是后备箱。患者应该向他们的家庭医生获得书面的诊断,并准备一份所需物品和药品的清单。可以佩戴一些具有诊断作用的手链和项链,标注患有糖尿病和联系电话。

出国旅行的患者可能还会发现胰岛素(insulin)的剂量也会有差异(由100个单位变到40个或是80个单位)。当糖尿病患者跨越不同时区时,胰岛素的剂量就会有所不同。当所到达的目的地跨越了3个甚至是4个时区,就会错过当地的吃饭时间。与普通旅游相比,向东跨越多个时区,时间就会缩短,胰岛素的剂量就需要适当减少;而向西走,则需增加胰岛素的剂量。然而,这个方法却不是所有条件下都适用。

知识链接

跨时区胰岛素调整示例

一名男性患者,早上需要注射10个单位的长效和10个单位普通胰岛素,晚上需要8个单位长效和10个单位普通胰岛素。该患者以下列行程往返于费城和伦敦:

星期一下午7:55出发次日早上6:50到达。

星期六上午11:20出发下午3:20到达。

星期一下午7:55从纽约出发,患者在晚餐前正常吃饭,于伦敦时间星期二早上6:50到达。旅行时间是6小时55分钟,仅过了6个小时,他需要调整到伦敦时间。早餐应该用5个单位(原剂量的1/2)长效胰岛素及10个单位(原剂量)普通胰岛素,晚餐采取4个单位(原剂量的1/2)长效胰岛素和10个单位(原剂量)普通胰岛素。到了星期三,患者应恢复正常的旅行前的剂量。如果旅行过程中多吃了小吃,则应考虑多加胰岛素。

星期六上午11:20离开伦敦。在星期六返程的航班上,旅客用了正常的早餐剂量。飞行时间是8小时,下午3:20到。如果飞行中加了小吃,应额外增加胰岛素。晚餐时患者可以恢复正常的剂量。如果旅行当中有停留,患者吃了全餐,应采取1/2的长效剂量加全部的普通剂量。星期日上午患者可以恢复正常的胰岛素剂量。

2. 患有心脏疾病或肺部疾病的旅客　心血管疾病患者在出行前要掌握能补充氧气的途径,学会自我管理和调整药物,做心电图,了解如何预防血栓。带有起搏器、除颤仪和其他医疗仪器的患者最好携带医疗器械的标识卡。需要吸入氧气的乘客,必须考虑到航班延误、取消或是在来去机场的途中便携式氧气都能有充足的氧气补给。

肺部疾病的患者如果需要携带氧气、喷雾或是有关医疗器材上飞机,则应咨询交通运输安全管理局。出行前患者还应考虑到何处供给氧气,如何应对哮喘,慢性阻塞性肺疾病和有效预防深静脉血栓的措施。

3. 孕妇　孕妇每天坐车旅行的时间不应超过 6 小时。旅行当中最危险之一的就是车祸，患者上车时需要全程系好安全带，并且不时停下来走动，以预防血栓。同时，还应保证孕妇有充足的水分，穿着合适的衣服和鞋子。

孕妇在旅行时，应该保证食物和水的安全，不应前往疟疾的流行区域。在旅行前，妇产科医生就应对孕妇做检查和评估。孕期不能接种卡介苗、麻疹腮腺炎、风疹病毒、水痘疫苗等。

（马雪玲）

小　结

　　本章针对烟草依赖、酒精依赖以及旅行安全用药三个方面重点讨论了健康促进相关用药。在烟草依赖方面，药物治疗是帮助个体戒除烟瘾的有效手段。目前，一线药物包括尼古丁替代疗法类药物、安非他酮和伐尼克兰。二线药物是指在一线药物无效时可选用的药物，包括可乐定和去甲替林。应注意不同剂型药物的用药方法和不良反应，重点明确各类尼古丁剂型的禁忌证。关于酒精依赖的药物主要包括苯二氮䓬类、阿片受体阻断药以及药物厌恶治疗。其中，苯二氮䓬类药物是酒精戒断综合征的首选治疗药物，但要注意避免产生用药依赖性和不良反应，用药后定期监测肝功能。应用阿片受体阻断药纳曲酮时，避免长期用药，需要动态监测肝功能。戒酒硫和呋喃唑酮的各种不良反应具有自限性，注意鉴别和告知患者用药后监测，做好用药的心理护理。此外，本章还涉及了旅行安全用药的知识。对于特殊人群来说，掌握旅行常用药品及其监测内容，对于保障健康至关重要。糖尿病患者注意胰岛素剂量的增减，血管疾病患者在出行前要掌握能补充氧气的途径，孕妇应注意安全，避免血栓，同时保证食物和水的安全。

● ● ● ●　思考题　● ● ● ●

ER17-4
第十七章
目标测试

1. 列举烟草依赖常用药物的分类。
2. 简述酒精依赖的药物治疗原则与常用药物。
3. 举例说明烟草依赖常用药物的作用特点。
4. 分析旅行常见问题的药物治疗措施。
5. 应用烟草依赖、酒精依赖的用药评估方法、用药监测、用药指导及健康教育对患者进行整体护理。
6. 帮助患者选择恰当的旅行常见问题的药物治疗方案与预防措施。

笔记栏

中英文名词对照索引

B

M

N

T

Z

参考文献

［1］陆林，马辛. 精神病学［M］. 3 版. 北京：人民卫生出版社，2021.

［2］付劢静. 临床神经内科疾病诊治［M］. 南昌：江西科学技术出版社，2021.

［3］胡春荣. 神经内科常见疾病诊疗要点［M］. 北京：中国纺织出版社，2022.

［4］国家药典委员会. 中华人民共和国药典［M］. 北京：中国医药科技出版社，2020.

［5］施慎逊，吴文源. 中国焦虑障碍防治指南［M］. 2 版. 北京：中华医学电子音像出版社，2023.

［6］刘剑君，王黎霞. 现代结核病学［M］. 2 版. 北京：人民卫生出版社，2022.

［7］史俊平，杜秀兰，孔玉红，等. 呼吸系统疾病的防治与护理［M］. 北京：科学技术文献出版社，2019.

［8］孙国平. 临床药物治疗学［M］. 北京：人民卫生出版社，2021.

［9］李俊. 高等临床药理学［M］. 北京：人民卫生出版社，2022.

［10］姜远英，文爱东. 临床药物治疗学［M］. 4 版. 北京：人民卫生出版社，2016.

［11］伍力，訾永鹏，阮冶，等. 酒精依赖护理与康复指南［M］. 昆明：云南科学技术出版社，2021.

［12］时国朝，王雄彪，丁园. 戒烟指导手册［M］. 上海：上海科学技术出版社，2021.

［13］中国医师协会神经内科医师分会，中国研究型医院学会头痛与感觉障碍专业委员会. 中国偏头痛诊治指南（2022 版）［J］. 中国疼痛医学杂志，2022，28（12）：881-898.

［14］《中国心血管健康与疾病报告 2022》编写组.《中国心血管健康与疾病报告 2022》要点解读［J］. 中国心血管杂志，2023，28（4）：297-312.

［15］中华医学会肝病学分会，中华医学会感染病学分会. 慢性乙型肝炎防治指南（2022 年版）［J］. 中华临床感染病杂志，2022，15（6）：401-427.

［16］中华医学会外科学分会胰腺外科学组. 中国急性胰腺炎诊治指南（2021）［J］. 中华外科杂志，2021，59（7）：578-587.

［17］中华医学会消化病学分会. 2020 年中国肠易激综合征专家共识意见［J/OL］. 中华消化杂志，2020，40（12）：803-818.

［18］梁蓓蓓，王睿. 临床关注的新抗菌药物的研发进展［J］. 中华结核和呼吸杂志，2020，43（5）：455-459.

［19］中华医学会肾脏病学分会专家组. 中国慢性肾脏病患者高血压管理指南（2023 年版）［J］. 中华肾脏病杂志，2023，39（1）：48-80.

［20］中国研究型医院学会肾脏病学专业委员会. 罗沙司他治疗肾性贫血中国专家共识［J］. 中华医学杂志，2022，102（24）：1802-1810.

［21］中华医学会糖尿病学分会. 中国 2 型糖尿病防治指南（2020 年版）［J］. 中华糖尿病杂志，2021，13（4）：315-409.

［22］中国血脂管理指南修订联合专家委员会. 中国血脂管理指南（2023 年）［J］. 中华心血管病杂志，

2023，51（3）：221-255.

［23］中国民族卫生协会重症代谢疾病分会，高尿酸血症相关疾病诊疗多学科共识专家组．中国高尿酸血症相关疾病诊疗多学科专家共识（2023年版）［J］．中国实用内科杂志，2023，43（6）：461-480.

［24］《中国老年骨质疏松症诊疗指南（2023）》工作组，中国老年学和老年医学学会骨质疏松分会，中国医疗保健国际交流促进会骨质疏松病学分会，等．中国老年骨质疏松症诊疗指南（2023）［J］．中华骨与关节外科杂志，2023，16（10）：865-885.

［25］中国营养学会健康管理分会．维生素D营养状况评价及改善专家共识［J］．中华健康管理学杂志，2023，17（4）：245-252.

［26］中华人民共和国国家卫生健康委员会．呼吸系统肿瘤用药——2023版新型抗肿瘤药物临床应用指导原则（一）［J］．中国合理用药探索，2024，21（3）：34-38.

［27］中华人民共和国国家卫生健康委员会．乳腺癌治疗药物的临床应用——2022版新型抗肿瘤药物临床应用指导原则系列（三）［J］．中国合理用药探索．2023，20（6）：28-37.

［28］中华人民共和国国家卫生健康委员会．消化系统肿瘤用药的临床应用——2022版新型抗肿瘤药物临床应用指导原则（二）［J］．中国合理用药探索，2023，20（5）：48-66.

［29］中华人民共和国国家卫生健康委员会．生殖系统肿瘤治疗药物的临床用药——2022版新型抗肿瘤药物临床应用指导原则（六）［J］．中国合理用药探索，2023，20（9）：13-18.

［30］中华医学会风湿病学分会．类风湿关节炎诊疗规范［J］．中华内科杂志，2022，61（1）：51-59.

［31］沈南，赵毅，段利华，等．系统性红斑狼疮诊疗规范［J］．中华内科杂志，2023，62（7）：775-784.

［32］黄烽，朱剑，王玉华，等．强直性脊柱炎诊疗规范［J］．中华内科杂志，2022，61（8）：893-900.

［33］中华医学会眼科学分会青光眼学组，中国医师协会眼科医师分会青光眼学组．中国青光眼指南（2020年）［J］．中华眼科杂志，2020，56（8）：573-586.

［34］中华耳鼻咽喉头颈外科杂志编辑委员会鼻科组，中华医学会耳鼻咽喉头颈外科学分会鼻科学组．中国变应性鼻炎诊断和治疗指南（2022年，修订版）［J］．中华耳鼻咽喉头颈外科杂志，2022，57（2）：106-129.

［35］中国痤疮治疗指南专家组．中国痤疮治疗指南（2019修订版）［J］．2019，48（9）：583-588.

［36］中华医学会皮肤性病学分会银屑病专业委员会．中国银屑病诊疗指南（2023版）［J］．中华皮肤科杂志，2023，56（7）：573-625.

［37］中国医师协会皮肤科医师分会带状疱疹专家共识工作组，国家皮肤与免疫疾病临床医学研究中心．中国带状疱疹诊疗专家共识（2022版）［J］．中华皮肤科杂志，2022，55（12）：1033-1040.

［38］中华医学会感染病学分会艾滋病丙型肝炎学组，中国疾病预防控制中心．中国艾滋病治疗指南（2021版）［J］．协和医学杂志，2022，13（2）：203-226.

［39］中国高血压防治指南修订委员会，高血压联盟（中国），中华医学会心血管病学分会，等．中国高血压防治指南（2018年修订版）［J］．中国心血管杂志，2019，24（1）：24-56.

［40］李锦，蔡琳．《2021 ESC急慢性心力衰竭诊断和治疗指南（2023重点更新）》要点解读［J］．心血管病学进展，2024，45（1）：74-78.

［41］中华医学会妇产科学分会绝经学组．中国绝经管理与绝经激素治疗指南2023版［J］．中华妇产科杂志，2023，58（1）：4-21.

［42］中华医学会妇产科学分会性疾病协作组．细菌性阴道病诊治指南（2021修订版）［J］．中华妇产科杂志，2021，56（1）：3-6.

［43］中国临床肿瘤学会（CSCO）抗淋巴瘤联盟，中国临床肿瘤学会（CSCO）抗白血病联盟．淋巴瘤化疗所致血小板减少症防治中国专家共识［J］．白血病·淋巴瘤，2020，29（2）：65-72.

［44］中国临床肿瘤学会抗肿瘤药物安全管理专家委员会，中国临床肿瘤学会肿瘤支持与康复治疗专家委员会．抗肿瘤治疗引起急性口腔黏膜炎的诊断和防治专家共识［J］．临床肿瘤学杂志，2021，26（5）：

449–459.

［45］中华医学会心血管病学分会．中国心力衰竭诊断和治疗指南 2024［J］．中华心血管病杂志，2024，52（3）：235–275.

［46］国家疼痛专业质控中心神经病理性疼痛专家组．神经病理性疼痛评估与管理中国指南（2024 版）［J］．中国疼痛医学杂志，2024，30（1）：5–14.

［47］陈春富．药物过度使用性头痛研究进展［J］．中国现代神经疾病杂志，2022，22（2）：110–115.

［48］薛亚男，欧敏行，张秀杰，等．《2023 AHA/ACC/ACCP/ASPC/NLA/PCNA 慢性冠状动脉疾病患者管理指南》要点解读［J］．中国全科医学，2024，27（18）：2173–2178+2191.

［49］李锦，蔡琳．《2021 ESC 急慢性心力衰竭诊断和治疗指南（2023 重点更新）》要点解读［J］．心血管病学进展，2024，45（1）：74–78.

［50］丁彬彬，李子坚．BTK 抑制药治疗原发免疫豁免部位大 B 细胞淋巴瘤的研究进展［J］．中国肿瘤临床，2023，50（22）：1174–1179.

［51］中华医学会呼吸病学分会．支气管哮喘防治指南（2024 年版）［J］．中华结核和呼吸杂志，2025，48（3）：208–248.

［52］初乃惠，聂文娟．耐药肺结核全口服化学治疗方案中国专家共识（2021 年版）［J］．中国防痨杂志，2021，43（9）：859–866.

［53］中国医药卫生文化协会肾病与血液净化专业委员会．原发性 IgA 肾病管理和治疗中国专家共识［J］．中华肾病研究电子杂志，2024，13（1）：1–8.

［54］国家老年医学中心，中华医学会老年医学分会，中国老年保健协会糖尿病专业委员会．中国老年糖尿病诊疗指南（2024 版）［J］．中华糖尿病杂志，2024，16（2）：147–189.

［55］何姣姣，陈玉林，张敏，等．肠道菌群在骨质疏松症发病机制中的研究［J］．中国骨质疏松杂志，2023，29（8）：1197–1202.

［56］黄龙，刘安文，梅世琪．奥希替尼联合化疗在伴有 EGFR 突变晚期非小细胞肺癌一线治疗中的应用［J］．循证医学，2024，24（1）：26–31.

［57］中国系统性红斑狼疮研究协作组专家组．糖皮质激素在系统性红斑狼疮患者合理应用的专家共识［J］．中华内科杂志，2014，53（6）：502–504.

［58］GERALD G BRIGGS, CRAIG V TOWERS, ALICIA B FORINASH. Drugs in pregnancy and lactation (twelfth edition) [M]. Philadelphia: Lippincott Williams & Wilkins, 2021.

［59］WHO. WHO clinical treatment guideline for tobacco cessation in adults [M]. Geneva: World Health Organization, 2024.

［60］THOMAS M A, CHAPPELL B T, MAXIMOS B, et al. A novel vaginal pH regulator: results from the phase 3 AMPOWER contraception clinical trial [J]. Contraception: X, 2020, 2: 100031. doi: 10.1016/j.conx.2020.100031.

［61］HONG K S, KI M R, ULLAH H M A, et al. Preventive effect of anti-VacA egg yolk immunoglobulin (IgY) on Helicobacter pylori-infected mice [J/OL]. Vaccine, 2018, 36(3): 371–380.

［62］SUSAN R DAVIS, RODNEY J BABER. Treating menopause-MHT and beyond [J]. Nature reviews. Endocrinology, 2022, 18(8): 490–502.

［63］THERESA A MCDONAGH, MARCO METRA, MARIANNA ADAMO, et al. 2023 Focused update of the 2021 ESC Guidelines for the diagnosis and treatment of acute and chronic heart failure [J]. European Heart Journal, 2023, 44(37): 3627–3639.